常州博物馆论文集

(第一辑)

常州博物馆 编著

中国社会科学出版社

图书在版编目（CIP）数据

常州博物馆论文集. 第一辑 / 常州博物馆编著.
—北京：中国社会科学出版社，2016.4
ISBN 978 – 7 – 5161 – 8115 – 7

Ⅰ.①常… Ⅱ.①常… Ⅲ.①博物馆学—文集
Ⅳ.①G260 – 53

中国版本图书馆 CIP 数据核字（2016）第 099853 号

出 版 人	赵剑英
责任编辑	郑 彤
责任校对	刘 娟
责任印制	李寡寡
出　　版	中国社会科学出版社
社　　址	北京鼓楼西大街甲 158 号
邮　　编	100720
网　　址	http://www.csspw.cn
发 行 部	010 – 84083685
门 市 部	010 – 84029450
经　　销	新华书店及其他书店
印　　刷	北京君升印刷有限公司
装　　订	廊坊市广阳区广增装订厂
版　　次	2016 年 4 月第 1 版
印　　次	2016 年 4 月第 1 次印刷
开　　本	787×1092　1/16
印　　张	30.25
字　　数	651 千字
定　　价	118.00 元

凡购买中国社会科学出版社图书，如有质量问题请与本社营销中心联系调换
电话：010 – 84083683
版权所有　侵权必究

编委会

主　　任：林　健
副 主 任：钱　潮　黄建康　邵建伟
成　　员（按姓氏笔画排序）：
　　　　万永红　朱　敏　邵建伟
　　　　林　健　姚　律　钱　潮
　　　　袁　勤　黄建康　彭　辉
　　　　路亚北　谭杨吉
主　　编：邵建伟
副 主 编：谭杨吉　吴文婉　文祥磊

序

自先贤季札封于延陵，开创常州人文历史以降，常州经济繁荣、文化昌盛、人才辈出。明清时期尤为兴盛，涌现了常州学派、常州画派、阳湖文派、常州词派、孟河医派等。常州学人在传统文化的各个领域堪称翘楚。清代诗人龚自珍曾慨叹"天下名士有部落，东南无与常匹俦"，便是对常州这座国家历史文化名城深厚文化底蕴的最好诠释。

一个城市的历史文化积淀，往往可以在城市博物馆得到最充分的体现，博物馆肩负着传承历史、传播文化的重任。常州博物馆作为集收藏、研究、展示、教育于一体的地方综合性博物馆（含全省唯一的一家少儿自然博物馆），蕴含丰厚的常州历史文化，这种以文物为载体的积累形成了常博独特的资源优势。建馆50多年来，在社会各界的广泛支持和几代博物馆人的励精图治下，常州博物馆在文物收藏、考古发掘、学术研究等方面均取得了显著成果。

收藏是博物馆各项工作得以开展的基础。我馆馆藏文物和自然标本总量近3万件，以良渚文化玉器、春秋原始青瓷器、南朝画像砖、宋代瓷器、宋元漆器和明清书画为收藏特色，同时形成了昆虫、海贝、鸟类、兽类、地方性中草药、矿物晶体6个系列的自然标本收藏体系。这是常州先民留下的宝贵财富和大自然的慷慨馈赠，也是我们继承弘扬、开拓创新、建构社会主义核心价值观的坚实基础。

考古是博物馆日常工作的一个重要组成部分。历年来，我馆主持并参与了新石器时代圩墩遗址、新岗遗址、寺墩遗址和春秋淹城遗址、恽家墩汉墓、戚家村南朝画像砖墓、武进村前南宋家族墓等一系列有影响力的遗址与墓葬的发掘，培养了一支专业考古队伍，涌现出一批在田野考古、史前研究、文物鉴赏等领域具备相当知名度的专家学者。

　　研究是博物馆可持续发展的动力与源泉。我馆多年来重视学术研究，相继出版《常州文物精华》《常州博物馆五十周年典藏丛书》《常州新岗新石器时代文化遗址发掘报告》《常州博物馆藏世界名蝶》等10余部专著、图录。馆刊《常州文博论丛》自1989年创刊以来，保持一年两期的出版，从最初的内部交流资料，到如今成为公开出版物，始终是常州地区文博界开展学术研究的重要园地。

　　《常州博物馆论文集》（第一辑）是常州博物馆学术研究方面正式出版的第一本论文集，作者以我馆在职员工和退休专家为主，内容涵盖考古、文物、艺术、博物馆学、地方史、自然科学等6个方面，大部分文章是近年来在各大专业学术期刊公开发表的考古报告和论文，从一个侧面展现了常州博物馆学术研究的最新动态。当然，这本论文集只是我馆学术研究前进道路上一次小小的总结，并将成为学术研究迈上更高平台的新起点。由于水平有限，编辑过程中难免出现疏漏和错误，敬请广大读者批评指正。

常州博物馆馆长

林　健

目　　录

考古研究

圩墩遗址发掘四十周年的回顾与思索 …………………………… 陈丽华　彭　辉（1）
边缘性遗址在考古研究中的价值
　　——以江苏常州史前遗址为例 ………………………………………… 彭　辉（8）
吴文化与古代民族融合 …………………………………………………… 黄建康（14）
常州兰陵恽家墩汉墓发掘简报 ………………………………………… 常州博物馆（20）
常州南郊戚家村画像砖墓 …………………………………………… 骆振华　陈　晶（53）
江苏武进村前南宋墓清理纪要 ………………………………………… 陈　晶　陈丽华（60）
从常州宋明两代墓葬出土器物看宋明两代丧葬礼仪 …………………… 王偶人（72）
常州市广成路明墓的清理 …………………………………………… 常州博物馆（77）
常州市怀德南路明墓的清理 …………………………………………… 常州博物馆（84）
略论1959年发掘大汶口墓地新石器时代墓葬的分期 ………………… 于成龙（90）
古代中国大豆属（Glycine）植物的利用与驯化
　　　　　　　　　　吴文婉　靳桂云　王海玉　王传明（98）
史前石铲研究的回顾与展望 ………………………………… 肖　宇　钱耀鹏（109）
甘肃华亭麻庵冶铜遗址初步考察研究 ……………………… 韩　赳　李延祥（121）

文物研究

常州博物馆收藏的良渚文化玉器 ………………………………………… 陈丽华（130）
良渚文化神徽解析 ………………………………………………………… 黄建康（142）
吴文化玉器综论 …………………………………………………………… 陈丽华（151）
略论六朝时期的陶瓷手工业 ……………………………………………… 徐伯元（162）
常州戚家村画像砖墓图像主题思想浅见 ………………………………… 姚　律（170）
漫说常州北宋石经幢 ……………………………………………………… 邵建伟（180）

常州两宋瓷话之青瓷篇 ………………………………… 朱　敏（183）
出土宋代剔犀漆器的概论 ………………………………… 陈　晶（195）
常州博物馆藏五代宋元漆器髹漆技艺解析 ……………… 谭杨吉（213）
江苏常州出土宋元时期泥塑 ……………………………… 彭　辉（220）
谈五岳真形镜 ……………………………………………… 李　威（227）
翳翳冬日又何妨
　　——古代冬季生活器具初探 ………………………… 符　岚（233）

艺苑撷英

北朝敦煌写经书法分期与风格转变原因探究 …………… 文祥磊（242）
唐玄宗的隶书贡献及唐隶对清隶的影响 ………………… 叶鹏飞（260）
试谈宋代至明初毗陵草虫画及在东亚的影响 …………… 林　健（271）
《恽寿平经管祠田札》考论 ……………………………… 文祥磊（283）
《小孤山图轴》鉴赏 ……………………………………… 陆澳波（290）
浓妆淡抹　秀逸自然
　　——小议张宗苍及其《西湖行宫八景图》 ………… 程　霞（295）
清朝汤氏家族画家 ………………………………………… 左树成（299）
不傍一人　不依一法
　　——戴熙及其《龙湫观瀑图卷》刍议 ……………… 程　霞（305）
略说书画扇 ………………………………………………… 丁为新（311）
宋辽金银器中的唐风探微 ………………………………… 张如嫣（320）
浅谈常州的象牙浅刻艺术 ………………………………… 梁文杰（324）
常州博物馆藏留青竹刻作品赏析 ………………………… 刘颖娜（331）

地方历史

古代常州运河通漕济运水利方略释读 …………………… 邵建伟（335）
常州传统祭祀概述 ………………………………………… 邵建伟（346）
浅谈青果巷历史文化街区的形成与发展 …………… 刘　莹　丁　玥（357）
关于唐代"西蕃"一词是指称吐蕃还是回鹘问题的再讨论 …… 姚　律（362）

博物馆学

免费开放后的博物馆教育
　　——中美博物馆观众教育比较研究 ………………… 林　健（371）
论博物馆的立馆思想与教育功能 ………………………… 路亚北（376）

博物馆教育：成人教育的重要方式 …………………………………… 丁晨玥（382）
论新形势下以人为本的博物馆教育 …………………………………… 张　华（390）
从被动灌输变为主动思考
　——试论为观众设置具有思辨性的临时展览 ………………………… 惠露佳（395）
中小型博物馆志愿者社会化发展方向思考
　——以常州地区博物馆为例 …………………………………………… 李　敏（401）
浅论博物馆临时展览的策划与设计 …………………………………… 王　艳（406）
《谢稚柳　陈佩秋书画联展》观众对比调查报告 …… 路亚北　左佳佳　蒋明珠（412）
云计算在智慧博物馆建设中的应用 …………………………………… 刘朝东（418）
多媒体技术在博物馆中的运用策略 …………………………………… 谢志博（422）

自然博物

蝉花的本草学考证与基源研究 ………………………… 万永红　蔡开明　韦　曙（427）
常州地区野生有毒植物的调查研究 …………………… 万永红　路亚北　龚祝南（433）
澄江生物群浅谈 ………………………………………………………… 雷倩萍（439）
皖北地区寒武系芙蓉统三叶虫褶盾虫属 *Ptychaspis* 及其种内差异 ……… 雷倩萍（448）
我国动物标本剥制技术的起源与发展 ………………………………… 韦　曙（466）
双叉犀金龟（独角仙）饲养方法初探 ………………………………… 蔡开明（469）

圩墩遗址发掘四十周年的回顾与思索

陈丽华　彭　辉

一　圩墩遗址发掘年表[①]

1960—1961年，南京博物院在苏南地区进行考古复查时，发现圩墩遗址。

1972年11月，常州市博物馆（今常州博物馆）在遗址中部偏南处开方试掘约20平方米，清理墓葬24座。试掘结果表明，该遗址墓葬与嘉兴马家浜遗址墓葬相似。探方出土器物与浙江嘉兴马家浜遗址的下层及墓葬、江苏吴江梅堰遗址下层、上海崧泽遗址下层出土的器物相似。

1973年冬，圩墩村生产队在圩墩遗址上的麦田里挖排水沟时，发现完整的人骨架5具以及连接成片的红烧土。南京博物院和常州博物馆遂对遗址分布范围进行钻探，明确遗址范围在20万平方米以上。

1974年4—6月，南京博物院和常州博物馆发掘圩墩遗址625平方米。在下文化堆积层发现木桩和带木桩的长条形方木，还有成片的草木灰烬和较多的野猪、麋鹿、梅花鹿等兽骨；中文化层发现62座墓葬以及印有芦苇痕迹的红烧土块。共出土各类文化遗物265件。

1978年12月至1979年1月，常州博物馆对戚墅堰圩墩遗址发掘164平方米，清理墓葬30座，发现人骨架32具，出土陶器、石器、骨角器及加工木器等遗物。

1985年9—11月，常州博物馆联合中山大学人类学系考古专业，对圩墩遗址发掘450平方米。清理马家浜文化墓葬33座，出土的木器在品种、数量上突破同类型遗址的发现。

1992年1—2月，圩墩遗址发掘586.25平方米，清理墓葬32座、水井两口、灰坑3个、灰沟3条，出土遗物以陶器为主。

二　圩墩遗址的发掘意义

1972年11月，常州博物馆在圩墩遗址开始试掘，这也是太湖西北部第一个正式发

[①] 本节根据《马家浜文化》一书中《马家浜文化纪事》一节编写，载嘉兴文化局《马家浜文化》，浙江摄影出版社2004年版，第228—231页。

掘的马家浜文化遗址。当时，马家浜文化的概念尚未确立，但发掘者通过出土器物的比较，已经将圩墩遗址与浙江嘉兴马家浜遗址、江苏吴江梅堰遗址及上海崧泽遗址联系在一起，第一次把马家浜文化的分布范围拓展到太湖西岸，在宏观上首次勾勒出马家浜文化的地域范围，为日后马家浜文化的命名和定义提供了重要依据。此后，随着太湖流域诸史前遗址的陆续发现和发掘，尤其是20世纪70年代末马家浜文化的正式定名，[1] 关于马家浜文化类型的认识过程乃至我们今天所熟知的太湖流域史前文化谱系的建立，圩墩遗址都成为其中避不开的一个重要内容。从这个角度来说，圩墩遗址的发掘，对于太湖流域马家浜文化的研究无疑具有创始之功。

圩墩遗址发掘的另一个重要意义在于首先发现马家浜文化陶釜存在的差异。张敏先生在谈及马家浜文化的发现时说："首先发现马家浜文化的陶釜存在差异的是陈晶女士。陈晶女士在发掘常州圩墩遗址后，发现马家浜文化的陶釜存在明显的差异，即存在平底与圜底的差异。"[2] 在此基础上，陈晶女士提出了马家浜文化存在着两个类型，即"草鞋山—圩墩"类型和"罗家角"类型，[3] 一时在学界掀起了热烈的讨论。现在看来，陈晶女士对于马家浜文化类型的分法，虽有不完善之处，但却为后来的研究者提供了基本的研究思路和研究对象。从此之后，以马家浜文化最具特征性的器物——陶釜作为区分文化类型的标志，逐渐成为马家浜研究者的共识。特别是进入2000年以来，南京博物院在太湖西部所进行的马家浜文化遗址课题研究，揭示了祁头山、骆驼墩、彭祖墩、西溪、神墩等一系列重要文化遗址，令人信服地建立起太湖西部以平底釜为特征和太湖东部以圜底釜为特征的两大文化类型框架，这不能不说是马家浜文化研究所取得的最重大突破，而取得这种认识的基础，是与既往的研究认识分不开的。从这个层面上讲，陈晶女士20世纪80年代具有前瞻性的研究功不可没。

三 圩墩遗址墓葬的研究价值

圩墩遗址是一个以马家浜文化氏族墓地为主要特色的史前遗址，圩墩遗址5次发掘共清理墓葬191座，其中马家浜时期墓葬181座。对于圩墩遗址墓葬特征的表述，已见诸各次发掘简报，此处不再赘述。但从近年来新的研究视角观察分析，圩墩遗址墓葬仍有相当多的探究之处。

根据日本学者久保田慎二对马家浜时期各遗址的统计研究，[4] 圩墩遗址墓葬的墓向

---

[1] 夏鼐：《碳-14测定年代和中国史前考古学》，《考古》1977年第4期。
[2] 林留根、郭伟民等：《骆驼墩文化遗存与太湖西部史前文化》（下），《东南文化》2012年第1期。
[3] 陈晶：《马家浜文化两个类型的分析》，载《中国考古学会第三次年会论文集》（1981），文物出版社1984年版。
[4] ［日］久保田慎二：《马家浜文化的地域性——以墓葬的分析为主》，载《江南文化之源——纪念马家浜遗址发现五十周年图文集》（上卷），中国摄影出版社2011年版，第64页。

早期集中在15°—20°和340°—345°，晚期则集中在355°—15°和40°—45°，虽然整体而言墓向是北向，但晚期墓葬偏东向的角度更大一些。这种变化在我们以往的研究中似乎观察不够。另外，过去的研究认为，圩墩遗址是一个盛行俯身葬的遗址，根据统计数据，圩墩墓葬早期阶段俯身葬式41例，仰身4例；晚期阶段俯身89例，仰身10例。可以看出，晚期阶段圩墩墓葬中仰身葬式的数量也在缓慢地增长。这两点在过去的研究中没有被重视，当然是由于太湖两岸考古发掘工作不平衡所致。近年来太湖西部马家浜时期诸遗址的发掘成果，尤其是以骆驼墩、祁头山为代表的平底釜文化类型的发现和确立，为我们重新审视圩墩遗址晚期阶段丧葬习惯的改变提供了充分的依据。如果比较太湖西北部几处比较重要的遗址类型（表一），我们不难得出结论：圩墩遗址晚期阶段已经明显受到以祁头山遗址为代表的文化类型的影响和冲击，而且不单是圩墩，圩墩西部的新岗、更西部的三星村遗址都受到了此种影响，这或许可以成为研究祁头山遗址类型晚期阶段活动路线的新角度。

表一　　　　　新岗遗址与周边主要遗址马家浜晚期阶段墓葬形制对应表

		新岗遗址	圩墩遗址	祁头山遗址	北阴阳营遗址	三星村遗址
墓向		北	北、东北	东	北	北
葬式		仰身	俯身、仰身	仰身	仰身	仰身
葬制		竖穴土坑	平地掩埋	竖穴土坑	平地掩埋	平地掩埋
随葬品	陶器	釜、豆、盆、盘	釜、鼎、豆、钵、壶、罐	釜、豆、钵、盆		鼎
	石器	纺轮、斧	纺轮、锛	锛、斧		锛、斧
	骨角器	鹿角靴形器、角锥	骨针、鹿角靴形器	骨笄		
	玉器	玦	玦、管	玦、管		管、璜
随葬方式		陶釜敲碎铺在死者身上，豆盘以下敲掉，将豆盘或陶盆覆盖于死者面部，墓内摆放花石子	纺轮放在腰部旁边	陶釜被打碎后放在头部或上半身上，豆和三足钵的脚部被敲断，然后把盘部放在头部旁边	花石子置于死者口中	把脚部被敲断的鼎放在头部旁边

圩墩墓葬的价值还在于出土的人骨架保存得非常好，我馆当年提取的十余具圩墩人骨架，40年后，长骨的骨质仍保持坚硬，颅骨圆整光滑，牙床整齐，这在土壤酸化

程度高、地下水位高的江南地区实属罕见。在所有已发掘的马家浜文化遗址中，也只有金坛三星村遗址墓葬骨架可与之相比。如果仔细对比这两处遗址就会发现，这两处遗址都有丰富的蚬螺堆积层。从自然科学的角度来看，蚬螺壳的主要成分是碳酸钙，在漫长的堆积腐蚀作用下逐渐中和了土壤中的酸性物质，使得土壤土质整体呈中性或弱碱性，腐蚀性较弱，有利于骨架的完整保存。除此之外，似乎还有更深层次的原因。马家浜时期目前已知具有大面积蚬螺堆积的遗址除了圩墩、三星村之外，尚有宜兴西溪遗址①和骆驼墩遗址，西溪遗址未发现大型墓地，而骆驼墩遗址墓葬保存条件不佳。这是因为，骆驼墩的蚬螺堆积位于第⑧层下，墓葬层位于第③、④层下，蚬螺堆积显然与墓葬没有关系。研究者认为，骆驼墩遗址的蚬螺堆积是作为一种资源来存放和处置。②而圩墩和三星村两地，墓葬层位于第③、④层下，蚬螺堆积层即为第④层，三星村"从发掘情况看，（蚬螺层）基本覆盖墓地的全部"③。圩墩遗址也是类似的情况。这说明马家浜晚期阶段，人类有可能已经认识到蚬螺层在防潮方面的作用，从而有意识地加以利用。以往我们在发掘中比较看重蚬螺堆积所代表的生产方式或经济模式方面的价值，④今后似乎也应注意这类特殊遗迹现象的功能性意义。

圩墩墓葬另外一个显著特点，是许多先民个体存在生前拔牙的现象。根据上海铁道医学院口腔系和上海自然博物馆人类组对圩墩遗址第1—3次发掘中的115例标本观察研究⑤表明，圩墩遗址的拔齿行为只发生在成人间，总拔齿频率为39.2%；其中以上颌中切牙与侧切牙组合缺失情况最多（81.6%）；女性均为右侧中切牙与侧切牙缺失，而男性则两侧皆有。这充分说明，圩墩人的拔牙完全是一种有意识、有目的的行为。科学家通过对齿部的X光透视分析进一步指出，圩墩先民的拔牙方法，可能是先用石锛适度连续敲击，使要拔除的牙齿脱臼松动，然后以骨镞或骨铤拔去，与现代拔牙方法基本相似。⑥韩康信对我国拔牙习俗的源流和意义进行了系统研究，他指出，圩墩遗址的拔牙风俗可能源于大汶口文化的影响，⑦并且与大汶口文化高达60%以上的拔牙率相比，呈现明显的衰退过程。鉴于圩墩遗址仍是目前太湖流域发现拔牙现象最多的史前遗址，⑧如何继续利用这批珍贵的人类学资料，如何理解圩墩人拔牙风俗背后的文化意义以及这一习俗在整个马家浜文化圈中的独立性，是今后医学家、人类学家和考古

---

① 南京博物院、宜兴市文物管理委员会：《江苏宜兴西溪遗址发掘纪要》，《东南文化》2009年第5期。
② 同上。
③ 南京师范大学、金坛市博物馆：《金坛三星村——出土文物精华》，南京出版社2004年版，第3页。
④ 林留根、郭伟民等：《骆驼墩文化遗存与太湖西部史前文化》（上），《东南文化》2011年第6期。
⑤ 孙佩波、尤宝芸等：《圩墩新石器时代人头骨解剖生理和口腔疾病的研究——拔牙情况的研究》，《口腔医学》1993年3月第13卷第1期。
⑥ 同上。
⑦ 韩康信、潘其风：《我国拔牙风俗的源流及其意义》，《考古》1981年第1期
⑧ 除圩墩遗址外，崧泽遗址发现2例，三星村遗址发现1例。韩康信认为，三星村遗址不流行拔牙风俗。参见韩康信《金坛三星村新石器时代人骨研究》，《东南文化》2003年第9期。

学家需要共同面对的问题。

金坛三星村遗址发现较晚，也更好地借助了现代科学技术手段在考古中的应用，如三维建模的人像复原、基于骨骼病变的病理学研究等。那么，圩墩遗址所保留的良好的骨架标本，或许仍然可以发挥其价值，比如人像的面部复原，骨骼稳定同位素的分析，乃至南方新石器时代体质人类学的谱系研究和基因资料库的建立，都有进一步探索和发挥的空间。

四　圩墩遗址在多学科研究方面做出的贡献

圩墩遗址在发掘过程中，十分重视多学科协作研究，在20世纪80年代的工作条件下，一个地市级的中型博物馆，能有这样的课题意识，无疑具有相当的超前理念。在圩墩遗址的第四次发掘过程中，由常州博物馆与中山大学人类学系作为发掘组织者，约请上海博物馆人类学组、南京大学地理系第四纪环境研究人员、南京林业大学树木学研究人员、上海华东师范大学地理系及浙江农业大学相关科目的研究人员，尝试进行所谓"开放型"的田野考古发掘。[①] 这种开放性在于约请自然科学的工作者，共同参与发掘的始终，在发掘中现场考察、分析、商讨、采样，系统收集标本。这样的工作方法和组织模式其实在最近几年国内的大型考古工作中也多次被采用，是国家文物局倡导建立的理想考古发展模式之一。但在30年前的圩墩遗址发掘中，这种方法还属于一种实验性的组织模式。通过多学科协作研究，圩墩遗址的第四次发掘取得了令人满意的结果，在古人类、古动物、古地理、古气候、树木学、第四纪环境等多方面的研究都取得了突破。由科技工作者采集选定的几组碳十四标本都测出了令人信服的测年数据，为后来同类型的遗址确立了可资参照的年代标尺。

值得一提的是，在当年计算机技术尚未推广的条件下，圩墩遗址的发掘者采用数学统计的方法，尝试对遗址出土釜类器进行统计研究。[②] 为了研究精确，发掘者对考古发掘的陶片进行了完全采集，这在以往的考古发掘中是罕见的。经过对圩墩遗址第四次发掘统计，四个探方（400平方米）范围内，共出土釜类器638件，其中下层475件，上层163件。遗址内出土最多的直口筒形腰沿釜平均口径25.3厘米，平均底径9.8厘米，口至腰沿平均高度6.3厘米，底至腰沿平均高度12厘米。以此数据推算，该釜的体积约在18—20立方厘米，如果用来煮米饭，一般可以煮1—1.5公斤，从而可以得出圩墩遗址单位面积内稻米的总消耗量。现在看来，当年所进行的研究虽然在数量统计和逻辑推论方面值得推敲，但却堪称数学统计和实验考古相结合的一个成功尝试，前辈考古工作者一丝不苟的科学态度和大胆创新的科学精神，都值得我们学习和

---

①　陈晶：《开展考古学与有关自然科学的渗透研究——圩墩史前遗址应用多学科协作进行课题研究》，《常州博物馆建馆三十周年文编》，1988年。

②　陈晶：《说釜》，首届"农业考古国际学术讨论会"论文，1991年8月。

汲取。

五　圩墩遗址作为边缘性遗址的文化价值

我们在考古学研究的过程中，经常听到"中心遗址"的概念，就是指那些位于文化区中心位置、文化堆积深厚、延续时间长、集中体现文化区域特征的遗址。这类遗址也因其典型性常被作为文化或文化类型命名的首选。与之相对的，是那些位于两个或多个文化区交叉地带、文化面貌复杂的遗址，这类遗址可以视作边缘性遗址。我们在过去的研究中，比较重视中心遗址的价值，因为它们在文化研究中，具有相对完整性和时代延续性的特点，是比较理想的遗址对象；而边缘性遗址常常因为文化脉络不清，文化面貌破碎甚至文化断层而被研究者忽视。其实不然，中心遗址因其文化堆积深厚，文化影响深刻，所以它受到的外来文化的影响往往是缓慢的、长期的、不显著的；而边缘性遗址因其处于文化交界区，各种文化势力在此反复争夺，尤其是以边界战争的表现形式，造成文化面貌的迅速更替，所以边缘性遗址的文化特征的变化是迅速的、短期的、剧烈和显著的。透过边缘性遗址的研究，更有助于我们深入了解某一支文化或者多支文化在某个时间段内地缘结构的变化。从我们对圩墩这个太湖西北岸的典型边缘性遗址的观察和研究来看，也较好的印证了我们的理论。

常州所处的地理位置，正是宁镇丘陵向太湖平原过渡的中间地带，同时也是古长江下游航道最狭窄地段之一，这种特殊的区位环境决定了它的文化因素必然同时受到来自宁镇地区、太湖流域、江淮地区，甚至是沿江而下的长江中游诸文化的强烈影响。古往今来，此地的文化面貌一直呈现多元并立、犬牙交错的局面。崧泽文化的西部边界、良渚文化的西部边界、吴越争霸的边界乃至现代吴语区与江淮区的分野，都是以常州为界。而这样一种地缘文化特征，实际上可以追溯到6000年前的马家浜时期。

近十年太湖流域的史前考古工作揭示，在马家浜时期，太湖东西两岸存在着两支具有各自发展脉络的文化类型，以陶釜的形态为主要区别，两支文化的分界线分处太湖西北、西南部，包括常州圩墩、三星村、长兴狮子山和江家山。[①] 在这几处遗址里面，两种文化呈现此消彼长、平分秋色的态势，符合文化边缘区相互竞争、对立融合的特征，具体到圩墩遗址而言，如果将圩墩遗址的地层断面作为时间分割点来看，圩墩遗址第④、⑤层（即报告中所提到的圩墩遗址早期阶段）出土陶釜完全是圜底釜的特征，换而言之，圩墩遗址的早期阶段完全处于太湖东部圜底釜文化区的控制之下。而圩墩遗址从第③层开始出现并逐渐增多的平底器，则是太湖西部平底釜文化区开始影响控制此地的标志。尤其是第③层中出现的腰沿下带有竖向贴条的陶釜腹片，在当年的发掘过程中并未引起重视，直到20世纪90年代祁头山、彭祖墩遗址中出土了完整

---

① 林留根、郭伟民等：《骆驼墩文化遗存与太湖西部史前文化》（上），《东南文化》2011年第6期。

的筒形釜标本，我们才清楚地意识到这可能就是圩墩遗址晚期阶段文化影响的直接来源。可以说，圩墩遗址第③层和第④层的分界，实际上就是太湖西部平底釜文化圈入侵扩张至此地的关键分界。而这个时间节点，也可以通过历次发掘的碳十四年代推算出来。圩墩遗址各次发掘采集的圩墩早期的碳十四年代数据中，以第四次发掘的两个数据最晚（5245±255年和5245±150年）[1]，这个年代数据——距今5200年前后——既是圩墩早期阶段终止的时间，也是圩墩晚期阶段开始的时间，同时，更重要的是，它也是平底釜类型文化扩张至此地的时间节点。

从出土陶器和墓葬两方面的证据，我们可以看出，在马家浜文化中晚期，以祁头山类型为代表的平底釜文化圈，有一次明显的自东向西的扩张运动，圩墩和圩墩以西的新岗遗址均受其影响。不同的是，圩墩遗址是圜底釜文化的传统控制区，受到的文化影响相对较少，墓葬形态变化不大；而新岗遗址之前属于文化空白区，祁头山文化类型在此完成了拓荒和定居，所以，后者在葬俗和文物传统方面受祁头山文化影响更为深刻。

六　结　语

圩墩遗址发掘40年来，江、浙、沪考古界同人和各地学者对马家浜文化的发掘、研究取得了很大的进展，尤其是21世纪以来，随着江阴祁头山、宜兴骆驼墩、锡山彭祖墩、溧阳神墩等一批太湖西北部马家浜文化遗址的发掘揭露，为太湖西北部马家浜文化系统的发生和演进提供了更加全面的解释，同时也给我们的研究工作带来了新的课题。如何看待圩墩遗址在太湖西北部马家浜文化系统中的位置以及如何正确理解圩墩遗址和周边遗址之间的关系，将成为今后我们要着重探讨的课题。我们愿在已有的认识基础上，继续吸收新的文化知识，推动更加全面的学科合作，共同迎接太湖流域史前文明的曙光。

原载《东南文化》2012年第5期

---

[1] 常州市博物馆：《1985年江苏圩墩遗址的发掘》，《考古学报》2001年第1期。

边缘性遗址在考古研究中的价值

——以江苏常州史前遗址为例

彭 辉

在考古学研究的过程中，尤其是史前考古研究中，我们习惯把那些位于文化区中心位置、文化堆积深厚、延续时间长、集中体现文化区域特征的遗址称为"典型性遗址"或"中心遗址"；与之相对的是那些位于两个或多个文化区交叉地带、文化面貌复杂的遗址，这类遗址则可以相应地视作"非典型性遗址"或"边缘性遗址"。也有学者将其称为考古学文化的"旋涡地带"[1]。我们在过去的研究中，比较重视"中心遗址"的价值，因为它们在文化研究中，具有相对完整性和时代延续性，是比较理想的遗址对象，这类遗址常常因其典型性而被作为文化或文化类型命名的首选；而"边缘性遗址"则因为文化脉络不清，文化面貌破碎甚至文化断层的现实而被研究者忽视。

如果细致地分析两种遗址类型的特点，我们不难发现，中心遗址因其文化堆积深厚，文化结构稳定，文化影响深刻，所以它受到的外来文化的影响往往是缓慢的、长期的、渐进和不显著的；而边缘性遗址因其处于文化交界区，各种文化势力在此反复争夺，尤其是以边界战争的表现形式，造成文化面貌的迅速更替，所以边缘性遗址的文化特征的变化是迅速的、短期的、剧烈和显著的（表一）。透过边缘性遗址的研究，更有助于我们深入了解某一支文化或者多支文化在某个时间段内地缘结构的变化。从我们对江苏常州这个史前边缘性遗址集中地区的观察和研究来看，也较好地印证了我们的理论。

表一　　　　　　　　两种遗址类型的文化特征比较

遗址类型	延续时间	文化来源	文化结构	阶段差异	演变过程	文化继承
中心遗址	长期	单纯	稳定	不显著	渐变	延续
边缘性遗址	短期	多样	脆弱	显著	突变	断层

---

[1] 高蒙河：《试论"旋涡地带"的考古学文化研究》，《东南文化》1989年第1期。

一 常州的区位环境和史前遗址特征

常州市位于江苏省南部,在长江三角洲西部、太湖平原西北部,北临长江,东接太湖。现辖两市五区。常州市区属太湖流域的水网平原区,市区以西的金坛市地处宁镇丘陵与太湖平原交界区,市区以南的溧阳市则深处宜溧山区,环境类型多样是常州地理的显著特点。[①]

常州所处的地理位置,正是宁镇丘陵向太湖平原过渡的中间地带,同时也是古长江下游航道最狭窄地段之一,这种特殊的区位环境决定了此地的文化因素必然同时受到来自宁镇地区、太湖流域、江淮地区,甚至是沿江而下的长江中游诸文化的强烈影响。古往今来,此地的文化面貌也一直呈现多元并立、犬牙交错的局面。崧泽文化的西部边界、良渚文化的西部边界、马桥与湖熟文化的分界、吴越争霸的边界乃至现代吴语区与江淮官话区的分野,都是以常州为界的。可以说,常州地区的文化环境,始终处于一种地理区分和文化区别的边缘状态,这种状态在常州诸多史前遗址的面貌中得以呈现。

溧阳神墩遗址位于溧阳市社渚镇,太湖西部平原的西缘,面积近3万平方米。2004—2006年发掘,发掘面积1002.5平方米,主要为马家浜时期遗存,另有少量的良渚文化遗存和商周遗存。[②] 发掘者将神墩遗址分为早、晚两个时期。早期遗存属于来自遗址东部和东南部的"以平底腰沿釜为中心的马家浜文化早期的骆驼墩类型或骆驼墩—吴家埠类型"[③]。而中晚期遗存受西部宁镇地区北阴阳营文化和古丹阳湖流域薛城文化类型的影响较大,"在文化面貌和地域特征上表现出很强的过渡性"[④]。

金坛三星村遗址位于金坛市西岗镇,面积约10万平方米。1993—1998年发掘,发掘面积525平方米,清理出新石器时代不同阶段墓葬1001座。[⑤] 发掘者认为,三星村遗址的文化特征"多与北阴阳营文化相同,与马家浜文化、崧泽文化及龙虬庄文化存在联系"[⑥]。研究者进一步研究认为,三星村早期遗存(打破生土遗存)源自骆驼墩—吴家埠类型,墓葬遗存则"已纳入宁镇地区的北阴阳营文化系统,并保持着相当多的太湖西部文化传统"[⑦]。

常州圩墩遗址位于常州市戚墅堰区,面积约20万平方米。1972—1992年发掘,发掘

[①] 常州博物馆:《常州新岗——新石器时代文化遗址发掘报告》,文物出版社2012年版,第1页。
[②] 田名利:《略论环太湖西部马家浜文化的变迁——兼谈马家浜文化的分期、分区和类型》,《东南文化》2010年第6期。
[③] 南京博物院、常州博物馆、溧阳市文化局:《江苏神墩遗址发掘简报》,《东南文化》2009年第5期。
[④] 同上。
[⑤] 南京师范大学、金坛市博物馆:《金坛三星村出土文物精华》,南京出版社2004年版,第1页。
[⑥] 同上书,第3页。
[⑦] 田名利:《略论环太湖西部马家浜文化的变迁——兼谈马家浜文化的分期、分区和类型》,《东南文化》2010年第6期。

面积1845.25平方米。主要为马家浜文化时期遗存，还有少量的崧泽文化遗存。传统观点认为，圩墩遗址是典型的"以圜底腰沿釜为主要特征的圩墩—草鞋山类型"①，近年来有人根据当年出土实物，判断"圩墩遗址的早期阶段完全处于太湖东部圜底釜文化区的控制之下"，而晚期阶段则开始受到"太湖西部平底釜文化区的影响和控制"②。

二 圩墩遗址所反映出的边缘性遗址特点

近十年太湖流域的史前考古工作揭示，在马家浜时期，太湖东西两岸存在着两支具有各自发展脉络的文化类型，以陶釜的形态为主要区别，两支文化的分界线分处太湖西北、西南部，包括常州圩墩、三星村、长兴狮子山和江家山。③ 在这几处遗址里面，两种文化呈现此消彼长、平分秋色的态势，符合文化边缘区相互竞争、对立融合的特征。具体到圩墩遗址而言，如果将圩墩遗址的地层断面作为时间分割点来看，圩墩遗址第④、⑤层（即圩墩各次报告中所提到的圩墩遗址早期阶段）④ 出土陶釜完全是圜底釜的特征，换而言之，圩墩遗址的早期阶段完全处于太湖东部圜底釜文化区的控制之下。从圩墩遗址第③层开始出现并逐渐增多的平底器，则是太湖西部平底釜文化区开始影响控制此地的标志。尤其是第③层中出现的腰沿下带有竖向贴条的陶釜腹片，在当年的发掘过程中并未引起重视，直到20世纪90年代祁头山、彭祖墩遗址中出土了完整的筒形釜标本，我们才清楚地意识到，这可能就是影响圩墩遗址晚期阶段文化的直接来源。可以说，圩墩遗址第③层和第④层的分界，实际上就是太湖西部平底釜文化圈入侵扩张至此地的关键分界。而这个时间节点，也可以通过历次发掘的碳十四年代推算得出。圩墩遗址各次发掘采集的圩墩晚期的碳十四年代数据中，以第三次发掘的T7801③层数据（6210±180年）为节点，⑤ 这个年代数据——距今6300年前后——既是圩墩早期阶段终止的时间。也是圩墩晚期阶段开始的时间。而这一时间点，恰与祁头山遗址第四期（最后一期）的下限时间吻合，说明它也极有可能是平底釜类型文化扩张至此地的时间节点。

根据日本学者久保田慎二对马家浜时期各遗址的统计研究，⑥ 圩墩遗址墓葬的墓

---

① 陈晶：《马家浜文化两个类型的分析》，转引自《中国考古学会第三次年会论文集》（1981），文物出版社1984年版。
② 陈丽华、彭辉：《圩墩遗址发掘四十周年的回顾与思考》，《东南文化》2012年第5期。
③ 林留根、郭伟民等：《骆驼墩文化遗存与太湖西部史前文化》（上），《东南文化》2011年第6期。
④ 常州市博物馆：《江苏常州圩墩村新石器时代遗址的调查与试掘》，《考古》1974年第2期；吴苏：《圩墩新石器时代遗址发掘报告》，《考古》1978年第4期；常州市博物馆：《常州圩墩新石器时代遗址第三次发掘简报》，《史前研究》1984年第2期；江苏省圩墩遗址考古发掘队：《常州圩墩遗址第五次发掘报告》，《东南文化》1995年第1期。
⑤ 常州市博物馆：《1985年江苏圩墩遗址的发掘》，《考古学报》2001年第1期。
⑥ ［日］久保田慎二：《马家浜文化的地域性——以墓葬的分析为主》，转引自《江南文化之源——纪念马家浜遗址发现五十周年图文集》（上卷），中国摄影出版社2011年版，第64页。

向早期集中在15°—20°和340°—345°，晚期则集中在355°—15°和40°—45°，虽然整体而言墓向仍是北向，但晚期墓葬偏东向的角度更大一些。此外，过去的研究认为，圩墩遗址是一个盛行俯身葬的遗址。根据统计数据，圩墩墓葬早期阶段俯身葬式41例，仰身4例；晚期阶段俯身葬式89例，仰身10例。可以看出，晚期阶段圩墩墓葬中仰身葬式的数量也在缓慢地增长。如果比较太湖西北部几处比较重要的遗址类型（表二），我们不难得出结论：圩墩遗址晚期阶段已经明显受到以祁头山遗址为代表的文化类型的影响和冲击，而且不单是圩墩，圩墩西部的新岗、更西部的三星村遗址都受到了此种影响。这或许可以成为研究祁头山遗址类型晚期阶段活动路线的新角度。

表二　　　　新岗遗址与周边主要遗址马家浜晚期阶段墓葬形制对应表

		新岗遗址	圩墩遗址	祁头山遗址	三星村遗址
墓向		北	北、东北	东	北
葬式		仰身	俯身、仰身	仰身	仰身
葬制		竖穴土坑	平地掩埋	竖穴土坑	平地掩埋
随葬品	陶器	釜、豆、盆、盘	釜、鼎、豆、钵、壶、罐	釜、豆、钵、盆	鼎
	石器	纺轮、斧	纺轮、锛	锛、斧	
	骨角器	鹿角靴形器、角锥	骨针、鹿角靴形器	骨笄	
	玉器	玦	玦、管	玦、管	
随葬方式		陶釜敲碎铺在死者身上，豆盘以下敲掉，将豆盘或陶盆覆盖于死者面部，墓内摆放化石子	纺轮放在腰部旁边	陶釜被打碎后放在头部或上半身上，豆和三足钵的足部被敲断，然后把盘部放在头部旁边	把足部被敲断的鼎放在头部旁边

从出土陶器和墓葬两方面的证据可以看出，在马家浜文化中晚期，以祁头山类型为代表的平底釜文化圈，有一次明显的自东向西的扩张运动，圩墩和圩墩以西的新岗遗址均受其影响。不同的是，圩墩遗址是圜底釜文化的传统控制区，文化势力较为深厚，受到的外来文化影响相对较少，墓葬形态变化不大；而新岗遗址之前属于文化空白区，祁头山文化类型在此完成了拓荒和定居，所以，新岗遗址在葬俗和文物传统方面受祁头山文化影响更为深刻。

三　常州诸遗址所反映的太湖西部史前文化变迁

常州已发掘的各史前遗址的绝对年代显示：神墩遗址晚期年代始于 6500 年前前后，三星村墓地年代始于 6500 年前前后，圩墩晚期年代始于 6300 年前前后。这说明在距今 6500—6300 年，太湖西部的原始文化格局已经发生了重大变迁。造成这种变迁的原因是多方面的，包括环境气候、自然资源、社会结构、文化交流等。从考古学文化的表现来看，这一段时间正是宁镇地区北阴阳营文化和古丹阳湖流域薛城文化向东、向南迅速扩张，江淮流域龙虬庄文化跨过长江，在常州、江阴一带登陆后迅速向南扩张的时期，这两支外来文化的强势推进，打破了太湖西区、西北区原有文化结构的平衡，使得该地区的史前文化面貌呈现出复杂性和多样性的一面。在一些原有文化基础深厚的地区，外来文化的影响力还表现得相对弱一些，主要体现在器物形态或丧葬形式上。典型者如溧阳神墩遗址和常州圩墩遗址。溧阳神墩遗址从中期遗存开始，"陶器中平底釜的种类和数量大量减少，并迅速被各种平底鼎和圜底鼎取代，且成人墓葬随葬品与婴儿瓮棺葬陶器变化速率还有明显的差别。……在文化面貌和地域特征上虽表现出很强的过渡性，但其从属于太湖西部文化区的基本格局未曾改变"①。而另外一些遗址，原有的文化传统不强，受外来强势文化影响非常大，可以说是"外来文化在扩张过程中，对土著文化的冲击遏制了土著文化的再发展……表现在文化内涵上便是土著文化的不断衰落和外来文化的持续增长"②。三星村遗址就是这样的例子。三星村遗址早期受太湖西部平底釜文化系统控制，而中、晚期的三星村墓地中出土的陶钵形鼎、七孔石刀、石锄、陶尊等物，均与南京北阴阳营文化下层墓葬出土同类型器相似，主要丧葬风俗和随葬习惯都和宁镇地区趋同，马家浜文化的物质因素虽然还有，但表现力已不显著。这说明，三星村的本地文化可能在这一时期已经被外来文化征服融合，改从征服者的文化传统。

常州市区附近的新岗遗址则更好地说明了处于马家浜文化与崧泽文化之交时期的边缘性遗址的复杂格局。③新岗遗址最早的居民，来自第⑥层下打破生土的 16 座马家浜晚期墓葬。这些墓葬显示的特点与江阴祁头山出土墓葬高度相似。普遍采用以豆盘或盆钵覆盖面部的特殊葬俗，"人为敲去豆盘下部的豆柄及豆座的随葬形式以及将陶釜毁器后，碎片覆盖于死者身体"④的特点，都与祁头山遗址完全符合。新岗遗址普遍采用的竖穴土坑的葬法和仰身直肢的葬式，也与太湖东部、南部、东南部所流行的俯身葬、平地掩埋的葬法迥异。由此可见，新岗遗址马家浜文化时期墓葬很可能直接承袭

---

① 南京博物院、常州博物馆、溧阳市文化局：《江苏神墩遗址发掘简报》，《东南文化》2009 年第 5 期。
② 高蒙河：《试论"旋涡地带"的考古学文化研究》，《东南文化》1989 年第 1 期。
③ 常州博物馆：《常州新岗——新石器时代文化遗址发掘报告》，文物出版社 2012 年版。
④ 南京博物院、无锡市博物馆、江阴博物馆：《祁头山》第五章《结语》，文物出版社 2007 年版，第 155—168 页。

自以祁头山—彭祖墩遗址为代表的文化类型。它可能是祁头山类型文化在受到北部的压力（这种压力可能包括江淮史前势力的压迫或长江泛滥造成的环境恶化）后，被迫向南、向西移动而形成的据点。由于其在生土层上直接开发，所以这个据点又带有明显的拓荒性质。随后，江淮地区和宁镇地区的文化势力相继到达此地，表现在考古学方面，墓葬习俗又为之一变，多座墓葬内部发现以花石子作为随葬品，明显是受到北阴阳营文化的影响。随葬器物中，三足器显著增多，侧把鼎数量较多，可以说是受江淮地区的文化因素直接影响。这都说明，此地在马家浜文化衰退之后、崧泽文化崛起之前，存在一个受宁镇地区文化和江淮地区文化交替控制的过渡时期。直到太湖流域的崧泽文化类型发育成熟后，又开始了新一轮的外扩，新岗遗址才重新被纳入崧泽文化圈。

四　结　语

通过对常州地区史前遗址的分析，可以简单勾勒出太湖西北部地区6000—5000年前文化格局的变迁情况。诚然，这种勾勒是粗线条的、零星的、甚至有些理想化的，这些边缘性遗址文化面貌的错综复杂和谱系关系的盘根错节远远超乎我们的想象。如同高蒙河先生在谈到旋涡地带的研究方法时指出的那样，首先必须实现两个条件：一是对周邻文化的研究，二是对旋涡地带自身文化的研究。两者相辅相成，缺一不可。从这个角度来讲，我们对太湖西部诸多边缘性遗址的讨论无疑是不完善的，但也正是这样的原因，也为这些发掘多年的遗址提供了重新思考和定位的价值。

吴文化与古代民族融合

黄建康

吴国的历史，从商末周初太伯立国到公元前473年被赵国所灭，前后延续了七百多年。在这一时期内吴国人所创造的物质和精神文化，就是我们通常所指的吴文化。夏商时期，在中原地区，汉族的前身——华夏族逐渐形成。以华夏民族为中心，呈现出"南蛮北狄，东夷西戎"的民族分布格局。夏商中央王朝的建立，华夏与周边民族的交流日益频繁，特别是到西周、春秋战国之际，各诸侯国之间的兼并更趋激烈，进一步促进了周边民族融入华夏族的进程，吴文化就是伴随着这一过程而逐步形成的。由于吴文化自身独持的内涵以及所处相对持殊的地理位置，使它在这场民族融合的历史进程中起到不可替代的传承作用，为以后夷、越等少数民族进一步融入汉民族奠定了坚实的基础。本文拟从这一角度作一些尝试性的探讨。

一

偏隅东南一方的吴国是在怎样的民族结构的基础上建立起来的，要解决这个问题，首先得了解吴开国之初的地域。

自东汉以后，太伯奔吴，居无锡梅里之说似成定论，直到今天，仍有不少学者坚持这种传统观点。根据有关古代文献，再结合不断丰富的考古材料，多数同志已主张把重点放在皖南地区。成书于战国时期的《世本》有"吴孰哉居藩蘺"的记载，"孰哉"即仲雍，"藩蘺"现在何处？众说不一。商志醰先生认为，"藩蘺"应是今天的丹徒[1]。这和建国以来丹徒一带所发现的许多随葬青铜器的西周墓葬相比照，无疑具有较强的说服力。但丹徒并非太伯和仲雍起城建国、"自号勾吴"的发祥地。屈原在《天问》中提出"吴获迄古，南岳是止，孰期去斯，得两男子"的疑问，说明太伯之后，仲雍确实把吴国的政治中心迁往他处，但仲雍又从何地而来？司马迁在依据他对所见史料充分梳理的基础上，通过对历史事件发生地实地考察后认为，"太伯、仲雍乃奔荆蛮。"应该具有相当的可信程度。他在《史记》中，把后来的吴、楚两地明确以"荆蛮"和"楚蛮"加以区分，因而有的同志认为，"荆蛮"应是"荆地之蛮"，即今安徽

---

[1] 商志醰：《吴国都城的变迁及阖闾建都苏州的缘由》，《吴文化研究论文集》，中山大学出版社1988年版。

省芜湖的大、小荆山一带。① 《越绝书·军气篇》云："吴故治西江。"西江究竟在何地？《越绝书·请籴内传》云："夫吴与越也，接地邻境……三江环之，其民无所移，非吴有越，越必有吴。"对于"三江"的解释历来众说纷纭，对照当时吴越的地望，此三江应指现在的长江、钱塘江和安徽南部的青弋江。这三江环抱的地区，正是当初吴越两国的主要活动区域，《读史方舆纪要》引宋《元丰九域志》云："吴城，一名太伯城，在（宜兴）县西南二十里。"宜兴西南，即今安徽省郎溪、宣城、芜湖一带，是青弋江支流——水阳江的上游地区，结合《吴越春秋》中提及的"故太伯起城……在西北隅，名曰故吴"这样的大致方位，西江应是现在皖南地区的青弋江。因此从文献材料来分析，太伯、仲雍最初到达的地区应是皖南一带，以后逐渐东移宁镇地区。不断丰富的考古材料也充分说明了这一点：长江下游发现的西周早中期的墓葬主要集中在皖南和宁镇地区，其中有溧水乌山一、二号墓，屯溪西周墓，丹徒烟墩山宜侯墓以及丹阳司徒墓等，且出土青铜器的风格基本一致。

　　太伯、仲雍对于始奔地的选择，是经过一番深思熟虑的。无论当初太伯在传国之争中是体面地"礼让"，还是在刀光剑影中被迫出走，带领一干族人远涉千里，亡命他乡，最迫切的任务就是寻找一块能够站稳脚跟的地方。商末周初，东方的江淮流域是夷伯天下，长江中游则是楚蛮之地，东南沿海是百越的分布区域，而地处长江以南的皖南一带，正是中国古代几大少数民族的交汇区，亦即所谓的"文化旋涡地带"。由于族属和文化上的差异，这种文化旋涡地带对于外来的文化因子具有较强的吸收和容纳能力，而非民族中心地区常见的对不同民族和文化强烈的排异性，而这种民族交会地区恰好是太伯、仲雍心目中的"热土"，是他们安身立命的首选之地。

　　在青弋江与长江交汇的地区，是一处理想的渡口，这里江面狭窄，北有裕溪与长江汇流，南有青弋江直通江南腹地，自古就是南北文化交流的主要通道之一。以此为纽带，夏商时期，中原华夏族与南方少数民族的交流由来已久。在苏皖沿江地区的许多青铜文化的遗址中，存在着有别于本地区其他同时期文化的显著特征，即包含大量鬲文化的因素，而陶鬲被视为受中原文化影响最为显著的标志之一。岳石文化属于东夷文化的范畴，镇江马迹山遗址和宁镇地区其他遗址中岳石文化因素的存在，说明自夏代以后，夷人的势力就已影响到长江以南的宁镇一带。丹徒古称"朱方"，据考证，应是殷商时期某一方国称谓的遗留，商朝的卜甲"方""夷"通用，"朱方"就是"朱夷"，说明宁镇附近确实存在着以夷人为主体的小方国。② 至于早期的越族，陈梦家先生认为，"上古之越，其族散居于江浙闽粤，而最初当在苏境，渐次而南……吴既得苏锡，而越人遂浮湖退居浙江矣"③。显而易见，当时的皖南及沿江宁镇一带，应该是以越人、夷人为主体，包括商周时期中原华夏族在内的民族成分混杂的区域，太伯、仲

---

① 张敏：《关于吴文化的几个问题》，《南京博物院集刊》1987年第9期。
② 刘建国：《宜侯夨簋与吴国关系新探》，《东南文化》1988年第2期。
③ 陈梦家：《禺邗王壶考释》，载《吴文化资料选辑》第十辑，原载《燕京学报》第21期，1937年6月。

雍南来之前，这里已经有了一定的南北文化交流与民族融合的，正是基于这样的前提，当太伯、仲雍等一干周人浩浩荡荡南下到达目的地后，才能被当地的人民所认可，直至接纳。当然，这里面有一个渐进的过程。《左传·哀公元年》："太伯端委，以治周礼，仲雍嗣之。断发文身，臝以为饰，岂礼也哉？有由然也。"可见，至少从仲雍开始，吴国的统治者已经接受当地其他民族的风俗习惯，在当时吴国范围内，形成了以越人、夷人和周人为主体的民族构成新格局，而新兴的小国——吴，正是在这样的多民族逐步融合的基础上不断发展和壮大的。

二

吴国建立以后，为了进一步扩展自己的生存空间，其政治中心渐向东南推进。随着国力的增强，吴国的疆域不断拓展，寿梦时"吴始益大，称王"，与"中国时通附会，而国斯霸焉"。至吴王夫差末年，吴北通上国，跨蹑蛮荆，达到它的全盛时期。其疆域大致占有今江苏全境、安徽长江以南与大别山以东、浙江与江西北部这样的广大地区。①

由于吴国西邻强楚，东临大海，所以它扩张的方向起初只局限于南北两个方面。西周时，现在的江苏、安徽南部以及浙江、福建、广东、广西，主要是百越的分布区域。《吕氏春秋》云，"扬汉之南，百越之际"，越有百种，言其多也，故称"百越"。而在苏南和浙北一带，据史籍记载的越人群体就有若人、姑妹、于越、欧人等，② 因此，吴国向南扩张的过程，就是对当地各个土著越人群体不断征服和兼并的过程。《越绝书·吴地传》记载了许多在吴国范围内、过去曾经属于某个越王的城池，例如"巫门外麋湖西城，越宋王城也"；"娄门外鸿城者，故越王城也"；"娄门外马安亭溪上复城者，故越余复君所治"；"马安溪上干城者，越干王之城也"。尤其引人注目的是对淹城的描述："毗陵县南城，故古奄君地也，东南大冢，奄君子女冢也，去县十八里，吴所葬。"已经明确透露当时的弹丸小国——奄，被吴所灭的重要信息。经过一系列的征服与兼并，在南方，吴国的势力到达太湖以南一线。

吴国对夷人的征服，除早期兼并朱方以外，可能始于与江北的干国的战争。《管子·小问》："昔者吴、干战，未龀不得入军门，国子摘其齿，遂入，为干国多。"虽然干国上下竭尽全力，但终被吴所灭。据《韩非子·难二》"蹇叔处干而干亡，处秦而秦霸"，郭沫若先生推断干国被吴所灭时间"可能在春秋以前，至迟亦当在春秋初年"③。说明在春秋前后，吴国终于跨过长江，深入夷人腹地，开始了北伐的征程。之后，吴国的疆域不断向北推进，春秋早期到达淮河一线。阖闾时，吴灭徐和钟吾。春秋后期，

---

① 魏嵩山：《古代吴立国的发源地及其疆域的变迁》，《吴文化研究论文集》，中山大学出版社1988年版。
② 尤中：《西周王朝及其境内外的民族群体》，《云南社会科学》1997年第3期。
③ 郭沫若：《奴隶制时代·吴王寿梦之戈》，人民出版社1954年版。

吴国的势力已深入淮河以北地区，与宋、鲁等国接壤。吴楚之争始于寿梦二年（前584），此后两国间互有攻守。在这场持续的战争中，吴国从夺取楚东部重镇棠邑开始，自东向西，兼并了江淮间的夷人小国钟离、舒、巢、舒鸠、六、龙舒、州来等，"蛮夷属于楚者，吴尽取之"。吴楚之间的界线推至今天安徽以西一线，淮河流域夷人分布的广大地区，也都归入了吴国的版图。

春秋时期，由于周王室日益衰微，各诸侯国之间战事连绵，弱肉强食。就征服者而言，对于弱者有两种不同的处置方式：一种属于掳掠性的征服，基本保留被征服地区的原有面貌，"兼人之国，修其国郭，处其廊庙，听其钟鼓，利其资财，妻其子女"①。另一种则是彻底的、毁灭性的征服，"兼人之国，堕其城郭，焚其钟鼓，布其资财，散其子女，裂其土地，以封贤者"②。吴国在一系列的兼并过程中，是以拓宽其疆域为原则，增强自身国力为目的，对于战争方式的选择，采取的是完全征服的形式。吴国依仗其强大的军事实力，南征北伐的同时，一方面大大拓宽了其国土疆域，另一方面在长江下游南北的广大地区，彻底打破了各民族相对稳定的分布格局，为该地区的民族融合做了铺垫。

三

斯大林曾对"民族"下了这样的定义："民族是人们在历史上形成的一个有共同语言、共同地域、共同经济生活以及表现于共同文化上的共同心理素质的稳定的共同体。"③ 从这个意义上讲，在一个多民族地区，征服和兼并，只是民族融合的外部强制力，而政治、经济、文化上的趋同性，才是民族融合的真正标志。

吴国的统治阶层，是以中原华夏族的周人集团为主体。商末周初，他们涉足荆蛮地区，已经带来了中原较为先进的华夏文明的因素。在吴建国以前，东南沿海属于"夷、蛮要服"之地，从考古材料和文献史料，都找不出国家和阶段对抗的迹象。太伯、仲雍南奔荆蛮，把中原国家机构的模式移植到南方蛮荒地区，而西周王朝对吴的几次分封，更是中原华夏族政治理念对江南地区大规模的输入。《史记·吴太伯世家》云："是时周武王克殷，求太伯、仲雍之后，得周章。周章已君吴，因而封之。"《太平御览》引《周处风土记》曰："周武王追封周章于吴，又封章小子斌干无锡也。"1954年在丹徒烟墩出土的宜侯夨簋，上面共有铭文130多字，详细地记述了成康时封吴王于宜的史实。宜的地望，现一般认为就在宜侯夨簋的出土地——丹徒附近。而宜侯夨可能是辈分相当于康王的周章之子熊遂。在此基础上，通过对中原文化的不断吸收和消化，到春秋时期，吴国的国家机构已相当完备。王位的继承由兄终弟及制演变为父

---

① 国家文物局古文献研究室：《马王堆汉墓帛书·经法·国次》，文物出版社1980年版。
② 同上。
③ 《斯大林全集》第二卷，人民出版社1953年版，第294页。

子相传，主要职官有王、侯、伯、太宰、大夫、行人等。吴在全国范围内推行封邑制。在军事上，实行军、旅、卒、什、伍五级编制，设立将军、嬖大夫、官师等指挥职位，全军则由吴王统率。晋使申公巫臣入吴教习车战阵，齐国孙武传授中原先进的军事思想，吴国的军事实力更趋强大。正基于此，吴王夫差才得以成就称雄中原的霸业。中原华夏族的政治体制在吴国范围内的普遍实施，产生了强有力的国家机器，必然要不断地向外扩张。在征服过程中，打破了各少数民族群体聚族而居的传统格局，把他们纳入了权力高度集中的新的统治体制内，在原先各少数民族分布的广大地区，出现了前所未有的政治一统的局面，从而加剧了各少数民族内部的阶级分化，它们原有的社会结构迅速解体，阶级关系的结合代替了民族关系的结合，而这正是吴国境内各民族融合的先决条件。

周人南来，对南方地区相对落后的生产力水平的促进作用是显而易见的，主要反映在以下几方面：首先，修筑城市宫室的工程技术。根据现有的考古材料，中原华夏族是中国古代最早掌握城市宫室建筑技术的民族。现已发掘的郑州商代古城，其建筑面积已颇为壮观；而周人在古公亶父时代就营造城池廓室，"一年成邑，二年成都"，掌握了大规模营造城市和建筑宫室的技术。殷商时期的南方地区，在这方面仍然无所建树。虽然《越绝书》记载了许多属于当时土著越人的城池，但这种城池只是人们依据一定的地形地貌聚族而居的场所，"早先凡是人们居住之地，皆可称之谓城……早期的城是台地式的，即以山川为自然城墙"①。太伯、仲雍南奔荆蛮，起城建国，无疑是中原较为先进的营造技术在南方地区的实践。殊为遗憾的是，太伯之城现已无从寻觅。但从阖闾时姑苏城的营造情况可以看出，吴国都城的建制，完全遵循了周朝都城制度。《考工记》记载了周朝都城的营造法则："匠人营国，方九里，旁三门，国中九经九纬，左祖右社，前朝后市。"姑苏城大城约方九里，宫城约方三里，城内布局严格分区，突出了"前朝后市"的原则。在熟练掌握了修筑城市和宫室的技术以后，春秋中后期，吴国境内，根据不同功能而营造的城池和宫室大量涌现："阖闾宫，在高平里"；"南越宫，在长乐里"；"路西宫，在长秋"；"伍子胥城，周九里二百七十步"；"居东城，阖闾所游城也"；"麋湖城者，阖闾所置麋也"；"溪城者，阖闾所置船宫也"。还有规模较大的固城、平陵城、云阳城、阖闾城等。特别是姑苏城，后来虽经楚春申君局部改造，但其原有规模宏大，布局严谨，宫室巍峨，连汉代司马迁都感叹："宫室盛矣哉！"春秋时期，筑城造室的工程技术在吴国境内得到普遍推广和发展，当时中原诸国就深惧吴国"城厚而崇，池广而深"②。而周人南下并在原有基础上不断吸收中原先进技术，是形成这种飞跃的关键因素。其次，青铜冶炼技术。西周以前，江浙一带的青铜器除湖熟文化遗址中出土一些小型工具和兵器，如刀、削、斧、戈、镞以外，基本上是一片空白。吴国建立以后，大约在西周前期，当地的青铜业进入了一个飞速发展的时期，

---

① 赵永良：《关于太伯仲雍奔吴的考释》，《江苏省哲学社会科学联合会1981年年会论文选》，1981年。
② 《吴越春秋·夫差内传第五》，江苏古籍出版社1986年版，第52页。

这一时期的青铜器有一个明显的特征，即两种风格共存。一种是纯粹的中原器型，如烟墩出土宜侯夨簋、母子墩出土的伯簋、屯溪一号墓出土的"闺父已尊"，以及破山口出土的"子作父宝鼎"等；另一种则是在保持与中原同类器型相一致的前提下，富有地方变化形式的青铜器。① 从中我们清楚地看到中原相对成熟的青铜器对江南青铜铸造业的发展所起的主导作用，而吴国则在其中扮演着极为重要的角色。李学勤先生通过对吴国青铜尊、卣的研究，精辟地认为："长江中下游以南的尊、卣系受中原地区影响，而这种影响是首先在吴国地区传入的……反映出吴国在江南文化发展上所起的重要作用……吴国是周王朝与江南地区文化的重要桥梁之一。"② 到春秋中后期，吴国的青铜铸造业已达相当水平，特别是青铜兵器的铸造技术，后来居上，领先于包括中原各诸侯国在内的全国其他地区。

目前，学术界普遍认为，"鸟篆"是吴越两国在春秋时期使用的官方文字，但"鸟篆"并不是独立的文字形式，它与中原周代金文的篆书结构基本一致，只是在书写形式上具有独特的鸟形装饰，这应该是吴越地区尚鸟习俗的具体反映。从时间上看，"鸟篆"最早出现在吴国。20世纪30年代，郭沫若先生曾在故宫收藏的青铜器中，发现一件吴王寿梦戈，并且考证，戈头"鸟篆"铭文的字体应在春秋中叶前后。而越国"鸟篆"铭文的使用却要晚到越王勾践时期。因此，我们有充分的理由相信，"鸟篆"是吴国通过吸收中原两周金文这种成熟的文字，结合本地区独特的习俗和信仰创造出来的一种文字，并逐渐推广，作为吴国的官方文字，以后才传入越、楚、蔡、宋等周边国家。统一文字的出现，大大促进了各民族之间的意识和情感交流，是一个多民族地区民族融合的标志。

通过全面吸收和消化中原华夏文明较为先进的因素，远在蛮夷之邦的吴国，在政治经济和文化各方面向前迈进了一大步。随着原来民族区域的打破，各民族内部社会结构逐渐解体，民族语言和民族共同特征也由于民族共同体的消失而逐渐失去了存在的社会基础。新的阶级制度确立以后，各民族的人们共同服务于现有的国家机器，使用统一的文字，固有的民族意识和民族情感逐步融入新的民族文化之中。吴国虽然公元前473年被越国所灭，但该地区业已形成的民族融合的趋势却不可阻挡。秦汉之际，东南地区夷越各族已基本完成了华夏化的过程。王充《论衡·恢国篇》云："夏禹倮入吴国。太伯采药，断发文身。唐虞国界，吴为荒服，越在九夷，蹶衣关头，今皆夏服，褒衣履舄。"吴文化在这一民族融合的历史进程中所起的传承作用，也越来越被史学界所认同。

原载《东南文化》2004年第1期

---

① 肖梦龙：《试论江南吴国青铜器》，《东南文化》第二辑，江苏古籍出版社1987年版。
② 李学勤：《吴国地区的尊、卣及其他》，《吴文化研究论文集》，中山大学出版社1988年版。

常州兰陵恽家墩汉墓发掘简报

常州博物馆

恽家墩汉墓位于常州市兰陵迎宾路福海大饭店（原工业展览馆）院内，为一座长逾50米、宽逾40米，高出地面6—7米的巨大土丘。因其靠近恽家村，故此得名"恽家墩"（图一）。据资料记载和村民回忆，该土墩于1948年和"文化大革命"期间，遭到两次大规模的发掘破坏，出土大量釉陶器、印纹陶器及青铜器、铁器等。为配合城市基本建设，同时也为了进一步摸清恽家墩的内部结构和剩余文物资源，经报请国家文物局批准，受常州市文物管理委员会委托，常州博物馆于2007年12月24日至2008年4月17日对恽家墩汉墓进行发掘，共清理汉至六朝墓葬36座、明清墓葬4座。现将发掘情况简报如下。

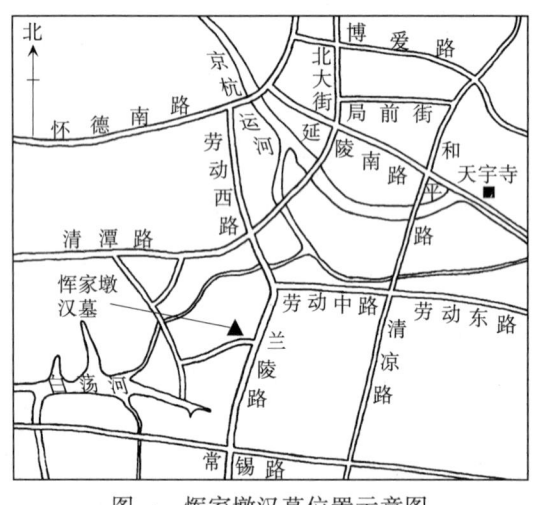

图一　恽家墩汉墓位置示意图

一　汉墓墓葬形制

汉代墓葬形制包括竖穴土坑墓和砖室墓两大类。墓葬排列有明显的规律性，土墩中央排布竖穴土坑墓19座（M16为陶瓮棺），除M19外，墓向均为南北方向。土墩四周环形排布16座砖室墓，墓向均指向土墩中心。这一排布现象在土墩以东、以南地区比较明显，而土墩以西、以北地区由于历年取土和工程建设，遭到严重破坏，部分砖室墓直接被压在现代建筑之下，推测土墩原面积应大大超过现在剩余面积（图二）。

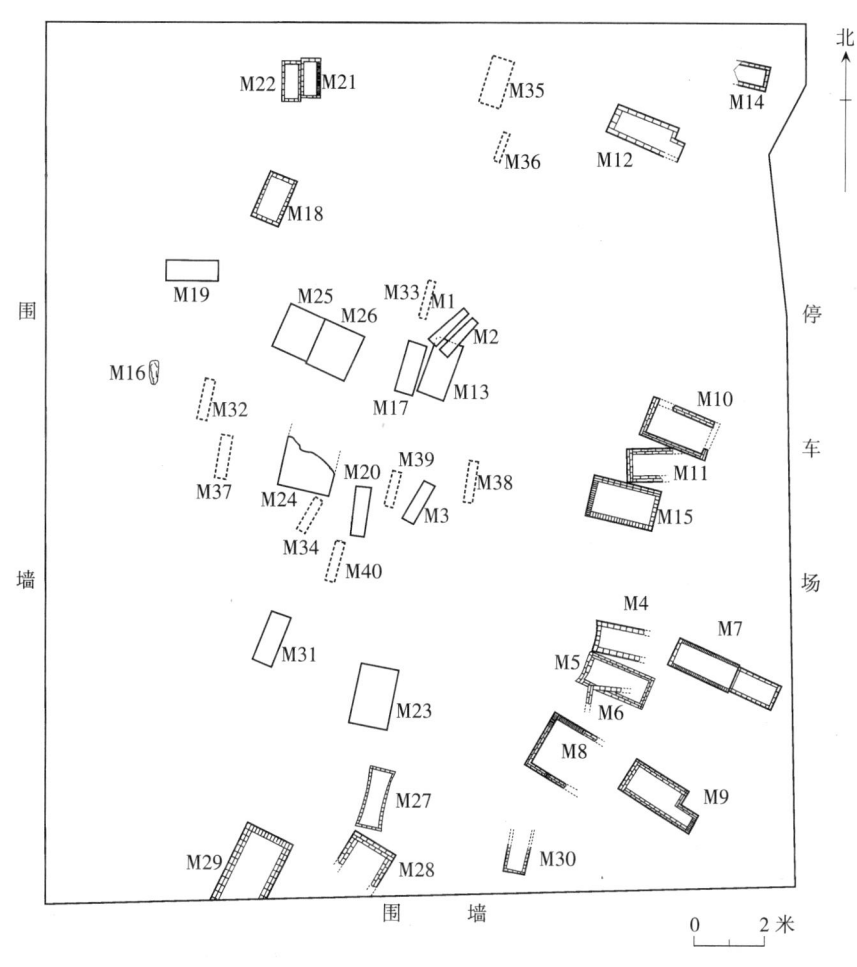

图二 恽家墩汉墓总平面图

1. 土坑墓 墓坑均作长方形，规模较大者近方形。以 M23 为最大，坑口长 3.64、宽 2.06 米。M26 最接近正方形，坑口长 2.88、宽 2.6 米。以 M3 为最小，墓口长 2.8、宽 0.7 米。墓坑最深的为 M26，深 2.4 米；最浅者为 M3，仅深 0.35 米。墓底距地表最深的为 M26，深 4.05 米。墓葬均开口于熟土层，墓坑口大底小，四壁略向内收。由于年代久远，葬具和人骨架多已腐朽，仅墓底残留棺椁的板灰痕迹。部分墓葬还发现红黑两色漆皮，证明棺木外侧曾髹红黑两色棺漆。一些规模较大的墓葬常存在随葬品集中摆放的现象，推测此类墓葬入葬时应设有侧边厢和头厢；墓坑较小的墓则不分厢。19 座土坑墓均为单棺葬，未发现同穴合葬墓，但 M25、M26 两墓墓坑相连，时代较接近，推测其为并穴合葬的夫妻墓。M13、M17 两墓坑并列，间距只有 0.3 米，推测为夫妻异穴合葬墓。墓内随葬品多寡不一，最多的为M25、M26，M25出土各类器物26件（套），M26出土各类器物70件（套）；最少的为M3，仅出土3件。棺内多随葬铜镜、铜钱、铁兵器和随身饰品等，而鼎、盒、壶、罐、瓿、罍等陶器、瓷器及青铜器皿则放置在边厢或头厢内。漆器均已朽烂，数量和品种已无法弄清，仅存铺首等装饰性金属部件（附表一）。

现以M13、M23、M25和M26为例，分别说明不同规格类型的土坑墓情况。

M13　墓向150°。长方形竖穴土坑墓，墓口距地表1.7米，长约3.5、宽约1.76米，墓壁平直，墓底基本同于墓口，深约2.3米。没有发现人骨及葬具，仅存白色长方形棺灰遗迹。随葬品多为陶器，围绕棺具直线堆放，主要为釉陶罐、釉陶壶、陶罐、陶鼎、陶灶等。头部西边有一面铜镜，其下有少量铜钱。随葬器物及棺下散布大量泥五铢钱（图三）。

M23　竖穴土坑墓，墓向350°，长方形竖穴土坑墓。墓口距地表1.7米，墓长3.64、宽2.06米，墓深1.95米。棺具已腐烂不见，仅存棺外黑色漆皮及白色长方形棺灰遗迹。根据棺灰测算，原棺具长2.4、宽1米。棺木位置内，两侧均摆放有两把铁剑，中部偏西的位置摆放有一面铜镜和一只琉璃猪，南部偏西的位置有一叠铜钱。棺木位置以外东部边厢位置摆放有两排陶器，南部头厢放置有一些铜器，北部放有一叠铜钱。陶器主要为釉陶罐、陶罍等，铜器主要为铜盆、铜泡、铜罐、铜箭筒、铜弩机、铜牌等器物。由于该墓葬靠近土墩边缘，墓葬东侧曾受过严重的挖掘破坏，出土陶器大都残缺不全（图四）。

M25和M26　并穴合葬墓。墓向20°。墓口距地表1.65米。M26的墓底比M25深0.15米，墓室后壁错位，不在同一直线上。根据发掘情况判断，墓坑为一次性同时营建，分两次埋葬。M25墓长2.8、宽1.9米，墓深2.25米。棺具位于墓左侧偏北位置，已腐烂不见，仅存棺外黑色漆皮及白色长方形棺灰遗迹。根据棺灰测算，原棺具宽0.6、长2米。墓右侧放置大量陶质随葬品及少量铜器，墓脚端放置大宗铜器、泥五铢钱及铁釜等。M26墓长2.88、宽2.6米，墓深2.4米。棺具位于墓中央，已腐烂不见，仅存棺外黑色漆皮及白色长方形棺灰遗迹。根据棺灰测算，原棺具长2.1、宽0.7米。棺左右两侧均放置大量随葬品，其中左侧以青铜器及铁器、大量铜钱为主，右侧以各式陶质随葬品为主，也有部分青铜器。墓脚端放置铁釜。墓主左右手两侧各放置一把铁剑，胸前放置有绿松石饰，铁器及绿松石饰均腐朽严重，不可提取（图五）。

2. 砖室墓　有长方形和刀把形两种墓室结构，其中长方形砖室墓14座，刀把形砖室墓2座。8座砖室墓墓墙以三顺一丁方式砌筑，4座砖室墓的墓墙均使用花纹砖。地砖多以"人"字形砌法铺筑，也有竖砖错缝平铺或双砖交错方式拼砌。墓顶多有坍塌，部分砖室墓可见拱券顶。由于砖室墓位于土墩外缘，大多墓室均遭到盗掘破坏，仅有6座砖室墓内出土有随葬品。随葬品多呈线性摆放于墓室头端或脚端。

现以M5、M7、M12、M18、M27为例，分别说明各规格类型的砖室墓情况。

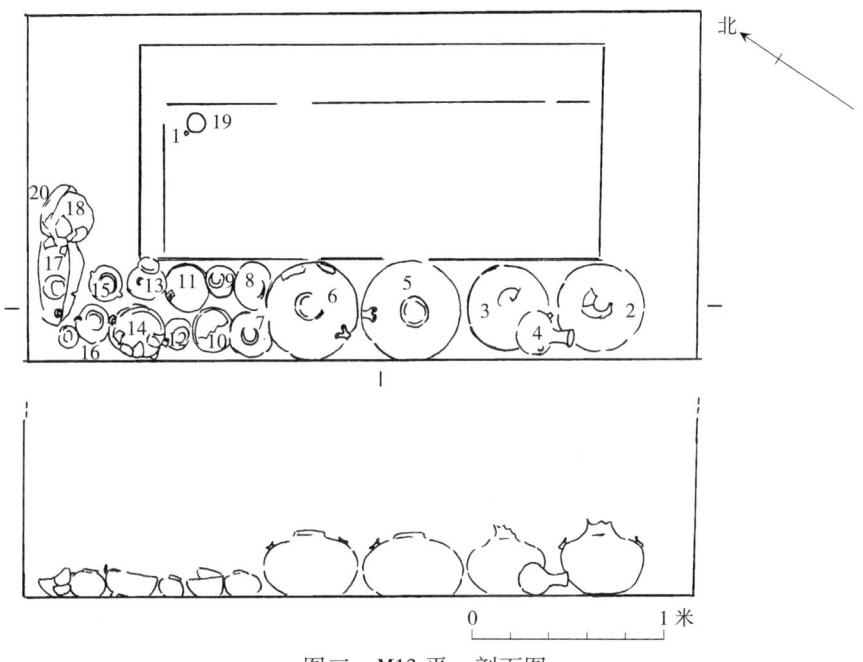

图三 M13 平、剖面图

1. 铜钱 2—4. 釉陶壶 5、6. 釉陶瓿 8、11. 釉陶鼎 7、9、13、15、16. 硬陶罐 10、14. 带盖釉陶盒 12. 灰陶罐 17. 陶灶 18. 铁鼎 19. 铜镜 20. 陶甑

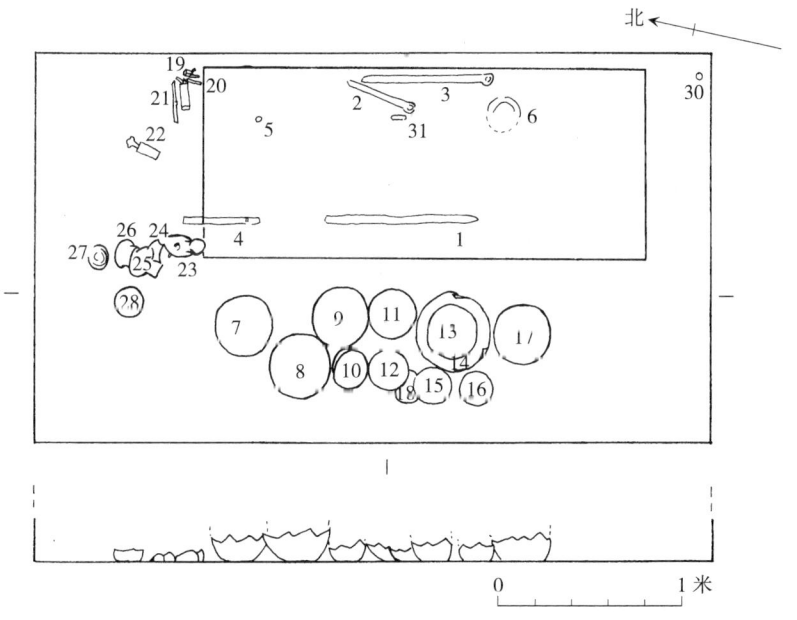

图四 M23 平、剖面图

1—4. 铁剑（残） 5. 铜构件 6. 琉璃璧 7—9、11、13. 釉陶罐 10、12、15—18. 硬陶罐 19. 青铜弩机 20. 铜箭筒 21. 铜矛 22. 铜牌 23. 铜壶 24—26. 铜罐 27. 漆器 28. 铜盆 29. 铜钱 30. 铜铺首 31. 琉璃猪

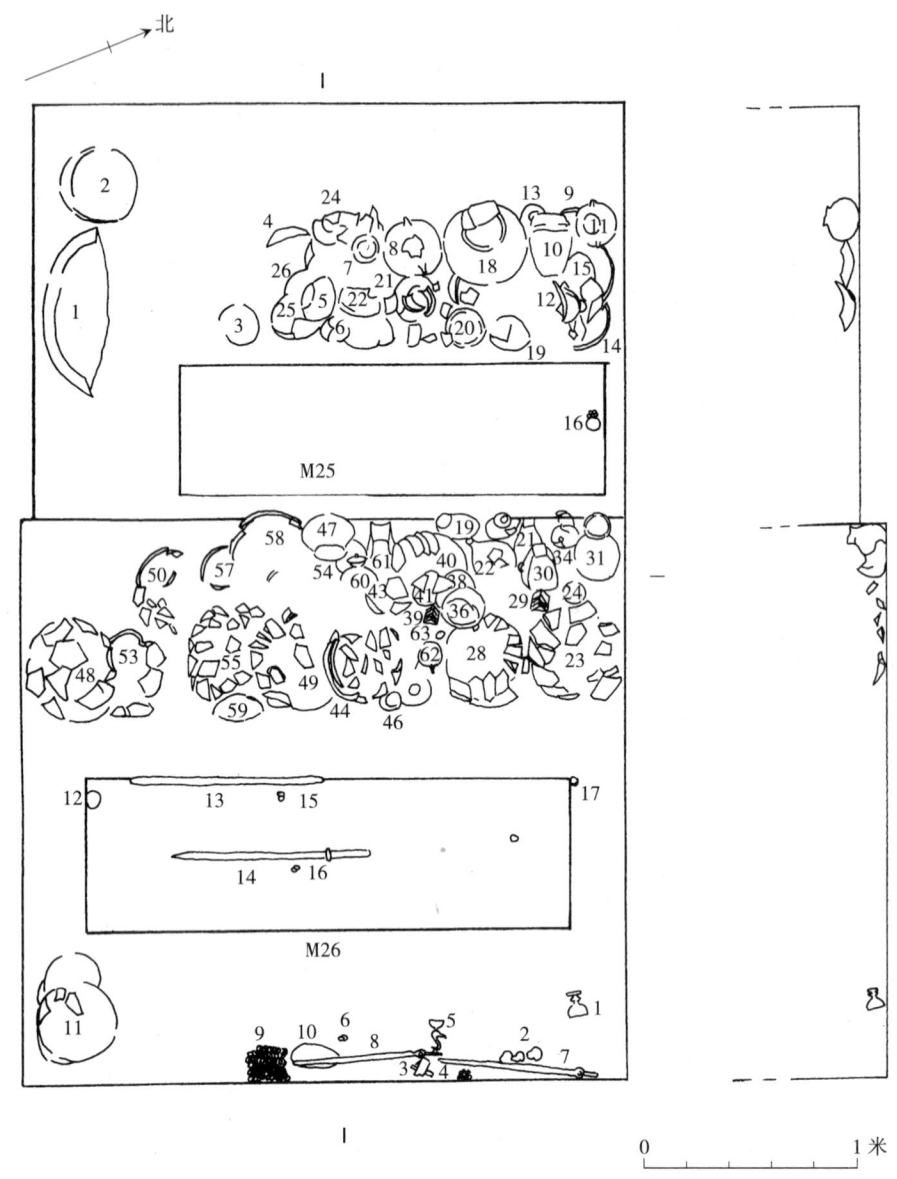

图五　M25、M26 平、剖面图

M25　1. 铜盆　2. 铁锅　3、5、6、7、15、22、24. 灰陶罐　4. 铜器　8、17、25. 釉陶罐　9. 铜镜　10、19. 带盖釉陶盒　11—13. 硬陶罐　16. 铜镜和铜钱　14、18. 陶罍　20. 釉陶鼎　21. 釉陶壶　23. 釉陶瓿　26. 带盖釉陶鼎

M26　1. 铜杯　2. 铜蟾蜍（4个）　3. 铜弩机　4. 泥弹丸　5. 铜灯　6、9、15—17. 铜钱　7、8、13. 铁剑　10. 铜器　11. 铁釜　12. 铜镜　14. 铁剑（带剑卫）　18. 陶灶（3件）　19、42、43、47、54. 硬陶罐　20、29. 陶屋　21、30. 釉陶钫　22. 陶壶　23、55. 釉陶瓿　24. 陶鼎　25. 釉陶盖　26. 带勺釉陶杯　27. 陶熏炉　28、40、44、53. 陶罍　31. 釉陶壶　32. 釉陶匜　33、46. 灰陶罐　34. 釉陶井（内有一罐）　35. 陶杵（2件）　36、37. 铜鼎　38. 陶壶　39. 陶猪圈（两陶猪）41. 陶盒　45. 陶灯　48. 釉陶壶　49、50、52、56、57. 釉陶罐　51. 釉陶盒　58. 铜盆　59、61. 铜钫　60. 带盖铜钫　62、63. 铜壶　64、65. 釉陶鼎　66. 釉陶匜（带勺）　67. 釉陶羊　68. 釉陶狗　69. 釉陶猪　70. 釉陶马

M5 长方形砖室墓。墓向97°。残墓口距地表约1.8米，长约4.08、宽约2.1米，残深约1.4米。墓西部的墓墙略呈弧线，向墓内凹进，从砌墙的方式可以看出，该墓往上起券，但券顶塌陷。墓墙以三顺一丁方式砌筑，至起券部位以横砖错缝砌筑，墓底砖以"人"字形铺筑。墓内填土为五花土，没有发现人骨及葬具，该墓较深，没有被完全盗扰，出土有釉陶壶、陶盘口壶、釉陶罐、铜镜、陶灶等器物（图六）。

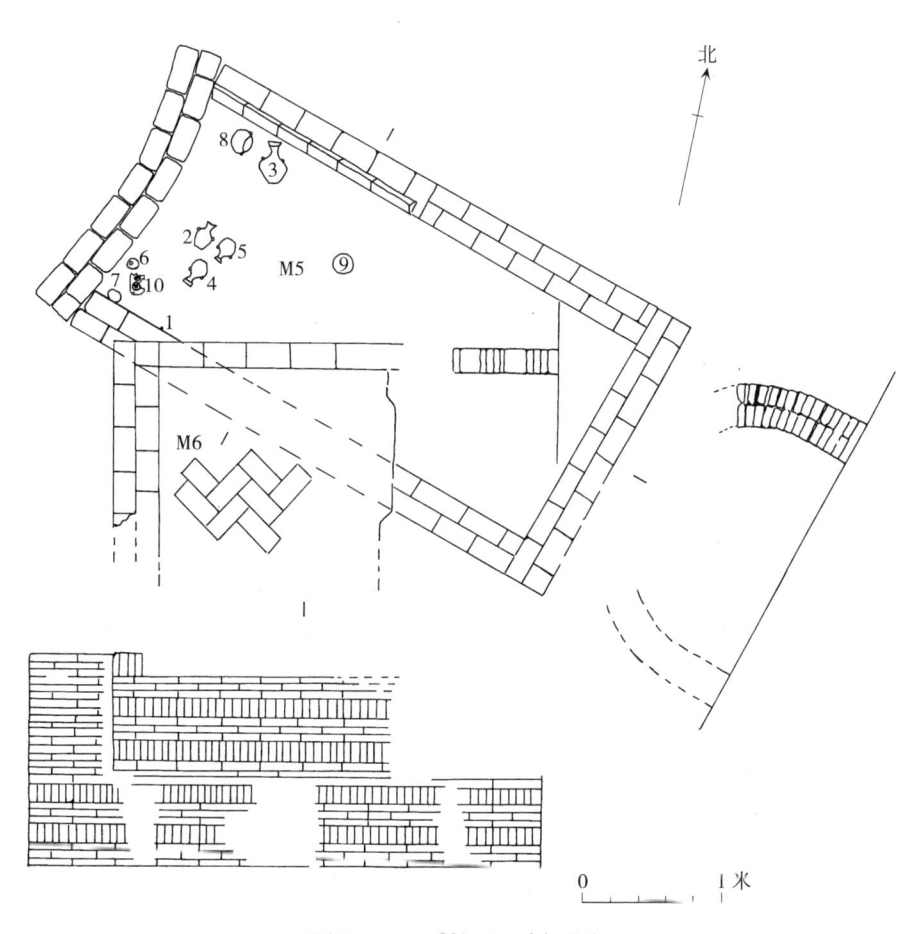

图六 M5、M6平、剖面图
1. 铜钱 2、4、5. 釉陶壶 3. 陶盘口壶 6、7. 硬陶罐 8. 带盖釉陶鼎 9. 铜镜 10. 陶灶

M7 长方形双砖室墓，墓向70°。该墓被破坏严重，基本只见墓底，距地表约2.1米。分为前后两室，墓全长7米，前室长3、宽约1.42米，后室长4、宽约1.7米，残深约0.3米。从残存墓墙来看，前室以横砖错缝平砌，后室似呈丁状起砌。墓底砖以"人"字形铺筑。墓内填土为五花土，没有发现人骨及葬具，出土物极少，在后室中部出土一把铁剑（图七）。

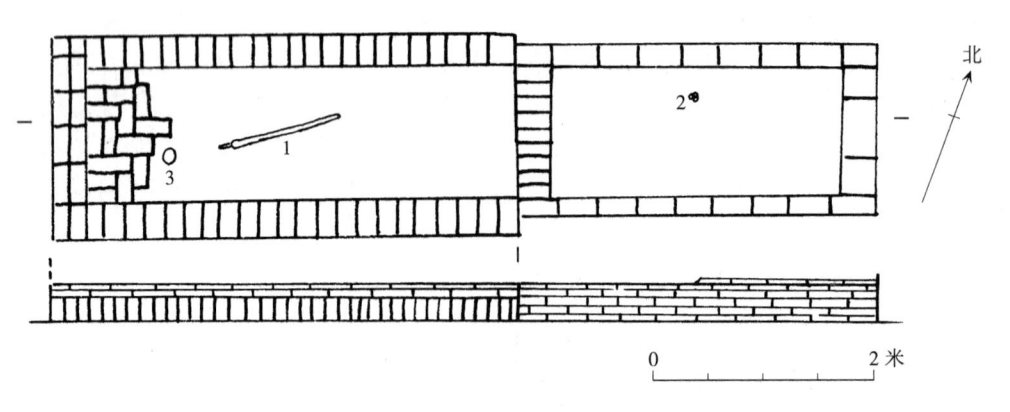

图七　M7平、剖面图
1. 铁剑　2. 铜钱　3. 四乳几何纹镜

M12　刀把形墓，墓向75°，该墓大部分被破坏，残墓口距地表约1.1米。该墓残长约4.6米，其中甬道残长1.02米，主室长3.58米。向上起券，但券顶已被破坏塌陷，残深约1.2米。墓墙以平砖错缝砌筑，墓底砖竖向错缝平铺。墓砖侧面有菱形花纹。墓内填土为五花土，没有发现人骨及葬具，无出土物（图八）。

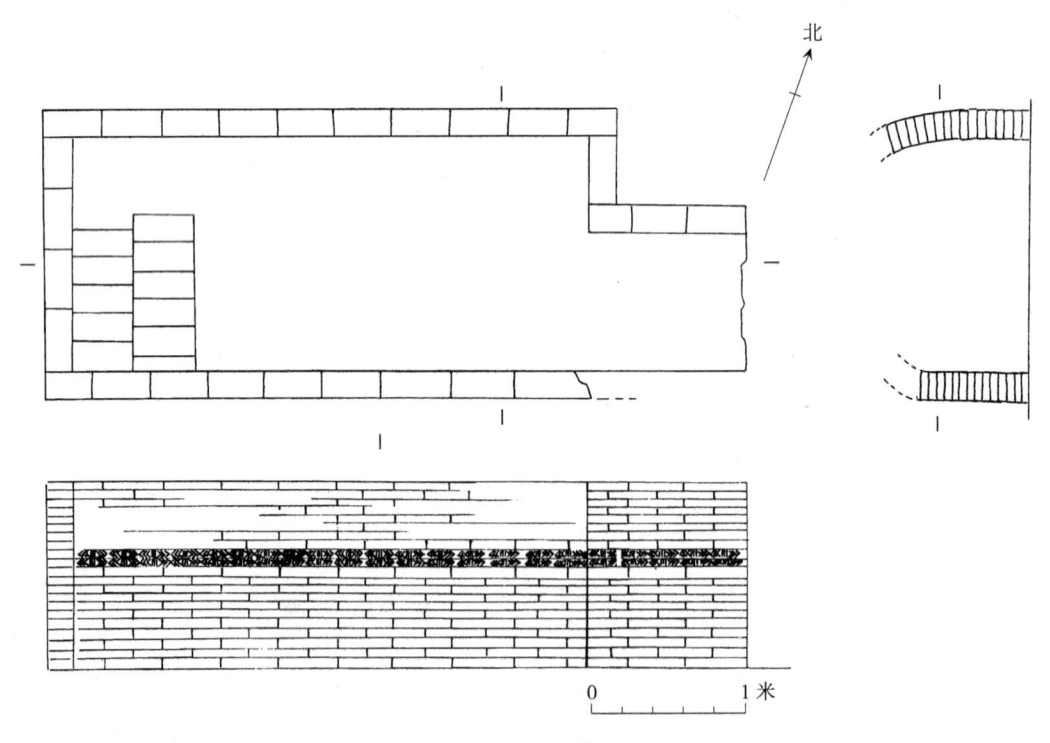

图八　M12平、剖面图

M18　长方形砖室墓，墓向185°。墓口距地表0.5米。长2.8、宽1.8米。墓墙高1.1米，上起券顶，券顶已塌陷。墓墙顺砖平砌，墙砖素面；铺地砖双砖交错拼砌，地砖素面。头端地砖略隆起约0.1米，似是模拟枕头。葬具及尸骨均不见。随葬品呈线形横向摆放于墓葬脚端（图九）。

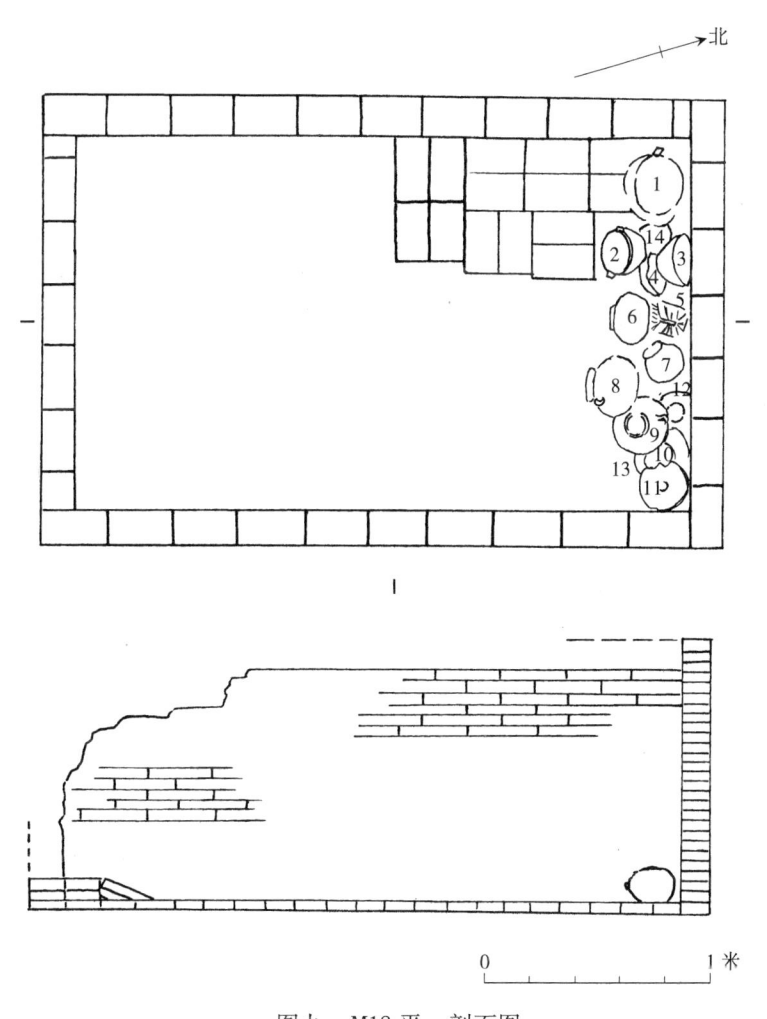

图九　M18平、剖面图
1. 铁鼎　2. 陶鼎　3. 陶盒　4. 灰陶釜　5. 陶屋顶　6、8、11—13. 硬陶罐　7、9. 灰陶罐　10. 陶盖（为2号鼎盖）　14. 陶灶

M27　长方形砖室墓。墓向12°。墓口距地表2.75米。长3.4、宽1.8米，墓墙高0.65米。上起券顶，券顶已塌陷。墓墙顺砖平砌，墙砖素面；墓底砖以"人"字形铺筑，地砖素面。葬具及尸骨均不见。随葬品呈线形横向摆放于墓葬头端。头部位置放置铜镜一面（图一〇）。

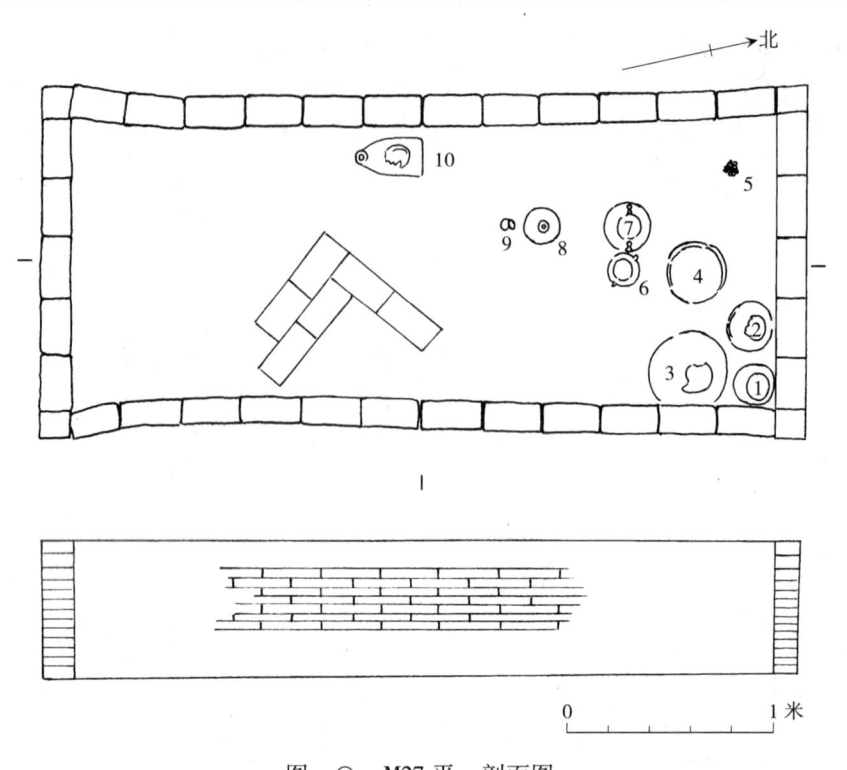

图一〇　M27平、剖面图
1、2、3、7. 釉陶壶　4. 铜盆　5. 铜钱　6. 硬陶罐　8. 铜镜　9. 水盂（2个）　10. 陶灶

二　汉墓出土器物

共出土各类随葬器物292件，其中可修复者179件，种类有釉陶、硬陶、泥质灰陶、铜镜、铜钱、铁器等，以陶器为主。釉陶器釉层较薄，制作比较粗糙，釉色多为青黄色或酱色，釉层剥落以及挂釉现象比较严重。硬陶罐烧制的火候较高，胎质坚硬。泥质陶主要有灰陶罐和陶灶等，胎质疏松，保存较差。

主要器型有釉陶瓿，硬陶罐，陶罍、壶、鼎、盒、灶等，基本为汉墓中常见的器物组合。铜器中以龟鹤铜灯较为少见。器物纹饰主要有弦纹、水波纹、席纹等。

（一）陶器

陶器共153件。种类以陶壶、盒、鼎、瓿、罍和硬陶罐为主，其他的器型如陶灶、陶圈、陶井等，在汉墓中也常见。

盒　9件。方唇，子母口，口微敛，卷沿，腹壁深直，下腹略收成平底。腹身上有拉坯形成的弦线。上扣圆形或覆钵形器盖。根据盒盖形制分为2式。

Ⅰ式1件。覆钵形盒盖。盖顶有一圈形提手。盒盖上施一层黄绿色薄釉，盒身不施釉。标本M26∶41，口径18.5、底径12.8、通高21.2、厚0.3厘米（图一一∶1）。

Ⅱ式 8 件。覆钵形盒盖。盖顶无捉手。其余同Ⅰ式。标本 M19：7，口径 18.8、底径 12.2、通高 16.5、厚 0.5 厘米（图一一：2）。标本 M26：51，口径 17.6、底径 12.8、通高 20.5 厘米（图一一：3）。标本 M13：14，口径 21.8、底径 14、通高 19.5、厚 0.4

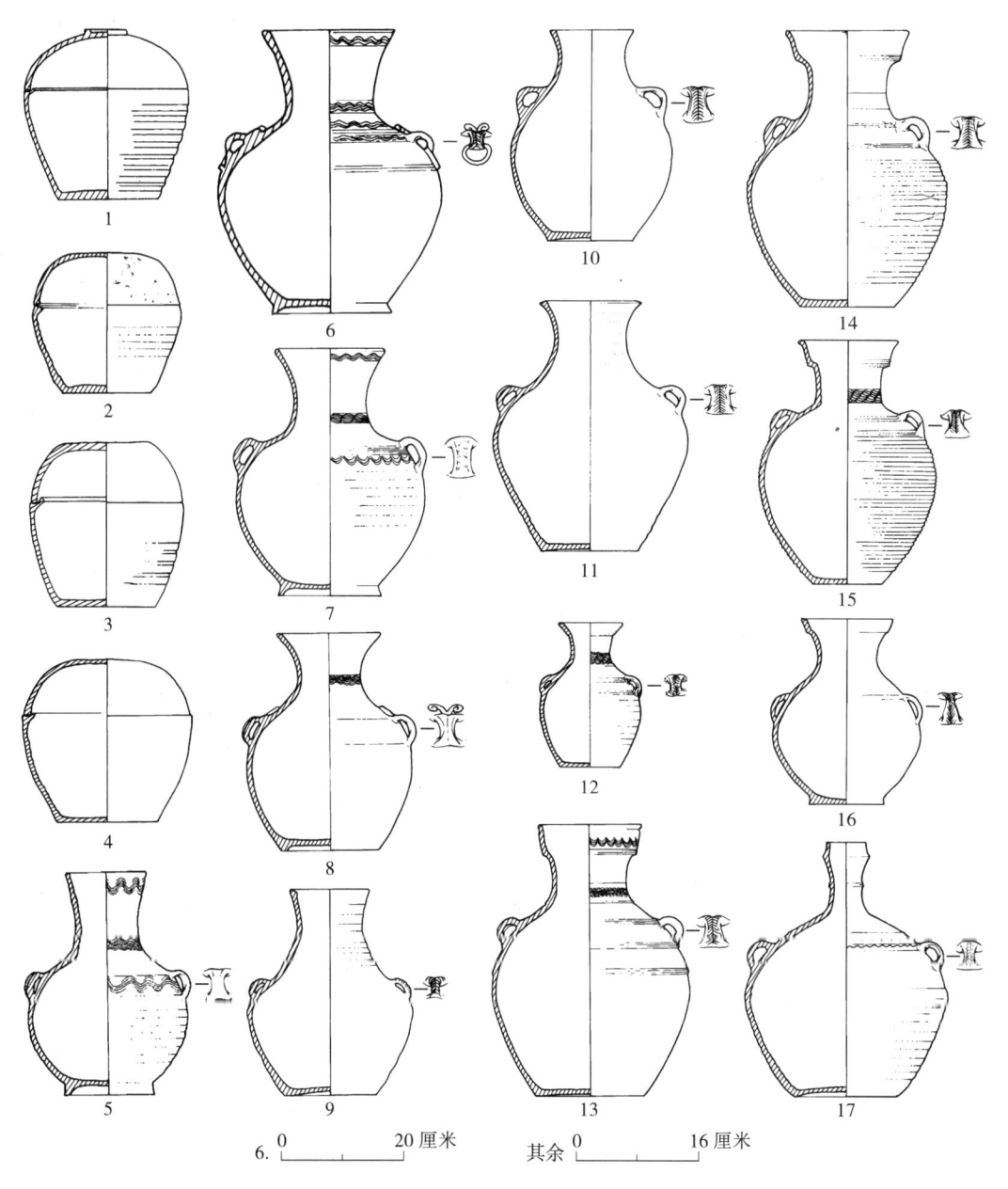

图一一　陶器

1. Ⅰ式盒（M26：41）　2、3、4. Ⅱ式盒（M19：7、M26：51、M13：14）　5. AⅠ式壶（M13：4）　6、7. AⅡ式壶（M32：2、M35：7）　8. AⅢ式壶（M5：4）　9. BⅠ式壶（M17：1）　10、11. BⅡ式壶（M19：6、M25：21）　12. BⅢ式壶（M31：4）　13、14、15. CⅠ式壶（M31：1、M27：3、M5：5）　16. CⅡ式壶（M5：3）　17. D型壶（M26：22）

厘米（图一一：4）。

壶　29件。根据口部、肩腹部及底部的形态变化分为4型。

A型　敞口，方圆唇，唇缘外卷，束颈，溜肩，鼓腹，下腹弧收，矮圈足。肩部多模印铺首衔环，个别饰桥形耳。口、颈、肩部饰水波纹带，腹身饰有粗、细弦线。中腹以上施黄绿色釉，部分器物有流釉脱釉现象。

Ⅰ式3件。敞口微直，长束颈，腹最大径接近器中。标本M13：4，口径10.5、底径11.6、高27、圈足高1.6厘米（图一一：5）。

Ⅱ式4件。敞口，卷沿明显，溜肩，鼓腹，腹最大径近肩部。标本M32：2，口径21.5、底径20.6、高44、圈足高2厘米（图一一：6）。标本M35：7，口径14、底径15、高37.5、圈足高1.2厘米（图一一：7）。

Ⅲ式2件。假平底，腹底交界处平滑，不见圈足与腹部交折线。其余特征同Ⅱ式。标本M5：4，口径13、底径12、高27.3、厚0.5厘米（图一一：8）。

B型　敞口，方唇，平沿，束颈，鼓腹，下腹弧收，平底，或底心微凹。腹身上有拉坯形成的弦线。肩部饰桥形耳，耳面装饰蕉叶纹。中腹以上施黄绿色釉，部分器物有流釉现象。

Ⅰ式1件（M17：1）。敞口微直，垂腹，腹最大径略低于器中。长束颈。口径10、底径13、高27.5、颈长9、厚0.4厘米（图一一：9）。

Ⅱ式7件。微敞口，鼓腹，腹最大径均高于器中，颈部粗短。标本M19：6，口径10.9、底径13、高26.4厘米（图一一：10）。标本M25：21，口径13.1、底径13.8、高35.5厘米（图一一：11）。

Ⅲ式1件（M31：4）。敞口，口颈交接处有明显折线，但未形成盘口。其余特征与Ⅱ式相似。口径8.4、底径8.3、高18.2、厚0.4厘米。（图一一：12）

C型　盘口，方圆唇，唇缘外卷，平沿，束颈，溜肩，鼓腹，下腹弧收至底，平底。肩部多饰桥形耳，耳面饰蕉叶纹。腹身饰有粗、细弦线。部分器的口、颈、肩部饰水波纹带。中腹以上施黄绿色釉，部分器物有流釉、脱釉现象。

Ⅰ式8件。小盘口，盘口深直。束颈粗长。标本M31：1，口径12.8、底径14、高34.5、厚0.6厘米（图一一：13）。标本M27：3，口径15.8、底径12.7、高36.5、厚0.6厘米（图一一：14）。标本M5：5，口径13.1、底径10.9、高30.1、厚0.6厘米（图一一：15）。

Ⅱ式1件（M5：3）。口较大，斜壁，口略浅，短颈微束，底部微外撇。其余特征同Ⅰ式。口径11.8、底径10.4、高23.5、厚0.6厘米（图一一：16）。

D型　1件（M26：22）。蒜头形小口，尖圆唇，平沿，长细颈，颈中部饰两道凸起箍棱，溜肩，肩部饰一对桥形耳，耳面饰蕉叶纹，肩部饰3圈弦纹，弦纹两两之间饰波浪纹，鼓腹，下腹斜收至底，平底，底心内凹。灰白色胎，腹以上施酱釉，脱落严重。口径5、底径13、高32.5、颈长7厘米（图一一：17）。

鼎　13件。按照足、盖及腹部形态变化分为3型。

A型　2件。方唇，子母口，口部微敛，鼓腹，下腹斜收至底，平底，底部附三长条形足，足尖微撇出，口部饰一对方形耳，覆钵形器盖，盖顶饰3个三角锥状突起。标本M26：64，口径16.6、通高27、足高9.2厘米（图一二：1）。

B型 共10件。方唇，子母口，口微敛，弧腹，下腹斜收至底，平底，底部附三短足，口部饰一对方形耳，顶上扣一圆盖。根据鼎足及耳部演变特征分为3式。

Ⅰ式4件。深圆腹，平底，下列三矮蹄足。底距地面高约2厘米。标本M17：5，口径18、底径11.4、通高16.5、足高3.5、厚0.6厘米（图一二：2）。标本M25：20，

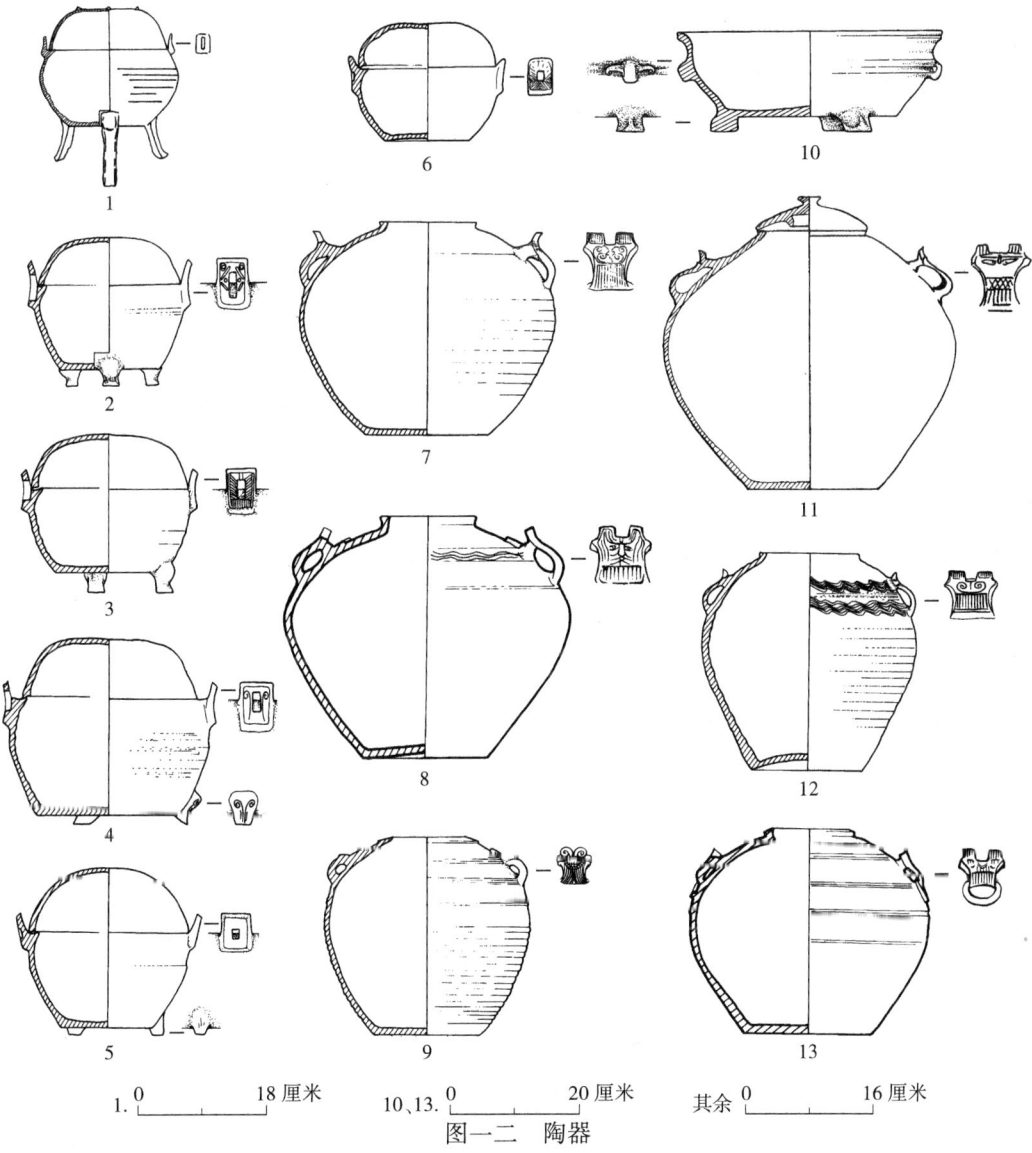

图一二 陶器

1. A型鼎（M26：64） 2、3. Ⅰ式鼎（M17：5、M25：20） 4、5. BⅡ式鼎（M13：8、M5：8） 6. BⅢ式鼎（M18：2） 7. C型鼎（M9：1） 8、9、10. AⅠ式瓿（M25：23、M26：55、M13：5） 11. AⅡ式瓿（M35：1） 12、13. B型瓿（采：1、G1②：1）

口径16.5、底径12、通高16.5、足高3厘米（图一二：3）。

Ⅱ式 5件。腹部双耳比Ⅰ式低矮，蹄足已退化成象征性装饰，与鼎腹底部基本齐平。标本M13：8，口径22、底径15、通高22、厚0.8厘米（图一二：4）。标本M5：8，口径19.8、底径11.1、高20厘米（图一二：5）。

Ⅲ式 1件（M18：2）。口内敛，鼎耳变成象征性装饰，蹄足消失不见，腹壁斜直。平底，底心微凹，肩部有长方形器銎。口径17.8、底径10.8、通高14.8厘米（图一二：6）。

C型 1件（M9：1）。泥质灰陶。敞口，圆唇，卷沿，唇面有凹槽一周，浅腹斜收至底，平底，底部附三短足，足面有一条外凸棱线，腹部饰两个鋬形小耳。上、下腹交接处有两道凹弦纹。口径32、底径21、高12、足高3、厚0.5厘米（图一二：7）。

瓿 共11件。依据口部特征分为2型。

A型 共8件。敛口，尖圆唇，广肩，肩部附饰对称的铺首状双耳，上翘耳面略低于器口，鼓腹，下腹斜收至底，平底。肩部饰成组凹弦纹，弦纹间刻画多重水波纹。根据腹径体型演变分为2式。

Ⅰ式 6件。器身矮胖，鼓腹，腹最大径位于器中，平底远小于最大腹径。个别器物顶部扣有一带纽圆盖。标本M25：23，口径10.8、底径15.2、器高24.6、厚0.4厘米（图一二：8）。标本M26：55，口径13.6、底径16.1、器高32.3、厚0.7厘米（图一二：9）。标本M13：5，口径14.8、底径18.4、高36.2厘米（图一二：10）。

Ⅱ式 2件。体态瘦长，最大腹径位于肩腹交接处，底径略小于最大腹径。标本M35：1，口径12、底径15.5、高27、口沿厚度0.5厘米（图一二：11）。

B型 共3件。敛口，尖唇，唇缘外翻，在口下形成外斜面。广肩，球腹。肩部贴附铺首状对称双耳，或有衔环，有的器物耳上部堆塑羊角状纹样。上腹和肩部饰多道凸弦纹。标本采：1，口径9、底径11、高24.5、口沿厚0.4厘米（图一二：12）。标本G1②：1，口径8.8、底径17.4、高30.4厘米（图一二：13）。

硬陶罐 共32件。根据器物形状分为4型。

A型 外形扁长，口略小于底，颈较短，肩部与腹部都较长，双耳多位于肩腹交接处，耳较细。根据口、耳变化可分2个亚型。

Aa型 1件（M26：47）。胎呈红色，质地较硬。侈口，圆唇，卷折沿，弧肩，桥形耳无纹饰，位于肩部中央。腹略鼓，往下内收，平底。器身上有轮制时形成的弦纹。口径10.4、底径11、高18.8厘米（图一三：1）。

Ab型 2件。胎呈红色，质地较硬。侈口，圆唇，平沿，弧肩，桥形耳上无纹饰或饰蕉叶纹，位于肩腹交接处。腹略鼓，往下内收，平底。器身无纹饰或有轮制时形成的弦纹。标本M26：57，口径9.4、底径11、高17.2厘米（图一三：2）。标本M26：42，口径8、底径9、高18.4厘米（图一三：3）。

B型 外形矮胖，口大于底，短颈，肩部很短，双耳多位于肩腹交接处，耳较粗。根据颈部变化分为2式。

Ⅰ式 4件。胎呈灰褐色，质地较硬。侈口，圆唇，基本无颈，肩上有两蕉叶纹桥形耳，肩部有一道凹弦纹，鼓腹内收，平底。通体有轮制形成的弦纹。标本M31∶3，口径9.6、底径5.4、高11.4厘米（图一三∶4）。标本M27∶6，口径10.4、底径7、高12.6厘米（图一三∶5）。

Ⅱ式 1件（M5∶6）。胎呈灰褐色，质地较硬。侈口，圆唇，卷沿，溜肩，肩部两蕉叶纹桥形耳，鼓腹，腹部往下内收，平底。通体有轮制形成的弦纹。口径13.2、底径8.2、高17.6厘米（图一三∶6）。

Ⅲ式 2件。盘口，口外侧有数道水波纹。束颈，溜肩，肩部两蕉叶纹桥形耳，鼓腹，腹部往下内收，平底。器身上有轮制形成的弦纹。肩部以上施黄釉。标本M8∶3，口径12.8、底径7.4、高19厘米（图一三∶7）。

C型 外形较胖，口小于底，颈较短，肩部与腹部长度接近，双耳多位于肩部中央，耳较粗。根据腹部变化可分为2个亚型。

Ca型 1件（M38∶1）。胎呈灰褐色，质地较硬。侈口，尖唇，卷沿，基本无颈，溜肩，肩部两蕉叶纹桥形耳，圆腹，腹部往下内收，平底。通体有轮制形成的弦纹。口径10.6、底径11、高15.4厘米（图一三∶8）。

Cb型 该型颈部较长。根据肩腹平缓变化可分为3式。

Ⅰ式 9件。胎呈红色或灰褐色，质地较硬。侈口，圆唇，平沿，短束颈，弧肩，肩部两蕉叶纹桥形耳，鼓腹，腹部往下内收，平底。通体有轮制形成的弦纹。标本M26∶43，口径9.2、底径11、高18.4厘米（图一三∶9）。标本M25∶13，口径10、底径11、高16.6厘米（图一三∶10）。

Ⅱ式 11件。胎呈红色或灰褐色，质地较硬。侈口，圆唇，平沿，短束颈，溜肩，肩部两蕉叶纹桥形耳，鼓腹，腹部往下内收，平底。通体有轮制形成的弦纹。标本M13∶16，口径9.4、底径10.6、高15厘米。标本M13∶13，口径10、底径11.8、高16厘米（图一三∶11、12）。

Ⅲ式 1件（M18∶12）。胎呈红色，质地较硬。侈口，圆唇，平沿，短束颈，溜肩，肩部两蕉叶纹桥形耳，鼓腹，腹部往下内收，平底。通体有轮制形成的弦纹。口径9.2、底径9.1、高14厘米（图一三∶13）。

D型 1件（M19∶13）。灰硬陶。外形较胖，口部折沿，颈较短，肩部较短，双耳位于肩腹交接处，较粗。口径10.4、底径5.8、高12.4厘米（图一三∶14）。

小罐 5件。均为灰陶罐，根据外形变化分4型。

A型 1件（M25∶22）。胎呈灰色。侈口，圆唇，卷沿，溜肩，鼓腹，腹部往下内收，平底略往内凹。口径16.1、底径17.1、高16.5厘米（图一三∶15）。

B型 2件。灰黄色胎。直口，圆唇，溜肩，腹部突出，往下内收，平底。标本M25∶6，口径9.2、腹径14.6、底径7.2、高9.7厘米（图一三∶16）。

C型 1件（M18∶7）。灰白胎。侈口，圆唇，卷沿，短束颈，溜肩，鼓腹，腹部往下内收，圜底。口径10.2、高14.2厘米（图一三∶17）。

D型 1件（M18∶9）。胎呈灰色。侈口，尖圆唇，束颈，弧肩，腹部略鼓，往下

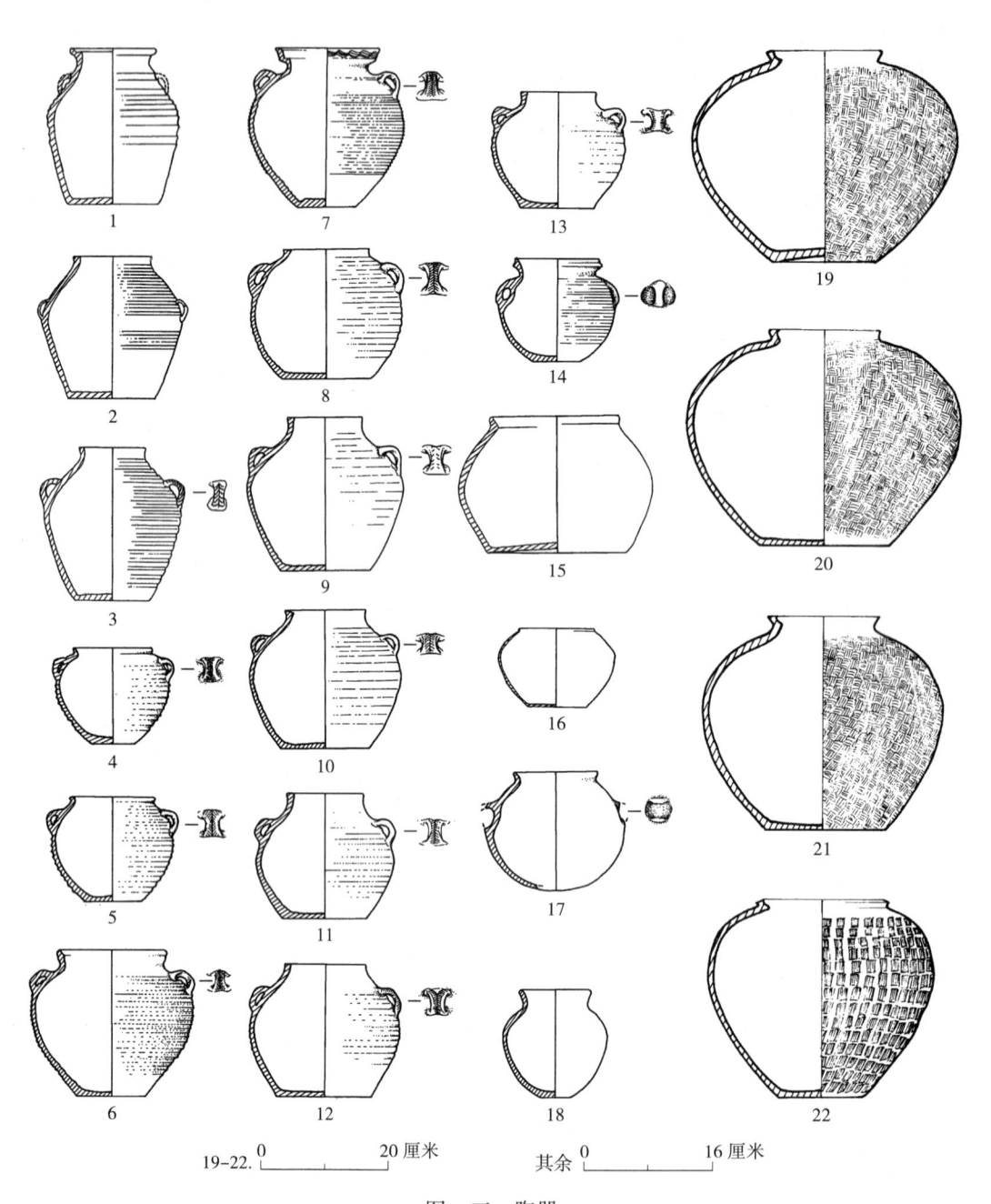

图一三 陶器

1. Aa 型硬陶罐（M26∶47） 2、3. Ab 型硬陶罐（M26∶57、M26∶42） 4、5. BⅠ式硬陶罐（M31∶3、M27∶6） 6. BⅡ式硬陶罐（M5∶6） 7. BⅢ式硬陶罐（M8∶3） 8. Ca 型硬陶罐（M38∶1） 9、10. CbⅠ式硬陶罐（M26∶43、M25∶13） 11、12. CbⅡ式硬陶罐（M13∶16、M13∶13） 13. CbⅢ式硬陶罐（M18∶12） 14. D 型硬陶罐（M19∶13） 15. A 型小陶罐（M25∶22） 16. B 型小陶罐（M25∶6） 17. C 型小陶罐（M18∶7） 18. D 型小陶罐（M18∶9） 19、20、21. Ⅰ式硬陶罍（M37∶2、M37∶3、M40∶1） 22. Ⅱ式硬陶罍（M23∶13）

内收，小平底。口径8.4、底径4、高13厘米（图一三：18）。

罍 共15件。硬陶。根据口部和纹饰的变化分为2式。

Ⅰ式14件。灰褐胎，火候较高，质地较硬。侈口，方唇，平沿，短束颈，溜肩，腹部突出，下腹斜收至底，平底，底心微凹。通体拍印席纹。标本M37：2，口径18.2、底径18.4、高32厘米（图一三：19）。标本M37：3，口径17.4、底径18、高33厘米（图一三：20）。标本M40：1，口径17.5、底径16.6、高30.4厘米（图一三：21）。

Ⅱ式1件（M23：13）。火候较高，红褐或青灰胎。侈口，尖唇，斜沿，溜肩，鼓腹，腹部往下内收，平底，底略往内凹。质地较硬，通体饰栉齿纹。口径20、底径13、高30厘米（图一三：22）（附表二）。

釉陶钫 2件。方口，口上扣一个四方形盖。长颈，钫身为四面体，弧肩，两肩对饰一对铺首衔环，兽面模糊不清。腹略鼓，往下内收，四方形平底。腹部以上施釉，釉层很薄，基本已脱落。标本M26：21，口径11.3、底径12.4、高36.5厘米（图一四：1）。

屋 2件。干栏式建筑，悬山式屋顶，屋顶外壁施黄釉，大部分已脱落。标本M26：29，左山墙开圆形小窗，小窗下有一斜道从屋顶向下延伸到廊前，正面开一门。屋长10.7、宽8.1、高12.7厘米（图一四：2）。标本M26：20，无斜道，正面开两门，屋顶正面开一天窗。屋长15.9、宽8.2、高13.6厘米（图一四：3）。

井 1套（M26：34）。敞口，平沿，束颈，溜肩，腹壁较直，平底，内壁有凸起。井内有一小罐，小罐侈口，束颈，溜肩，圆腹，平底。陶井口径9.9、底径9.8、高11.3厘米。小罐口径3.4、底径3.5、高4.3厘米（图一四：4）。

三足器 1件（M26：24）。口微敛，平沿，方唇，直腹，平底，腹部有一对环形耳，3个兽蹄形小足。口径11.4、底径10.6、高7.1厘米（图一四：5）。

釉陶杯 1件（M26：26）。口微敛，尖唇，腹壁较直，腹部一侧有一只环状耳，平底。器壁内外均施青黄釉，釉层很薄，大部分已脱落。口径8.2、底径7.7、高6.6厘米（图一四：6）。

釉陶勺 2件。标本M26：71，长11.8厘米（图一四：7）。

圈 1套（M26：39）。悬山式屋顶，屋前有一圈，圈内一侧有食槽，并有两只陶制牲畜。屋开3门。屋顶、外壁可见施釉痕迹，但釉层剥落严重。圈长14.7、宽11.1、高9.8厘米（图一四：8）。

釉陶羊 1件（M26：67）。制作较粗糙，羊头略长，尖耳，无眼、鼻，四肢粗短，尾残。器身施釉，大部分脱落。身长4.8、高4厘米（图一四：9）。

釉陶狗 1件（M26：68）。制作较粗糙，嘴部较平，竖耳，无眼，四肢粗壮，卷尾。器身施釉，大部分脱落。身长7、高5厘米（图一四：10）。

釉陶猪 1件（M26：69）。猪形陶俑，口鼻平直，双耳微立，四肢粗短，卷尾。背部施薄釉，制作较粗糙。身长6.2、宽2.4、高3.5厘米（图一四：11）。

釉陶马 1件（M26：70）。马形陶俑，口鼻窄长，竖耳，四肢粗短，背部有鬃毛，尾部肥大下垂。背部施薄釉，制作较粗糙。身长6.5、宽2.5、高4厘米（图一四：12）。

图一四 陶器

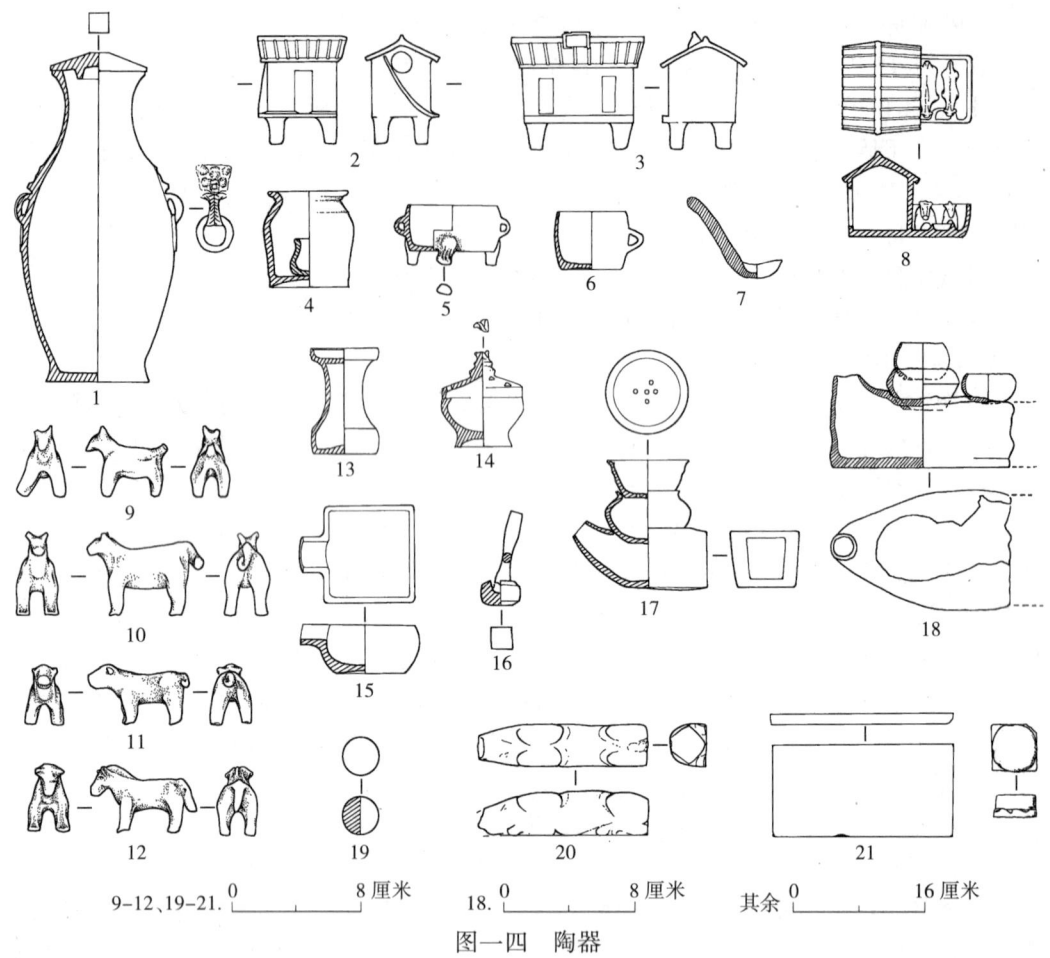

1. 釉陶钫（M26∶21） 2、3. 釉陶屋（M26∶29、M26∶20） 4. 釉陶井（M26∶34） 5. 釉陶三足器（M26∶24） 6. 釉陶杯（M26∶26） 7. 釉陶勺（M26∶71） 8. 釉陶圈（M26∶39） 9. 釉陶羊（M26∶67） 10. 釉陶狗（M26∶68） 11. 釉陶猪（M26∶69） 12. 釉陶马（M26∶70） 13. 釉陶灯（M26∶45） 14. 釉陶熏炉（M26∶27） 15. 釉陶匜（M26∶32） 16. 釉陶臼杵（M26∶35） 17、18. 陶灶（M26∶18、M5∶10） 19. 泥质弹丸（M26∶4） 20. 琉璃猪（M23∶31） 21. 陶黛砚（M8∶5）

　　釉陶灯　1件（M26∶45）。灯盘直口，方唇，长束颈，圆柱形灯座，平底。器表施黄绿薄釉，大部分脱落。口径8.8、底径7.6、高12.4厘米（图一四∶13）。

　　釉陶熏炉　1件（M26∶27）。子母口，方唇，卷沿，溜肩，鼓腹，下腹斜收，圈足，口上扣一个带纽圆盖，盖身饰数个三角形小孔，鸟形纽。灰白色胎，器身表面施釉，大部分脱落。口径9.5、底径7、高12厘米（图一四∶14）。

　　釉陶匜　2套。正方形口，一端有一半圆形流，腹部略鼓，下腹弧收，圆形平底，灰白色胎。标本M26∶32，器身带流总长14.1、边长11、流长3.1、宽4.1、底径8.5、高5.5厘米（图一四∶15）。

　　釉陶臼杵　1套（M26∶35）。陶臼正面略呈正方形，中心为圆形臼窝，下腹内收，正方形底面。灰白色胎，器身施釉，大部脱落，素面无纹。臼窝口径2.6、臼正面边长4.3、底面边长2.5、器高2.5厘米。陶杵两端大，中间细，一端略残。胎色灰白，通体施釉。口径1.4、残长8.6厘米（图一四：16）。

灶 共出土6件套。可修复仅2套。标本M26：18，船形灶体，长方形灶门，灶眼上套有釜甑各一。灰色胎。长15.7，高15.2厘米。陶甑，子母口，尖圆唇，弧腹内收，平底，素面无纹，底部有5个小圆孔。灰色胎。口径10.2、底径5厘米。陶釜侈口，方唇，束颈，溜肩，鼓腹，下腹弧收至底，平底。灰色胎。口径7.5、底径3.4厘米（图一四：17）。标本M5：10，残，船形陶灶，头部一烟囱，灶上放置一套釜甑、一件釜，陶灶制作较粗糙，器表素面无纹。泥质灰胎。残长26、高13厘米（图一四：18）。

泥质弹丸 24颗（M26：4）。球形弹丸，手工捏制而成，大小略有差异。直径约2厘米（图一四：19）。

琉璃猪 1件（M23：31）。表面风化严重，隐约可辨猪形线条，雕刻技法简明轻快，形象生动，该器为死者手中所握。长10.5、宽2.4、高2.2厘米（图一四：20）。

黛砚 3套。长方形，一面较光滑，上残留红色胭脂类物质，研子呈圆柱形，有一正方形座。研子表面亦残留胭脂类物质。标本M8：5，黛板长11、宽4.9、厚0.7厘米，研子直径2.7、底座边长2.9厘米（图一四：21）。

（二）铜器

出土的铜器共27件，数量不多，但器型较多，主要有镜、盆、洗、灯、鼎、蟾形镇、矛等，大多锈蚀。

洗 1件（M31：9）。侈口，宽折沿，沿面略斜，深弧腹，小圈足，腹中部饰一对铺首衔环，腹身饰弦纹。口径31、圈足径15.8、高13厘米（图一五：1）。

盆 1件（M27：4）。侈口，尖唇，微折沿，深弧腹至底，小圈足，器身有数处裂纹。口径21、圈足径9.8、高6.8厘米（图一五：2）。

龟鹤连灯 1件（M26：5）。龟形底座，四脚张开，昂首张口，似在奋力爬行。鹤踏龟背，昂首立足，翅翼伸展，一翅出土时已佚。鹤头部顶一盘形灯盏，鹤头与灯盏之间由一圆柱形柄连接。通高16、鹤高10、龟高3厘米（图一五：3）。

筒 1件（M23：20）。圆柱形筒体，由筒盖和筒身两部分组成，因锈蚀严重，筒盖不可旋下，盖顶平，一侧有圆孔，盖顶中央和盖身近口部各有一圆形穿，推测两穿之间以丝绳联系，悬挂于使用者腰间。口径4.8、底径4.8、高12厘米（图一五：4）。

矛 1件（M23：21）。矛身窄长，前锋尖锐，长条形脊，脊线两旁微凹，刃部因多次使用形成破损。脊下延成骹，骹中空，略成圆锥形，用以插秘。骹端上部有一阳刻篆体字符，因年久漫漶，无从辨认。骹端基部有一半环，方便用绳索将矛头固定在木柄上，半环已残。孔径1.8、通长22厘米（图一五：5）。

杯 1件（M26：1）。子母口，口微敛，口上似应扣有一盖，鼓腹，腹中部饰一对兽面纹铺首，器身铺首位置有一圈略微凸起的环带，下腹弧收，腹下由高柄连接，高

图一五 铜器

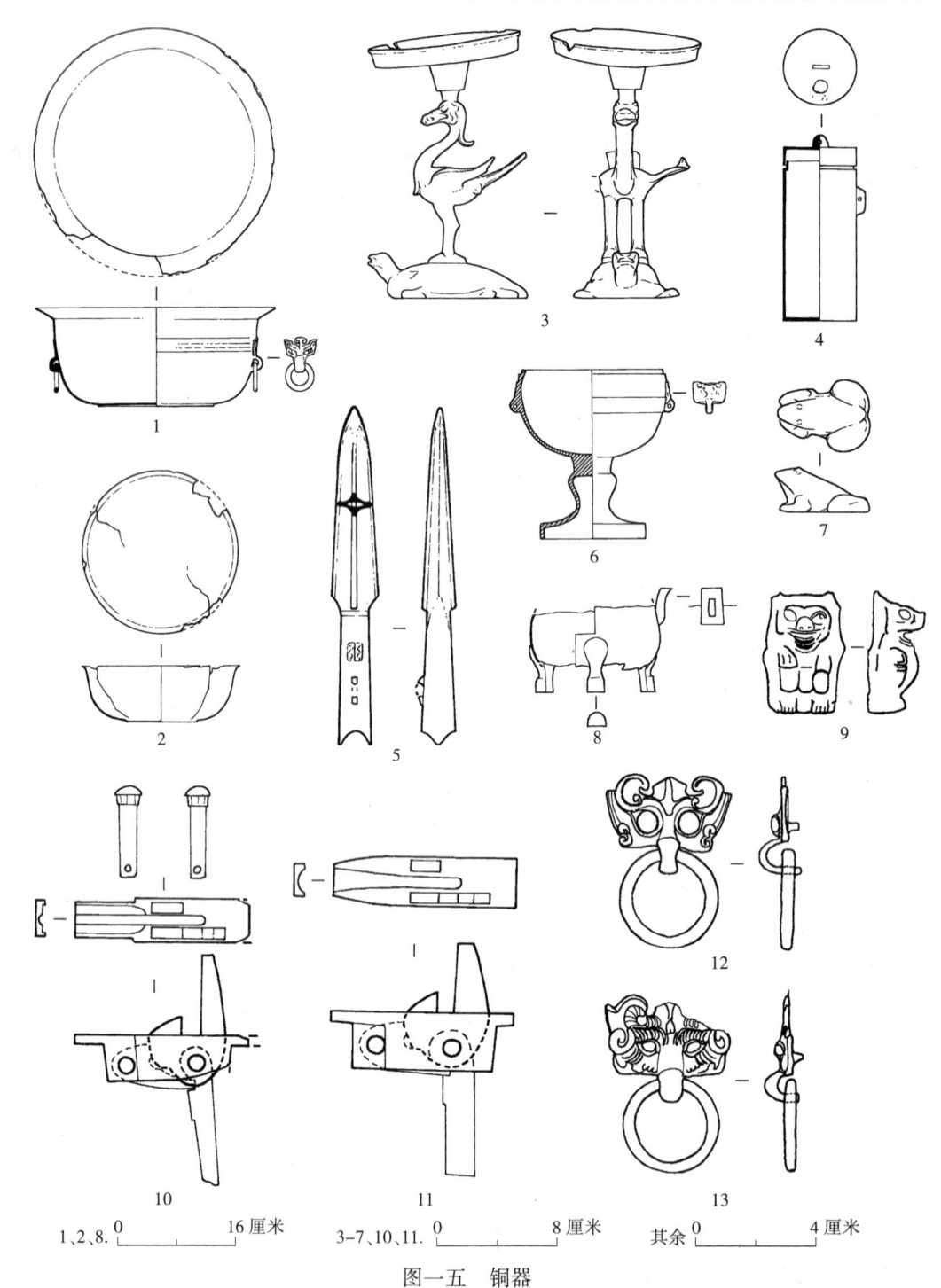

1. 洗（M31:9） 2. 盆（M27:4） 3. 龟鹤连灯（M26:5） 4. 筒（M23:20） 5. 矛（M23:21） 6. 杯（M26:1） 7. 蟾形镇（M26:2） 8. 鼎（M26:36） 9. 猪形铺首（M31:7） 10、11. 弩机（M26:3、M23:19） 12、13. 铺首（M23:30、M31:6）

柄底部向外延展形成圈足。口径8.9、圈足径6.8、高11厘米（图一五：6）。

蟾形镇 4件（M26：2）。蟾蜍匍匐于地，昂首向上，双目圆睁。4件均长约6厘米（图一五：7）。

鼎 1件（M26：36）。口部残，溜肩，肩部饰一对长方形鋬耳，仅存一只，鼓腹，下腹弧收，底部残，饰3只兽蹄形小足。器身素面无纹饰。口径16.8、底径15.4、高13.4厘米（图一五：8）。

猪形铺首 1件（M31：7）。猪鼻，大眼，阔口，尖耳，整体呈蹲立状，四肢短粗，前爪垂于胸前。长3.8、宽2—2.5厘米（图一五：9）。

弩机 2件。由郭、牙、望山、悬刀、插销等部分组成，铸造精良，表面无纹饰。标本M26：3，长6、宽1.5厘米（图一五：10）。标本M23：19，出土时已拆解，长11.5、宽2.8厘米（图一五：11）。

铺首 2对。标本M23：30，近方形，羊形兽面造型，曲耳，大眼外凸，方口阔鼻，口下衔一圆环，背部出榫。根据背部附着木屑判断，原物应为漆木器装饰部件。长5.6、厚0.3厘米（图一五：12）。标本M31：6，整体近方形，牛形兽面造型，两犄角弯曲，曲耳，大眼，方口，阔鼻，面部毛发刻画精细，口下衔一圆环，背部出榫。根据背部附着木屑判断，原物应为漆木器部件。长5.7、厚0.3厘米（图一五：13）。

铜镜保存完整的有10件，其余皆损坏严重，无法复原。

星云纹镜 2件。圆形，由多枚小乳组成连峰纽，纽座内有三乳。座外一周内向十六连弧纹圈带，圈带外四枚大乳突，分为四区，每区内排列5枚小乳，各乳间由长短不同的弧线连接。乳突外一圈弧线纹，其外一周内向十六连弧纹。标本M20：1，直径9.7、厚0.4厘米（图一六：1）。标本M26：12，直径11、厚0.4厘米。

四神博局镜 2件。圆形，圆纽，四叶纹纽座，座外双线方格，其外八乳及四方八极构成博局纹，分别配置四神及五兽，外区有一圈铭文，镜缘纹饰由锯齿纹与双线波纹组成。标本M5：9，直径16.2、厚0.5厘米（图一六：2）。

七乳四神禽兽镜 1件（M31：8）。圆形，圆纽，圆纽座，座外环列九乳及花蕾纹，其外一圈S形连续纹及一周短斜线纹。主纹为七乳与线条式四神禽兽纹相间缠绕。七乳均带内向连弧纹。除四神外还有 鸟两兽，主纹之外为一圈斜线纹，边轮上有一阕锯齿纹和一圈连续云气纹。直径18.5、厚0.5厘米（图一六：3）。

四乳羽人四神禽兽镜 1件（M27：8）。圆形，圆纽，四叶纹纽座，四叶间有"长宜子孙"四字铭。座外两周短斜线纹，主纹为四乳禽兽相间环绕，四乳围以四叶座。四组纹饰分别为羽人戏龙、朱雀与凤鸟相对而立、白虎与辟邪嬉戏、玄武与巨兽对峙，纹饰之间填以火焰状纹与云纹，素宽缘。直径17.6、厚0.5厘米（图一六：4）。

"家常富贵"铭文镜 2件。圆形，圆纽，纽座外一周内向十六连弧纹带，其外为"家常富贵"四字（有的每两字间有四乳），铭文篆体，笔画转角方折，端庄规整，其外为短斜线纹圈带，外为内向十六连弧纹边缘。标本M17：6，直径11、厚0.4厘米（图一六：5）。标本M25：9，直径14.2、厚0.8厘米。

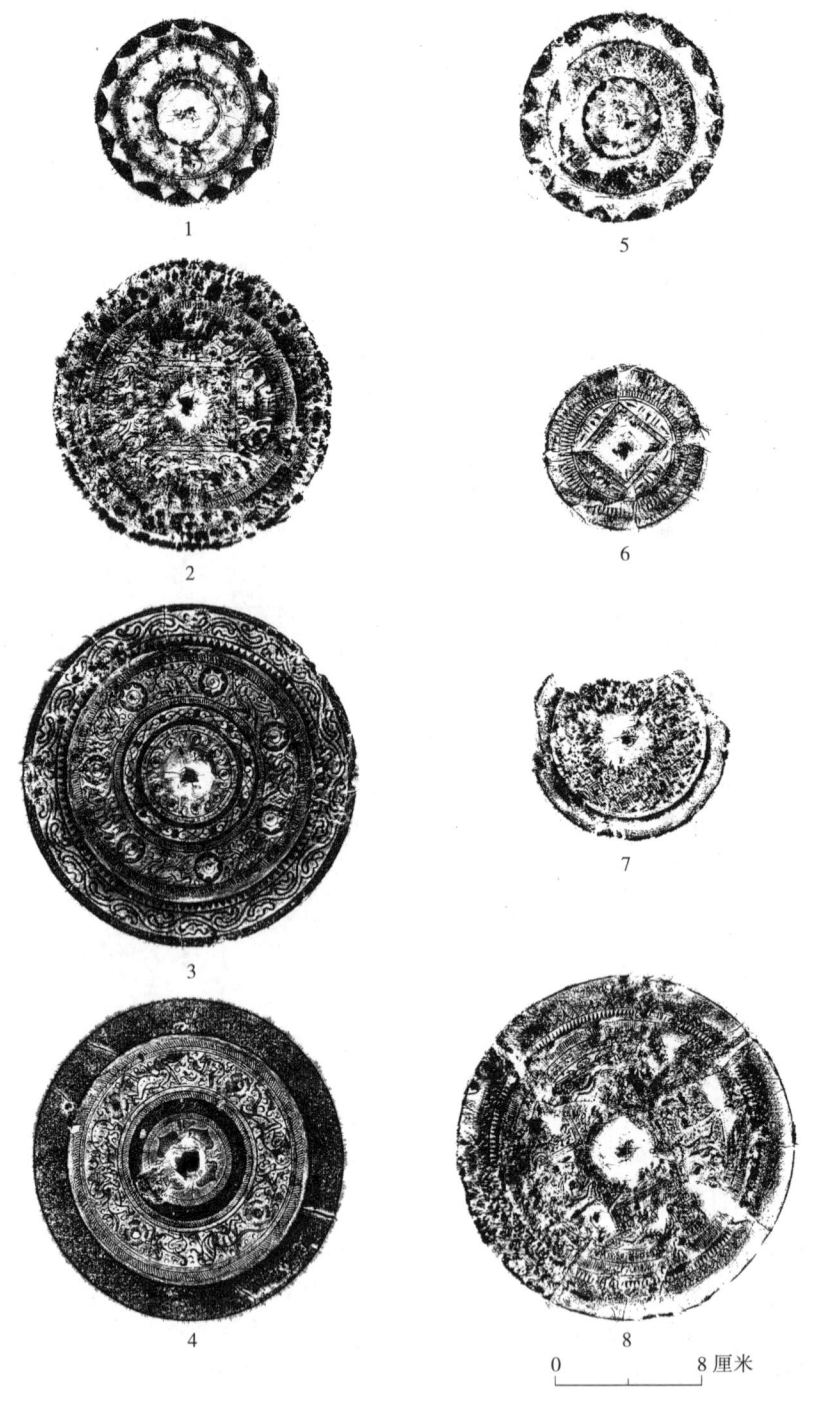

图一六　铜镜拓片

1. 星云纹镜（M20∶1）　2. 四神博局镜（M5∶9）　3. 七乳四神禽兽镜（M31∶8）　4. 四乳羽人四神禽兽镜（M27∶8）　5. "家常富贵"铭文镜（M17∶6）　6. 四乳几何纹镜（M7∶2）　7. 折角状地纹镜（M17∶4）　8. 神人龙虎画像镜（M8∶1）

神人龙虎画像镜 1件（M8∶1）。圆形，圆纽座，纽座外一圈斜线纹带，其外由方框分为两区，两神人相对位于两区，龙虎相对位于两区，神人龙虎外有一圈铭文，铭文模糊不清，铭文带外为两周直线纹及锯齿纹。边缘素面，较宽。直径18、厚0.5厘米（图一六∶8）。

四乳几何纹镜 1件（M7∶2）。圆形，圆纽，圆纽座，纽座外两周方框，内圈方框四角由一直线与纽座相连，方框外有四乳，四乳由弧线围绕，乳钉外两圆圈，其外排列竖直线，边缘素面较宽。直径8、厚0.4厘米（图一六∶6）。

折角状地纹镜 1件（M17∶4）。部分残。圆形，圆纽，圆形纽座，主纹由曲折直角回纹组成方块单位，布满镜背。宽素镜缘。直径11、厚0.9厘米（图一六∶7）。

（三）铁器

出土铁器锈蚀、损毁严重，有铁剑15把、铁釜4件，均已残破，无法复原。

三 六朝墓葬

M4 长方形砖室墓。墓向85°。残墓口距地表约1.8米，残长3.08、宽1.84米，残深0.9米。墓墙以三顺一丁方式砌筑，墓底砖以"人"字形铺筑。墓内填土为五花土，没有发现人骨及葬具。该墓曾遭盗扰，但仍出土有青瓷盘口壶、小瓷碗、灰陶樽、滑石猪、陶凭几等器物（图一七）。

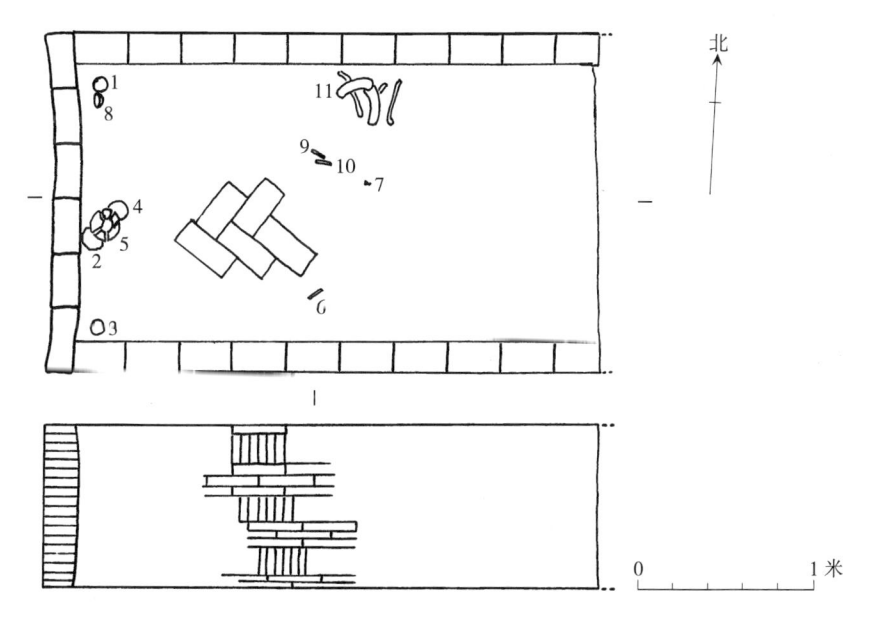

图一七 M4平、剖面图
1、4、8. 瓷碗 2. 青瓷盘口壶 3. 陶碟 5. 陶樽 6、9、10. 滑石猪 7. 青铜带钩 11. 陶凭几

青瓷盘口壶 1件（M4:2）。盘口，尖圆唇，束颈，溜肩，鼓腹，腹最大径在中上部，下腹斜收至底，平底，肩部饰一对双桥形耳。灰色胎，外壁施白色化妆土，其上施青黄色薄釉，釉不及底。口径13.4、底径11.6、高23.9厘米（图一八:2）。

陶凭几 1件（M4:11）。弧形凭几，三足与几背以榫卯结构相连。跨度41、宽6、高14.2厘米（图一八:1）。

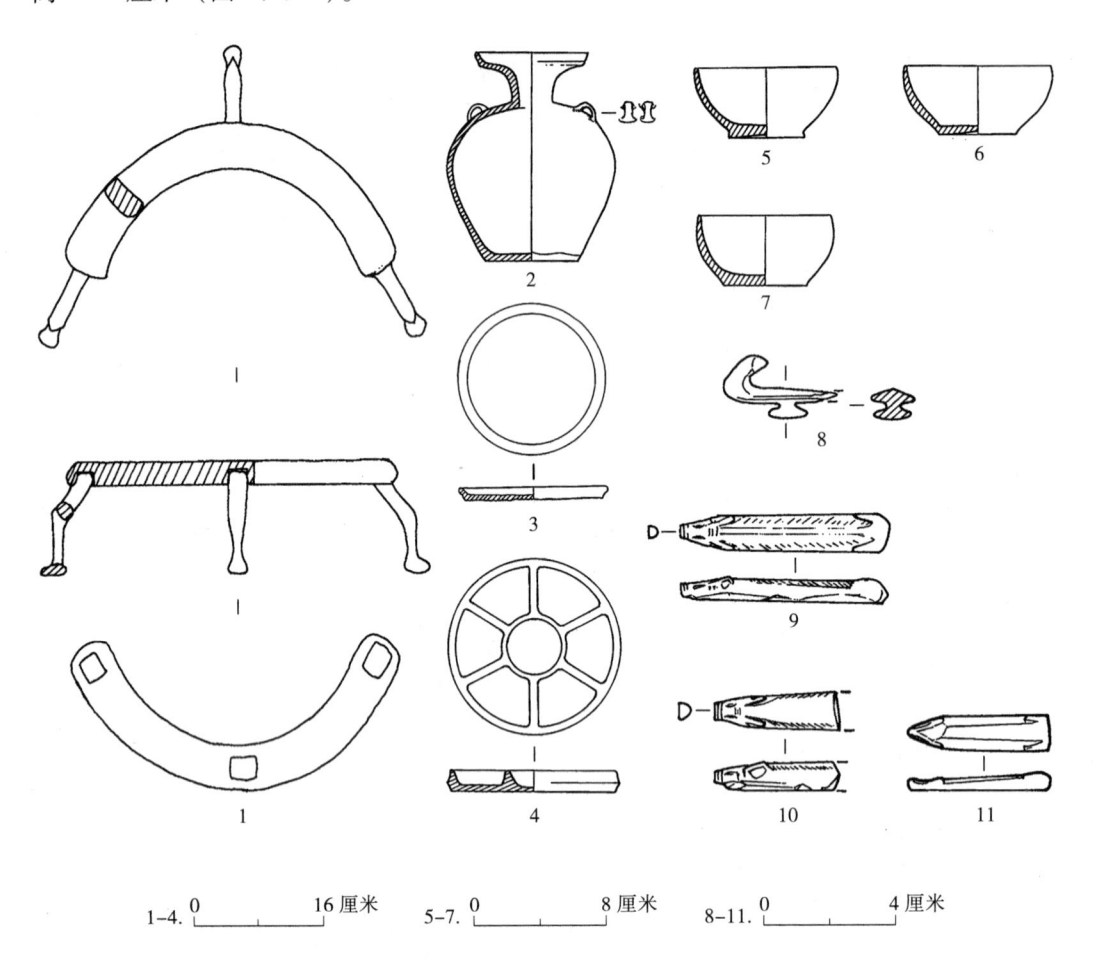

图一八 M4出土器物
1. 陶凭几（M4:11） 2. 青瓷盘口壶（M4:2） 3. 陶碟（M4:3） 4. 陶槅（M4:5） 5、6、7. 瓷碗（M4:1、M4:4、M4:8） 8. 铜带钩（M4:7） 9、10、11. 滑石猪（M4:6、M4:9、M4:10）

滑石猪 3件。长条形，长嘴，小眼，长耳，短腿，呈匍匐状，背部打磨较光滑，依稀可见鬃毛样纹饰，腹部制作较粗糙。标本M4:6，长6.2、宽1、高0.6厘米（图一八:9）。标本M4:9，残长3.7、宽1、高0.7厘米（图一八:10）。标本M4:10，长4.2、宽1、高0.5厘米（图一八:11）。

陶槅 件（M4:5）。圆形，槅内平均分为六格，中央为一圆形格，平底。口径19.8、高1.3厘米（图一八:4）。

瓷碗　3件。口微敛，尖圆唇，鼓腹，最大腹径在上部，下腹斜收至底，平底。器身施釉，釉层脱落严重，器身素面无纹。标本M4：1，口径8.5、底径4.5、高4厘米（图一八：5）。标本M4：4，口径8.8、底径4.9、高3.8厘米（图一八：6）。标本M4：8，口径8、底径5、高4.1厘米（图一八：7）。

陶碟　1件（M4：3）。已残，从残存部分可以看出器身呈圆形，敞口，圆唇，唇缘微外卷，腹略曲，大平底。口径17.6、底径14.4、高1.5厘米（图一八：3）。

铜带钩　1件（M4：7）。仅存带钩头。如意形钩头，背部有一扣状突出，尾端残。残长3.5厘米（图一八：8）。

四　分期与年代

恽家墩36座早期墓葬中，虽未发现绝对纪年墓，但其随葬器物如鼎、盒、壶、瓿等的器形演变规律较为明显，加之许多墓葬都出土了钱币和铜镜，有一定的纪年参考意义。参照上海福泉山、浙江湖州方家山等地汉墓发掘资料，此次发掘的墓葬的年代，大致从西汉中期前段的武帝时期到六朝时期。

1. 第一期，西汉中期前段的武帝时期，有M25和M26两座墓葬。这时期流行的陶器组合有Ⅰ式陶盒、A型陶鼎、AⅠ型陶瓿、BⅡ式陶壶、A型硬陶罐、Ⅰ式陶罍等。墓内出土的器物，无论器形特征和器物组合，都同上海福泉山汉墓早到中期的器物相似。如Ⅰ式陶罍近似于福泉山汉墓西汉中期前段的Ⅰ式印纹陶罐，同福泉山汉墓西汉早到中期的Ⅱ式陶鼎形制相似，顶部作三角形锥状突起；同福泉山汉墓西汉早到中期的Ⅱ式陶盒形制相同，盒盖上有圆形捉手。BⅡ式陶壶与福泉山汉墓Ⅲ式陶壶近似。这时期墓葬出土钱币均为五铢钱（图一九：1），铜镜为西汉中前期流行的星云镜和"家常富贵"铭文镜。

2. 第二期，西汉中期后段至西汉晚期，有M19、M13、M17等墓。此期的器物组合同上一期变化不大，但器物形态有诸多改变，如陶鼎与陶盒逐渐趋于简化，陶鼎的三

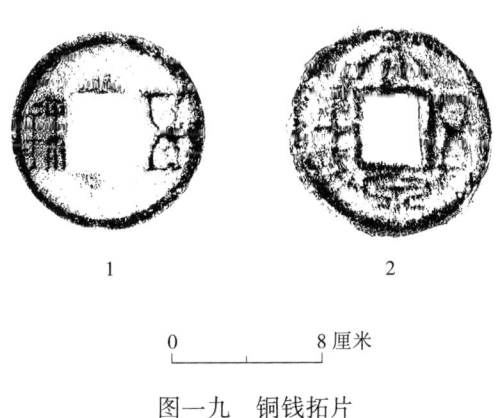

图一九　铜钱拓片
1. 五铢钱（M26：6）　2. "大泉五十"钱（M23：29）

足缩短为兽蹄形小足，鼎盖和盒盖上的捉手也逐渐消失，瓿的铺首位置逐渐下移低于瓿口。如M13内出土的Ⅱ式陶盒（M13：10），同上海福泉山汉墓出土的西汉中期的Ⅳ式陶盒相近；M19内出土的釉陶瓿（M19：11），同浙江湖州方家山汉墓出土的西汉中期后段的Ⅰ式瓿相近。这时期墓葬出土钱币也均为五铢钱。

3. 第三期，王莽至东汉早期，有M5、M18、M23、M24、M31、M27等墓。该期除土坑墓继续存在外，还开始出现砖室墓。如M18，该墓墓墙以错缝平铺方式砌筑，墓砖烧制火候不太高。所出器物在形态上进一步变化，多数墓葬已不随葬鼎、盒等礼器，仅M18出土一件陶鼎，其三足完全消失，同福泉山Ⅵ式鼎形制相似。开始出现带栉齿纹的陶罍，如M23：13，同浙江湖州方家山汉墓出土的Ⅱ式陶罍相近。陶壶也有比较显著的变化，体态瘦长，喇叭形口壶存在的同时，还出现口部深直的盘口壶，如M31：4（BⅢ式陶壶），近似于浙江湖州方家山汉墓的CⅢ式陶壶。另外，M31：1、M27：2（CⅠ式陶壶）近似于浙江湖州方家山汉墓的DⅡ式陶壶。墓葬出土钱币除五铢钱，M23还出土大量"大泉五十"钱（图一九：2）。铜镜有四神博局镜、七乳四神禽兽镜、四乳羽人四神禽兽镜。

4. 第四期，东汉中晚期，该期墓葬主要为砖室墓，形制主要以长方形墓居多，也有少量刀把形砖室墓，如M9和M12。该期砖室墓的墓墙主要以三顺一丁方式砌筑，墓砖烧制火候较高，有的还带有菱形纹或钱文（图二〇）。该期砖室墓破坏较为严重，所出器物很少。M8出土神人龙虎画像镜及盘口罐。

5. 第五期，六朝时期，以M4为代表。M4也为长方形砖室墓，以三顺一丁方式砌

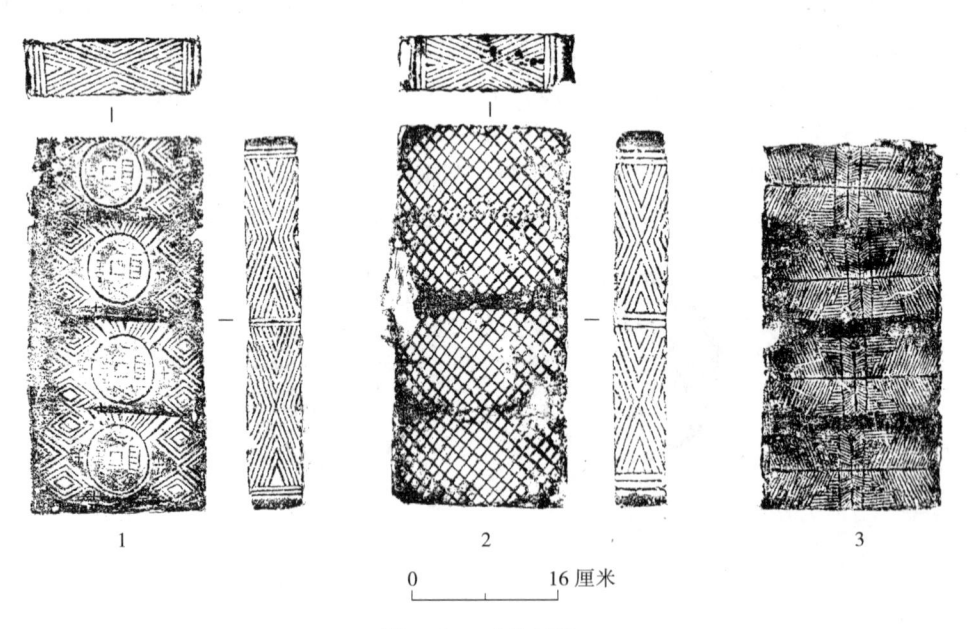

图二〇 墓砖拓片
1. 钱纹砖（M28：1） 2. 网纹砖（M28：2） 3. 羽纹砖（M29：1）

筑，出土具有比较典型六朝时期特征的青瓷盘口壶、陶凭几等器物。

五　结　语

常州地处太湖平原西岸，秦始皇嬴政二十六年（前221）设延陵县，属会稽郡。西汉高祖元年（前206）改延陵为毗陵。新莽始建国元年（9）改称毗坛。东汉光武帝建武元年（25）复改为毗陵，仍属会稽郡。东汉顺帝永建四年（129），分会稽郡为二，新置吴郡，毗陵属吴郡。

常州的汉墓分布情况较为密集，大致沿京杭大运河常武段一线的南岸，东起雕庄，经茶山、永红、五星、北港、新闸诸乡镇至奔牛镇的十余千米之内，南到湖塘、牛塘、西村等地，总数不下数百座。清代常州文学家邵长蘅在《毗陵诸山记》中描述，"广化门外十里之内土丘累累，高坟苔峣"，"大墩小墩时起时伏，蜿蜒似龙，连绵簇拥"。本次发掘的恽家墩汉墓即位于常州南门外的茶山街道内。随着城市化建设的大规模开展，常州周围的汉墓受到比较严重的破坏，自20世纪50年代以来，常州文物部门先后抢救性发掘了金鸡墩、野茅坟墩、董家墩、沈家墩、丘家墩、褚家塘、常州酱品厂汉墓、常州国棉二厂汉墓、常州照相机厂汉墓等几十座汉墓墩，发掘和抢救了一大批汉代墓葬和文物。

通过恽家墩汉墓的发掘，我们获得了几点粗浅的认识，现归纳整理如下：

1. 关于M25、M26的墓葬形制问题。M25、M26是本次发掘中埋葬年代最早的两座墓葬，从出土随葬品器形特征来看，M25的整体年代略晚于M26。但两墓墓向排布完全一致，墓室前壁处于同一直线上，后壁略有错位，墓内随葬品排列井然有序，似乎不能简单地理解为打破关系，其营建显然是经过严密的规划和构造。黎毓馨在《浙江两汉墓葬的发展轨迹》一文中指出："西汉末年，稍晚的可到王莽时期，并列连通的两个墓坑（土坑墓或木椁墓）常常存在着打破关系。两个墓坑分两次建造，方向相同，前后两壁略有错位，墓底有高差，且每个墓坑各有一套随葬物品。分置两室的两组随葬品年代比较接近。比较典型的例子有杭州老和山1986年发掘的八组异穴合葬的土坑木椁墓，'每组墓坑，具有明显的打破关系，但在随葬品上未见明显差异'。我们不能简单地把这种现象归纳为一般意义上的打破关系，它实质上是夫妻合葬的一种表现形式，墓坑间的打破关系是有意的、人为的，其目的是为了夫妻合葬。这种合葬方式，为同穴异室合葬，是同室合葬的初始形态，在浙江省湖州、萧山、上虞、龙游等地以及苏南地区都有发现，我们习惯上称之为'并穴合葬'。"[①] 结合浙江湖州方家山第三号墩汉墓M30和M31的形制特征，我们认为，常州恽家墩汉墓M25和M26也应该属于此类并穴合葬墓结构。

2. 虽然恽家墩汉墓早年即遭破坏，但残存遗迹仍体现出很强的规律性。此次恽家

---

① 黎毓馨：《浙江两汉墓葬的发展轨迹》，《东方博物》第九辑，中国文化艺术出版社2003年版，第4页。

墩出土的 36 座早期墓葬，土墩中心位置为 17 座土坑墓，除 M19 外，土坑墓墓向均为南北方向。四周环形排布 16 座砖室墓，砖室墓墓向均指向土墩中心。显然为一处组织排布严密的家族性墓地。从发掘情况来看，西汉时期的土坑墓基本没有相互打破的现象，而到了砖室墓阶段，尤其到了东汉中后期以后，才出现明显的打破关系，如 M6 打破 M5，M10 打破 M11，证明到了这一时期，该家族墓地的规划和组织开始松弛。这可能与东汉中晚期后政治腐败、人民流离的历史时代背景有关。从葬俗上来看，除 M25、M26 为夫妻合葬的并穴合葬墓外，M13、M17 两墓坑并列，间距只有 0.3 米，可能为夫妻异穴合葬墓外，其余均为单人葬，这也与苏南、浙北地区同期的汉墓特征大体相似。

3. 关于 M26 主人身份地位的判断。本次发掘的 36 座汉墓中，以 M26 随葬器物最为丰富，随葬器物规格最高。随葬品包括青铜兵器、青铜礼器、青铜杯皿、青铜灯具、青铜卧具、绿松石饰品、铁剑、铁釜、釉陶鼎、釉陶钫、釉陶壶、釉陶罐、釉陶叠、釉陶瓿、明器模型等共计 70 余件。另有大量五铢钱，成串摆放于墓坑内，其身份地位非比寻常。墓内所出青铜龟鹤连灯与安徽天长西汉墓出土龟驮凤鸟铜灯造型相仿，但精美程度不及前者。恽家墩 M26 出土的蛙形席镇和天长汉墓中出土的豹形席镇，在当时都是具有相当身份的官员豪绅才可享有的卧具。结合诸项特征，我们认为，恽家墩汉墓 M26 的墓主应是西汉中期会稽郡毗陵县一位权力显赫的地方官员。

发　　掘：唐星良（领队）
　　　　　彭　辉　王偈人
摄　　影：王偈人　彭　辉
　　　　　胡志良
绘　　图：雷　磊　彭　辉
　　　　　王偈人
修　　复：史吾善
拓　　片：左树成
执　　笔：黄建康　彭　辉
　　　　　王偈人

原载《南方文物》2011 年第 3 期

常州兰陵恽家墩汉墓发掘简报

附表一 恽家墩墓葬登记表

单位：厘米

墓号	墓向	墓葬结构	规格（长×宽×深）	埋藏深度	随葬品	年代	备注
M1	225	竖穴土坑墓	208×52×32	107	残铜梳1、铜镜碎片	清代	
M2	225	竖穴土坑墓	220×55×35	107	白玉如意形压发1	清代	
M3	205	竖穴土坑墓	280×70×35	117	绳纹泥质陶罐3	汉代	
M4	85	长方形券顶砖室墓	308×184×残深90	270	釉陶碗3、CⅢ陶盘口壶1、陶榻1、滑石猪3、铜带扣1、陶凭几1、陶碟1	六朝	
M5	97	长方形券顶砖室墓	408×210×残深140	320	AⅢ陶壶1、CⅠ陶壶2、CⅡ陶壶1、BⅠ硬陶罐1、BⅡ式硬陶罐1、BⅡ式釉陶鼎1、铜镜1、陶灶1、五铢8	王莽至东汉早期	
M6	87	长方形砖室墓	残长210×残宽120×残深80	260	铁钱1	东汉中晚期	打破M5
M7	70	长方形砖室墓	前室300×142×残深30 后室400×170×残深30	240	铁剑1、四乳几何纹铜镜1	东汉晚期	前后室
M8	60	长方形砖室墓	残长310×360×残深30	220	釉陶盘口罐2、黛砚1、五铢11枚、神人龙虎铜镜1、残铜镜1	东汉晚期	
M9	60	刀把形砖室墓	51□×260×40（甬道150×180×40）	230	泥质灰陶鼎1	东汉中晚期	
M10	65	长方形砖室墓	425×255×残深10	195	五铢29、残四神博局铜镜1	东汉中晚期	
M11	95	长方形砖室墓	残长310×200×残深100	295	无	东汉中晚期	打破M11
M12	75	长方形砖室墓	残长460×186×120（甬道102×126×120）	296	无	东汉中晚期	

续表

墓号	墓向	墓葬结构	规格（长×宽×深）	埋藏深度	随葬品	年代	备注
M13	150	竖穴土坑墓	350×176×230	400	AⅠ陶壶3、AⅠ釉陶瓿2、CbⅡ硬陶罐5、BⅡ釉陶鼎2、Ⅱ釉陶盒2、陶灶1、铁釜1、残铜镜1、陶甑1、五铢8	西汉中期后段至西汉晚期	
M14	282	长方形砖室墓	残长220×150×残深50	150	五铢3	东汉中晚期	
M15	103	长方形砖室墓	426×252×残深16	116	无	东汉中晚期	
M16	0	陶瓮棺	140×50×50	30	陶大口绳纹瓮1	东汉中晚期	
M17	195	竖穴土坑墓	300×130×230	400	BⅠ釉陶壶1、BⅠ釉陶鼎1、泥质陶罐6、"家常富贵"铜镜1、残铜镜1	西汉中期后段至西汉晚期	与M13并列，墓坑相距0.3米
M18	185	长方形砖室墓	280×180×110	160	BⅢ陶鼎1、陶罐3、CbⅡ硬陶罐3、CbⅢ硬陶罐1、铁釜1、陶灶1、陶屋顶1、泥质灰陶罐2	王莽至东汉早期	
M19	105	竖穴土坑墓	310×120×150	275	CbⅠ硬陶罐2、CbⅡ硬陶鼎1、BⅡ釉陶罐1、AⅡ釉陶瓿1、泥质陶罐5、铁釜1、铁剑1、残铜镜1	西汉中期后段至西汉晚期	
M20	5	竖穴土坑墓	280×80×150	320	铜镜1、五铢64、铁剑2		
M21	178	长方形砖室合葬墓	230×120×64	114	陶罐1、陶香炉4、仿汉星云铜镜1	明代	
M22	178	长方形砖室合葬墓	230×120×64	114	银耳挖1、瓷罐1、陶香炉5、"宣德通宝"2、"太平通宝"1、仿汉日光镜1	明代	

续表

墓号	墓向	墓葬结构	规格（长×宽×深）	埋藏深度	随葬品	年代	备注
M23	350	竖穴土坑墓	364×206×195	365	Ⅱ陶罐1、黛砚1、铜弩机1、铜箭筒1、铜矛1、铜铺首2、琉璃猪1、"大泉五十"114、铁剑4、残陶器15、残铜器3	王莽至东汉早期	
M24	190	竖穴土坑墓	240×260×190	370	五铢524、剪轮五铢1、纵环五铢1、漆器残片	东汉中晚期	
M25	20	竖穴土坑墓	280×190×225	390	BⅡ陶壶2、Ⅱ釉陶盒2、CbⅠ硬陶罐4、Ⅰ陶罐2、BⅠ釉陶鼎2、AⅠ釉陶罐1、灰陶罐1、B灰陶罐2、铁釜1、A铜蟾蜍2、铜镜1、五铢10、泥质陶罐3	西汉中期前段的武帝时期	
M26	20	竖穴土坑墓	238×260×240	405	铜杯1、铜蟾蜍4、铜弩机1、泥质弹丸24、龟鹤铜灯1、陶灶1、Aa硬陶罐1、Ab硬陶罐2、CbⅠ硬陶罐3、Ⅰ硬陶罍2、BⅡ釉陶瓿2、陶尾器2、D陶壶2、AⅠ釉陶甑1、釉陶杯1、铜陶三足器1、熏炉1、陶匜2、陶井1、陶杵臼1、釉陶圈2、陶灯2、AⅠ釉陶鼎2、釉牲畜4、铁剑1、铁釜1、铜钫4、铜壶2、铜杯1、五铢1346	西汉中期前段的武帝时期	
M27	12	长方形砖室墓	340×180×65	340	CⅠ陶壶4、BⅠ硬陶罐1、铜盆1、瓷水盂2、陶灶1、铜镜1、五铢37、剪轮五铢9	王莽至东汉早期	

续表

墓号	墓向	墓葬结构	规格（长×宽×深）	埋藏深度	随葬品	年代	备注
M28	330	长方形砖室墓	残长220×290×100	370	无	东汉中晚期	
M29	25	长方形砖室墓	残长445×300×25	100	无	东汉中晚期	
M30	10	长方形砖室墓	残长190×130×66	140	无	东汉中晚期	
M31	340	竖穴土坑墓	312×110×残深50	220	BⅢ陶壶1、CⅠ陶壶2、BⅠ硬陶罐、研1、七乳四神禽兽铜镜1、铜盆1、黛1	王莽至东汉早期	
M32	不明	竖穴土坑墓	墓坑范围不明	50	Ⅰ硬陶罍1、泥质陶罐1、AⅡ釉陶壶1	西汉晚期	
M33	不明	竖穴土坑墓	墓坑范围不明	165	泥质陶罍2、Ⅰ印纹陶罍1	西汉晚期	
M34	不明	竖穴土坑墓	墓坑范围不明	180	Ⅰ印纹陶罐1、AⅢ釉陶壶2、泥质陶罐2	西汉晚期	
M35	不明	竖穴土坑墓	墓坑范围不明	200	AⅡ硬陶瓿1、AⅡ釉陶壶2、BⅡ硬陶鼎2、Ⅱ硬陶罍1、BⅠ硬陶罐、泥质陶罐2	王莽至东汉初年	
M36	不明	竖穴土坑墓	墓坑范围不明	200	B釉陶瓿1	王莽至东汉早期	
M37	不明	竖穴土坑墓	墓坑范围不明	30	AⅡ釉陶壶1、Ⅰ硬陶罍2	西汉晚期	
M38	不明	竖穴土坑墓	墓坑范围不明	220	CaⅠ红硬陶罐1、CbⅠ红陶罐1、CbⅡ红硬陶罐2	西汉晚期	
M39	不明	竖穴土坑墓	墓坑范围不明	80	带圆盖灰陶罐1、带圆盖的灰陶罍1、带方盖的灰陶罍1	西汉晚期	
M40	不明	竖穴土坑墓	墓坑范围不明	100	Ⅰ釉陶瓿1、泥质红陶罍1	西汉晚期	

附表二　恽家墩墓葬出土器物类型表

器物类型			陶壶	陶盒		陶鼎		陶瓿	
A型	Ⅰ		M13：2、M13：3、M13：4	Ⅰ	A型	M26：64、M26：65	A型	Ⅰ	M26：55、M25：23、M13：6、M13：5、M26：23、M25：25
	Ⅱ		M37：1、M35：7、M35：4、M32：2					Ⅱ	M19：11、M35：1
	Ⅲ		M5：4、M34：2						
B型	Ⅰ		M17：1	Ⅱ	B型	Ⅰ	M25：20、M19：9、M25：26、M17：5	B型	G1②：1、M36：1、采：1
	Ⅱ		M26：48、M19：18、M25：21、M19：6、M26：49、M26：31、M25：8			Ⅱ	M5：8、M35：6、M13：11、M13：8、M35：8		
	Ⅲ		M31：4			Ⅲ	M18：2		
C型	Ⅰ		M31：2、M27：2、M27：7、M27：3、M27：1、M5：2、M5：5、M31：1		C型		M9：1		
	Ⅱ		M5：3						
D型			M26：22						

续表

硬陶罐			陶罍		小灰陶罐	
A型	Aa	M26:47	I	M26:53、M26:28、M26:40、M25:18、M37:2、M34:2、M25:14、M19:12、M26:44、M40:1、M37:3、M32:1、M33:1	A型	M25:22
A型	Ab	M26:42、M26:57	II	M23:13	B型	M25:6、M25:5
B型	I	M31:3、M35:5、M27:6、M5:7			C型	M18:7
B型	II	M5:6			D型	M18:9
B型	III	M8:3、M8:4				
C型	Ca	M38:1				
C型	Cb I	M26:43、M38:2、M25:13、M19:10、M26:19、M25:17、M26:54、M25:11、M25:12				
C型	Cb II	M13:16、M13:13、M13:15、M13:9、M18:6、M18:8、M18:13、M19:4、M19:5、M38:3、M38:4				
C型	Cb III	M18:12				
D型		M19:13				

常州南郊戚家村画像砖墓

骆振华 陈 晶

常州南郊茶山公社浦前大队戚家村生产队1975年冬季平整土地时，在一座土墩的东北角挖到一些画像砖，当时报告我馆。1976年3月，我馆对这座画像砖墓进行了发掘清理。现将发掘情况介绍如下。

一 墓葬形制

方向朝南，为一座椭圆形单室穹隆顶砖室墓，由甬道及墓室组成。甬道顶（可复原为券拱形）和墓室顶（可复原为穹隆形）均已倒塌，墓壁遭严重破坏。西部甬道及墓室内西壁大部分保存完整，东部保存部分甬道及东壁前面一小段，北壁仅留一角。墓葬可能早年就被盗掘破坏，遗物残破。甬道的墓室皆由花纹砖及画像砖砌成。

封门墙残高1.06、厚0.34米。用一丁三顺法砌素面砖，少数砖为墓室内多余的画像砖。在顺砌排列的砖中，发现正面朝下的男、女像砖各一块，与墓壁上的男、女像砖出自一模。

甬道的墙残高0.90—1.1、厚0.34米，也用一丁三顺法砌筑。甬道全长2、宽1.22米，分前后两段。中间有长方形石柱直立两侧，下有石门槛，柱底有阳榫，缺门。

墓室长4.5、宽3.06米。墙残高约1.5米，厚0.34米，用一丁三顺法砌筑。墓室东、西、北三壁作弧形，平面为曲线状，经实测恰与长轴为6米、短轴为3.06米的椭圆相吻合。墓壁的横剖面也是弧形，顶部用素面砖平砌成3个完整的小拱及两个半拱，借此小拱使墓壁与券顶合缝相连，成为整个穹隆状的墓顶。西北角上悬砌一个石辟邪，头朝墓里，尾露壁外。这样的辟邪，在甬道西口也发现一只。共见3只，估计均砌在墓角。

墓室中有4块长1.1、宽0.8米的长方形石板，中间嵌一砖砌长条，合成棺台。

地面均为素面砖，作席纹状砌法，墓室棺台边沿较甬道高出3层平砖。

这座墓葬在墓室结构及营造艺术上有几个特点：

1. 各式画像砖的图案是在造砖制坯时就已刻模印好，经焙烧形成画像砖。一个图案又用数块砖坯组合而成。为了不使图案失真，墓葬建造者必须事先精心设计，砌建时按图施工，"对号入座"。墓葬的墓壁在平面上采用椭圆线，估计与便于安排画像砖有关。

2. 弧形墓壁顶部用素面砖平砌成3个完整的小拱及两个半拱，这不仅在建筑上便于与券顶合缝相连成为整个穹隆状，而且承受压力也很合理。这些小拱好似套在墓壁上的"箱圈"，增强了墓壁的稳定性。

3. 这座墓葬的建筑与南京西善桥油坊村南朝大墓极为相似，都是椭圆形单室穹隆顶砖室墓。这种结构在受力上与现代砖壳结构相似。室顶的倒塌并非壳顶不坚固，而是盗墓或破坏者从顶部破洞而入，致使整个壳顶结构刚度和强度骤降，造成塌顶。

二　画像砖与花纹砖及文字

墓的甬道和墓室，全部壁面布满画像和花纹砖。画像、花纹砖都是模印，为浮雕，富有立体感；有的立面很高（如狮子、神兽等头部），又有高浮雕特点；有的地方也用凸出的阳线条。布局讲究严格对称。发掘所得画像砖和花纹砖共700多块，另外收集150块，合计850多块，分为39种。画面有的在砖的平面上；有的在砖的端面或侧面，由多块砖拼成一幅画面。镇江东晋隆安二年（398）墓、邓县画像砖墓、南京西善桥油坊村南朝大墓等画像砖也都有这类画像、花纹砖。但这座墓中画像砖的构图、形象、线条都比前述三墓复杂而有变化，虽无邓县墓的出行及故事题材，但人物形象已趋向丰满的脸形和体形，不像邓县墓画像有"秀骨清像"的明显特点，而与隋、唐的线刻画、画像砖、壁画之间有不少的联系。

1. 位置与排列

甬道与墓室壁面各有4层画像、花纹砖。

（1）甬道西壁

第一层：圆形莲花图案、兽首鸟身（又称"万岁"）像、莲花、狮子画像。

第二层："忍冬"花纹。

第三层：花卉砖与兽首鸟身像相间排列。

第四层：卷叶花卉纹砖与双角有翼兽（辟邪）相间排列。

（2）甬道东壁（不完整）

第一层：圆形莲花图案与狮子画像砖。

第二层：忍冬花纹。

第三层：花卉砖与人首鸟身（又称"千秋"）画像相间排列。

第四层：卷叶花卉纹砖与独角有翼兽（天禄）画像砖相间排列。

（3）墓室西壁

第一层：自前向后可分为3段，前段起首为圆形莲花图案，次为武士，又次为一飞仙，其后为两幅女像，嵌在直棂窗的两旁。正中一段，两边是虎纹画像，中间为一飞仙，飞仙的上部又有一神兽。后段又有一组直棂窗，两旁为莲草纹砖，其后又有两个飞仙，间隔一朵莲花，最末为一"千秋"砖。

第二层：共26幅。可分为前后两段。前段起首为一花卉纹砖，接着为一莲一狮相间排列。后段为一莲一双角有翼兽相间。

第三层：前段是环形卷叶莲纹砖与凤纹画像相间排列。后段是花卉纹与凤纹相间排列。

第四层：仅存前段七幅，为卷草花卉纹与独角有翼兽相间。

（4）墓室东壁（仅残存前部，其排列与西壁像对称）

第一层：先为圆形莲花图案，次为武士，再次为飞仙。

第二层：花卉纹、狮子、莲花相间。

第三层：一莲一凤相间。

第四层：卷草花卉纹与双角有翼兽相间。

（5）墓室北壁（残存西北角）

第一层：圆形莲花图案、飞仙。

第二层：忍冬花纹。

第三层：独角有翼兽、圆形莲花图案。

根据以上排列情况可以看出，东、西甬道及墓壁完全对称，组合有规则，层次清楚，每一层次中间间隔3行顺砌花纹砖。

2. 画像砖的内容

画像砖计有男像（武士）、女像（侍女）、飞仙、龙、虎、狮子、独角及双角有翼兽（天禄、辟邪）、凤凰、神兽、颗头等。

（1）男像（武士） 3幅。出自两模，服饰、动态相同，唯面向相对。其一出自封门墙内，与墓室西壁男像重复，东、西两壁各有一幅。发髻上插一簪，着宽袖开襟衫，内衬圆领衫，下穿长裤，云头履。手持剑柄，剑柄垂缨带，另一手作按剑状。

（2）女像 6幅（两幅残）。除去重复，有4种不同形象。

Ⅰ式 2幅。双环发髻，宽额、细眉，小嘴，下巴略圆，眉目清秀，但两眼半闭。上身着开领宽袖短衫，露臂，袖口系两细带，衣外似着"围腰"或"束腰"。下面长裙曳地，穿宽高云头履，侧身向右，双手捧衣。其中一幅下半部残，填在封门墙内。

Ⅱ式 2幅。双发髻下垂，椭圆脸形，服饰与Ⅰ式相同。双臂向上露出。左手托一博山炉，炉顶立一小朱雀，右手似作舞蹈动作。与Ⅰ式侍女相对而立。其中一幅在填土中取出。

Ⅲ式 1幅。发现于封门墙内。发作双蝴蝶髻，左右高耸，脸形丰满。上身穿宽袖开襟衫，露颈，腰间似有带钩或带纽一类饰物。右手持一长柄物，像是"如意"或者拂尘。

Ⅳ形 1幅。收集所得。发髻服饰略如Ⅲ式。背略前弯，左手下垂，右手作拈花状。在侍女中，年龄似较大，神情也较沉着。

飞仙 有东西相对的两种，由4块砖的端部组成画面。束发向上，两手捧博山炉，衣裳及飘带向后飞舞，显示凌云直上之势。

龙 由7块砖的端面组成，系收集来的砖。据社员反映，原在墓室东壁上，与虎纹砖相对。

　　虎　由7块砖的端面组成。虎身修长，张牙舞爪。

　　狮　有两种类型。作蹲状，头昂起回顾，举左前足，长尾上翘。

　　天禄、辟邪　作鹿形，长尾，有角，与邓县画像砖墓中原题"麒麟"两字画像砖相似。但邓县墓二砖画像均为一角，此墓画像一为独角，一为双角。两者相对，与《山海经》郭璞注："麒似麟而无角"不合。且此墓动物画像均作雌雄相对。一角之麟当与无角之麒相对，不能与双角兽相对。《汉书·西域传》载，乌戈山离国"有桃拔师子犀牛"，孟康注："桃拔一名符拔，似鹿长尾，一角者为天禄，两角者或为辟邪"。所说与此画像砖符合，似可定名为天禄、辟邪。

　　凤凰　《广雅》："凤，鸡头、燕颔、蛇颈、龟背、鱼尾。雌曰皇，雄曰凤。"与此处画像砖符合。有冠者为凤、无冠者为凰。

　　"千秋万岁"　一作人首鸟身，一作兽首鸟身，与邓县画像砖墓原题"千秋、万岁"画像砖极为相似，此处亦以此定名为"千秋万岁"。

　　神兽　此像一般称"神兽"。郭璞注《山海经》称为"畏兽"，东晋画家王廙作有《畏兽图》。这类图像见于南京梁代萧宏、萧秀等墓碑碑首、碑侧浮雕，又见于唐懿德太子李重润墓的石椁外壁东面线刻画。道沟高句丽墓壁画中常见的"托梁力士""托梁怪兽"也是同类画像。

　　颡头及其他　共两幅，一残。收集所得。据社员反映，此砖原在北壁。系3个画像印在一块砖的平面，中用单线隔开。下为兽面纹，有双角，张嘴露牙，形象凶恶，当为颡头，也有趋鬼镇墓的用意。中间一像为虎，无翼，可能表示虎神，有趋鬼辟邪之意，邓县画像砖墓的墓门壁画中也画虎头，估计用意相同。上面一像兽首鸟身，与"万岁"画像砖类似，唯一为站立，一为飞跃状，可能寓有"长生不死"之意。

　　3. 花纹砖

　　（1）花草纹　有两种砌法，丁砌的都由二或三块砖的端面组成组成一幅，以莲纹为主。从莲花中化生出莲株、中心莲、忍冬纹等。顺砌的花纹都印在砖侧面，有缠枝卷叶、圆心花及方格网纹等。

　　圆形莲花图案　以莲蓬为中心，分3层向外展开，花瓣肥厚。

　　卷叶莲心花纹　中心莲花，四周配以卷叶，外包一圆环。此种花纹与邓县画像砖墓的莲纹图案、敦煌290窟隋代图案相似。

　　中心莲心花纹　中心莲花，四周以花草相配，包合在圆环之中。这种图案很细腻、匀称。

　　莲草纹　印在砖的平面，嵌砌在直棂窗的两旁。左边一幅作盆花状，下为覆莲，向上生长枝叶。此幅与武昌吴家湾墓"盆兰花纹"砖相似，但较为丰富、细致。右幅分两格，上格为成束的莲花卷叶，下格花枝草叶向四角射出。其中盆花状一幅，构图丰富，线条流动自如，有绘画风味。

　　"忍冬"花纹　缠枝与花叶相配，向左右展出，在此墓花纹砖中比较多见。

花卉砖　两种。卷叶花卉，中间一圆心，两朵花蕾向左右伸出，卷叶向上下展开。另一种砖的中间为一花苞。下似覆莲，卷叶向上伸出。此种图案与唐代龙把凤头壶下层花纹相似。

（2）几何花纹　这类花纹印在砖侧，多数作砌排列，或作边框装饰，计有六瓣卷叶纹、卷草纹、圆心波浪纹、梭形纹、斜方格网纹等。

这些花纹图案大多与江苏南京、丹阳及河南邓县等南朝墓花纹砖及碑饰类似，也与北朝墓志、石窟装饰花纹类似，又可以在西安等地的唐代石椁线刻画、碑饰以及敦煌石窟内隋、唐窟的装饰花纹中找到联系。

4. 文字

墓砖无纪年文字，但有的砖侧面或端面有编号的数字，如："四""十""廿三""廿五""卅""卅七""五十五""九十八""二百"等几十个数字。这些数字当系制砖工匠书写，从笔迹来看，也不是出于一人之手。书体大多为行书，有的近于楷书，也有的还带有隶书韵味。

三　出土遗物

该墓东、北两墓壁的砖，据社员反映，有一部分是近代被拆去的，而由于墓顶早年坍倒，封土与坍倒的顶砖填塞墓室，因此拆砖人不可能接触到墓内遗物。经清理后，在墓室口发现残破头骨一个，棺台石板上有残肢骨3段。在墓底发现的遗物有：

石龟趺　在甬道石门框前面。灰石，龟高33、长43厘米。龟身无纹饰。颈略向上伸，龟背正中有一长方形榫眼，为嵌墓志处。但墓志未见，估计是墓室破坏后被搬掉。

石凭几　在墓室口。残成数段，几腿仅剩一条。

石猪　在甬道后段。制作粗糙。身高11、长25厘米。

石座　半圆形，中间有插孔，与南京栖霞山甘家巷六朝墓群出土的一样。

铜钱　剪轮无廓小钱二枚，"大泉五十"一枚。

铁棺钉　3枚。残长28厘米左右。

瓷器　在墓底棺台四周清理出一批，主要是青瓷，有少量酱色瓷、白瓷。除一青瓷小钵尚完整外，其余都成碎片，但器形仍可辨认。碗最多，还有罐、壶、粉盒等。

青瓷钵　1件。口近直，弧形壁，半底。高5、足径6厘米。

青瓷碗　有3种。

璧形足碗　约二三十件。都已破碎。碗底似璧状。有的敞口，斜壁。瓷胎细腻，内外施青灰釉，也有的施青黄釉，光泽莹滑，足底有5—7个支点，足径5—7厘米。另一种璧形足碗是圆唇，口微内敛，弧壁，碗内壁施釉，呈米黄色。外壁下部及碗足不施釉，胎较松。

斜壁平底碗　敞口，斜壁，口沿略外卷。大平底，平底下高出一周边沿，似假圈足。内外施釉，碗底内外均有许多个小支点，器形大小不一。底径5.6—10.4、高4—6

厘米。这类碗数量最多，与璧形足碗都像是大小成套随葬。

敞口碗　有青瓷，也有酱色瓷。敞口，浅腹，大平底。器内施釉到底，底部有很密的大支点痕，器壁外下部露胎，也有密排的支点。

青瓷盏　1件。器形小，口近直，浅广腹，平底。在墓底东北角出土。

青瓷罐　残片。可辨认器形的有两件。颈较短，大口近直，口沿外卷，深腹，颈下有贴附的环形耳，底失，胎呈灰色，釉不匀，有斑痕。环耳周围有点褐釉。与此形制相同的还有酱色釉罐残片。

青瓷壶　残片。喇叭口，短颈，腹较圆广，曲把安于颈、腹处。把作带形，中间压一凹弦纹，把两边有对称贴附的环耳，耳上也压一凹弦纹，灰胎，釉色青黄。

青瓷小粉盒　残。盖、盒有子母口，合口处有支点痕。胎灰色，施青灰色薄釉。

白瓷瓜楞壶　残。口颈失。瓜楞形弧腹，楞迹不明显，釉带微黄色。

另外还有一些器形较大的瓷罐残片，类似一般所见的骨灰罐。有器盖作菌状纽。

四　结语

这座墓葬从墓室的形制、结构到画像砖的风格，研究者大都认为具有南朝末期至隋、初唐的特征。可是从出土的瓷器分析，大多数具有明显的唐代中晚期风格。如何解释这个矛盾现象，也就是墓葬的年代如何断定，目前有以下几种意见。

1. 墓葬时代属于南朝末期至初唐。墓葬的封土中未见混杂其他遗物。墓室顶部早已坍塌，墓底仅有很薄的一层淤土，在棺台四周的淤土中发现很多瓷器碎片。这说明，此墓埋葬后不久就被破坏以至坍塌。墓中封门墙完整，没有拆动痕迹。除瓷器外也未见后代的遗物，这就排除了二次葬的可能。

从墓葬结构看，这种椭圆形穹隆顶单室墓是常州地区南朝墓葬常见的形式。墓室四角悬砌石辟邪，拱券式墓顶，墓壁一丁三顺式砌法，都与南京西善桥南朝墓相似。此墓墓顶砌直棂窗，窗九棂，上面印有花纹，这种格局与隋开皇十五年（595）张盛墓出土陶屋模型的直棂窗、唐神龙二年（706）懿德太子墓东阙楼壁画及石椁上的直棂窗相类。

从墓中出土的大量画像砖、花纹砖的内容分析，它与邓县彩色画像砖有很多共同之处，如大量莲花纹图案的使用，以及飞仙、凤凰、狮子等画面，但不见出行图及故事题材的画像砖。就画像砖中的个别人物分析，持剑武士与邓县墓墓门壁画武士及隋开皇二年（582）李和墓的石棺两侧线刻持剑武士相似；双环髻侍女像与阎立本《历代君王图》中的侍女相似；蝴蝶髻侍女与合肥隋开皇六年（586）墓出土的人面鸟俑相似；飞仙像与四川万佛峡出土的南朝宋元嘉时期石刻飞仙相似，也与邓县画像砖墓的天人相似。唯此墓的飞仙脸形趋于丰满，身体稍显肥硕，呈现了从南朝末向盛唐发展的过度形态。

墓葬出土的瓷器中，细腻的青灰瓷器，其瓷质近于西岗西晋墓出土的青瓷羊；瓷罐贴耳很小，瓜棱壶棱迹不明显，呈初唐风格；璧形足碗，也是唐代典型器物。密集支点的烧制方法，虽多见于晚唐或五代，但在西岗西晋墓中，已有璧形足、碗底满施釉以及支点密集的青瓷钵出土。由于这些理由，墓中瓷器的时代应定在初唐为宜。至于有些瓷器时代稍晚，则要联系墓中整个情况综合分析。

综合上述，推断此墓上限不会早于西善桥油坊村南朝大墓，下限可能到初唐。

2. 另一种意见认为是唐墓。持这种意见的人认为，一个朝代往往在艺术上承袭前一个朝代的风格。制作画像砖和营造墓室的工匠也可依照前辈祖师的图样制作或营造。判定这个墓葬的年代，要以墓葬出土器物中时代最晚的为准，所以应定在唐代中晚期。墓室的风格偏早，可能出于复古。

3. 还有一种意见认为，墓室是南朝至初唐时代的，瓷器是中晚唐的。由于某种原因或巧合，使这批中晚唐的瓷器移入南朝末期的墓中。

从上面的不同意见来看，笔者认为都有一定的理由。这里举出了几种意见，作为进一步分析、研究时的参考。此外，墓葬出土了剪轮无廓小钱、"大泉五十"铜钱，但未见隋唐钱；砖面的文字书法多少带有隶书的意味，也应当是确定墓葬年代的值得注意的旁证。

此墓出土画像砖、花纹砖1600多块，种类繁多，写实性强，是一批具有时代特点和工艺水平很高的艺术品。侍女像端庄秀丽，持剑武士威风凛凛，白虎张牙舞爪，狮子凶猛威武，再配之以卷叶相托的莲花，人兽呼应，动静相衬，使整个布局显得雍容富丽，显示了这个时期的独特风格。

从南朝末期到隋唐的画像砖和花纹砖，发现甚少，特别在江南一带，这样丰富精美的画像砖墓更为少见，它为我们研究这个时期的绘画、雕刻、工艺及建筑艺术提供了新资料。

从墓葬形制、规模分析，墓主人生前应是门阀世族。

此稿在整理过程中，得到南京艺术学院林树中同志及常州市工程处何国明同志的协助，特致谢意。

原载《文物》1979年第3期

江苏武进村前南宋墓清理纪要

陈　晶　陈丽华

《文物》1979年第3期《记江苏武进新出土的南宋珍贵漆器》一文刊出后，研究中国古代漆器的学者，对文中介绍的南宋墓葬出土的戗金、填漆、剔犀等品类漆工艺非常重视，并希望将出土漆器的村前南宋墓葬的情况作全面介绍。村前南宋墓葬除了出土珍贵漆器外，还有丝织品、瓷器、文具、装饰品及其他杂器，随葬品相当丰富。现将墓葬及随葬品介绍如下，同时本文还将对墓葬的年代及出土文物中有重要价值者略作考证。

一　墓葬形制

墓葬位于武进县村前乡蒋塘村，先后发现6座。1976年4月当地农民在开挖排水沟时，发现一组3座并列的砖顶木椁墓，编号为1、2、3号墓。收集到的出土器物除部分失号外，大部分都可对上墓号，随葬器物有漆器、丝织品、梳篦、铜镜以及文具用品笔、墨、砚等。1978年1月，在前述1、2、3号墓东北50米处，又发现同类型另一组并列的墓葬。由常州市博物馆（今常州博物馆）、武进县文化馆组织人员前往清理。参加清理工作的有陈晶、陈丽华、朱蕴慧、詹婉蓉、徐伯元、贺忠贤、温束达等。这组墓葬编号为4、5、6号墓，随葬品的种类与1、2、3号墓出土器物基本相同。

墓葬结构均为长方形砖顶木椁墓。4号墓与5号墓间距3.85米，5号墓与6号墓间距2.5米。以5号墓为例，墓口长约3.3、宽1.62、深1.52米，墓口有4层砖砌的边框，呈阶梯形，墓顶砖砌呈折拱形，中间用两块斜面砖对缝相砌形成拱脊。墓壁不用砖砌，木椁板紧靠坑壁。椁长2.83、宽0.93、深0.92米，椁板厚约9.5厘米，椁盖厚约9厘米。棺长2.18、前宽0.64、后宽0.67、高0.81、盖厚0.12米。棺、椁保存完整，侧板和档头四角都用榫卯相接。椁未髹漆，棺表朱漆，里髹黑漆。封闭虽严密，但墓坑内渗满积水，棺、椁都泡在水中，棺木出土时，色泽光亮。棺、椁均为楠木。

二　随葬器物

(一) 漆器

漆器的种类有奁、盒、镜箱、执镜盒、粉盒等，髹漆工艺有素面、戗金、填漆、剔犀等种，分述于下。

奁　2件。

素面黑漆奁　1件，3号墓出土。木胎，内外髹黑漆。八棱菱边形，分盖、盘、中、底四层。盖为平面，盘内有一对腰子形拼盒，中层盛梳篦、剔刀、刷等，下层装圆筒形小漆盒。通高22、直径21.2厘米。

戗金细钩花卉人物奁　1件，5号墓出土。银钿镶口，木胎。十二棱莲瓣形，分盖、盘、中、底四层。盖面戗画人物花卉，盘内盛菱边形铜镜，中层盛木梳、竹篦、竹剔签、银钿镶口的圆筒形小粉盒，底层内放小锡罐、小瓷盒。盖内侧朱书"温州新河金念五郎上牢"十字。通高21.3、直径19.2厘米。

盒　3件。

戗金朱漆长方盒　1件，5号墓出土。盒盖内有朱书款"丁酉温州五马锺念二郎上牢"十二字。通高10.7、长15.5、宽8.1厘米。

戗金细钩填漆斑纹地长方盒　1件，4号墓出土。盒盖内朱书"庚申温州丁字桥苍廨七叔上牢" 13字。通高11、长15.4、宽8.3厘米。

填漆斑纹长方盒　1件，4号墓出土。出土时箱身已散脱。黑漆地，盖面、正面、两侧立墙刻花卉人物。此盒的漆灰及黑漆面都较薄，大部分脱落，但花卉图案尚可辨见。盖面开光内是一幅艄公图，隐约可见一老翁笠帽蓑衣手持船桨，塘水与花卉相映。正面立墙开光内刻画人物花木小景，中间一仕女丰姿韵逸，背衬曲径、花木。一侧立墙开光内为上下相衬的两朵牡丹，每面开光外四角刻画云头状卷草纹。凡空间都钻小圆点，填漆，但刷丝划纹内未见戗金。高14.5、长17、宽12.5厘米。此盒髹饰工艺与上述戗金细钩斑纹填漆长方盒相类似。

镜箱　1件（采：1）。木胎，黄地，长方形。箱设两抽斗，上部有两层套盘，上层套盘内盛长方形铜镜一面；下层盘内按镜架，可支撑。抽斗内盛放木梳、竹篦、竹柄毛刷、竹剔等，抽斗板面上有柿蒂纹铜环。箱盖面有云钩纹图案的线条痕迹，有可能是剔犀工艺，但漆层已全部脱落，四周立墙与抽斗面板均为素面。通高12.51、长16.7、宽11.5厘米。

剔犀执镜盒　1件（采：2）。长27、径15.4、高32厘米。盒内放双鱼纹执镜一面。

粉盒　6件。大小略同。木胎，素面。圆筒形或扁圆形，有盖，子母口，有的盖口环以银包口。表里黑漆。采：3，高6.1、口径6.3厘米。出土时盒内盛放白色粉末块。这种漆粉盒都放置在漆奁或长方形漆盒内。

唾盂　1号墓出土。口沿及腹部均用窄条薄木片圈叠成胎。表里黑漆，漆灰较坚。出土时基本完整，高10.5、口径20.5、底径6.3厘米。

(二) 丝织品

村前6座宋墓中，仅两座宋墓（1号墓和5号墓）出土丝织品，多数已腐朽。织物品种有绢、绫、罗、绉纱等，以罗为多。可辨认的衣服有花罗合领单衣、香色罗开档单裤、水罗开档夹裤、鞋、贴绣褡裢等。这批丝织品，不论品种、组织结构以至纹样都与金坛周瑀墓、福州黄升墓出土丝织品十分相似，具有南朝时期丝织品的特点。其中部分织品取样由上海纺织科学研究院纤维材料试验室分析，分述如下。

1. 罗

分为素罗、花罗、印金罗三大类。

（1）素罗有3种。

米黄素罗　四经绞，幅宽67厘米。经密50根/厘米，纬密22根/厘米。经丝投影宽度0.1毫米，纬丝投影宽度约0.2毫米。

浅绛色罗　四经绞，经密56根/厘米，纬密24根/厘米。经丝投影宽度0.08毫米，纬丝投影宽度约0.2毫米。纬线5根一并。

烟色罗　四经绞，经密60根/厘米，纬密15根/厘米。经丝投影宽度0.1毫米，纬丝投影宽度约0.3毫米，质感厚。

深棕色罗　四经绞，经密68根/厘米，纬密23根/厘米。经丝投影宽度0.05毫米，纬丝投影宽度约0.3毫米。

香色罗　二经绞，幅宽33厘米。经密50根/厘米，纬密26根/厘米。经丝投影宽度0.05毫米，纬丝投影宽度约0.1毫米。

深棕色罗　二经绞，经密42根/厘米，纬密24根/厘米。经丝投影宽度0.1毫米，纬丝投影宽度约0.15毫米。

（2）花罗有3种组织结构（四经绞、三经绞、二经绞），花形有9种。

四经绞花罗　有烟色暗花罗及烟色牡丹花罗两种。前者经密64—68根/厘米，纬密12根/厘米。经丝投影宽度0.075毫米，纬丝投影宽度0.3—0.4毫米，由于纬粗、经密，孔间小，质感厚。后者幅宽40厘米，经密地36根/厘米，花40根/厘米，纬密地22根/厘米，花12根/厘米。经丝投影宽度0.1—0.2毫米，纬丝投影宽度约0.3—0.4毫米。罗底平纹起花，这种织品在福州南宋黄升墓、金坛南宋周瑀墓出土丝织品中不见。

三经绞花罗　5种。烟色牡丹花叶罗，经密48—50根/厘米，纬密27—28根/厘米，这一织品的花形图案是两朵单瓣牡丹为主体的团花纹，枝叶及花瓣中又填以梅瓣形的小花纹，叶中有花，花中有叶，构成南宋花罗的一种别致的风格。米黄四季花罗，经密45根/厘米，纬密26根/厘米，经丝投影宽度0.06—0.08毫米，纬丝投影宽度0.2—0.3毫米，花纹以牡丹芙蓉为主，间以小菊花及五瓣梅花。米黄牡丹花罗，经密45根/厘米，纬密32根/厘米，经、纬投影宽度0.1毫米，花朵直径6—8.8厘米，质感比烟色牡丹花叶罗要厚，图案笔触较敦厚，而线条却很流畅。烟色月季花罗，幅宽57厘米，经密地45根/厘米，花48根/厘米，纬密地28根/厘米，花25根/厘米，经丝投影宽度0.3毫米，纬丝投影宽度0.4毫米。四合如意花罗，地经二上一下相绞。经密45根/厘米，纬密20根/厘米，经纬丝投影宽度0.2毫米，以四合如意为主体，间以小雪花纹，花形清新。

二经绞花罗 两种。米黄牡丹花罗，经密30根/厘米，纬密28根/厘米，经、纬丝投影宽度0.2毫米，花型不甚清晰。烟色菱纹罗，幅宽28.2厘米，经、纬密28根/厘米，经丝投影宽度0.18毫米，纬丝投影宽度约0.23毫米，菱花直径2×1.5厘米，菱形间以小花，纹样规则细致。

（3）印金罗有两种。一种织品为印金花边，另一种是印金外衣残片。

印金花边 出土时附在2号墓主外衣上面，似作为佩绶。幅宽5.5厘米，四经绞罗。底棕色，印牡丹花形，花朵上印金，牡丹叶上也用印金勾边，叶子呈藏青色。这种印金花纹的印制，是在纸板上先刻成镂空的花纹版，按部位将花版压在织物表面，在版上涂刷色浆（胶），凡版纹凹陷处必印上色浆，因此，叶子底色呈青色，而有花朵的地方，当色浆未干透时，贴上金箔，呈现出金色花朵，金箔厚度约0.15毫米。

印金罗 外衣残片，罗地淡米色，质较薄，二经绞，经密42根/厘米，纬密24根/厘米，经丝投影宽度0.08毫米，纬丝投影宽度0.15毫米。印细花型，排列规则。印金大部分脱落，花纹露藏青色浆底。

2. 绫

皆为斜纹地起斜纹花，织物光泽柔润，分为3种。

（1）米字纹绫 4/1斜纹组织，幅宽40厘米。经密42根/厘米，纬密44根/厘米，经丝投影宽度0.2—0.25毫米，纬丝投影宽度0.2毫米。以斜方格为框，中间"米"字纹，花纹规正。

（2）梅竹纹绫 地1/3，花3/1斜纹组织，经密34根/厘米，纬密30根/厘米，经、纬丝投影宽度0.3毫米。经浮为地，纬起花，纹样秀丽。

（3）松纹绫 经密40根/厘米，纬密33根/厘米，经纬投影宽度0.2毫米，经浮三枚为地，纬起花。纹样中松干苍劲盘曲，松针挺健，结有松果。

3. 绢

平纹组织，有素色绢、印花绢两种。

（1）素绢 分为3种颜色，均用作衣裳里子。

烟色绢 经密26根/厘米，纬密22根/厘米。经丝投影宽度0.3毫米，纬丝投影宽度0.3—0.4毫米，质感厚。

米黄绢 经密34根/厘米，纬密26根/厘米。经丝投影宽度0.2毫米，纬丝投影宽度0.3—0.4毫米。

香色绢 单裤，裤长82、腰围92、裤管42厘米，开档。经密42根/厘米，纬密28根/厘米、经丝投影宽度0.3毫米，纬丝投影宽度0.4毫米。

（2）印花绢 分为两种，都是淡黄色地，印染蓝色花纹。一种印柿蒂纹，花型细小；另一种花印较繁，不清晰，这种织品背面褙一层麻丝。

4. 绉纱

平纹，经纬强捻相间织成，中间有孔。香色，经密20根/厘米，纬密44根/厘米。

经丝投影宽度约 0.2 毫米。经捻向 S2 根 Z2 根，纬捻向 Z。

5. **绣品**

贴绣褡裢　1 件。长 13.5、宽 11.2 厘米，如银锭形。束腰处可对折成两个小袋，袋面用四经绞素罗，中间夹层衬烟色绢，里子为米黄平纹绢。袋面用绢剪贴出花叶，以丝线盘出花叶边与梗，同时用另一根细丝线钉缀，袋边用不同捻向的两股丝线钉缀。

贴罗丝辫绣花边　残片。这件绣品罗地，四经绞罗，质感较厚密，贴绣梅枝花纹用的罗为二经绞罗，有透空，质感薄，衬托明显。贴花边框、花蕊都用双股丝线辫绞绣出，花枝则用粗丝线辫绞盘出，用细丝线钉缀，以固定花型。

（三）瓷器

8 件。有碗、盘、盒盖等。

定窑印花碗（采：4）　敞口，小底，胎薄，釉润透明，有包口。内壁布满双凤缠枝花卉，上部有回纹一周。口径 15.4、高 5.2 厘米。

白瓷瓜棱碗　敞口，内壁呈六瓣瓜棱形。通体施釉，有冰裂纹。出土时包口处有黑色金属斑迹。口径 18.5、高 6、底径 6.2 厘米。

白瓷双鱼纹碗（采：5）　敞口，矮圈足。内壁素面光滑，底内印双鱼，外壁突出莲瓣纹。口径 16.1、高 6.5、底径 6.1 厘米。

白瓷素面碗　6 号墓出土。芒口，矮圈足。施釉不及底，色呈米黄，不洁净，开细冰裂纹。底部墨书"公"字。口径 16.8、高 4.3、底径 6.5 厘米。

白瓷盘（采：6）　芒口，盘内壁呈六瓣瓜棱形，底部略凸起，圈足。通体施釉，胎较薄，质细腻。口径 18、高 3.8、底径 6.1 厘米。

粉盒盖　5 号墓出土。放在戗金花卉人物漆奁内，盖径 5 厘米，瓷釉呈青灰色，不匀，盖面印月季花。

白瓷小盒　5 号墓出土。子母口，假圈足，釉色不匀略呈青灰。口径 4 厘米。出土时与粉盒盖合在一起，但不成套。

白瓷柿蒂形盖　5 号墓出土。放在戗金花卉人物漆奁内，子母口。口径 3.7 厘米。

（四）金银器

金钏　一副 2 件。出土于 5 号墓。每只重 36.8 克，环径 5.8 厘米，高 2.6 厘米。环周有棱线 4 圈，有开口缝。

金跳脱指环　1 件。出土于 5 号墓。重 6 克，系一条连续绕环的细金条，环成 7 圈，两端用金丝缠紧固定。

鎏金桃形佩饰　3 件。出土于 5 号墓。由两片桃形鎏金刻花片或镂孔花纹片对合，边缘封口包合，正反两面花纹相同。

银插　6 号墓出土。簪形，上半部刻柿蒂纹。长 17.1 厘米。

扇形银发插　5号墓出土。上部用细银条盘制成展开的扇形，下部为一枝钗形插。宽16.5厘米。

银发叉　3件。5号墓出土一对，其中一件上部有刻纹。长7—9厘米。另一件的弯圈部刻花纹及连珠纹。长9厘米。

（五）铜镜

8件。多种形式，有常见的宋代菱边形铜镜、执镜，还有钟形镜、长方形镜等，多数有铭文。

菱边形镜　4件。一件出自1号墓，直径23.2厘米，素面。两件出自5号墓，其中一件放置在戗金花卉人物奁上层盘格内，直径15厘米，铭"湖州真石家念五朗照子"，另一件直径23.4厘米，背铭右侧"湖州铸造局乾道八年铸錬铜监伟"，左侧"石家"二字。一件出自4号墓，直径17.5厘米，铭"千秋青照"四字。

长方形镜　2件。一件放置在漆镜箱（采：1）内，素面，长15、宽9.6厘米。另一件出自5号墓，放在戗金朱髹长方形盒内，背铭"湖州石家清照子"八字。

执镜　1件。双凤纹，放在剔犀执统盒（采：2）内。通高22.1、直径12.6厘米。

钟形镜　1件（采：7）。其形似钟，上面有挂纽，正面光素，背纹铸双剑，剑柄向上，中间一炉，炉中插香，烟云缭绕，两侧有隶书对子"河澄皎月，波清晓雪"。长18.3厘米。

另有一件是明器铜镜，薄圆片形，直径7.2厘米，装在明器锡奁内。

（六）铜钱

在1、2、3号三座墓中，共收集铜钱63枚，其中开元通宝5枚、太平通宝1枚、淳化元宝1枚、咸平元宝1枚、景德元宝1枚、祥符元宝2枚、祥符通宝1枚、天禧通宝1枚、天圣元宝3枚、景祐元宝3枚、皇宋通宝6枚、至和元宝1枚、嘉祐通宝1枚、至平元宝3枚、熙宁元宝8枚、元丰通宝8枚、元祐通宝9枚、绍圣元宝2枚、元符通宝1枚、圣宋元宝3枚、大观通宝1枚、宣和通宝1枚。4号墓出土景祐通宝、治平元宝各1枚。5号墓贴绣袼褙内存放铜钱39枚，其中开元通宝2枚、咸平元宝1枚、祥符元宝2枚、天禧通宝2枚、天圣元宝2枚、皇宋通宝3枚、至和通宝1枚、嘉祐元宝5枚、熙宁元宝6枚、元丰通宝7枚、元祐通宝1枚、绍圣通宝1枚、圣宋元宝3枚、大观通宝1枚、宣和通宝1枚、淳熙元宝1枚、嘉泰通宝1枚。

（七）明器

村前南宋墓葬出土明器，绝大多数是含锡成分的合金制品，种类较多，仿制当时的日常应用器物。6号墓随葬品中，除个别为实用器物外，皆用明器随葬。5号墓及1、2、3号墓收集的随葬品中，都有同类型的明器，分述如下。

炉（采：8）　平沿上折，粗颈，鼓腹，颈部有竖耳一对，圆柱形足。通高12、口径 10.2 厘米。

高瓶　3 件。采：9，细颈，圆肩，斜腹，平底，有覆杯式盖。通高 11.2 厘米。采：10，瓶口用花苞形漆木塞。

壶　3 件。大小略同。竖颈，深腹，圈足，最大径在近底处。采：11，通高 7.6、口径 3、底径 3.3 厘米。

罐　5 件。敛口，鼓腹，平底，其中 3 件有盖。5 号墓出土一对，盖有花蒂形纽，通高 6.6、底径 3.8 厘米。6 号墓出土一对，盖作柿蒂形。

圆筒形盒　7 件。其中 4 件直筒形，都是实用器，两件装在 5 号墓出土戗金朱髹长方盒内，两件放在长方锡盒内。通高 6.3、直径 6 厘米。另外 3 件为扁圆形，大小相同。

带流提桶　6 号墓出土。宽沿上折，沿口伸流，深腹，平底，有提环。通高 7.5、底径 2.5 厘米。

马子　6 号墓出土。平沿较宽，圆筒形，平底，附盖，盖纽作扁平三角形。通高 5.7、底径 4.8 厘米。

捣臼　5 号墓出土。圆筒形，筒身有弦纹 3 周，底边宽出呈大圈足，筒顶部封闭，仅中间存一圆孔，孔内竖一活络的臼棒。通高 6.4、底径 6.2 厘米。

奁　6 号墓出土。圆筒形，分盖、中、底三层，上层放小铜镜、下层放 3 件圆筒形带盖小盒。通高 5.5、直径 6.5 厘米。

粉盒　3 件。6 号墓出土两件，另一件失号。扁圆形鼓状，盒内留有粉状物及小匙。通高 3.5、底径 6 厘米。

长方盒　1 件（采：12）。通高 8、长 12.3、宽 6.5 厘米。盒内放圆筒形盒一对。

唾盂　4 件。其中 5、6 号墓出土一件。收集两件，可能出自 1、2、3 号墓中。5 号墓出土的一件唾盂宽沿，小口，大平底。通高 5.5、口沿直径 9.1、底径 6.7 厘米。

托盏　6 件。5、6 号墓及 1、2、3 号墓中均出土。4 件有荷叶边托缘。通高 4.9、口径 5.2 厘米，托缘直径 9.6 厘米。

尊形器　6 号墓出土。侈口，粗颈，圆腹，圈足。通高 5、口径 5.7、底径 3.5 厘米。

豆　2 件。6 号墓出土。浅平盘，喇叭形豆座。通高 4.8、口径 5.9、底径 4.8 厘米。

杯　3 件。5 号墓出土一件，花瓣形，喇叭形矮圈足。通高 3.5、口径 5.8 厘米。6 号墓出土一件，素面。另从 1—3 号墓中各收集一件。

碗　2 件。5 号墓出土一件，敞口，小底，似笠形。通高 3、口径 7.4 厘米。另外，采集一件，为 1—3 号墓中所出。

锅　11 件。6 座墓中均有出土。采：13，深腹，弧形壁，平底。通高 4.4、口径 7.8、底径 1.5 厘米。

碟　15 件。6 座墓中均有出土。通高 4.1、口径 8、底径 3 厘米。

（八）带饰杂件

象牙笏 1号墓出土。笏已散裂，平板状，圆头。高50.5厘米。

银质鲤鱼纹革带 1号墓出土。残，包括银带扣、革带、带銙、铊尾。银带扣为环形，中间有活动的卡针。带銙不全，有方形、梅花形两种，还有半环形带銙，正面铸印双鲤图案。带銙边有折缘，背面均有扣钉。革带长19.2厘米，革面列银质鲤鱼。革带背面衬长方木片为托，木片一侧也列有两件银质鲤鱼。铊尾圭形，长10.4、宽6.8厘米，一面刻鱼纹水草，另一面刻小圆点连接的如意纹图案。

银质荔枝盒 一号墓出土，外形如两颗荔枝，有镶合缝，可启合，上、下有一环鱼小孔，可系带。长6.5、宽5.5厘米。

包银边香块佩饰 扁圆形块状，周缘以银环包之，周刻柿蒂纹，上有一小环，可系带。长径6、厚2厘米。

香篆 5号墓出土，各边长4.5厘米。《百川学海》香谱条称："镂木以之为范，香尘为篆文。"香篆铭文为"中兴复古"四字。其"中"字部位，钻一规则小圆孔，可以用以系线。

（九）篦梳与梳具

梳 8件。6座墓葬均有出土。半圆形，齿较密，有的梳背环包金箔。5号墓出土3件，其中一件插在发髻上，梳背环细珍珠。直径9.1、高4.1厘米。

篦 3件。放在戗金人物花卉奁及漆镜盒内。

竹签、竹剔 4件。5号墓出土。竹签长15厘米，一端修成纯尖；竹剔两端修薄呈斜刃，中间收束。

竹柄丝刷 2件。5号墓出土，置于戗金人物花卉漆奁内，刷头穿丝束，长10.2—12厘米。其中一件柄端修成斜刃，可作剔刀用。

竹柄毛刷 柄部刻不规则的装饰纹，刷头列3行8排毛束，毛束为黑色朱鬃。长14.7厘米。

（十）木制明器

2件。木靠背椅、桌子各一件，6号墓出土。白坯五漆。同墓出土锡明器，部分放置在桌上。

靠背椅 通高30.4厘米，椅坐高15、靠背高15.4厘米。后背较宽且直，"搭脑"出头较长，靠背板略有弧度。椅座采用"步步高"赶枨，即踏脚枨最低，两侧较高，后枨最高。除比例较矮外，已具备明式"灯挂长椅"的基本形式。

长方桌 高22、长27.5、宽23厘米，圆足，顺枨一、横枨二。四足上端出榫、透穿桌面，制作较粗糙。出土时桌面上有明显按放锡明器的器底痕迹，显然作供桌而用。

这两件木制桌、椅虽然是明器，但反映宋代桌椅的形制、风格，它与白沙一号宋墓壁画中的砖砌椅、桌（《白沙宋墓》，文物出版社1957年版，第22、23页图二〇、二二）以及河北钜鹿所出的北宋椅桌形制接近，明代"灯挂椅"即承袭宋代制作而来。

（十一）文具

随葬品中有笔、墨砚、镇纸、画轴杆等文具用品。这类文具属男性墓出土，5号女性墓葬不出此类用品。

笔　1号墓出土。竹管，丝质笔头，插入笔管的一端用丝扁带包紧，笔头露丝束，这种丝束笔头，可以更换。通长26.5厘米，笔管径粗1.3、笔套径粗1.7厘米。

墨　2种。

舌形墨　1号墓出土。烟质，质较松。残长8.3、宽3.5、厚0.9厘米。

长条形墨　4号墓出土。墨色黑而光亮，上半段已失，下半段正面有模印贴金字，只剩一完整"玉"字。"玉"字上部有一残字。背面中部阴刻长方框，框内残存模印"实制"两字，其上尚有"茂"字的残剩笔画。残长5.5、宽2.2、厚0.5厘米。南宋有著名墨工叶茂实者，此墨当系叶茂实所制。

砚　2方。端石砚，1号墓出土，长7.3、宽11.9、高1.8厘米。歙石砚，4号墓出土，砚底有双足，外套灰黑色金属盒。盒底有一圆孔，启盖后用手指在盒底圆孔中一顶，即可将砚取出，长12.6、宽7.8、高1.5厘米。这两方砚的特征都是台面与砚口相平，仅在顶端挖有一线水槽。

镇纸　2件。1号墓出土。一件为水晶质，椭圆形，中间有剑环形孔，长径7.8、厚1厘米。一件为象牙质，外缘剑环形，中间椭圆形孔。

画轴杆　1件。5号墓出土，木质，轴头镶玉管，长29、轴径1.9厘米。

三　结　语

（一）墓葬年代及墓主人的社会身份

武进村前出土的6座宋墓虽未发现墓志，但随葬品中有干支纪年的器物及年号铜钱，有款署墨工名字的实物以及反映墓主社会身份的服饰。故根据出土器物，仍可推断出较为确切的年代。

4号墓的随葬品中，有叶茂实制墨一块（残），同墓还有朱书"庚申"干支的戗金填漆斑纹地长方盒。叶茂实是南宋墨工，其制墨年代在宋理宗淳祐（1241—1252）年或稍后一些。南宋最后两个庚申年，一为宁宗庆元六年（1200），一为理宗景定元年（1260），前者与叶茂实制墨年代不合，由此推为宋理宗景定元年（1260），可知4号墓墓主的卒年当在1260年之后。

5号墓出有"乾道八年"制铜镜一件；年号铜钱39枚，最晚一枚年号是"嘉泰通宝"（1201—1204）；丁酉年制的戗金朱髹长方盒一件；"中兴复古"香篆一方。"乾道八年"（1172）铜镜是墓主生前使用的旧铜镜。宁宗嘉泰后的丁酉年为理宗嘉熙元年（1237），以此推断墓主卒年应在1237年之后。南宋孝宗执政时，陈亮曾上《中兴论》，理宗在淳祐元年（1241）春正月诏中也有"中兴以来"之语，墓中出土的香篆"中兴复古"既是反映当时的政论的一件实物资料，同时亦可佐证墓葬的年代。另外，5号墓出土的丝织品中，印金花纹及其制法和贴绣褡裢的形制，均与福州南宋淳祐七年（1247）黄升墓中出土的丝织品的品种、风格十分相似。综上所述，5号墓主的卒年是在南宋嘉熙元年（1237）之后，当早于4号墓墓主的卒年。

在1号、2号、3号墓中没有发现南宋时期的铜钱，将其出土器物与4号、5号、6号墓对比，可知，1号、2号、3号墓的年代似乎略早于4号、5号墓。而从丝织品的风格来看，这两组墓不相上下，其上限不会早于宋徽宗宣和（1119—1125）时期。

关于墓主人的身份，根据随葬器物可判定，这两组墓葬的墓主在当时是很有身份的人物。武进村前乡，旧称武进栖鸾乡，据《武进阳湖合志》记载，"薛枢使极墓在武进栖鸾乡凤凰墩"。宋史有薛极传（《宋史》卷四一九），"中词科，为大理评事，通判温州，知广德军"，以后累官枢密院事兼参知政事，封毗陵郡公，以观文殿大学士知绍兴府兼浙东安抚使，端平元年（1234）卒。薛极墓在武进栖鸾乡，1号墓至6号墓的地点恰在此处，故墓主可能是薛极的家属。

1号墓随葬品中，有象牙笏、银质鲤鱼革带、墨、砚、水晶镇纸等。按《宋史·舆服志》："笏，唐制五品以上用象，上圆下方；六品以下用竹、木，上挫下方。宋文散五品以上用象，九品以上用木，武臣、内职并用象，千牛衣绿亦用象，廷赐绯、绿者给之，中兴同。"关于"诸带"制度，宋太宗太平兴国七年（982），李昉等上奏："奉诏详定舆服制度，请从三品服玉带，四品以上服金带，以上升朝官、虽未升朝已赐紫绯，内职诸军将校，并服红鞓金涂银排方。虽升朝着绿者，公服上下不得系银带，余官服黑银方团胯及犀角带。贡士及胥吏、工商、庶人服铁角带，恩赐者不用此制。荔枝带本是内出以赐将相，在于庶僚，岂合僭服？望非恩赐者，官至三品乃得服之。""中兴仍之，其等亦有玉、有金、有银、有金涂银、有犀、有通犀、有角。"由此制推测，1号墓主官职品级在五品以上。这座墓葬虽然按时间排比，与薛极的卒年接近，但按随葬品的服制，还难以推断这一墓葬便是薛极之墓。

4号、5号墓略晚于薛极卒年，从随葬品反映的墓主身份来推断，当是与薛极有关的亲属。5号墓主为女性。身着印金花岁服，带金手镯、金跳脱指环，用真珠装缀的木梳，完全是"命妇"装束。北宋时曾多次下过禁止使用黄金制作衣服的诏令："其销金、泥金、真珠装缀衣服，除命妇许服外，余人并禁。""非命妇之家，毋得以真珠装缀首饰、衣服"（《宋史·舆服五》）。南宋时，虽不见严格禁令，但一般来说，墓葬中随葬黄金饰品并不多见。5号墓葬年代距薛极卒年较近，可见当时薛氏家业的盛况。4号墓主为男性，保存情况较差，衣着全部腐烂，随葬品中文具、漆器之类都相当讲究，同样说明墓主身份之高贵。6号墓主为女性，此墓结构及棺木与4号、5号墓相同，但随葬品除一白瓷碗外，余皆明器，约20件，不见贵重物。明器中除生活用品盏、碗、盒、奁、唾壶外，还有提桶、马子等属。宋制对于士庶人丧礼，随葬明器均有规定，凡五品、六品常参官用"明器三十事"，七品常参官用"明器二十事"，庶人用"明器十二事"。可见墓主身份与并列的4号、5号墓葬的墓主既有密切关系又有差别，可能是侧室或死者晚卒于4号、5号墓主，家道已衰落之故。

按宋代礼仪制度，非品官不得用墓志（《政和五礼新仪》卷二一六），村前两组宋墓在发掘时都未发现墓志。

村前6座宋墓的位置有一定排列关系。其中4号、5号、6号墓并列，位于1号、2号、3号墓之东北约50米外。据当地群众反映，1969年，在4号、5号、6号墓地之东北，也曾发现并列的3座墓葬，结构相似，可惜遗物已失散。在排比1号、2号、3号墓与4号、5号、6号墓两组墓葬的随葬品时，发现明器的形制、大小基本类同，这除了说明墓葬年代较接近之外，也证明两组墓是同一家族的墓葬。

（二）从墓葬出土器物看南宋城市商业铺席之繁华及手工业的发展

1. 城市商业铺席的繁华

吴自牧《梦粱录》卷十三中，记录临安城内大街及诸坊巷铺席"连门俱是"。市肆中著名的铺席，一般都冠以店主的姓氏或经营品种称著的产地，如"彭家温州漆器铺""刘家吕家陈家彩帛铺""周家折叠扇铺""戚家犀皮铺"等。团行诸作有碾玉作、篦刀作、腰带作和专做明器的明器作等。诸色杂货中有砚、笔墨、手攀、木梳、篦子、剔刀、刷子等。如果说《梦粱录》记载了杭州城在偏安局面下的实况，那么把村前两种墓葬的随葬品铺展出来，有著名的温州漆器、各色彩帛绫罗、金器、银器、铜镜、腰带、文具、梳篦以至明器，这些实物资料就是当时铺席市场的一个缩影，证明了因消费之多而繁华的大都市中确是"万物所聚，诸行百市"。同时，也可从中看到南宋时期手工业技术发展的高度水平。

2. 出色的温州漆器

在江浙一带出土的两宋墓葬随葬漆器较为普遍。根据铭文所记的产地有湖州、杭州（临安）、温州等地。近年来，常州市博物馆（今常州博物馆）清理的宋墓中还发现有苏州、常州生产的漆器，多数产品是朱、黑或酱色，光素无纹饰。各地生产的漆器在制作、造型、结构方面既有共同的时代特征，又有各自的特色。温州漆器是当时享有盛誉的商品，除《梦粱录》记载临安市肆中著名的温州漆器铺外，《东京梦华录》也记载了北宋开封设有"温州漆器什物铺"。但是文献中对温州漆器的工艺特色没有具体描述，陶宗仪《辍耕录》中，只记载元代嘉兴杨汇戗金、戗银法。20世纪70年代前，宋代戗金漆器几无传世品可觅，而村前宋墓一次就出土3件，均为温州产品。其工恰是"以针刻刻画，或山水树石，或花竹翎毛，亭台屋宇或人物故事，一一完整"。3件戗金漆器中的两件戗金朱奁，盖面都以人物画为题材，其技巧之娴熟，刻画之精美，已臻炉火纯青的程度。3件漆器上有年款，有工匠名字和地名。如"温州新河金念五朗上牢""丁酉温州五马钟念二郎上牢""庚申温州丁字桥苍解七叔上牢"。金念五朗、钟念二郎、解七叔都是具有高超技能的出色工匠。"新河""五马""丁字桥"都是温州城里的街巷之名。光绪《永嘉府志》："城厢西北隅新河大街……隅厢五马街……西北隅丁字桥",现今温州城里还有这些地名。民间作坊分布于城乡各处,说明当时温州漆器行业的兴盛。

3. 丝织品的特色与服饰

出土的丝织品,反映出当时的织造技术已达到高水平。花罗组织中的四经绞提花罗,织造技术复杂,两宋时期生产这种产品已较为普遍,金坛南宋周瑀墓、福州南宋黄升墓均有出土。这种织品可能由于技术上难度较大,所以元以后似乎都失传了。印金彩帛也是南宋时盛行的产品,应用雕版印花已相当熟练。当时丝织物作为主要消费品已大量投入市场。《梦粱录》铺席条记载,杭州大街上开设的丝织品铺就有19家。于此也可看出丝织手工业的发展情况。

村前宋墓出土的丝织品服饰,虽则残损严重,但基本类别尚可辨识。女服有袍、衣、裤(有合档、开档两类)、缠足鞋、袜等。5号墓出土的戗金人物花卉漆奁的盖面上,戗划有主婢三人,女主人外穿合领对襟窄袖袍,两条直下衣领即"领抹",女婢上身着红袄,下穿裤。沈从文先生认为,"着旋袄不裙而穿裤,则称吊墩服。来自契丹"(参见《中国古代服饰研究》引言)。这种穿着反映出受到了北方地区外族的影响。

村前南宋墓葬的出土文物,内容十分丰富,这批材料正是反映南宋手工业和商业发展的实物资料。

本文在编写过程中,承蒙沈从文、王世襄先生通信指导,并且得到上海博物馆吴福宝、上海纺织研究院高汉玉等同志热情帮助,谨此致谢。

原载《考古》1986年第3期

从常州宋明两代墓葬出土器物看宋明两代丧葬礼仪

王偈人

常州地区发掘的宋明两代墓葬较多，其中出土了大量能反映当时社会生活的文物，在此挑选了一些记录比较准确详细、墓葬保存相对较好，出土物较为典型的资料进行对比分析，大致描述一下宋明两代的丧葬礼仪。

一 宋代墓葬和宋代丧葬礼仪

1976年和1978年，在常州武进区村前公社出土了6座宋墓，皆为长方形砖顶木椁墓，出土大量的珍贵文物，推测其为宋代薛极的家属墓葬，出土的文物有素面漆奁1件、戗金朱漆人物花卉纹莲瓣式奁1件、戗金朱漆人物花卉纹长方盒1件、戗金黑漆攒犀地细钩四季花长方盒1件、填漆斑纹长方盒1件、镜箱1件、剔犀执镜盒1件、粉盒6件、唾盂1件、纺织品若干、瓷器8件（主要有定窑印花碗、白瓷瓜棱碗、白瓷双鱼纹碗、白瓷素面碗、白瓷盘、白瓷小盒等）、金银器11件（主要有金钏、金跳脱指环、鎏金桃形配饰、银插、扇形银发插、银发叉等）、铜镜8件、铜钱119枚、锡明器（主要种类有炉、高瓶、壶、罐、圆筒形盒、带流提桶、马子、捣臼、奁、粉盒、长方盒、唾盂、托盏、尊形器、豆、杯、碗、锅、碟等）、带饰杂件5件（主要有象牙笏、银质鲤鱼纹革带、银质荔枝盒、包银边香块配饰、"中兴复古"香篆）、木质明器2件、文具（毛笔、墨、砚台、镇纸、画轴杆）等。[1]

2006年4月24日，常州常宝钢管厂发掘一座宋代夫妻合葬墓，破坏较严重，出土头巾、汗巾、围腰、棉裙、女鞋、袜、菱花形铜镜、毛笔、砚台、木梳等。[2]

2007年10月，常州桂花园发现宋墓，部分已被破坏。出土器物较少。木梳两把，皆部分碳化；粉盒两个，灰白胎，表面施青白釉，有细小裂纹；银簪一根，已呈黑色。另外，在头顶棺木外发现有泥质陶盖一个。[3]

2008年3月17日，在采菱路东城名居工地发掘了两座宋墓，两墓破坏较严重，出

---

[1] 陈晶、陈丽华：《江苏武进村前南宋墓清理纪要》，《考古》1986年第3期。
[2] 朱敏：《常钢厂宋墓清理纪要》，《常州文博》2006年第2期。
[3] 王偈人、李威、谭杨吉：《"桂花园"宋代墓葬清理纪要》，《常州文博》2007年第2期。

土残碎瓷片、铜钱若干和一把带柄铜镜。①

2008年9月16日，常州钟楼区新闸街道永丰村委沪宁城际铁路工地发现古代墓葬，经清理发现为宋代墓葬，长方形砖室结构，顶部起券。清理出金栉背1件、影青瓷粉盒1件、金银发饰1件、青瓷莲瓣纹碗1件、双鱼刻花白瓷碗1件、金耳环一件、圆柱形锡盒3件、压胜铜钱数枚、影青瓷碗盖1件、影青瓷碗1件、铁买地券2块等。

2012年2月16日，新北工业园区发掘宋代墓葬，破坏较严重，只剩4口棺木。M1出土葵花形铜镜两件，M2出土3枚铜钱，M4出土木梳5件、葵花镜1件、银冠1件、铜耳环2件和若干铜钱。

从以上资料可以看出，常州地区宋墓出土的器物主要分为以下几类：

1. 生活用具碗盘类。如瓷碗、瓷盘、托盏等。
2. 装饰用品类。如发簪、发饰、耳环、粉盒、木梳、铜镜、头冠、头巾等。
3. 文房用具类。如毛笔、砚台、镇纸等。
4. 金属明器。如锡明器、压胜钱等。
5. 铜钱类。
6. 买地券。

其中第1、2、5、6类的部分物品在大部分宋墓中都有出土，第3、4类物品只在少数墓中有出土。村前宋墓墓中出土的器物众多，虽然没有大型的重器，但制作都很精致，说明由于墓主人身份地位、财力的不同，随葬器物的类型也有很大的差别。

宋代统治者从开国伊始就注意到对丧葬等级的规定。太祖《开宝通礼》即对丧葬之礼有严格的规定。太宗太平兴国七年（982），又"诏翰林学士承旨李昉等详定士庶车服丧葬制度，付有司颁行，违者论其罪"。此后，宋徽宗时颁布《政和五礼新仪》，该书"惟官民之制特详"，并重申丧葬等级制度。宋代丧葬等级制度规定，可以从招魂时使用的上衣不同、明器的多少不同、出殡时的仪仗不同、墓地的面积不同、坟茔的高度不同、墓前的石兽数量不同等方面表现出来。②

宋代社会主张薄葬者增多，官府也明文禁止厚葬，所以薄葬逐渐成为一种风气。宋朝官府还制定法律如"丧葬令"，规定棺椁内不得安放金宝珠玉，不准用石板作为棺椁和建造墓室。对墓田的面积、坟的高度、石兽和明器的数量等，都有官员品级的限制。又如明器，宋制对于士庶人丧礼、随葬明器均有规定，凡五品、六品常参官用"明器三十事"，七品常参官用"明器二十事"，"庶人用明器十二事"。

近几十年来，宋墓中出土器物，从数量上来看远少于汉墓和唐墓。如四川地区宋墓中很少有金属器，而几乎全是陶制明器，瓷器偶有发现。虽然也常有铜钱或铁钱殉葬，但一般不过数枚。③ 在河南、陕西一带所发现的许多宋墓，大多由成型的墓砖仿照木建

---

① 王偈人：《"东城名居"宋代墓葬清理纪要》，《常州文博》2008年第1期。
② 朱瑞熙、张邦炜等：《宋辽西夏金社会生活史》，中国科学出版社1998年版。
③ 王家佑：《四川宋墓札记》，《考古》1959年第8期。

结构拼搭而成，墓室内的供桌和椅子、供品、酒具、门窗、衣柜、女使等皆刻在墓砖上，呈浮雕状。显然，这种砖墓已经由窑主成批生产，然后配套出售，死者亲属只需订购一套砖墓，临时按图拼搭即成，可以节省许多麻烦和费用。墓中随葬的物品自然不多，只有一方墓志或买地券，一至十几枚铜钱，[①] 一两件瓷碗或陶罐而已。[②] 在江浙地区，宋墓往往采用砖室形制，墓内置铁牛、陶罐、瓷碗、铜钱等，数量并不多，另加一块墓志。如上海市嘉定区北宋夫妇墓，仅出土四系釉陶罐1件、陶坛1件、陶瓶2件、铜钱300余枚、铁牛4个、墓志1方。[③] 当然，也有一些宋墓出土较多的器物，但从整个社会风气来说，宋代盛行薄葬。

二 明代墓葬和明代丧葬礼仪

1970年，常州市茶山群力王家村发掘了一座明代墓葬，为夫妻合葬墓，墓葬被严重破坏，仅发掘征集了20余套金银器和1件玉器，具体有梵文金簪1件、凤凰缠枝花纹金冠饰1件、牡丹纹金簪1件、堆云纹金簪2件、麒麟纹金簪1件、花头簪4对8件、葫芦形金耳坠2对4件、祥云日月形金饰片3件、金饰件3件、残金簪1件、金戒指2对4件、孔雀纹鎏金铜带銙8件、麒麟纹鎏金铜带銙2件、银锭2件、青玉冠1件。推测该墓为明代王沂夫妇合葬墓。[④]

2001年3—4月，戚墅堰区潞城镇发现浇浆石盖板明墓，木棺保存尚好，出土铜镜6枚、六方紫砂罐1件、银耳挖1件、金耳环1件、墓志铭4块。铜钱40枚，其中有38枚为"天启通宝"[⑤]。

2004年2月15日，常州广成路蓝色星空二期工地发现明代糯米浇浆石室墓，根据墓志铭分辨出，墓主为明山东登州府五品同知毕忠贤，卒于弘治年间。该墓出土金发簪、金束发、补服1件、腰带1根、乌纱帽1顶、布鞋1双、木雕带饰板8个、铜镜2枚、木梳1把、布袋1个、棉席1条、棉被1条、引魂木幡4个、压胜钱55枚、墓志铭5块，头部还有9个核桃和11个发黑的枣等。[⑥]

2007年8月7日，常州永红街道霍家村发现一座明墓，糯米浇浆，保存较完好。出土大量器物，有仿汉日光镜、带发束发冠、金箔、木片、压胜铜钱44枚、梵文金发簪、嵌宝石银鬓钗、金发簪、宝螺头银发簪、梅花头银发簪、银发箍、锡明器（主要器类有提桶、盖桶、盆、鼎、葵口盘、烛台、托盏、耳杯、簸箕、桌子等）、湖州铜

---

① 方城县文物工作队：《方城县朱庄宋墓发掘》，《文物》1959年第6期。
② 何凤桐：《洛阳涧河两岸宋墓清理记》，《考古》1959年第9期。
③ 上海博物馆考古部：《上海嘉定宋赵铸夫妇墓》，《文物》1982年第6期。
④ 朱敏：《常州王家村明代墓葬初探》，《常州文博》2009年第2期。
⑤ 唐星良、张哲伟：《潞城镇邓家村明墓群的发掘》，《常州文博》2001年第1期。
⑥ 邵建伟、唐星良、朱敏：《城南旧事——明代登州同知毕宗贤墓葬的发现》，《常州文博》2004年第2期。

镜、竹篓、木明器家具、引魂木幡、垫棺木锭等。①

2007年10月14—15日，常州永红街道霍家村发现一座明墓，糯米浇浆，保存完好。出土一批器物，有真人发套、"太平通宝"金币、金压胜钱、嵌宝石戒指、佛手形接口金戒指、耳挖形金簪、耳挖形银簪、银"长生不老"压胜钱、仿汉四神博局镜、网巾、风帽、枕套残片、被面、木梳、木篦箕、木枕、角质毛刷、墓志铭等。该墓埋葬于明嘉靖年间。

2010年4月12日至6月17日，常州雕庄某建筑工地发掘清理了11座明代墓葬和18座清代墓葬，其中19座出有随葬品，但数量很少，共计39件。种类包括陶瓷罐、壶、瓶、铜镜、铜钱、银戒指等，大多制作较粗糙。

从上述资料可以看出，常州地区明代墓葬出土物主要分为以下几类：

1. 生活用具类。如陶瓷罐、壶、瓶等，与宋墓比较，青瓷碗、盘数量较少。
2. 装饰用品类。如发簪、发箍、墨子、束发冠、耳挖、戒指、木梳、木篦箕、铜镜等，与宋墓出土的没有太多差别。
3. 金属明器。如锡明器、压胜钱。
4. 铜钱。
5. 墓志铭。

总体来说，常州地区明墓出土的器物同宋墓没有太大差别，差异只是反应在器形上，这跟当时的社会习俗有关系，不同的社会对同一器物有不同的审美眼光，明墓中也较少出土村前宋墓中制作精美考究的漆器。此外，明墓中也没有大型的重器，出土物也主要是一些贴近生活的小件，但不同身份地位和财力的家族，出土的物品也有较大差异，主要反映在金银器和金属明器的数量上。

明代初期也实行薄葬，朱元璋认为，元朝的覆灭与社会中的奢靡风气也有关，因此他提倡节俭并身体力行。他曾说："所谓俭约者，非身先之，何以率天下？小用不节，大费必至。开奢泰之原，启华靡之渐，未必不由于小而至大也。"② 朱元璋深知社会上的奢靡之风往往来自社会上层，因此他身体力行，在各方面都注重俭约，以营造良好的社会风气。这一思想在丧礼的操办上得到了贯彻。

此外，对于明器的使用，明代有专门的规定。《大明会典》卷九九丧礼四："冥器：公侯九十事，一品、二品八十事，三品、四品七十事，五品六十事，六品、七品三十事，八品、九品二十事。"又如《明史》礼十四《凶礼三》记载："初，洪武二年敕葬开平王常遇春于钟山之阴，给明器九十事，纳之墓中。钲二，鼓四，红旗、拂子各二，红罗盖、鞍、笼各一，弓二，箭三，灶、釜、火炉各一，俱以木为之。水罐、甲、头盔、台盏、杓、壶、瓶、酒瓮、唾壶、水盆、香炉各一，烛台二，香盒、香匙各一，香筋二，香匙筋瓶、茶盅、茶盏各一，筋二，匙二，匙筋瓶一，碗二，碟十二，橐二，

---

① 常州博物馆：《常州霍家村明代墓葬发掘简报》，《常州文博》2007年第2期。
② 张德信、毛佩琦主编：《洪武御制全书》，黄山出版社1995年版，第500页。

俱以锡造，金裹之。交椅、脚踏、马杌各一，食桌、床、屏风、拄杖、箱、交床、香桌各一，凳二，俱以木为之。"

但薄葬之风并没有持续太久。成化年间，社会经济得到良好的恢复并进一步发展，奢靡之风也渐渐兴起。陈宝良先生则认为，从总体上说，明代社会风尚的变化，大致可以正德时期作为分水岭。正德以前，纤俭、稚质、安卑、守成是社会风尚的最大特质；正德以后，风尚颓靡，生活侈美，出现了一股追求艳丽、慕尚新异的风潮，[1] 这种风潮在丧事上则表现为重操办之风更浓，如皇室丧礼中，帝王陵寝修建的奢侈化。

在民间，丧葬的奢靡之风也大行其道。如《松窗梦语》记载民间富人举丧："丧仪繁盛，至倩优侏绚装前导。"[2] 尤其到了明代中后期，社会上丧葬习俗的奢靡化风气逐渐蔓延，《潜夫论笺校正》中说："今京师贵戚，郡县豪家，生不极养，死乃崇丧。或至刻金镂玉，襦梓楩楠，良田造茔，黄壤致藏，多埋珍宝偶人车马，造起大冢，广种松，庐舍祠堂，崇侈尚僭。宠臣贵戚，州郡世家，每有丧葬，都官属县，各当遣吏斋奉，车马帷帐，贷假待客之具，竞为华观。"[3] 官员和民间大户中，在制作陪葬品、营造坟墓、吊丧、待客等方面，都掀起铺张奢靡之风，互相之间都有攀比。

三　结　语

从整个中国范围来看，不同地区之间的丧葬礼仪又有许多不同，但从当时整个社会风气来看，大体都有一套比较规范的、全国统一的丧葬制度。宋代薄葬是主流，这是社会进步的一个表现，当然不能否定的是，这种薄葬也是有阶级性的，宋代的薄葬，是根据死者的身份地位和财富的不同而有厚、薄之分。

明代前期，由于统治者的以身作则及一系列禁令的颁布，丧葬风气俭约质朴。到了中后期，随着社会的稳定，经济的发展，高层统治政策的逐步宽松，一些有身份地位和雄厚经济实力的人家也兴起厚葬，这种前、后期迥然有别的丧葬风气同宋代又有差异，也是明代丧葬典礼的一个重要特征。

原载《常州文博》2014 年第 1 期

---

[1] 陈宝良：《明代风俗的历史转向》，《中州学刊》2005 年第 2 期。
[2] （明）张瀚：《松窗梦语》卷七，上海古籍出版社 1986 年版，第 141 页。
[3] （汉）王符著，（清）汪继培注：《潜夫论笺校正》卷三，《新编诸子集成》丛书系列，中华书局 1985 年版，第 137 页。

常州市广成路明墓的清理

常州博物馆

2004年2月15日下午，在常州市广成路蓝色星空二期工程的建设工地发现了明代的夫妻合葬墓，博物馆工作人员立刻赶到现场进行抢救性清理，现将清理结果简报如下。

一 墓葬形制

当时发现的两座墓葬均已遭到毁坏。尤其是其中的2号墓，早已被挖掘机挖掉尸骨，随葬品也已被拖出，散落在工地上。博物馆工作人员在现场捡到铜镜1件、木雕带饰板8个（残）和墓志铭。1号墓位于距地表两米多深的地方，棺盖已揭开。两座墓原是连在一起，且形制与规格一模一样，再根据墓志铭释读，可以判断此为夫妻合葬墓，1号墓为男墓主，2号墓是其妻子。

1号墓为糯米浇浆石室木椁木棺墓。该墓可分为3层：最外边的四周是厚约0.6米、十分坚硬的糯米浇浆石室，接下来是一口长2.6、宽1.2、高1米的杉木外椁，最里面才是长2.05、宽0.63米的楠木棺材。一具被白布严密包裹着的古尸躺在棺中，惜白色的布见光后很快变成了土黄色。头向为北偏西12°。棺内有少量褐色的水。

尸身下垫着一张棉席，外面裹着白色的棉被，最外是白色的裹尸布。男尸身穿补服，头戴黑色乌纱帽，脚穿白色布鞋。官帽下的脸蒙着黄纸，暗黑色的脸部除鼻子塌陷外，其余器官完好，漆黑的胡须尤其醒目，皮肤组织枯干，粘在骨头上。灰黑色的头发挽成髻，上着一支金发簪。在脱下的衣服和尸身上均发现有水银，可能是用于尸身防腐。

二 出土器物

金发簪 1件（M1∶7）。出土时从右往左插在死者发髻上。长7.8厘米，一头略尖，一头呈勺形，也可作耳挖用（图一）。

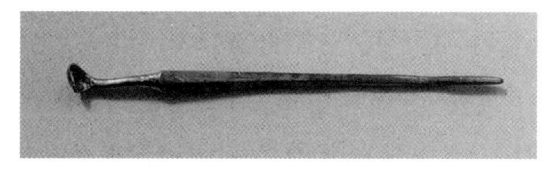

图一 金发簪（M1∶7）

金束发　一对 2 件（M1：8）。直径 1.5 厘米，穿绳系住包头布。

补子　2 件（M1：2）。提花丝织。原补服呈褐色，如意云纹作地，前胸和后背各有一幅织金的补子，图案为白鹇图案，为文五品官补子。但补服破损严重，仅保存下两幅补子，正面的补子长 37.5、宽 34.5 厘米，背面的补子长 38、宽 34 厘米（图二）。

图二　补子（M1：2）

腰带　1 件（M1：3）。带已不存，有 20 个枣木雕刻的木饰板，均为底衬金箔托。其中 6 个圆桃，最长 6.4 厘米，带銙上雕刻两只白鹇图案。还有 8 个大的长方形带銙，长 7.9、宽 6.1 厘米，图案与鸡心形带銙一样。另有 2 个铊尾，长 8.9、宽 6.1 厘米，图案也与鸡心形带銙一样。还有 4 个辅弼，上雕刻灵芝图案，长 6.1、宽 2.4 厘米。带銙上有白色污迹（图三）。

图三　带銙（M1：3）

棉布衣　1 件（M1：17）。折叠放置于身下。交领，右衽，宽袖，领围 97、胸围 100、腰围 110、下摆 180、衣长 120、通袖长 100、袖笼宽 76、袖口宽 30 厘米。

乌纱帽　1件（M1∶1）。帽口直径20、高16厘米，呈黑色，形状前低后高，铜丝框架上有绿色的铜锈，两翅压在脸两侧。乌纱尚存，但已从铜丝上脱落（图四）。

图四　乌纱帽

布鞋　1双（M1∶10）。白色，通高39、底长26.5、筒围48厘米。
布袜　1双（M1∶16）。白色，通高40、底长23、筒围35厘米。
宣纸　1叠（M1∶4）。折叠压在腿上，每张长59、宽49厘米。
铜镜　2件（M1∶5、M2∶1）。标本M1∶5，葵边形铜镜，直径13厘米，锈蚀严重，铭文模糊，和一把梳子包在一块布中，紧贴在棉席右侧距头顶42厘米处。标本M2∶1，仿汉四乳四虺铜镜，圆形，直径9.5厘米。在发掘现场采集到，应为女性墓主的随葬品。

木梳　1件（M1∶6）。和标本M1∶5葵边形铜镜包在一起，木质为石楠木，弓背微弧，长9、宽3.3—4厘米，有50根齿。

布袋　1件（M1∶9）。位于胸口处，宽13.5、最长处31.5厘米，布袋上有从里渗出的朱砂。布袋内为一块发黄的印符（图五），布内包着一张一折四的莲丝纸，棉布印符为正方形，边长37厘米，中心盖有朱砂的道教符印"九老仙都君印"，呈正方形，衬纸以保护印符。九老仙都君为道教重要尊神，《真灵位业图》列于第四左位中。以他名号所制的印为各道派所重视，灵宝、正一、上清、净明皆用之。道士认为，"用九老仙都印者，以太清同生八老尊，是太上为师。故弟子上闻于师以九老仙都印"（《上清灵宝大法》卷二七）。其印又常单独使用。据云："佩之登山，虎狼精怪自伏，江河风雨顺济，可管洞府仙官吏兵。"常人佩之则能延寿、伏诸邪鬼；小儿惊啼、大人有疾，皆可烧灰服之；另于安胎、祈嗣、解诅咒亦皆可用。宋元祐年间，宋哲宗曾以"九老仙都君印"玉印赐茅山道士刘混康，为茅山元符万宁宫镇宫之宝，在民间影响很大，以至将其宫称为"印宫"，凡上茅山的香客，皆求在腰带上钤一方印文。此印符放置在墓主胸口，即最重要的部位，表明墓主最看重此印。

棉席　1件（M1∶11）。黄褐色。
棉被　1件（M1∶12）。白色。
引魂木幡　4件（M1∶14）。出土时贴在棺板内侧，其中3根完整，一根幡头残缺，通长130、厚1.5、柄宽4.5、幡头长30、幡头宽25厘米，在幡头上有"卍"字形云纹。

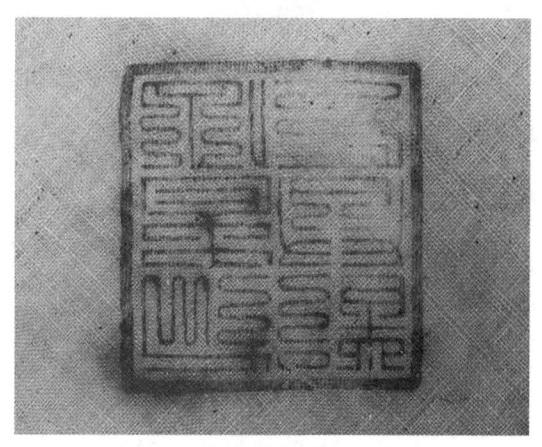

图五 "九老仙都君印"印符

压胜钱、流通币 54枚（M1：13）。放置在棺底板上。

墓志铭（M1：15、M2：3） 太湖石质料，拼对成5块，其中2块大的一组，为男性墓主（1号墓）的墓志铭；2块小的一组，为其妻之墓（2号墓）的墓志铭。另有一块不完整的志石，应该也是1号墓的。

1号墓的盖石长65、宽65、厚10厘米，篆体阴刻"明故奉政大夫登州府同知毕公之墓"（图六）。

图六 M1盖石拓片

志石长65、宽65、厚12.5厘米，楷体阴刻，载有墓主毕公生平及卒葬年月，但已模糊不清，能辨析出的志文如下："……中□入计告曰登州……为常之武进令于……读书过目即成……地官改业□□□年即咀其……莫敢扰境内有泰山神祠每岁……价贱售擅其牙侩之利曰……阖境称快奸人有连姻富道者百计不……天下抚臣考核其属之贤至于登化……美才无过举□□名然卒莫能解……□□□为魄士希惶……□□□□笑欣然若……□是□舆论沸腾谓诸□□之□□有为当……然□者□竟□仅锌其不言……君子谓其端静……蓬州□登齐□不易其初……封一亲……弘治庚岁□□□□□□求之登州□□臣岳牧闻郡内……玺家感求□□□□□□是为弘治甲□□□月……长□即□□□□□□咸侧出女四长适……州周塔村之原从其考蓬州……则□□□□□□视世之声华俱利之事……如弗□毕□□□不效俗□辈为纸桑计以欺世而……以书通亲友事枢要以干……以见忠君家尤孝友凡所有……十年无一□之宫……丙戌岁郡……尚忍……"

残志石长52、残宽45、厚14厘米，能辨析出的志文为："大夫广……真大夫山东登州……晋陵旧闻也负气怀奇酷嗜经……与视道见义若嗜欲于利与禄□□□如□□□□之音目不耽佳冶之容□……经忠君孝亲□夫有关于……后至□细与讲解奥义穷其喻……德器不为市习之归成化丙戌宗贤……饰吏事奉上御下一模范家训……□大臣白宗贤事后知蓬州以满擢……士惟求无愧于己可也升沉涌塞天……惟谨故天下论士习之廉洁高改宜……宗贤宗贤云是虽宗贤天兮之高□□□之……贤之□也丁未□就养泉州未□□□□膏肓……□□公之祖庆□父思文俱……□□卒予四人□□……娶邻……"

2号墓的盖石长55、宽55、厚8厘米，篆体阴刻"明故登州府同知毕氏希宜人屠氏之墓"。

志石长54、宽52、厚15厘米，楷体阴刻，录文如下："壬申四月十五日□友□长卿……葬于郡城南周塔村之……请曰吾母武进大族外大父良杰翁……笄□我蒙庵先君事我大父孟举府君大母……第丙戌进士知山东泰安州寻改四川蓬州历……从行吾父克修职事为当道荐举」奉直大夫协正庶尹追赠大父大母吾母亦于封宜人……□□□匿著中言于先君还之先君砥砺名节不殖私产为子……恤□□□佽如不及吾母每躬亲织纺以助其之弘治甲寅先君……金之积震与诸弟妹茕茕赤立吾母扶柩携孤跋涉返故里黾勉……子□之旧□为诸父所摭或趣讼之吾母私语震曰是□父同……乃管蓬□以居风雨弗蔽处之怡然待诸庶母所生子甚□吾姊……性乐闲寂闻横逆之来辄戒震曰汝第□忍无贻君忧故震兄弟……感报复外侮寔吾母教导□□□□能以理自胜哉皇天不弔偶……百年寿止七十有二呜呼哀哉子男三震娶张氏广南□□府……咸娶顾氏女四长适郡□生唐涞岳州府通判元振……孙男四汝舟汝霖汝□一未名女四震惟吾母在室事父母……贤如先君违弃教育诸子为贤母尉极之思谁则无之而吾母……之厚也自顾□滞□宫未克显扬吾母为泉壤之先尚赖知己……□忍终□之乎哉言已涕泪横流不可止淮感其言内愧者以……于十□家□□生同□开蒙庵两以守制居家辱□淮为……□□□□□实宜人宜其家室之贤知之素□淮以文……□□□□□□齐民而□长卿请之勤勤于斯而固……相之为名臣子教之为……德不死……"

植物　在棺板上有7个孔洞，掀起棺板，下面遍铺草木灰，用3块木条分隔成与尸体相对应的头部、上身、下身、脚部，木条上粘有黄色固体，应是某种起黏合作用的胶类物。在头部，有9个核桃和11个发黑的枣，边上有一根黑色的木炭条，用纸包在一起放置在一个凹陷的小坑中，往下是用纸包着的小麦夹几颗红豆。上身部右侧，最上面是用纸包着的小麦，已呈褐色，其下是黑豆，夹着黄豆、麦子，用纸包在一起铺在草木灰上，放置时分开放。左侧是大量黄豆，下身和脚部也几乎全是黄豆。在靠近脚部最下面的一个孔洞中有一团麻丝，还有一根长树枝埋在草木灰中，从脚部一直延伸至上身部。

三　结语

（一）关于墓主身份及年代推断

通过阅读墓志铭上可辨认的文字，基本能断定该墓的时代和墓主身份。篆书碑铭为"明故奉政大夫登州府同知毕公之墓"，可见墓主姓毕，曾任奉政大夫、登州同知。另一块碑文为"明故登州府同知毕氏希宜人屠氏之墓"。毕氏为"丙戌进士"，是常州府郡城南"周塔村"人，生年不详，死于明弘治七年（1494），年龄推约70岁，故而此墓的时代应是距今500多年的明代中期。毕氏为官28年，曾"知山东泰安州，寻改四川蓬州"（此州不是和府同级的州，而属"属州""散州"，其知州职为从五品），"后为山东登州府同知，正五品，死于任上。"他为官清廉："砥砺名节，不殖私产"，"克修职事，为当道荐举"，平时其夫人"织纱以助其度乏"，死后无"金之积"，子女"茕茕赤立"，由妻子"扶柩携孤跋涉返故里"。他正妻是"武进大族""良杰翁"之女，姓屠，死于夫后，死年不详，死时年72岁。有妾数人，碑文记载其子有"诸庶母"。子女7人，其中"男3人""女4人"，长子叫毕震。从墓的构制、以墓志铭为依托、经查找比对地方志，可以确定墓主名叫毕宗贤。据《武阳合志·科举》记载，毕宗贤为明成化元年（1465）乙酉科乡试举人，成化二年（1466）丙戌进士，科举史称"联捷"。这一时段，常州毕姓中为官者仅此一人。唯一不同的是，方志记载毕宗贤曾任泉州同知，与墓志铭稍有不同，当以墓志为准。2月23日，又在墓葬出土现场附近发现墓志铭，上书"宗贤"两字。这表明，对墓主身份的推断确凿无误。方志上并无毕宗贤墓葬记载。常州方志上对廪生、贡生、知县以上的人死后所葬地都有记载，例如，毕宗贤的常州籍同榜进士陆简、薛为学墓，都有明确记载。可见，毕宗贤家族很快没落，湮没无闻，至少清后期修志时，已没人知道。毕宗贤墓的发现，可补方志之不足。

（二）关于尸身

2月18日，我馆邀请南京市公安局法医鉴定中心所长荣玉山、法医周顺平以及常州市公安局的法医专家，对古尸进行取样解剖处理。先后对古尸进行称重、测量、拍摄X光片及解剖，获取一系列数据。男尸现身高1.685米，体重45.9千克，体型富态；尸体表面多见尸蜡和结晶盐；皮肤颜色呈深灰色、质韧，皮下组织仍有一定的弹性；四肢大关节能有一定的被动活动度。根据男尸的外貌特征及相关骨骼情况，分析其已呈老年化，年龄为70岁左右。尸体无异常损伤迹象，且从其富态的体型分析，也不大可能因慢性消耗性疾病死亡，极可能是因患疾病猝死或者生理性死亡。

古尸一般分为干尸和湿尸，湿尸又分鞣尸（皮肤如鞣皮）、冻结尸和尸蜡（体表形成脂蜡物），此次发现的男尸即为湿尸中的尸蜡状态。之所以能不腐，主要是因为楠木棺质优而厚实，棺椁密封程度好；棺内放置大量香料，埋于潮湿的泥土中；且从死者口中灌入水银。

这具男尸是常州发现的第二具明代古尸。1983年，在常州五星乡洪庄也曾出土过一具女性湿尸，年代稍晚，为明末清初。[①] 尸体保存情况与此次的男尸相近，不同点在于，洪庄女尸体内未发现水银，在防腐工序上少了一道。

（三）价值

这次明墓发掘具有一定的意义。首先，尸体的保存情况较好，这在常州地区较为少见，具有极高的研究价值。与1983年出土的明末洪庄女尸相比，此次的男尸生前为正五品官，社会地位、埋葬规格均高于前者。其次，棺木虽已打开，但墓葬中随葬遗物的出土位置未乱，能较好地了解当时地方官员的埋葬情况，并通过墓志铭与地方志相对照，对地方名人的研究具有重要意义。再次，出土的遗物除了其历史文物价值外，还有一定的工艺美术价值。最后，棺内植物标本的提取研究，为探讨当时的埋葬习俗、防腐技术等诸多方面提供了新的实物资料。

发　掘：陈丽华　黄建康
　　　　　唐星良　张哲伟
　　　　　左树成　谭杨吉
　　　　　李　威　朱　敏
摄　影：胡志良　葛君凯
绘　图：李　庆　朱　敏
执　笔：朱　敏　李　威
　　　　　谭杨吉　唐星良

原载《东南文化》2006年第2期

---

① 徐伯元、杨玉敏：《常州市五星乡洪庄古墓清理纪要》，《常州文博》1993年第1期。

常州市怀德南路明墓的清理

常州博物馆

2005年6月，常州博物馆工作人员对市区怀德南路某住宅小区建筑工地发现的两座较大规模的古代墓葬进行考古发掘。现将发掘清理结果汇报如下。

一 墓葬形制

两座墓葬已遭到不同程度的损坏，其中位于西边的墓葬已被损毁大部，棺盖揭开，棺壁倾倒，棺液外泻，一串木制珠状物暴露于空气之中。东边的墓葬外椁揭开一半，其余基本完好。两座木制的棺椁周围筑有糯米浇浆石板，顶部盖板均已被凿破，散落四周，北、西、南三面石板也被凿破，唯有东面尚算完好。根据现场情况及墓葬摆放位置判断，这两座墓葬应为夫妻合葬墓，现将男墓编号为1号墓，女墓编号为2号墓。

1号墓为糯米浇浆石室木椁木棺墓，该墓可分为3层。最外边的为厚约0.8米的糯米浇浆石室，整个石室深1.07米。接下来是一口长2.37，宽0.88，高0.8，厚0.06米的木制外椁。最里面是长2.25、宽0.53、高0.7、厚0.08米的棺木，棺底阴刻方胜形图案，图案顶点钻有7个小孔。棺与椁间距相当狭小，没有随葬品发现。

棺木中有一具被白色棉布包裹的尸身，头向为北偏西30°，馆内有大量褐色棺液。尸身下垫着一条棉被，棉被下有一张草席，均已腐烂朽蚀。尸身上散盖着8块长0.3、宽0.25、厚0.02米的木板，板与板之间有绳相连，只是绳已腐朽。这种盖在尸身上的木板比较罕见，究竟在当时有何目的，有待以后研究。尸身穿有8件丝织衣服，胸口至脚上放着8件折叠整齐的棉质衣服，脚上穿有棉靴一双。胸口放置的衣服下有一面铜镜，另有一折叠整齐的布块，布块中央盖有朱砂印，身体边散落有一大一小两枚银锭。另有数枚银质压胜钱，都已锈蚀不堪，残缺不全，无法识别。尸身基本腐烂，唯有骨架完好，头发散落，插有一枝耳挖形鎏金发簪，头右侧有一面铜镜和一个小布包，清理布包发现装有篦箕一把，木梳、毛刷各两把。

2号墓破坏严重，据残存的形制来看，应与1号墓的形状、大小一样。尸身已经腐烂不见，在头部位置发现数支发簪，一把断成3截的大木梳和一把仅剩大半的木梳，在中部发现一面小铜镜和早已暴露于空气中的一串木制念珠。

由于现场没有发现墓碑和墓志，因此无法准确推断出该墓葬的确切年代，这给我们的研究工作增加了不少困难。据该墓葬的形制和规格以及现场对出土遗物的鉴别，我们初步将其定为明代中期的墓葬。

二　出土器物

此次明墓出土文物数量丰富，有铜器、银器、木器、纺织品，共计37件，现分别介绍如下：

1. 铜器

明仿双兽双鸟绕花枝铜镜　1件（M1∶1）。圆形，兽型纽，纽上系有丝线编织的绶带。两瑞兽，4组花枝，两禽鸟相间环绕。一兽似马，作撒蹄狂奔状；另一兽似虎，作仰天长啸状。两兽间有站立的禽鸟，鸟两侧各一组形状较小的花，花枝有叶有苞。边缘凸起，有云朵形纹饰相间排列，部分已经锈蚀。直径10.3、厚0.7厘米。

明仿昭明连弧铭带铜镜　1件（M1∶2）。圆形，圆纽，圆纽座，纽上系有丝线编织的绶带。座外一周凸弦纹圈及一周内向八连弧纹带，连弧间有简单纹饰。其外两周短斜纹之间有铭文："内而青而以而昭而明而光而象而夫而日而月而去而不羊而"，字体比较方整。素宽缘。直径11.7、厚0.6厘米。

素面铜镜　1件（M2∶5）。圆形，扁平纽，没有任何纹饰或铭文，锈蚀严重。直径7.6、厚0.2厘米。

耳挖形鎏金铜发簪　1件（M1∶26）。铜质，勺形头，簪身三棱形，簪尾攒尖。表面鎏金大部分剥落。长9.8厘米。

鎏金铜发簪　2件。标本M2∶1，长9厘米。簪身圆柱形，簪尾攒尖。莲花型簪头，簪头与簪身为拼接而成，并非一体成型。鎏金大部分剥落。标本M2∶2应与M2∶1形制相同，但簪头中心部分缺损，仅剩一周莲花瓣，簪尾断，鎏金大部分剥落。残长9厘米。

2. 银器

银锭　2件。标本M1∶3，船形，两头扁而薄，中间有一凹槽。长6、宽4、厚5厘米。标本M1∶4，船形，两头扁平。长5.5、宽2、厚3厘米。

银戒指　1件（M1∶5）。环状，有接口，非一体成形。戒面椭圆形，无纹饰，无宝石镶嵌。直径1.8厘米。

3. 木器

毛刷　2件。标本M1∶6，扁平刷柄，柄端略尖，刷柄为木质地。两排刷毛，长而密集，颜色乌黑。通长14.7、宽0.8厘米，刷头长6厘米，刷毛长1.8厘米。标本M1∶7，扁平刷柄，柄端略尖，刷柄为木质地。3排刷毛，短而密集，颜色乌黑。通长14.7、宽0.8厘米，刷头长5.2厘米，刷毛长0.7厘米。

木梳　4件。标本M1∶8，弓背弧形，木质为石楠木。长11、宽2.6—3厘米，梳背厚0.6—1厘米，有65根齿，齿长1.8—2厘米。　标本M1∶9，弓背微弧，木质为石楠木。长15、宽5.4—6厘米，梳背厚1—1.8厘米，有31根齿，齿长4.2—4.6厘米。标本M2∶3，弓背弧形，木质为石楠木。断成3截，拼接后成形。长15.2、宽4—

4.3厘米，梳背厚1—1.5厘米，有37根齿，齿长3.5—3.7厘米。标本M2：4，仅剩大半截，弓背微弧，木质为石楠木。残长9.6、宽1—3厘米，梳背厚0.6—1.1厘米，残存52根齿，齿长0.9—2.3厘米。

篦箕　1件（M1：10）。竹质，两面单排齿，齿细而密集，以棉线缝绑于中间的龙骨上。长9、宽4.7厘米，齿长2厘米。

念珠　1件（M2：6）。木质，以棉线串联，已断裂。展开后棉线长45厘米，念珠直径0.4厘米，存有59颗。

4. 纺织品

印符　1件（M1：11）。棉布印符为正方形，边长27.5厘米，印章盖在中心稍偏的位置，长6.2、宽6.5厘米，为九叠篆书"九老仙都君印"六字。此印符因与宗教信仰有关。

交领右衽布衣　1件（M1：12）。衫襟从右侧开启，故称为右衽。袖子窄小，右腋及左襟上共缝有两副扎带，右襟及左腋另缝有一副扎带。长93、通袖长187厘米，袖宽32、袖口宽16厘米。

交领右衽布衣　6件（M1：13），分为两型，尺寸各不相同。

A型　3件。右衽，袖子宽大，圆袂收袪，袖口窄小。所谓圆袂收袪，即圆弧状封闭了宽大袖子的下端，是中国服饰的传统式样。袖子下端称为"胡"，封闭起来可作放置钱物之用。

标本M1：13-1，右腋及左襟上共缝有两副扎带，左腋及右襟另缝有一副扎带。长107、通袖长197厘米，袖宽37、袖口宽16厘米。

标本M1：13-2，右衽，袖子宽大，圆袂收袪，右腋及左襟上共缝有一副扎带，后背有破损。长98、通袖长205厘米，袖宽37、袖口宽16厘米。

标本M1：13-3，右衽，袖子宽大，圆袂收袪，右腋及左襟上共缝有两副扎带，左腋及右襟另缝有一副扎带。长103、通袖长199厘米，袖宽36、袖口宽15厘米。

B型　3件。右衽，左右腋下有褶皱，袖子宽大，圆袂收袪。

标本M1：13-4，右腋及左襟上共缝有两副扎带，左腋及右襟另缝有一副扎带。长120、通袖长202厘米，袖宽47、袖口宽16厘米。

标本M1：13-5，右衽，左右腋下有褶皱，袖子宽大，圆袂收袪，右腋及左襟上共缝有两副扎带，左腋及右襟另缝有一副扎带。长116、通袖长228厘米，袖宽44、袖口宽15厘米。

标本M1：13-6，右衽，左右腋下有褶皱，袖子宽大，圆袂收袪，右腋及左襟上共缝有两副扎带，左腋及右襟另缝有一副扎带。长114、通袖长220厘米，袖宽47、袖口宽19厘米。

合领对襟布衣　1件（M1：14）。对襟，袖子肥大，广袂，即敞开式袖口。左右两襟胸口处共缝有两副扎带，后领处有破损。长113、通袖长166厘米，袖宽48、袖口宽48厘米。

绸棉裤　1件（M1：15）。面料为丝绸，满布回纹组成的菱形图案，菱形间又绣有蟠螭纹。内里为棉布，夹有棉花。裤腿肥大，裤口收缩。腰围120厘米，通裤腿长87、裤管口围50厘米。

靴子 1双（M1:16）。面料为素缎，无纹饰。内里为棉布，较厚实。靴口处有两副扎带可捆绑于小腿。右脚破损严重。高50、靴底长27厘米，筒围50厘米。

合领对襟绸衣 1件（M1:17）。对襟，袖子宽大，广袂，袖口处加缝一周素绢袖缘。左袖破损严重，左领口处残存一根丝带。衣服面料饰缠枝花卉纹，内里则为折枝花卉纹。长90、通袖长150厘米，袖宽31、袖口宽31厘米。

绸裙 1件（M1:18）。腰围一周用棉布包裹缝制而成，两端有两根布条可系。裙摆褶皱，饰有缠枝花卉纹。长71、腰围142厘米。

绸被面 1件（M1:19）。被面上满饰舒卷自如的祥云纹，间以仙鹤纹饰。长165、宽48厘米。

交领左衽绢衣 1件（M1:20）。破损严重，素绢，左衽，袖子肥大，圆袂收袪，左腋及右襟上共缝有一副扎带。材质轻薄，为墓主贴身所穿。长90、通袖长187厘米，袖宽30、袖口宽14厘米。

交领右衽绸禅衫 1件（M1:21）。右衽，袖子宽大，圆袂收袪。领口处加缝一周素绢护领，左右腋下有褶皱，右腋及左襟上共缝有两副扎带，左腋及右襟另缝有一副扎带。满布回纹组成的菱形图案，菱形间又绣有蟠螭纹。长125、通袖长210厘米，袖宽44、袖口宽18厘米。

交领右衽绸衣 1件（M1:22）。右衽，袖子宽大，圆袂收袪。领口处加缝一周素绢护领，右腋及左襟上共缝有两副扎带，左腋及右襟另缝有一副扎带。衣服面料满布回纹组成的菱形图案，菱形间又绣有蟠螭纹，内里为素绢。长110、通袖长220厘米，袖宽40、袖口宽16厘米。

圆领右衽绸禅衫 1件（M1:23）。素缎，右衽，袖子宽大，圆袂收袪，右侧领口有一副钮袢，右腋及左襟上共缝有一副扎带，左腋及右襟另缝有一副扎带。左胸口处留有铜镜锈迹。长115、通袖长215厘米，袖宽46、袖口宽16厘米。

交领右衽短袖绸衣 1件（M1:24）。左袖破损，右衽，领口处加缝一周素绢护领。右腋及左襟上共缝有一副扎带，左腋及右襟另缝有一副扎带。左胸口处留有铜镜锈迹。满布缠枝花卉纹饰。长122、通袖长95厘米，短袖，袖宽36厘米。

对襟绸比甲 1件（M1:25）。无袖，面料破损，饰卷云纹，内里为素绢。长94、胸围92厘米。

三 结语

1. 墓主身份的推断

墓葬在博物馆工作人员赶到前已遭到损坏，墓志与墓碑没能找到，无法得知墓主的姓名、身份及生卒年代，只能凭借出土遗物和墓葬规格进行推断。

从墓葬规格看，可与2004年常州市广成路明代毕宗贤墓①比较。广成路明墓男墓主毕宗贤为正五品官员，死于登州同知任上，回葬常州故里，享受的待遇应该不低。此墓的形制大小与毕墓基本相同，都是石室木椁木棺夫妻合葬墓。另据现场一位热心群众透露，在他少年时期，此墓葬所在的地面上有许多石人、石马，还有龟趺，后来在"破四旧"的时候遭到砸毁。这些建于地表的石像极可能属于此墓。可见此墓主的身份、社会地位与毕氏差不太多，应是很有身份地位的人物。

从出土遗物看，仍没有直接能表明墓主身份的有力证据。所出的丝织品均为日常所穿之衣物，无特别之处，也没有似广成路明墓所出的代表墓主五品文官身份的白鹇补服和刻白鹇图案木制带铐。铜镜、发簪等物均属一般物件，无特别之处。可以推测，该墓主不应为官宦人士，极可能为有一定财富和影响力的封建乡绅。

2. 对于"九老仙都君印"及随葬毛刷的思考

广成路明墓的出土文物中，有一张盖有"九老仙都君印"字样的印符，和此次怀德南路明墓所出的"九老仙都君印"符无论字数、篆刻手法均一模一样。

九老仙都君为道教重要尊神，《真灵位业图》列于第四左位中。以他名号所制的印为各道派所重视。据云："佩之登山，虎狼精怪自伏，江河风雨顺济，可管洞府仙官吏兵"；常人佩之则能延寿、伏诸邪鬼；小儿惊啼、大人有疾，皆可烧灰服之；另于安胎、祈嗣、解诅咒亦皆可用。死者带着这"九老仙都君印"的印符在阴间便能畅通无阻，免受鬼怪的侵扰。宋元祐年间，宋哲宗曾以"九老仙都君印"玉印赐茅山道士刘混康，其印长6.8、厚2厘米，印把高3.8厘米，上有瑞兽纽。为茅山元符万宁宫镇宫之宝，在民间影响很大，以至将其宫称为"印宫"。茅山道教从宋代开始就对江南地区的影响很大，延续至今。常州明代乡绅的随葬之物中出现盖有茅山道士"九老仙都君印"的印符，这也是茅山道教影响力辐射常州的重要实物证据。

怀德南路明墓与广成路明墓几乎相同的安葬方式（墓葬结构朝向、随葬品的摆放、相同的"九老仙都君印"），从侧面证明，这两座墓葬的年代非常接近。广成路毕宗贤墓的年代，根据墓志和常州地方志可以断定为明代中期的弘治年间，这次发掘的墓与其类似，也应为明代中期墓葬。

随葬的两柄毛刷均出自放置于尸身旁的小布包中，随同出土的还有篦箕和木梳。篦箕和木梳是梳洗用品，与毛刷共置在同一布包中，是为先人在另一世界梳洗清洁个人卫生之用。这两柄毛刷都是木质刷柄，猪鬃刷毛，只是刷毛的长度和排数不同。这两柄毛刷的用途应该也不相同，可以猜测，长刷毛（M1∶6）的为梳理胡须之用，短刷毛（M1∶7）的则为清洁牙齿的工具。古代男人一般都有蓄须的习惯，长刷毛毛刷只有两排刷毛，拂之柔软，正好用于梳理男人长而浓密的胡须。短刷毛毛刷有3排刷毛，短而密集，硬度堪比现代的牙刷，极可能就是相当于牙刷的功能，用于清洁牙缝里的食物残渣，保持口腔卫生。这样的古代牙刷在以往的考古发掘中是罕见的，确是不可

---

① 常州博物馆：《常州市广成路明墓的清理》，《东南文化》2006年第2期。

多得的珍贵实物。

3. 对出土纺织品的思考

此次出土文物中，以纺织品为大宗，衣物、靴裤、被面等计有19件，式样几乎各不相同，是研究明代中期服饰的重要实物资料。所有衣服除一件是左衽外，其余均为右衽。衣服衫襟从右侧开启，即所谓"右衽"。右衽是中国服饰的传统式样，既符合古代"以右为上"的礼治原则，也方便右手系带、取物，而且汉人用的剑挂在左边，衫襟开在左边的话，拔剑容易挂住，故此汉服均为右衽。在易学里左右代表阴阳，如果是左衽的话，则是阴胜过阳，就是死人用的寿衣。同时游牧民族的衣服也以左衽为多，这或许是与游牧民族使用弓箭，弓箭挂在右边有关。

棉布衣共有8件，出土时叠放整齐，均为单衣，布料结实牢固，式样简单。丝织品则有棉衣和单衣两类，出土时均穿着在墓主身上，受腐蚀程度较布衣严重。丝织品式样繁多，各不相同，有绸面料的棉裤、棉靴，有饰以精美纹饰的绸棉衣，还有材质厚实的绸缎禅衫。禅衫在古代就是指没有衬里的单衣。《说文》："禅，衣不重也。"《饰名·饰衣服》："禅衣，言无里也。""无里曰禅"。更难得的是出现了一件绸比甲。"比甲"即是一种无领无袖，两侧开衩的背心，式样比后来的马甲要长，原是一种蒙古人穿戴的服饰，曾是宫廷专用服式，后来逐渐传入民间，扩大了服用范围，盛行于明代中期，至清代逐渐为马甲所替代。这也是我们推断墓葬年代为明代中期的又一个实物证据。

4. 发掘意义

此次怀德南路明代墓葬的发掘，是常州博物馆继2004年广成路明代毕宗贤墓之后，比较重要的一次明代墓葬发掘整理工作。出土的大量珍贵文物，尤其是纺织品，为近年来所少见。这批处理完好的明代纺织品可以作为研究明代服饰的参照，在丰富了我馆藏品的同时，也为研究明代服饰增添了实物资料。

结合2004年广成路明墓及1983年洪庄明墓这两个比较重要的明代墓葬，可以对明代常州地区的丧葬习俗、防腐技术以及墓葬形式进行深入的研究，从而为今后的考古工作树立一个借鉴的标准。

发　掘：陈丽华　黄健康
　　　　左树成　袁　予
　　　　朱　敏　谭杨吉
摄　影：袁　予
绘　图：谭杨吉
执　笔：谭杨吉　左树成
　　　　朱　敏　袁　予

原载《文物》2013年第1期

略论1959年发掘大汶口墓地新石器时代墓葬的分期

于成龙

大汶口新石器时代遗址位于山东省泰安市和宁阳县交界的地方，跨在大汶河两条支流的交汇处，南岸属宁阳，北岸为泰安县境。遗址向北、向东、向南几十千米外都有山脉分布，北为泰山，东为徂徕山等。京沪线上的大汶口车站在其东北。该地地势北高南低，海拔120米，基本属于平原区，土层不厚，2—4米以下即是岩石层。汶河源于莱芜市东北的原山，向西流至大汶口的西南，与源自新泰市的小汶河相汇合，以下称为大汶河，中经肥城、汶上，注入运河。古代大汶口的人们就生活在这片沃土上，创造出了丰富的物质和精神文化。

该墓地出土遗物十分丰富，确立了"大汶口文化"的命名，是研究大汶口文化的代表遗址之一，具有非常重要的地位。本文利用报告提供的材料，在原报告和前人分期研究的基础上，试对1959年发掘的133座新石器时代墓葬进行再分期研究，以探求较细致的编年。

一 典型层位关系和分期

该墓地是个氏族公共墓地，东至堡头村的西边，西到京沪铁路以西150米，北到汶河南岸，南到距河岸200米左右的地方。本次发掘地点位于遗址西半部，尤以西南部最为密集，共发现墓葬133座。其中，存在叠压和打破关系的墓有12组：M10→M26，M9→M23，M70→M71，M15→M33→M62，M24→M30，M18→M31，M44→M43，M54→M58，M121→M132、M133，M123→M124，M32、M16→M61，M78→M129。这些层位关系为我们分期提供了可能。在这些关系中，典型地层关系并不多，只有M10→M26，M9→M23等，我们需要从这些层位关系着手，进行类型学的排比研究。

不同时期的墓葬，随葬器物有着不同的形制特征、组合关系和纹饰风格，但是，并不是所有的器物都能够明确地反映出这些特点，所以我们选择了各个阶段数量多、组合关系清楚和演变规律较为明确的典型器物进行排比研究。典型器物主要有折腹鼎、鬹、背壶、豆、宽肩壶、高柄杯、尊和盉等。我们根据类型学研究将其分为6组。

第1组典型单位包括M81；

第2组典型单位包括 M73、M129；

第3组典型单位包括 M13、M23、M26、M36、M54、M79；

第4组典型单位包括 M9、M98；

第5组典型单位包括 M10、M17、M47、M78；

第6组典型单位包括 M25、M60、M64、M117。

因为 M9→M23、M10→M26、M78→M129，故第3组早于第4组和第5组。从 M9 的器物组合上看，似乎介于第3组和第5组之间。所以，我们将第4组放在第3组和第5组之间。所有的典型器物中，鬶从平底到三个实足再到三个空袋足，从短颈到长颈，从足腹相接处明显到足腹相接处平缓过渡，这个演变规律最为明确。我们据此将这6组确定为早晚相继的六期，同时，将可以通过类型学排比确定下来期别的单位均纳入其中。

第一期包括 M81；

第二期包括 M73、M129；

第三期包括 M8、M11、M12、M16、M18、M19、M23、M26、M36、M54、M55、M56、M58、M59、M63、M93、M94、M102、M106、M116；

第四期包括 M9、M6、M49、M75、M78、M98、M118、M121；

第五期包括 M10、M15、M17、M24、M47、M77、M100、M104、M105、M126、M127；

第六期包括 M25、M60、M64、M117。

二 陶器的主要类别及其演变规律

本文将原报告所分型式打乱重新排队，现将典型器物的演变规律分述如下。

1. 折腹鼎　出土数量较多。折沿，折腹，平底。演变规律较为清楚。可分为4式。

Ⅰ式　敛口，窄折沿近平，浅腹，圜底或小平底，高凿形足。标本 M54:20（图一:1）。

Ⅱ式　敛口，宽沿向上斜折，腹较深，平底，二角形扁足。标本 M9:31（图一:2）。

Ⅲ式　敛口，沿较宽向外斜折，腹略深，大平底，三角形矮凿足。标本 M17:1（图一:3）。

Ⅳ式　宽折沿，折腹以上较高，两侧各有突纽一个，大平底，高凿形足，足安在折腹与底之间的位置，足上有按窝，按窝小而浅。标本 M117:53（图一:4）。

演变规律：从早到晚折沿由窄变为宽，折沿方向由平变为斜向上；腹部逐渐变深；足渐渐变高，并出现按窝。

2. 鬶　演变规律最清晰。依据足、颈等变化，可分为6式。

Ⅰ式　夹砂灰陶。器身如壶，口部捏扁成流，圆腹，腹中部有宽带式鋬，小平底，无足。标本 M81:9（图一:5）

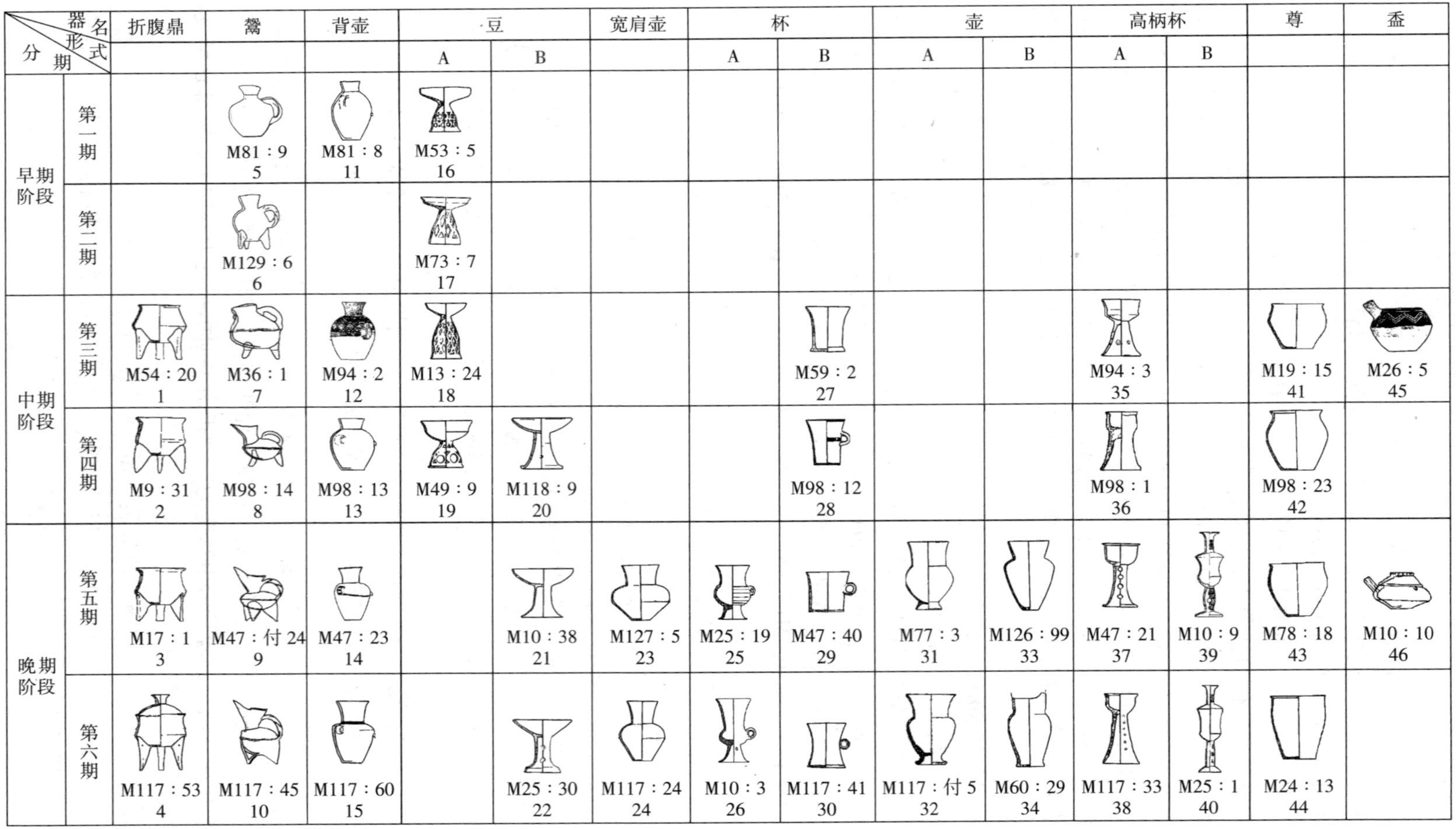

图一 1959年发掘大汶口墓地陶器分期图

Ⅱ式　夹砂红陶。器身如壶，小短颈，从口到颈处被捏扁成流，圆腹，小平底，宽带式或纽绳式鋬，跨与腹部一侧，三角形扁凿足，足部上端棱角突出，大部分为素面。标本 M129：6（图一：6）。

Ⅲ式　夹砂灰陶。短流，短颈，颈部偏于腹部一侧，颈下有突纽，扁圆腹，腹部有一周附加堆纹，背装宽带式鋬，实足较短。标本 M36：1（图一：7）。

Ⅳ式　夹砂灰陶，鸭嘴形流较长，细颈偏于腹背一侧，颈部斜向上伸，流口与颈口基本持平，扁腹，腹壁折棱明显，背装宽带式鋬，三角凿形足。标本 M98：14（图一：8）。

Ⅴ式　夹砂红陶，均施红陶衣。流口上翘作鸟喙形，口沿外折，颈部偏于腹上部前侧，向上直立，流口明显高于颈口，扁圆腹，腹壁中央有折棱一周，颈腹上跨纽绳式鋬，圆锥形分档袋足，两足在前，一足在后。标本 M47：付24（图一：9）。

Ⅵ式　夹砂白陶。鸟喙形流口，高颈，腹部圆鼓纽绳式鋬跨颈腹上，把手上有刻画纹，腹部有附加锯齿纹一周，分档袋足如鬲状。标本 M117：45（图一：10）。

演变规律：从早到晚器身由壶状逐渐变为颈部偏于腹部一侧，颈流逐渐变高长，流从与颈口持平逐渐变为高于颈口，鋬从安于腹部逐渐变成跨在颈腹之间，足部由无足到实足再到袋足，腹足相接处由较为生硬变成较为自然衔接。

3. 背壶　发展变化规律也很清晰。依据器身胖瘦和颈部长短的变化，共可分为5式。

Ⅰ式　器身整体形态瘦长，直口，短颈，橄榄形腹，腹上部有宽带式双鼻，腹一侧有鸟喙式突纽，平底。标本 M81：8（图一：11）。

Ⅱ式　侈口，短颈，椭圆腹，平底，腹部一侧装宽带式竖鼻一对，另一侧有一个鸟喙状突纽。标本 M94：2（图一：12）。

Ⅲ式　侈口，短颈，圆肩，深腹，宽带式双鼻，双鼻间腹壁近平，腹一侧为鸟喙状突纽，平底。标本 M98：13（图一：13）。

Ⅳ式　绝大多数为泥制白陶。高颈，口大外侈，略呈喇叭形，宽圆肩，深腹，腹下部里收明显，双鼻间腹壁拍平。通体打磨光滑，多素面。极少的灰陶壶中，绝大多数的口沿或腹部绘有朱彩。标本 M47：23（图一：14）。

Ⅳ式　泥制白陶，陶质纯白。高颈，大喇叭口，宽肩，腹下部斜向里收，平底。标本 M117：60（图一：15）。

演变规律：从早到晚器身整体由瘦长向粗胖发展，口部逐渐外侈明显，颈部逐渐变长。

4. 豆　出土数量较多，型式多样。依据豆盘和豆柄形制的差异，可分为 A、B 两型。

A型　共分4式。

Ⅰ式　敞口，盘口近直，口下盘壁斜收，似钵形，高圈足，周壁微鼓，略近钟形，上有稀疏的菱形镂孔。标本 M53：5（图一：16）。

Ⅱ式　敞口，浅平盘，盘壁斜收处折棱明显，喇叭形圈足，上有菱形或三角形镂孔。标本 M73∶7（图一∶17）。

Ⅲ式　敞口，盘壁折收，外表有折棱，钟形圈足，足上布满镂孔。标本 M13∶24（图一∶18）。

Ⅳ式　敞口，深盘，盘壁折收，外有折棱，喇叭形圈足，圈足上部外鼓，镂孔少而大，多为圆形和三角形互相搭配使用。标本 M49∶9（图一∶19）。

演变规律：从早到晚豆盘逐渐变为大敞口，并且变深；镂孔数量上由少变多，再变少；镂孔的种类逐渐增加，从单一的三角形到菱形、三角形，再到圆形、菱形、三角形。

B 型　中期开始出现。可分 3 式。

Ⅰ式　敞口，弧壁，唇边微卷，浅盘，空心柄，喇叭形圈足，柄部中部有几个圆孔或饰几周弦纹。标本 M118∶9（图一∶20）。

Ⅱ式　敞口，弧壁，浅盘，空心柄，喇叭形圈足。标本 M10∶38（图一∶21）。

Ⅲ式　敞口，弧壁略直，小窄沿，浅盘，覆盘式圈足，有明显折棱，空心细柄，有的柄上镂圆孔与菱形孔，喇叭形圈足。标本 M25∶30（图一∶22）。

演变规律：从早到晚盘壁弧度由大变小，豆柄渐渐变细，镂孔种类增加，圈足由喇叭状变为覆盘式。

5. 宽肩壶　较晚阶段出现，并且变化规律明显。可分为 2 式。

Ⅰ式　侈口，颈部粗而高，宽圆肩，扁圆腹，肩下多有一周棱脊，平底。标本 M127∶5（图一∶23）。

Ⅱ式　侈口，宽肩，深腹，大平底，多数素面，通体磨光。标本 M117∶24（图一∶24）。

演变规律：从早到晚壶颈由较粗矮变为较细长，器身整体也逐渐变得瘦长。

6. 杯　出土数量一般，但形制多样。可分为 A、B 两型。

A 型　较晚阶段时出现，多为泥制黑陶或白陶。依据杯身和颈部的变化，将其分为 2 式。

Ⅰ式　器身如壶，侈口，高颈，扁圆腹，矮圈足，腹部一侧有环形或半环形把，素面磨光。标本 M25∶19（图一∶25）。

Ⅱ式　器身如壶，侈口，颈长，腹小，圈足稍高。标本 M10∶3（图一∶26）

演变规律为：从早到晚颈部变长，腹部变小，圈足变细变高。

B 型　出现较早，依据杯身形态及把手变化，将其分为 4 式。

Ⅰ式　口大底小，器身外弧，口部薄，微侈，平底，无把手。标本 M59∶2（图一∶27）。

Ⅱ式　器身微微外弧，口大底小，环形把，壁薄，通体磨光。标本 M98∶12（图一∶28）。

Ⅲ式　筒形微微外弧，口径与器高大致相等，环形把，器壁匀薄，素面磨光。标本 M47∶40（图一∶29）。

略论 1959 年发掘大汶口墓地新石器时代墓葬的分期

Ⅳ式　觚形，口径与底径大致相同，环形把位于器身中部，器壁薄，素面磨光。标本 M117∶41（图一∶30）。

演变规律：从早到晚由无把手到环形把，器身从口大底小的外弧形变为口底大致相同的觚形杯。

7. 壶　较晚阶段时才出现。依据器身形态的不同，可分为 A、B 两型。

A 型　可以分为 2 式。

Ⅰ式　侈口，粗颈，深圆腹，喇叭形圈足，磨制光亮。标本 M77∶3（图一∶31）。

Ⅱ式　侈口，粗颈，肩部有较宽的脊棱，深腹，喇叭形或覆盘式圈足。标本 M117∶付 5（图一∶32）。

演变规律为：从早到晚口部外侈更甚，器身由较圆鼓变成较瘦长。

B 型　可以分为 2 式。

Ⅰ式　侈口，高颈，斜肩，折棱以下腹壁斜直，平底，素面磨光。标本 M126∶99（图一∶33）。

Ⅱ式　直口微微外侈，粗颈，圆肩，深腹，腹壁斜直，平底，素面磨光。标本 M60∶29（图一∶34）。

演变规律为：从早到晚口部由外侈变为近直口，器身整体由粗胖向瘦长转变。

8. 高柄杯　可以分为 A、B 两型。

A 型　可分为 4 式。

Ⅰ式　口微侈，杯壁下部折收，空心柄，喇叭形圈足。标本 M94∶3（图一∶35）。

Ⅱ式　口微敛，窄沿，杯壁下部微外侈，空心柄较粗，喇叭形圈足，素面。标本 M98∶1（图一∶36）。

Ⅲ式　泥制白陶占大多数。口沿平折，沿略宽，高细柄，喇叭形圈足，柄部多有竖排穿孔。标本 M47∶21（图一∶37）。

Ⅳ式　与Ⅲ式相似，杯盘较小较浅，杯柄瘦细。标本 M117∶33（图一∶38）。

演变规律：从早到晚杯盘逐渐变浅，柄逐渐变瘦变细。较晚期时白陶较多。

B 型　可分为 2 式。

Ⅰ式　均为泥制黑陶，陶质细腻。器壁匀薄，侈口，杯身较深，杯身上部外弧，下部鼓作半球状，空心镂孔细柄，柄身圆鼓，浅盘式圈足，有筒形高柄豆式盖。标本 M10∶9（图一∶39）。

Ⅱ式　泥制黑陶。杯壁较直，微微外弧，柄较直，浅盘式圈足较高，有高柄豆式盖。器壁匀薄。标本 M25∶1（图一∶40）。

演变规律：杯身由弧壁渐变为近直壁，杯柄由圆鼓变为较直，圈足变高。

9. 尊　可以分为 4 式。

Ⅰ式　均为夹砂红陶。口微敛，口沿斜折，折腹较深，平底。标本 M19∶15（图一∶41）。

Ⅱ式　敛口，宽折沿，椭圆腹，平底，肩部有一对鸡冠耳。标本 M98∶23（图一∶42）。

Ⅲ式　口微敛，窄折沿，深圆腹，上段粗大，下段内收，小平底，素面磨光。标本 M78：18（图一：43）。

Ⅳ式　均为泥制灰陶。小窄沿，大口，椭圆腹，一侧有环形把，平底，多数口沿涂朱。标本 M24：13（图一：44）。

演变规律：从早到晚器身整体由矮胖向瘦高发展。较早时红陶较多，较晚时均为灰陶。

10. 盉　可以分为2式。

Ⅰ式　敛口，圆腹，小平底，口沿下装一斜向上翘的粗管状短流，素面磨光，腹部多有鸡冠耳一对。标本 M26：5（图一：45）。

Ⅱ式　器形较小，敛口，扁圆腹，管状流细，小平底，底部中央内凹。口沿下两侧有突纽一对，覆碗式盖。标本 M10：10（图一：46）。

演变规律：从早到晚器形变小，器身变扁，流变细。较早时灰陶多，较晚时白陶和黑陶较多。

三　各期文化特征

大汶口墓地新石器时代遗存除了在折腹鼎、鬶、豆、背壶等典型器物的形制变化上，呈现出明显的阶段性外，在整体的陶质、陶色、纹饰风格、器物组合、墓葬等方面也有十分明显的分期特征（表一）。

表一　　　　　　　　　　典型单位陶器型式组合关系

		折腹鼎	鬶	背壶	宽肩壶	尊	盉	豆 A	豆 B	杯 A	杯 B	高柄杯 A	高柄杯 B
第一组	M81		Ⅰ	Ⅰ				Ⅰ					
第二组	M73							Ⅱ					
	M129		Ⅱ			Ⅰ							
第三组	M13	Ⅰ	Ⅱ		Ⅰ	Ⅰ	Ⅲ						
	M26					Ⅰ							
	M36		Ⅲ										
	M54	Ⅰ	Ⅱ										
	M79		Ⅱ							Ⅰ			
	M94			Ⅱ								Ⅰ	
第四组	M9	Ⅱ				Ⅰ		Ⅰ					
	M98		Ⅳ	Ⅲ		Ⅱ		Ⅱ		Ⅱ	Ⅱ		

续表

		折腹鼎	鬶	背壶	宽肩壶	尊	盉	豆 A	豆 B	杯 A	杯 B	高柄杯 A	高柄杯 B
第五组	M10					Ⅱ		Ⅲ	Ⅰ			Ⅲ	Ⅰ
	M17	Ⅲ		Ⅳ		Ⅱ Ⅲ							
	M47	Ⅱ	Ⅴ	Ⅳ	Ⅰ	Ⅱ Ⅲ					Ⅲ		
	M78					Ⅲ							
第六组	M25		Ⅴ					Ⅱ			Ⅳ	Ⅰ	Ⅱ
	M60			Ⅱ									
	M117	Ⅳ	Ⅵ	Ⅴ	Ⅰ Ⅱ						Ⅳ		

早期阶段以红陶为主，灰陶次之，黑陶较少。纹饰以附加堆纹、弦纹、三角形镂孔装饰为主，另有少量的刻划纹、戳印纹等。彩陶极少。制陶以手制为主，有慢轮修整的现象。器物组合简单，以鬶、背壶和豆为主。墓葬墓室不大，随葬品不多。

中期阶段红陶仍最多，但白陶、灰陶、黑陶增多，约占一半。纹饰镂孔较多，尤以大镂孔为特色，镂孔形制以三角形和菱形最为流行。彩陶较多，多以红、黑、白等复合彩的白衣或红衣彩陶出现，花纹常见花瓣纹、波折纹、八角星纹和菱形纹等。陶器制作出现了纯粹的轮制陶器。器物组合较为多样，常见鼎、鬶、豆、背壶、杯、尊、盉等。墓葬上，成年男女合葬墓增多，墓葬之间的分化开始显现，一些墓葬随葬品丰厚。

晚期阶段红陶明显减少，灰黑陶占多数，白陶数量继续增加，并有数量较多的磨光陶。纹饰上，大镂孔装饰逐渐消失，多以小圆孔装饰代之，有一定数量的篮纹、弦纹、刻画纹等。彩陶减少，有少量的复合彩，花纹有三角纹、涡纹等。陶器制作出现了快轮拉坯成型技术，磨光陶器十分精美。器物组合更加丰富多样，常见鼎、鬶、豆、背壶、尊、壶、杯、盉、高柄杯、宽肩壶等。单人一次葬居多，合葬墓较少，贫富差距进一步拉大，社会等级分化更加明显。

原载《常州文博》2013年第2期

古代中国大豆属（Glycine）植物的利用与驯化

吴文婉　靳桂云　王海玉　王传明

一　引言

　　大豆是我国重要的农作物之一，作为最主要的食用油料来源，甚至与国家安全发展策略紧密相关。目前学术界对大豆起源的时间和地点有不同观点，早期的一些观点均缺乏足够的考古证据。随着植物考古工作的开展，考古遗址出土大豆属植物遗存不断增多，大豆起源研究获得重要进展，最近更有学者提出大豆在东亚多地起源的新观点。但关于大豆属植物被中国古代先民利用、驯化并逐渐成为农作物的过程，仍缺乏详细分析与研究。本文根据黄河中下游几处遗址的新材料并结合前人已发表的数据，对中国古代大豆属植物资源的利用与驯化进程进行初步讨论。

　　大豆属（*Glycine*）隶属豆科（Leguminosae），包括 Glycine 亚属和 Soja 亚属，前者的野生种分布于澳大利亚、巴布亚新几内亚和中国东南部少数地区，后者的野生种分布于中国（以北方为主）、朝鲜半岛、日本和俄罗斯远东地区。Soja 亚属仅有一年生野大豆（*G. soja* Sieb. et Zucc.）和大豆［*G. max* (L.) Merr.］2个种，后者即驯化大豆。这里的"驯化"指的是植物的性状，即植物在没有人类播种和照料的情况下无法自行繁衍后代的性质。

二　材料与方法

　　本文分析两类来自考古遗址的大豆属材料。一类是作者在实验室鉴定和统计分析的材料，来自河南登封南洼、山东高青陈庄和临沭东盘遗址；一类是已发表的其他遗址的材料。这些遗址或公布了详细测量数据，或公布了均值或长宽范围，还有部分仅提及出土，未公布详细信息（表一）。

表一　　　　　　　　　　各时期出土大豆属遗址统计

时代	遗址	类别	数量（粒）	测量	范围（毫米）	均值（毫米）
裴李岗	贾湖	野大豆	581	200	L2 - 4.89, W1.5 - 3.42, T1.05 - 2.97	L3.28, W2.33, T1.98
	班村	野大豆	1	1	/	L3, W2.6

续表

时代	遗址	类别	数量（粒）	测量	范围（毫米）	均值（毫米）
裴李岗	八里岗	野大豆	?	/	/	/
	八十垱	野大豆	27	?	L3.23-4.4, W1.94-2.72, T1.88-2.54	/
仰韶	大河村	野大豆	?	123	/	L3, W2.3, T2.1
	袁桥	小粒型?	?	/	/	/
	刘庄	野大豆	13	/	/	/
	北阡	野大豆	10	7	L2.24-3.2, W1.69-2, T1.18-1.88	L2.76, W1.84, T1.72
龙山	西金城	野大豆	8	2	L4.34-4.67, W2.46-2.89	L4.51, W2.68
	东盘	野大豆	132	55	L1.8-3.9, W1.4-3.5, T1.1-2.5	L2.97, W2.16, T1.7
	瓦店	野大豆	14	/	/	/
		大豆	573 百余	157 20	L2.92-4.21, W1.88-3.2, T1.27-1.87	L3.64, W2.29 L3.68, W3.21, T1.53
	陶寺	野大豆	3	1	/	L4.56, W3.31
	王家嘴	大豆	159	20	L3.97-6.22, W2.3-4.51, T1.64-3.17	L4.77, W3.36, W2.51
	两城镇	野大豆?	?	?	/	L6, W4, T3.6
	教场铺	野大豆?	近万	?	/	L3.38, W2.6
	王城岗	大豆	168	53	L2.92-5.6, W1.78-4.79	L4.17, W2.98
			百余	26	L3.86-5.12, W2.68-3.98	L4.64, W3.29
	庄里西	野大豆	数十	?	L2.8-3.2, W2-2.5, T1.5-2	/
	赵家庄	野大豆	11	/	/	/
	桐林	野大豆	105	?	/	L3.08, W2.15
	薛家庄	大豆	2	/	/	/
	韩王、大蔚、台子高、尚庄	大豆	2	/	/	/
		野大豆	28	/	/	/

续表

时代	遗址	类别	数量（粒）	测量	范围（毫米）	均值（毫米）
夏	皂角树	大豆	?	?	L4.3-5.77, W2.62-3.72, T2.01-3.4	/
	灰嘴	大豆	114	/	/	/
	上坡	大豆	10	?	L4-7, W2.5-3	
	南洼	大豆	96	11	L3.56-5.36, W2.62-3.33, T2.24-2.92	L4.55, W3.01, T2.51
		野大豆	17	6	L2.9-4.1, W2.6-3.9, T1.4-1.8	L3.32, W2.03, T1.51
	照格庄	大豆	4	1	/	L4.74, W3.64
		野大豆	20	20	L2.36-3.84, W1.44-2.83, T1.06-2.19	L2.83, W1.96, T1.50
	马安	大豆	3	2	L3-4.3, W2.1-2.5	L3.65, W2.3
	彭家庄	大豆	14	4	L3.58-4.73, W2.14-3.28, T1.45-2.49	L4.31, W2.65, T1.97
	兴隆沟第三地点	大豆	?	/	/	/
商	王城岗	大豆	?	6	L3.99-6.36, W3.01-4.73	L5.15, W3.71
	大辛庄	大豆	7	?	/	L4.91, W3.21, T2.36
	南洼	大豆	28	17	L3.85-5.40, W2.45-3.82, T2.24-2.93	L4.45, W3.14, T2.55
周	唐冶	大豆	8	?	/	L5, W3.25
	吴营	大豆	2	1	/	L4.1, W2.6
	东盘	大豆	1	1		L3.7, W2, T1.5
	陈庄	大豆	57	18	L4.34-6.68, W3.05-4.67	L5.48, W3.79
		野大豆	51	23	L2.71-3.89, W1.96-2.78	L3.16, W2.3
	八里岗	大豆	6	/	/	/
	北阡	大豆	69	11	/	L5.61, W3.67, T2.49
	大海猛	大豆	?	?	/	L5.81, W4.38, T3.46
	大牡丹屯	大豆?	?	/	/	/
	纪家沟	大豆	1	/	/	/

续表

时代	遗址	类别	数量（粒）	测量	范围（毫米）	均值（毫米）
周	古城牛村	大豆?	?	/	/	/
	丁家洼	大豆	13	1	/	L6.24, W5.08, T4.24
汉	南洼	大豆	182	105	L3.74 - 7.55, W2.05 - 5.06, T1.92 - 3.84	L5.78, W3.69, T2.89
	老山汉墓	大豆	?	?	L6-7, W3-4.5, T2.58-3.5	/
	西金城	大豆	80	/	/	/
	马王堆汉墓	大豆	?	/	/	I 类型：L6.52 ± 0.59, W5.02 ± 0.49 II 类型：L4.65 ± 0.60, W3.43 ± 0.23
	烧沟汉墓	大豆	/	/	/	/
	洛阳张就墓	大豆	?	/	/	/
	纪南城汉墓	大豆	?	/	/	/
唐宋	汶上梁庄	大豆	264	31①	L5.03 - 7.12, W3.16 - 4.77, T2.53 - 4.1	L5.94, W4.01, T3.34

由于植物在生长过程中受到外界（包括自然环境和人类行为）的扰动或影响都可能对其植株或籽粒有所影响；植物的成熟有一定不平衡性，同一植株上的种子也可能不同步，并且人类采摘的时间不同也会造成籽粒的差异，即使是一次收获的大豆在籽粒大小和形态上也很难保持一致性。② 所以，在研究植物的野生与驯化性状时，有学者提出单纯依据种子大小来区分野生与驯化存在很大的误差及偶然性。但由于豆荚和种脐等明显反映大豆驯化与否的实物证据因保存环境等多种因素很难被发现，因此，我们在测量南洼等遗址出土大豆属植物种子长宽的基础上，结合粒厚指数，并计算长/宽、长/厚、宽/厚、长*宽、长*厚、宽*厚和长*宽*厚总值。第二类材料也做了类似的处理，即在考虑长、宽的基础上，也在条件许可的情况下考虑了粒厚指数。最后将上述材料进行对比分析。

---

① 数据来自山东大学植物考古实验室。
② 作者对在济南市郊采集的成熟大豆植株进行剥粒测量发现，同一植株上的豆粒有少量未发育完全，较瘦瘪。如植株 A 豆粒长最大9.63毫米、最小6.41毫米，宽最大7.59毫米、最小5.23毫米，厚最大6.65毫米、最小3.56毫米；植株 B 豆粒长最大8.53毫米、最小6.34毫米，宽最大6.84毫米、最小4.74毫米，厚最大6.42毫米、最小3.9毫米；植株 C 豆粒长最大10.5毫米、最小7.15毫米，宽最大9.52毫米、最小5.21毫米，厚最大6.61毫米、最小3.04毫米。同一植株上豆粒的尺寸变化幅度也较大，长变化幅度在25%—30%，宽变化幅度在30%—40%，厚变化幅度在40%—50%。

三　结　果

现代植物学研究结果显示，大豆是从野大豆驯化而来的。野大豆被栽培后的进化过程中，由于人们对其的利用主要是大豆的籽粒，着重选择粒的大小，因此就出现了籽粒的显著变大。从考古实物来看，这种植物种子增大的发展趋势在多种植物中都存在。野大豆的人工栽培与驯化特征的演变是持续进行的，对某些豆类作物的研究表明，种子尺寸在最初驯化后并没有显著增加，种子大小的变化很可能延迟了数千年的时间。因此时代越早，我们在考古遗址内发现的野大豆越多；时代越晚，野大豆或者说被栽培但还保持野生性状的大豆数量应该逐渐减少，驯化特征明显的栽培大豆应该逐渐增多。结合已有的考古材料和我们掌握的新数据可以观察到：自裴李岗时代开始至汉代，大豆属种子在形态上发生了明显的增长，驯化性状逐步出现并且稳定下来（图一至图三）。

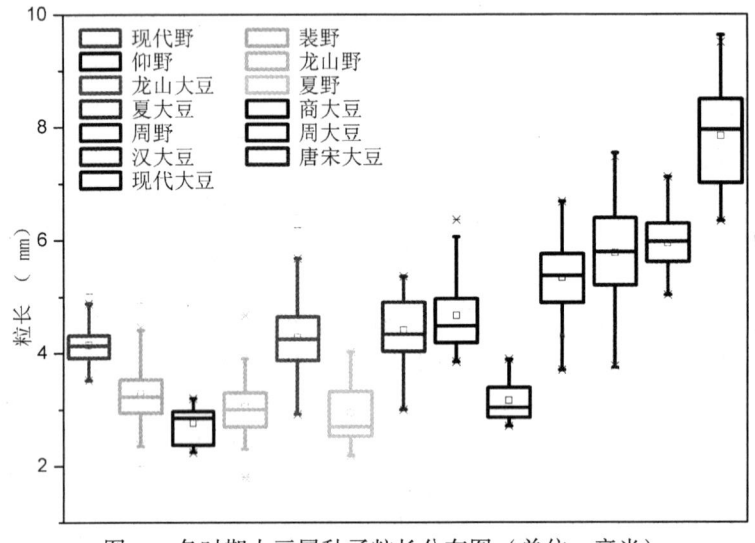

图一　各时期大豆属种子粒长分布图（单位：毫米）

目前最早的大豆属遗存来自裴李岗时代的贾湖、班村、八里岗和八十垱4个遗址。仰韶时代有来自大河村和北阡遗址的数据。这两个时期的大豆属遗存无一例外都是野大豆，尺寸比较小，经15%补偿后平均长3.75毫米，宽2.67毫米，厚2.27毫米，较现代野大豆[①]小，也没有出现明显变化，数量也较多，它们在遗址中的出现，很可能与当时人类对该种植物资源的开发利用有关。

[①] 作者随机测量采自济南市郊的野大豆100粒，粒长3.52—5.06毫米、宽2.43—3.61毫米、厚1.72—2.74毫米，平均长4.14毫米、宽3.06毫米、厚2.33毫米。另根据赵志军先生对在安徽采集的野大豆的测量结果，豆粒的长河宽平均值分别是3.89和3.04毫米，引自周原考古队《周原遗址（王家嘴地点）尝试性浮选的结果及初步分析》，《文物》2004年第10期。

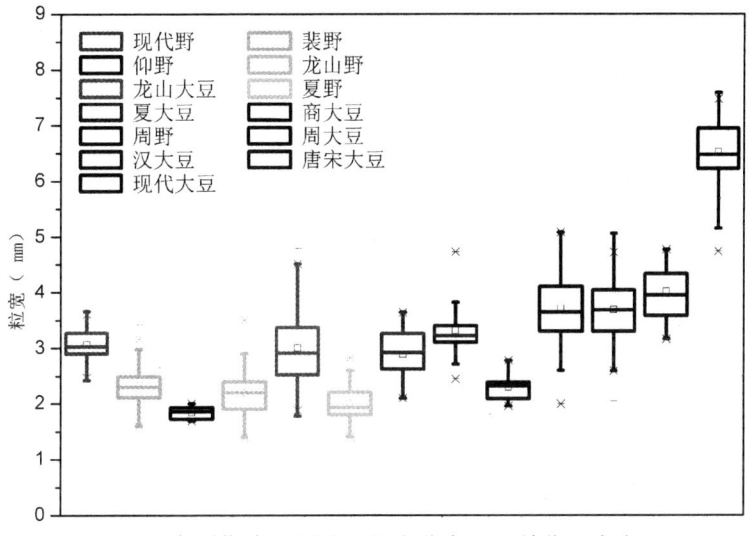

图二 各时期大豆属种子粒宽分布图（单位：毫米）

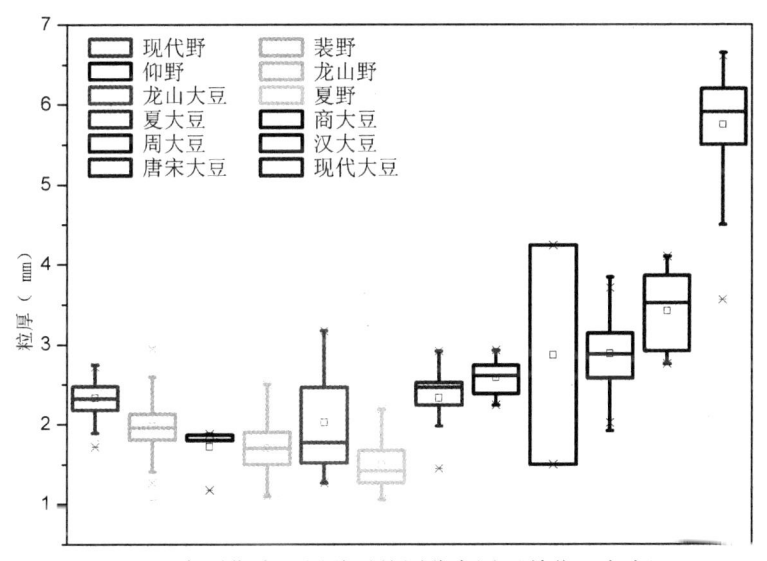

图三 各时期大豆属种子粒厚分布图（单位：毫米）

龙山时代大豆属遗存不仅在空间分布和总的数量上有大幅增长，而且种子形态和尺寸都呈多样性。有些接近前期出土的野大豆，如瓦店遗址出土的大豆属遗存，经过15%补偿后仍比现代野大豆小；而部分大豆属种子的尺寸已经较明显地增大了，补偿前长都超过4毫米，宽接近或超过4毫米，粒厚变化区间较大，补偿后平均长4.95毫米、宽3.46毫米、厚2.33毫米，超过现代野大豆，但仍比现代大豆[①]小很

---

① 作者随机测量采自济南市郊的大豆100粒，粒长6.34—9.63毫米、宽4.74—7.59毫米、厚3.56—6.65毫米，平均粒长7.04毫米、宽6.52毫米、厚5.75毫米。

多。王城岗和王家嘴遗址出土了一部分这类大豆属遗存。有人认为，龙山时代是大豆从野生到驯化的过渡阶段。

夏商时期大豆属遗存特点鲜明。中原地区如南洼遗址二里头时期，野大豆种子稍小于现代野大豆，而位于山东半岛东端的照格庄遗址出土的岳石文化时期野大豆种子，与龙山时代野大豆相近，甚至整体上小于贾湖遗址的野大豆种子。这两个时期野大豆的数量明显减少。结合同时期其他数据来看，这一阶段大豆属植物种子的尺寸处于野生与驯化的中间位置，明显较野大豆大，但明显小于后期驯化性状明显的大豆。

周代诸遗址出土的大豆数量都较少。陈庄遗址出土的大豆属种子可以明显分为大小两群。大的一群平均长5.48毫米、宽3.79毫米，补偿后长6.3毫米、宽4.36毫米。除吴营遗址外，其他遗址的平均长超过5毫米、宽接近3.5毫米。周代大豆种子比夏商时期明显进一步增大。

汉代及以后的数据较少。老山汉墓大豆的粒长为6—7毫米，宽3—4.5毫米，厚2.58—3.5毫米，与南洼遗址B类较接近。南洼遗址的大豆经15%补偿后为均长6.65毫米、宽4.24毫米、厚3.32毫米，仍与现代大豆有一定距离，并且个体间还表现出较大的差异。这种差异似乎在周代就已经开始显现，但我们不排除是由于样品量造成的差异，特别是汉代大豆有效数据来自南洼一个遗址，因此，这种个体差异也可能是单个遗址的现象。

至唐宋时期，梁庄遗址的大豆在整体上较汉代更大，特别是粒宽和粒厚的增大更为突出，经15%补偿后平均尺寸长6.83毫米、宽4.61毫米、厚3.84毫米，与现代大豆样品中最小的籽粒非常接近。

以上详细数据为我们观察各时期不同遗址间大豆属种子的差异提供了支持。除此之外，结合其他遗址公布的种子均值来看，裴李岗至仰韶时期大豆属种子的平均大小基本没有发生明显变化，其中平均粒长反而略微减小，从3.28毫米减至3毫米，平均粒宽也从2.33毫米略微减至2.3毫米，但平均粒厚则由1.98毫米增至2.1毫米，粒长和粒宽并没有表现出变大的趋势。这可能与样品量有关，也可能事实如此，如贾湖遗址的水稻，也表现了相似的规律。从龙山时代开始，大豆种子的尺寸开始出现较明显的增大，尤以平均粒长最为明显，宽次之。平均粒长从3毫米骤增至4.28毫米，增幅达42.67%，平均宽由2.3毫米增至3.01毫米，增幅为30.87%，平均粒厚则从2.1毫米变为2.03毫米。二里头时期，平均粒长较前期又略微增大了0.27毫米，达到4.55毫米，而平均宽则与龙山时期平均值持平，变化最为明显的是平均粒厚，增幅为23.64%，达到2.51毫米。商代大豆的平均粒长和宽仍保持增大的趋势，粒厚较二里头时期变小，这种现象同时出现在商和周两个时期。从周代开始，大豆平均粒长有了大幅增长，这种趋势延续至汉代，种子的平均粒长都达到了5毫米以上，分别为周代的5.41毫米和汉代的5.77毫米，平均粒宽也分别达到了3.62和3.68毫米，而平均粒厚至汉代也达到了2.89毫米。汉代以后，大豆的粒宽和粒厚增幅较大，经补偿后，部分已经与现代大豆中籽粒较小者非常接近了。

四 讨论

（一）不同粒型变量演变的速率差异

图四显示，大豆种子在漫长的发展阶段中，粒厚的增长似乎滞后于粒长和粒宽：平均粒长和粒宽在龙山时代就发生了显著的变化，而粒厚较明显的增长是二里头时期才开始的。商和周代没有增大的趋势，可能是受样品量较小的影响，但整个发展进程中，平均粒厚的变化趋势始终是较平均粒长和宽慢且更平稳的。

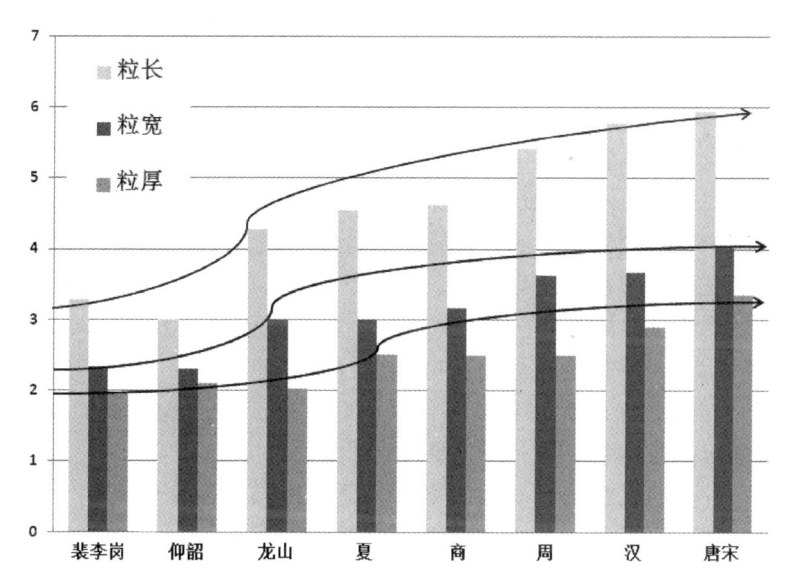

图四 各时期大豆属遗存籽粒平均值变化趋势（单位：毫米）

总体来说，新石器时代至汉代考古出土的大豆属种子，在籽粒形态和尺寸上确实呈现出逐渐变大的发展趋势，这与植物栽培和驯化过程中籽粒的变化模式是相一致的。有学者认为，大豆尺寸的变化在中国最早至二里头文化至商时期才明确发生，但从大豆尺寸的平均值演变来看，这种变化可能于龙山时代（确切地说为龙山晚期）就开始了，只是粒厚还稍显滞后。此后至夏商时期，大豆种子的尺寸逐步增大，并且个体间的差异比龙山时代小得多，粒长、宽和厚在同步增长，大豆尺寸的变化速率较为平稳，且驯化性状应在大多数种子中都已经出现并逐步稳定下来了。

（二）大豆属资源利用与植物驯化

Fisher从遗传自然选择的角度出发，认为，适应自然选择的驯化是一个缓慢而逐步的过程，早期阶段通常比较缓慢，往往需要几千年。但也有人认为，人工选择能够使野生种的表型在少于100年的时间内演变成栽培种的表型,驯化可能是一个相对快速的过程。

目前的考古证据显示,中国的大豆可能起源于黄淮河流域。自裴李岗时代至汉代,大豆属植物从被野生利用、栽培到驯化物种的出现经历了一个漫长过程。

从距今9000—7000年的裴李岗时代开始,黄河中游和长江流域先民已经开始利用大豆属植物这种资源,并且这种传统在黄河流域被传承了下来,仰韶时代的大河村、刘庄等聚落都发现了大豆属遗存。这两个时期人类对大豆属植物资源的获取方式应该还是传统的采集,多个遗址中均见有野大豆,这些野大豆种子的尺寸明显很小,性状上还未呈现出驯化的特征,特别是平均粒长和粒宽,并未随时代越晚而发生增大,也表明当时人类可能未对这类植物进行有意识地选择和驯化。

大豆栽培与驯化进程中的关键节点可能发生在龙山时代。进入龙山时代后,大豆属遗存的出土地点和数量空前扩张,并且从种子形态上可以观察到十分明显的多样性,其中既有栽培大豆也有野大豆,虽然二者在数量上仍占有相近的比重,但这一阶段有部分大豆已经表现出了明显的驯化性状,即种子增大。龙山时代处于社会结构的快速发展与演变的历史阶段,一些聚落在原有生业经济模式下探索发展大豆这一新品种,并且在个别聚落中成功地驯化了这种植物。农业生产的稳定与产量的提高在一定程度上奠定了社会前进发展的物质基础。由此可见,在整个史前时期,龙山时代在多个方面都处于一个重要节点的位置,在大豆利用与驯化的进程中也不例外。

进入夏商时期,大豆的栽培与驯化持续进行着。种子的尺寸大多较一致,整体上较龙山时代有所增长,这表明,驯化性状到此时可能是比较稳定的。从这一时期起,大豆开始成为北方农业体系中的一个重要组成部分。

周代以后,种子的大小又有了大幅度增长,这种趋势延续至汉代。汉代大豆的种植规模和产量有了大幅提升,各地汉墓中陶仓上"大豆万石"的记载便是实证。而在少数遗址的汉代样品中,我们还可以观察到与夏、商、周三代不同的是,大豆种子在汉代又表现出了丰富的多样性,造成这种多样性的原因现在尚无法说明。傅稻镰基于对印度植物考古资料的分析,认为,深耕技术的发展是导致豆类大粒型演变的动力,如印度河地区大粒型种子的选择在公元前3000年由于耕作技术的进步得以实现,而东部地区由于耕作技术发展较慢,直到公元前2000年晚期才完成。我国汉代已经出现了铁质生产工具,《汉书·食货志》也有"用耦犁,二牛三人"的牛耕记录,耕作技术已经发展到一定程度,在这种背景下,大豆可能已经完全实现大粒型的转变。汉代以后,大豆的驯化性状逐步增强;至宋时,已有接近现代籽粒较小者。

(三)古代中国大豆利用与驯化的区域差异

关于大豆起源地的研究,已从传统的单一起源开始转向最新的东亚多地起源观点。从宏观上看,中国与其他地区存在一定差异;从微观上看,中国大陆的不同地区也具有区域特点(图五)。

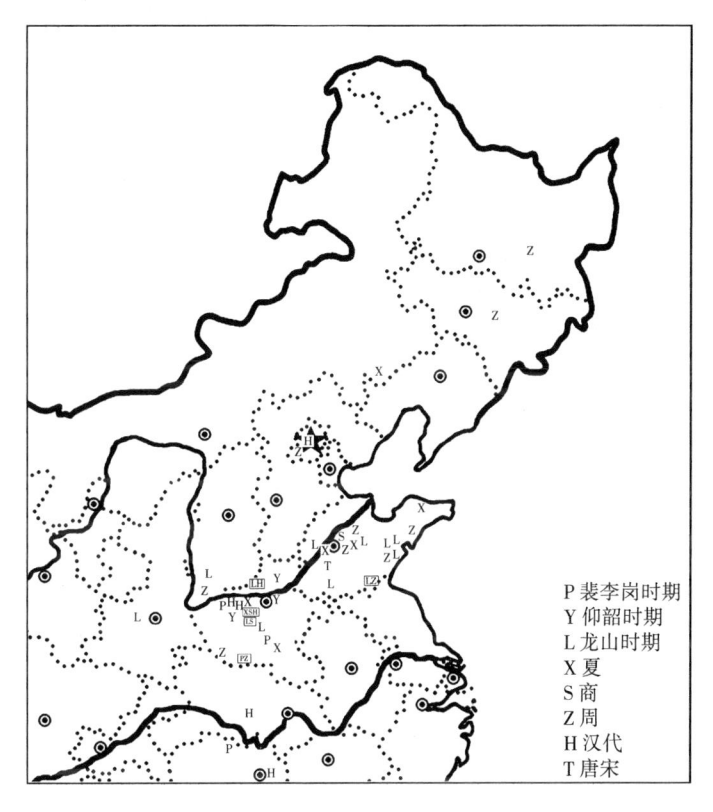

古代中国大豆属（Glycine）植物的利用与驯化

图五 各时期出土大豆属种子分布图

说明：八里岗遗址为裴李岗时期和周代重复点，东盘遗址为龙山时期和周代重复点，南洼遗址为夏、商和汉代重复点，西金城为龙山和汉代重复点，王城岗遗址为龙山和商代重复点。另外，教场铺与韩王等遗址、皂角树与灰嘴遗址因地理位置较近，在图中标注为一个点。

如图五所示，目前裴李岗和仰韶时代的大豆属遗存主要分布在黄河中游和淮河流域，共6处，长江流域仅见八十垱一例，黄河下游北阡遗址有少量发现。这两个时期的样品除调查所得的袁桥遗址样品外，其他6个遗址的研究者一致认为，早期的这些大豆属种子仍为野大豆，种子都较小。至龙山时代，大豆属种子的分布范围和数量有了明显上升，传统的分布区——黄河中游仍然保持重要地位，共有5处遗址发现有大豆属遗存（瓦店遗址同时发现大豆和野大豆）。黄河下游的发现主要集中在植物考古工作开展较成熟的山东地区，遗址数量激增至10处。上述遗址发现的大豆属种子以野大豆居多，共10个遗址，以黄河下游居多。大豆在黄河中游和黄河下游都各有3处遗址出土，但从数量和出土概率来看，大豆在黄河中游所占的比重和利用的规模应比黄河下游更大，龙山时代较系统的大豆测量数据均出自黄河中游地区。龙山时代的大豆属种子从籽粒性状和种子大小的分布上可以明显聚合为两类。但其中也有一些特例，如陶寺遗址的野大豆种子尺寸就明显偏大，而瓦店遗址的大豆种子却落在了野大豆的尺寸范围里，这可能与遗址的微环境、人类对大豆的利用方式和驯化程度等有关，也是龙山时代多样性特点的一个表现。至夏商时期，大豆的分布地点进一步增加，黄河中、下游均有发现，最北抵达内蒙古，同时少数遗址仍可见野大豆，但从遗址的年代来考虑，这些野大豆遗存很可能是人类栽培但仍呈现偏野生性状的种子。周代报道出土大豆种子的遗址分布范围也比较广，绝大多数都不见野大豆。汉代大豆遗存的分布已经遍布南北方了，不仅有了大豆种子实物，而且还有储藏大豆的陶器实物和器物上朱书记载的证据。

通过观察我们可以发现，在大豆栽培及驯化进程中，不论是种子形态多样性的出现，还是籽粒增大趋势的发生，或栽培大豆的首现时间，黄河中游似乎都要比下游地区更早一步。作为大豆野生祖本的野大豆遗存最早并且主要见于黄河中游地区，这一现象从裴李岗时代一直持续到仰韶时代结束。至龙山时代，黄河下游地区才开始大规模出现大豆属遗存，并且与黄河中游不同的是，黄河下游地区几乎都是野大豆。到夏商时期，黄河下游地区的栽培大豆分布点才开始与黄河中游地区"旗鼓相当"。

在中国北方地区为大豆起源地之一的宏观背景下，黄河流域的不同区域显示了各自发展的不同步伐，但这是否意味着大豆最先从黄河中游地区发生驯化进而扩展到黄河下游和其他地区，尚且需要更多的分析和证据。

五　结语

现有的考古资料显示，黄河中游和淮河流域距今9000—7000年前后的裴李岗时代居民，已经开始利用野生大豆属植物，并且这种传统被黄河中游先民继承了下来。到距今5000—4000年的龙山时代，黄河中游地区居民对大豆属植物的利用进一步深化，黄河下游地区居民也开始广泛利用这种植物资源。从龙山时代开始，一定数量的种子出现明显的驯化特征，种子粒长和宽的增大趋势更明显。大豆属植物粒型明显变大，发生在商周时期，粒厚加快了增大速率，可能表明这个时期大豆属植物的驯化过程已经接近完成。至周代及以后，大豆种子的尺寸持续增大，汉代的大豆属植物种子的大粒型特征愈加稳定，农耕工具和技术的发展可能促进了大豆驯化性状的加强。纵观这个历史进程，黄河中游地区的先民在开发利用、栽培到驯化大豆属植物的过程中，似乎比黄河下游和其他地区更早一步。

原载《农业考古》2013年第6期

史前石锛研究的回顾与展望

肖 宇 钱耀鹏

石锛是中国史前时期的常见石器，尤其是在长江流域及岭南地区。石锛的发现与研究几乎伴随着中国考古学的诞生和发展，已积累了一批研究成果，但不可回避的是同时也存在着研究缺陷。因而，本文拟爬梳前人石锛研究的历程，回顾相关研究成果，讨论其中的认知偏差，并尝试在此基础上对石锛研究提出前瞻性看法。

考虑到不同学者对石锛的描述方式各异，为表述清晰、行文简洁，笔者就本文对石锛形态的描述性语言做一说明。石锛起刃的一面为正面，不起刃的一面为背面。石锛的正面多为平面，而背面则存在较大形态差异。背面为平面者称"直背石锛"，背面为弧形而弧度较小者称"弧背石锛"，背面弧度较大者称"曲背石锛"，背面弧度特甚者称"隆背石锛"，背面由两个平面组成且交合处有横脊者称"折背石锛"，背面分为前后厚薄两段且厚薄交界处呈阶梯形者称"阶梯背石锛"，背面有一道凹槽者称"有槽背石锛"。

一 史前石锛的研究历程

石锛的偶然发现当早已有之，明清时期，福建地区被称为"雷公斧""雷石"的石器，便包括石斧、石锛，而对其来源和功用的臆想，往往附丽于神话与民间故事。[①] 且不说历代藏家对石锛无所重视，传统金石学的研究对象也囿于青铜器、玉器与碑铭石刻，所以，石锛往往被视为石斧的一种，见于著录者寥寥，遑论研究。

考古学在中国落地生根，探索中国文明来源、重建上古史的同时，也为科学认知古代遗物提供了可能。以长时段的眼光来考察中国史前石锛的研究历程，大致可以分为4个阶段，即探索期、初步研究期、资料积累期和深入研究期。

（一）石锛研究的探索期（20世纪20—40年代）

石锛进入中国考古学的视野得益于瑞典学者安特生（J. G. Andersson），安特生根据中国北方诸省的调查，尤其是仰韶村的发掘，于1923年著成《中国远古之文化》，[②] 提

---

① 林惠祥：《雷公石考——厦门大学人类博物馆研究报告之一》，《厦门大学学报》（哲学社会科学版）1956年第1期。

② ［瑞典］安特生：《中华远古之文化》，农商部地质调查所1933年版，第3—5页。

出仰韶文化为中国远古文化的命题。安特生"以现时现象为研究过去历史之标准",认为木工用锛也可在仰韶文化中远溯其源,有一种刃部不对称的石凿,与铜铁质的"带槽之凿斧"相似,当存在源流关系。从所拟名称上可窥知,安特生尚未廓清斧、锛、凿三者的异同,也未提出"石锛"的命名,但已将这类偏刃石器与木工用锛联系在了一起,安特生这一"假设之论"无疑在当时的学术环境中向历史真相迈出了一大步。

20世纪30年代发现浙江钱山漾遗址、古荡遗址和良渚遗址,集中出土了一批史前石锛,且形态多样。大量而集中的发现使得"石锛"作为一种内涵模糊石器类型被识别出来,首先被归为"石锛"的是弧背石锛,而对于阶梯背石锛的辨识则存在着较大差异性。施昕更的《杭县第二区远古文化遗址试掘简录》、卫聚贤的《中国古文化由东南传播于黄河流域》均认为,阶梯背石锛为石戈,① 后者更是将这一发现与蚩尤作五兵相比附。何天行在《杭县良渚镇之石器与黑陶》中,将阶梯背石锛暂名为"钺"②,同时指出"其形状略与石锛相符……大约是从石锛所演化而加以修饰的"。卫聚贤在《吴越释名》中亦持此说。③ 何天行、卫聚贤均臆测,"钺"与越国可能存在某种历史关联。施昕更所撰《良渚——杭县第二区黑陶文化遗址初步报告》在当时实现了对石锛认识的突破。④ 首先是对石锛的概念形成了较清晰的认识,"'锛类'形制与斧略同,因仄面不对称而分别"。其次是对不同类型石锛的确认,将阶梯背石锛称为槽形锛,折背石锛称为锄形锛,从而将存在异议的这类石器纳入石锛范畴。再次是对良渚石锛进行了初步分类。

19世纪后期,海外学者已开始对太平洋诸岛的石锛进行研究。⑤ 稍迟则在中国东南沿海进行调查发掘,英国、意大利、日本学者分别在香港南丫岛、广东海丰、台湾发现石锛,只是缺乏统一命名和中文语境的讨论。⑥ 值得注意的是,中国学者林惠祥曾负笈菲律宾大学人类学系,师从美国学者拜耶(H. O. Beyer),能够兼收英文和中文的认知成果。1929年,林惠祥在台湾圆山遗址采得数件阶梯背石锛,将其笼统归于石锛类,但已注意到这类石锛在形态上的特殊性,并开始关注石锛研究。在1934年出版的教材《文化人类学》中,林惠祥介绍了太平洋土著使用的石锛。⑦ 1937年,林惠祥在福建武平发掘并发现石锛,同年携此发现参加了第三届远东史前学家大会。他在英文

---

① 施昕更:《杭县第二区远古文化遗址试掘简录》,载吴越史地研究会《吴越文化论丛》,江苏研究社1937年版,第195—216页;卫聚贤:《中国古文化由东南传播于黄河流域》,载吴越史地研究会《吴越文化论丛》,江苏研究社1937年版,第154—160页。
② 何天行:《杭县良渚镇之石器与黑陶》,吴越史地研究会1937年版,第5页。
③ 卫聚贤:《吴越释名》,载吴越史地研究会《吴越文化论丛》,江苏研究社1937年版,第1—6页。
④ 施昕更:《良渚——杭县第二区黑陶文化遗址初步报告》,浙江省教育厅1938年版,第34—38页。
⑤ 焦天龙:《波利尼西亚考古学中的石锛研究》,《考古》2003年第1期;黄建秋:《外国磨制石斧石锛研究述评》,《东南文化》2010年第2期。
⑥ 1946年翦伯赞在《中国史纲》中论及麦尼奥尼(R. Magnioni)在广东海丰发现石锛。详见翦伯赞《中国史纲》(第一卷),生活书店1946年版,第19—24页。
⑦ 林惠祥:《文化人类学》,商务印书馆1996年版,第115页。

报告中，将阶梯背石锛和折背石锛称为chamfered adze，即"有沟纹的石锛"①。

石锛研究的探索期也是中国考古学的肇始阶段，安特生对石锛的认知有开创之功。中央研究院历史语言研究所对安阳殷墟进行发掘，由李济后来的论著可知有少量石锛出土，② 只是当时并未见于著录。但在中国考古学主流之外的其他"考古"实践中，逐步形成了对石锛的多元认知，浙江地区石锛的集中出土，吴越史地研究会对石锛的认识经历了一个由不合理到相对合理的过程。同时，基于东南沿海地区石锛的发现，林惠祥借助海外石锛的研究成果，开始在英文语境中进行石锛讨论。这一研究阶段的主要特征是对各类出土石锛的确认，这一过程既有海外认知成果的借鉴，又有本土学者自发性研究。前者由于缺乏中文语境的讨论，不为学界广泛知晓。后者在当时及以后都未产生太大学术影响，一方面是因为吴越史地研究会游离于中国主流考古学之外，其成员多缺乏科学考古学素养，对石锛的讨论多似唐突臆说；另一方面，当时的考古发掘和研究主要集中于黄河流域，对长江下游和岭南地区的史前文化面貌知之甚少，而赖以讨论的石锛又未经科学发掘，数量不丰且缺乏文化背景。

（二）石锛研究的初步研究期（20世纪50年代）

1954年，林惠祥在《福建闽侯县甘蔗恒心联乡新石器时代遗址考察报告》中，将石锛分为常型石锛、有段石锛、原始型有段石锛、厚长石锛、扁圆形石锛、扁圆小石锛和极小有段石锛。③ 常型石锛为弧背石锛或直背石锛，有段石锛为折背石锛，原始型有段石锛为曲背石锛，厚长石锛为宽厚相当且较长者，扁圆形石锛为横剖面近椭圆形者，扁圆小石锛和极小有段石锛分别为同类中较小者。这篇报告有两点值得注意，乃至具有学术史的意义。其一，这是中文语境中首次公开提出"有段石锛"之名，而这一名称和概念是林惠祥根据海尼·格尔顿（Heine Geldern）所定英文名称stepped adze转译而来。④ 实际上，林惠祥早在1937年所撰福建武平发掘报告中，便已使用"有段石锛"⑤，但由于国内战事而延宕，迟至1956年发表。其二，林惠祥在这篇报告中首次提出原始型有段石锛是常型石锛演变为有段石锛的过渡形态，从石锛的直观形态上构建出由直背或弧背到曲背再到折背的演变逻辑。

1957年，林惠祥在《福建长汀县河田区新石器时代遗址》中，将所发现的石锛分为常型石锛、有段石锛、无棱石锛、三角形石锛、薄刃石锛、梯形石锛和弧形刃石

---

① Lin Huixiang, A Neolithic Site in Wuping, Fukien. *The Proceedings of the Third Congress of the Far Eastern Prehistorians*, Singappre, 1938.
② 李济：《殷墟有刃石器图说》，载李济《李济文集》（卷三），上海人民出版社2006年版，第293—375页。
③ 林惠祥：《福建闽侯县甘蔗恒心联乡新石器时代遗址考察报告》，《厦门大学学报》（哲学社会科学版）1954年第5期。
④ 林惠祥：《中国东南区新石器文化特征之一：有段石锛》，《考古学报》1958年第3期。
⑤ 林惠祥：《福建武平县新石器时代遗址》，《厦门大学学报》（哲学社会科学版）1956年第4期。林氏在文尾注明，"以上是1937年所写的原文"。

锛，① 常型石锛、无棱石锛的内涵与之前相同，三角形石锛、梯形石锛分别指横剖面为三角形、梯形者，薄刃石锛指石锛两侧边薄而中间厚者，弧形刃石锛指石锛刃部凹陷者。同年发表的《福建长汀河田新石器时代遗址的调查》，在石锛分类上与前文大体一致，只是将长度为宽度数倍而似凿者列为狭长锛。② 在这两篇文章中，林惠祥依据河田的新材料，在1954年撰文思路下，将"有段石锛"细分为三类：原始型、成熟型和高级型，分别相当于曲背石锛、折背石锛和阶梯背石锛。他认为，这三类"有段石锛"存在演变发展关系。据此，又由于台湾高级型有段石锛居多，菲律宾、太平洋诸岛几乎全为高级型有段石锛，林惠祥推测，"有段石锛"是在福建产生并传播至台湾、菲律宾和太平洋诸岛。基于零散的考古调查与发掘，浙闽粤赣台普遍出土具有鲜明地域特征的遗物——印纹陶和"有段石锛"，而这一地域又恰是百越民族分布区域，林惠祥从分区高度审视中国境内史前文化的地缘异同性，提出了"中国东南文化区"的概念。③

1958年发表的林惠祥遗作《中国东南区新石器时代文化特征之一：有段石锛》，④是当时对"有段石锛"最为全面的研究成果，在考古界产生了至为深远的影响。林惠祥重申了"有段石锛"发展步骤三阶段说，同时认为源于中国大陆东南区的"有段石锛"，南向传播于华北、东北，东南向流布于台湾、菲律宾和太平洋诸岛。对于"有段石锛"的使用方法与功能，林惠祥参考玻利尼西亚民族志，推测阶梯背石锛、折背石锛是与曲叉树枝通过绑扎结合成复合工具使用的，阶梯背和折背的作用就在于加强绑扎结合的牢固性。同时，林惠祥推测其他石锛由于背部构造不利于绑扎，应为直接手握使用。石锛的用途则在于制造独木舟、木容器等，属于手工业工具。

饶惠元也是较早关注石锛的学者之一，自1947年开始在江西清江地区进行调查，并发现石锛。1956年发表的《江西清江的新石器时代遗址》将185件石锛分为三类，Ⅰ式即为弧背石锛或直背石锛，Ⅱ式即为折背石锛和阶梯背石锛，Ⅲ式即为横剖面为梯形的石锛。⑤ 林惠祥提出"有段石锛"发展步骤三阶段说之后，饶惠元随即著文表达异议，指出这一演变过程缺乏地层证据。⑥ 但受制于当时考古材料的丰富度及对考古材料相对年代的认识程度，对于林惠祥的观点，无论是要证明还是证伪，都同样缺乏实证依据。

史前石锛的初步研究期，主要表现为一批石锛调查、发掘资料及研究成果的刊布，林惠祥在这一过程中起到了至关重要的作用。在研究内容上，涉及石锛的分类，尤其是分类系统中"有段石锛"概念的确立，此外还包括石锛的形态演变、使用方法与功

---

① 林惠祥：《福建长汀县河田区新石器时代遗址》，《厦门大学学报》（哲学社会科学版）1957年第1期。
② 林惠祥：《福建长汀河田新石器时代遗址的调查》，《考古学报》1957年第1期。
③ 吴春明：《林惠祥与"亚洲东南海洋地带"考古》，载吴春明《中国东南土著民族历史与文化的考古学观察》，厦门大学出版社1999年版，第274—279页。
④ 林惠祥：《中国东南区新石器文化特征之一：有段石锛》，《考古学报》1958年第3期。
⑤ 饶惠元：《江西清江的新石器时代遗址》，《考古学报》1956年第2期。
⑥ 饶惠元：《关于有段石锛的分型》，《考古通讯》1957年第4期。

能以及"有段石锛"在南岛语族的流布过程。林惠祥的"有段石锛"发展步骤三阶段说，在某种意义上讲，是一种超越考古材料的推论。在20世纪50年代的学术背景下，学界对南方地区的考古学文化了解甚少，历时性考察石锛的形态演变尚缺乏研究条件。同样，对于石锛使用方式与功能的讨论，也只是基于民族学材料跨时空类比的推测，尽管在局部揭示出历史真相，但全面而具体的讨论还有待于新的考古发现。

（三）石锛研究的资料积累期（20世纪60—70年代后期）

20世纪60年代至70年代后期，史前石锛的研究性论著几乎阙如，这一现象是对前一阶段石锛研究状况的合理反馈，因为要突破前一阶段的研究困境，需要一个考古发掘、资料积累和文化谱系建构的过程。与此同时，"有段石锛"这一概念被广泛应用于这一时期的考古发掘报告之中。① 在半坡发掘报告中，石锛被纳入农业生产工具之列，而对石锛的安柄复原，是通过绑扎使刃部与木柄垂直装置。② 20世纪60年代至70年代后期，长江下游乃至整个南方地区的考古发掘和基础性研究，为下一阶段的石锛研究积累了大量学术资源，不妨将这一阶段视为石锛研究的资料积累期，在石锛研究历程中具有承上启下的意义。

（四）石锛研究的深化研究期（20世纪70年代末至今）

考古资料的长期积累，清晰地揭示出"有段石锛"在东南沿海地区考古学研究中的特殊性与重要性，③ 也使得更多学者对"有段石锛"发展步骤三阶段说提出质疑。④ 20世纪70年代末，学者初步廓清了长江下游环太湖地区考古学文化发展序列，⑤ 从而提供了一批相对年代关系清晰的石锛，为探索石锛形态演变提供了基础。1981年，牟永抗在《浙江新石器时代文化的初步认识》中，将浙江地区"有段石锛"分为五类，分别相当于隆背石锛、曲背石锛、折背石锛、阶梯背石锛和有槽背石锛，并指出，这五类石锛在浙江地区依次出现是具有地层依据的。⑥ 此项研究一方面似乎修正并发展了

---

① 浙江省文物管理委员会：《吴兴钱山漾遗址第一、二次发掘报告》，《考古学报》1960年第2期；湖北省文物管理委员会：《湖北圻春易家山新石器时代遗址》，《考古》1960年第5期；福建省文物管理委员会：《福建福清东张新石器时代遗址发掘报告》，《考古》1965年第2期；江西省博物馆等：《江西清江吴城商代遗址发掘简报》，《文物》1975年第7期。

② 中国科学院考古研究所、陕西省西安半坡博物馆：《西安半坡——原始氏族公社聚落遗址》，文物出版社1963年版，第59—75页。

③ 苏秉琦：《略谈我国东南沿海地区的新石器时代考古》，《文物》1978年第3期；梁钊韬：《百越对缔造中华民族的贡献》，《中山大学学报》（社会科学版）1981年第2期。

④ 牟永抗、魏正瑾：《马家浜文化和良渚文化——太湖流域原始文化的分期问题》，《文物》1978年第4期；吕荣芳：《关于有段石锛的分型》，中国考古学会第三次年会论文，杭州，1981年12月；彭适凡：《试述先越民族的两种生产工具》，《江西历史文物》1985年第1期。

⑤ 牟永抗、魏正瑾：《马家浜文化和良渚文化——太湖流域原始文化的分期问题》，《文物》1978年第4期。

⑥ 牟永抗：《浙江新石器时代文化的初步认识》，载中国考古学会《中国考古学会第三次年会论文集》，文物出版社1981年版，第1—14页。

林惠祥的观点，另一方面使得有段石锛的内涵进一步膨胀，将隆背石锛、有槽背石锛也纳入其中。同时，牟永抗也表达了对"常型石锛"与"有段石锛"长期共存的不解。这一新观点在考古界也产生了较大影响，彭适凡、林士民均持此说。①

1988年，傅宪国所撰《论有段石锛和有肩石器》根据南方地区大量的考古资料，对"有段石锛"的分类及形态演变做了比前人详细的讨论，将"有段石锛"分为五大类，Ⅰ式相当于隆背石锛和折背石锛，Ⅱ式相当于曲背石锛，Ⅲ式相当于阶梯背石锛，Ⅳ式相当于有槽背石锛，Ⅴ式为有肩形有段石锛，每一大类之下又根据不同标准再分类。② 通过每一类石锛的时空分布，勾勒出了"有段石锛"在南方地区演变发展的时空过程。傅宪国在《闽粤港台地区石锛横剖面的初步考察》中，依据石锛横剖面特征，将其分为三角形、半圆形、梯形、椭圆形和长方形五类，并且提出，闽粤港台地区石锛的横剖面存在着由三角形、半圆形向梯形演进的过程。③

王懿的《太湖东部新石器石器时代石锛的初步研究》，依据石锛背部形态特征将其分为五类，分别相当于直背石锛、弧背石锛、折背石锛、阶梯背石锛和有槽背石锛，在各类之下将石锛的长宽比值作为二级分类标准、面积大小作为三级分类标准。④ 这一分类体系具有两点新意，一则将直背石锛从以往所谓"常形石锛"中剥离出来，以区别于弧背石锛，二则分类过程中每一层级的分类都具有统一的分类标准。

考古新发现也使得石锛的使用方式、功能有了突破性认识。石锛的安柄方式成为重要议题。⑤ 河姆渡遗址锛柄的出土，使人们认识到阶梯背、折背石锛以外的其他类型石锛也可安柄使用，而溧阳沙河出土的带柄石锛，显示石锛还可以通过榫卯结合横向安柄。⑥ 关于石锛的功能，李仰松主张，普通石锛是木加工工具，有段石锛则是用于撬土的石锄。⑦ 肖梦龙、张建林认为，石锛具有砍伐树木、加工木料乃至建造房屋的功能。⑧ 杨鸿勋则进一步指出，有一类扁平长条形石锛是原始抛光工具，在木加工过程起到光料的作用。⑨ 另一种观点认为，石锛是农业生产工具，强调石锛在刀耕火种农业中

---

① 彭适凡：《试述先越民族的两种生产工具》，《江西历史文物》1985年第1期；林士民：《河姆渡文化中的石锛》，载《河姆渡文化新论——海峡两岸河姆渡文化学术研讨会论文集》，海洋出版社2002年版，第84—94页。
② 傅宪国：《论有段石锛和有肩石器》，《考古学报》1988年第1期。
③ 傅宪国：《闽粤港台地区石锛横剖面的初步考察》，《文物》1992年第1期。
④ 王懿：《太湖东部新石器石器时代石锛的初步研究》，载南京大学文化与自然遗产研究所编《长江文化论丛》（第九辑），南京大学出版社2013年版，第15—29页。
⑤ 佟柱臣：《中国新石器时代复合工具的研究》，载佟柱臣《中国东北地区和新石器时代考古论集》，文物出版社1989年版，第184—206页。
⑥ 肖梦龙：《试论石斧石锛的安柄与使用——从溧阳沙河出土的带木柄石斧和石锛谈起》，《农业考古》1982年第2期。
⑦ 李仰松：《中国原始社会生产工具试探》，《考古》1980年第6期。
⑧ 肖梦龙：《试论石斧石锛的安柄与使用——从溧阳沙河出土的带木柄石斧和石锛谈起》，《农业考古》1982年第2期；张建林：《中国原始手工业生产工具初探》，载陕西省考古学会《庆祝武伯纶先生九十华诞论文集》，三秦出版社1991年版，第33—48页。
⑨ 杨鸿勋：《石斧石楔辨——兼及石锛与石扁铲》，《考古与文物》1982年第1期。

的土地开垦功能。① 或认为大型石锛可直接用于挖土作业。② 持此观点者多认为，石锛成为木加工工具，是刀耕火种农业消失后石锛功能演进的结果。③

在史前石锛的深化研究期，其主要进步是基于长期积累的考古材料对20世纪50年代阶段性认识缺陷的修正和深化研究。就石锛形态研究而言，突破了林惠祥对"有段石锛"演变过程的推论，石锛形态演变研究进入了实证研究阶段，但面对形态复杂多样的石锛，加之石锛演变速率缓慢、不同形态石锛长期共存，这在一定程度上模糊了对石锛演变过程的观察，所以不同学者在不同分类体系下构建出迥异的石锛演变轨迹。就石锛功能研究而言，则存在木加工工具和农业生产工具两类观点，主要研究路径仍是基于形态的推测或民族学志的类比。石锛研究的深化过程中，存在着多种学术观点并存而无法突破陈说、打破僵局的状况。同时，随着石锛资料的进一步积累，及至20世纪90年代后期，关于石锛的研究却相对鲜见，这实际上是缺乏有效研究思路与方法去驾驭考古材料的表现。

二 史前石锛研究的反思

考古学追寻历史真实的履迹还具有思辨性，这主要表现为学术观点的承递和反思，而学术反思又为开拓研究思路提供契机。对于史前石锛的既有认知结果，就其形态研究、概念运用和功能分析三方面略作反思。

（一）石锛形态研究的反思

在比较基础上进行分类，是认识事物的一般性过程，早期对石锛的认知就伴随着对石锛的自发分类，如施昕更对良渚石锛的分类。一般性分类是为了从同一类事物所具备不同特征出发更全面的认识事物，如考古报告中的分类介绍。分类研究作为一种研究手段，具有明确的研究目标，而分类本身并非我们进行研究的最终目的，这就需要寻找与研究目标相适应的分类标准。

即便对于一般性分类而言，也应使每一分类单位具有唯一性，而非交叉分类，以致同一层级上的分类单位具有包容关系。林惠祥将武平石锛分为常型石锛、有段石锛、薄边石锛、无棱石锛、短石锛、普通小石锛、极小石锛。"有段石锛"本意是背面具有分段现象的石锛，"常型石锛"则是背面无分段现象者，但其他分类单位似乎也可归为

---

① 谭渊：《斧、锛是原始农业中的主要工具》，《东南文化》1986年第1期；陈文华：《中国农业考古》，文物出版社2002年版，第81—82页；周昕：《中国农具发展史》，山东科学技术出版社2005年版，第21—34页；游修龄主编：《中国农业通史》（原始社会卷），中国农业出版社2008年版，第272—274页；湖南省文物考古研究所：《坐果山与望子岗》，科学出版社2010年版，第573页。
② 陈文华：《中国农业考古图录》，江西科学技术出版社1994年版，第137页；李浈：《中国传统建筑木作工具》，同济大学出版社2004年版，第19页。
③ 白云翔：《殷代西周是否大量使用青铜农具的考古学观察》，《农业考古》1985年第1期；周昕：《原始农具斧、锛、凿及其属性的变化》，《农业考古》2004年第3期。

这两类之一。傅宪国将"有段石锛"依据背部形态差异分为五类,实现了第一层级分类上的唯一性,但第二层级分类则是平面形态、剖面形态等不同标准下的交叉分类。王懿将太湖东部石锛分为直背石锛、弧背石锛、折背石锛、阶梯背石锛和有槽背石锛,实际上这仍然是一种交叉分类,因为石锛的背面形态在阶梯形段的基础上可以兼有直背、弧背或折背的形态。毋庸讳言,这一客观现象显示以往对石锛形态特征和形态部位意义的理解存在缺陷。背面是否存在阶梯形段,与背面呈直背或弧背抑或折背,是石锛的两类形态特征,且不存在非此即彼的关系,应视为具有分类意义和特定功能意义的两个形态部位。

对"有段石锛"的分类是一种分类研究,目的在于探究其形态演变轨迹。但无论是林惠祥对"有段石锛"的分类,还是牟永抗在此基础上的分类,都存在可商榷之处。如上申论,将石锛背面形态视为同一层级的分类标准,一方面将两种形态部位混为一谈,另一方面造成交叉分类。此外,林惠祥在尚未明晰东南地区各类石锛年代关系的情况下,构建"有段石锛"演变过程,是缺乏地层依据的推测。而在其基础上借助浙江地区考古材料建立的"有段石锛"演变过程,是每一类"有段石锛"出现时间的选择性拼合,而非事物形态演变过程中的自然嬗变序列,即在考古材料的运用上缺乏整体性关照,以点代面、以偏概全。更多的考古资料表明被视为"有段石锛"发展阶段中的某些环节,是长期共存的,并无演变关系。鉴于对石锛形态特征、分类标标准和时代关系认识上的欠缺,我们认为以往对"有段石锛"演变轨迹的研究难以成立,隆背、曲背、折背、阶梯背、有槽背依次发展的逻辑也不符合石锛形态演变的历史过程。

(二) 石锛研究中相关概念的反思

既然"有段石锛"演变过程不能成立,那么由这些研究而被强行纳入"有段石锛"概念中的石锛类型,则应该从这一概念中解放出来,以解构囊括隆背石锛、曲背石锛、折背石锛、阶梯背石锛和有槽背石锛的"有段石锛"。"有段石锛"这一概念是林惠祥译介而来,最初是指阶梯背石锛和折背石锛。对事物的认知过程总是从宏观到微观、从现象到本质的,最初将具有分段现象的阶梯背石锛和折背石锛归为一类是符合认知规律的,但随着认识的深化,阶梯背和折背被广泛视为两种不同形态。这意味着认知过程中对石锛形态特征归纳聚类的"有段石锛",以及研究中被视为石锛形态演变某一序列的"有段石锛",在当前的研究中失去了科学意义,甚至阻碍了对石锛的进一步研究。与"有段石锛"相对应的概念是"常型石锛",它实际上包含着直背、弧背两种形态特征。

概念是研究的工具,实物才是考古学研究的对象,在对石锛进行描述时,应遵循实物的客观形态特征,而不应以先入为主的观点作为实物描述的凭借。有鉴于此,我们认为,在石锛研究中,可以考虑不使用"有段石锛"和"常型石锛"这些概念。

(三) 石锛功能研究的反思

部分学者认为，石锛是农业生产工具，这一观点的立论基础是刀耕火种农业的存在，因为刀耕火种农业将砍伐树木作为农业技术的核心环节，这不仅是农业用地的开发，更是焚木肥地的需要。

笔者认为，这一观点是值得商榷的，原因有以下几点。一是石锛的产生远早于农业的出现。近年来，学界已认识到栽培稻的发现不能简单视为农业产生的标志，人类对水稻的利用行为远早于农业的出现。[①] 长江下游地区水稻的利用行为和农业的产生均较早，与石锛产生时间大体一致，这一现象模糊了对石锛与农业关系的理解。岭南地区农业出现的时间迟至距今5000年前后，[②] 而石锛的大量出现却远早于这一时间。二是刀耕火种农业并非原始农业发展的必然阶段。依据对中国西南少数民族的调查，长期以来刀耕火种农业被视为原始农业的必然阶段。实际上，刀耕火种只是特定条件下适应特定自然环境的农业模式，并不适用于所有地区。民族学材料显示，刀耕火种农业是在人均占有大量山地空间，森林资源恢复速度不低于人为开发速度的情况下，回报率最高的山地农业形态。限于山地灌溉条件，此类农作形态中绝无水稻种植。[③] 在西南地区与山地刀耕火种农业共存的，还有坝区水稻农业。三是新近长江下游地区的考古发现不支持刀耕火种农业的必然、广泛存在。目前在草鞋山、绰墩山、姜里、朱墓村等遗址发现了马家浜文化、崧泽文化、良渚文化时期的水稻田，并有与之配套的灌溉系统。[④] 这种人工营造的水田系统，显然是对野生水稻生长的湖沼湿地的模仿，水田环境不具备刀耕火种的可能性。同时，经检测的姜里遗址崧泽文化水田、朱墓村良渚文化水田，木炭浓度总体较低，则从实证层面上否认了刀耕火种的必然性。[⑤]

需要说明的是，我们并不否认刀耕火种农业的存在，也不否认石锛等砍斫类工具在刀耕火种农业中的运用，但据此将石锛与刀耕火种农业相对应，却不免有失偏颇，模糊了对石锛原初功能、主要功能乃至发生原理的解读。简单地将石质工具等同于农

---

① 蔡保全：《河姆渡文化"耜耕农业"说质疑》，《厦门大学学报》(哲学社会科学版) 2006年第1期；郑建明：《环境、适应与社会复杂化——环太湖与宁绍地区史前文化演变》，上海人民出版社2008年版，第65—115页；赵志军：《栽培稻与稻作农业起源研究的新资料和新进展》，《南方文物》2009年第3期。

② 张弛、洪晓纯：《华南和西南地区农业出现的时间及相关问题》，《南方文物》2009年第3期。

③ 刀耕火种古称"畲田"，见诸于唐宋文献，所种皆为旱地作物。近世西双版纳山区的哈尼族、布朗族和瑶族等，保留有刀耕火种的传统，通常进行混播，兼种陆稻（旱稻）、玉米、高粱、稗子。参见游修龄、曾雄生《中国稻作文化史》，上海人民出版社2010年版，第56、181页。

④ 邹厚本、谷建祥：《江苏草鞋山马家浜文化水田的发现》，载严文明、安田喜宪《稻作陶器和都市的起源》，文物出版社2000年版，第97—114页；苏州市考古研究所、昆山市文物管理所等：《江苏昆山姜里新石器时代遗址2011年发掘简报》，《文物》2013年第1期；苏州市考古研究所、昆山市文物管理所：《江苏昆山朱墓村遗址发掘简报》，《东南文化》2014年第2期。

⑤ 邱振威、蒋洪恩等：《江苏昆山姜里新石器时代遗址植物遗存研究》，《文物》2013年第1期；邱振威、丁金龙等：《江苏昆山朱墓村良渚文化水田植物遗存分析》，《东南文化》2014年第2期。

具的讨论并不鲜见，还包括石斧、石铲、石刀等，这种倾向可能源于对生产工具作为经济形态、社会发展阶段标志物的机械理解与运用。①

此外，既往研究尽管关注了石锛的功能，但对于石锛的具体操作方式、使用过程乃至使用效率缺乏必要的探究。

三 史前石锛研究的展望

考古学是基于特定遗物和遗迹现象的研究，而实物遗存的破碎性和考古发现的偶然性，使得实物资料的获取和积累过程缓慢，因而考古学研究是一个厚积薄发的认知过程。② 在反思前人研究缺陷的基础上，长期积累的实物资料与新近考古发现，为突破石锛研究现状提供了可能性。

首先，经过长期、大规模的考古发掘，全国范围内史前石锛的情况大体清晰，南方地区亦已积累了大量相关资料。尤其值得关注的长江下游地区，一是上山文化、跨湖桥文化的发现与确认，使得这一地区新石器时代初期至晚期形成了相对完整的考古学文化序列，石锛的演进脉络也相对清晰；二是长江下游地区石锛的形态复杂程度、分化程度不及岭南地区，所以，长江下游地区史前石锛在数量的积累上、发展阶段的完整性上和形态特征的典型性上都具有优势，可能成为石锛形态研究的突破口。

其次，近年来出土的一批带柄石锛以及馆藏带柄石锛的刊布，③ 在安柄方式上异于以往的发现与预判。石锛既可安装于木柄一端，也可安装于木柄中央，甚至可安装于木柄的顶端；石锛的刃部既可垂直于木柄，也可平行于木柄。安柄方式的新发现在石锛使用功能上提出了突破旧有认识的要求，有助于更加具体的探讨石锛的操作方式、使用过程。

再次，由于长江下游地区特殊的埋藏环境，相当数量的木质遗物得以保存，包括木质生活用品、生产工具和建筑构件。有些木质遗物上甚至留有斧锛加工痕迹，这为考察石锛的使用乃至史前木加工技术提供了线索，也助使我们突破"就石锛论石锛"的狭隘研究思路。同时，这些木质遗物在人类生活中的作用与意义，为我们探索石锛与人类行为的关系提供了契机，以实现石锛研究的"透物见人"。

在新资料的基础上，我们仍需革新研究思路与手段。石锛作为一类史前工具，依其自身逻辑当包括形态研究、功能研究和社会意义阐释三个方面的讨论，石锛形态演变是技术发展的物化形式，技术背后所隐藏的是人类特定物质需求的强化。

---

① 严文明：《纪念仰韶村遗址发现六十五周年》，载严文明《仰韶文化研究》，文物出版社1989年版，第328—350页。

② 钱耀鹏主编：《考古学概论》，高等教育出版社2011年版，第23页。

③ 赵晔：《良渚文化石器装柄技术探究》，《南方文物》2008年第3期；赵晔：《良渚文化石器装柄技术的重要物证》，《东方博物》（第二十八辑），浙江大学出版社2008年版，第28—34页。

石锛的形态演变研究，是建立于分类研究基础上的，这就要求我们寻找与研究目的相适应的分类标准。例如石锛的某一形态部位的不同特征，可能与不同的安柄方式相关，那么以这一形态部位为标准的分类，就使得每一分类单位具有了石锛安柄方式演变的逻辑性。当然，对石锛的分类应是立体多层次的，最终使每一个最小分类单位都同时具备石锛形态演变的多重逻辑性，再通过排比分类单位的时空关系来确认石锛的形态演变逻辑和轨迹。

石锛的外部形态是在适应特定使用方式的具体行为过程中形成的，从而使石锛具备了功能属性。所以，由形态到功能的探索，存在"使用方式"这一关键性中间环节。石锛是通过安柄形成复合工具的，除石锛本体形态影响其使用，安柄方式也同样影响其使用，在"一器多用"的情况下，安柄方式在更大程度上决定其功用。这就需要结合现有的考古资料和民族学材料来分析不同类石锛的安柄规律，判断其功能。同时，木加工包括解木、平木、开卯等具体操作，石锛形态的复杂化、多样化，是其具体功能专门化的表现。从石锛本体形态、安柄方式的特征出发，[1] 结合木质遗物所反映的史前木加工工艺，或可探索不同石锛对应的具体功能。此外，借助实验考古、微痕研究乃至残留物分析等科技考古方法，可获取更多与石锛使用相关的实证性信息，如石锛因使用而产生的磨损、线状痕，进而推定这些痕迹的生成机理。

石锛的社会文化意义应从以下几个方面阐释。一是石锛与史前木加工技术。以往关于石器技术层面的研究多属制造工艺研究，而石器作为史前主要生产、生活工具，其对于特定加工对象的开发利用技术长期被忽视。二是石锛与生业模式。木、竹类资源开发利用与史前人类的生计休戚相关，涉及衣食住行多方面，如树皮衣、水井、干栏式建筑、独木舟等。南方地区石锛大量出土且形态复杂，正是其生业模式中对木、竹类资源依赖的表现，这也是南方地区生业模式区别于北方地区的主要特点之一。三是石锛与定居、磨制石器，近年来钱耀鹏提出"居住革命"理论，[2] 认为斧锛凿类磨制石器是作为木加工工具而产生的，其动因在于人类以木材为建筑材料、营建长期性居所的诉求，而人类离开山前天然洞穴到河湖平原定居，则是出于资源开发与生存需求。

---

[1] 石锛本体形态的差异，器体大小几需考量，同一器形的石锛因大小差异，其功用可能迥然有别。此类现象在兴隆洼遗址锄形器、青铜刃套的使用中表现得尤为典型，详见王小庆《石器使用痕迹显微观察的研究》，文物出版社2008年版，第105—107页；陈振中《青铜生产工具与中国奴隶制社会经济》，中国社会科学出版社2007年版，第14页。

[2] 钱耀鹏：《略论磨制石器的起源及其基本类型》，《考古》2004年第12期；钱耀鹏：《资源开发与史前居住方式及建筑技术进步》，《中国历史地理论丛》2004年第3期；钱耀鹏：《资源、技术与史前居住方式的演变》，载中国社会科学院考古研究所《华南及东南亚地区史前考古——纪念甑皮岩遗址发掘30周年国际学术讨论会论文集》，文物出版社2006年版，第157—169；钱耀鹏：《旧·新石器时代转变与"居住革命"论》，载韩国河、张松林《中原地区文明化进程学术研讨会文集》，科学出版社2006年版，第183—194页；钱耀鹏：《关于新石器时代的三次"革命"》，《华夏考古》2010年第1期；钱耀鹏：《略论新石器时代的文化特征与起始标志》，载西北大学文化遗产与考古学研究中心等《西部考古》（第六辑），三秦出版社2012年版，第52—62页。

宏观上看，长江下游的考古学文化，呈现出从钱塘江上游山地向下游平原移动的过程。[①] 上山文化中大量打制石器与少量磨制精致的锛凿共存，同时干栏式建筑也有迹可循。[②] 这从发生原理上揭示了石锛作为磨制石器的基本类型之一，其起源应与人类的定居行为、木结构建筑的营造相关联。

原载《南方文物》2015 年第 2 期

[①] 蒋乐平：《钱塘将史前文明史纲要》，《南方文物》2012 年第 2 期；蒋乐平：《史前浙江——一个区域性的文化格局》，《浙江社会科学》2012 年第 2 期。

[②] 浙江省文物考古研究所、浦江博物馆：《浙江浦江县上山遗址发掘简报》，《考古》2007 年第 9 期。

甘肃华亭麻庵冶铜遗址初步考察研究

韩 超 李延祥

华亭麻庵矿冶遗址地处关山深处，山高林密，人烟稀少，距县城约50千米。该采矿、冶炼遗址是1985年平凉地区博物馆和华亭县文化馆组织的文物普查队发现。[①]1995年，平凉地区博物馆联合平凉地区人民银行、市钱币学会，进行了为期半月的调查、试掘，发表了相关文章。[②]考察中，共探掘大殿山铜矿开采遗址一处，小铜场沟、铜场沟、旧城炼铜遗址3处，所有冶炼遗址均处在麻庵河畔。2012年6月，笔者对遗址进行了调查，采集到炉渣、矿石等冶炼遗物，并对其进行实验室分析研究。

一 遗址概况

1. 地理、地质情况

华亭县位于甘肃关山东麓，北纬35°01′—35°24′，东经106°21′—106°53′。地处六盘山褶皱带及东部黄土高原的过渡地带，为中高山区和黄土丘陵沟壑区所组成。遗址位于麻庵境内，距县城45千米。其境内地理地形复杂，沟壑丛生，地势西北高、东南低，整个起伏很大，平均海拔2000米左右，有湾湾河、麻庵河等河流纵贯全境，经唐家河流入陕西境内，沿河道峡谷天然形成关中通往陇右的古代要道。[③]

通过查阅相关的文献可知，甘肃东南部位于秦岭—祁连造山系接合部，地处古亚洲构造域、特提斯构造域、环太平洋构造域的交切、复合地段。华亭麻庵所在区域属于北祁连成矿带中的庄浪—华亭铜成矿亚带，[④]铜矿地处鄂尔多斯地台西部边缘及秦祁地轴山前扭曲之内，矿区共有8个含矿层，均产于下白垩系六盘山统含砾长石砂岩中，初步确定成因类型为一个沉积淋滤型含铜砂岩矿床。含矿层位稳定，但有益组分极不均匀，矿床呈小扁豆状赋存于含矿层中，地表为孔雀石和黄色铅矾，见有斑铜矿转石，

[①] 陶荣、刘玉林等：《宋代博济监及铜矿采冶遗址考察报告》，《甘肃金融》1996年第2期。
[②] 刘玉林：《华亭县古铜矿、冶遗址调查试掘》，《陇右文博》1998年第1期。
[③] 华亭县编纂委员会：《华亭县志》，甘肃人民出版社1996年版，第57—58页。
[④] 温志亮、卞伟强等：《甘肃东南部地区成矿区带划分及找矿方向》，《地质与勘探》2005年第4期。

铜品位大致在 1.87%，① 铜、铅、锌普遍较高，深层矿存在的可能性不大。②

2. 采矿遗址

大殿山铜矿遗址位于原麻庵乡政府东南 20 千米，北纬 35°5′58″，东经 106°24′58″。属陇山余脉，白垩系六盘山统。所有矿坑位于山岭上部的狭长山脊上，有 20 处之多。发现古代残坑道一处，支护朽木两根，坑道被破坏，具体结构已经无法复原。从开挖翻出地表的土层来看，有将近 5 米厚的坡积土和生满铜绿的碎石，其下才有含铜矿石，可大胆猜测，此矿的采铜技术应该是露天和井巷技术相结合。经过调查勘探可知，其古代开挖的面积长约 300、宽约 40 米。

3. 冶炼遗址

（1）小铜场沟冶炼遗址 位于采矿点竹尖岭西麓山脚下约 3 千米处，是一外宽里窄的台地，面积约 5000 平方米。台地有残存的石墙，遍地的炉渣和小块的矿石、陶瓷碎片，也有石臼和石磨的残片，在台地边沿矿渣堆积较集中。清理灰坑两个，挖掘深坑一个，出土的陶瓷片、炉渣与地面采集基本一致。

（2）铜场沟冶炼遗址 距离采矿点约 4 千米，是一处依山临水的台地，两头窄中间宽，为舌形，曾开探方两个，现已回填，基本可知，遗址的中间为建筑区，两边为冶炼区，在冶炼区地表，矿渣和碎瓷片随处可见。

（3）旧城冶炼遗址 位于麻庵河北岸的台地上，距离采矿点约 12 千米，西面临山，其余三面均被麻庵河环绕，面积约 6000 平方米。地面可见大量的炼渣、石条、不规则块石、石槽、带流石盘、石碾子、碾盘、石磨、石臼、石柱础等。并采集到了与冶铜有关的遗物，包括铜锭、耐火材料、钱币、铁砧等。作者所采集的矿石和炉渣样品，来自庄稼地中间一片大面积堆积炉渣的底部。

二 实验室研究

本次实验采用日本电子公司 JSM – 6480LV 扫描电镜（配备美国热电公司 Noran System Six 型能谱仪）对样品进行检测，每次扫描均依样品大小选取最大面积进行分析，以确定其平均成分。

1. 炉渣分析

炉渣是冶炼产物之一，在冶炼温度下呈熔融状态排放到炉外凝成致密的固体，其中携带的冶炼反应信息被永久封闭，因此炉渣分析可以揭示古代炼铜技术。在研究长江中下游古代炼铜技术时，根据古代文献和炼铜技术的基本原理，李延祥建立了通过

---

① 甘肃省平凉专署地质局：《甘肃省平凉市麻庵铜矿中间报告》（第 33488 号地质报告），全国地质资料馆，1960 年。

② 甘肃省平凉地质局平凉地质队：《甘肃省平凉市麻庵铜矿区物探工作成果报告》（第 29224 号地质报告），全国地质资料馆，1961 年。

炉渣等冶炼遗物分析判定古代炼铜技术的体系。[①]

（1）小铜场沟遗址炉渣检测分析　该遗址炉渣样品共10个，均为不规则块状渣，为遗址地面、断崖炉渣堆积层分别采集。炉渣致密，有很强的物理硬度，断口灰黑或灰黑偏红，无磁性。样品编号为XTCG01—XTCG10。表一为小铜场沟炉渣炉样品基体成分SEM–EDS分析结果。

表一　　　　　　　　小铜场沟遗址炉渣样品基体相对质量百分比（Wt%）

试样编号	Na	Mg	Al	Si	K	Ca	Fe	S	Cu	其他
XTCG01	1.4	6.9	6.4	35.2	1.9	32.7	14.1	0.1	1.1	Mn：0.2
XTCG02	0.8	6.7	7.0	36.3	1.8	38.6	8.6	0.1	0.3	
XTCG03	0.7	5.7	7.3	40.8	1.8	30.0	11.5	0.5	0.6	Mn：1.0
XTCG04	0.7	0.1	5.9	76.4	4.5	5.4	3.2	0.1	3.6	
XTCG05	1.4	6.0	9.2	44.3	2.0	23.4	11.1	1.2	0.8	Mn：0.7
XTCG06	0.1	4.1	8.6	40.9	2.5	32.5	10.0	0.6	1.2	
XTCG07	2.0	5.5	8.3	40.4	2.5	29.8	10.6	0.0	0.9	
XTCG08	0.0	6.7	6.1	36.1	2.0	29.3	16.1	0.0	3.5	
XTCG09	1.0	5.9	8.4	40.6	2.8	32.1	8.0	0.0	1.0	
XTCG10	1.5	6.1	9.2	40.7	2.3	23.3	7.0	0.4	2.3	Pb：7.2
平均	1.4	6.9	6.4	35.2	1.9	27.7	14.1	0.1	1.5	Mn：0.2

小铜场沟炉渣基体SEM–EDS分析表明，其炉渣主成分含Ca、Si高，含Fe较低。含Ca为5.4%—38.6%，平均27.7%，含Si为35.2%—44.3%（因XTCG04中Si的含量异常，为76.4%，故不计入平均值内），平均39.5%，对于Fe，其含量为3.2%—16.1%，平均10.0%，部分炉渣中含有Mn、Pb。对于所分析的10个渣样，含铜为0.3%—3.6%，平均为1.5%。

（2）铜场沟遗址炉渣检测分析　铜场沟遗址采集炉渣样品10个，全部为不规则的块状，均为地面采集，样品编号TCG01—TCG10。渣体结构致密，表面光滑有光泽，颜色多样，黑色、青灰色、红褐色，断口整体，部分呈水波纹状。表二为铜场沟炉渣炉样品基体成分SEM–EDS分析结果。

表二　　　　　　　　铜场沟遗址炉渣样品基体相对质量百分比（Wt%）

试样编号	Na	Mg	Al	Si	K	Ca	Fe	S	Cu	其他
TCG01	1.4	6.0	9.5	38.0	3.3	31.4	9.3	0.0	1.1	
TCG02	1.3	6.1	8.2	39.3	2.3	25.5	15.5	0.6	1.3	

---

① 李延祥、洪彦若：《炉渣分析揭示古代炼铜技术》，《文物保护与考古科学》1995年第1期。

续表

试样编号	Na	Mg	Al	Si	K	Ca	Fe	S	Cu	其他
TCG03	1.4	7.8	7.4	36.4	4.0	31.6	10.0	0.2	0.5	Mn：0.7
TCG04	0.9	6.0	8.9	39.1	5.1	24.7	13.8	0.8	0.7	
TCG05	1.1	0.4	5.8	32.7	0.8	55.3	3.1	0.3	0.4	Mn：0.2
TCG06	0.7	4.6	6.4	34.2	2.2	42.0	8.3	0.4	1.1	
TCG07	1.8	5.8	5.7	37.8	2.8	39.3	6.7	0.0	0.3	
TCG08	1.9	5.4	8.1	42.8	1.7	23.9	15.7	0.1	0.7	
TCG09	0.5	9.2	8.7	36.9	2.4	33.2	8.2	0.1	0.9	
TCG10	1.1	7.3	7.8	41.6	3.4	29.6	8.5	0.2	0.6	
平均	1.2	5.8	7.7	37.9	2.8	33.6	9.9	0.3	0.7	

铜场沟炉渣基体的 SEM‐EDS 分析表明，其炉渣主成分含 Ca、Si 高，含 Fe 较低。含 Ca 为 23.9%—55.3%，平均 33.7%，含 Si 为 32.7%—42.8%，平均 37.9%，两者含量的变化区间均不是很大。对于 Fe，其含量为 3.1%—15.7%，平均 9.9%，部分炉渣中含有 Mn。对于所分析的 10 个渣样，含铜为 0.3%—1.3%，平均为 0.76%。炉渣主成分以 Ca、Si、Fe 为主。

（3）旧城冶铜遗址炉渣检测分析　旧城遗址采集炉渣样品 10 个，均为不规则的块状，采自一处炉渣堆积层的底部，样品编号 JC01—JC10。所有渣均为不规则的块状，整体结构致密，有黑色、红褐色、棕灰色的光泽，表面光滑，无磁性。表三为旧城渣炉样品基体成分 SEM‐EDS 分析结果。

表三　　　　　旧城遗址炉渣样品基体相对质量百分比（wt%）

试样编号	Na	Mg	Al	Si	K	Ca	Fe	S	Cu	其他
JC01	0.4	0.4	8.0	39.3	2.3	43.0	5.8	0.4	0.5	
JC02	0.4	0.5	10.3	39.7	3.1	39.4	5.2	0.2	1.3	
JC03	1.3	0.7	8.6	37.1	3.2	41.9	5.4	0.2	0.5	
JC04	1.3	0.6	7.7	36.2	2.8	42.8	5.4	1.1	2.2	
JC05	2.4	1.4	7.9	35.6	2.8	41.6	7.4	0.2	0.7	
JC06	0.7	1.2	7.0	38.1	2.6	37.6	9.5	0.7	2.6	
JC07	1.5	1.6	10.2	39.3	3.8	39.2	2.2	0.5	1.8	
JC08	0.0	0.5	6.6	39.6	2.5	39.8	5.5	0.1	0.0	Zn：5.4
JC09	1.1	1.5	7.5	30.3	2.5	49.1	5.8	0.5	1.4	Mn：0.2
JC10	1.9	1.4	10.1	35.6	3.9	31.0	13.7	0.3	2.1	
平均	1.2	1.0	8.4	37.1	2.9	40.5	6.6	0.4	1.3	

炉渣基体的 SEM‐EDS 分析表明，其炉渣主成分含 Ca、Si 高，含 Fe 较低。含 Ca 为 31.0%—49.1%，平均 40.5%，含 Si 为 30.3%—39.7%，平均 40.5%，两者含量的变化区间均不是很大。对于 Fe，其含量为 2.2%—13.7%，平均 6.6%，10 个渣样的铜含量平均为 1.3%。炉渣主成分以 Ca、Si、Fe 为主。JC08 中含有 5.4% 的 Zn。

2. 炉渣中铜颗粒检测分析

对各个遗址挑选出的金属大颗粒进行扫描电镜能谱分析，主要有以下几种：（1）相对较大的纯铜颗粒，外圈有白冰铜（Cu_2S）的包裹。此种颗粒占大部分。（2）相对较小的纯铜颗粒，含少量固熔形式存在的 Fe，外圈夹杂物含 Cu53.4%—72.6%，平均 62.7%，含 Fe5.1%—17.8%，平均 10.8%，含 S22.2%—30.2%，平均 26.6%。（3）铜合金颗粒，部分 Cu 颗粒中部分夹杂有 Pb 和少量 As，含量变化很大，分别为 I 类型颗粒中含 Pb 或 As；II 类型颗粒中含有 Pb 或 As（图一）。

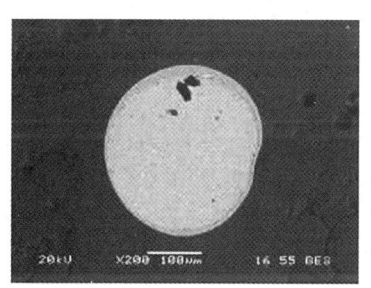

颗粒直径约 200μm，自相为 Cu，外圈相为白冰铜，含 Cu78.8%，S21.2%。

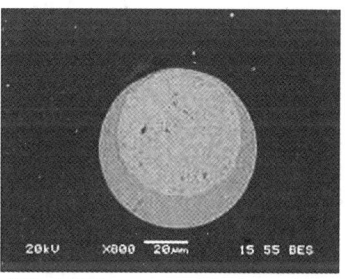

颗粒直径约 80μm，内部为 Cu，外部含 Cu68.1，Fe8.2%，S23.7%。

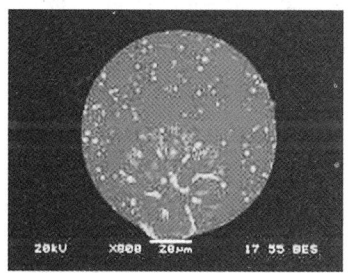

中间相为 200Cu，灰相为白冰铜，均夹杂 Pb 颗粒，大点的 Pb 颗粒含 Cu30.93%

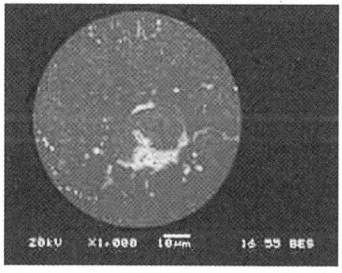

约 100μm，中间相为 Cu，Pb，外圈灰相含 Cu58.3%，Fe12.1%，S29.6%。

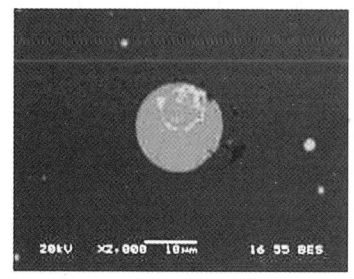

15μm，白相含 Cu89.56%，As10.44%。灰相为硫化亚铜，含 Cu77.23%，S22.77%。

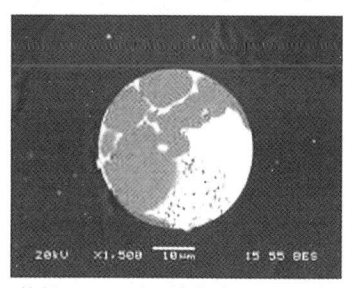

粒径 40μm，右下亮相为 Pb，左上灰相为 Cu。

图一 冶铜遗址几种金属颗粒背散射图

3. 矿石分析

本次分析的矿石采集点分别为小铜场沟的断崖地层4个（编号分别为XTCGk01、XTCGk02、XTCGk03、XTCGk04），铜场沟的山间台地3个（编号分别为TCGk01、TCGk02、TCGk03），和旧城的河谷断崖间平地5个（JCk01、JCk02、JCk03、JCk04、JC0k05）。

通过矿相显微镜观察和扫描电镜能谱对所采集矿石的富铜部位及其周围不同位置的成分进行分析，结果如下：XTCGk01脉石为石英（SiO_2），含铜矿物主要为孔雀石和铜锌共生氧化矿，伴生有方铅矿。XTCGk02的有益成分为部分氧化的辉铜矿和孔雀石，伴生部分氧化的方铅矿（PbS），对大面积的三块亮白相进行成分分析，得到的铅含量分别为84.5%、77.1%、76.6%。XTCGk03中黄铜矿与方铅矿共生。XTCGk04含铜矿石应该是部分氧化的斑铜矿和铜锌共生氧化矿的共存，其中的铜锌共生氧化矿使得部分锌含量为高达12.8%。对两处含铜量高的区域进行分析，获得其含铜量分别为59.5%和61.3%，夹杂的含铁量分别为11.4%和11.3%。TCGk01为孔雀石和铜锌共生的混合氧化矿，且其中含有相当丰富的砷，分别为14.4%和15.6%，有少量铅的伴生。TCGk02含铜矿石为斑铜矿和黄铜矿（部分氧化），以及铜锌共生氧化矿，整体面扫得到矿石含铜量为14.3%，部分区域的方铅矿与黄铁矿相互依存。TCGk03脉石为石英，有扁豆状重晶石$BaSO_4$的存在，含铜矿石依然为部分氧化的黄铜矿和斑铜矿的共存，砷含量丰富。JCk01脉石为石英，铜矿石为孔雀石，两处面扫含量分别达到57.61%和70.11%。JCk02含钙量很低，平均为2.5%。有益成分为含Al、Si的硅孔雀石和部分氧化的斑铜矿，铜矿石伴生有铅。JCk03脉石为石英，含铜矿石为斑铜矿（Cu：62.1%，Fe：11%，S：26.9%）。JCk04为斑铜矿，部分氧化。JCk05脉石为石英，铜矿石为孔雀石和含有少量Fe、Al的硅孔雀石（图二）。

经过分析，可知这3处冶炼遗址的矿石主要以孔雀石、硅孔雀石和部分氧化的斑铜矿为主，部分含铜量较高的铜锌共生氧化矿石、黄铜矿也被开采使用。矿石中的Pb含量相当丰富，有的与含铜矿石夹杂伴存，有的单独呈片状分布。TCGk02、TCGk03的矿石中发现有As。

4. 冶炼技术、类型探讨

扫描电镜能谱分析检测的矿石主成分结果显示，矿石中铜、铅、锌含量较高，含有少量砷，铁含量较低，矿石铜氧化率较高，这种矿石属于铜铅锌共生的氧化矿石。矿石均未检验出明显存在的Ca，而扫描电镜显示炉渣成分Ca含量相当高，其中XTCG27.7%、TCG33.6%、JC40.5%。可推测麻庵三处冶炼遗址炉渣对应的冶炼过程存在两种可能性：（1）利用不含钙氧化矿石添加含钙助熔剂冶炼。（2）该遗址开采出含钙和不含钙两类氧化矿石，冶炼使用含钙矿石冶炼，而由于样品采集的局限性，实验室分析的矿石不含钙。

从炉渣面扫成分看，旧城遗址的CaO比小铜场沟、铜场沟中的含量高10%左右，而FeO的量相对来说较低。在田野调查过程中，麻庵只发现一处古采矿遗址，3处遗址

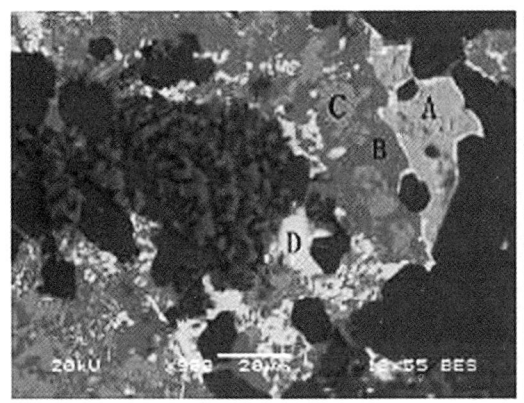

A：PbS
B：氧化的辉铜矿物（Cu58.4%，S12.1%，O30.5%）
C：斑铜矿物（Cu53.3%，Fe12.4%，S34.3%）
D：重晶石BaSO₄

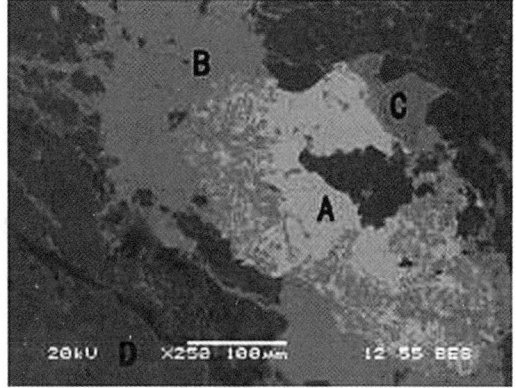

A：斑铜矿（Cu61.3%，Fe11.3%，S27.55%）
B：铜锌共生氧化矿（Cu59.6%，Zn12.8%，O27.7%）
C：Cu25.6%，Zn38.0%，O36.2%
D：脉石SiO₂

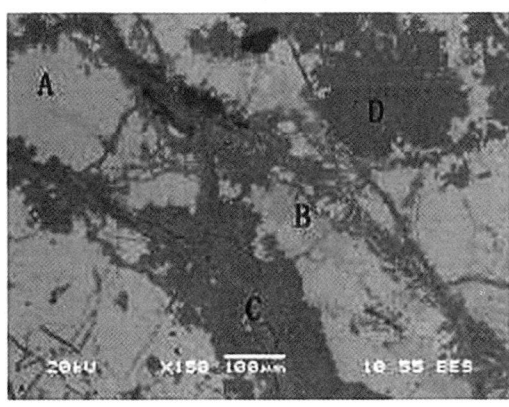

A：斑铜矿物（Cu52.9%，Fe13.5%，S33.6%）
B：黄铜矿物（Cu36.2%，Fe29.0%，S34.8%）
C：铜砷矿物（Cu56.4%，As23.2%，O20.4%）
D：含As的黄铜矿物

白相为Pb的氧化物（Pb74.7%）
灰相为孔雀石（Cu52.1%，O25.9%），少量Fe
黑相为脉石SiO₂

图二 冶铜遗址矿石背散射图

使用的可能是同一种矿石，而炉渣成分含量的差别可能有以下3种情况。(1)冶炼时助熔剂的添加量不同导致炉渣成分含量不同。(2)当时已经可以依据不同矿石进行分类冶炼。(3)3处遗址冶炼所用的是同一种矿石，但不同时期开采矿石的层位不同，矿石的成分有所区别，从而导致在相同的造渣工艺下，排出炉渣的组成成分有所不同。

炉渣基体成分分析表明，其主要成分为Si、Ca、Fe以及少量的Al，而部分炉渣中的Zn、Pb应该是冶炼时未被还原而被带入炉渣中的矿石成分。3处遗址炉渣主成分含量差别不大（旧城Fe相对较小）。炉渣中夹杂的含铜颗粒大多为纯铜或含少量固溶形式铁的铜，均夹杂有白冰铜；少量铜合金（Cu–Pb、Cu–As）颗粒，未见低品位冰铜颗粒，炉渣中大量的硫化亚铜（Cu_2S）说明，冶炼使用的矿石不是单纯的（完全氧化）氧化矿石。根据炉渣的分析和含铜颗粒的比较，华亭麻庵3处冶铜遗址的冶炼流程应属同一类型，基本为直接还原氧化矿石得到铜的"氧化矿石—铜"流程，或者硫化矿石死焙烧脱硫再进行还原冶炼得到铜的"硫化矿石—铜"流程。这些炉渣应是铜铅锌共生的氧化矿石、部分斑铜矿的还原熔炼产物。

在遗址调查过程中，3处遗址均未发现使用煤炭的迹象。从炉渣面扫结果看，3处冶炼遗址炉渣基体的含硫量均较低（XTCG 0.3%，TCG 0.3%，JC 0.4%），未能检测到磷；从合金成分上看，未见金属颗粒有含磷物质的夹杂。之前考古试掘中发现过零星的木炭碎块。麻庵地处关山支脉，原始森林茂盛，有调查发现，在旧城对面的山坡上仍保留有许多前人废弃了的炭窑。因此笔者判断，3处遗址冶铜均未使用煤炭，而是就地取材，使用木炭作为熔炼的燃料及还原剂。

炉渣中金属（铜、硫化亚铜）以圆状、椭圆状小颗粒或边缘平滑的片状存在，表明冶炼时金属呈液态产出，说明冶炼温度同时高于金属铜（1083℃）及硫化亚铜（1100℃）。根据炉渣主成分Si、Ca、Fe可判定，3处冶炼炉渣为$SiO_2-CaO-FeO$三元渣系，对经过配氧的成分数据中CaO、FeO、SiO_2重新归一，制成成分三角图并与$SiO_2-CaO-FeO$三元相图进行拟合，得到3处冶炼遗址炉渣的完全熔融温度区间：XTCG 1400℃—1500℃，TCG 1400℃—1500℃，JC 1300℃—1400℃。经比重瓶法测定，3处炉渣密度在$2.67g/cm^3$—$3.23g/cm^3$之间，其值与现代鼓风炉熔炼炉渣的密度接近，且和铜的密度$8.9g/cm^3$差别很大，便于冶炼产品和渣的分离。经计算，炉渣的硅酸度在1.2—1.9之间，波动范围不是很大，这样硅酸度的炉渣不但流动性好，而且保证了渣的完全熔化和渣的过热。

从上述分析可以看出，炉渣具有合适的密度、硅酸度及熔点，渣的流动性好，渣中含铜量较低，反映当时的铜冶炼技术达到一定水平。

5. 冶炼产品讨论

从炉渣中的含铜颗粒的扫描电镜观察来看，30个炉渣中，29个炉渣发现金属铜与Cu_2S（全为外圈包裹铜分布）共存，只有1个（JC01）只发现金属铜，且夹杂有少量Pb，可知30个炉渣全为还原渣，对应冶炼过程还原出了金属铜。从金属铜的成分看，麻庵3处冶炼遗址炉渣中发现的金属铜颗粒主要以纯铜为主，含少量固熔形态的铁和Cu_2S夹杂。部分铜颗粒中有Pb，其存在形式有两种：（1）呈星点状弥散分布，（2）与铜互溶，以合金形式存在。在TCG01中的2个铜颗粒中发现有As（含量分别为7.2%，2.9%）存在。说明该批炉渣冶炼产品主要为红铜，偶有含砷、含铅红铜。

6. 三处冶炼遗址的年代关系

据刘玉林的研究，3处冶炼遗址出土的陶器、瓷器等生活用品以及建筑物的残存形态可初步判断，铜场沟的冶炼年代更早，其遗物均系宋代，[①] 浅层中有较多明代遗物，

---

① 刘玉林：《华亭县古铜矿、冶遗址调查试掘》，《陇右文博》1998年第1期。

可知有宋一代，这里就有了冶铜活动，是否持续到明代，中间有无断层，还不能确定，明代以后，逐渐废弃。而小铜场沟、旧城中发现的多为明代遗物，也有少量清代遗物的出现，可知其年代应该为明代延续到清代。3处冶炼遗址的年代似乎已经清晰，但是从采矿点发掘的"开元通宝"，又将采矿年代提前到了更早的唐代。再联系文献记载，《华亭县志》曰："铜，三角城有，唐代采之。"《宋史·食货志》载："而陕西复采仪州竹尖岭黄铜，置博济监铸大钱。"[①]"复采"应是一种延续，那么其真正开采年代源于何时？《新唐书·地理志》曰：渭州平凉"有银有铜有铁"[②]。铜是否为华亭麻庵铜矿遗址所在地？而这样的记载可能会更早，却由于文献的散佚而使得其不见经传。几处遗址均有不同时期的冶炼活动，即"宋—明—清"，至于是否有更早的冶炼年代，尚需进一步的探讨及研究。

三　结　论

华亭麻庵3处矿冶遗址为冶铜遗址。冶炼遗址规模很大，采用"氧化矿—铜"和"硫化矿—铜"的冶炼技术，冶炼产品主要为红铜，部分含有铅、砷。通过矿石与炉渣基体、铜颗粒成分的比较，其矿料来源于当地，且基本为就地冶炼。对遗址的考察和研究，揭示其冶炼技术和冶炼产品等问题，将为阐明宋至明清时期华亭麻庵经济社会状况提供新的科学论据。

原载《常州文博》2015年第1期

---

① 《宋史》志第一百三十三《食货下二》，中华书局1977年版，第4381页。
② 《新唐书》卷四一志第二十七《地理一》，中华书局1975年版，第969页。

常州博物馆收藏的良渚文化玉器

陈丽华

常州位于江苏省南部，东滨太湖，北临长江，古老的大运河和沪宁铁路穿城而过。远在5000多年前，常州的先民便在这里垦殖繁衍，子承孙继，勤奋劳动，创造了灿烂的历史文化。考古发掘材料证明，常州地区新石器时代与太湖流域原始文化发展序列一样，经历了马家浜、崧泽到良渚文化的过程。[①] 20世纪80年代最早的良渚文化新发现是常州武进的寺墩遗址。[②] 其中一座青年男子墓中（M3），随葬玉器达百件以上，仅玉璧、玉琮即有57件之多（现存南京博物院），大部分环绕尸体陈放，有些玉琮玉质之优美、雕琢之精良，为以往发掘品所未见，显示了玉璧、玉琮在良渚文化玉器群中的特殊地位。这一重大发现引起国际、国内考古人员的关注，对于玉璧、玉琮的神秘作用作出了种种注释和结论，为研究良渚文化玉器提供更丰富的实物资料和研究成果。本文就历年来常州博物馆馆藏、征集的良渚文化玉器作一研析，以供同行研究时参考。

一 玉器种类及纹饰

本馆历年开展文物调查收集、征集、接收移交等，迄今馆藏良渚文化玉器共59件，其中玉璧18件，玉琮25件，玉饰品及其他共16件（暂不介绍）。现按种类及纹饰分述于下：

1. 玉璧 18件（表一）。皆为透闪石（软玉）琢制而成。有灰青、黛青、乳白、红褐等颜色。均为素面，扁平圆形，中穿一孔，孔壁一般多见因两面对钻错位形成的台阶痕或凸脊。大多数直径15—22厘米，孔径4厘米左右，厚约1厘米。在形制上，除大小和对钻孔形成凸脊线外，还有重要的一点共性：玉璧本身的厚薄不匀，在制作过程中，大多数玉璧器表留下深浅不同、多少不一、弧度大小的切剖玉料的弧形凹线琢痕。现对其中4件玉璧作详细描述。

[①] 陈丽华：《试论江苏常州地区新石器时代文化序列及其有关问题》，《华夏考古》1988年第3期。
[②] 南京博物院：《江苏武进寺墩遗址的试掘》，《考古》1981年第3期；南京博物院：《1982年江苏常州武进寺墩遗址的发掘》，《考古》1984年第2期。

表一　　　　　　　　　　　常州博物馆藏玉璧一览表

序号	编号	名称	征集时间、地点	尺寸	颜色
1	寺:1	璧	1973年10月武进寺墩	直径19.2、孔径4.3、厚1.4厘米	淡青色,有黛青褐斑
2	寺:2	璧	1973年10月武进寺墩	直径16.6、孔径4、厚1.3厘米	灰青色
3	寺:3	璧	1973年11月武进寺墩	直径16.2、孔径4.6、厚1.6厘米	灰青色,有红褐色斑
4	寺:4	璧	1973年10月武进寺墩	直径19.1、孔径4.8、厚1.0厘米	灰青色
5	寺:5	璧	1977年11月武进寺墩	直径25.4、孔径5、厚1.1厘米	灰青色
6	寺:6	璧	1978年4月武进寺墩	直径19.2、孔径4—4.47、厚1厘米	灰青色,有褐黄块斑
7	寺:7	璧	1978年4月武进寺墩	直径19.5、孔径3、厚0.6—1厘米	灰白色
8	寺:8	璧	1978年4月武进寺墩	直径20.5、孔径3.9、厚0.9厘米	灰色,有灰白块斑
9	寺:9	璧	1978年4月武进寺墩	直径19.6、孔径4.5、厚0.7—1.1厘米	黛青,有赭褐色块斑
10	寺:10	璧	1978年4月武进寺墩	直径18.6、孔径4.5、厚1厘米	灰青色,有灰褐色锈斑
11	寺:11	璧	1978年4月武进寺墩	直径17.9、孔径4.4、厚1.1厘米	墨绿色,有灰色、茶黄斑点
12	寺:12	璧	1978年4月武进寺墩	直径16.9、孔径3.8、厚0.9厘米	青灰色,有褐黄块斑
13	寺:13	璧	1978年4月武进寺墩	直径12.4、孔径3、厚1.5厘米	灰色
14	寺:14	璧	1978年4月武进寺墩	直径22.1、孔径3.5、厚1.4厘米	浅灰色
15	寺:15	璧	1978年4月武进寺墩	直径22、孔径4.6、厚1.1厘米	乳白色
16	高:3	璧	1984年3月江阴高城墩	直径15.1、孔径5.4、厚1.1—1.5厘米	灰白色,有红褐色、灰青色斑

续表

序号	编号	名称	征集时间、地点	尺寸	颜色
17	寺：16	玉璧	1985年武进寺墩出土，1995年9月市公安局刑警支队移交	直径16.6、孔径4.3—4.5、厚1.4厘米	灰青色，有颗粒状铁锈圆斑
18	寺：17	大玉璧	1985年武进寺墩出土，1995年9月市公安局刑警支队移交	直径30.3、孔径5.6、厚2.1厘米	灰黄色，有灰绿色斑点

璧（寺：5）　完整。1977年11月武进郑陆寺墩遗址征集。灰青色，受沁蚀严重，器表留有小凹点。扁平圆形，中间孔壁光滑，不存在两头对钻的台阶痕或凸脊，推测对钻后再经打磨抛光而成。此器通体磨光，制作精致，为玉璧中较大的一件器物。直径25.4、孔径5、厚1.1厘米。

璧（寺：6）　为切割成的大半块成品。1978年4月武进郑陆寺墩遗址征集。灰青色，正面有褐黄块斑，反面有黑褐斑。扁平圆形，中有圆孔，两面孔径大小不一，孔壁光滑。切割处正好处于圆孔之外，呈横"D"形，切割时留下的明显台阶痕，即用平刃工具直线切割而成。可能是当时人们在制作过程中玉料不够或使用损坏后改制而成。这是现存我国良渚玉璧中观察琢玉制作工艺的一件珍贵实物资料。直径19.2、孔径4—4.47、厚1厘米，切割处直径18.8厘米（图一）。

璧（寺：9）　基本完整。1978年4月武进郑陆寺墩遗址征集。色呈黛青，有赭褐色块斑。扁平圆形，中有对钻圆孔，孔壁内留有一周凸脊。厚薄不匀。璧面光滑细洁，表面留有四、五道弧线凹槽。直径19.6、孔径4.5、厚0.7—1.1厘米（图二）。

璧（寺：17）　完整。1985年武进寺墩遗址出土，1995年9月常州市公安局刑警支队移交接收。灰黄色，有灰绿色斑点。扁平圆形，中有对钻圆孔，孔壁内留有一周凸脊。璧身厚重，体形大，属玉璧中罕见大件，为目前国内现存最大的良渚玉璧。直径30.3、孔径5.6、厚2.1厘米（图三）。

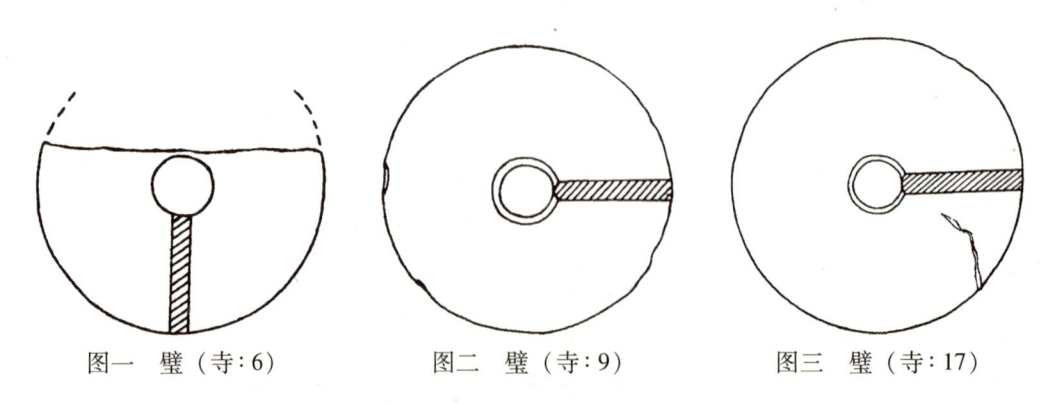

图一　璧（寺：6）　　　图二　璧（寺：9）　　　图三　璧（寺：17）

2. 玉琮　25件（表二）。大多为透闪石（软玉）质地，个别为阳起石、蛇纹石，有乳白、碧青、淡绿、灰青、墨绿等颜色。现按纹饰造型介绍于下。

表二　　　　　　　　　　　　常州博物馆藏玉琮一览表

序号	编号	名称	征集时间、地点	尺寸	颜色
1	寺∶18	兽面纹单节琮	1979年11月武进寺墩	高3.7、射径7.2—7.0、孔径6.8—6.45厘米	乳白色，有灰黄色块斑
2	高∶1	人面兽面组合纹两节琮	1984年江阴高城墩	高6.1、射径8.2—8.1、孔径6.7厘米	乳白色，有灰青色块斑
3	高∶2	人面兽面组合纹两节琮	1984年江阴高城墩	高6、射径9.9—9.7、孔径6.8厘米	白色，有淡褐色块斑
4	寺∶19	人面纹单节琮	1973年10月武进寺墩	高5.6、射径13.1—12.8、孔径4.8—4.7厘米	灰青色，有霞红色、赫褐筋系斑
5	寺∶20	人面纹单节琮	1973年10月武进寺墩	高6.2、射径10.3—9.4、孔径4.4—4.2厘米	灰青色
6	寺∶21	人面纹单节琮	1973年10月武进寺墩	高4.5、射径8.5—7.8、孔径5.2—4.5厘米	灰褐色，有灰黄色块斑
7	寺∶22	人面纹单节琮	1973年10月武进寺墩	高4.4、射径8.6、孔径5.9—5.8厘米	灰色
8	寺∶23	人面纹单节琮	1973年10月武进寺墩	高5.6、射径8.2—7.8、孔径5.4厘米	赫青色，有浸蚀斑
9	寺∶24	人面纹单节琮	1976年11月武进寺墩	高5.4、射径12.3—12.1、孔径4.9—4.6厘米	灰白色，有青灰色斑
10	寺∶25	人面纹两节琮	1973年10月武进寺墩	高4.8、射径6.7—6.4、孔径5.0—4.7厘米	碧绿色
11	寺∶26	人面纹两节琮	1978年2月武进寺墩	高9、射径10.9—10.4、孔径5.2—4.9厘米	黛青色，有灰黄色斑点
12	寺∶27	人面纹两节琮	1978年2月武进寺墩	高7.8、射径17—16.7、孔径5.8—5.7厘米	灰褐色，有青斑
13	寺∶28	人面纹四节琮	1985年武进寺墩出土，1995年9月常州市公安局追缴文物移交	高12、射径7.5—7.0、孔径5.3厘米	碧青色

续表

序号	编号	名称	征集时间、地点	尺寸	颜色
14	寺:29	人面纹五节琮	1973年10月武进寺墩	高14.6、射径7.1—6.6、孔径5.1—4.1厘米	褐绿色，有褐红斑
15	寺:30	人面纹五节琮	1973年10月武进寺墩	高14.3、射径7—6.1、孔径4.8—4.4厘米	深绿色，有浅灰、黑色斑
16	寺:31	人面纹五节琮	1985年武进寺墩出土，1995年9月常州市公安局追缴文物移交	高15.8、射径7—6.7、孔径5.4—5.3厘米	青灰色
17	寺:32	人面纹五节琮	1985年武进寺墩出土，1995年9月常州市公安局追缴文物移交	高13.9、射径7—6.3、孔径5.0厘米	深青色
18	寺:33	人面纹六节琮	1973年10月武进寺墩	高17.4、射径7.1—6.6、孔径5.5—5.4厘米	灰白色
19	寺:34	人面纹六节琮	1973年10月武进寺墩	高16.7、射径7.0—6.5、孔径5—4.8厘米	青灰色
20	寺:35	人面纹六节琮	1978年4月武进寺墩	高20.3、射径7.5—7.3、孔径5.8厘米	灰褐色，有灰白筋条
21	寺:36	人面纹七节琮	1977年11月武进寺墩	高17.9、射径7—6.5、孔径5.5—5.4厘米	灰白色
22	寺:37	人面纹七节琮	1978年4月武进寺墩	高21.3、射径8.5、孔径5.6厘米	灰褐色
23	寺:38	人面纹九节琮	1979年10月武进寺墩	高22.3、射径7.1—6.6、孔径5.4—4.9厘米	灰白色
24	寺:39	人面纹十一节琮	1980年10月武进寺墩	高28.3、射径6.8—6.6、孔径4.9—4.6厘米	碧青色，下半部受沁蚀呈灰白色
25	寺:40	人面纹十二节琮	1973年10月武进寺墩	高31.8、射径7—6.3、孔径4.8—4.55厘米	墨绿色，有褐斑

兽面纹单节琮（寺:18） 略残。1979年11月武进寺墩遗址征集。乳白色，有灰黄色块斑。短筒似镯形，内圆外方，壁薄，孔大，孔壁光洁。两端为圆口的射，琮体一节，四面作弧面，四角大于直角。每面以竖槽一分为二，使器表突出4块对称的长方形弧面，各饰一组兽面纹图案。兽面纹圆圈为眼，外眶有椭圆形凸面的眼睑，以桥

形凸面的额相连，扁长方形凸横档为鼻或嘴。4组兽面纹线条简洁，制作规整。高3.7、射径7.2—7、孔径6.8—6.45厘米（图四）。

人面兽面组合纹两节琮（高：1、高：2） 2件。表面光亮，为同类玉琮中的精品。其中一件（高：1）乳白色，完整。1984年江苏江阴高城墩遗址征集。琢磨精细，器表，有灰青色块斑。器形呈矮方柱体，外方内圆，圆孔较大，内壁光洁。两端有矮弧圆口的射，上端射径8.2、高0.4—0.6、下端射径8—8.1、高0.5—0.7厘米。圆孔由两头对钻，并经细致抛光，孔径上端6.7下端6.6—6.8，内壁6.3厘米。外表分四面，每面由直槽分为左右2块，中部又有较窄横槽分上、下两节，并以四角为中轴向两侧展开，各饰形象不同的图案。上节饰人面纹4组，下节饰兽面纹4组，皆以繁密的卷云纹为底纹。上节顶部有两条凸起的横棱，上饰6条平行细弦纹，眼为双重圆圈形，外眼圈两侧阴刻出眼角，以凸起的横档为鼻。下节以凸起的椭圆形、桥形和横档表示眼、额、鼻。这一人面兽面组合纹玉琮与浙江瑶山M10：19两节琮极为相似。高6.1、上端宽7.5、下端宽7.6厘米（图五）。

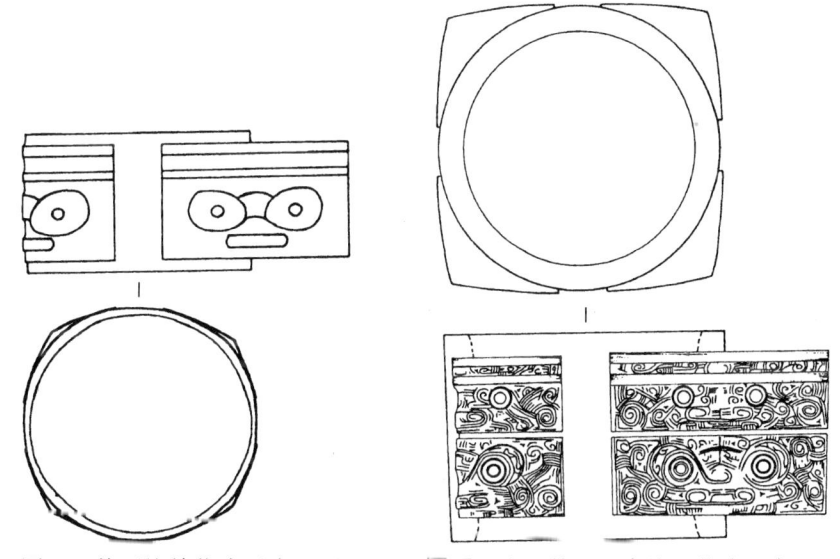

图四 兽面纹单节琮（寺：18）　　图五 人面兽面组合纹两节琮（高：1）

另一件（高：2）白色，有淡褐色块斑。形制与上件基本相同，但没有细密繁缛的底纹。上节为人面纹4组。羽冠部位由两块微凸的，刻有细弦纹的横棱组成，以重圈为眼，外圈两侧有小三角形眼角，宽鼻，刻饰卷云纹。下节为兽面纹4组，以重圈为眼，外以椭圆形凸面为眼睑，并阴刻对称的小三角形，双眼间以桥形凸面相连，凸横档为宽鼻，上饰卷云纹。高6、下端宽8.2厘米，射径上端9.9、下端9.7、均高0.5厘米，孔径上、下端均6.8、内壁6.3厘米（图六）。

人面纹单节琮（寺：19—24） 6件。1973年、1976年武进寺墩遗址征集。扁方柱体形，略呈大小头。内圆外方。孔由两头对钻，大多孔内留有凸脊台痕。每节以四角为中线，各饰一组简化人面纹。其中有两处为双重圆圈、短横档上饰卷云纹。以寺：20为代表，高6.2、射径上端10.3、下端9.4、孔径上端4.4、下端4.2厘米。灰青色。两头对钻孔中间留下对钻错位的台痕，孔壁有细弦纹。每节以四角边棱为中心，以两条平行凸横棱表示羽冠，以阴刻单线圆圈表示眼睛，以凸短横档表示鼻或嘴巴，构成4组简化人面纹。纹饰虽简朴，但规整清晰（图七）。

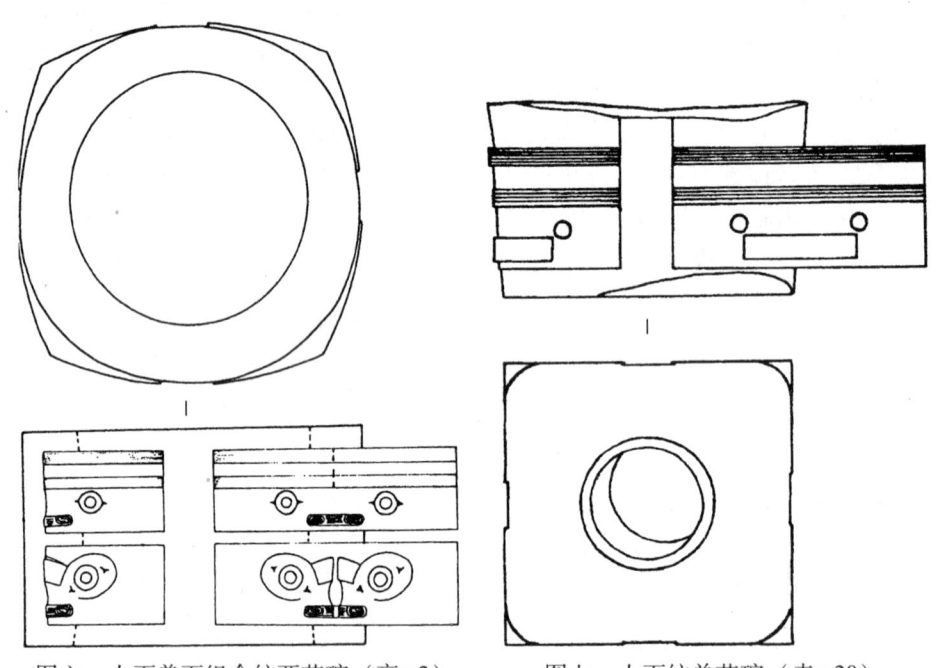

图六　人面兽面组合纹两节琮（高：2）　　图七　人面纹单节琮（寺：20）

人面纹两节琮（寺：25—27）　3件。1973年、1978年武进寺墩遗址征集。一件（寺：26）为镯形，外方内圆，孔壁打磨光滑（图八）。另外两件琮两端平面凸起似璧形，器形粗矮厚重。以寺：27为代表，灰褐色，有青斑。扁平方柱体，内圆外方，上大下小。中间有对钻圆孔，外表两头为凸起的射口，由于孔径（5.8厘米）只有射径（17厘米）的三分之一，射面俯视如璧形。每节以边角为中线，以两条平行凸起的横棱表示羽冠，以一对直径0.4厘米的圆圈表示眼睛，以转角上垂直相接的凸横档表示鼻或嘴，构成一组简化的人面纹。全器四角上、下8组图案。此器制作精细，琢磨光滑。高7.8、射径上端17、下端16.7、孔径上端5.8、下端5.7厘米，重5.75千克（图九）。

人面纹四节琮（寺：28）　1件。1985年武进寺墩遗址出土，1995年9月常州市公安局追缴文物，移交接收。碧青色。长方柱体，外方内圆，上大下小，两头对钻孔，孔壁内留有台痕。外表分为4节，每节以四角为中线，饰以两道平行凸横棱、圆圈、凸横档组成的简化人面纹，共16组图案。此器制作规整，琢磨精致，玉质较好。高12、射径上端7.5、下端7、孔径5.3厘米。

常州博物馆收藏的良渚文化玉器

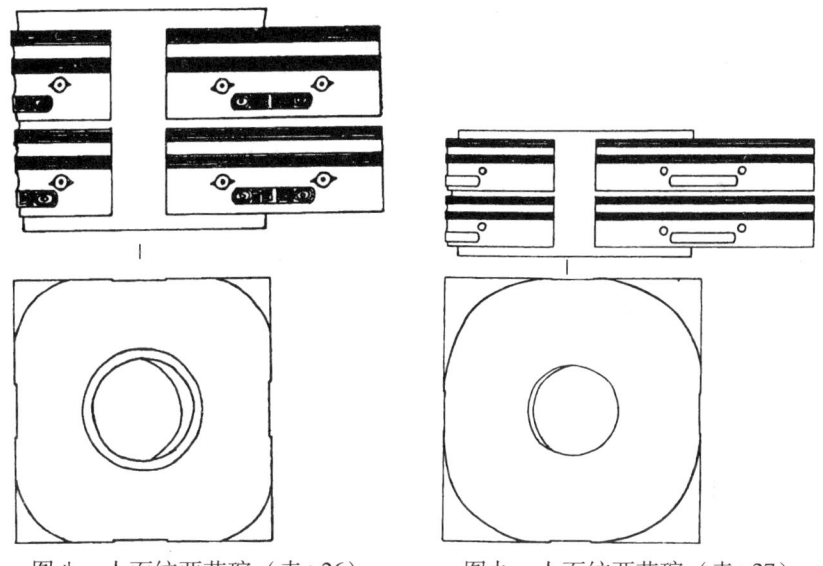

图八 人面纹两节琮（寺：26）　　图九 人面纹两节琮（寺：27）

人面纹五节琮（寺：29—32） 4件。两件为1973年武进寺墩遗址征集，另两件分别为1985年寺墩遗址出土，1995年9月常州公安局追缴文物，移交接收。以寺：32为例，深青色。上射径口有火烧熏黑痕迹。长方筒柱体，外方内圆，上大下小，两头对钻，孔内壁留有错缝台痕。外表分为5节，每节以四角为中线饰简化人面纹。以两条平行凸横棱上刻弦纹5—6条代表羽冠，以对称单圆圈代表眼睛，以一条凸横档代表鼻或嘴，凸横档上饰方角卷云纹，且纹饰不统一。共20组。此琮立体感强，线条刻画清晰。高13.9、射径上端7、下端6.3、孔径5厘米（图一〇）。

人面纹六节琮（寺：33—35） 3件。1973年、1978年武进寺墩遗址征集。以寺：35为代表，灰褐色，有灰、白筋条。长方柱形，外方内圆。中心对钻穿孔，孔内光滑。外表分为6节，以四角为中线，饰简化人面纹。以上部两条凸起平行横棱、中部对称双线圆圈并饰三角眼角、下部在转角处凸起的短横档，分别表示羽冠、眼睛、鼻子或嘴巴。短横档上饰阴刻简化直角卷云纹。全器共24组。高20.3、射径上端7.5、下端7.3、孔径5.8厘米（图一一）。

人面纹七节琮（寺：36—37） 2件。1977年、1978年武进寺墩遗址征集。以寺：36为例，灰白色。长方柱体，外方内圆，上大下小。孔壁两头对钻孔，打磨光滑。外表分为7节，每节以四角为中线，饰以两道凸横棱、圆圈、凸横档组成的简化人面纹，共28组。高17.9、射径上端7、下端6.7—6.5、孔径上端5.5、下端5.4厘米。

人面纹九节琮（寺：38） 1件。1979年10月武进寺墩遗址征集。灰白色。长方柱体，上大下小，内圆外方。对钻圆孔，孔壁光洁，器壁厚重。琮表面分为9节，每节以四角边棱为中线，以两条平行凸横棱、圆圈、凸横档，分别表示羽冠、眼睛、鼻或嘴组成简化人面纹。共36组。每一凸横棱上刻弦纹5条或6条，圆圈为单线阴刻。玉质光亮，抛光精细，琢刻工艺一般。高22.3、射径上端7.1、下端6.6、孔径上端5.4、下端4.9厘米。

人面纹十一节琮（寺：39） 1件。1980年11月武进郑陆寺墩遗址征集。碧青色，下半部受沁蚀呈灰白色。长方柱形，外方内圆，上大下小。两头对钻，内孔壁留有台痕。器表分为11节。以四角为中线，饰以两道平行凸横棱、凸横档，组成象征性人面纹，共44组。凸横棱上有1、2处浅刻纹。此器制作规整，可能由于当时使用已久，磨损程度较厉害。高28.3、射径上端6.8、下端6.6、孔径上端4.9、下端4.6厘米。

人面纹十二节琮（寺：40） 1件。1973年10月武进郑陆寺墩遗址征集。墨绿色，有褐斑。长方柱形，外方内圆，上大下小，圆孔对钻而成，孔内留有凸脊。外表分为12节，每节以四角为中线，饰简化人面纹4组，共48组。面纹由两条平行凸横棱、圆圈、凸横档构成，分别表示羽冠、眼睛、鼻子或嘴巴。眼睛为单线圆圈，鼻子或嘴巴上刻卷云纹。一面上部有琢磨时留下两道长为24厘米的切割弧线琢痕。此琮制作精细，玉质晶莹，为长琮中的一件精品。高31.8、射径上端7、下端6.3、孔径上端4.8、下端4.55厘米（图一二）。

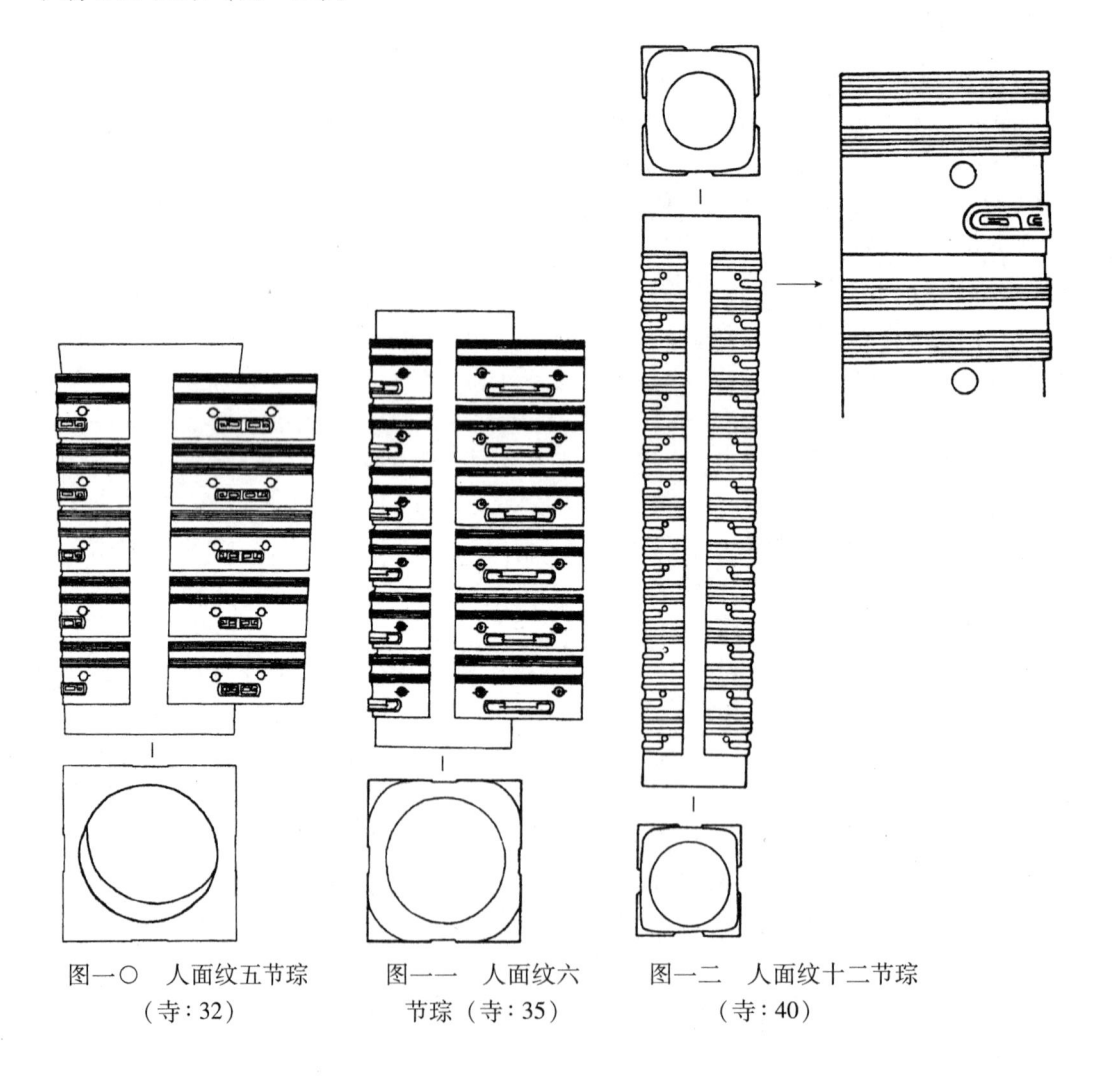

图一〇 人面纹五节琮（寺：32）　　图一一 人面纹六节琮（寺：35）　　图一二 人面纹十二节琮（寺：40）

二　玉器比较及认识

综上所述，这些良渚文化玉璧、玉琮从质地、形式、制作等方面归纳起来有几点。

1. 关于玉料色泽。玉璧、玉琮大多呈灰、青色系列。受沁后由于程度不同，呈现色泽上的差异。关于质料，现根据南京博物院汪遵国先生等人测试实验结果表明，本馆收藏的璧、琮基本是以透闪石、阳起石为主的软玉琢制，唯人面纹十二节玉琮经专家鉴定为蛇纹石。[1]

2. 关于制作方法。有两大特点：首先，从大多数璧、琮看，存在两头对钻圆孔的凸脊台痕。玉璧因器形为扁平圆形，两头对钻中间穿孔留下的错位台痕相对要薄一些，有的孔内已打磨光滑。而镯形玉琮对钻孔内都为打磨光滑，有的甚至抛光精细。其他玉琮呈扁方柱体、长方柱体，节数、高矮不同的两头对钻错位台痕明显，凸脊有的高约1—2厘米左右。细心观察，有的在对钻孔壁上留下很有规则的弦纹细线。这一现象，从当时良渚文化陶器制造已掌握轮制方法看，同样运用于治玉工艺上，推测可能已采用了脚踏式旋车类的对钻工具。其次，玉璧、玉琮表面或多或少、或深或浅留下切割玉料时的凹弧形线纹。分析有两种情况：一种是采用线切割的弓锯剖玉，由于两端用力的不均衡，产生了凹弧线纹的多与少、深与浅、长与短的不规则状态；另一种是玉器表面留下的同一方向的凹弧线纹，以人面纹十二节玉琮为例，表面留下两道长为24厘米的凹弧线纹，当为用砣类轮锯切割工具留下的痕迹，这是良渚文化玉器制作工艺的一大进步。

3. 关于形制、纹饰。馆藏良渚玉璧多为扁平圆形，光素无纹，与其他地区出土的玉璧类同。玉琮总数25件，根据形制、纹饰分析可分为三类。第一类：以兽面纹单节琮（寺：18）为代表，短筒似镯形。第二类：以人面兽面组合纹两节玉琮（高：1、高：2）为代表，矮方柱体。第三类：以人面纹玉琮为代表，节数不等，包括1、2、4、5、6、7、9、11、12节，有扁平方柱体与长方柱体之分。第一类的纹饰较原始，保存着兽面的椭圆形眼睑，形象威严、逼真、线条较粗犷。第二类的为纹饰大多琢刻繁缛的纹样，通过眼睛的椭圆形眼睑与双线圆圈带小三角眼角的不同来区别人面和兽面，并由二者构成器表的组合纹。第三类的纹饰较简化，随着琮体的节数增高，基本不见兽面纹的眼睛，人面纹线条简洁明了，眼睛有单线与双线圆圈之分，有的带小三角眼角，部分反映鼻或嘴的凸短横档琢刻卷云纹。卷云纹有简化形、方角形、圆角形三种形式同时共存（见寺：26、寺：32、寺：35、）。这三类玉琮的形饰与纹饰，当有时间早、中、晚之别。

从武进寺墩遗址征集的、[2] 考古发掘出土的一大批良渚文化玉器和出土遗物看，[3]

---

[1] 汪遵国：《考古发现的良渚文化玉器》，《东南文化》1994年第6期。
[2] 陈丽华：《江苏武进寺墩遗址的新石器时代遗物》，《文物》1984年第2期。
[3] 南京博物院：《江苏武进寺墩遗址的试掘》，《考古》1981年第3期；南京博物院：《1982年江苏常州武进寺墩遗址的发掘》，《考古》1984年第2期。

寺墩与江苏苏州草鞋山、上海青浦福泉山良渚文化墓葬两处墓地的时间大体相当，基本处于良渚文化中晚期，距今约4500年至4200年。我馆征集的江阴高城墩良渚文化玉器，玉琮形式（两节短琮）与浙江余杭反山、瑶山相同，玉琮刻纹图像亦相似，特别是人面兽面组合纹，与瑶山 M10∶19 两节琮极为相似。据此推断，这批玉器的时代当属良渚文化中期，距今4500年前。

三　对良渚文化玉器的两点看法

1. 太湖地区人们崇尚玉器之风由来已久

良渚文化几乎每个遗址、每个墓地都出土玉器，而且数量众多。这在我国的史前文化中绝无仅有。就目前考古发掘出土的情况看，主要集中于浙、沪、苏太湖地区。原始文化新石器时代的玉器制作工艺，经马家浜、崧泽至良渚文化，逐步趋向成熟。马家浜文化墓葬出土的随葬品，玉器装饰用器有玉璜、玉玦、玉镯、玉环、玉管等。发展到崧泽文化墓葬出土的玉器[1]与前有所区别，马家浜文化的玉器以玦为主，璜少见，而崧泽文化则以璜为主，玦少见或不见。玉璜种类有条形、半环形、半璧形，并出土璧形玉琀。有人认为，崧泽文化中与良渚文化玉璧明显有关的圆饼形器，当推璧形玉琀与璧形磨光石斧，它们不但在外形上、质地上、制作工艺上接近良渚玉璧，而且已经出现了向意识形态上的象征演变的征迹。[2] 良渚文化的玉器，是我国早期玉器工艺水平发展的巅峰。崧泽文化时，璜已偶见，而随之出现带有神秘色彩的璧、琮、钺、柱形器、冠行器、三叉形器、锥形器等，大多器表雕琢精细的纹饰，都为兽面、人面纹。且已经有了多种玉器组合的挂饰。至此，从马家浜文化单一的实用器转变为良渚文化时期的非实用性礼器，物质文化已转变为精神性的文化。

2. 良渚文化玉璧、玉琮的功能、意义

从良渚文化墓葬情况看，璧、琮的出土是良渚大墓的重要特征，而且墓主人往往为男性，直接代表占有者的身份、地位，寓含了当时复杂的社会意识。目前来说，浙、沪、苏出土的近千件良渚文化玉器，其形制、纹饰趋向一致性，带有普遍存在的共性特点，尤其是大同小异的兽面、人面纹，既体现出社会发展的同步性，又反映治玉作坊的批量生产、工场化的特点。一座良渚大墓一大批玉璧玉琮的出土，以当时社会生活条件及工艺水平衡量，绝非短期内完成。根据玉璧、玉琮的一致性和工艺水平看，绝对需要专门的治玉工具并有娴熟的治玉技术才能完成。因而只有氏族首领、显贵人物掌握了一定的权力，占有他人的劳动成果，逐步聚敛大批的玉璧、玉琮，才能占有这些精美玉器。笔者认为，玉璧、玉琮被少数人的大量占有，是作为财富和权势的象征。玉的神化和灵物观念则是良渚文化意识形态的核心。这些毫无实用价值的大量玉

---

[1]　上海市文物保管委员会：《崧泽新石器时代遗址发掘报告》，文物出版社1987年版。
[2]　张明华：《良渚玉璧研究》，《故宫博物院院刊》1995年第2期。

器，是为当时人们意识形态、精神生活服务的。玉璧、玉琮的具体功能，涉及原始宗教信仰的祭祀权，与天、地沟通的巫权、神权、财富的分配权等。掌握特权的氏族首领和显贵人物，生前垄断、享用一大批精美玉器来统治人民。死后将这些财富作为陪葬品，来保佑死者平安吉祥，灵魂升天。

本文承汪遵国先生指教，并且得到常州博物馆的朱伟民、杨玉敏、唐星良等同志的协助，谨此致谢。

绘图：黄建康　郝明华
拓片：左树成

原载《东方文明之光——良渚文化发现60周年纪念文集》

良渚文化神徽解析

黄建康

良渚文化是长江以南地区史前文化的重要组成部分。自1936年在浙江余杭良渚镇发现以来，距今已有80年。特别是从20世纪80年代开始，随着田野考古工作的不断深入，一批又一批珍贵的实物材料相继问世，在国内外学术界引发了新一轮的"良渚热"，围绕它进行的各方面的相关研究也取得了令人瞩目的成就。在此基础上，逐步构建起良渚文化的基本框架。但是，要比较正确地重塑这古老文化的本来面目，还有许多重要问题亟待解决。本文拟就良渚文化玉器上常见的神徽图案这一备受学术界关注的问题，作一些尝试性的探讨。

一　良渚文化神徽研究现状

良渚文化神徽一直是良渚文化研究的热点之一。1986年，浙江余杭反山良渚文化墓地出土一件器形硕大的玉琮（M12：98），被称为"良渚琮王"，在这件玉琮四面直槽的上下部位，各雕刻两个完全一致的神徽图案，四面共8个。这是当时良渚玉器上所发现的最完整、最具象化的良渚文化神徽形象，是良渚文化考古工作的又一重大发现。对其真实内涵的探讨和研究，引发了学术界新一轮的良渚文化讨论的热潮。有关良渚文化神徽所要表达的内涵，归纳起来，主要有两种代表性观点。

部分学者认为，良渚文化神徽所表达的是一位头戴羽冠、与当时人们所崇拜和信仰的神灵（或神兽）合为一体的神人形象。

另有学者则持不同观点。他们认为，良渚文化神徽其实应分为上下两部分。上面是一位头戴羽冠的神人形象，其下面是一独立的兽的形象。神与兽既联系在一起，又相对独立。更正确地说，良渚文化神徽所表达的是神人驾驭神兽的形象。

至于神徽下部的兽面，究竟取自当时现实生活中的何种动物，则分歧更大。多数学者从其凶猛的外形分析，主张是虎，有些学者则认为是鸟，也有人把它看作是龙或玉猪龙。

上述几种观点虽然代表了目前良渚文化研究领域的真知灼见，但是都没有解决有关良渚文化神徽研究领域中最关键的问题。神徽的真实内涵究竟是什么？神人与神兽又有怎样的内在联系？

我们认为，良渚文化神徽是这一地区古代先民精神世界的集中反映，它必然是特殊历史阶段的产物。根据现有的考古材料分析，良渚文化神徽有一个非常明显的特征：即在良渚文化所分布的广大地域内，神徽图案无论从整体构图还是细部刻画，都有着惊人的一致性，好似出自同一师承门下。由此可以肯定的是，良渚文化神徽的形象，代表的是这一文化区域内的古代先民所共同尊崇的主神。同时，对良渚文化神徽的研究和探索，不能仅仅着眼于神徽本身，而应把它放到特定的时间和空间范围内，这样才能更全面、更科学地进行分析和研究，才能对良渚文化神徽的真实内涵有一个更准确的定位。

二　良渚文化神徽产生的时间和空间条件

大量的考古学和民族学材料可以证明，在史前时期，神并不是一开始就反映在当时人们的思维观念中，原始人的"造神运动"经历了一个漫长的演进过程。它脱胎于原始社会早期的图腾崇拜。作为原始宗教的一部分，图腾首先是作为氏族的标志出现的。在氏族社会早期，由于生产力水平相当低下，人类探索和征服自然的能力十分有限，对周围的动、植物和自然现象有一种与生俱来的迷茫、困惑和恐惧，因而把其中某一类或某一种动、植物奉为本氏族的图腾加以顶礼膜拜。按照何星亮先生的观点，图腾崇拜从早到晚可分为三个阶段：图腾亲属时期、图腾祖先时期和图腾神时期。所谓图腾亲属，就是认为某一种被奉为图腾的动物、植物与本氏族有着血缘上的联系，并用相应的亲属称谓称呼它。[1] 在这样的思维观念支配下，图腾属于氏族的一员，冥冥之中保佑着氏族的所有成员。图腾就是早期人类所设想的神祇。但是，就图腾的具体形象而言，这一时期的图腾所体现的纯粹是当时人借助对周围事物观察而获得的感性认识，是他们头脑中所能想象的初级理性概念的真实写照。因此，早期的图腾往往被描绘成活生生的动物、植物形象。随着生产力发展水平的提高，人类的思维空间得到不断的拓展，思维能力日趋成熟，特别是进入父系社会以后，男子的地位日益加强和巩固，祖先观念在人们的心目中逐步形成，氏族的一切都源于氏族的祖先，庇护本氏族繁衍生息的氏族图腾也顺理成章地与氏族祖先合二为一了。在社会不断向前推进的前提下，人类的主宰作用逐步被人类自身所认识，人和动物的本质区别也成为当时人们的理性常识，图腾逐步蜕变出动物、植物的范畴，终于上升为人格化的具有超凡能力的神。根据现有的考古材料，良渚文化的具体年代基本被界定为距今5300—4000年，持续了1300年左右的时间，属于新石器时代晚期阶段。因此，良渚文化神徽所要表达的只能是当时人们内心所尊崇的最至高无上的神的形象，这是由当时的社会历史发展阶段所决定的。在距今5300年前后，太湖流域的原始文化发展到新石器时代晚期良渚文化时期，这是良渚文化神徽产生的时间条件。据不完全统计，迄今为止，在江、浙、沪二省一市发现的良渚文化遗址多达400多处。从这些遗址分布范围来看，良渚

---

[1] 何星亮：《图腾与神的起源》，《民族研究》1998年第4期。

文化分布的核心区域应在长江以南，钱塘江以北，茅山、天目山以东，也就是以太湖为中心的太湖流域的广大地区。这一地区位于长江、钱塘江两大水系之间，属亚热带低矮丘陵，东临大海，地势开阔，河网众多。地上有飞鸟走兽，水中有河鱼海虾。从世界范围看，这样好的自然环境，具有产生史前文明的所有先决条件。早在7000多年前，就有原始人类在此繁衍生息。相比较而言，本区域早期人类赖以生存的外部环境要比其他地区优越得多。张光直先生把这一类型归纳为"丰富的采集和渔猎经济"。但从另一个角度来分析，自然条件的得天独厚，反而增添了本地区原始居民对外部自然界的依赖程度。有学者进行了具体的统计数据："河姆渡出土大量野生动物和家畜计61种，利用最多的为各种鹿类，数倍于家猪的数量。跨湖桥出土各类动物33种，其中家狗和猪的数量表现为持续的下降，和鹿类利用的增长正好相反。动物群体总体数量家畜占12%，野生动物占88%。马家浜文化圩墩遗址发现各类动物20余种，猪等家畜占15%，野生动物占85%。上海崧泽遗址出土各类动物计有9种，猪等家畜占26%，野生动物占74%"[1]。由此我们可以清楚地看到，在漫长的史前时期，太湖地区的原始居民，仅仅依靠采集和狩猎就能满足他们基本的物质需求，自然界的因素维系着他们的生存。正是由于对自然环境的严重依赖，他们对自然界所产生的自然现象和变化也特别关注和敏感，这不仅体现在当时的生活和生产方式上，更应该在他们的原始思维中有所反映。因此，太湖流域特殊的地理气候条件以及自然环境，是良渚文化神徽产生的空间条件。

三 良渚文化神徽的内涵

良渚文化分布的太湖流域，有着非常特殊的地形地貌。即以太湖为中心，水网交错，水系发达。而且周围的地形是四周高、中间低，平均海拔只有2—3米，形成一个巨大的盆形洼地。从距今7000年前后的马家浜文化开始，一直到崧泽文化、良渚文化早期，整个太湖流域属于湿热的中亚热带气候，年平均气温比目前高2℃—3℃。年平均降水量也大于现在。特别是本地区每年六、七月份的梅雨季节，雨量充沛，雨季漫长。这样的气候条件和太湖流域特殊的盆地地形，使得整个太湖流域雨季的降水，向地势低洼的太湖盆地集中，极容易造成大范围的洪涝灾害。对居住在这一地区的先民来讲，当时最大的威胁，莫过于每年频繁发生的水灾。根据吴建民先生的研究，在太湖流域的古代许多遗址中，从马家浜文化、崧泽文化到良渚文化的文化层之上，往往覆盖有一层淤泥层。[2] 许多学者都认为，这就是这一地区当时洪水频发的最直接的证据。几年前，笔者有幸到浙江余杭的瑶山、反山、莫角山等良渚文化古遗址进行考察。在前往瑶山途中，属于天目山系的丘陵脚下，有一处绵延长达数公里，规模宏大的石

---

[1] 陈淳、郑建明：《环境、稻作起源与社会结构》，《中国文物报》2005年7月21日。
[2] 吴建民：《长江三角洲史前遗址的分布和变迁》，《东南文化》1988年第5期。

构长堤。陪同的浙江省文物考古研究所的同志介绍,据他们推测,这一遗址可能是当时良渚时期用于雨季抵御山间洪水的防洪大堤。如果这种推测属实,那么,良渚文化时期,在生产力条件十分低下的情况下,不惜人力、物力建筑这样大规模的防洪堤坝进一步说明,洪水确实是当时原始先民生活的巨大威胁。因此,我们有充分的理由相信,在长达数千年的历史时期,生产力十分低下的远古先民在凶猛的洪水面前是多么的软弱和渺小。整个太湖流域的广大地区,每年季节性的洪水一直是这一地区人们心头挥之不去的巨大阴霾。洪水所到之处荡涤一切的破坏力,在史前人类的内心深处产生了极大的冲击,那种惊悚与恐惧,是我们现代人无法想象和体会的。洪水过后,所有的一切面目全非,特别是人们所依赖的自然环境遭到巨大破坏,失去了最基本的生存条件,这样的感受,更使人刻骨铭心。对于这样巨大的自然灾害,虽然史前人类可能极尽探究之能事,但是原始人类幼稚的头脑和苍白的想象力,冥思苦想之余,根本无法触及造成洪涝灾害的真正原因。那么,我们不妨简单演绎一下原始人类探索洪水产生的共同心理过程。洪水—(由于大量的)雨水—(来自存在某种神灵的)天空。在遥远的苍穹,究竟存在什么样的冥冥之神,有着这样巨大的威力。这个主宰天空、能呼风唤雨的天神就是雷神。这是最自然也是最直接的答案。它既看得见(闪电),又能听得见(雷声)。在原始人心目中,它是活生生的,真实存在的。风雨来临之际,雷电交加时那种震耳欲聋、撕裂天空大地的巨大威力,使得整个太湖流域地区的原始居民,无不诚惶诚恐,俯伏于它的淫威之下。因此,最迟从良渚文化时期开始,随着天神合一观念的产生,雷神就已被这一地区的人们奉为至高无上的天神,加以顶礼膜拜。综合以上分析,笔者的观点是,良渚文化时期玉器上所描绘的神徽形象,就是被当时人们奉为天神的雷神。殊为遗憾的是,现有的考古材料却无法提供这方面最为直接的证据。

"礼失而求诸野"。既然第一手的考古材料没有直接的证据,我们不妨通过古代文献与民族学材料相结合的办法来加以证明。

太湖地区远古时期一直是古代越人的主要活动区域。越人是指史前时期生活在太湖流域、使用石斧和石钺的远古人群。根据陈梦家先生的考证,越人最初分布于现在太湖流域的江苏、浙江一带,渐次而南,后来才逐渐散居于浙、闽、粤等地。[1] 后期的岭南越人都是古代越人的一部分,经过长期的迁徙融合,形成了今天的壮族、侗族、水族、傣族、高山族等少数民族。[2]

太湖流域的史前文化,是中国古代文明的重要组成部分。现有的考古材料足以证明,马家浜文化—崧泽文化—良渚文化,这一地区的区域文化前后传承,一脉相连。但是,良渚文化发展到晚期产生了一个特殊的现象,即良渚文化这一具有丰富内涵的阶段性文化,并没有明显地被本地区的后续文化所继承。现在学术界普遍存在这样一

---

[1] 陈梦家:《禹邗王壶考释》,《吴文化资料选辑》第十辑,原载《燕京学报》第21期,1937年6月。
[2] 尤中:《先秦时期的"百越"民族》,《百越民族史论丛》,广西人民出版社1985年版。

种观点：良渚文化发展到晚期，突然消亡，从现有的考古材料中很难找到它的去向。笔者认为，这种观点存在着认识上的误区。首先，某一区域文化的发展都有自身的发展轨迹，有兴盛与衰落的起伏变化，这是任何区域文化发展的普遍现象。太湖流域的区域文化发展到良渚文化时期，达到了一个全盛阶段，但由于外部和内在的诸多因素，良渚文化以后，这一区域文化开始全面衰退。但是，这并不意味着良渚文化就此消亡。其次，从社会形态来分析，到良渚文化晚期，中国古代的氏族制度已发展到了它的最后阶段。根据马克思主义的民族学理论，民族就是从部落发展到了民族和国家。斯大林则对民族有如下定义："民族是人们在历史上形成的一个有共同语言、共同地域、共同经济生活以及表现于共同文化上的共同心理素质的稳定的共同体。"从世界范围来看，民族的形成是从新石器时代晚期开始的，原先以血缘为纽带的氏族或部落组织进一步瓦解，不同的氏族与氏族之间，不同的部落与部落之间，交往日益频繁。多种文化因素交汇融合，逐步形成具有共同地域、共同语言、共同文化、共同经济生活的民族群体。因此，从以上两方面分析，良渚文化最后并没有消亡，而是在它发展的最后阶段，与周边其他文化融合，形成本地区的民族共同体，逐步迈进文明的门槛。而这个民族共同体，就是"越"，表现在考古学文化上，它的载体就是马桥文化。林华东先生在他的力作《良渚文化研究》一书中，严密而翔实地论述了马桥文化就是良渚文化的继承者。这一观点已被学术界许多学者所认同。马桥文化除了继承良渚文化因素之外，还有一个明显的特征，即多种文化内涵共存，这正是一个民族文化形成初期的重要特点。在漫长的历史时期，早期的越人从现在的江、浙一带渐次向南，通过长期的迁徙融合，形成了今天分布于两广、云贵及台湾地区的壮、侗、水、傣等少数民族。在此基础上，我们整理研究这些少数民族的相关民族学材料，寻找古代越人可能保留至今的一些活的化石，为我们探讨良渚时期人们的思想和信仰，提供了真实可信的材料。这一点对于解析良渚文化神徽的内涵至关重要。

  岭南的古代越人崇拜雷神，把雷神尊崇为总揽上天的神灵，即天神。并且把天、云、雷三位归于一体。在今天云南西双版纳的傣语及两广等地的壮语方言中，仍把天、云、雷同称为"fa"。壮族谚语云："天上雷公大，地下舅公大"，"六月六，祭雷公，杀猪宰羊乱蓬蓬。"① 舅公为大的观念起源于母权制的母系氏族社会，可见，古代越人把雷神奉为天神并加以顶礼膜拜，早在原始社会的母系氏族时期就已出现。宋人蔡绦《铁围山丛谈》中，称岭南越人谓"雷神"为"天神"，祭"雷神"叫作"祭天"。宋人周去非和蔡绦也曾提及岭南越人"敬奉雷神，谓之天神，其祭曰祭天"②。

  《山海经·海内东经》："雷泽中有雷神，龙身而人头，鼓其腹（而鸣）。在吴西。"清吴承志《山海经地理今释》卷六云："雷泽即震泽。《汉志》具区泽在会稽郡吴西，

---

① 白耀天：《年由火来——岭南越人对时间的知觉方式》，《思想战线》1993年第5期。
② 同上。

扬州薮，古文以为震泽，震泽在吴西，可证。""震泽"即太湖。《太平御览》卷七八引《诗含神雾》云："大迹出雷泽，华胥履之，生伏牺（羲）"。也就是说，伏羲为雷神之子。以母亲为纪系的传说带有明显的母系氏族社会的印记，可见，太湖地区关于雷神的传说，最早可以追溯到史前时期的母系氏族社会。《山海经》是中国古代早期神话之集大成者，根据现有材料考证，它应是战国至西汉初年楚人所作。战国时期，太湖流域原来的吴越古地均为楚国占有，楚人编撰的《山海经》中，有关太湖流域的神话与传说，其素材应该出自本地区民间的习俗与信仰。进而说明，直到战国时期，在太湖流域的广大地区，仍然存在着崇拜雷神的原始信仰和习俗。

所以，无论是通过长期迁徙到达岭南地区的越人，还是后来太湖流域本地区的居民，普遍存在崇拜雷神的信仰。而这种原始信仰，最迟在良渚文化以前就已在本地区形成，在某些少数民族地区一直流传至今。因此，综合民族学和古代文献材料，我们可以了解到，良渚文化时期，当时人们心目中的主神（即天神），就是天上的雷神。它来去无踪，威力无边，主宰着整个太湖流域古代先民的命运和生存。良渚文化神徽所刻画的神人形象，就是当时人们崇拜的雷神。

至于神徽下部的兽面，有些学者虽提出是鸟的形象，但未进行系统阐述。笔者也赞同这样的观点，良渚文化神徽所表达的是神人驾驭神鸟的形象。太湖地区的原始文化到良渚文化时期，其社会形态已发展到父系氏族社会阶段，根据前面的论述，到这一时期，由于长期的生产实践活动以及人类自身的发展，人类的思维和认识能力得到进一步提高，对自身的认识也达到一个新的高度。不仅明确人和动物的本质区别，而且把他们所崇拜的神灵逐步人格化。但是，为什么人格化的雷神能在天空自由飞翔？神既然具有人的属性，就不会有飞行的能力。当时人们最自然的联想当然是把它与空中的飞鸟联系在一起，雷神驾驭神鸟翱翔天空，则是他们唯一能找到的合理答案。神鸟不仅作为雷神的驾乘工具，而且担负着沟通天地的重要角色。借助神鸟作为沟通天地的手段，这在世界其他地区的原始宗教中，都是非常普遍的现象。比如古希腊神话中，伟大的天神宙斯，它的神鸟是鹰；雅典娜神的神鸟是猫头鹰；罗马神威狄乌斯的神鸟是啄木鸟。在中国古代文献中，也有大量的把鸟作为天神使者的记载：《荀子·解蔽篇》引《诗》曰："有凤有凰，乐帝之心。"《楚辞·惜辞》："飞朱鸟使先驱兮"。王逸注："朱鸟神鸟，为我先导。"《尚书大传》："东方之极…帝太皞，神句芒之。"句芒，鸟首人身，即神鸟的化身。神鸟句芒服侍于天神太皞的左右。太皞为伏羲氏，雷神之子。太皞（天神）与句芒（神鸟）的组合，与笔者所解析的良渚神徽图案为雷神（天神）与神鸟的组合完全一致。晋干宝《搜神记》卷一二："越地深山有鸟，大如鸠，青色，名曰冶鸟……人不可犯也。越人谓此鸟是越祝之祖也。"祝，巫也。《说文》释"巫"云："女能事无形，以舞降神者，像人褒舞形。"巫师的主要职能就是引导神灵沟通天地。作为越祝之祖的"冶鸟"，也应该扮演着同样的角色，起着沟通天地上下的作用。因此，良渚文化神徽图案下部的兽面所表现的是一只神鸟的形象，这一点应该是确定无疑的。

四 对典型考古学材料的具体分析

根据现有的考古材料，良渚文化神徽图案当以1986年在浙江反山墓地出土的玉琮（M12∶98）上所刻画的最具代表性（图一）。这件玉琮为扁方柱体，内圆外方，体形硕大，被称为"良渚琮王"。在这件玉琮四面直槽的上下部位，各雕刻两个相同的神徽图案，四面共8个。每个图案高约3厘米，宽约4厘米。采用浅浮雕和细线刻画而成。图案分上下两部分，上部为神面，下部为兽面。为了对神徽形象有一个更详细的了解，不妨直接引用《浙江余杭反山良渚墓地发掘简报》中的描述："神人的脸面作倒梯形。重圈为眼，两侧有短线象征眼角。宽鼻，以弧线勾画鼻翼。阔嘴，内以横长线再加直短线分割，表示牙齿。头上所戴，外层是高耸宽大的冠，冠上刻十余组单线和双线组合的放射状羽毛，可称为羽冠，内层为帽，刻十余组紧密的卷云纹。脸面和冠帽均是微凸的浅浮雕。上肢形态为耸肩平臂弯肘，五指平张叉向腰部。下肢作蹲踞状，脚为三爪的鸟足。四肢均是阴线刻画，肢体上密布卷云纹短直线和弧线，关节部位均有小尖角外伸。在神人的胸腹部以浅浮雕突出威严的兽面纹。重圈为眼，外圈为蛋形，表示眼眶和眼睑，也刻卷云纹和短直线。宽鼻，鼻翼外张。阔嘴，嘴中间以小三角形表示牙齿，两侧外伸两对獠牙，里侧獠牙向上，外侧獠牙向下。鼻、嘴范围内均以卷云纹和弧线直线填满空当"[①]。反山琮王的出土，使我们第一次能够比较直观地了解到良渚文化神徽图案的本来面目，为研究良渚文化时期的原始宗教信仰以及当时人们的精神世界，提供了极为珍贵的实物资料。同时，反山遗址以及随后发掘的瑶山遗址，出土器物都非常丰富，再结合其他良渚文化遗址出土的各类遗物，使我们能够对出现在这件玉琮上的良渚文化神徽形象进行具体的分析研究。整个神徽图案分为上下两部分，

图一 反山出土玉琮（M12∶98）上的神徽图案

[①] 浙江省文物考古研究所：《浙江余杭反山良渚墓地发掘简报》，《文物》1988年第1期。

上面为雷神，下面为神鸟，上下两部分有分有合。上下两部分分开，是单独的雷神与神鸟的图案；两者相合，表达的是雷神驾驭神鸟的形象。其中的雷神完全是依照人的形象去刻画：头戴高大的羽冠，脸呈倒梯形，重圈为眼，阔鼻阔嘴，面目狰狞。身躯各部位都刻满卷云纹。这正印证了在云南及两广地区的少数民族的传说中，把雷神作为总揽天、云、雷三位一体的天神，在广阔的天空中呼风唤雨、来去无踪。雷神端坐于神鸟之上，大有君临天下、操控万物的气度。神徽的下部是神鸟的正面形象，重圈为眼，外圈为蛋形，阔鼻阔嘴，下肢做蹲踞状，神鸟的鸟足刻画得更是具体形象。

  玉器是良渚文化最常见，也是最重要的器物。同时，它又是良渚文化神徽的重要载体。对于良渚文化神徽形象的刻画，在良渚先民充满想象力的基础上，有一个由繁到简、由具体到抽象的过程。早期的神徽形象充满写实意味，到晚期则显得简洁精练。通过对现有出土材料的分析研究，我们可以发现，良渚先民对于神的崇拜，可分为两个层次。首先是对雷神的崇拜，其次是对神鸟的崇拜。在神徽形象的表达方式上，有三种不同的方式：单独的雷神、单独的神鸟、雷神驾驭神鸟。

  单独的雷神：雷神是良渚先民所崇拜的天神，在人们心目中有着至高无上的地位。所以，无论是早期或是晚期，许多重要的良渚文化遗址中出土的玉器上都有单独的雷神图案。早期的雷神刻画得比较具体，而到晚期，图案大多显得非常简洁，有的甚至只用几组简单的线条来表示。对雷神的崇拜贯穿于整个良渚文化时期，特别是在良渚文化晚期常见的多节玉琮上，器身上下刻满了单独的雷神图案。

  单独的神鸟：单独的神鸟形象在玉器上的出现，更明确了良渚时期人们存在着对鸟的崇拜。这一点已是目前学术界许多学者的共识，这里不再赘述。但是，单独的神鸟形象大都出现在良渚文化的早中期，特别是以反山遗址、瑶山遗址为代表，对神鸟的崇拜达到全盛时期。这一时期，在许多重要器类比如玉琮、冠形器、三叉形器、柱形器、半圆形器、玉璜等器物上都有不同的表现形式。例如反山出土的一件冠形器（M17：8），其正面所描绘的单独神鸟形象，与前面"琮王"上所刻画的神鸟形象完全一致（图二）。这从另一个侧面再次证明了良渚文化神徽是由雷神和神鸟两部分组成

图二　反山出土玉冠形器（M17：8）上的图案

的。特别是这一时期出现的三叉形器，由于其形制特殊，而且往往是单独神鸟形象的最主要载体，有的学者甚至将三叉形器与神鸟直接联系起来，认为它就是神鸟的具体体现。① 这一观点是非常有见地的。到晚期，单独的神鸟图案比较少见。可能是良渚文化晚期，由于军权和神权的高度统一，巫的权限和作用逐步削弱，而与巫扮演着相同角色的神鸟，其地位也逐步降低，反映在具体考古材料上，则是单独的神鸟形象的逐步减少。

雷神驾驭神鸟：雷神驾驭神鸟的形象，这是良渚文化神徽中最常见，也是最重要的表达方式。从《浙江余杭反山良渚墓地发掘简报》的描述中，我们可以很清楚地看到，它所刻画的是一幅完整的雷神在神鸟的引导下，来往于天地上下的场景。在反山出土的一件柱形器（M12∶87）上，也刻画了同样的题材，表达的层次更加清楚。上下各有一驾驭神鸟的雷神，单独的神鸟居中引导（图三）。但是，良渚文化神徽雷神驾驭神鸟的图案，最常见的还是以比较抽象简洁的形式出现。比如在反山琮王这件器物上，中间刻槽中刻画的是具体的神徽化的图案。而在玉琮的四角，则以简洁的手法雕刻出相对应的4组神徽图案，雷神头上的羽冠以两组阴刻细线来表示，眼睛以阴刻单圆圈来表示，嘴巴则是在凸起的长条形部位，上面再用几道阴刻细线表示牙齿。神鸟的形象也只保留了眼和嘴两部分。在雷神与神鸟的中间连接部位，用一道既宽又深的刻槽来显示雷神与神鸟之间的区别。

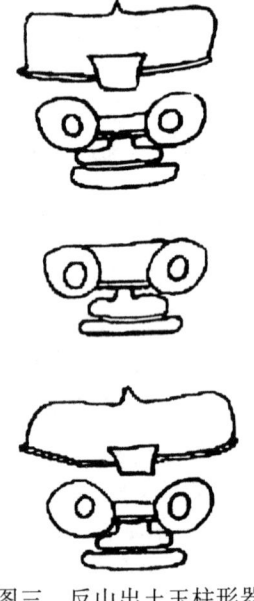

图三　反山出土玉柱形器（M12∶87）上的图案

通过民族学与古代文献材料，再结合考古出土的实物资料，笔者认为，良渚文化神徽是良渚先民在特定的时间与空间条件下，对影响他们生存环境的产生巨大破坏作用的自然因素所作出的最为合理的解释，是他们当时内心和精神世界的真实反映。良渚文化神徽所要表达的真正内涵，就是被当时人们奉为天神的雷神。这种信仰与相关习俗，在某些少数民族地区流传至今。

原载《东南文化》2006 年第 3 期

---

① 刘斌：《良渚文化的鸟与神》，《纪念浙江省文物考古研究所建所二十周年论文集（1979—1999）》，西泠印社 1999 年版。

吴文化玉器综论

陈丽华

一

吴文化有广义、狭义两种理解。广义的吴文化泛指长江下游吴地的文化，范围包罗宽广，追寻来龙去脉，上至史前时代，下至明清及现代。无锡吴文化公园所出《吴文化研究专刊》即取这种认识。狭义的吴文化专指长江下游青铜时代的物质文化，因当时存在吴国而以之命名，如同商文化、周文化、晋文化、楚文化一样，属于考古学文化的范畴。本文所说吴文化，则取这种狭义的概念。

根据历史文献《史记·吴太伯世家》等的记载，参照江苏镇江丹徒出土的宜侯夨簋等铜器铭文，[①] 对吴国的历史可概述如下：

商代末年（约公元前11世纪），周太王古公亶父的第三子"季历贤而有圣子昌，太王欲立季历以及昌（即周文王）"。于是，长子太伯、次子仲雍，"奔荆蛮，文身断发……自号句吴。荆蛮义之，从而归之千余家"。是为吴国立国之始。

之后，"周武王克殷，求太伯、仲雍之后，得周章。周章已君吴，因而封之"。是为虞侯（即吴侯）。康王时，又改封周章孙柯相为宜侯，赐以弓矢、土地、宅邑、奴隶，其中宅邑35处，高级奴隶"在宜王人十又七姓"，还有大量农业奴隶和庶人。可见赏赐隆重，地域广大，吴国在长江下游占有举足轻重的地位。

到春秋中期，"寿梦立，而吴始益大，称王"。"吴始伐楚、伐巢、伐徐……蛮夷属于楚者，吴尽取之，是以始大，通于上国"。尔后，历诸樊、余祭、余眛，至僚，日益强大。公元前514年，公子光杀王僚自立，定都姑苏（今苏州），重用伍子胥、孙武子，破楚入郢，败越夫椒，威震齐晋。夫差即位后，打败越国，在黄池会盟，争霸中原。公元前473年，越王勾践率师袭吴，大败吴军，在太湖东阳山一带生俘吴王夫差，夫差被逼自杀，吴亡。

自吴太伯至夫差，凡历21代25君，共700余年。

[①] 引文见《史记·吴太伯世家》。考古资料参见江苏省文物管理委员会《江苏丹徒县烟墩出土的古代铜器》，《文物参考资料》1955年第5期；唐兰《宜侯夨簋考释》，《考古学报》1956年第2期；李学勤《宜侯夨簋的人与地》，载《走出疑古时代》，辽宁大学出版社1994年版。

由于太伯奔吴时，与当地荆蛮结合，随风入俗（当地已有土著文化），故其物质文化可向上追溯。考古发现的湖熟文化和马桥文化，亦可视作先吴文化。吴国灭亡后，作为物质形态的吴文化仍延续一段时间，后与越文化逐渐融合。至战国中期，又逐渐与楚文化交融，最后同中原诸文化共同组成汉文化，成为中国古代文明的重要组成部分。

青铜时代的吴文化，可以从几何印纹硬陶、原始青瓷器、青铜器、玉器等多方面进行具体分析。而玉器被看作是中国文明区别于西方文明的主要特点，反映了中国古代文明的本质，因而，本文只从玉器方面对吴文化加以探讨。

关于吴文化玉器的考古发现，迄今已发表有下面这几批资料。

江苏六合程桥墓群发掘3座墓。由南京博物院于1964年7月发掘的一号墓，出土"攻敔"（即勾吴）刻铭的编钟，可确定系春秋末期吴国墓葬，该墓中出土长方形玉饰1件。1972年1月清理的二号墓中，出土一柄饰有玉剑首、剑格的青铜剑。两座墓中均出土铁器，经鉴定，二号墓铁条属于早期块炼铁，一号墓铁刃则是目前所知年代最早的生铁。[1]

1976年5月，常州市博物馆（今常州博物馆）在江阴周庄大松墩清理的土墩墓中，出土玉器71件，皆为装饰品。同出几何印纹陶罐1件，原始青瓷器20件，可定为春秋时期墓葬。[2]

1986年4月，江苏吴县通安乡采石工人炸山发现窖藏，由吴县文管会作了调查、清理和征集。共出土遗物402件，内有玉器204件，其余为玛瑙、绿松石、水晶等彩石器，被看作吴国王族被越王勾践战败时所匆促埋葬。[3]

1992年11月，苏州博物馆在苏州浒墅关真山发掘一座大墓，由几何印纹硬陶罐和原始青瓷盖碗可断为春秋时期。该墓早年被盗，但出土了一批玉器，经整理复原，为玉面饰、珠襦和玉甲，被看作是吴国王室贵族的玉敛葬。[4]

对于上述出土玉器，姚勤德、龚金元两先生对严山玉器作过整理、研究。[5] 香港中文大学杨建芳教授作过分析。[6] 钱公麟先生对真山墓玉器作了专论。[7] 肖梦龙先生从吴国王室玉器的角度，对严山和真山这两批玉器作了研究。[8] 笔者准备从吴文化玉器的角度，对上述4批资料加以综述，略作探讨，请予指正。

---

[1] 江苏省文物管理委员会、南京博物院：《江苏六合程桥东周墓》，《考古》1965年第3期；南京博物院：《江苏六合程桥二号东周墓》，《考古》1974年第2期。

[2] 陈晶、陈丽华：《江阴大松墩土墩墓》，《文物》1983年第11期。

[3] 吴县文物管理委员会：《江苏吴县春秋吴国玉器窖藏》，《文物》1988年第11期。

[4] 苏州博物馆：《江苏苏州浒墅关真山大墓的发掘》，《文物》1996年第2期。

[5] 姚勤德、龚金元：《吴国王室玉器》，上海人民美术出版社1996年版。

[6] 杨建芳：《论春秋晚期吴式玉器》，台湾《故宫文物月刊》1992年第8期。

[7] 钱公麟：《吴国葬玉研究——苏州真山吴王墓出土面罩、珠襦、玉甲》，台湾《中华文物学会》1995年年刊。

[8] 肖梦龙：《春秋时期吴国王室玉器研究》，载邓聪编《东亚玉器》，香港中文大学中国考古艺术研究中心1998年版。

二

吴文化玉器，按照工艺特征和用途大致可分为礼玉、装饰玉和葬玉。礼玉即古人在祭祀或朝享、交聘等仪礼上使用的玉器，即《周礼》所说璧、琮、圭、璋、琥、璜"六瑞"。严山窖藏出土了璧、琮、斧（圭）等玉器，皆为透闪石、阳起石系列软玉制成。玉璧6件，形体为大型扁平圆形，中有对钻小圆孔。与吴县草鞋山、武进寺墩良渚文化墓葬中所出璧相似。玉琮一件，系一件如寺墩M3所出良渚文化九节玉琮的半片。一面可看到良渚人两头对钻成的孔壁上的旋纹、台痕及钻槽，并留有剖锯的锯割痕，为春秋时期吴人工匠加工痕迹，说明以此作为玉料使用。玉斧一件，倒置即为圭形，与良渚文化斧钺器形相同。这些"礼玉"是良渚文化遗物，为当时使用的装饰玉。说明由于社会经济生活发生变化，社会意识形态也随之发生变化，璧、琮、圭等器物逐渐退出礼器的行列，而加以改制，成为装饰玉（图一）[①]。

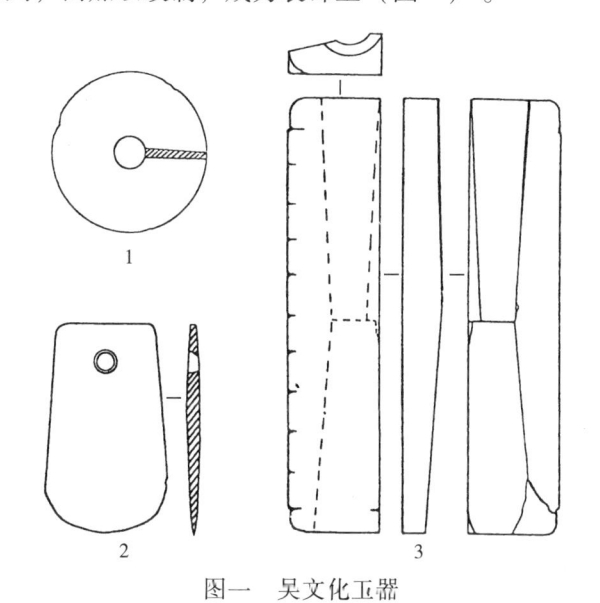

图一 吴文化玉器
1. 璧（J2:2） 2. 斧钺（J1:1） 3. 剖割开的几节残琮（J2·1）

装饰玉为吴文化玉器中出土数量最多的品类，其中严山196件，江阴大松墩71件，程桥一号、二号墓3件。严山玉器为吴国宫廷用玉，造型很多，琢刻精细，纹饰繁缛，抛光细致，用料一部分为新疆和田玉，大部分与良渚文化相同，用当地所产玉料，其中一部分即用良渚玉器重新锯割改制成器。大松墩玉器为民间用玉，均为素面，不施纹饰。

装饰玉按基本用途可分为佩玉和嵌玉两类，以严山为主体（图二、图三），附以大松墩墓、程桥墓。真山无装饰玉出土，皆为葬玉。

---

① 吴县文物管理委员会：《江苏吴县春秋吴国玉器窖藏》，《文物》1988年第11期。

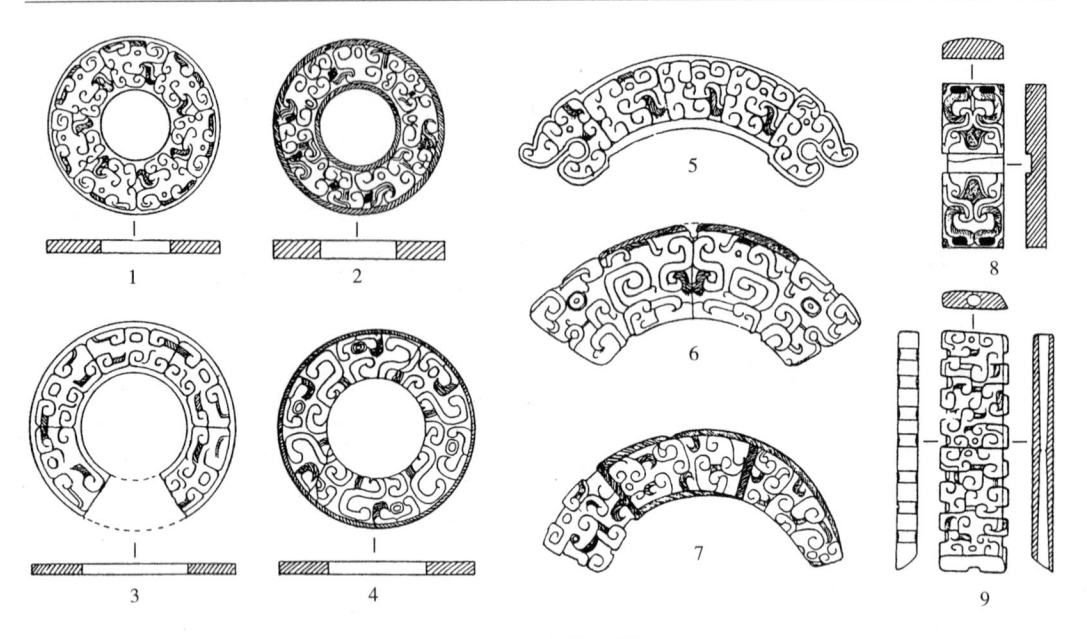

图二 吴文化玉器

1、2. 璧饰（J2∶13、J2∶12） 3. 瑗饰（J1∶33） 4. 环饰（J2∶25） 5、6. 虎形璜（珩）（J2∶42、J2∶40） 7. 龙形佩（J2∶61①） 8. 长方形片饰（J2∶36） 9. 长方形佩饰（J2∶80）

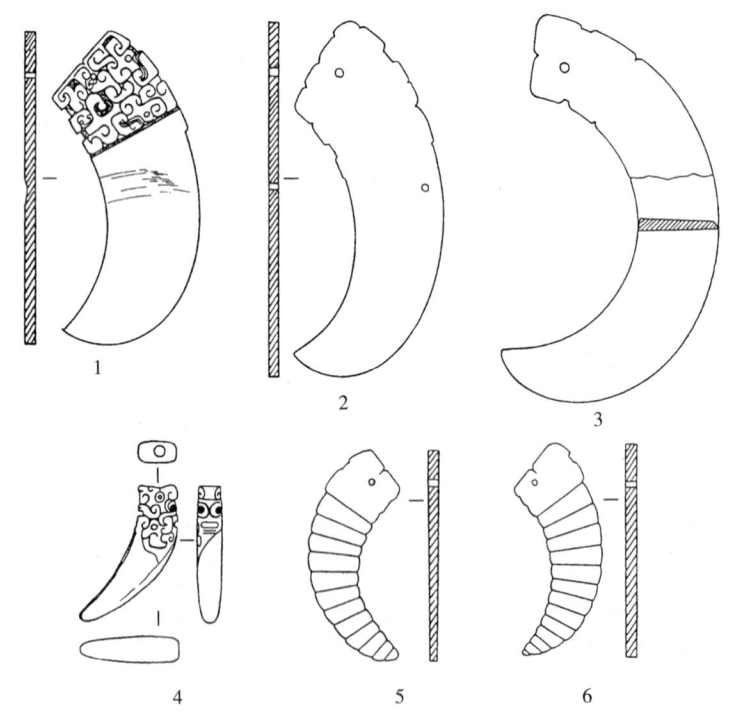

图三 吴文化玉器

1、2、3. 觿（冲牙）（J2∶60、J2∶57、J2∶56） 4. 神人面觿（冲牙）（J2∶64） 5、6. 觿（J2∶62①、J2∶62②）

系璧类　36件。均为小型扁平圆形，中有圆孔，可按小、中、大孔分别称为璧、瑗、环类器，器形轻薄规整，纹饰细密，制作精细，分素面、饰纹两种。素面者，其周缘、孔壁都经过二次加工修磨，厚薄均匀，器表琢磨光滑。纹饰者，以减地法琢出浅浮雕或阴刻各种纹饰，以蟠虺纹、鸟纹为主，夹以羽状纹、网格纹，布局匀称，繁而不乱。

璜类　11件。呈弧形片状，弧长多为圆周长的三分之一左右。形制可分为二式。Ⅰ式璜两端琢成对称的变体夔龙，向中间延伸，头肩琢出扉棱，张口卷唇，两端钻出小孔作为双眼。璜背中部琢一小孔，两面均阴刻或浅浮雕对称的纹饰，主要有蟠虺纹、鸟纹、双线阴刻S纹，夹以细密的羽状纹。Ⅱ式璜两端齐平，有圆孔和小缺口，背部起扉棱，钻有小孔。两面均琢出纹饰，主纹为蟠虺纹，夹以羽状细划纹。

觿类　20件。系上宽下尖、扁平角状佩饰，形式多样。饰以蟠虺纹、卷云纹，夹有细密的刻画纹，尤精者饰以人面纹，头戴冠帽，圆目阔嘴。

动物形佩饰　16件。有龙、虎、鸟、兽等，造型别致，纹饰精细。如虎形佩一对，作伏卧昂首，四足屈蹲，卷尾高翘，头脊琢出扉棱，正面以减地斜切手法阴刻夔纹。根据背面锯痕观察，两佩同为一块玉料切割琢刻而成，可以合为一体。

长方形佩饰　16件。器体扁平或微隆，似琮分节，节数不等，中心对钻出贯孔，饰以浅浮雕蟠虺纹，夹以羽状纹。

镯、管、珠类饰件　83件。镯为腕饰，通体雕琢绚索状，抛光精细。由各式玉管、管状珠、圆珠组成的串饰，则精巧多变，主要用作项饰。作为每一单件看，长鼓形弦纹管、器嘴形夔纹管、竹节管都是制作精巧的微雕珍品。

鹦鹉首拱形玉饰　1件。玉色淡绿，光润晶莹。器呈拱形瓦筒状，两端作对称鹦鹉首形，高冠、圆目、勾喙，头部周缘琢出细密的阳线羽状纹，器表分饰4组繁密的蟠虺纹，器背琢磨光滑。全器设计新奇，造型别致，构图精巧，纹饰华丽，是反映吴文化玉器风格和琢玉工艺的精品。此器用途当为发饰（图四）。

双系拱形起脊玉饰　1件。玉色牙白，温润光亮。器身为拱起瓦形。正面中间起脊，两侧对称精琢凤鸟和兽面。凤鸟高冠、圆眼、勾喙，鸟身饰羽状细划纹，兽面为弯眉、椭圆眼、阔嘴。背面以十字栏相隔，分饰4组卷云纹、鸟纹，纵向隔栏阴刻麦穗纹。器身两侧各有系耳，一系琢成兽头，圆目、宽鼻、阔嘴，口部正中斜镂穿孔；另一系琢成交链形，可自由活动。整器系一块玉料雕成，反映吴文化精致复杂的琢玉工艺，此器可能用作带铐（图五）。

大松墩土墩墓出土玉器　71件，皆为佩玉，其中玦25件（直径大小不等，玦周宽窄不一），璜36件（可分弧条形、半环形、桥形、月牙形、半璧形等各种各样），镯1件、小璧饰1件、管7件、珠3件，皆素面抛光，细巧素雅。①

以上所述为随身佩带的佩玉类装饰品。另一类嵌玉，系用于各类器物中镶嵌的玉

---

① 陈晶、陈丽华：《江阴大松墩土墩墓》，《文物》1983年第11期。

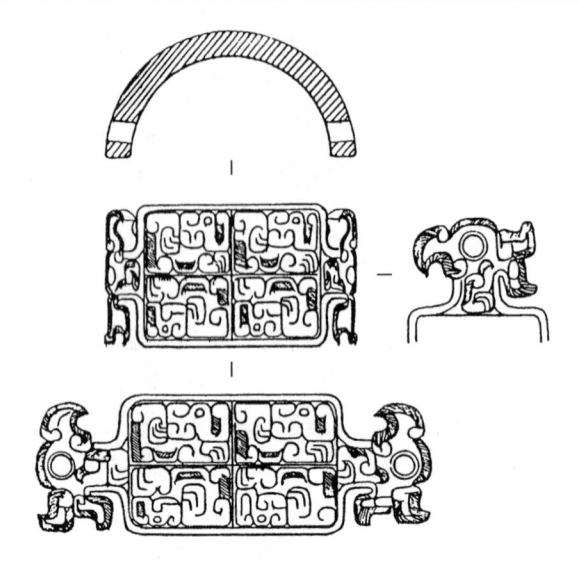

图四　鹦鹉首拱形玉饰

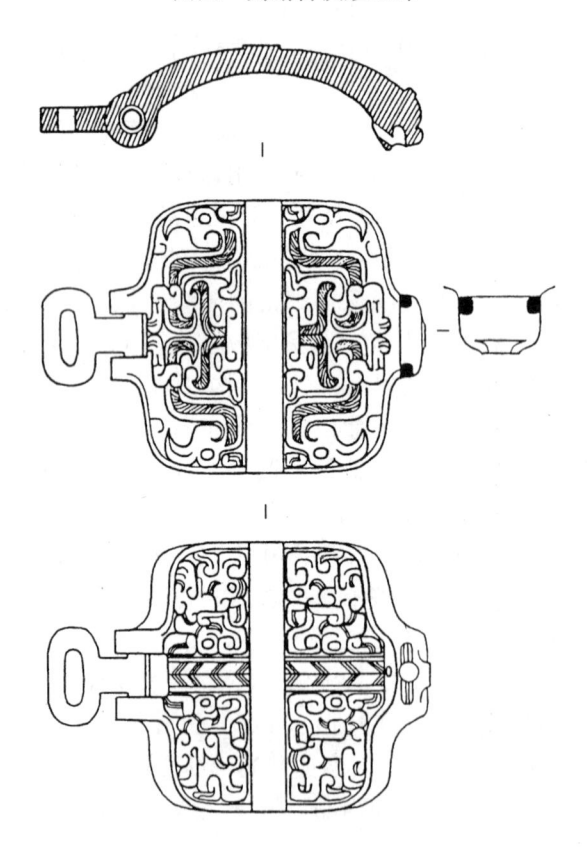

图五　双系拱形起脊玉饰

饰件，以器体上无孔并有榫卯或凹槽为特点。其种类有长方形片饰、弧形条形饰、围棋子形饰、珩形饰、弯钩形饰。一件兽面纹嵌饰，玉色墨绿，扁平长方体，正面微隆，中间横向琢出凹槽，饰两组相互对称的兽面纹。另一件兽面纹嵌饰，乳白色半透明，扁平"山"字形，两侧分别斜镂一小孔，正面浅浮雕兽面纹、蟠虺纹和细画纹，图案以几十个大小不一的隐起面，向四方连续展开，立体感强，是春秋晚期典型的琢玉风格，时代气息突出。

六合程桥墓出土玉器3件。一号墓的玉饰，橘黄色带黑斑，长条形，两端呈六角形，中段一侧有直角缺口，处于戟首右上方，系戟饰。二号墓的剑首和剑格，皆青玉。剑首为长方形体，两侧各有3道凹槽，凹槽所夹凹面皆雕琢蟠虺纹。上下两端呈梯形，一端凿有銎眼可纳入剑柄，另一端表面由3道凹槽形成4个凸面雕琢卷云纹。剑格为椭圆形，顶端阴刻弦纹两周和卷云纹，四周为连体长方形内饰卷云纹，中部纵凿菱形透孔，以纳剑身。此两种与青铜剑组成玉具剑。这是春秋时期玉具剑的典型品，尚属首见，极为珍贵。①

在严山玉器窖藏中，还有彩石器165件，质料为玉髓、玛瑙、绿松石、水晶，都是装饰品，也作为佩饰和镶嵌件。② 中国古代称石之美有五德者为玉，包括玉质和玉色两个方面。当时对玉的认识，有软玉和玉髓、玛瑙、绿松石、水晶，又分别以玉和珉加以区分。

三

葬玉是指死者身体的保护玉，当时人们认为能让死者身体不朽。苏州真山吴国大墓出土玉面饰、珠襦、玉甲，为研究吴文化葬玉提供了珍贵的实物资料。③

1. 玉面饰。即用眉、眼、鼻、口等形状的玉片组成人脸的瞑目。据《仪礼·士丧礼》云："瞑目用缁"。注云："瞑目覆面者也"。所谓瞑目，就是古墓葬中死者面部覆盖的缀有玉片的绢帛面幕。真山大墓玉面饰，其出土位置恰在棺椁内墓主的面部。据考证，真山大墓出土玉面饰系用虎形佩对代表眉，拱形饰一对表示眼，较大的一件拱形饰当作鼻，两件瑗象征面颊，长条束腰形饰代表口（图六）④。

虎形佩 2件。作为玉面饰的双眉。扁平，单面纹，2件能合为一体。虎作伏卧状，垂首，拱背，卷尾，首尾各一小孔，收足。虎身饰蟠虺纹，足部饰鱼鳞纹，头脊有扉棱。脊背边缘饰重环纹，尾及腹部边缘饰绳纹。纹饰采用多种技法，以浅浮雕、斜切

---

① 江苏省文物管理委员会、南京博物院：《江苏六合程桥东周墓》，《考古》1965年第3期；南京博物院：《江苏六合程桥二号东周墓》，《考古》1974年第2期。
② 吴县文物管理委员会：《江苏吴县春秋吴国玉器窖藏》，《文物》1988年第11期。
③ 苏州博物馆：《江苏苏州浒墅关真山大墓的发掘》，《文物》1996年第2期。
④ 钱公麟：《吴国葬玉研究——苏州真山吴王墓出土面罩、珠襦、玉甲》，台湾《中华文物学会》1995年年刊。

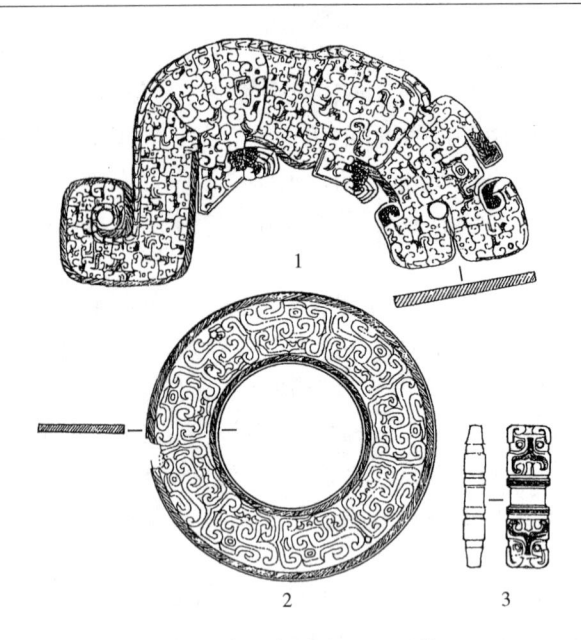

图六 真山大墓出土玉面饰
1. 虎形佩（眉饰）（D9M12∶49—2） 2. 蟠虺纹瑗（颊饰）（D9M1∶49—6） 3. 兽面纹长条束腰形饰（口饰）（D9M1∶49—8）

法、阴线补空，使纹饰层次丰富，具立体感，烘托出虎纹的不同部位，是虎形佩中的精品。

拱形饰 3件。为玉面饰的眼罩和鼻罩。用整块玉雕琢成拱形瓦状，两端向内成斜面。眼罩拱面向一侧倾斜。鼻罩略大，皆素面，抛光。

瑗 2件。作为玉面饰之面颊。扁平圆形，中有大孔，器薄规整，并且两个对称的小穿孔。正面用双勾阴线琢成浅浮雕的卷云纹、蟠虺纹连续排列成9组同样的图案，以细如毫发的绳索纹作边饰。背面则磨成圆弧形，素面抛光。

长条束腰形饰 1件。作为玉面饰的口部。双面纹，两端正反面各用浅浮雕琢出兽面纹，束腰部边缘饰绳索纹。

2. 珠襦玉甲。真山墓在棺椁之间出土了整整一漆盒串饰，并在棺内出土各种管、珠上万件，均在墓主胸部及其周围。由于出土时墓主的尸体被拖出棺椁，珠襦上的串珠已散落在四周。如将墓中出土的所有串饰连接，"可以缀成一件富丽夺目的完整的珠襦"①。这正好与史料记载相吻合。《吴越春秋·阖闾内传》记载吴王阖闾葬女有"金鼎、玉杯、银樽、珠襦之玉"。又《墨子·节葬》："存乎诸侯，死者虚车库，然后金玉珠玑比乎身。""珠襦"为丧衣中的上衣，用珠串联而成。

"玉甲"为丧衣中的下衣，用玉片穿缀而成，中间以腰为界。真山墓玉甲出土时与

---

① 钱公麟：《吴国葬玉研究——苏州真山吴王墓出土面罩、珠襦、玉甲》，台湾《中华文物学会》1995年年刊。

此情况相对应,发现长方形玉饰片均在尸体腰以下位置。长方形玉饰片出土了187件,两边都有6至8个穿孔,个别四边有凹口。玉饰片分素面、单面和双面纹3种。纹饰为双线阴刻变形夔纹或浅浮雕蟠虺纹。发掘者将这些玉饰片整理拼缀,形成一件较完整的玉甲。

此外,在棺床中部偏下位置还发现3组拱形饰,每组2件,形制相同。将拼合的最大一组放在玉甲下部中央,如男根形状。这是目前首次发现的,似为阳具饰。

四

吴文化玉器可从质料、器形、纹饰、做工等方面加以考察。同时,在纵的方面与本地区的史前玉文化进行比较,在横的方面与时代相当的中原地区商文化、周文化进行比较,由此可以看出其时代特点和地区关系。

从质料看,吴文化玉器的玉料,质地细密坚韧,色泽晶莹鲜艳。以软玉类的白玉、青玉、黄玉和墨玉为多见,从严山玉器可看出同史前时代良渚文化玉器相同,甚至即以良渚玉器重新切割加工而成,这从严山所出一件剖割余下的九节玉琮残件可作实证。借助于良渚玉器的已有成果,可知其玉料为透闪石、阳起石系列呈平行纤维结构的软玉,系就地取材,来自邻近地区被遗忘的古矿床。从南京长江北岸营盘山遗址、茅山边缘丹徒磨盘墩遗址都出土了崧泽文化时期的有加工痕迹的玉料,均提供了例证。实地调查已在江苏溧阳南部天目山余脉海拔230米的小梅岭发现了透闪石软玉矿床。这类玉矿产于中生代燕山期花岗岩体与下二叠纪栖霞组镁质大理岩接触带,生成于动力热流交代作用。[①] 类似的地质条件在中国大陆普遍存在,战国时下和在湖北荆山得到制作和氏璧的大玉料,即是著名一例。但新疆出产的和田玉(李斯《谏逐客书》中所说"昆山之玉")因质量优良而名声远播,自殷商经西周至春秋,用量也日益增多。六合程桥墓中所出戟饰和剑饰,严山和真山的某些玉器也说明,和田玉在吴文化玉器中已有一定比例。

与此同时,玉髓、玛瑙、水晶以及绿松石等彩石也作为制作玉器的材料。可见,当时的玉器同多种玉石材料构成,只要质优色艳,皆可采用。从中国古代文献上,又把"石之似玉者"称之为珉、瑎、玦等假玉古名看,当时已明确把软玉作为用玉的主体,两者的区别是十分明确的。[②]

从器形看,璧、琮等礼玉已经走下宗教神坛而跨进艺术殿堂。严山窖藏中的良渚璧、琮已经丧失其神圣的地位,不再看作崇拜天地的象征,被剖割开来改制成新玉器的玉料。而作为饰件的小型的璧、瑗、环以及璜(又名珩)、觽(或名冲牙)、动物形

[①] 闻广、荆志淳:《中国古玉地质考古学研究》,载《东方文明之光——良渚文化发现60周年纪念文集》,海南国际新闻出版中心1996年版;汪遵国:《关于良渚文化玉器的两个问题》,载《良渚文化论坛》(特刊),1999年第1辑。

[②] 闻广:《玉与珉——古玉丛谈之二》,台湾《故宫文物月刊》1993年第7期。

佩这些品种用量很大，制作也很多。从式样众多、造型精制、刻纹繁缛等方面，可见玉器是当时贵族必备的饰物。当时的思想观念是"君子必佩玉……行则鸣佩玉"，"君子无故，玉不去身"（《礼记·玉藻》），因而出现了各种组佩，又称作杂佩。《诗经》上称："知子来之，杂佩以赠之。"这种组佩悬挂在身上，随着人的行动发现清脆的声音。《诗经·采芑》云："有玱玱声。"谓即双珩相击之声。晋侯墓群、虢国大墓均提供了典型实例，[1] 严山窖藏玉器提供了吴地的例证。

在葬玉方面，由于春秋战国时期贵族厚葬风习极盛一时，出土的大量玉器与当时丧葬制度有着密切的关系。真山大墓出土的玉面饰，在中原地区的王侯贵族墓葬中屡有发现。所不同的，中原各例皆为平面模式，吴地虽为首次发现，却独具特色，作立体模式。同时还出土了珠襦、玉甲。如果在中国历史的长河中追寻其来龙去脉，那么寺墩三号墓的璧、琮，真山大墓的玉面饰、珠襦、玉甲，满城汉墓的金缕玉衣，正好反映了中国玉殓葬的三个发展阶段。[2]

从纹饰看，吴文化玉器一方面受中原玉器的影响，有共同的蟠螭纹和龙、虎等主体纹；另一方面与吴地所出青铜器、几何印纹陶器、青瓷器一样，广泛使用变体兽面纹、变体夔纹、绳纹、竹节纹、几何形纹等，具有明显的吴文化风格。[3]

吴文化的特点，在器形、纹饰上突出的实例，还可以举出下面这些实例：玉璜的两端兽头不同于中原的兽头和兽尾，玉佩造型的写实夸张、生动多样，发饰和带銙的拱式瓦形特点，玉面饰中眼罩、鼻罩的拱形立体模式等。但与中原同时玉器比较，依然是共同点为主，特殊性为次，大同小异。这说明了商周文化与吴地文化的交流融合。

从做工看，吴文化玉器以精雕细刻、技艺精湛为特点。这一地区考古资料显示先民用玉，从史前文化新石器时代的玉器制作，经马家浜、崧泽至良渚文化，逐步趋向成熟，玉器工艺水平一脉相承。发展到吴文化时，玉器制作无论切割、作坯、钻孔、刻纹、抛光，都达到当时中国的先进水平。例如造型规整精巧，说明经过多次反复的整形修磨。又如钻孔技术，在直径1—2毫米的玉珠钻以中孔，反映了技术的高超卓绝。而刻纹的多种技法，细线阴刻是继承良渚文化的传统，阴刻一面坡斜切法则是西周盛行的技法。以减地浅浮雕与阴线刻相结合的技法，造成隐起圆浑为风格，形成舒展流畅而富于层次感的艺术特色，这是春秋时代的先进工艺，亦是尔后高浮雕的先声。以上情况表明，由于春秋时代铁矿大量开采，冶铁技术先进，铁器广泛使用，程桥一号、二号墓就出土了技术先进的铁器，制玉砣具以钢铁代替青铜，加上解玉砂采用高

---

[1] 山西考古研究所、北京大学考古系：《天马——曲村遗址北赵晋侯墓地第二次发掘》，《文物》1994年第1期；河南省文物考古研究所、三门峡市文物工作队：《上村岭虢国墓地M2006的清理》，《文物》1995年第1期。

[2] 朱启新：《玉殓葬式散论》，载《东方文明之光——良渚文化发现60周年纪念文集》，海南国际新闻出版中心1996年版；殷志强：《太湖地区史前玉器述略》，《史前研究》1986年第3、4期合刊。

[3] 肖梦龙：《春秋时期吴国王室玉器研究》，载邓聪编《东亚玉器》，香港中文大学中国考古艺术研究中心1998年版。

硬度的金刚砂，治玉技术已进入新阶段。①

随着时间的推移，至战国时代，吴文化和越文化完全合二而一成为吴越文化。至秦汉时代，随着统一的中央集权国家的出现，博大精深的中国玉文化巍然屹立于世界的东方，源远流长，根深叶茂。这在世界文明史上是独一无二的。

原载《东方文明之韵——吴文化国际学术研讨会论文集》

---

① 汪遵国：《春秋战国时代的玉雕工艺》，载台湾高雄市古董研究会编《玉玩乾坤·春秋战国玉器集萃》1993年版。

略论六朝时期的陶瓷手工业

徐伯元

广阔的长江流域及其以南地区，是我国古代人类的发祥地之一。史前时期，这里已进入农业定居阶段，并创造出光辉的良渚文化、大溪文化等物质文明。先秦时期，先民们披荆斩棘，相继创造了灿烂的巴蜀文化、荆楚文化和吴越文化，丰富了中华民族的文明宝库。然而，直至西汉时期，黄河流域的中原地区始终是我国经济文化的中心，其发达程度远远超过了长江流域。特别是长江中下游及其以南地区，许多地方尚处于"卑湿之域"，处在"地广人稀，饭稻羹鱼，或火耕而水耨，果隋蠃蛤，不待贾而足，地势饶食，无饥馑之患，以故呰窳偷生，无积聚而多贫。是故江淮以南，无冻饿之人，亦无千金之家"①的落后状态。

东汉时，由于不断受到中原地区先进生产知识的影响，加上牛耕技能的推广，社会经济有了长足的发展。自六朝始，山越民众的下山，孙吴组织屯田垦殖，特别是由于北方战祸频仍，人民流离失所，致使北方人口大量迁入相对安定的南方，并带来了先进的生产技能和工具，使南方大批土地得以开发利用，加上水利的兴修，从而使社会经济迅速发展起来，并且成为"江南之为国，盛矣。……地广野丰，民勤本业，一岁或稔，则数郡忘饥。会土带海傍湖，良畴亦数十万顷，膏腴上地，亩值一金，鄠、杜之间，不能比也。荆城跨南楚之富，扬部有全吴之沃，鱼盐杞梓之利，充仞八方，丝绵布帛之饶，覆衣天下"②的富庶之地。

在中国古代，手工业是社会经济的一个重要组成部分，而陶瓷制造又是古代手工业中不可或缺的部门，而且随着社会的发展、时代的变迁而发展演进着。因此，本文拟从陶瓷手工业的发展来反映六朝时期的社会经济。

一 六朝的陶瓷手工业生产

中国是世界著名的陶瓷古国，早在一万年以前的旧石期时代晚期，我国的先民们就已经会制造和正确地使用陶器了。③ 至于瓷器，则是我国古代劳动人民的伟大发明

---

① 《史记》卷一二九《货殖列传》。
② 《宋书》列传第十四《孔季恭羊玄保沈昙庆》。
③ 刘晓莉：《中国最古老图画文字被发现》，《东方早报》2005 年 10 月 6 日。

之一，是对人类文明的伟大贡献，至晚在 3000 年以前的商代晚期，就已创造出"原始"的青瓷器。至东汉晚期，能烧造出符合瓷质标准的"早期"青瓷器，以及黑釉瓷器。但是，严格地说，进入六朝后烧造出来的瓷器，才是真正意义上的"青瓷"器。

（一）瓷器制造业的发展

六朝以来，制瓷业发展迅速，呈现遍地开花的局面，瓷窑分布相当广泛。从长江下游东南沿海的江、浙、闽，到长江中上游的赣、鄂、湘、川都有范围广、规模大、制瓷技能高、各成体系的生产基地，它们有些是在过去制瓷的基础上继续发展而来，大部分是在六朝时期兴建发展起来的。

1. 江浙地区的瓷窑

江浙地区特别是浙江，是我国瓷器的重要发源地之一和六朝时期的主产区，其越窑、瓯窑、婺州窑、德清窑都是具有独特风格的制瓷中心。

越窑自商周创建以来，发展迅速，其主要窑场在上虞、余姚的曹娥江两岸以及绍兴、慈溪一带。据统计，在上虞境内的三国东吴时的制瓷作坊遗址 40 处，是东汉时的 4 倍。西晋时的制瓷作坊 70 余处，比三国时又增加了近一倍，可见瓷业发展之迅速。绍兴、萧山、慈溪、鄞县、宁波、临海等地保存至今有遗址遗物可证的瓷窑遗址共 150 余处，尚有许多至今未被发现的遗址，所以实际瓷窑数量应更多。[①] 由此可见越窑系瓷业发展之迅猛。越窑青瓷，胎质细腻，呈灰白色渐至灰色或深灰色（西晋时），瓷胎普遍施青釉，釉层均匀，釉汁纯净，釉呈青色渐至青灰。由于瓷器都在 1200℃ 以上的高温中烧成，最高的达 1300℃，瓷胎烧结坚硬，不吸水，胎釉烧结紧密，故而极少有剥釉现象。越窑绝大部分青瓷器的口、肩、腹部装饰有多种花纹及堆塑造型，极具艺术价值。如浙江上虞帐子山窑地所出土的蛙形水盂、[②] 南京清凉山东吴墓出土的青瓷羊尊、[③] 宜兴周墓墩西晋墓出土的青瓷神兽尊[④]等，都是艺术价值很高的珍品。越窑瓷业对长江中游地区的赣、鄂瓷业有较大影响，早期江西丰城窑的产品具有越窑的风格。

瓯窑分布在浙江南部沿海的温州一带，迄今为止已发现瓯窑古窑址 200 余处，广泛分布在永嘉、乐清、瑞安、文成、泰顺诸县和温州市，它们多数聚集在瓯江、飞云江和楠溪两岸。[⑤] 西汉时，永嘉已有原始瓷生产，东汉末年进一步发展成青瓷（早期青瓷）。瓯瓷胎色白中微带灰，釉色以淡青为主，亦有青黄色，透明度较高。东晋以前瓷

---

① 冯先铭：《中国陶瓷》，上海古籍出版社 1994 年版。
② 许辉等：《六朝经济史》，江苏古籍出版社 1993 年版。
③ 徐湖平等：《江苏馆藏文物精华》，南京出版社 2000 年版。
④ 罗宗真：《江苏宜兴晋墓发掘报告》，《考古学报》1957 年第 4 期；南京博物院：《江苏宜兴晋墓第二次发掘》，《考古》1977 年第 2 期。
⑤ 冯先铭：《中国陶瓷》，上海古籍出版社 1994 年版。

器胎釉结合不牢，有脱釉现象，随着烧成技术的改进，质量有所提高，其碗、碟、水盂、洗、烛台、熏炉、灯盏、唾壶、虎子等，可以与同时期的越窑瓷器相媲美。三国两晋时期，瓯瓷常在器物的口、肩、腹交界处或口沿部饰水波纹、弦纹、网纹和连珠纹，又普遍在器物的口腹部或动物纹上施以褐彩点，画成各种装饰图案，与广东晋瓷的点彩相似。

婺州窑也是历史名窑，位于今浙江西南部的金华、衢州一带，主要产地在金华、武义、东阳、义马四县市。瓷窑的分布范围很广，自20世纪50年代以来，经过文物主管部门的反复调查，共发现自汉至明的遗址600余处，其窑址数量之多，生产年代之久，在我国的瓷窑中是罕见的。[①] 六朝时期，婺州窑所产青瓷的风格与同时代的越窑、瓯窑有所不同，而与后来的唐代婺州窑有明显的传承关系。婺州窑制品在坯料的选用上，最具特色的是选用开采和粉碎都比较容易、而在金华和衢州一带又遍地都是的黏土矿源——粉砂岩做坯料，这种矿料的可塑性也好，只是含铁量高，烧成后胎呈深灰或紫色，严重影响青釉的呈色，所以在东晋时，制瓷匠师们为充分利用本地区资源，创试了用含铁量低、经过淘洗后质地细腻呈白色的瓷土原料作化妆土，为瓷胎化妆，覆盖胎面的颜色、凹点等缺陷，并使釉层呈色柔和滋润，从而提高了瓷器的质量。这一创造也为德清窑所采用。

德清窑窑址分布于浙江北部杭嘉湖平原的西端，是我国又一处主要瓷窑体系。1983年文物普查中，在德清的二都乡青山坞、黄角山、洛舍乡市六头、县城小马山等地发现东汉、三国、晋和隋唐的窑址，从而说明，德清窑烧瓷始于东汉。德清窑产品以黑釉瓷为主，兼烧青瓷，是我国最早烧造黑釉瓷的地区之一。因瓷土中含铁量较高，因此，瓷胎呈浅褐、红褐、紫色。黑瓷釉层厚而滋润，色黑如漆，光泽闪亮，堪与黑漆媲美。由于青瓷胎颜色深，所以从东晋开始，仿照婺州窑，在大部分青瓷的胎面先施奶白色的化妆土，以遮蔽胎色，提高瓷器的外观质量。德清窑的制品，造型庄重简朴实用，如盒、罐、壶等都配制器盖，与器身子母口密合，更适宜存放贮藏食物。又如饮茶的盏，配制了盘形盏托，组成了雅致实用的新型茶具，为唐宋风行托盏开了先河。而镇江市郊出土的青瓷博山炉，[②] 盖做三层重叠的山峰状，每层五峰交错并列，香烟缭绕。整个器形的设计与实用要求巧妙地结合，达到很高的艺术境界，是德清窑青瓷制品中的精品。

南山窑窑址在江苏省宜兴东南的丁蜀镇汤渡村附近的南山北麓。[③] 宜兴早在东汉时已建造龙窑，烧制陶器和原始瓷。吴末晋初受越窑影响，吸收毗邻的吴兴、上虞等地越窑的先进技术，发展成烧制青瓷的基地。南山窑的制品往往具有与越窑相同的风格，但质量一般，不及越窑瓷制品。南山窑瓷胎灰白，釉色呈青黄或青灰，普遍开冰裂纹，

---

① 冯先铭：《中国陶瓷》，上海古籍出版社1994年版。
② 许辉等：《六朝经济史》，江苏古籍出版社1993年版。
③ 宜兴陶瓷公司《陶瓷史》编写组：《江苏宜兴南山六朝青瓷窑址的调查》，《中国古代窑址调查发掘报告集》，文物出版社1984年10月。

胎釉结合欠佳，常有脱釉现象。不过，随着生产技术提高、工艺改进，也出现了较精致的制品，如陈列于丁蜀镇宜兴陶瓷展览馆中青瓷堆塑罐，其中就有制作精细、釉色莹润的精品。

2. 南方其他地区的瓷窑

六朝时期，制瓷业在长江中上游各地也先后兴起，荆楚一带的武昌、长沙、浏阳等地发现的墓葬中，都有数量不等的瓷器出土，具体的窑场如下：

罗湖窑在江西丰城县东北赣江西岸的丘陵地带，窑址分布范围很广。瓷窑始烧于南朝。丰城县在唐代属洪州，因此又称它为洪州窑。罗湖窑瓷器的釉色以黄褐、酱褐为主，也有青绿色的。

怀安窑位于福建省福州市西郊闽侯洪塘建新乡怀安村天山、马岭山的西南部。瓷窑始烧于晋末南朝初。怀安窑器物胎骨灰暗，施青釉，制作比较粗糙。磁灶窑在泉州市晋江县磁灶的溪口山一带，始烧于南朝。瓷器胎质比较疏松，呈灰白色，釉色青灰泛黄，有铁斑。怀安窑与磁灶窑的制品造型大多与江西同时期的青瓷器形相同或近似，而与江浙一带的瓷品有些不同。另外，有些器物造型具有浓厚的地方色彩。

湘阴窑古窑主要在湖南省湘阴县湘江东岸城关镇堤垸一带，古窑址密集，其中青竹寺窑、马草坡窑、枫树嘴窑、竹园里窑、葫芦山窑、场地坡窑、吴家渡窑等均始烧于东汉时期，蛇行山窑、马王堪窑始烧于两晋时期。[①] 湘阴窑瓷器胎呈浅灰（灰白）色，早期釉色绿中微黄，属高钙灰釉的高硅质瓷胎的青瓷。西晋及以后时期，釉色有豆青、虾青、青褐等，釉面莹润，光洁饱满，无剥落现象，基本上达到了越窑青瓷的水平。在装饰方面，早期纹饰与汉代的相同，采用麻布纹、水波纹、弦纹、贴绳纹等；晚期亦采用褐色点彩，装饰器物的口沿。在六朝早期，这里的瓷业与越窑的相互影响比较大。例如三国两晋时的纹饰、造型基本相同，而晚期又与江西、福建一带的同期产品有许多相似处。

青羊宫窑遗址在四川成都市通惠门外（现在成都市内），遗址内曾出土具有南朝风格的四系壶及大批瓷片。邛崃窑（邛崃固驿窑）遗址出土的遗物胎质较细，呈浅灰色，釉层较为均匀，釉色普遍青中带黄或黄色，釉面多开冰裂纹，易脱落，质量不如长江中下游的青瓷，特别是不能与越窑青瓷相比。

此外，广东、广西、贵州等地六朝时期的墓葬中，均出土许多青瓷器，但这一带目前尚未发现窑址。

（二）六朝青瓷业的成就

六朝制瓷业的发展，不仅表现在产地遍布江南广阔地域，产品数量巨大，而且在制造工艺上也有显著成就，六朝制瓷匠们在原料选用成型技术，化妆土的使用，釉料

---

① 刘永池：《浅谈湘阴窑》，《中国古陶瓷研究》第九辑，紫禁城出版社2003年版。

的配制，装饰纹饰的变化，窑炉结构的改进以及烧成技术等多方面，都发挥出了高水平，使青瓷成为真正意义的瓷器和新兴产业。

1. 原料的选择和化妆土的应用

在原料的选择上，各地因地制宜，选用当地丰富的原材料，提高自己产品质量，以期增强竞争优势。西晋时期，越窑匠师有意识地选用铁钛含量较高的瓷土作为坯料，或者在坯料中加入少量的紫金土，使胎中的氧化铁含量由东汉三国时的2%以下（一般含量在1.5%—1.75%）提高到了2.5%—3%，钛的含量由1%以下（一般为0.82%—0.97%）增加到了1%以上，适宜于还原焰烧造，使胎色呈灰色，对釉层起衬托作用；使釉色青中带灰，色调比较沉静。相比较，瓯窑瓷的瓷土中氧化铝的含量较高，氧化铁、氧化钛的含量比越窑瓷的瓷土低，从而形成了两大瓷窑制品在胎质、釉色上的不同风格。

婺州窑创新使用化妆土（含氧化铁很低的瓷土），是一项突出的成就，它既使比较粗糙的坯体表面变得光滑整洁，又覆盖了坯体较深的色泽，为利用劣质原料创造了条件，同时也使釉色层在外观上显得比较饱满柔和，从而提高了产品的整体质量。这一创新技术后来被相继应用在越窑、德清窑的部分青瓷中，南朝时也相继被湖南、四川等地的部分瓷窑采用。

2. 工艺技术的不断改进和创新

随着制瓷业的迅速发展，制瓷对成型的要求也越来越高，制瓷匠师对拉坯陶车上的轴顶碗作了改进，并采用拉坯、拍片拼粘、手工捏制、镂雕、粘贴或模印等多种成型方法，从而做成口、颈、腹大小悬殊，造型复杂的堆塑罐、羊形烛台、鹰形罐、莲花尊等艺术珍品。如1972年南京东郊麒麟门外灵山南朝梁代大墓中出土的青瓷莲花尊，[①] 喇叭口，长颈，椭圆形腹，喇叭形高圈足，僧帽形盖，通高85厘米。此尊上贴塑5个飞天，堆塑6个人物，并饰有二龙戏珠、忍冬及莲花纹图案、仰莲、贴花菩提纹等。盖顶为方形纽，绕纽饰两层覆莲，盖边缘为锯齿状变形莲瓣纹。整个器物庄重、敦实。外表装饰采用了贴塑、刻画、模印等工艺，釉色青绿，釉层厚而均匀，光亮润滑，其高大优美的造型，华丽繁缛的装饰，精致细巧的工艺，集中体现了南朝青瓷工艺的杰出成就。

褐色点彩和褐色彩绘，也是这一时期出现的很有创新意义的成就。褐色点彩的运用美化了青瓷单调色釉面，是当时重要的装饰手法之一。过去长时间认为，点彩是西晋晚东晋初越窑系中首创的，而新的考古资料表明，早在三国初期就已出现。例如四川省忠县涂井卧马凼山蜀汉后期六号崖墓出土的一件青瓷碗，口沿上就已装饰有几组褐色点彩；安徽省南陵县麻桥墓所出土的酱黄釉瓷碟的口沿上，饰有3组褐色点彩；江苏省江宁县上坊棱角山吴天册元年（275）墓内所出的青黄釉小瓷罐的肩腹部，各有一圈褐色点彩。更令人惊喜的是釉下彩绘器物的出现。1983年，在南京雨花台长岗村

---

① 徐湖平等：《江苏馆藏文物精华》，南京出版社2000年版。

发现的吴末至西晋初年的5号墓内，出土了一件带盖盘口壶。① 该壶灰白胎微灰，釉色青黄。造型端庄，与婺州窑盘口壶相同。壶通体绘褐色彩绘，在盖、颈、肩、腹部分别绘柿蒂、人首鸟身（所谓"万岁"）、仙草、异兽、怪人以及穿插其间的云气、连弧、莲瓣等纹饰，肩部还贴饰佛像、铺首、双首连体鸟等纹饰，充满神秘色彩，是研究六朝早期绘画艺术的重要标本。褐彩全部绘在略带灰色的白胎上，然后施釉。这件盘口壶不仅是我国年代最早的一件彩绘瓷器，而且是一件釉下彩绘瓷器，它把我国生产釉下彩绘的时间由唐代（唐代长沙铜宫窑瓷）提早到三国或者晋初。不过，过去有学者认为这是一件孤例，疑点多。2002年7月至2004年4月，在南京城南秦淮河的皇册豪园工地及大行宫两处建设工地上，先后出土了一批孙吴时期的釉下彩绘瓷器以及残片，② 这一发现，为确证我国釉下彩绘瓷创始于东吴时期提供了新的证据。

3. 窑炉、窑具与装烧技术的改进与提高

江南地区采用龙窑烧造陶瓷的历史悠久，早在商周时期，就用龙窑烧几何印纹陶、原始瓷和其他陶器了，东汉时开始用龙窑烧瓷器，但是直到三国时期，龙窑的结构还未完善与理想。那时的龙窑，由于受燃料火焰长度的限制，余热利用率不高，因此产品的生烧现象严重。窑工们通过探索，一方面改变龙窑的坡度，另一方面在龙窑拱顶增设投柴孔，进行分段烧烤，另外改变窑具的形制及装烧形式。随着窑炉的改进，烧窑技术也有了提高，还原气氛的控制非常成功，致使烧成的瓷器胎骨细洁坚硬，吸水率和气孔率都降到了最低，多数瓷器达到了正烧效果，瓷器釉层透明。

（三）陶器制造的发展与建筑陶器的成就

关于陶器制造，六朝至五代的论著中很少提及，由于瓷器业的发展，陶土制品的许多品种已逐渐退出了历史舞台，许多日用器被瓷器所取代，陶制明器和陶俑明显减少，且质量不高。当然，也有部分创新，如东晋南朝的陶制镇墓兽，造型与北朝有所不同，名曰"穷奇"。北方的镇墓兽像狗又似牛，颈竖三撮角状鬃毛，背饰三乳钉纹，有"神狗"驱逐妖邪之本领。而南方所见之"穷奇"形如犀牛，头生独角，背竖四束角状鬃毛，头向墓门作守卫状。1955年南京砂石山南朝墓出土之穷奇，即作此状。

南朝的陶俑与北朝相比，无论数量品种或质量都大大不如，但亦见精品。1958年南京丁甲山7号六朝墓葬中出土的女陶俑，头戴扇形发饰，身穿厂袖长衫，双手拱立，表情文静，造型优美。1960年南京西善桥南朝大墓中出土的陶高髻女俑，头梳山形高髻，两鬓长发并结成圆形发饰，身穿右衽宽袖长衣裙，双手相拱，裙下足尖微露，面带微笑，表情恭顺，这些堪称南朝陶塑的佳作。

六朝时期的建筑陶业发展迅速，产量扩大，质量也有所提高。这时砖瓦的形制渐小，汉代盛行的大型空心砖已逐渐衰微，而普遍使用长方形砖，一般长约35、宽17、

---

① 易家胜：《南京出土的六朝早期青瓷釉下彩盘口壶》，《文物》1988年第6期。
② 王志高、贾维勇：《南京发现孙吴釉下彩绘瓷器及相关问题》，《文物》2005年第5期。

厚5厘米左右。砖的正面模印钱纹，长侧面模印斜线纹、菱形纹以及年款铭。[①] 东晋南朝时，在砖的正面模印有仕女、武士、"千秋"、"万岁"画像和忍冬、莲花等花纹。在砖的短侧面，由数块模印砖拼组而成飞仙、凤、凰、青龙、白虎、玄武、飞马、狮子、[②] 南山四皓、贵妇出行、乐队、牛耕、[③] 佛像、[④] 车马出行、羽人戏虎[⑤]等画像砖和忍冬莲花等花纹砖。其中南京和丹阳发现的南朝大墓中的"竹林七贤和荣启期"画像[⑥]由数百上千块模印砖组成，场面恢宏，气势不凡，有的还在边角上加标题。广州出土的西晋墓砖印有韵语，如"永康世，天下荒，余广州，皆平康"，又如"永嘉世，九州空，余吴土，盛且丰"。反映出西晋末年中原战乱纷起，而南方较为和平安定，具有证史的资料价值。建筑陶器的另一项产品是瓦当，均为圆形，直径一般在15厘米左右，质地坚硬。其纹饰在南朝以前的仍带有汉代遗风，以云纹较多；南朝时广泛流行莲花纹，这是当时佛教影响广泛深入的结果。兽面纹瓦当也是这一时期瓦当艺术的一大特色。

二 六朝陶瓷贸易

瓷器是一种商品性生产，各地瓷窑的产品作为商品，必须出售，这就要考虑产地到外界的运输问题，运输以水路最为稳妥，它装载量大，费用低廉，所以，大部分窑场建在近江、河、溪、湖或临近海港之地。如越窑基本上分布在曹娥江两岸、杭州湾附近；瓯窑则在温州瓯江下游，东部沿海；婺州窑集中于东阳江一带；南山窑则东临太湖；江西罗湖窑北临鄱阳湖，处赣江和锦江的交汇处；湖南湘阴窑则分布在湘阴县（县）湘江的东侧；四川青羊宫窑的窑址在磨底河与浣花溪交汇处；福建怀安窑在福州市郊闽江下游东部沿海，磁灶窑在泉州市晋江市东南临海等地。六朝时期造船业相当发达，这就解决了瓷产品出运问题。

1. 瓷器的国内贸易

关于瓷器的国内贸易状况，具体数据难以统计。不过随着人口的增长，瓷器的使用逐渐深入到人们日常生活的各方面，对其需求量亦是逐年增加的，从各地窑场的不断扩大便可知道。另外从各地墓葬出土的随葬情况来看，瓷制品随葬占了很大比例，如吴县狮子山西晋傅氏家族三座大墓，其中一座被盗，一座在破坏严重的情况下还出土谷仓罐、扁壶、篮、镂孔烘罐、熏炉、木榻、水盂、洗、唾壶、瓮、虎子等青瓷器，

---

① 吴战垒：《（图说）中国陶瓷史》，百花文艺出版社2009年版。
② 常州博物馆：《常州南郊戚家村画像砖墓》，《文物》1979年第3期；镇江博物馆：《镇江东晋画像砖墓》，《文物》1973年第4期。
③ 河南省文物局文物工作队：《邓县彩色画像砖墓》，文物出版社1958年版。
④ 吴炜：《江苏省邗江发现两座南朝画像砖墓》，《考古》1984年第3期。
⑤ 南京博物院：《南京西善桥南朝墓及砖刻壁画》，《文物》1960年第8、9期；南京博物院：《江苏丹阳胡桥南朝大墓及砖刻壁画》，《文物》1974年第2期。
⑥ 同上。

有46件之多，① 这些青瓷器都属越窑制品。江苏出土的六朝青瓷，绝大部分出于墓葬，据不完全统计，新中国成立以来经过发掘的六朝墓葬已逾千座，出土的青瓷器物，数量数以万计，器物大部分是外区域输入的产品，其中越窑制品占有很大比例，而德清窑、婺州窑制品也有一定比例。② 越窑制品因其胎质紧密坚硬，釉面晶莹深受人们喜爱，因而能远销到长江中上游地区以及广东、广西等地。六朝时期，瓷器已成为社会中不可缺少、需求量巨大的商品。

2. 瓷器的出口贸易

东汉时已开通了海上"丝绸之路"，瓷器也像丝绸等物，远销出国门。目前远销至南洋一带的情况尚不清楚，据说有少量发现。远销东邻日本的情况亦不大清楚，目前仅知东京国立博物馆收藏的东晋青瓷天鸡壶（日本出土）及出土于韩国忠清南道天原郡花城里的青瓷四耳壶（实际是双复系）。在韩国出土的六朝青瓷器数量就比较多了，根据2004年韩国在大邱博物馆办的一次韩国出土的中国陶瓷展览，其展出的六朝青瓷器就有东晋时的青瓷虎子、天鸡壶、羊形尊、盘口壶、砚台、四耳壶、碗，黑釉天鸡壶、罐以及南朝时的青瓷天鸡壶、四耳壶、六耳壶、莲瓣纹碗、盏，瓶，黑釉四耳瓶、天鸡壶等器物。出土地点大致有清州、开城、原州法泉里、天安花城里和静院里龙院里及陵寺、石村洞、抱川自作里、杆店里、竹幕洞、公州武宁王陵和水村里、釜山福泉洞、益山王宫里、庆州皇南大冢等处，可以说是目前已知在境外出土六朝瓷器数量最多、地点最多的地区。其展出的青瓷器，釉质莹润纯净，釉色青灰沉静，很像是越窑产品；而黑釉瓷器，则可能是德清窑产品。

三　结语

六朝时期南方新兴产业陶瓷业的迅猛发展，促进了商品经济的兴起，也促进了北方陶瓷业的复苏，它为唐宋陶瓷业的繁荣与我国被誉为瓷国奠定了坚实的基础。中国越窑青瓷制品的精美，德清窑黑釉瓷器的异彩，赢得了海外市场和声誉，远播了中国的陶瓷文化。

本文中部分内容参考摘引自中国硅酸盐学会主编《中国陶瓷史》中"三国两晋南北朝的陶瓷"中有关句段，特此说明。

原载《中国古陶瓷研究》第12辑

---

① 张志新：《江苏吴县狮子山西晋墓清理简报》，《文物资料丛刊》第3辑，文物出版社1980年版。
② 徐伯元：《初论江苏六朝青瓷》，《东南文化》1994年10月增刊。

常州戚家村画像砖墓图像主题思想浅见

姚 律

1976年3月,常州市博物馆(今常州博物馆)发掘清理了南郊戚家村一座画像砖墓。据简报,[①] 该墓南向,由甬道和墓室构成。甬道拱券顶,长2、宽1.22米,前有封门墙,中间两侧直立有长方形石柱,下有石门槛。墓室穹隆顶,长4.5、宽3.06米。由于墓室东、西、北三壁略作成圆弧形,致使该墓总平面呈躺倒的瓶状。甬道和墓室壁面全部用模印的画像、花纹砖砌成,筑法是自下而上砌4层一丁三顺长方形砖,然后起券封顶。其中,丁砖除少数图像是模印在砖的平面、一砖一幅外,大多由几块并列的砖侧拼接成一幅图像画面;顺砖则以几何纹样为主。墓室装饰与甬道又不尽相同,墓室还在四隅上部各悬砌石辟邪1件,在东、西两壁上起第一层各装饰两扇宽大的直棂窗。封门墙多用长方形素面砖顺砌,也发现有2块正面朝下的人物画像砖(门吏和侍女像各1幅)。这种现象亦见于其他地方砖室墓,不知仅是出于利用墓内多余下来的画像砖,还是另有用意。发掘时,甬道和墓室顶均已坍塌,使用的是画像、花纹砖还是素面砖,不得而知。墓壁也遭受严重破坏,墓内随葬器物很少,并多残损,这应是早年被盗掘所致。所幸甬道东、西两壁、墓室西壁基本保存完整,东壁保存前部一段,北壁保存西北一角。共出土画像、花纹砖700多块,加上从附近村民处收集到的,总数多达850余块,有多种不同的图像。不仅数量种类多,而且图像清晰准确,制作工艺精湛,雕刻手法多样,有的富有立体感,是一批极为难得的画像砖艺术作品,也是常州考古史上最重要的成果之一。

对戚家村画像砖墓的年代及意义,已有专家学者作了专门研究论述,认为该墓年代约在南朝后期至唐初期间。而这一时期画像砖墓出土较少,特别是在江南一带,如此丰富而精美的画像砖墓更是少见,为我们研究这一时期绘画提供了宝贵资料。更为可贵的是,画像砖内的世俗人物尤其是侍女形象,已显露出南朝人物造型由清瘦向丰腴健壮的唐代风格演变的趋势,与文献记载梁代大画家张僧繇绘画风格十分相似,即所谓"张得其肉"。目前虽不能断定人物画像砖烧制时采用了张僧繇画本的样式,但可说是我们认识张氏画风的最直接的作品,在一定程度上弥补了历史空白。[②]然而,对该

[①] 常州市博物馆:《常州南郊戚家村画像砖墓》,《文物》1979年第3期。

[②] 林树中:《常州画像砖墓的年代与画像砖的艺术》,《文物》1979年第3期;宿白:《北朝造型艺术中人物形象的变化》,《中国石窟寺研究》,文物出版社1996年版;王明发:《画像砖》,辽宁画报出版社2001年版;陈丽华、黄建康:《常州文物》,中国文史出版社2003年版;常州博物馆50周年典藏丛书之《玉器·画像砖》,文物出版社2008年版。

墓画像砖图像的主题思想，迄今少有涉及，实有必要作一探讨。笔者不揣浅陋，试就这一话题陈述看法，不确之处敬请识者指正。

一 图像主体是神灵鸟兽，展现了道教宣扬的神仙世界以及通往仙界的路径

戚家村画像砖墓图像虽有多种，但依题材内容可分为三类，一是世俗人物，二是神灵鸟兽，三是图案花纹。为便于研究，我们根据简报提供的资料，对它们在墓内分布排列情况用表列出（表一）。该墓墓壁遭受破坏，只有甬道和墓室西壁图像得存，墓室东壁仅存前部一段，好在甬道和墓室东、西两壁图像布局完全对称，为能一睹图像全貌，我们尽可能予以复原，用虚线标示。墓室北壁因仅存西北一角，失去依据，只能复原局部，难窥全貌。还需要说明两点：一是根据墓室东、西壁图像对称原则，既然西壁第一层两扇直棂窗之间图像为虎、飞仙、虎，那么，东壁理应类同，为何变成龙、飞仙、龙呢？简报明确告知，龙的图像系从附近村民处搜集来的，原镶嵌在墓室东壁，与虎纹砖相对。这也完全符合代表方位四神所处位置，即东方（青）龙、南方朱雀、西方（白）虎、北方玄武。二是图案花纹中的几何纹样，简报虽列举了几种名称，但未述及在墓内具体分布情况。鉴于此类纹样，仅是作为边框装饰，起间隔作用，与我们要探讨的问题关系不大，因此表中未列，文中也不再叙述，只侧重表述其中主要的花卉部分。这类纹样，虽与图像主题思想有牵连，但也由于有些名称存在不确定性，位置也有不明之处，因此笼统以"花卉"称之。

从表中可清楚看到，世俗人物类仅有 2 幅门吏（双手呈按剑姿势）和 4 幅侍女（持翣、香炉等物）立像，即使把出自封门墙内的男吏女侍计入，也只有 8 幅，比重很小，充塞墓壁的大都是神灵鸟兽和图案花纹。前者计有飞仙、龙、虎、狮子、天禄、辟邪、千秋、万岁、凤、凰等 10 余种，近 60 幅，后者数量也不少，若是再算上复原部分，两者数量就更多。如前所述，虽然男女世俗人物图像，在我国画史上具有补白的重要意义，也为我们观察南朝时期的人文历史打开了一扇"窗口"，但就其在墓内寓意来说，无非借此护卫、侍奉墓主人，使死者在地下世界仍能过着生前那种"门前仪卫肃立，内室婢妾成群"的享乐生活。而在神灵鸟兽和图案花纹两者之间，尽管都占有一定比重，但神灵鸟兽图像位置显要，还出现几块最大的拼砖壁画，无疑是图像的主体。下面，我们来具体看看它们的情况。

狮子 甬道和墓室均有分布。甬道布置在东、西两壁第一层，与花卉、千秋、万岁相间排列。墓室见于东、西两壁第二层前半段，与花卉相间排列。由 4 砖侧面拼接成。画面上狮子为蹲坐姿态，两耳直立，头颈部披满长鬃，肘生毛，左前肢着地，右前肢抬起，巨爪尖利，四肢细瘦若铁，尾巴翘起如帚，张口，作回首怒吼状，气势威武。

千秋、万岁 多布置在甬道东、西两壁第一、三层，前者与花卉、狮子相间排列，

后者与花卉相间排列。此外，千秋、万岁还见于墓室东、西两壁第一层尾部位置，由3砖侧面拼接成。千秋为人首鸟身，直立，挺胸，头饰高耸的帽缨，身着衣领开胸衫，束腰带，展翅垂尾，翎毛向上翘起，活像一位背着双手的绅士。万岁为兽首鸟身，姿态与千秋相似。但无论是布置在甬道抑或墓室，皆为一边是千秋，另一边则是万岁，反之亦然。

飞仙　全部分布在墓室东、西、北三壁第一层。东、西两壁各为4幅，分别与花卉、门吏、侍女、龙（虎）、千秋（万岁）相间排列。北壁因仅见西北角1幅，排列情况不明。由4砖侧面拼接成。头束髻，身着开胸宽袖长裙，束腰带，不露足，手捧葫芦，衣带平行地飘飞身后，一副凌空御风而行之状。

龙、虎　皆在墓室东、西两壁第一层的两扇直棂窗当中位置，东为龙，西为虎，各为2幅，在龙或虎中间为一幅飞仙。由7砖侧面拼接成。虽然数量较少，却是墓内最大的几幅砖拼壁画。龙身修长，矫健，头生一对似鹿的长角，角尖向内翻卷，张口，吐舌，露齿，身生有翼，四肢跨步行进，利爪毕现，身翼奋起，翘尾，呈腾空飞奔之势。虎除头部形象有别外，身躯、形态与龙相似。

天禄、辟邪　是墓内出现最多的一种图像。除一部分在墓室东、西两壁第二层后半段、北壁第三层外，多见于甬道和墓室东、西两壁第四层（最下一层），与花卉相间排列。但无论是甬道或墓室，皆是成对出现，相对分布。甬道东壁为天禄，西壁必定是辟邪；墓室则相反，东壁是辟邪，西壁换成天禄。由4砖侧面拼接成。均为鹿身、马尾、有翼之形，作四蹄腾空、奋翼扬尾之势。不同的是，天禄头生一角，辟邪则有一对向前弯曲的短角。

凤、凰　只分布在墓室东、西壁第三层，东壁为凤，西壁为凰，均与花卉相间排列。由3砖侧面拼接成。皆作孔雀形，两翅展开，尾翎分开，尾垂，翎毛向上翻卷至头顶上方，呈圆弧状。右脚向前抬起，左脚后蹬，气势张扬，似作展翅起舞之势。两者造型区别在于凤头顶有冠，喙轻闭；凰无冠，喙部要比凤长并尖，张口，似作鸣叫状。

众所周知，墓葬壁画（包括画像石和画像砖）是与当时当地的丧葬思想观念密切相连的，其图像无不具有各自含义，戚家村画像砖墓也不例外。有"兽王"之称的狮子，从布置的部位看，主要在甬道和墓室东、西壁第二层前部，并且皆为威武的雄狮形象，张口作狮子吼，威慑有力，显然起着镇守墓门、护卫墓室作用。天禄与辟邪，从其名即知，这是一对镇恶驱邪、祈福纳贵的神兽，正因为有如此功用，不只见于地下墓室，同时还多饰于陵寝前和古建筑前。凤与凰，既是一种美丽的鸟，更是吉祥、安康的象征。《山海经》记载："丹穴之山……有鸟焉，其状如鸡，五彩而文，名曰凤凰。……是鸟也，饮食自然，自歌自舞，见则天下安宁。"[1]在道教看来，凤凰不仅象征祥瑞，还代表神圣，并能负载得道之人升天，在道经中，多有乘鸾凤升仙的传说。千

---

[1]　方韬译注：《山海经·南山经》，中华书局2009年版，第13页。

秋与万岁，即是千岁鸟与万岁禽的略称，是一种传说中的长寿神鸟。对此，东晋著名道士葛洪在他的代表性著作《抱朴子·内篇·对俗》中讲得明确："千岁之鸟，万岁之禽，皆人面而鸟身，寿亦如其名。"①虽然从各地出土的万岁图像看，多作兽首鸟身，与文献所记有异，但意图甚明，即是祈望墓主人重获生机，死后登仙。这种造型奇特的动物，虽然不能说就是道教图像，但至少可以认定是道士们欣赏崇拜的神怪。飞仙是道教中的神仙，②从它们皆布置在墓室东、西、北三壁最上一层看，其用意很清楚，旨在引导墓主人灵魂升天成仙。龙与虎是道教的一种象征符号，它们分别布置在墓室东、西两壁最上层的两扇直棂窗之间，不仅占据显要位置，而且还是墓内最大两幅砖拼壁画，无疑应是代表墓主人或墓室建造者丧葬思想观念的作品，其意有可能是作为方位神，导引死者灵魂升仙。但从在每2幅龙与虎当中又绘有飞仙看，主要是被视作死者升仙的骑乘，期冀将墓主人灵魂接送至仙境。可见，戚家村画像砖墓各种图像的整体象征意义，除镇恶驱邪、辟除不祥外，着重是通过众多仙人和祥瑞动物形象，为墓主人建造了一个道教所宣扬的神仙世界以及通往这个虚幻仙界的路径。

在戚家村画像砖墓的神灵鸟兽图像中，除上述10种外，还有一幅简报称之神兽的图像。我们在介绍龙与虎图像时已提到，它们分别布置在墓室东、西两壁两扇直棂窗之间位置，东为龙，西为虎，各有2幅，在每2幅龙或虎当中为一幅飞仙，神兽即安置在飞仙正上方。现在所见一幅出自西壁，估计东壁相应位置亦有一幅。由二顺长方形砖以及三层平砌的拱券顶砖侧拼接成，正面朝向墓内，坐姿。从图像观察，头部类似狮子，上裸，下似着裙裤，有四肢，皆有爪。上两肢从头部两侧举过顶，再向内弯，下两肢曲膝张开着地。身生有翼，肘生有毛，说明是能飞之兽。在墓室北壁正中对着墓门位置，镶嵌有一块长方形砖（简报未提供尺寸），正面模印一组图像，分上、中、下三层构图，之间用单线隔开。上层为一身兽首鸟身、类似万岁的形象，作展翅欲飞状。中间一身似虎，身有翼，肘有毛，四肢分开，尾巴翘起，作奔走之势。下层为形象狞厉的兽面纹，简报认为是魌头。按袁珂先生的解释，魌头为可怖之假面具，送葬时亦用之，③其作用显然在于驱鬼除邪。中间虎形，笔者觉得此非作为死者灵魂升仙坐骑之虎，可能是描绘一种叫穷奇的异兽。《山海经》有言："穷奇状如虎，有翼。"④上层类似万岁的兽首神鸟，其真实身份虽有待研究，但从其与魌头、穷奇图像组合在一起，应有内在联系，恐怕亦是起一种镇墓、保护死者的作用。至于说到被称作神兽的图像，尽管还叫不上具体名字，但从其安置在墓室东、西两壁中间最高位置看，笔者认为与长沙马王堆一号汉墓出土的T形帛画上的鸟头怪兽有着相同意匠。长沙马王堆

---

① 《文渊阁四库全书》，上海古籍出版社1987年版，第1059册，第11页。
② 这里的飞仙，也有人称之为佛教的护法神——飞天。虽然二者都属于空中轻盈飘逸的人物形象，但从敦煌等佛教石窟壁画看，佛教中的飞天多披挂璎珞，作散花奏乐的姿态，而这里的飞仙都是手捧葫芦（道家仙人的法宝）飞行，有一种道骨仙风，应是道教神祇。
③ 袁珂：《中国神话传说词典》，上海辞书出版社1985年版，第97、444页。
④ 方韬译注：《山海经·海内北经》，中华书局2009年版，第217页。

汉墓帛画内容布局是，上部为天国，中部为人间，下部为冥界。在人间部分描绘墓主人软侯夫人，在三位侍女护送下奔赴天国情景。在软侯夫人与侍女的正上方，有一象征天穹的圆形华盖，两侧为一对头朝上的飞龙，正引领墓主人灵魂升天，就在圆形华盖之下，绘出一身飞翔的鸟头怪兽。[①]前已述及，戚家村画像砖墓为一座穹隆顶单室墓，其穹隆应是模拟天穹，与圆形华盖象征性相仿。虽然我们所说的神兽与马王堆汉墓的鸟头怪兽形象有异，但所处位置十分相似，可能都是起着引魂升仙的作用。总之，尽管仍有讨论余地，估计不会超出镇墓、升仙题材内容的范畴，亦属于道教的神灵体系。

二 以莲花、忍冬纹为主的图案花纹，仅起美化墓室仙境作用，并非属于独立佛教图像

戚家村画像砖墓中另一类数量较多并具特色的图像便是图案花纹。从表中看到，不仅在每隔一幅世俗人物与神灵鸟兽图像之间都点缀有花卉纹样，而且每一层图像均由花卉纹样挑头。从刊载的照片资料看，尤以莲花纹居多，并多以盛开的团花形式出现，由2或3砖侧面拼接成，中心为莲蓬（内有莲籽），周围多为二重绽开的花瓣，外沿是莲叶。忍冬纹也是一种主题纹样，既有比较简朴的四出5叶忍冬纹，由2砖侧面拼接成，5叶忍冬呈对角线状向4个方向伸出，并又在上下左右相邻两叶之间对折伸出忍冬花叶。也有在一长方形砖的平面分上下两层模印忍冬纹，镶嵌在墓室西壁西侧直棂窗右边，结构相对较为复杂。上层自左向右伸出数支忍冬，每支忍冬叶3—7片不等，构图比较随意。下层的13叶忍冬亦呈对角线状分布，在上下两叶空处填充忍冬花叶，而左右则由框边向内各伸出3叶忍冬，画面显得规整和饱满。在上下两层间隔一条横向缠枝忍冬纹，左右为纵向缠枝忍冬纹边饰，皆由单线隔开，最外沿为凸起的长方形边框线。更有在甬道东、西两壁以及墓室北壁的第二层位置，忍冬纹皆作通绘式的带状纹饰，即忍冬藤蔓呈连续的横向S形，在S形区间内，又分出3支枝蔓，枝头向两边分开，各伸出5片叶瓣，呈花束状，以致形成套连的环状形式，每一环皆由3砖侧面拼接成，环间又添加忍冬花叶或莲花，在藤蔓相并拢处还上下各伸出一片小叶忍冬，给人一种藤蔓盘桓、花繁叶茂的感觉。

除单独表现外，这两种植物纹样又多组合在一起，这可说是戚家村画像砖墓图案花纹的一大特点。大致有两种类型。一是以莲花纹为主，由2或3砖侧面拼接成，中心为团形莲花，围绕莲花配饰一圈4叶或5叶忍冬，最外沿为一轮凸起的边框线。另一种是以忍冬纹为主，多由2砖侧面拼接成，中心的团形莲花较小，外沿是粗壮的5叶忍冬，也呈对角线状布置，相邻两叶中间为对折的忍冬花叶。

---

① 湖南省博物馆、中国科学院考古研究所编：《长沙马王堆一号汉墓》（下集），文物出版社1973年版，图版七六。

在戚家村画像砖墓中还见有2幅甚为特殊的花卉组合图案。其中一幅也是单独模印在长方形砖平面，一砖一幅，镶嵌在墓室西壁西侧直棂窗左边，与前述忍冬纹相对，花叶繁丽，恰如摆放在窗边的盆花。另一幅位置不明，由2砖侧面拼接成。依笔者之见，除似加入莲草纹外，大体上仍属于由莲花与忍冬这两种主题纹样相组合的一种纹饰——前者底部为八瓣大覆莲，其下一字形排列3支忍冬，叶瓣5—7片不等，其上中间伸出3支细长的莲茎，顶端为一朵盛开莲花，上面卓立一支7叶忍冬，围绕中间细茎莲花，左右两侧从里到外仍是与中间细茎莲花等高的忍冬、莲花蓓蕾、忍冬，生气勃勃。后者除底部亦是八瓣大覆莲外，其上似在两瓣仰莲中间为一朵大莲花蓓蕾，左右分枝又生出一小莲花，上部皆为忍冬花叶。

大家知道，莲花、忍冬与佛教有着极为密切的关系。佛教常以莲花象征圣洁、光明，以莲花喻义佛国世界，是佛教美术的重要题材。忍冬也是伴随佛教艺术东传而在我国出现的一种外来纹样，盛行于南北朝美术作品中。而从江苏发掘的六朝画像砖墓看，孙吴、东晋时期，虽也偶见莲花、忍冬纹饰，但大量莲花、忍冬纹饰却是出现在南朝齐、梁以后的墓砖上，几乎是每墓必有莲花、忍冬纹饰，这种变化显然与佛教兴盛有关。[1]那么，可否认为戚家村画像砖墓为佛道信仰图像并存呢？恐怕还不能够，因为莲花、忍冬纹虽是具有佛教意味的图案花纹，还有前文所述的狮子，也与佛教有联系，但它们在墓室中并非是直接表现佛教的图像，除此以外，再看不出有其他佛教方面的信息。众所周知，狮子在佛教中是护法的，墓室建造者借用"兽王"狮子来镇守墓门、护卫墓室，不仅顺理成章，更是相得益彰。而大量采用莲花、忍冬图案花纹，笔者推测，很有可能是借用这两种具有蓬勃生命力的祥瑞植物纹样，来进一步美化墓室的仙界景象。或者说是融入了佛教图像元素，以增强墓室的仙气，激发想象中死者灵魂对美好道教仙境的向往与追求。

三 相关的画像砖墓和文献记载

如果再联系常州地区发掘清理的另外两座画像砖墓，便更为明确。据简报，[2]这两座画像砖墓亦位于常州南郊褚家塘和田舍村，邻近戚家村墓，均是带甬道的单室穹隆顶砖室墓。其中田舍村画像砖墓虽然坐东朝西，墓向与戚家村的不一致，而墓室规模、形制结构与戚家村的基本相仿，也是在甬道内设有石门（二重），墓室东、南、北三壁做成圆弧形，整墓平面呈瓶状。墓壁照例是从下向上砌筑三层一丁三顺或一丁二顺的模印长方形画像和花纹砖，四隅上部悬砌石辟邪，除南、北两壁装饰直棂窗外，东壁亦有棂窗之设。[3]在画像砖内虽不见千秋、万岁、龙、虎、天禄、辟邪以及神兽、颛

---

[1] 武翔：《江苏六朝画像砖研究》，《东南文化》1997年第1期。
[2] 常州市博物馆、武进县博物馆：《江苏常州南郊画像、花纹砖墓》，《考古》1994年第12期。
[3] 关于田舍村画像砖墓直棂窗问题，简报疏漏，而在常州武进县政协文史资料研究委员会1994年编印的《武进文物》南朝画像砖墓一节，说道"墓室左（南）右（北）及后（东）壁开有假直棂窗及壁龛"。

头之类图像，仅有狮子、飞仙、凤、凰几种，但新增了仙女骑鹿和车马出行画面。仙女骑鹿有2幅，皆布置在墓室南壁上起第一、二层与莲花、凤、凰、飞仙等相间排列，由4砖侧面拼接成。画面似为一头束发髻、身着宽袖衣裙的女子跨于昂首奔走的鹿背上，衣带飘飞身后，手似执仙草，鹿口中衔忍冬。①车马出行亦有2幅，分为骑马出行和马车出行两种，多与莲花等植物纹样相间排列。其中骑马出行布置在甬道南壁第二层，面向墓门，由7砖侧面拼接成。画面为一头戴冠饰、身着宽袖长袍者，跨骑在一匹高头大马上，举手挥鞭，催马前进。马似受到惊吓，前蹄跃起，昂首作嘶鸣状。马前有一衣着袴褶的御者，一手紧勒缰绳，一手高举，并回头张望。马后跟随4位侍女，脸形均较丰满，头扎双环髻，身着开襟宽袖长裙，手中分别捧着香炉、夹着茵席、执着长柄扇、撑着伞盖。马车出行布置在甬道北壁第一层，与骑马出行相对，亦是面向墓门、由7砖侧面拼接成的大幅砖拼壁画。画面为一马拉着带车厢和卷蓬的两轮车，仅见一身着袴褶短服、手挽缰绳、跨步疾趋的御手，未绘出乘坐车厢内的人。车后跟随3位侍女，穿着打扮如前，徒手而行，作彼此交谈嬉笑状。

关于这两座画像砖墓和车马出行画面，简报认为它们不但与戚家村墓年代相当，均属于南朝梁、陈时期墓葬（可能要略早于戚家村墓），"而且都是属于装饰华丽、气派非凡的砖室墓，可见它们不是一般平民百姓的墓葬。有些画像如'车马出行'等，在等级森严的封建社会中，这不是一般人能享有的，可见墓主人是具有一定政治地位的贵族"。从墓室结构看，田舍村画像砖墓甬道内设有二重石门，比戚家村的还多一重，同时在墓室内设有帷帐座。据研究，南朝时期砖室墓分两种类型。Ⅰ型甬道设石门二重，属王侯墓；Ⅱ型甬道设一重石门，属贵族墓。②而凡是设有帷帐座的墓葬，均为王室和贵族墓。③尽管此说还可探讨，但仅从墓壁全部装饰砖拼壁画并配置男女侍从这一点而言，足以表明墓主人生前若无一定政治地位和财力，死后绝不可能享有如此厚葬待遇。田舍村画像砖墓，包括戚家村墓在内，都属于当时常州地区的世家大族墓，而常州南郊，即今常州市兰陵路一带，很可能是当时常州地方的世家大族墓地。不过，田舍村墓的车马出行画面，笔者觉得并非都是彰显墓主人生前的富贵生活。诚然，魏晋南朝时期玄学盛行，士大夫阶层纵情山水游览，以获取精神上的满足，骑马出行画面中女侍所持的茵席、伞盖，即是当时王公贵族外出时的仪仗器物。但马车出行画面则不是这种社会风尚的反映，应是描绘墓主人死后灵魂出行的情景。如前所言，马车出行画面上马拉的两轮车，是一辆带车厢的篷车，车厢内乘坐的人又隐身不显，这不是简报所认为的车厢内乘坐着女眷，而是典型的魂车形象，车厢内乘坐着无形的死者

---

① 需作说明的是，仙女骑鹿图像比较模糊，画面情况是根据简报叙述的。不过，骑在鹿上的人是否女性，尚属疑问。据笔者所知，仙女一般都乘凤凰，仙人才骑鹿，也有可能为仙人骑鹿画面，但它们属于仙人内容的图像确凿无疑。
② 冯普仁：《南朝墓葬的类型与分期》，《考古》1985年第3期。
③ 阮国林：《谈南京六朝墓葬中的帷帐座》，《文物》1991年第2期。

灵魂。从马车向着墓门方向行进看，死者灵魂显然要离开墓室。去向哪里虽未说明，但从墓内不仅绘有众多飞仙，同时还配置引导升仙的仙女骑鹿画面，就清楚表明，死者灵魂出行的目的地是仙界。马车出行画面，正是表现死者灵魂在侍女陪伴下前往长生的神仙世界。

这种表现死者灵魂选择乘坐车马前往仙界的情况，还可从南朝齐、梁时著名道士陶弘景死后的随葬品得到佐证。陶弘景，丹阳秣陵（今江苏南京）人，出身士族，幼年读葛洪《神仙传》，便有养生之志，倾慕隐逸生活。成年后师从道士孙游岳，受符经图书，遍历名山，寻访仙药。齐永明十年（492）隐居句容曲山（今江苏句容茅山），传杨曦、许谧等《上清大洞经录》，开创道教茅山宗，为南朝道教上清派的代表人物，死于梁大同二年（536）。他在临终之际留下遗嘱："既没，不须沐浴，不须施床，止两重席于地，因所著旧衣，上加生祴裙及臂衣靸冠巾法服。左肘录铃，右肘药铃，佩符络左腋下，绕腰穿环结于前，钗符于髻上。通以大袈裟覆衾蒙首足。明器有车马。道人道士并在门中，道人左，道士右。百日内夜常然灯，旦常香火。"①这段遗嘱有两处颇耐人寻味：一是一位道士尸衣为何要用佛教僧人法衣？二是随葬品为何要有车马？前者不难理解，因为陶弘景虽是一位道士，但却主张融合儒、释、道三教，晚年曾到鄞县（今浙江宁波）阿育王塔受戒，在茅山道观中建有佛、道二堂，隔日轮番朝礼。因此入殓时，既身着道服，又覆盖袈裟，正是他佛道双修的体现。而后者，作为一个长期隐居深山的遁世者，死后用车马陪葬，显然不是要再现生前出行的景象，也不是作为身份的标志，而是为死后灵魂升入上清仙界——比天师道太清境界更高的仙界提供坐骑。

其实，戚家村画像砖墓本身已经包含了这方面内容。虽然在该墓画像内没有车马出行的画面，但前面说到，在墓室东、西两壁最上一层非常醒目地各装饰有两扇宽大的直棂窗。这种假窗之设，虽未见于江苏发掘的六朝画像砖墓，但却古已有之，在湖北随县出土的战国曾侯乙墓内棺漆画上，就绘有带格的窗子，②尽管式样不同，但其意十分清楚，即并非只是说明这座地下家宅的真实性——有门又有窗，而是象征死者灵魂出入的通道。有意思的是，为了表明直棂窗是与室外是相通的，封闭的地下家宅不是与外界隔绝的，墓室建造者特意描绘了窗外的景象，即在窗棂之间绘出条形植物花卉，以示死者灵魂可以自由出入飞升，用一种隐喻手法表现了死者灵魂出行升仙的意图。

四 "死后升仙"丧葬观念的人文历史背景

常州戚家村画像砖墓图像主要是通过众多仙人和祥禽瑞兽形象，展现了道教所宣

---

① 《南史》列传第六十六《隐逸下》，中华书局1975年版，第1899—1900页。
② 皮道坚：《楚艺术史》第八章《战国时期绘画与雕刻》，湖北教育出版社1995年版，第276—278页；湖北省博物馆编：《曾侯乙墓——战国早期的礼乐文明》，文物出版社2007年版，第26—29页。

扬的长生神仙世界。佛教自两汉之际传入我国，历经三国、两晋，到南北朝时，佛教已传遍大江南北。而在江南，虽然佛教肇始于孙吴时期，要略晚于中原和徐淮地区，但由于六朝帝王大多溺信佛教，势头一浪高过一浪，至南朝梁武帝时，佛教在江南达到鼎盛，空前繁荣，并助推全国佛教创下历史新高。关于此时江南佛教盛况，著名佛教史家汤用彤先生作了非常精到的概括，说南朝佛教"至梁武帝可谓至极。盖以外象言之，其京师寺刹多至七百。而同泰寺之壮丽，爱敬寺之庄严，剡溪石佛之伟大，前所未有。以僧众言之，则名僧众多，缙豪归附。讲筵如市，听者如林。宫内华林园为讲经之所。宫外同泰寺为帝王舍身之区。中大通元年，设四部无遮大会，道俗会者五万余人。京外西极岷蜀，东至会稽，南至广州，同弘佛法"[1]。在这种人文背景下，必然会影响到墓葬艺术。

可事情并非都是绝对的。在江南，在佛教盛传而成为一种强势文化的时候，道教也获得较大发展。陶弘景就是当时"海内宗重"的道教人物，他生前隐居的江苏句容茅山业已成为江南上清派道教最主要的活动中心，各地问道者络绎不绝，其中还不乏佛教僧人。如北魏名僧昙鸾（亦作昙峦）便在梁大通年间（527—528）千里迢迢到茅山拜访陶弘景，寻求长生术，得《仙经》十卷。[2]

道教是我国土生土长的宗教，产生于东汉顺帝年间（126—144），是在民间巫术、神仙方术以及阴阳五行说等基础上逐步形成的，终极目标就是修道求仙。在佛教传入江南之前，道教已在江南扎了根，不仅流行于民间，南朝的世家大族也大多信奉道教，渴望长生不死，得道成仙。而在佛教初传江南之时，就以表面相合，附属道术，时人往往是"佛道"并称兼祀。可能是因为佛教的宗教内涵比道教丰富缜密，大约从南朝中期开始，情况发生变化，大批原先信奉道教的世家大族转向信佛，恰如汤用彤先生所言的那样"缙豪归附"。然而，面对死亡带来的恐惧，他们依旧难以割舍心中原有的那份乞求长生的情结，即便不能在有生之年成仙，临终之际，仍用道教之法，希望死后升入仙界。

当然，佛教也宣扬一切众生修五戒十善则可升天，若修净土法门更可往生极乐世界（天上世界），但这却不是生前就能做到的，只有死后才能实现，仍旧摆脱不了死亡。佛教还认为，天人也有寿数，也要死，照样要在生死轮回中流转。相比之下，道教的修道求仙思想主张，更能满足人们生而不死的愿望，即使做不到长生不死，死后升仙就不会有再死，就会永生，自然对人们具有无限的吸引力。就拿崇佛著名的梁武帝来说，他幼年也奉道，天监元年（502）当上皇帝后，虽然舍道归佛，成为虔诚的佛教徒，在倡导佛教的同时，也重视传统的儒、道文化，钦重陶弘景，朝廷大事都要通书咨询，陶弘景被称为"山中宰相"。尤其到了晚年，这位"和尚皇帝"还越来越心

---

[1] 汤用彤：《汉魏两晋南北朝佛教史》下册，中华书局1983年版，第344页。
[2] 参见《续高僧传》卷六《魏西河石壁谷玄中寺释昙峦传》，载《历代高僧传》，上海书店1989年版，第470页。

仪道教，迷信陶弘景炼制的丹药，"弘景既得神符秘诀，以为神丹可成，而苦无药物。帝给黄金、朱砂、曾青、雄黄等。后合飞丹，色如霜雪，服之体轻。及帝服飞丹有验，益敬重之。每得其书，烧香虔受"[①]。梁武帝多么地希求通过服食金丹仙药，使自己变成仙人，不老不死，生命永恒。[②]足见道教宣扬的神仙观念，业已成为南朝后期包括君王在内的世家大族普遍心理状态。常州戚家村画像砖墓内出现的神灵鸟兽图像，便是这种"死后升仙"丧葬思想观念的反映。

原载《长江文化论丛》第九辑

---

① 《南史》列传第六十六《隐逸下》，中华书局1975年版，第1899页。
② 梁武帝留恋人生，追求长生不死的意愿，在女皇武则天身上也充分体现。武则天借助佛教当上皇帝，其尊崇佛教是众所周知的，虽不曾像梁武帝那样四度舍身入寺，但佞佛程度丝毫不比梁武帝逊色。然而步入晚年，她同样也痴迷道教，羡慕王子乔得道升仙（相传王子乔为周灵王的太子，好吹笙作凤凰鸣，游伊洛时，被道士浮丘公引往嵩山修炼，30余年后，在缑氏山向家人挥手告别，驾鹤升仙而去），她专门在缑氏山上（位于洛阳偃师市府店镇南）为王子乔立一通巨大的"升仙太子碑"，并亲自撰写了长篇碑文，表达自己对神仙世界的憧憬与向往，梦想自己与王子乔一样，能驾鸾凤之车抵达脱离死亡的长生仙境，永享天下。

漫说常州北宋石经幢

邵建伟

北宋遗存石经幢坐落在常州市延陵东路440号弄口，前些年已移至马路对面。此经幢通高4.6米，由幢座、幢身、幢盖三部分组成，幢座为束腰须弥座，浮雕八力士、宝相花、八佛像、仰莲等4层；幢身为八棱柱形体，四周刻有佛经，但已漫漶不清；幢顶由缠枝牡丹花宝盖、浮雕斗拱、石幢檐伞组成。1964年它被列为常州市文物保护单位，1995年被列为江苏省第四批文物保护单位。

幢（chuáng），古代本指支撑帐幕、伞盖、旌旗的木杆，后借指帐幕、伞盖、旌旗等。所以，幢是指中国古代仪仗中的旌幡，即在竿上加丝织物做成，这种旌幡又称幢幡，可以理解为一种垂筒形或条片形、饰有羽毛或锦绣的旗帜。古代常在军事指挥、仪仗行列、舞蹈表演等中使用。随着印度佛教的传入，尤其是唐代中期佛教密宗的传播，开始出现将佛号或佛像书写、绘画在丝织的幢幡上者，便称之为经幢，经幢一经出现便长盛不衰至今，大家现在到寺庙里去参观游览，在佛像前会看到悬挂有各种各样的、有佛号或佛像的旌旗幢幡。但丝织品易朽坏，为保持经久不毁，后来改为镌刻在石柱上，于是，刻佛经或佛像于石上者便称为石幢。其制式大体由印度的幢形演变而来，石（经）幢一般由幢顶、幢身和基座三部分组成，主体是幢身，刻有佛教密宗的咒文或经文、佛像等，多呈四角、六角或八角形。唐代永淳年间（唐高宗李治）时开始出现经幢，五代、北宋发展达到高峰，数量更多，形制更繁，元代以后则渐趋没落。

人们为何要制作经幢、石幢？据佛典《佛顶尊胜陀罗尼经》中说，佛告天帝，若人能书写此陀罗尼，安高幢上，或安高山，或安楼上，乃至安置窣堵波（亦作"窣堵坡"。梵语 stūpa 的音译，即佛塔。唐玄奘《大唐西域记·呾蜜国》："诸窣堵波及佛尊像，多神异，有灵鉴。"唐黄滔《大唐福州报恩定光多宝塔碑记》："释之西天谓之窣堵波，中华谓之塔。塔制以层，增其敬也。"）中，……若有苾刍、苾刍尼（梵语男僧叫苾刍，女僧叫苾刍尼，即比丘、比丘尼）、优婆塞、优婆夷（梵文 upāsaka，在家信佛、行佛道并受了三皈依的男子叫作优婆塞，现称居士；梵文 Upasika，在家信佛的女子叫优婆夷，又译优婆私柯，意译近善女、善宿女、清信女等，凡受了三归五戒的女子，都叫作优婆夷，现在称女居士）、族姓男、族姓女（所谓族姓男、族姓女，或俗称善男子、善女人，在阶级制度森严的古代，原意指具备高贵血统的人，但在宣扬众生平等的佛法中则用以形容高尚、优秀的人），于幢等上或见，或与幢相近，其影映身，或风吹陀罗尼上幢等尘落在身上，彼诸众生所有罪业，应堕恶道、地狱、畜生、阎罗王界、阿修罗身恶道之苦，皆悉不受，亦不为罪垢染污。此等众生为一切诸佛之所授记，皆得不退转于阿耨多罗三藐三菩提（梵文 Anuttarasamyaksambodhi 的音译。意思是"无上正等正觉"，也可译为"无上正遍知"，是只有佛才能够有的能力）。

正因为好处多多，所以，佛顶尊胜陀罗尼石（经）幢便成为早期最为常见的经幢内容，人们也因此习惯上把石（经）幢称作"陀罗尼石幢"，或"尊胜石幢"或简称"石幢"。不过到五代、宋金时期，开始出现雕刻其他的经文或佛像、菩萨等内容的石幢，内容与形式更为繁复。但上述名称则沿用下来，史籍中多简称"石幢"，很少见到称"石经幢"的，大约是古人为区别丝织类的"经幢"而言吧。当然，现在大家约定俗成，称之为"石经幢"也不错。

常州遗存的石经幢是北宋太平兴国禅寺山门前的附属物。据《武阳合志》卷一四《坛庙志》记载："太平讲寺齐高祖创造，名建元，唐乾元中始大之，穹堂伟殿，甲于诸刹，宋改太平兴国禅寺（太平兴国是北宋太宗赵匡义年号，976—984 年），植两石幢于山门左右。"此寺自南朝萧齐以来在常州有着重要地位，更不乏史籍记载，历代多有重建或修缮。北宋名臣常州人胡宿（996—1067，宋仁宗天圣年间进士）有记："萧齐旧刹，吴土名蓝。"大文豪苏轼赋有《太平寺牡丹》等诗。南宋建炎初，太平寺毁于兵燹，"仅余三数塔殿与甘露戒坛"（注：太平寺塔经历代兴废又修葺，现已成为常州的一处重要文化景观——文笔塔）。"元初分创为三院，至正兵燹仅存浮屠。"明初大学者谢应芳倡议修塔造寺，幸此，明时"太平寺一塔岿存，依然壮观"。但"风摧雨坏，岁久月长……梵宇俱亡"，唯塔巍然。明英宗正统四年（1439）重建，明朝乡贤胡濙记载："中因取今额（指明洪武年间取名太平讲寺。讲寺之名来由据唐荆川儿子唐鹤徵考记，'释迦谈四谛法于鹿野苑，而得道果者以亿计，则西土之教实籍讲以传其后'），旧有金刚殿舍利宝塔尊胜二幢并加修葺。"万历初又增修，以后到清代也多有修葺。清代常州著名学者洪亮吉有《登太平寺浮图》诗："薄醉闲来倚石幢，佛楼深处酒兵降。"无锡人孙继皋也有《入太平寺访友》诗"钟传香塔外，花散石幢南"句。新中国成立后太平寺依然存在，据常州市文物管理委员会的《文保单位档案》记载："1950 年土地改革以后，寺院房屋大部分为武进县人民法院及看守所使用，寺中仅存一些佛像，也在'文革'时被捣毁。两座石经幢，一座于 20 世纪 50 年代被人砸毁，现仅存一座。"从上述记载来看，此石经幢也算是流传有绪。

但石幢上所镌刻的经文，早已漫漶不清，难以辨识。现代的常州地方史志多将此石幢定名为陀罗尼石经幢，或说幢身上刻的是陀罗尼经，这种讲法可能值得商榷。前述史籍也仅有明代胡濙记载中提到了"尊胜二幢"，但不能表明幢身上刻的就是《佛顶尊胜陀罗尼经》，也许"尊胜石幢"只是当时沿用的通称而已。倒是《武阳合志》卷三四《金石志》有这样的记载，"太平兴国寺石幢存"，其中右东幢高三尺九寸五分，八面，面广九寸五分，十行，字数不计。大孔雀明王经，及捐施人姓名钱数若干。右西幢高三尺九寸，八面，面广九寸，八行，字数不计。观音经，及捐施人姓名钱数若干，如上有"皇宋常州太平兴国寺城□法王□□□□□大师，郡夫人"及其他有名望的人或有封号的人。同时说："幢第一面面墙不可拓，余也漫漶，考其文义似观音经。两幢皆在太平寺旁民家，幢后题名皆不可考矣。"虽未注明出处，由何人考证。但至迟在是光绪十二年以前所作的考证。因为《武阳合志》是光绪十二年版的，此记载应为修志时的现场考证。从上可知，其中一幢所刻是《大孔雀明王经》，当无疑义；另一幢所刻虽说疑似《观音经》，但当时的考证人不应把最有可能刻的《陀罗尼经》遗忘掉，而不去作比对。所以将此石幢定名为陀罗尼石经幢尚可，因为沿用古代通称可说得过去，但说幢身上刻的一定是陀罗尼经是不妥当的。至于现存的石幢上刻的到底是什么经文，恐怕再也难以搞清，笔者在现场目察良久，幢身所刻经文磨灭殆尽，唯在其中一面下方局部，有刻文隐约，大约计算行距，面刻应是八行经文，比对前述《武阳合志》卷三四《金石志》有关"西幢"的记载，凭此是否可以推断所遗留下来的是西幢呢？如果是，那么，上面的经文可能是《观音经》，当然这还需要文保专家进一步的考证。需要说明的是，石幢的出现与密宗提倡有关，但发展到宋代，本已出现其他的经文内容。常州北宋石经幢上刻的是《大孔雀明王经》和《观音经》是完全可能的，因为佛顶尊胜信仰、佛母大孔雀明王信仰与观音信仰等，恰巧都是佛教密宗的主要内涵。

从中国佛教发展的整体情况来看，唐宋时期，佛教得到了全新的发展。各种佛教学说得到总结和概括；各种僧团和教派纷起发展，宋代禅宗开始独领，成为主流；寺院经济形态的去特权化，民间佛教和居士佛教传播尤快。这一切都构成了佛教的中国化、世俗化、平民化的浓厚特征。

常州从南朝萧梁到五代南唐都是崇信佛法的中心地区。但即使到唐代，在常州民间，佛教信仰仍然不占主流地位。如唐代常州"淫祠"（淫祠是中国古代未获朝廷官府批准的信仰祭祀礼拜活动场所）多多，据《咸淳毗陵志》卷一四《祠庙》载："昔狄梁公（唐名相狄仁杰，死后被追赠为梁国公）使江南，撤（常州）淫祠千七百所，而存者四。"而常州佛教发展到宋代，同其他地区一样，世俗化平民化成分大增，佛教信仰真正全面发展，这主要是由于大量裁撤淫祠，局限了人们的信仰空间范围；加之禅宗等教派的影响加深，极大地沟通了佛教教义与世俗信奉者之间的感情。太平兴国禅寺便是典型的禅宗系寺庙，而石幢的植立又多与汉传佛教密宗有关，可见禅宗在发展初期，与其他教派在"宣扬"上也是互争互补的。因此，常州北宋石经幢是反映常州佛教发展史的不可多得的时空参照。

常州宋代石刻遗存下来的不多，保存情况良好的尤少，这是常州的自然环境使然。因此，我们在评估北宋石经幢的历史价值艺术价值时，也要考虑到其未来的有效保护。太平寺早已不存在，石经幢又属于单体质的、体量小的、可移动的文物，露天原地放置，会使它处在一定程度的危机中。俗话说，风流总被雨打风吹去，阳光、空气、雨水会不会把最后的痕迹漂去呢？

原载《常州文博》2010年第2期

常州两宋瓷话之青瓷篇

朱 敏

宋代常州地区，农业与手工业发达，商品流通活跃，生活物资丰富。常州宋墓出土的随葬文物中，包括来自各地名窑的瓷器，有南方的越窑、龙泉窑、景德镇窑，也有北方的定窑、耀州窑、磁州窑等。

两宋瓷器简单从颜色上可分为青瓷、青白瓷、白瓷和黑瓷。中国最早的瓷器就是青瓷，同时青瓷又是宋代瓷器的杰出代表，所以笔者先从青瓷入手，杂话两宋的青瓷艺术，赏析常州出土的青瓷。

一 青瓷的历史沿革

所谓青瓷，颜色并不是纯粹的，具有黄、绿、青等颜色，但多少总泛出些青绿色来。古人对于绿、青、蓝三种颜色，一概称为"青色"，后世人沿用古代记载上的称呼，就叫这种瓷器为青瓷。[1]

商周时期，以草木灰调水，涂于需要烧造的器物表面，因含铁不纯，还原气氛不充足，色调便呈现黄色或黄褐色，也就是原始青瓷。青瓷可说是所有瓷器类型的基础、鼻祖。

东汉时期，青瓷烧造技术已达到成熟阶段，其主要代表就是越窑青瓷。到三国两晋南北朝时期，南北各地烧制青瓷更为普遍，瓷窑增加，种类繁多，质量进一步提高，南方和北方所烧青瓷各具特色。唐代制瓷业已经成为独立的部门，并且形成"南青北白"的特色。虽然唐代青瓷已经失半壁江山，但其釉色之美被时人称颂，唐代诗人陆龟蒙以"九秋风露越窑开，夺得千峰翠色来"的名句赞美青瓷。

宋代瓷器生产无论从工艺技术还是艺术性都达到前所未有的高峰，然而就在白瓷、青白瓷、黑釉、彩绘瓷等各色瓷器的异彩纷呈、争奇斗艳时，青瓷仍然是宋代陶瓷的主帅。日本学者三上次男称宋代青瓷是"迄今为止世界上最优秀最精美的青瓷器"[2]。

到了元代，因蒙元统治阶级的审美不同，青瓷逐渐退出主导地位。明清以后青花的一统天下，更使青瓷难以为继。明清时期，偶尔出现一些仿汝、仿官、仿哥等仿古

---

[1] 童书业：《中国瓷器史论丛》，上海人民出版社1958年版，第3页。
[2] ［日］三上次男：《陶瓷之路》，李锡经、高喜美译，文物出版社1984年版，第13页。

瓷，说明青瓷在南宋以后只能作为美好的回忆存在，已退出了历史舞台。

二　宋代青瓷发展的背景

青瓷成熟于汉，盛行于唐和五代，造极于两宋，元以后急剧衰落。青瓷之所以能够在宋代达到登峰造极之境，有着宋以前长期制瓷经验积累与传承的种子，同时，宋代社会发达的经济、哲学思想、文化氛围也提供了适宜的土壤，才能使青瓷艺术结出丰硕之果。

两宋是中国封建社会从强盛走向衰落的时期，虽然在版图、国力和军事方面远不能同汉、唐盛世相比，然而其经济繁荣程度可谓前所未有，农业、印刷业、造纸业、丝织业、制瓷业均有重大发展，航海业、造船业成绩突出，海外贸易发达。有学者认为宋代已经出现资本主义萌芽。总体上说，宋代是一个社会经济高度发达、人民生活安康的时代，这就为瓷器的发展提供了坚实的物质基础。同时，宋代在科技领域有许多发明创造，中国古代四大发明有三项成于宋，宋代的科学成就也为陶瓷事业的发展提供强有力的技术支持。

宋代各地名窑林立，全国出现了"官窑"与"名窑"两大系统。"官窑"系统的瓷器以官、汝窑的青瓷乳浊釉为代表，以淡雅、恬静为目标，要求器物有莹润如玉的釉色之美。"民窑"系统的瓷器则以素雅大方的青、白、黑、褐为基调，用自由奔放的刻、划、剔、印、彩绘等技法，以写实的内容使人联想，引起共鸣，从而争取市场。后世对宋代瓷器还有所谓"五大名窑""八大窑系"之说，这两大系统、八大窑系的客观竞争，使宋代陶瓷在工艺和美学上取得了重大成就。

宋代崇尚道教，老庄美学思想在唐代基础上得到进一步继承和发展，出现儒释道三教合一的局面，从而形成宋代理学。特别是在宋徽宗时代，崇教达到了前所未有的狂热。道教崇尚"静"，讲究"道法自然"，儒家讲究"中庸""君子如玉"，理学提倡"天人合一"。青瓷特有的的艺术气质，正好符合了这些哲学思想的意境，其器形简约静穆，釉色清新纯净、幽雅安详，釉质莹润如玉，装饰简洁素淡、朴实无华，毋庸置疑地得到推崇。

宋代历经北、南宋两阶段，是我国历史上又一次民族大融合时期，不同民族的文化与思想与经历了一个碰撞、融合与优化的过程，因而在文化建设和学术思想方面的发展呈现出承前启后、宏通广博的繁荣景象。对文学艺术的品位，对世俗生活的体会，成为宋代文人感情生活的一部分，文人的思想直接影响到宋瓷的造型形式和审美情趣。缪钺《论宋诗》云："宋代国势之盛不及唐，外患频仍，仅谋自守，而因重用文人之故，国内清晏，鲜有悍将骄兵跋息之祸，是以其时人之心，静弱而不雄强，向内收敛而不向外扩发，喜深微而不喜广阔。"因而宋代在文学、书法、美术、工艺等审美趣味上，都崇尚自然、含蓄、平淡、质朴，青瓷正是以极简的艺术语言达到苏东坡所说"疏淡含精匀"的审美意趣。

三 常州出土名窑青瓷

两宋时期，虽然屡遭外敌入侵，但是江南一带，却物阜文兴，十分繁华。特别是南宋时期，北人南迁，富室巨户、手工艺人大多迁移到江南一带，更是促进了江南的繁荣。历史上常州城垣最大的时期就是在五代到两宋。《咸淳毗陵志》记载，南宋常州"在东京一千九百八十三里，西京二千八百三十三里，行在五百四十里。东西二百里，南北二百七十里，是为提封之境"。并领晋陵、武进、无锡、宜兴四县。两宋时，太湖地区稻米产量居全国之首，有"苏常熟，天下足"的说法。而在常州州城，有双桂坊、状元坊、椿桂坊、翰林坊、定安坊等二十三坊，在罗城东南二里设大市，任命市长一人，管理贸易买卖，每个城关之外，还都有小街市。以上资料说明，常州在宋代农业生产发达，城市经济兴旺繁荣。大运河开通以来，常州成为重要的交通枢纽，"自苏松到两浙七闽数十州，往来南北二京者，无不由此途出"。优越的交通条件更加推动了宋代常州商贸的发展，给常州带来了全国各著名窑口的精美瓷器。

宋代常州虽然经济高度发达，但毕竟只是"二线城市"，官窑、汝窑、哥窑、钧窑等官窑青瓷流通较少，然而民窑各大窑系的产品还是比较丰富的，出土有大量的越窑、龙泉窑青瓷，还有少量的北方钧窑和耀州窑青瓷。这些民窑青瓷时代特征明显，其器形、釉色、纹饰甚至出土数量的多少，都为研究宋代青瓷的发展、各窑口的青瓷特色等提供重要佐证。现将常州博物馆收藏的宋瓷精品介绍如下。

（一）越窑

常州因临近越窑产区，境内出土大量越窑产品，年代从西晋到北宋。不仅有釉色纯净、纹饰精致的越窑上品，也有做工较粗糙的一般产品，这意味着当时常州上至达官贵人，下至平民百姓，都在使用越窑产品。北宋时期的越窑器，数量较多，特色鲜明，而早期和晚期的区别尤为明显。早期延续五代遗风，釉色出众，器形精致，多为精细产品；晚期质量大幅下降，虽然数量仍不少，但釉色、纹饰、器形等各方面都一落千丈，难以再现名窑风采。

北宋越窑青釉暗花花草纹八角葫芦瓶　器形为八棱葫芦形，棱线凸出，每棱间均饰以划花卷草纹，线条清晰纤细，随意流畅。除器底外，满施青釉，釉色青中泛灰，釉质晶莹、均匀清澈，可称得上"秘色"，瓶底无釉，胎色灰白。而所谓"秘色"，无非是一种经过特殊淘洗并使用专门釉料配方制成的最高级瓷器，其釉料配方与一般青瓷相异，只要是越窑青瓷中釉色好的即可称之为"秘色"。此瓶小巧纤秀，亭亭玉立，八角造型简约而又不失别致，寥寥几笔卷草纹精炼简洁，给器形增加的变化可谓画龙点睛，具有"天然去雕饰"的道家美学风范。口径1、最大腹围14.8、底径2.2、高7.5厘米（图一）。

图一　北宋越窑青釉暗花花草纹八角葫芦瓶

北宋越窑青釉刻花牡丹纹盖盒　整体造型端庄浑厚。弧面圆盖，与盒身以子母口盖合。盒为坦腹，大圈足，足底微凸，足根外撇。除盒盖的子口缘外，内外均施釉，釉呈青黄色，底部见支烧痕。盒盖中间主体模印团花形芍药，外围3道弦纹，边缘一周刻短花叶纹，花纹刻划而成，刀锋深刻，使花纹有浮雕感，枝叶清晰，芍药盛放，具有勃勃生机。这件盖盒造型浑圆，装饰典雅，颇具盛唐遗风。此类盖盒在当时用来盛装妇女梳头用的头油，可称之为油盒。口径13、底径10、高4.5厘米（图二）。

图二　北宋越窑青釉刻花牡丹纹盖盒

北宋越窑青釉刻花莲瓣纹碗　直口微侈，圆弧腹，圈足内、外墙平直。碗外壁饰以3层刻花莲瓣纹，刀刻很有深度，使3层莲瓣层次分明，极具立体感。釉色灰青泛黄，釉质润泽，有玉质感，足根处无釉露灰白色胎，胎体轻薄坚致。口径14.3、底径5.7、高6.5厘米。

北宋越窑青釉刻花盏托　托盘折沿呈五出口花瓣形，折沿内外边缘处均饰弦纹一道，间以5组刻纹花卉。盘中间为一倒置盏形托，盏托外壁饰以莲瓣刻纹。圈足，底中间有一孔，可见内呈空心状。施青灰色釉。此器造型别致，然而做工较粗，器形欠规整，盏托外壁的莲瓣纹刻画粗糙，应为北宋中后期越窑衰落时的产品。盏径4.6、托径12.5、底径7.1、高3.7厘米。

北宋越窑系青釉柿形粉盒　整器呈扁圆鼓的柿子形，盖顶稍凹陷，盖纽即为柿蒂，外围两周弦纹，盒盖上刻画出瓜棱状，盖与盒以子母口相扣合，足底无釉微内凸。胎色灰白，胎质坚致细腻。釉呈灰青色，釉薄不匀，刻画凹陷处呈青灰色，凸起处釉色泛黄，可见其质量明显下降。口径7.2、腹围23、底径3.8、高5.4厘米（图三）。

图三　北宋越窑系青釉柿形粉盒

越窑作为中国古代最古老的窑系，兴起于东汉中晚期，主要分布在浙江上虞曹娥江中游地区，窑址有650多处。"越"的概念不是"越州"，因为越州在唐代才建置，而越窑成名要远早于唐，"越"应是延用古地名，是"越国""越人"的"越"。三国两晋时，由于厚葬风盛行，越窑发展到了第一个高峰，不仅产量大增，装饰技艺也有了很大提高，且器形丰富，除了生活用具，采用堆塑、镂空、刻画等装饰技巧做出的各式明器大放异彩。东晋南朝，越窑开始走下坡路，明器基本停烧，仅有少量鸡首壶，品种少、质量差。这种低谷的情况一直持续到唐早期，直到唐代中期，越窑再次兴盛，烧窑中心也移到上林湖一带。到晚唐五代，越窑进入全盛时期，已居全国名窑之首，晚唐诗人陆龟蒙《秘色越器》诗云："九秋风露越窑开，夺得千峰翠色来。好向中宵盛沆瀣，共嵇中散斗遗杯。"诗句描写了当时越窑开窑的盛况。陕西扶风法门寺真身宝塔唐代地宫出土一批"秘色瓷"，是唐懿宗在位时期（860—874）贡入的。[①]《新唐书》卷四一《地理志》中，亦有越州土贡瓷器的明确记载。光绪《余姚县志》也记载："秘色瓷，初出上林湖，唐宋时置官监窑，寻废。"

北宋统治者对青瓷情有独钟，应是与唐代以来朝廷不断纳越窑青瓷为贡有关。北宋早期的越窑青瓷，承袭了五代遗风。事实上，北宋建立是960年，而越窑所属吴越国直到978年才灭亡。因此，北宋前期，吴越国仍把越窑秘色瓷作为贡品上贡给宋廷，以求残喘。常州博物馆的几件馆藏北宋早期越窑青瓷精品就是这类产品。

然而到了北宋晚期，越窑急速衰退，如常州博物馆馆藏的大量北宋后期的碗、碟、盏托、粉盒等，器形欠规整，釉色不匀，纹饰粗糙。不是简单的产品质量下降，竞争

---

① 《法门寺真身宝塔地宫出土大批稀世珍宝》，《考古与文物》1987年第4期。

力衰退，而是有着更复杂、更深层次的内在与外在原因。

首先是越窑窑场自身的烧瓷成本上涨，利润空间压缩。越窑所用的燃料为耐烧、油脂多的松柏类木材，北宋晚期北方战乱频繁，人口大量南迁，一方面大肆开采木料置居，一方面扩大耕地面积，而宋人好饮茶的风俗驱使破坏植被来发展茶业，越窑窑场分布的很多丘林山地在北宋时被辟为茶园，这些都造成燃料的紧缺。同时，农业生产高速发展，工匠的雇用成本上升，烧瓷也因而上涨。而且越窑贡器名声在外，用现在的话讲是当地的税收大户，官府不会管你是否成本上升，苛捐杂税一分不少。在重重压力下，越窑窑场制瓷成本高、获利少，迫使一些窑工纷纷离开窑场，从事农业生产或到外地烧瓷。①

其次，外在的需求降低。随着北方青瓷在竞争中崛起，北宋早中期，耀州窑、汝窑的青瓷等逐渐取代越窑成为朝廷的"贡瓷"。北宋中后期，宋皇室更是专门烧造"汝官窑""钧官窑""汴京官窑"等，越窑作为"贡瓷"完全退出历史舞台。同时，作为外销瓷，越窑青瓷也被形制与色彩更丰富的各大名窑所围堵，销量降低导致产量降低。

（二）龙泉窑

常州博物馆馆藏的青瓷从南宋开始就以龙泉窑为主，南宋龙泉窑虽然数量不是很多，但无一不是精品。发展到明代，虽然质量下降，但龙泉窑青瓷碗已成为当时常州百姓最常用的碗形之一。

南宋龙泉窑粉青釉弇口碗 敛口，腹扩后收敛至底，圈足很小，整体造型似倒置的帽子，釉色青绿，底无釉露灰白胎，底心有乳点。碗外壁两道弦纹下为印花瘦长莲瓣纹，内壁刻画花叶纹。碗心有一刻字，应是先刻字再上釉，釉层太厚使字迹模糊不清。造型轻巧大方，线条流畅，刀法洗练，简约随意，静谧恬淡，婉约细腻，乃是南宋龙泉窑粉青釉瓷器中的精品。口径13、底径13.5、高5.4厘米（图四）。

图四 南宋龙泉窑粉青釉弇口碗

南宋龙泉窑粉青釉印花莲瓣纹碗 直口，深腹，圆弧壁，圈足，外壁饰印花瘦长型莲瓣纹。釉色青绿，足根处无釉露红褐色胎。虽然只是最常见的碗，但其造型秀美，

---

① 李刚：《论越窑衰落与龙泉窑兴起》，《文博》1987年第2期。

釉色莹润如玉，柔和含蓄，也是典型的龙泉窑粉青釉作品。口径21.8、底径5.5、高9.2厘米（图五）。

图五　南宋龙泉窑粉青釉印花莲瓣纹碗

龙泉窑遗址在今浙江省龙泉县，是宋代南方重要产瓷区，以烧制碗、盘、杯、壶、瓶、罐等生活用具为主。龙泉窑始烧于五代至北宋早期，在北宋中晚期进入鼎盛时期。有意思的是，在龙泉窑出现青瓷规模性生产的同时，越窑也呈现规模性衰落，而且，北宋晚期龙泉窑的釉色、造型和装饰风格都与越窑一脉相承，而相比于越窑产区，龙泉具有优质瓷土丰富、上等燃料充足、人烟稀少、经济相对欠发达、雇用工匠便宜等优点。另外，也不难排除越窑衰落后，部分技术娴熟的窑匠迁往龙泉一带开窑烧瓷，促成了北宋中晚期龙泉窑的井喷式的发展。

南宋是龙泉窑的鼎盛时期。北宋覆灭后，北方人口大量南迁，全国政治经济文化中心南移，北方的汝窑、定窑、钧窑等名窑又被战火所破坏，其制瓷技术传入到南方。这时的龙泉窑结合南技北艺，迅速走向成熟，并形成了自己的风格，浙江、福建、江西等地制瓷业受其影响，也纷纷烧制与龙泉窑风格相同的青瓷，进而形成一个特有的青瓷窑系。

南宋龙泉窑不仅胎釉配方、造型设计、上釉方法、装饰艺术及装窑烧成等有了重大的改变和提高，器形种类更是大大丰富。由于熟练掌握了胎釉配方、多次上釉技术以及烧成气氛的控制，釉色纯正、釉层加厚，南宋晚期，烧制成功粉青釉和梅子青釉，达到青瓷釉色之美的巅峰，在我国瓷器史上谱写下光辉的篇章。

（三）耀州窑

耀州窑是宋代北方著名窑系之一，分布在今陕西省铜川市漆水河畔的黄堡镇、陈炉镇、立地坡、上店、玉华宫等地，位于陕西省关中平原与陕北高原的交界处。铜川旧称"同官"，宋时属耀州，故称耀州窑。这里煤炭和坩子土的产量非常丰富，气候湿润，具备烧瓷的有利条件。宋代耀州窑的器型丰富多样，除碗、盘等日用瓷外，尚有瓶、罐、炉、壶、盒、香薰、钵等。

宋代耀州窑的刻花技艺在当时同类技法中首屈一指，被誉为"宋代青瓷刻花之冠"，其釉色为"橄榄青"，滋润肥厚，无可争辩地成为北方青瓷的代表。据《中国陶瓷史》介绍,"耀州窑有'越器'之称,仿烧耀州窑青瓷的有河南境临汝窑、宜阳窑、宝丰窑、新安城关窑、禹县钧台窑、内乡大窑店窑、广东西村窑、广西永福窑",其仿制的范围几遍全国,从五代到金,引领了北方青瓷的潮流。

北宋耀州窑印花婴戏纹碗　侈口,斜壁,小圈足砂底。碗内壁印花两婴孩,手持折枝花,嬉戏于花丛中。釉色青中微泛黄,釉质莹润。这件碗虽非耀州窑中的精品,但其釉色青中微微闪黄,釉面纯正温润,极具玻璃质感,刻花线条宽厚,刀锋深刻,风格独特,具有典型的耀州窑风格。口径10.8、底径2.7、高4.4厘米(图六)。

图六　北宋耀州窑印花婴戏纹碗

常州出土的耀州窑青瓷产品虽然很少,也非耀州窑中的精品,但能在位于江南的常州有北方青瓷的出现,除了说明当时常州商贸的发达,也证明了耀州窑的影响范围之广。

(四) 钧窑

钧窑是宋代五大名窑之一,以独特的窑变艺术而著称于世。其窑址在河南省禹州城北门内的钧台与八卦洞附近,此地金代称钧州,因此得名。钧窑属北方的青瓷窑系,主要釉色为天青、月白,还在釉中加入铜金属,烧出红色。同时,经高温产生窑变,釉色相互交融而产生各种奇妙的纹理变化,在蓝色调的主题上形成了变化多端的丰富的视觉效果,色彩斑斓,变化万千。

宋代钧窑有"官钧"与"民钧"之分。"官钧"是北宋末期宫廷控制的瓷窑,它的生产规模小,延续烧造的时间也短,器型是按照宫廷设计的式样进行生产的,如各式花盆、奁、出戟尊、鼓钉洗等,均属于宫廷用瓷,釉色主要有红紫相映的"玫瑰紫""海棠红"以及"天青""月白"等釉色。"民钧"以天青色或天蓝色釉居多,有的器物上施铜红色或紫色斑块作为装饰,器型也为盘、碗、罐、瓶之类的生活用器。[①]

常州仅出土过一件宋代钧窑器,是一件灯座残件。盘口直沿,灯柱中空,灯柱上

---

① 李辉:《钧窑的性质及其创烧年代》,《故宫博物院院刊》1982年第2期。

窄下宽，中间有一凸棱，下接盘状托座，底为小圈足。施浅浅的天蓝色釉，釉面光润，显现出具有荧光般效果的蓝色乳光，釉色窑变，色彩斑斓。在盘口和底部刷酱色釉。此器胎质较粗，并没有"玫瑰紫"和"海棠红"等丰富绚丽的釉色，而灯座属于生活器皿，应是"民钧"的产品。口径8.4、高16.4厘米。

四　宋代青瓷艺术的成就

宋代五大名窑有"官、哥、汝、定、钧"之说（一说"柴、汝、官、哥、定"），其中四大名窑是青瓷系。"八大窑系"中，定窑白釉，景德镇的青白釉，越窑、龙泉窑、耀州窑、钧窑的青瓷，建窑、磁州窑的黑釉，又有四大窑系是青瓷。青瓷之所以能在这么剧烈的竞争中脱颖而出，成为宋代瓷器的杰出代表，是因为它承载着宋代汉民族的审美情趣，有着"自然朴素之美、典雅淡泊之美和温润如玉之美"[1]。

（一）釉色之美

宋代青瓷的成就最主要体现在纯净温润的釉色上。

青色是大自然的颜色，它的美纯洁、清澈、沉静、朴素。青色又象征着政治与权力，从《周礼·春官·大宗伯》说的"以青圭礼东方"，到四神中以东方青龙为首，以"天子""真龙"自诩的宋代皇帝们怎能不推崇青色呢？青色不仅有含蓄、冷静、自然、质朴、庄重、平淡之感，并且表现出克制、封闭、坚强、容忍的性格，[2] 这是文人之性、君子之德。

所谓"青"不只是单纯的绿色，而是有色调深浅、釉层厚薄不同的变化，各大瓷窑都有自己的釉色特点，但是都以含蓄温润为特色。两宋的青之美色包含秘色、天青、粉青、梅子青、橄榄青等。

青釉所用釉料可分成石灰釉和石灰碱釉两大类。传统的石灰釉是一种透明釉，由于石灰釉的高温黏度小，易于流釉，一般釉层较薄，透明度好，釉面光泽较强，如越窑的秘色、耀州窑的橄榄青和北宋龙泉窑的青瓷。石灰碱釉是一种乳浊釉，是在传统石灰釉的基础上进行改进，使釉中氧化钙的含量降到10%以下，氧化钾和氧化钠合计达到5%以上。石灰碱釉的特点是高温黏度大，不易流釉，可以施厚釉。釉在适度的窑温与还原气氛中可呈现柔和淡雅如青玉般的粉青色调，这种粉青釉的釉层内含有大量小气泡与未熔石英颗粒，能对进入釉层的光线发生强烈散射，使釉的外观产生光莹温润的视觉效果，如汝窑钧窑的天青、南宋以后龙泉窑的粉青和梅子青等。

"秘色"是越窑青瓷珍品的特称。除了早期的青黄、青灰色，唐以后越窑注重釉色，大多绿中闪黄色，个别佳品为青绿色。尤其五代以后，越窑青瓷装饰仅为线条简

---

[1] 黄胜：《论宋代青瓷的美学品格》，《美术观察》2007年第2期。
[2] 李政：《宋代青瓷艺术的发展及其文化内涵》，《艺术百家》2011年第3期。

单的刻划花，主要以美丽的青绿釉色取胜，五代人徐夤的《贡余秘色茶盏》诗云："捩翠融青瑞色新，陶成先得贡吾君。巧剜明月染春水，轻旋薄冰盛绿云。"诗人用"明月""薄冰"来形容青瓷色之美。上文所提常州博物馆藏的"越窑青釉暗花花草纹八角葫芦瓶"和"越窑青釉刻花牡丹纹盖盒"，就是"秘色"的代表。

橄榄青是耀州窑的代表釉色，如上文所提馆藏耀州窑印花婴戏纹碗，其色调深沉幽雅。耀州窑系其他窑口的青瓷釉色还有艾青、翠青和葱绿等色调，共同特点是釉层薄，玻璃质感强，光泽感和透明度高。在薄而透明的釉层下，刀锋犀利流畅的釉下花纹显得绰约多姿，深沉古雅的色釉更加凸显耀州窑系独特的刻划花装饰。[①]

"天青色"主要是柴窑、汝窑和钧窑烧制。柴窑仅在文献中有记载，未有传世。汝窑鼎盛时期为宋哲宗和宋徽宗两朝，由于烧造时间短，且多烧制宫中御用器皿，所以传世品也极少。汝窑天青釉色，其色彩说蓝非蓝，说绿非绿，俗称"鸭蛋壳青"，亦类似淡淡的松石之色。从北京与台北故宫所藏的传世经典可以看出，汝窑的天青色釉有如蔚蓝的天空，温润有玉质感。因常州博物馆没有此类藏品，在此不多赘述。

自古以来中国人就有崇玉尚玉的传统，认为玉有五德，能和君子相比。儒家学说更是认为，品德高尚的人就应当如玉那样"内极玲珑，外极敦厚"。这种对玉的崇尚在宋代不止局限于贵族阶层和文人士大夫，它已经逐渐渗入平常百姓家，成为一种时尚。这就促使人们从各种途径寻找如玉之美。窑工们为了进一步追求青瓷的玉质感，施了两三次乳浊釉，如余姚官窑一般施两层釉，南宋其他官窑一般三四层釉，使釉色晶莹润澈、沉着柔和。

南宋龙泉窑成功烧制出粉青与梅子青釉，青绿凝厚的色泽、含蓄典雅的质感，标志着青瓷史上釉色的巅峰。两者的青釉色调与釉的质感有所不同。粉青釉是指在青绿釉色中隐隐透出粉色，如上文所提馆藏龙泉窑粉青釉拿口碗，这种色调不是单纯的青绿，而是乍看是绿色，细看下在釉层中有色彩层次的微妙变化，釉层中的大量气泡和石英颗粒，对光线产生散射作用，使釉面产生出温润光泽的玉质感，避免了刺眼光泽的产生。梅子青釉色调青翠如青梅，如上海博物馆藏南宋龙泉窑梅子青鬲式炉，其釉层比粉青釉更厚，烧成温度较高，还原气氛较强，致使釉面如同多层玻璃叠放，在光线的作用下，呈现出青莹美丽的效果。

（二）造型之绝

宋代青瓷造型秀丽精巧，简洁合理，这是宋代社会审美潮流的体现。

首先，青瓷器形设计合理，其外形各部分的比例恰到好处，给人以"增之一分则太长，减之一分则太短"的感觉。这与唐代器物的浪漫和适度夸张形成鲜明对比，宋代瓷器造型的外部轮廓和曲线变化，显示出理性的思考。例如壶流的高度与壶口的高

[①] 罗珊珊、刘子建：《宋代耀州窑瓷的艺术成就》，《现代装饰》2013年1月总第271期。

度基本持平，一改过去壶流低于壶口倒水不便的不足。这种理性的思考，使宋代瓷器的各式造型成为典范而被后世全面继承和发展。

其次，宋代瓷器造型，一改唐代雍容华贵的丰腴，趋向挺秀俏丽，其线条内敛、简约，曲线流畅自然，富有韵律。例如执壶的造型，唐代的执壶短流、鼓腹、宽把，宋代执壶其壶体也变为修长，壶流、把手均细长而秀丽。宋代新增的器形如梅瓶、玉壶春瓶等，在整体上都给人以修长挺拔、柔婉秀丽的美感。

再次，除了个别梅瓶、玉壶春瓶特别修长挺秀外，大部分青瓷的造型都是简约精巧的。如上文提及的馆藏北宋越窑青釉暗花花草纹八角葫芦瓶，整体细腻精致、简洁干净，却又非常耐看。而越窑盏托、龙泉窑碗等器，体型均不大，造型简洁，精致端巧。

（三）装饰之秀

宋代青瓷的装饰，以耀州窑和龙泉窑的装饰最有特色，主要技法有贴花、划花、刻花、剔花、镂孔、印花、模印、堆贴等手法。

宋代龙泉青瓷达到了青瓷技术和艺术的高峰，不仅在于其青碧如玉的艺术效果，在青瓷的装饰上也有其独特的魅力。北宋时，龙泉青瓷釉料为石灰釉，釉层薄，玻璃感强，不必用太深的刀法就能在釉面上表现出装饰纹样，因此其装饰手法以刻划花纹为主，纹饰与釉面配合自然和谐。南宋龙泉窑青瓷一般施3层釉，釉层过厚使浅平的装饰难以凸显出来，南宋龙泉窑制瓷匠师采用堆贴花、凸雕和模印贴花等装饰技法，创造出强烈的立体感，使花纹能不被肥厚的釉层所遮掩，这是将雕塑的手法融合在青瓷装饰中，表现出龙泉青瓷匠师的独具匠心。龙泉青瓷的常见装饰有在青瓷碗外壁装饰一圈莲瓣纹，莲瓣微微凸起有如浮雕效果，如上文所提的两件碗，这种技法在明代龙泉青瓷中广泛使用。还有在盘、洗中心模印游动的双鱼，生动活泼，在元代尤其多见，如馆藏的元代龙泉窑青瓷莲瓣双鱼纹碟。龙泉窑青瓷的纹饰总体来说比较简单，莲瓣、双鱼等都是简化的版本，有时更是只有寥寥几道弦纹，便给器物增加了变化，表现了宋代青瓷装饰含蓄、朴拙的一面。

如果说龙泉青瓷纹饰代表了文人雅士的深沉高雅，那么，耀州窑青瓷的纹饰就代表着世俗平民的审美趣味，其装饰纹样题材广泛，从花卉植物、丰收场景到鸟兽虫鱼、仙鹤鸡鸭等都是青瓷纹饰的题材。尤其是形式多变的婴戏图，孩童形象天真活泼，极具动感，体现了宋人安逸富足的生活状态。耀州窑的刻花技艺为宋代同类装饰之冠，刀法犀利，线条流畅有力，图案雄阔密集，从构图到线条都给人以力量、节奏和韵律美，极富北方民间特有的拙趣。[①]

宋代青瓷还开创了特有的纹理装饰，有蟹爪纹、冰裂纹、鳝血纹、鱼子纹等开片工艺，哥窑的"金丝铁线"，官窑的"紫口铁足"，以窑变出彩的钧窑，为青瓷增加了

---

① 罗珊珊、刘子建：《宋代耀州窑瓷的艺术成就》，《现代装饰》2013年1月总第271期。

无数变化。这些纹理装饰是掌握窑工充分掌握烧窑过程中的变化，利用胎釉间遇热时热膨胀系数，以及釉中所含不同的氧化金属，使其呈现出各种鲜艳色彩的"釉装饰"。虽都由人工操作制成，但又追求不露痕迹、自然天成的装饰效果。就是在青瓷已经没落的明清，仿哥开片、仿官"紫口铁足"、仿钧窑变等仿古青瓷，仍为统治阶级、文人雅士所追捧。

宋代青瓷的魅力不仅在于它的釉色清净如天、温润如玉，器形挺秀、简约、合理，装饰含蓄、朴素，宋代青瓷的魅力还在于它深厚的内涵和意蕴，它体现了崇尚自然、讲究理性而又面对现实、追求平淡的宋人精神。我们欣赏宋代青瓷，也是在品味宋人的物质生活和精神境界，使我们在喧嚣、繁杂的现代社会中，寻找到一份内心的宁静。

原载《常州文博》2013 年第 1 期

出土宋代剔犀漆器的概论

陈 晶

关于"剔犀"漆器的概念，《髹饰录解释》剔犀条解释得非常清楚："剔犀是用两种或三种色漆在器物上有规律地逐层积累起来，至相当厚度，然后用刀剔刻出云钩、回纹等图案花纹，在刀口断面可以看见不同的色层。"

关于"剔犀"的名称，在明代以前记载比较混淆，南宋人程大昌《演繁露》卷九"漆雕儿"条称："按今世朱、黄、黑三色沓冒而雕刻，令其文层见叠云，名为犀皮。"这里所称的"犀皮"，实际上是剔犀漆器的做法，因其说明纹饰是经雕刻而显出色彩层次。南宋《西湖老人繁胜录》中则提到"犀皮动使"，动使即器皿，包括家具。吴自牧《梦粱录》"铺席"条记有"清湖河下戚家犀皮铺"，田汝成《西湖游览志》"偏安佚豫"条中也写到"全犀皮盒"名称。在这些当代人的笔记中，屡见"犀皮"名称，却未见实物流传的踪迹。反之，在宋代墓葬出土漆器中，则屡见"剔犀"漆器而不见"犀皮"器。明代曹昭《新增格古要论》卷八"古漆器论"中有"古犀毗"条，但内容上明明白白是"古剔犀器皿"。由此，笔者疑惑当时所谓的"犀皮"，其含意似乎也包括"剔犀"。直到明代黄成所著《髹饰录》这本专业的漆工书籍中，才根据制作工艺分出"剔犀"与"犀皮"两种名称。

剔犀漆器最早的图谱，出现在南宋咸淳五年（1269）一本署名审安老人的《茶具图赞》上。他将茶道之具12种都冠以名号、题字、谱图，冠名中则又表明了12种茶具的材质，如"木待制"（茶臼）为木质，"金法曹"（茶碾）为金属质地，"石运转"（茶磨）乃石质，其中有一件称之"漆雕秘阁"者（图一），其图谱形象清楚，显然是一件剔犀托子。以往在诸多出土宋代漆器中，托子有之，剔犀器有之，尚未见得剔犀托子之实体，或许能在传世品中鉴别。而从《茶具图赞》书的形象资料中，却也获得了一项可靠的信息，即剔犀托子的制作，是南宋时已流行的高档次的茶具。

图一 漆雕祕阁

本文拟以出土的宋代剔犀，整理出一份比较全面的资料，以供分析研究和讨论。

一 一对银里（镶）剔犀漆碗

20世纪70年代中期，江苏沙洲（现改名张家港）杨舍戴家港宋墓出土一对银里剔犀漆碗，① 墓葬年代为北宋大观元年（1107）。20世纪80年代初，笔者与上海博物馆吴福宝技师曾一同前往考察，从碗的破残处，可以看清胎骨结构是用窄木条圈筑成圈叠胎（原报告误称"竹胎"），灰腻似用猪方瓦灰调和，腻子不坚，而剔犀用漆质量上乘，表面紫黑漆层，用红、黄、紫三色相间，雕刻云钩纹两排。这对漆碗的剔犀工艺，恰与《新格古要论》所记"枣儿犀"者吻合（图二：1、2）。

1. 剔犀银里碗　　2. 北宋剔犀银里碗　　3. 明代剔犀碗

图二　银里剔犀漆碗

这对剔犀漆碗又是一件银工与剔犀工组合的作品范例。内壁为银里，嵌合在剔犀碗内，雍容大方。由银工与漆工组合的工艺，在常州北环新村宋墓②中亦出现过3件，内壁也是银里，而外壁则是一色素漆，该墓葬年代，据推断也是北宋中期或略晚。传世的北宋剔犀，在国内几乎是空白，它在长眠地下800多年后，并未被历史长河淹没，又被捧回到中国古代漆器的艺术宝库。

这对剔犀漆碗由沙洲文化馆的包文灿先生在《文物》杂志报道后，随即引起日本漆工艺研究专家李经泽先生的重视，1981年12月，李先生于东京致函笔者，展开交流讨论，后又在著述中③发表研究论述。吴福宝先生也对漆碗胎骨的制作工艺与南宋圈叠胎作了对比研究。

笔者查阅资料发现，民国六年（1917）在北京西山发掘的明代太监王贵墓随葬器物中，有一件定名为"明刻花漆碗"者，④ 其实就是一件银里剔犀碗，实物无法寻找，只能用示意图（图二：3）（此图由山东大学考古系刘善沂先生绘制）来进行对比。北

---

① 包文灿：《江苏沙洲出土包银竹胎漆器》（按：木胎），《考古》1981年第8期。
② 陈晶：《常州北环新村宋墓出土漆器》，《考古》1984年第8期。
③ 李经泽、胡世昌：《剔犀漆器断代初探》，《收藏家》1999年第5期。
④ "明刻花漆碗"，见于《河北第一博物院半月刊》1932年第19期第1版。郑师许《漆器考》有记："民国六年北平西山农商农林试验地发现明宣德太监王贵墓。亦有漆器出土，有一刻花碗，漆深褐色而裹以银镶，今藏天津博物馆。"中华书局发行所1936年版。

宋剔犀碗纹样简洁典雅，凝重中不失柔和，这与北宋时期素面漆器中的应用器皿风格相一致。而明代王贵墓出土的银里剔犀碗的纹样，已不是单一的如意云纹，而是间以香草纹，近底处又似变体莲瓣纹，表现出明代剔犀纹饰的一种风格。由此也可证明，银里（镶）剔犀工艺，上溯北宋，直至明代还有继承制作。

二 剔犀时尚列南宋

宋王朝偏安江南后，随着政治中心南移，南北方官僚、士大夫、商贾云集一方，出现了高消费的需求，带来了手工业的迅猛发展。在漆器行业中，一批素具潜质的髹工，专注于新品的开发与创作，一时间推出了一批优质的新工艺作品，其中就有剔犀类的漆工制作。在集铺市场中，剔犀漆器亦被列为时尚之品。两宋时期传世至今的剔犀器在国内已少见，但20世纪70年代以来，南宋墓葬已出土的剔犀漆器，见之于报道的不下20件。出土地点包括四州彭县，福建福州，江苏常州、江阴、金坛；浙江绍兴、温州及山西大同等地墓葬和遗址，此外，南海一号沉船遗物中也有发现。

从出土剔犀器的用途来看，见乎绝大多数是放置梳妆用品、香料、铜镜之物的奁盒、镜箱。再仔细按墓葬资料考定，剔犀器盒不仅已是上层妇女所备用的时尚品，而且亦为文人雅士所青睐。

1. 剔犀奁盒

中国女性美的追求，不同社会、不同时间也在不断变换。不同于唐时妇女妆饰之浓艳，宋时似乎偏于雅致，仕女盛装用的妆奁实体除了注重形态之美观，同时更讲究质地之奢华。出土南宋多层漆奁中，有两件最为讲究的剔犀漆奁。一为黑面菱花形剔犀奁（图三：1）。奁体作六棱菱花形，紫面，朱黄相间，色漆达10层，盖面及周体有云钩纹，质坚，与《格古要论》古犀毗条中所称福犀坚且薄的记载相近。另一件为朱面八角形剔犀奁（图三：2），面红色，间黑线一道，盖面周体布云钩纹。红面剔犀较为少见。

这两件剔犀奁，虽则造型不同，色层不一，而纹饰图案、排列相间都是以一个完整的云钩纹与相向的半个云钩纹组成一对，图案基本风格一致，剔刻功夫遒劲中不失柔和委婉。两件奁盒出土于同一座墓葬，可见墓主人对剔犀器之嗜好、赏识。这两件实物中的剔犀极品，属于"福犀"一类。

除上述两件完整器外，还有两件出土于温州的剔犀奁残片[①]亦值得叙述。一为八角形朱面，卷云间香草纹图案残片（图三：3、4）。另一件为黑面云钩纹图案，尽管器面

---

① 温州博物馆编：《漆艺骈罗　名扬天下》，中国出版传媒股份有限公司、中国对外翻译出版有限公司2013年版。

1. 南宋菱花形剔犀奁

2. 南宋八角形剔犀奁

3. 南宋剔犀奁残片

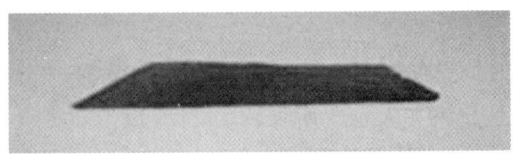

4. 南宋剔犀奁残片

5. 宋菱花形剔犀奁盖

6. 东京博物馆藏宋剔犀盘

图三　剔犀漆器

剔刻漆层已浮脱，而依据与江苏武进南宋墓①出土剔犀镜箱及执镜盒上漆层浮脱痕迹对比，这两个残片工艺，无疑为剔犀制作。由于出土地点有翔实记载（一件在出土后为收集者捐赠），它有可能就是宋代温州漆工作坊的制品。

还有一件是浙江省博物馆收藏的菱花形剔犀奁盖面（图三：5）（狄秀斌先生捐赠）。笔者只是在陈列室隔着玻璃罩进行观察，对此器物的传世始末，笔者尚不清楚，但给我的直观感觉，这件剔犀盖面（包括狄秀斌先生捐赠的两件剔犀筒形罐）似乎有处理痕迹。这件奁盖，黑面间红线，图案由四合如意间香草纹及嫩芽形纹饰组成，每组图案周框边沿呈委角方形、菱形，排列有序，纹饰趋于纤丽。漆层坚且薄（笔者未能观察到相间漆线的色层）。印象中它与剔犀深峻浑厚以云钩纹为主体图案的剔犀风格不同。在墓葬出土的剔犀器中尚无实例可比，亦难判断这一作品的制作地区。而这种富于变化的如意云纹图案的剔犀器皿，在日本东京博物馆、德川美术馆的收藏品中能见到（图三：6），彼方收藏这几件剔犀器的红、黑相间的漆层层次多，漆线亦细。

这件被浙江省博物馆收藏的剔犀奁盖，仅能作此记述。希望关注者能"发掘"出此盖的一些有关资料。

2. 剔犀镜箱盒

提到妆盒，似乎多指闺中女子专用的奁盒。然而有宋一代，士大夫同样对于个人的人格修养、外貌亦非常在意，有人说宋代士大夫的审美兴趣趋于休闲化、精致化。宋代男性墓葬中，有一种长方形的镜箱盒，其中按放铜镜、笸梳、香粉之属。杨万里"寄陆务观"诗句："君居浙东我江西，镜里新添几缕丝，花落六回疏信息，月明千里两相思。"也许这位大诗人也拥有一只镜箱盒，备有一面简练素雅的铜镜。出土长方镜箱盒材质不一，有锡质（南宋周瑀墓），有戗金（武进村前南宋墓、江阴夏港宋墓）。出土的长方形剔犀镜箱盒有4件，列3件讨论之。

剔犀长方形镜箱有两种型式，分别称之抽式（抽屉）、箱式。

剔犀抽式长方镜箱（图四：1），出土于武进村前南宋墓中，镜箱功能齐备，上部有两层套盘，上层置长方形铜镜，下层盘内置镜架可支撑。有双层抽屉，放木梳、竹篦等梳头用具。黄漆地，箱盖上可以看到线条清晰的云钩纹图案，但剔犀漆层已浮脱。说明制作时，膏子不坚。另一件抽式长方镜箱（图四：2），出土于福州茶园山南宋许峻墓。②箱体上层只设一浅盘，置铜镜，但不设铜镜支架，而下面有3个小抽屉，分别置香粉、粉朴、篦梳等。这种镜箱通体剔刻云钩纹，漆层肥厚，然亦有部分浮脱。这种剔犀做工，符合《格古要论》谓之"虽重数多剔得深峻者，其膏子少有坚者……黄地子者最易浮脱"之记载。在宋墓出土的长方形镜箱盒类中，抽屉式镜箱仅见此两例，都是剔犀工艺。墓主许峻卒于宋度宗咸淳

---

① 陈晶：《江苏武进新出土南宋珍贵漆器》，《文物》1979年第3期。
② 福建省博物馆：《福州茶园山南宋许峻墓》，《文物》1995年第10期。

八年（1272），可推知，这类抽屉式剔犀镜箱大概流行于南宋中、晚期。可能南宋晚期以后，还有制作。

剔犀箱式长方镜（妆）盒（图四：3），出土于大同市一座金代墓葬，① 长方形，有盖，有子口，口部套浅盘，四壁封闭成箱式。黑面，黄、黑、红相间，层次中多红线，黑漆底子。通体剔刻香草纹，盒内托盘也布满香草纹。这样的婉转回旋纤丽的图案以及刻工的精到，十分难得。虽然既不清楚这件剔犀品产自何地，也不清楚墓主身份，但足以说明金代统治地区内，也在使用时尚的剔犀制品。

1. 南宋剔犀抽式长方镜箱 　　　　　2. 南宋剔犀抽式长方镜箱

3. 南宋剔犀箱式长方镜盒

图四　剔犀镜盒

迄今为止，并未发现元代墓中出土剔犀镜箱实物，但文献记载中，有信息得知，元时亦时尚剔犀镜盒。元代徐再思《春思》有"弯镜晓妆迟，香清青螺黛，盒开红水犀"句，红水犀可能是红面剔犀。有一个元人盗祖墓的故事，说捡到了"黑漆犀皮镜匣"。《元典章·刑章十二·诸盗二》记载，至大三年（1310）七月十九日夜，有三名盗者，掘开伯祖坟墓，从盗窟中用手揣捡银唾盂等十二件及黑漆犀皮镜盒（按：明代以前"犀皮"往往指"剔犀"）。这件被盗掘的元代"犀皮镜盒"（按：

---

① 陈增弼、张利华：《介绍大同剔犀奁兼谈宋金剔犀工艺》，《文物》1985年第12期。

可能属元代早期）未流传下来，殊为可惜，但可以说明，剔犀镜盒在元代时有随葬之品（表一）。

表一　　　　　　　　　　　　　出土剔犀奁、镜箱

器物名称	年代	尺寸厘米	漆色	纹饰	出土地点收藏单位	备考
剔犀菱花形奁	南宋	高15.6、径15.5	紫黑面，黄红相间	盖面云钩纹四周云钩纹	福州市茶园山南宋墓出土，福州市文物考古工作队收藏	1986年出土
剔犀八角形奁	南宋	高13.7、径12.5	红面黑线一道	盖面、四周云钩纹	同上	1986年同墓出土
剔犀长方镜箱	南宋	高22、长25、宽18	髹浆红漆	通体云钩纹	福州市茶园山南宋许峻墓出土，福建省博物馆收藏	原报告《文物》1995年第10期，墓主男性
剔犀长方镜箱	南宋	高12.5、长16.7、宽11	黄地	盖面有云钩纹图案痕迹	江苏武进村前南宋墓出土，常州市博物馆收藏	原报告《考古》1986年第3期
剔犀长方镜箱	金	高12.2、长24、宽16	黑面，黄、朱、黑相间	盖面及套盒内底及箱体立墙皆饰香草纹	山西大同金代墓葬出土，大同市博物馆收藏	原报告《文物》1985年第12期

3. 剔犀执镜盒

宋代流行过执镜盒，是专门为放置手柄形铜镜而制作的一种漆盒。宋墓中出土过4件，除一件为黑漆地梅月纹贴金执镜盒（福建邵武宋黄涣墓出土）之外，其余3件均为剔犀类，而这3件作品的制作、工艺又各具特色。

最早出土的一件是20世纪70年代武进村前南宋墓出土的云钩纹剔犀执镜盒（图五：1）。木胎，黑面，朱、黄、黑三色相间，盒里黄漆。盒面及周缘、盒柄布满云钩纹图案，盒面周边剔6朵饱满云钩纹，中心图案为两对卷云纹组合，呈现六角形的边框。这种图案纹在剔犀盒面上较流行，是一类典型纹样。直到元代的剔犀圆盒（图五：4）还能见到相同的图案。这件剔犀执镜盒，出土时一半以上漆层已浮脱（图五：2），经上海博物馆吴福宝技师复原、加固处理，恢复了原貌风格，真是妙手回春。

1. 南宋剔犀执镜盒

2. 南宋剔犀执镜盒原貌

3. 南宋菱花形执镜盒残片

4. 台北故宫博物院藏元剔犀盒

5. 南宋菱花形执镜盒残片原貌

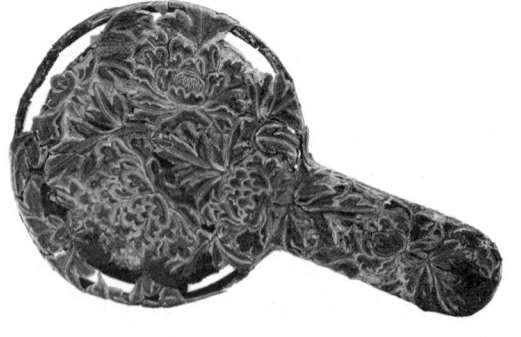

6. 宋牡丹纹执镜盒

图五 剔犀执镜盒、圆盒

图六　日本德川美术馆藏剔犀长方盘

菱花形执镜盒（图五：3、5），1992年出土于福州市闽清县白樟乡南宋墓。[①] 此盒笔者并未过目，由日籍漆器研究专家李经泽先生给笔者提供多幅照片及有关墓葬资料。笔者在编写《中国美术分类全集·中国漆器全集》第四卷的过程中，也获闽清县文化馆林跃先、张怀林两位先生提供照片及相关资料。这件执镜盒已散架残缺，盒身六瓣菱花形，有手柄，盒内存放的是一面瓶形把柄的菱花形执镜。据此推断，剔犀执镜盒的造型也可能是一个瓶形把手的镜盒。在笔者所获的照片资料中，不见镜盒盖面，只见黑漆盖底。执镜盒周框剔犀纹，为黑面，黄、红、黑三色相间，漆色层次较多，刀法精细。纹饰图案是由左、右、上、下相对的两组云纹组成，云纹呈鸡心形，盖边周框又有变体香草纹图案。这类图案的组合纹饰，还见于南宋周瑀墓出土的剔犀扇柄。日本德川美术馆收藏的堆黑屈轮（剔犀）长方盘（图六），与此执镜盒上的剔犀纹样也颇为相似。

还有一枝独秀的牡丹纹执镜盒。我一直以为宋代剔犀纹饰不外乎云钩纹（有称云纹）、香草纹为主体的两类纹样。没有料想到，在有生之年还识得花卉纹的剔犀工艺。2016年春节参观浙江省博物馆漆器陈列馆，看到了绍兴出土的宋代牡丹花卉纹执镜盒，十分惊喜、兴奋，蓦然想到一句词，"乐莫乐新相识"。剔犀牡丹纹执镜盒（图五：6），2002年绍兴东湖某砖厂出土。出土后经脱水保护处理，漆层色彩依旧，黑面、红、黄、黑三色相间，层次清晰，只是盒体已不完整了。镜盒盖面剔刻三朵盛开牡丹，花叶并茂，铺展有序，神韵中具有南宋写生花卉的风格。武进村前南宋墓、江阴夏港米墓出土的戗金漆器优秀的作品上，已反映出漆工用心将写生花卉的纹样作装饰。这件牡丹剔犀执镜盒的出土，正是体现了南宋以来剔犀工艺在艺术造诣上有拓展，有创新，更迸发出了美感的冲击，从实用装饰转向欣赏性的制作，使剔犀工艺达到鼎盛局面。这件实体镜盒的存在，不仅有其自身的艺术价值，另一层面，还在于它可与同时期雕漆、剔红、剔黑媲美。剔犀与雕漆产生了对接，对开展宋时代漆工艺史的研究，也是有重要意义的（表二）。

---

① 福建闽清县白樟乡宋墓漆器，参见《中国美术分类全集·中国漆器全集》第4卷，福建美术出版社1998年版。

表二　　　　　　　　　　　　出土剔犀执镜盒

器物名称	年代	尺寸厘米	漆色	纹饰	出土地点收藏单位	备考
剔犀执镜盒	南宋	长27、径15.7	黑面，红、黑、黄三色更迭	盖面周边6朵云钩纹，中心图案为两对卷云纹组合，呈六角形的边框	江苏武进村前南宋墓出土，常州市博物馆收藏	原报告《文物》1974年第3期。盒内有双凤纹钩执镜
剔犀执镜盒	宋	残，散架	黑面，黑、黄、红相间	盒身为菱花形，盒墙图案由对称云纹组成，云纹呈鸡心形。盖边框有香草纹图案	福州市闽清县白樟乡南宋墓出土，福州市闽清县文化馆收藏	未见发掘报告。《中国漆器全集》第四卷收录
牡丹纹执镜盒	南宋	长26、径15.5	黑面，黑、红、黄三色更迭	盒面剔刻牡丹花卉	2002年绍兴东湖某砖瓦厂出土，浙江省博物馆收藏	底面盒体破损，盒内有双凤纹铜执镜

4. 剔犀香盒、粉盒

南宋一代妇女的装饰物，不仅花样繁多，而且配备齐全。男子休闲文化中，还时尚品茶、燎香。宋人周邦彦《苏幕遮》词句中，有"燎沉香，消溽暑"。大文豪苏轼有不少关于熏香的词句，《翻香令》有"金炉犹暖麝煤残"；《醉花月》词句"薄雾浓露愁永昼，瑞脑销金兽"；《浣溪沙》中有"玉鸭熏炉闲瑞脑"。这些香印的词句中，用的香，有沉香、麝香、瑞脑，用的熏炉，有"金炉""玉鸭"，唯独没有反映出贮香的香盒。

在宋代墓葬出土的瓷、漆器中，有香粉盒和贮香的盒子。南宋墓葬出土的剔犀盒中，也有一部分香盒、粉盒。

剔犀香盒（图七：1），1991年出土于江阴夏港宋墓，① 盒体圆形，有盖。黑面露红线，通体剔刻卷云纹图案，图案排列有序，刀口圆熟，不露结节。此盒剔犀纹饰别具一格，乌间只露两道红线，红线层次与大同金墓出土剔犀镜箱颇为相似，却与一般漆层肥厚，剔刻云钩纹者不相同。

这件香盒的器形、纹样与南京江浦黄悦岭南宋张同之夫妇墓出土银盖盒（图七：5，同墓中还有银瓶）风格相似。② 这种纹样即变体云钩纹，又似乎融合了香草纹的纹样。

---

① 高振卫、邬红梅：《江苏江阴夏港宋墓清理简报》，《文物》2001年第6期。
② 南京市博物馆：《江浦黄悦岭南宋张同之夫妇墓》，《文物》1973年第4期。

出土宋代剔犀漆器的概论

1. 南宋剔犀香盒
2. 宋剔犀粉盒 
3. 宋剔犀粉盒 
4. 南宋剔犀香盒 
5. 南宋银粉盒 
6. 南宋石雕云钩纹 

图七　剔犀香盒、粉盒及云钩纹样

银、漆器上出现器形相同，纹样相似，正是说明在一定时空范围中，手工艺术品的制作有着相同的时代风格。

这件剔犀圆形盒，口径13.5、高7厘米，比之一般漆粉盒大得多，且同墓随葬品中已有化妆专用的小粉盒，此盒可能被当作香盒应用。

剔犀扁圆粉盒，5件。一件（图七：2），出土于四川彭山县南宋虞公著夫妇墓中，① 出土时盒体已损。盖面外周剔刻5朵云钩纹（原报告称："朱漆雕花圆盒"）。笔者未见原物，从剔刻纹样判断，可能是件剔犀盒。暂存记录。值得一提的是，墓葬西室龛台边饰，也用上了一排石浮雕云钩纹（图七：6），可知云钩纹饰应用很广泛。另外4件，分别为两对。其中一对（图七：3），1992年出土于福建闽清县白樟乡宋墓中，与剔犀菱形执镜盒同出。扁圆形，有盖，黑面，黑、黄、红三色相间，漆色有9层，盖面剔刻4个相对称的如意云纹，中心为四出圆圈纹，盒周剔刻卷曲图案。这一如意云纹的图形，实际上与同墓菱形执镜上的图形相同，可能是同一作坊工匠之作品。另一对剔犀扁圆香盒（图七：4），1986年出土于福州市茶园山南宋墓，与两件剔犀奁同出。扁圆形，有盖。红面，红、黄、黑三色更迭。盖面周缘为5个云钩纹。中央由对称的卷云纹组合成六角形边饰。这种图案，纹样完全与武进村前南宋墓出土的执镜盒相同。以上两对剔犀盒，应该属于香盒、粉盒类。

5. 剔犀扇柄

笔者曾作《闲话宋扇》小文，② 记述了宋代生活风俗中应用的扇子，有各式各样，用得最多的是团扇。宋代墓葬中出土的扇子，只见一种竹丝扇，都是椭圆形，中间以木杆为扇轴，木轴两侧钻数以百计微孔，孔中插入一毫米左右细竹篾丝为扇骨，面上糊丝绢，绷紧在扇框上，即《梦粱录》中所记载的"青篾扇"。笔者所知，这类竹丝扇出土者6件。其中有两件扇柄制作更讲究，配以剔犀扇柄。使我记忆非常深刻的一件是夹苎脱胎剔犀扇柄（图八：1），即江苏金坛南宋周瑀墓出土的竹丝团扇扇柄。③ 此扇出土后即经上海博物馆吴福宝技师修复加固，并鉴定为脱胎剔犀。表层黑面，朱、黑两色相间，在5毫米宽的刀口上呈现10多层色漆。扇柄呈橄榄形，分3节，中间与最后一节剔刻相对的鸡心形如意纹一对，第一节鸡心形如意纹的前端留出一段素底，刻"君玉"二字（为后刻）。剔犀扇柄并非直接剔刻在竹丝扇本体的木轴上，它是由脱胎、剔犀、镂空雕三种工艺相结合制成的一个空心柄，然后插入扇轴，中间留有空隙，逐使柄部可以自由转动，却又拔不出来。这是宋代老祖宗留在世上的一件出彩绝活儿。同墓出土还有另一柄竹丝扇，形制、大小相似，"扇柄棕黄色漆地上，呈棕红色云纹"，可能该扇柄上的剔犀纹已浮脱。

---

① 四川省文物管理委员会、彭山县文化馆：《南宋虞公著夫妇墓》，《考古学报》1985年第1期。
② 东瑜：《闲话宋扇》，《收藏快报》2006年第170期。
③ 镇江市博物馆等：《金坛南宋周瑀墓》，《考古学报》1997年第1期。

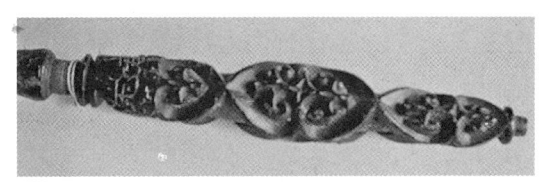

1. 南宋夹苎脱胎剔犀扇柄

2. 南宋剔犀竹丝扇

3. 南宋剔犀竹丝扇扇柄

图八　剔犀扇柄

另一件刻有剔犀柄的竹丝扇（图八：2、3），1998年出土于福建邵武南宋黄涣墓。[①] 器形与金坛周瑀墓出土的扇子相同，扇轴柄部剔刻鸡心形纹饰，黑面，朱、黑相间，显露漆线层次不太均匀。而该扇整体工艺十分精到，且保存完整。同墓出土的另一件竹丝扇，柄部已脱落（表三）。

表三　　　　　　　　　　出土宋代剔犀香盒、粉盒及扇柄

器物名称	年代	尺寸厘米	漆色	纹饰	出土地点收藏单位	备注
剔犀圆形香盒	南宋	高7、口径13.5	黑面，红线道	盖面及盒身布满卷云纹	江阴夏港宋墓，江阴博物馆收藏	《文物》2001年第6期

---

① 福建博物院、邵武博物馆：《邵武宋代黄涣墓发掘报告》，《福建文博》2004年第2期。

续表

器物名称	年代	尺寸厘米	漆色	纹饰	出土地点收藏单位	备注
剔犀扁圆形香盒一对	南宋	高5、口径15	红面红、黄、黑三色更迭	盖面周边云钩纹,中心为卷云纹组合	福州市茶园山南宋墓出土	纹饰与武进村前墓出土执镜盒相同。《中国漆器全集》第四卷
剔犀扁圆形粉盒一对	宋	高3.9、口径5.3	黑面黑、黄、红三色相间	盖面剔刻四个相对的心形云纹,中心为一个四出圆圈	福州市闽清县白樟乡宋墓,福州闽清县文化馆收藏	《中国漆器全集》第四卷
剔犀扁圆形粉盒残	南宋	高1.5、口径7.7	红面	云钩纹	四川彭山虞公著夫妇墓	《考古学报》1985年第1期
剔犀脱胎扇柄	南宋	长12.5、径2.4	黑面朱、黑两色相间	柄体剔心形云纹	金坛南宋周瑀墓出土,镇江博物馆收藏	《考古学报》1977年第1期
剔犀扇柄	南宋	长约12	黑面,朱、黑两色相间	柄部刻心形云纹	邵武黄涣墓出土	《福建文博》2004年第2期

6. 海上丝路中发现的剔犀器

两宋时期,江浙、福建地区生产的漆器,已成为对外贸易品。《宋史·食货志》记载:"嘉定十二年(1219)臣僚言,以金银博物,洩之远夷为可惜,乃命有司止,以绢帛、锦绣、瓷漆之属博易。"南宋赵汝适《诸蕃志》记载:"当时,东南诸国出口品中,漆与瓷都是主要博易品。"两宋时,日本僧人来华人次甚多,中国去日本的华人亦多。漆工艺品已通过多种渠道流传日本。至于博易东南诸国的漆器,少有实物传世。20世纪发现宋代沉船"南海1号",笔者一直期望着,在整体打捞出水后的发掘中,能出现诸多漆器。那种可能性的设想已成现实,并且比我期望的还高,发现了宋代剔犀漆器。同道友人李经泽先生立即发来出土剔犀器残件的照片。

根据剔犀残件照片分析:残片一件(图九:1)呈黑面朱线,剔卷云纹。另一件(图九:2、3)黑面红线,朱、黄、黑三色更迭,剔香草纹。这两件漆器纹饰与出土者几乎完全对得上号。

残片一,黑面朱线者,其纹样构图与江阴夏港宋墓出土的黑面露红线,剔犀圆形盒上卷云纹图案完全相同。残片二,黑面红线,香草纹,其纹样与大同金代墓葬出土的剔犀长方镜箱上的纹样,完全相同。

这种剔犀器图纹的漆器,大致流行于南宋之初。又闻,"南海1号"沉船考古队刘

1. 南宋剔犀残片

2. 南宋剔犀残片

3. 南宋剔犀残片

图九 "南海1号"出水剔犀残片

成基先生发布信息称"发现国宝级漆器"。不知是否也是一件剔犀类漆器，但愿妥为保养处理，提供研究。

三 宋代剔犀漆器与宋墓出土银器对比

宋代的日常生活用品中，漆器的器形几乎与瓷器完全接轨，且有瓷寓于漆、漆寓于瓷两者结合使用之典例。如漆托与瓷盏的成套应用，在宋、辽时期壁画墓的壁画中，宋人画幅上都能见到，杭州茶肆中更有瓷盏配套漆托供卖。然而，作为化妆专用的精致器物，漆器与银器的对接更为显著，不仅器形相通，而且纹饰相同。

漆工艺中妆盒、香盒与银工精品中的香、粉盒及茶具上，有两类主要纹饰，即云钩纹与香草纹，应用最为突出。

银器上的云钩纹在北宋晚期已能见到。如洛阳邙山宋代壁画墓出土的银杯、银瓶（图一〇：1、3）图案，[①] 是由相对的心形云钩纹组成，其中银杯底上所饰4个对称心形

---

① 洛阳市第二文物工作队：《洛阳邙山宋代壁画墓》，《文物》1992年第12期。

图一〇 宋代银器
1. 宋代银杯 2. 南宋银粉盒 3. 宋代银瓶 4. 南宋银瓶

云钩纹,以"十"字纹相间,这种图案纹样与福建闽县白樟乡宋墓出土剔犀扁圆盒(图七:3)上纹饰几乎一样。作为心形云钩纹的装饰,至少在北宋时已应用,后被流行成为南宋时剔犀器上的时尚纹饰。

如意形云钩纹,在剔犀器和银器中流行可谓并驾齐驱。例如福州茶园山南宋许峻墓中,剔犀镜盒与云钩纹的银粉盒(图一〇:2)配套随葬,共出墓中。

另一类香草纹饰,同样在剔犀器与银器上已相对接。如大同金墓出土的香草纹剔犀箱式长方镜盒(图四:3)与南京江浦黄悦岭张同之夫妇墓出土银粉盒(图七:5)、银瓶(图一〇:4)上纹饰极为相似。

山西大同金墓与江苏南京江浦张同之夫妇墓,一处塞北,一在江南,相距遥远,而漆工与银工在纹饰创意上的一致,体现了共同的趣味。这类秀雅委婉的图案,已在艺术上打造出了时代风格的烙印。

表四　　　　　　　　　　部分出土宋代剔犀器与银器对比

剔犀类				银器类				备注
器名	尺寸厘米	纹饰	出土墓葬	器名	尺寸厘米	纹饰	出土墓葬	备注
剔犀镜箱盒	长24、高12、宽16	香草纹	大同金墓	银瓶银盒银香盒	通高21.5、口径2.4、直径5.2、高3、口径9.1	香草纹	南京江浦黄悦岭南宋张同之夫妇墓	香草纹与如意纹同出一墓中
剔犀镜箱盒	长25、高22、宽18	云钩纹	福州茶园山南宋许峻墓	银粉盒	口径5.6、高3.5	云钩纹	福州茶园山南宋许峻墓	与银粉盒共存一墓中
剔犀香盒一对	口径15、高5	云钩纹	福州茶园山南宋许峻墓	银粉盒二件	口径7.3、高4	云钩纹	江西德安南宋周氏墓	一件内有铜勺,一件内有粉扑
剔犀粉盒一对	口径5.3、高3.9	心形云钩纹	福州闽清县白樟乡宋墓	银杯银瓶	口径7.5、高5、高20.9	心形云钩纹	洛阳邙山宋代壁画墓	银杯底部纹样与白樟乡宋墓剔犀盒面相似

四　宋代剔犀漆工艺的流传

宋代剔犀工艺制作，南宋时最为流行，最为出彩，制作中心在江苏、浙江、福建。剔犀漆器通过海上丝路已成为贸易品，地处浙东南的温州港，海外贸易相当繁荣。一直到元代，周达观《真腊风土记·欲得唐货》记载，元代出口物品中有"温州之漆盘"，不知道漆盘在东南诸国有无流传下来，是否也有剔犀之作。然而在韩国新安沉船出水的器物中，是有剔犀漆器的。14—15世纪日本漆器中的戗金（沈金）及剔犀（屈轮）工艺，可能都是向中国学习的。

元代墓葬中虽然并未出土过剔犀器物，前述提到文献有记载，元代人还用剔犀镜箱作为随葬品。在江苏、上海等地出土的几处明代墓葬中，① 也多有剔犀香粉盒、妆盒之类随葬。

剔犀漆器上的主体纹饰，为何一直沿用云钩纹，想必缘于简洁、典雅，凝重中不失柔和，线条虽重重叠叠，却又显得游走自然纹理之美。

两宋时期，出现了剔犀工艺发展的一个制高点，从此，剔犀漆器汇入了中国古代漆艺长河，经元、明、清，千年以来流传有序。近年得讯，山西绛县一带已成为剔犀工艺制作基地，恢复中又发展了剔犀家具的制作，又一代剔犀工艺传人正在掀开剔犀工艺的新篇章。

---

① 陈晶：《发掘出土明代漆器集锦》，《湖南省博物馆馆刊》第十辑，岳麓书社2015年版。

常州博物馆藏五代宋元漆器髹漆技艺解析

谭杨吉

漆器，中国最早出现的手工艺品之一，持续不断地创新，使之延续至今，并仍富有极强的生命力。目前发现时代最早的漆器是一件漆木弓，出土于距今约7000年的跨湖桥遗址，距今约6000年的河姆渡遗址中出土的朱漆碗更是广为人知。江苏常州马家浜文化时期的圩墩遗址中，也出土了带漆皮的喇叭形漆器。可见，早在新石器时代，我国的先民已发明并开始使用漆器制品，此后漫漫数千年的历史长河中，漆器的制作和使用始终贯穿其中，只是由于漆器制作的难度较高，制作周期也相当长，使得其制作成本居高不下，能够使用的人少之又少，尤显珍贵。

漆器的发展，自新石器时代出现，至战国两汉达到第一个高峰，此时的髹漆技艺较为单一，以彩绘为主，历经魏晋南北朝的衰微之后，在唐后期至五代宋元渐渐兴盛，多种髹漆技艺相继出现，并发展成熟，延续到明清时期最终臻至完美。在此发展历程中，五代至宋元这400余年占据承上启下、继往开来的重要历史阶段，各种精美绝伦的漆器层出不穷。欣赏这些漆器，除了获得美的享受之外，一些髹漆技艺的转变也能在其中找到证据。

常州博物馆所藏五代宋元漆器均为考古发掘出土，漆器种类较多，髹漆技法多样，时代特征明显，其中很多器物都可作为代表这一时期漆器制作工艺的标准器来研究，历史价值极高，成为我馆众多收藏品中独具特色的品种之一。下面按髹漆技法不同，选择其中精品，作简单解析。

（一）素面漆器

素面漆，顾名思义，就是器物表面只有单色漆，而没有其他色漆的描绘，或是别的装饰点缀。在《髹饰录》中，这种素面漆属于"质色"一类，即质地的颜色，包括有黑髹、朱髹、黄髹、绿髹等，是最为基础的漆器门类。从髹漆技艺来说，素面漆是宋代漆器的主流，这也与宋人崇尚宁静致远、朴素复古的时代特征相吻合。素面漆器的制作相对容易，变化主要集中在胎体的造型上，种类有奁、粉盒、盏托、花瓣形碗等。

"万寿常住"漆碗　北宋（960—1127）漆器，江苏省常州市常州纱场内宋墓出土。此碗作六瓣莲花形，木胎，碗里髹朱漆，外髹黑漆。造型为仿造瓷器中的温酒器而制，莲瓣圆润、饱满，在底片莲瓣上朱书"万寿常住"四字，是一件祝寿碗，另有小字

"戊戌"款。口径15.8、高10厘米。"戊戌"当是年款，此碗可能是宋真宗咸平元年（998）之前制作，至迟也不会晚于宋仁宗嘉祐三年（1058），而前者可能性更大。此为北宋早期素面漆器的经典之作。

菱花形漆盒 北宋（960—1127）漆器，江苏省江阴市文林公社出土。菱花式，木胎，内外均髹黑漆。盒盖与盒身有子母口，相合紧密，菱花瓣弧度优美，漆层肥厚，内外均作推光处理，漆面光亮。直径12.3—13.7、底径9.7、高8.5厘米。整体制作相当精良，为宋代素面漆盒的代表作。

黑漆唾壶 南宋（1127—1279）漆器，江苏省常州市武进村前南宋墓出土。木胎，托盘形口，束颈，圆鼓腹，浅圈足，通体内外髹黑漆，器身轻巧。盘口径20.5、底径6.3、高10.5厘米（图一）。唾壶是古代的一种卫生洁具，在宴会上用来盛装肉骨鱼刺，故又称"渣斗"。始于东汉，盛行于三国两晋南北朝时期。常见的唾壶均为瓷器，造型圆润，早期多素面，越到后期装饰越是精美。宋代的漆器唾壶实物较为少见，这件唾壶的出现，一方面展示了宋代漆器精巧别致的特点，另一方面也反映了宋人优雅的生活态度。

图一 南宋黑漆唾壶

巴思八文漆碗 元朝（1206—1368）漆器，共两件，江苏省常州市武进卜弋公社下港大队元墓出土。木胎，用窄薄木片条圈叠成型。其中一件口径16.5、高8.2、足径7.4厘米，另一件口径19.6、高8.7、足径8.5厘米（图二）。尤其第一件，通体髹偏橙红色漆，色泽明亮，口沿外撇，腹部圆润，口沿一周及圈足内髹黑漆，这些都是典型的元代漆碗风格，也是鉴定元代素面漆器的要素。底部圈足内朱漆书写的为元代巴思八文的"陈"字（图三），此处不应为制作工匠之名，而当为墓主姓氏。八思巴文是元世祖忽必烈时期国师八思巴（又译为巴斯八）所创的蒙古新字，是在统治阶级内部使用的文字。这两件漆碗上出现了蒙古巴思八文，足见当时的汉人已经彻底归服蒙古人的统治，是民族融合的有力佐证。

漆粉盒 元朝（1206—1368）漆器，江苏省常州市武进卜弋乡孙家村元墓出土。木胎，用窄薄木条圈叠成型。与巴思八文漆碗为同一墓葬出土。通体髹黑漆，漆色略发褐，盒盖与盒身子母口扣合严密。口径7.3、直径8、高4.3厘米。整体扁圆，造型规整。

图二　元朝巴思八文漆碗　　　　　　　　图三　元朝巴思
八文漆碗款识

"灵隐山"款漆盒　元朝（1206—1368）漆器，江苏省常州市武进礼河乡元墓出土。木胎，缺盖，子口，弧腹，平底。通体髹黑漆，漆皮略有剥落。口径12.4、底径8、高4.9厘米。该器底部近边处针刻一行"□亥灵隐山钟家上牢"款识（图四）。与宋代朱书款识有别的是，元代漆匠似乎偏好针刻款，目前传世的元代制漆名家张成、杨茂等所作雕漆器的款识均为针刻款，此件漆盒是国内目前已知元代墓葬出土的唯一一件有针刻款的漆器。针刻的款式基本与宋代朱漆书写的款式相同，可作为从宋代传统朱书款转变到元代针刻款的典例。

（二）金银平脱漆器

金银平脱，在《髹饰录》中归属"填嵌"一类，称之"嵌金、嵌银、嵌金银"，是用金或银的薄片，雕刻成纹饰，一般在其上会再做毛雕处理，然后贴附在漆地表面，上漆，直至漆面将金银片完全覆盖，最后加以打磨，使金银所做之纹饰显露出来。金银平脱漆器，源于战国时期之错金银青铜器，后发展至在漆器口或底部加金属圈的扣器。目前在汉墓中已经出土了一些镶嵌金银片的漆器，可见在汉代已有嵌金银漆器出

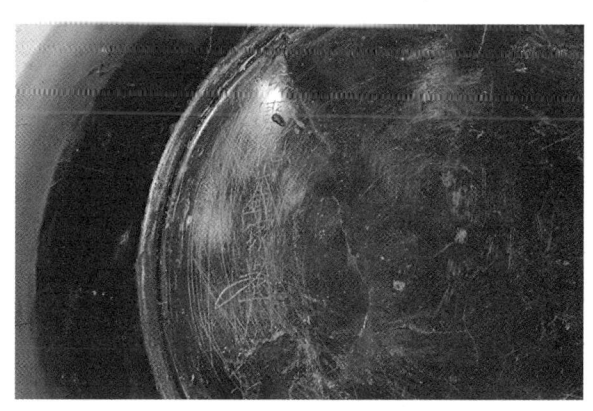

图四　元朝漆盒上的"灵隐山"针刻款识

现，只是工艺尚不成熟，无法称之为金银平脱。金银平脱这类技法在唐代广为盛行，并发展成熟，宋以后，这种单独使用金银片装饰于漆器的平脱技法几乎绝迹。

银平脱花卉纹漆镜盒 五代（907—960）漆器，江苏省常州市五代墓出土。这件漆镜盒是国内罕见的五代时期银平脱的漆器实物，极具研究价值。此盒呈"亚"字形，木胎，黑漆地。分盖和底，盖顶正方形，周廓拼接弧形木板，委角，边缘圈薄木片，镶银扣。盖面覆一整体镂雕花卉纹图案的银片，略高出漆地，花纹秀丽，花卉叶脉均施毛雕，纤毫可辨。盖内侧朱书两行，一行仅存"魏"字左半边，另一行作"并底盖柒两"。盒底正中嵌铜质团花纹片，团花外周由12朵连云纹组成，内周为多瓣花形，施毛雕。团花中央有一透孔，用手指在透孔一顶，盒内铜镜即可托起。团花纹左侧朱书两行"魏真上劳""并满盖柒两"。盒底下附一周木片圈足，外裹银扣两道。通高8、宽20.8厘米（图五）。这件银平脱漆镜盒造型别致，工艺复杂，与其同时期的采用相同工艺的漆器几乎未见。

图五 五代银平脱花卉纹漆镜盒

（三）戗金漆器

戗金，《髹饰录》中归属"戗划"一类，即在漆地表面划刻纹饰，纹饰中填入其他材质，一般为金或银或其他色漆，填后与漆面不齐平。填入金箔或金粉者，就称为戗金。戗金技艺的起源可追溯至战国时期盛行的错金银青铜器，并发端于西汉时期出现的针划纹漆器。迄今发现时代最早的戗金漆器为湖北省光化县西汉墓出土的两件针划戗金漆卮。戗金漆器虽然早在西汉时期便已出现，但从西汉到南宋这千余年之间的考古发掘实物却是相当少，直至1978年江苏省常州市武进村前南宋家族墓中3件无与伦比的南宋戗金漆器的出现，才把真正意义上发展成熟的戗金工艺呈现在世人面前。

朱漆戗金菱花式人物花卉纹奁 南宋（1127—1279）漆器，江苏省常州市武进村前南宋墓出土。此奁作十二棱菱花式，分盖、盘、中、底4层。木胎，通体髹朱漆。奁盖内侧髹黑漆，用朱漆书写"温州新河金念二郎上牢"款。形制上与宋代素色漆奁相似，由于要在整体上突出周身钩划戗金花卉的效果，花瓣显得饱满肥厚。

器盖用弧形花瓣为肩，托起盖面。盖面戗刻仕女二人，梳高髻，着花罗直领对襟衫，手中分执团扇、折扇，挽臂而行，旁有女童，手捧长颈瓶侍立。园中铺石径，设藤凳，有山石、柳树相称，景色幽静。自盖至底层各层器口都用银扣镶口，既造型别致，又兼具加固的作用。口径19.2、通高21.3厘米（图六）。器身十二棱间细刻上下对称的荷叶、莲花、牡丹、山茶、梅花等6组折枝花卉。花枝间留出朱地空间，格调清新高雅。所有的花纹与图案均是采用戗金的工艺制作而成，戗划的线条流畅优美，不迟滞，没有深浅不一，填入的金箔坚固，几乎没有剥落，可见在当时，戗金工艺已经相当成熟。

图六 南宋朱漆戗金菱花式人物花卉纹奁

朱漆戗金人物花卉纹长方盒 南宋（1127—1279）漆器，江苏省常州市武进村前南宋墓出土。此盒有盖，为子口，口部套一黑漆浅盘。木胎，表面髹朱漆，漆质甚坚。盒盖内侧有朱漆书"丁酉温州五马钟念二郎上牢"款。长15.2、宽8、通高11.6厘米（图七）。盖面戗划一老翁，身着宽袖服，袒胸露腹赤足，肩荷木杖，杖头挂钱一串，自山间行来，远处点缀以茅屋、树梢，画面寓取《晋书·阮修传》："常步行，以百钱挂杖头，至酒店便独酣畅。"画面平远开阔，意境清逸。盖四周及

图七 南宋朱漆戗金人物花卉纹长方盒

盒身立墙各自细钩牡丹、芍药、栀子、茶花。此盒与前一件漆奁一样，均是采用了戗金的髹漆技法，只是此盒不论盖面或是四周画面都留有较多空白，这也是宋代绘画作品的典型风格。

填朱漆斑纹地戗金柳塘纹长方盒　南宋（1127—1279）漆器，江苏省常州市武进村前南宋墓出土。此盒形制与上一件相同，有盖，为子口，口部套一黑漆浅盘。木胎，表面髹黑漆。盒盖内侧有朱漆书写"庚申温州丁字桥廨七叔上牢"款。长15.4、宽8.3、通高11厘米（图八）。盖面一幅柳塘小景，此图以戗金线条勾勒出坡石、塘岸和柳树树干，再用划丝的方法刷出垂柳细枝，池中游鱼、水草、波纹亦一一划丝，金线清晰。盒盖四周及立墙细刻月季、菊花、海棠、荷花、梅花等四季花卉。在景物以外密钻细斑，填以朱漆，并加以打磨。整个器身布满纹饰，不留空地，独具一格。

图八　南宋填朱漆斑纹地戗金柳塘纹长方盒

值得一提的是，此漆盒上展现出的独特髹漆技艺，在戗金之外，还采用了类似"攒犀"的技法。所谓"攒犀"，《髹饰录》中为"纹间"的一类，又称为"戗金间犀皮"，其成熟的做法是先在器胎之上堆刷出一定厚度的缃色（浅黄色）漆层，再刷罩数遍底漆，一般为黑漆，然后在黑漆底上戗金刷丝，勾勒纹饰，最后在纹饰间密钻小斑，使其露出原先刷在器胎上的缃色底漆。我们这件漆盒相比"攒犀"，明显应该是"攒犀"成熟前之雏形，为钻斑之后再填漆，而非预先刷上底漆之后钻斑使之显现。

（四）剔犀漆器

剔犀，《髹饰录》中归属"雕镂"一类，即是雕漆的一种，是用两种或者三种色漆在漆胎上有规律地交替髹涂，逐层累积到一定厚度，一般可达数百层，然后再雕刻出云纹和云纹的变化形式图案，这样在剔口断层便会出现回环往复的色漆线，呈现不同色层，形制古朴，意味深远。雕漆包括剔红、剔黑、剔彩、剔绿、剔犀等多种形式，一般认为是由唐代发端，宋开始至元代发展成熟，明清时期达至顶峰。

剔犀执镜盒　南宋（1127—1279）漆器，江苏省常州市武进村前南宋墓出土。木胎，盒面及周缘、盒柄剔刻云纹图案8组，盒以褐色漆为地，黑面，朱、黄、黑三色漆更叠，朱色漆较淡，不甚明显。直径15.4、长27、高3.2厘米（图九）。宋代剔犀漆器较为少见，此件执镜盒体量较大，漆层肥厚，线条曲折而又对称，柔和优美，充满了和谐的韵律之美，是宋代剔犀器的代表作。

图九　南宋剔犀执镜盒

漆器的发展经历宋元两朝的发展，逐渐走上了高大上的路线，得到皇家高度的重视。从元代开始，及至明清两朝，漆器正式进入皇室御用范畴，越来越多的漆器精品由皇室御用作坊专门制作，繁复多变的髹漆技艺，昂贵罕见的髹漆原料被使用在这些御制品上，普通人根本无法一窥其美妙之处。漆器历经数千年的发展，最终成为艺术品皇冠上那颗最璀璨的明珠。

原载《大观·收藏》2016年第2期

江苏常州出土宋元时期泥塑

彭 辉

1980年1月，常州博物馆考古工作人员在对常州市和平路某建筑工地进行抢救性考古发掘时，发现一座古代房址遗迹。在清理房址内部底层的淤泥过程中，出土了一批造型别致的泥塑偶像。这批泥塑制品数量众多，出土地点相对集中，且同一题材的泥塑常有十余件甚至百余件，显然是规模化生产的产品。结合出土器物的特征，发掘者推测该房址的性质为一座宋元时期手工作坊遗迹。

一 出土泥塑

这批泥塑制品共280件，制作工艺基本相同，均采用前后半模合范而成。在小型泥塑的侧面，还留有较为明显的范缝痕迹；大型泥塑则使用工具，对范缝稍作抹光处理。胎体采用普通红色陶泥，陶土因澄洗不足，断面仍可见杂质颗粒。泥塑均为素烧，表面未施彩或化妆土，烧成温度普遍不高。另外，在泥塑成型后，制作者常以拇指在泥塑底部按压出一个小凹坑，可能是防止泥塑过烧造成空鼓现象的技术处理。塑像内面及底部凹坑内可见清晰指纹。

这批泥塑制品按其题材类别，可分为佛道神仙、世俗人物、玩具器皿、动物偶像等四大类型31种，多数偶像出土时形象漫漶不清。今选择部分具代表性的泥塑介绍如下。

吕洞宾像 3件。有大小两种，造型相同。头戴纯阳巾，巾带自耳后垂落，方脸，眉目俊朗，颔下三绺短髯，身穿宽大道袍，腰系丝绦，着云头履，双手拱于胸前，端坐于湖石之上。TA1320，高10.4、宽5.3、厚3.6厘米（图一：1）。

钟离权像 2件。头绾双髻，披发于脑后。圆脸，凤眼蚕眉。长髯拂于胸前。缀叶为帔，身穿宽大道袍，腰系丝绦，跣足，端坐于湖石之上。左手横持一法器，右手捋须，口舌微张，作说法状。TA1325-2，高9.2、宽4.8、厚3.5厘米（图一：2）。

徐神翁像 1件。头戴软平帻，披发于脑后。圆脸，圆眼细眉。颔下三绺短髯，身穿宽大道袍，袒胸露乳，腰系丝绦，下着云头履，端坐于湖石之上。左手抚左膝，右手握一系带，系带搭于右肩，身后背一葫芦。TA1325-1，高8.8、宽5、厚3.9厘米（图一：3）。

寒山拾得像 1件。为一对仙人形象。左像散发披肩，右像结双髻，两人装束相同，均着宽袖交领长衫，腰系丝绦，着靴，坐于湖石座上。左像左手搭右像肩上，右手指向右者，双腿交坐；右像双手张开作拍手状。两人均作大笑状，表情滑稽。TA1316，高8、

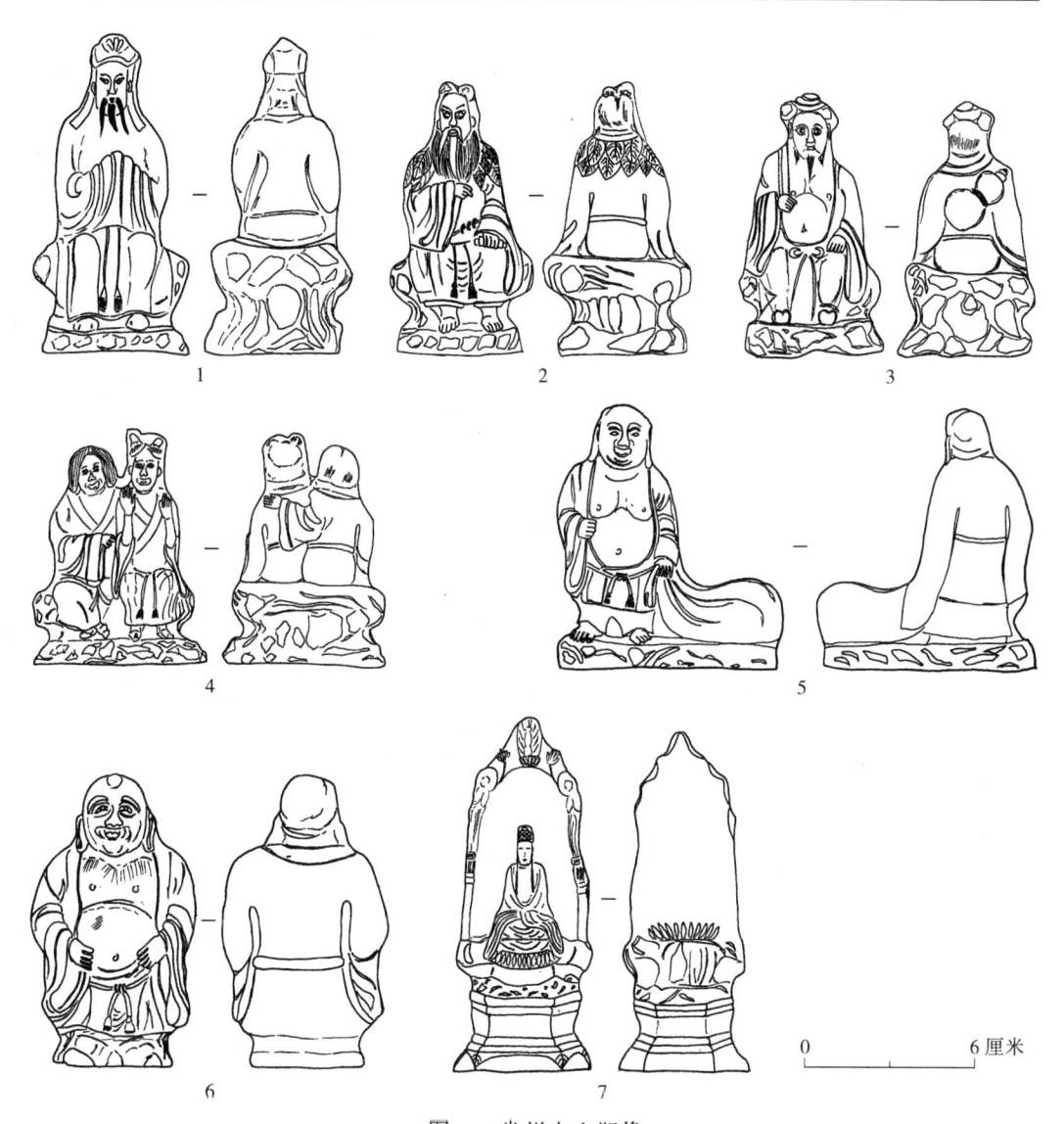

图一 常州出土塑像

1. 吕洞宾像（TA1320） 2. 钟离权像（TA1325-2） 3. 徐神翁像（TA1325-1） 4. 寒山拾得像（TA1316） 5. 布袋弥勒像（TA1317） 6. 弥勒像（TA1315） 7. 菩萨像（TA1318）

宽6、厚4厘米（图一：4）。

弥勒像 1件。梳童子头，额前留发，脑后有瘤，圆脸细眉，双耳垂肩，穿宽袖通肩大衣，袒胸露乳，腹部微隆起，腰系丝绦，下着云头履，立于地上。右脚微探于外。双手捧腹，作大笑状。TA1315，高9.8、宽5.5、厚3厘米（图一：6）。

布袋弥勒像 2件。为布袋弥勒造型。分左右拖袋两种，造型完全一致，似为对像。光头，脑后有瘤，圆脸细眉，双耳垂肩，作大笑状。穿宽袖通肩大衣，袒胸露乳，腹部隆起，腰系丝绦，跣足，立于地上。右手捧腹，左手拖一大布袋。TA1317，高

8.7、宽7.6、厚2.7厘米（图一：5）。

菩萨像　1件。头戴花蔓高冠，两侧宝缯下垂至肩，宽额圆脸，面目不清。身着通肩大衣，结跏趺坐于覆瓣莲台上。莲台下为高须弥座。菩萨身后为一莲瓣形大背光，背光顶端中央为一佛像，佛像两侧沿背光外缘有两组协侍立于望柱之上，佛像及协侍风化不清。须弥座六角，上、下枋有云气和蕉叶装饰。TA1318，高11.5、宽4.8、厚3.5厘米（图一：7）。

孔子像　4件。头戴纶巾，缯带垂于肩，宽额阔面，弯眉细目，长须及胸。上穿宽袖交领衫，腰系襦裙，下着裤，裤内另有衬裙。着圆头履。端坐于圆凳之上，双手按于膝上。肃目正色，为一年长智者模样。TA1321，高9.3、宽4.5、厚3.5厘米（图二：2）。

图二　常州出土塑像
1. 妇人像（TA1319）　2. 孔子像（TA1321）　3. 武士像（TA1328）　4. 伏凳童子像（TA1332）　5. 持拍童子像（TA1322）　6. 捧雀童子像（TA1331）　7. 持拍乐人像（TA1336）　8. 陶楼阁（TA1345）　9. 陶豆（TA1358）

武士像　1件。头戴护颈盔鍪，盔顶有缨。身穿全副鱼鳞铠甲，肩有披膊，腰间加捍腰，系狮蛮带，脚踏战靴，右手持剑，左手按左膝，端坐于圆石上。武士横眉立目，面露威严之色。TA1328，高8、宽5.2、厚3.2厘米（图二：3）。

妇人像　1件。发自顶中分为两绺，两侧发梢卷曲成环，垂至肩上。圆脸大眼，体态丰腴。身着宽袖交领曳地长袍，腰间系带，穿靴。双手笼于袖中。TA1319，高9.8、宽5、厚2.8厘米（图二：1）。

持拍乐人像　3件。头戴尖顶笠帽，头发披于脑后。身穿宽袖交领衫，盘腿坐于地上。双手持拍板，板分四块。乐人口舌微张，作吟唱状。TA1336，高6.1、宽3.2、厚3.4厘米（图二：7）。

伏凳童子像　1件。梳童子头，额前留发。圆脸大眼，穿宽袖衫，赤脚，蹲坐于地上。双手抱于前胸，伏于一鼓形圆凳上，凳上刻画出菱格纹样，模拟竹器实物。童子头颈微侧，面目含笑，作顽皮状。TA1332，高7.2、宽4.6、厚4.2厘米（图二：4）。

持拍童子像　1件。梳童子头，头顶、两耳侧各留一撮头发，圆脸细眉，眉目含笑，为一男童形象。穿交领窄袖长衫，下着束口长裤，脚穿靴。盘膝坐于地上。双手持一副拍板，板分四块。TA1322，高8.3、宽5.6、厚4.6厘米（图二：5）。

捧雀童子像　1件。梳三髻，头顶、两耳侧各留一螺形发髻，圆脸细眉，为一女童形象。穿交领宽袖长衫，脚穿靴。盘膝坐于地上。双手捧一只雀鸟。此像与持拍童子像似为对像。TA1331，高8、宽5.4、厚4.5厘米（图二：6）。

陶扑满　3件。圆顶，顶面为模印兽面造型，兽面粗眉圆眼，方牙阔口，口部开长方形槽，折腹，器腹斜收至底，平底。TA1355，高4.6、腹径6.9、底径3.6厘米（图三：1）。

陶楼阁　1件。两层楼阁，重檐歇山顶。正脊两侧装有鸱尾。底层正面开一拱门，二层正背面各开一拱形窗。楼身以粗细线条刻画瓦垄、屋脊、角柱、檐柱等。正面台基一侧有缺损。TA1345，高9.8、宽4.8、厚4.2厘米（图二：8）。

陶豆　22件。企口，沿面平，盘腹深，腹下接粗矮实心豆柄，柄下为喇叭形圈足，足尖开敞。豆上原有一盖，已缺失。豆盘部分模印有三层纹饰带，上下为连续回云纹条带，中央为卷草纹条带。TA1358，高4.6、口径6.4、底径3.7厘米（图二：9）。

麒麟　1件。额顶生一独角，方鼻阔口，獠牙外露，鬣分三绺，自脑后披至后背。通体披有鳞片，短尾。面目狰狞，作仰天嘶吼状。TA1359，高8.7、宽9.5、厚3.6厘米（图三：4）。

狮　共34件，分雌雄两种。

雄狮　2件。方鼻尖耳，怒目圆睁，巨口大张，作回首咆哮状。脑后鬣毛倒卷成涡卷，颈上悬挂缨铃。蹲坐在须弥座上，长尾委地，搭于后足间。底座与狮身连为一体。TA1356，高8.8、宽4.4、厚3.7厘米（图三：2）。

雌狮　32件。基本造型同雄狮。头部略圆，脑后毛分四绺，发梢卷曲，颈部无缨铃，前足间卧有一幼狮。狮身与底座分离。底座圆形，正背面各绘有一幅蛟龙飞腾的画面。TA1360，高9.2、狮宽4.8、厚3.8、底座径5.5厘米（图三：3）。

图三　常州出土塑像
1. 陶扑满（TA1355）　2. 雄狮（TA1356）　3. 雌狮（TA1360）　4. 麒麟（TA1359）　5. 猕猴（TA1344）

猕猴　137件。尖嘴圆眼，身形肥硕，双手抱膝，蹲坐在地上，长尾搭于臀间。身上以密集线条刻画毛发。TA1344，高7.6、宽3.5、厚4.8厘米（图三：5）。

二　结语

至迟从南宋开始，江南地区已经出现了专门生产儿童玩具的手工业作坊。1975年苏州市大石头巷出土了制造玩具的陶范以及熔炼金属的坩埚等，被研究者认定为宋代平江城平权坊遗址。[①] 1980年镇江大市口五条街小学后骆驼岭附近发现宋代泥塑作坊遗址，出土一批神像、人物及泥塑儿童造像。[②] 杭州至今存有"泥孩儿巷"，即是作坊集中地的孑遗。而常州作为当时的江南大驿，商品经济繁荣，手工业极为发达，产生专门生产儿童玩具的手工作坊也在情理之中。

遗址中出土的各类偶像，究其功能用途来讲，应与流行于宋元时期的七夕"磨喝

---

① 南京博物院：《江苏文物考古工作三十年》，转引自《文物考古工作三十年》，文物出版社1979年版。
② 刘兴：《镇江市区出土的宋代苏州陶捏像》，《文物》1981年第3期。

乐"风俗有关。关于"磨喝乐"的考证，前人已做过较为详尽的研究，① 此处不再赘述。值得一提的是，这批塑像中有相当一部分具有对像的特点。如布袋弥勒、男女童像、雌雄狮像等。与孟元老在《东京梦华录》和王鏊《姑苏志》中的说法完全一致，② 证明当时的磨喝乐产品确实有了成套配对的概念，宋元商品经济之繁荣可见一斑。

关于泥塑中神佛诸像的考证，因为有其他地点所出的同类器物及绘画材料对照研究，所以也比较明确。如"寒山拾得"像，即与深圳望野博物馆藏一尊红绿彩寒山拾得瓷像造型特征相似。③ 其他如钟离权、吕洞宾、弥勒，均可在宋元时期绘画及同时期造像材料中找到类似形象，④ 足见当时对于此类人物形象已经有了比较固定的蓝本。值得讨论的是徐神翁像。"徐神翁"之名在元代杂剧中多次出现，是元八仙的主要人物之一。⑤ 关于徐神翁的形象特点，在元杂剧中似乎可以找到些蛛丝马迹。马致远的杂剧《吕洞宾三醉岳阳楼》第四折末《水仙子》，以吕洞宾的口吻，依次介绍八仙，其中道："第一个是汉钟离，现掌着群仙箓；这一个是铁拐李，发乱梳；这一个是蓝采和，板撒云阳木；这一个是张果老，赵州桥骑倒驴；这一个是徐神翁，身背着葫芦。"其中提到的徐神翁"身背着葫芦"，正与常州所出偶像特征相符。再结合山西芮县永乐宫纯阳殿《八仙过海图》壁画所绘"徐神翁"图像，基本可以确定其身份。

泥塑中的玩具器皿，在当时亦有其名。宋人话本《万秀娘仇报山亭儿》中提到："合哥挑着两个土袋，撅着二三百钱，来焦吉庄里，问焦吉上行些个山亭儿，拣几个物事，唤作：山亭儿，庵儿，宝塔儿，石桥儿，屏风儿，人物儿。"可见当时这类泥塑玩具已统称"山亭儿"⑥。台北故宫博物院藏李嵩《市担婴戏图》里，杂货商人担里挑着的，也正是此类泥塑玩偶。直到明清时期，江南地区制作土偶玩具的风气仍未消减。清顾禄《桐桥倚棹录》卷一一曰，虎丘耍货之"头等泥货在山门以内，其法始于宋时袁遇昌，专做泥美人、泥婴孩及人物故事"，"他如泥神、泥佛、泥仙、泥鬼、泥花、

---

① 对摩喝乐的研究，较为详尽的有傅芸子《宋元时代的"磨喝乐"之一考察》，文见《新世纪万有文库·白川集》，辽宁教育出版社2000版；王今栋：《'磨喝乐'考》，《美术史论》1987年第1期；扬之水：《摩睺罗与化生》，《古诗文名物新证》，第274—281页，紫禁城出版社2004年版。

② （宋）孟元老《东京梦华录》卷八"七夕"条云："磨喝乐，乃小塑土偶耳。……有一对自数千者，禁中及贵家与士庶为时物追陪。"（明）王鏊《姑苏志》卷五六"人物"项卜，记宋人袁遇昌"善塑化生摩睺罗，每搏埴一对，价三数十缗"。

③ 刘涛：《金代红绿彩寒山拾得像小识》，载深圳博物馆等《精彩——金元红绿彩瓷中的神祇与世相》，文物出版社2009年版，第302—309页。

④ 钟离权、吕洞宾、布袋弥勒、弥勒等像，参见《精彩——金元红绿彩瓷中的神祇与世相》，文物出版社2009年版。

⑤ 元代八仙人物尚未定型，个别人物常有变动，元杂剧中常将"徐神翁"列入八仙之一。如谷子敬杂剧《吕洞宾三度城南柳》第四折《得胜令》："这七人是汉钟离、铁拐李、张果老、蓝采和、徐神翁、韩湘子、曹国舅。"范子安《陈季卿误上竹叶舟》第四折《十二月》前，叙述八仙登场道："张果、汉钟离、吕洞宾、李铁拐、徐神翁、蓝采和、韩湘子、何仙姑上。"徐神翁，本名徐守信，泰州海陵人，仁宗明道二年（1033）生，年十九入天庆观为道士，发运使蒋之奇以"神翁"呼之。徽宗崇宁二年（1103）赐号"虚静冲和先生"，徽宗大观二年（1108）卒，年七十六，赐大中大夫。（宋）苗希颐所著《徐神公语录》和王禹锡所撰《海陵三仙传》中均有记载。

⑥ 扬之水：《从孩儿诗到百家衣》，载《古诗文名物新证》，紫禁城出版社2004年版，第259—260页。

泥树、泥果、泥禽、泥兽、泥虫、泥鳞、泥介……精粗不等"①。常州所出泥塑中，三教人物、扑满、楼阁、狮、猴、麒麟无一不在此列，正是此类玩物的实证。

　　由于当年发掘工作的科学性不强，原始材料较为粗糙，加之房址内未伴出其他有明确纪年的文物材料，给泥塑的断代研究工作带来一定难度。好在出土泥塑中仍有相当一部分具有明显的时代特征，或可借以推测这批泥塑的相对年代。首先，前引望野博物馆藏金代红绿彩寒山拾得像，研究者考其年代为金代中晚期。② 而常州所出"寒山拾得"像，无论从形象和造型特征上均与前者类似，则年代应相去不远。其次，在这批塑像中，出现相当数量的吕洞宾和钟离权的塑像，应与全真教在金章宗时期的变革有关，③ 则该批塑像的年代上限不应早于金章宗禁止全真教的年代，即金明昌元年、南宋绍熙元年（1190）年。第三，塑像上所表现出来的服饰特点，也有鲜明的时代特征。如持拍伎乐人头戴尖顶笠帽，窄袖短袍，与河南焦作金代墓葬④及山西高平县西李门村二仙庙大殿露台须弥座的金代乐人⑤服饰相似；妇人像的发型及服饰特征也有明显的北方游牧民族的服饰特征。常州地处江南，未受过金国的直接统治，塑像中出现的具有金代服饰特色的人像，只有两种可能，或是南宋时期与金国贸易交流的产物，或是在蒙古统治下才开始的文化交流。可见，这批塑像年代的下限应为元代。由此推断，该手工作坊的存续时间约在南宋绍熙年间至元初。

　　常州出土的这批泥塑偶像，虽然从其文物价值而言未必出色，但其中所包含的大量社会生活信息，涉及宗教、冠服、发饰、儿童游戏、古代玩具等诸多方面，仍不失为研究和观察宋元时期社会文化生活的重要实物资料。

原载《考古与文物》2014 年第 4 期

---

① 扬之水：《望野博物馆藏红绿彩人物丛考》，载深圳博物馆等《精彩——金元红绿彩瓷中的神祇与世相》，文物出版社 2009 年版，第 292—300 页。
② 刘涛：《金代红绿彩寒山拾得像小识》，载深圳博物馆等《精彩——金元红绿彩瓷中的神祇与世相》，文物出版社 2009 年版，第 302—309 页。
③ 郭学雷：《从红绿彩瓷器看金代宗教与社会生活》，载深圳博物馆等《精彩——金元红绿彩瓷中的神祇与世相》，文物出版社 2009 年版。
④ 沈从文：《一组蒙古人乐舞俑》，《中国古代服饰研究》一三九章，上海书店出版社 2002 年版，第 533 页。
⑤ 扬之水：《望野博物馆藏红绿彩人物丛考》，载深圳博物馆等《精彩——金元红绿彩瓷中的神祇与世相》，文物出版社 2009 年版，第 292—300 页。

谈五岳真形镜

李 威

笔者在常州博物馆担任青铜器文物库保管员时，曾对馆藏铜镜进行过细致盘点，对其中一件铜镜印象颇深。

这件原来未定名的铜镜，是1977年在常州武进地区征集而来。铜镜直径10厘米，镜缘略残，虽品相不佳，但其镜背内容引起了笔者的注意。这件铜镜应当定名为"五岳真形镜"（图一）。

图一 常州博物馆藏五岳真形铜镜

太仓市博物馆藏有一件与此镜形制一致的五岳真形镜（图二）。援引苏州文物信息网关于这面铜镜的介绍："1984年，太仓东郊明代万历时期的黄元会夫妇墓出土了一批文物，其中的一面五岳真形铜镜为江南地区出土品中首次发现。该镜圆形无镜纽，镜缘窄凸，镜背上'嵩岳'图形居中，外四方分别配置'泰岳''恒岳''衡岳''华岳'，五岳图形与实际观察到的山岳形象相似，是山岳的平面图，这是铜镜中最早出现的五岳真形图。该镜在江南地区出土品中比较少见，具有一定的典型性。"在此稍作五岳图形方位的补充，即中间为"嵩岳"，"嵩岳"的右上、右下、左上、左下依次为"泰岳""衡岳""恒岳""华岳"。

由于太仓市博物馆藏五岳真形镜是发掘出土品，且出土墓葬有纪年及墓主信息，将其定为五岳真形镜的标准器是恰当的。即便如此，关于五岳真形镜的描述及图形意

图二　太仓市博物馆藏五岳真形铜镜

义仍然值得我们商榷和研究。

首先，此镜并非无纽，其镜背中央的"嵩岳"符号，下有穿孔，即为镜纽。这处错误无伤大雅，本文的重点在于探讨镜中五岳真形图是否为五岳的平面图，以及其出现于铜镜之上的意义何在。

一　铜镜中的五岳真形图是否为山岳平面图

五岳真形图是道教的重要图符。东晋著名道学家葛洪在其《抱朴子内篇·遐览》中说："道书之重者，莫过于《三皇内文》《五岳真形图》也。"因此，要了解五岳真形图的含义，必然需要参阅道教典籍。道门关于五岳真形图的产生有着一个传说性质的记述，即三天太上道君作《五岳真形图》，后传于西王母，西王母再传于汉武帝、东方朔。最早关于五岳真形图的记录，出现于旧题为东汉班固所著的《汉武帝内传》，其中讲述了汉武帝在西王母处见得五岳真形图，经过其苦苦哀求方得王母授图的故事。而据《四库全书提要》考订《汉武帝内传》，应为魏晋文士所为。因此学术界普遍认为，五岳真形图产生于魏晋时期。在此我们对五岳真形图产生时间及西王母传图一事不做探究，仅对五岳真形图为山岳平面图说进行阐述。

常州博物馆与太仓市博物馆收藏的两面铜镜皆属明代文物，其上之五岳真形图在铜镜之外还多见于碑刻。现存与铜镜上的五岳真形图同类且有确切纪年的明代碑刻，以泰山岱庙及登封中岳庙的五岳真形图碑最为著名。由于石碑年代久远、字迹不清，在此仅附上泰山岱庙万历年间《五岳真形之图碑》的复制品照片（图三）。笔者发现，在许多相对通俗化的关于五岳真形图碑刻的介绍文字中，都有五岳真形图为山岳平面图的说法，以下便来进一步商榷。

五岳真形图为山岳平面图说由来已久，许多国内外的历史及地理学专家对此有过研究。但是许多学者所说之"五岳真形图"并非铜镜上的形式，而是另有所指。支撑五岳真形图为地形图之说，最为重要的依据来源于成书于明代的《正统道藏》。这是一部道教

谈五岳真形镜

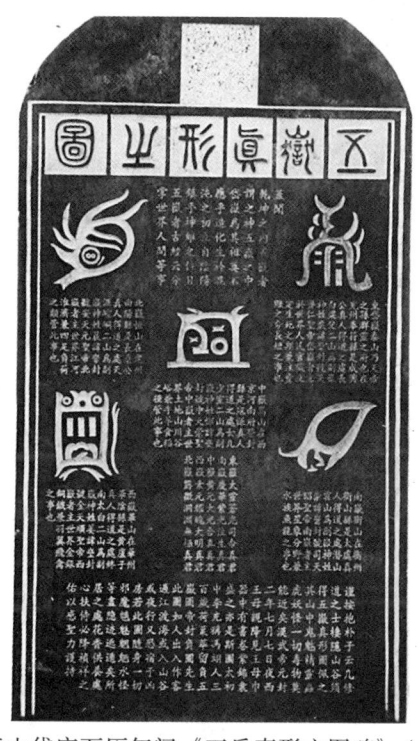

图三　泰山岱庙万历年间《五岳真形之图碑》（复制品）

史上极为重要的典籍，该书由正一道两代天师张宇初、张宇清主持编纂，在《正统道藏》第六册有《洞玄灵宝五岳古本真形图》，有一篇假托为东方朔所作的《序》，开篇即说："五岳真形者，山水之象也。盘曲回转，陵阜形势，高下参差，长短卷舒。"[①] 其后还收录有五岳真形图的图像。在此仅以东岳泰山和中岳嵩山为例。《正统道藏》所录五岳真形图图像分为两种，一种图形接近正方，名为《灵宝五岳古本真形图》（图四）；另一种图像接近长方，名为《洞元灵宝五岳真形图》（图五）。书中在图像后有文字曰："黑者山形，赤者水源，黄点者洞穴口也。画小则丘陵微，画大则陇岫壮。"[②] 从中我们明显感觉到了，这里所说的五岳真形图是含有地形图作用的，山形、水源、洞府位置皆有记录。但是，《洞元灵宝五岳真形图》中所录五岳真形图两种，与铜镜中之五岳真形图大相径庭。

明代碑刻及铜镜中的五岳真形图，在《正统道藏》中找不到完全一致的，但是能找到颇为相近的。《正统道藏》第十八册《三皇内文遗秘》中，收录有《五岳真形符》（图六）。其中《东岳真形符》与铜镜中东岳图形极为相似，其余诸岳"真形符"与铜镜中图形差异稍大，但也颇为相近。由此可知，铜镜及碑刻中的"五岳真形图"相较于《正统道藏》第六册所录《洞玄灵宝五岳古本真形图》来说，称为"五岳真形符"是更为恰当的。明代碑刻既然称作"五岳真形之图碑"，那么称之为图也是不错的，毕

[①] 《道藏》第六册，上海书店出版社，1988年3月版，第735页。
[②] 同上书，第743页。

图四　灵宝五岳古本真形图　　　图五　洞元灵宝五岳真形图

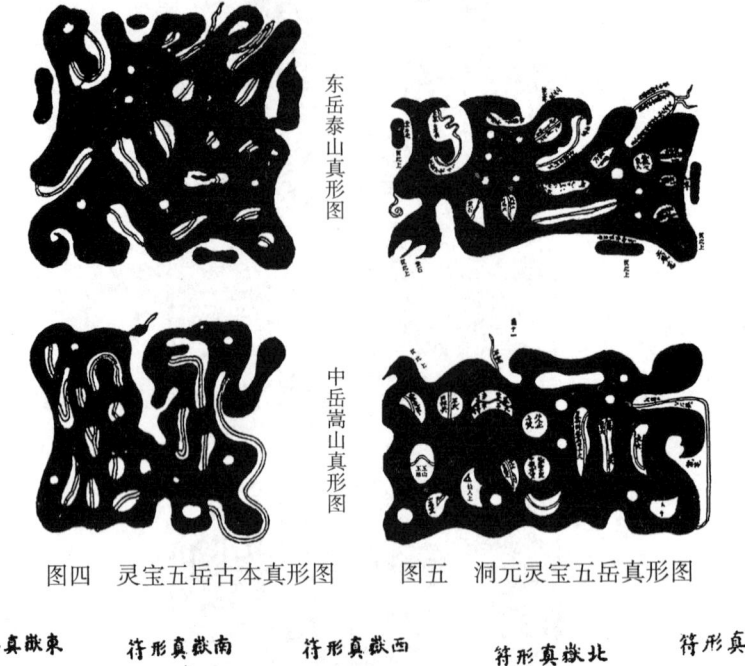

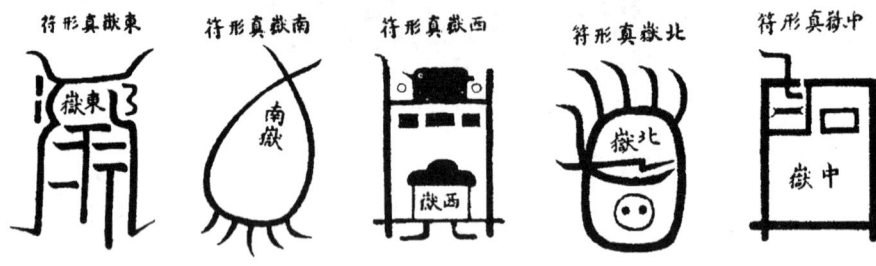

图六　五岳真形符

竟道教中符图本属一部。

另外，在北宋张君房著《云笈七签》卷七九《符图部》中，也有一篇假托东方朔所作的《五岳真形图序》，与《洞玄灵宝五岳古本真形图》所录的东方朔序言如出一辙。但其后又有《王母授汉武帝真形图》文，其中称五岳真形图是"三天太上道君下观六和，瞻海河之长短，察丘山之高卑，名立天柱，安于地理。……乃因山源之规矩，睹河岳之盘曲，陵回阜转，山高陇长，周旋逶迤，形似书字。是故因象制名，定实之号，画形秘于玄台，而出为灵真之信"[①]。《云笈七签》中虽未收录五岳真形图的图例，但从《王母授汉武帝真形图》文中描述来看，大体可知五岳真形应形似书字。《云笈七签》成书早于明代的《正统道藏》，《洞玄灵宝五岳古本真形图》不见于《云笈七签》，且完全不似书字，更似地图。因此，我们有理由怀疑上文《王母授汉武帝真形图》中所提的五岳真形图，并非《洞玄灵宝五岳古本真形图》所录的带有平面地形图性质的

---

① （宋）张君房：《云笈七签》，蒋力生等校注，华夏出版社1996年版，第493页。

图形。见诸铜镜的五岳真形图，则更抽象化，更近于符号，并非直观地摹写地形，但却符合"形似书字"的描述，也更符合传说中三天太上道君"因象制名""定实之号"的概念。

综上所述，道教符图含有浓郁的神秘主义色彩，"五岳真形图"中可能夹杂有一些抽象化的线索，也许能够暗示我们图形代表了山岳的某些特征，但是简单说其是山岳平面图却颇为牵强。要知道，即使在崇尚神秘主义的道教经典中，仍然著有更加贴近于平面图性质的《洞玄灵宝五岳古本真形图》，与之相较，铜镜中的五岳真形图无论如何与平面图是难以联系起来的。将其理解为抽象的"定实之号"和"灵真之信"更为妥当。

二　五岳真形图出现于铜镜中的功用及历史、地缘背景

泰山岱庙万历年间《五岳真形之图碑》上之五岳真形图与铜镜上如出一辙，在碑刻下方有一段话，录文如下：

> 谨按《抱朴子》云：凡修道之士，栖隐山谷，须得《五岳真形图》，佩之，其山中鬼魅精灵、虫虎妖怪、一切毒物莫能近矣。汉武帝元封二年七月七日夜，西王母亲降，见王母巾器中有书卷，紫锦囊盛之，亦是斯图。太初中，李充称，冯翊人，三百岁，荷蓁草留，负五岳图，帝封"负图先生"。此图如人出入作客、过江渡海，或入山谷、或夜行，又恐宿于凶房。若此图随身，一切邪魔魑魅魍魉水怪等，尽隐迹逃遁矣。所居之处，香花供养，虔心扶侍，必降祯祥之佑，以感圣力护持。

这段话中依然提及了西王母授汉武帝五岳真形图一事。但值得注意的是，其中指出了五岳真形图强大的避邪功能。

在《云笈七签》卷七九《符图部》假托东方朔所作的《五岳真形图序》中，五岳真形图的功能就显得更加神奇：

> 子有"东岳真形"，令人神安命延，存身长久，入山厯川，百芝自聚；子有"南岳真形"，五瘟不加，辟除火光，谋恶我者，反还自伤；子有"中岳真形"，所向唯利，致财巨亿，愿愿克合，不劳身力；子有"西岳真形"，消辟五兵，入阵刃刃不伤，山川名神，尊奉伺迎；子有"北岳真形"，入水却灾，百毒灭伏，役使蛟龙，长享福禄；子尽有"五岳真形"，横天纵地，弥纶四方，见我欢悦，人神攸同。[①]

---

① （宋）张君房：《云笈七签》，蒋力生等校注，华夏出版社1996年版，第491页。

这里所说的五岳真形图之功能，包括避邪、趋吉、聚财、神驻等，其神效可以说是无以复加了。

铜镜为古人的日常之物，许多人常备于身。五岳真形图出现于铜镜上，能够为使用者随身加持各种祝福。所以，五岳真形镜的出现是再自然不过的事了。

按照道教流派的划分，大致可分为符箓派、金丹派两支，顾名思义，符箓派崇尚符箓斋醮，金丹派崇尚服食修炼。魏晋隋唐，两宋元明的漫长历史中，符箓道派一直在江南拥有深厚基础。魏晋时期兴盛的上清派、灵宝派，隋唐时期主流的茅山派，两宋元明时期的龙虎宗、正一道宗坛皆地处江南。即便后世不尚符箓的全真派大为兴盛，江南地区依然有着笃信符箓的信仰基础。早在元成宗时期，正一道就开始袭掌江南道教，统领江南阁皂山、龙虎山、茅山三大符箓道派。有明一代，正一道更加兴盛，明朝历代帝王皆大加推崇。正一道不同于"全神炼气，出家修真"的全真教，主要从事"符箓斋醮，祈福禳灾"。常州和苏州太仓地处江南，且茅山位于常州左近，去太仓亦不远。长期以来受推崇符箓的茅山道派辐射，常州及周边府县的符箓信仰极为深厚，在此出现五岳真形镜，实为情理之中。

五岳真形镜存世数量较其他种类铜镜实属稀少。常州博物馆藏的这面铜镜，虽然是征集品且品相不佳，但是由于其携带深厚的道教文化内涵和历史信息，仍然值得去保护和研究。

原载《常州文博》2013年第1期

翳翳冬日又何妨

——古代冬季生活器具初探

符 岚

不知不觉已至隆冬。古代的冬天是什么样呢？无论是"北风卷地白草折，胡天八月即飞雪"（岑参《白雪歌送武判官归京》）中的八月飞雪，还是"燕山雪花大如席，纷纷吹落轩辕台"（李白《北风行》）中的如席大雪，抑或"千山鸟飞绝，万径人踪灭"（柳宗元《江雪》）中的万里无人，无不昭示着古代冬天的严寒与漫长。

一 温酎跃波暖衷肠

在古代，人们喜好饮酒；而在天凉时，又偏好温酒。酒温热以后，一部分酒精（乙醇）会挥发掉，酒度降低；白酒中的有害成分（如乙醛）也可挥发掉一些，从而减少对身体的危害。所以温酒不伤脾胃，更能舒筋活血、促进代谢，从而起到保健作用。同时，经过温热的酒，饮用起来会更加醇绵可口。

（一）温酒传统与方式

晋代左思在《魏都赋》中就有"冻体流澌，温酎跃波"的诗句，明确提到了温酒的概念。而宋代王炎《与舍弟饮》诗："温酒浇枯肠，戢戢生小诗。"字里行间更将温酒描绘出了诗情画意。古书籍中关于温酒的故事也颇多，如《三国演义》中的"关云长温酒斩华雄"、曹操青梅煮酒论英雄。《红楼梦》第八回"探宝钗黛玉半含酸"中，也有关于温酒的种种描写。

那么，酒是如何加热的呢？一般说来，温酒之法有二：一是直接将酒瓶放置炭火之上加热，如河南巩义市出土的宋代厨娘温酒图（图一）所示；二是用温碗注子给酒加热。按宋代的饮酒习俗，是"将盛满酒的注子放入温碗之中，碗内加注热水，用以温酒，然后斟入台盏或杯中饮用"[1]。由于注碗分离，碗内的热水可随时更换，这套酒器便可达到时刻保温的目的。

---

[1] 黎福清：《中国酒器文化》，百花文艺出版社2003年版，第41页。

图一　宋代厨娘温酒图

（二）温酒器皿——酒注与温碗

注子温碗又称酒注温碗，它分别是"由注子和温碗两部分组成"[①]。宋代以前，酒壶类器物统称为注子，而用于作温酒配套的温碗，亦称注碗。这种器皿五代时已盛行，到了宋代，使用成套温酒器来暖酒更是风行。

最初，酒注温碗以瓷制居多。当时南方瓷窑多有烧造，除安徽外，在江苏、江西、浙江等地的宋墓中多有出土，北方如河南禹县白沙宋墓壁画、洛宁乐重进石棺画像中，均绘有成套酒器。内蒙古、辽宁等地辽墓中亦有出土。就连传世的南唐古画《韩熙载夜宴图》（图二）中，第一部分韩熙载夜宴宏开，邀众人聆听琵琶时，身前几案上也有酒注温碗的身影。

图二　韩熙载夜宴图

[①] 王受之：《酒器纵观》，文化传媒出版社2007年版，第124页。

（三）温酒器皿银制最佳

宋代以后，随着金属冶炼和加工技术的不断提高，一些质地轻便、状态稳定的金属生活器皿也在社会上层广泛流传开来，酒注温碗也不例外。清代梁章钜就曾在其编撰的江南风土掌故《浪迹续谈》中记载："凡煮酒之法，必用热水温之，贮酒以银瓶为上，瓷瓶次之，锡瓶为下。凡酒以初温为美，重温则味减。若急切供客，隔火温之，其味虽胜，而性较热，于口体非宜。"[①] 其中既提到了温酒器皿以银制为佳，又善意提醒人们，饮酒需合宜，忌反复温煮和忌直接加热的道理。

常州博物馆就藏有这样一件银暖酒壶。这件清光绪仕女银暖酒壶（图三），呈六方柱形，顶上双提梁，可提出的小酒壶为圆柱形，单提梁，猴形盖纽。外腹六面均有一幅彩画仕女图，分别为昭君出塞、西施浣纱、貂蝉拜月，两两相对，图案相同。这种实用、观赏兼具的酒器的出现并非偶然。因为在当时，整个社会风气中都弥漫着文人温雅平和的审美意趣和悠游闲适的气韵风度。

图三　清光绪仕女图银暖酒壶（常州博物馆藏）

二　百味消融小釜中

寒冬腊月大雪封门，邀三五知己围炉小坐，杯酒微温，醇香阵阵。此时天色渐晚，饥肠辘辘，吃什么最为合适？当然非火锅莫属。

火锅是中国饮食的一大特色，深受人们喜爱。亲朋好友，团聚一起，架起火锅，品尝佳肴，暖意融融，别有情趣。"围炉聚饮欢呼处，百味消融小釜中。"清人严融的吟咏，不正道出了火锅的特色与乐趣吗？

---

① 梁章钜：《浪迹续谈》，福建人民出版社1983年版，第37页。

（一） 火锅的起源

"火锅"一词的含义，除了指一种传统的饮食方法以外，还可以指一种炊具或一种食品的名称。作为一种烹制与盛装相兼的烹饪工具，源于我国的火锅，具有悠久的历史。相传黄帝时就有以炊食二者合一的陶鼎，商朝时有一种温鼎，能落地生火，烹煮食物。"温鼎"内有夹层，将其分为两部分，上层盛放汤羹肉类，下层放置炭火燃料，设有火门用来更换炭火，鼎的周围有透气用的小孔，这就是火锅的雏形。不过此时的火锅还只是王公贵胄们的奢侈品。

商代兽面纹青铜温鼎（图四），1989年在江西新干大洋洲出土，腹部各面饰有上下两层环柱角展体兽面纹，两旁纵向共目夔纹。纹饰线条宽平，图案简明，一侧宽面横开一口，口前置门，门可上下转动启合，还设置了用来固定闭门的插销。外底之上5.5厘米处的腹腔设有内底，内外底间形成夹层，起着炉灶的作用，在夹层里放上炭火，加热的温度虽不及柴火燃烧之高。也可以保持所盛食物常温不冷。美味飘香。据分析，这就是中国的火锅鼻祖。又据《三国志》载，魏文帝曾赐给相国繇一口"五熟釜"。此釜分有几格，中间炉火炽烈，四周汤羹沸腾，可同时煮各种食物，这便是鸳鸯火锅的雏形。

图四 商代兽面纹青铜温鼎

（二） 火锅的发展

战国时期，火锅普及开来，开始走入寻常百姓家，用来烹煮的"温鼎"也小了许多。此时的人们开始在食用火锅时蘸些盐、辣椒等调味品，吃火锅蘸料的习俗逐渐形成了。及至汉魏时期，人们吃火锅更为普遍。从考古发现来看，此时已有各式各样的火锅，火锅的材质也不局限于青铜一类，出现了铁火锅、陶火锅等。除了吃分餐制形式的"小火锅"外，更多人也吃起了不同料汤、不同口味的鸳鸯火锅。

到了唐代，火锅已盛行于朝野，当时称为"暖锅"。唐代著名诗人白居易曾赋诗咏赞："绿蚁新醅酒，红泥小火炉。晚来天欲雪，能饮一杯无？"这首题为《问刘十九》的诗，不仅指出了火锅小灶的特点，而且还重现了亲友们在飞雪之夜围炉欢酌的情景。

至宋代，火锅的制法和吃法有了新的发展。以涮肉火锅为例，过去由于肉切得很厚，火候控制不好，经常会将肉煮老了，后来人们学会了将肉切片，这样既熟得快又味道鲜美，用筷子夹着肉片在锅里涮两下即可食用。当时吃火锅不仅要求肉片薄，还须以酱、酒、花椒等作料来调味，并根据不同的口味，以不同的作料来蘸食。从此，"众口皆可调"的"涮火锅"时代来临了。

南宋林洪《山家清供》中就曾记载了一道火锅涮肉名菜，名叫"拨霞供"。当时，林洪前往武夷山拜访隐士止止师，止止师住在武夷山九曲中之第六曲仙掌峰，当林洪快到山峰时，下起大雪，一只野兔飞奔于山岩中，因刚下雪岩石很滑，滚下石来，被林洪抓到，林洪想烤来吃，而问止止师会不会烧兔肉，止止师回答他说，我在山中吃兔子是这样的，在桌上放个生炭的小火炉，炉上架个汤锅，把兔肉切成薄片，用酒、酱、椒、桂做成调味汁，等汤开了夹着片在汤中涮熟，蘸着调味料吃。利用这样涮熟之吃法，林洪吃了觉得如此吃法甚为鲜美，且能在大雪纷飞之寒冬中，与三五好友围聚一堂谈笑风生，随兴取食，非常愉快，所以为这样一种吃法取了个"拨霞供"的美名，取当时"浪涌晴江雪，风翻晚照霞"的美丽光景。

不过，在所有朝代中，喜欢且最会吃火锅的当属清朝人。吃火锅在清代空前兴盛，清代冬天里的北京城，火锅飘出的香气溢满街头。清代盛行吃火锅，更多是受到满人的影响，满族人本来就喜欢吃火锅，入主中原后更有条件吃火锅。清朝皇家一年四季中，三季火锅不断，除夏天不吃外，秋、冬、春三季每膳必上火锅，特别是冬天，更是花样繁多。

清朝每个皇帝都喜欢吃火锅，尤其是清高宗弘历（乾隆皇帝），几乎每顿必上火锅。以乾隆四十四年（1779）八月十六日至九月十六日的御膳来说，据记载，共上各类火锅23种、66次，有鸡鸭火锅、舒意火锅、全羊火锅、黄羊片火锅，有鹿肉、狗肉、豆腐、各种菜蔬等不同火锅食材。

而今，火锅更是以大众化的特色风靡大江南北，看釜中汤滚如雪，听食材烹煮噼啪有声，肉片鲜蔬海味无所不入，围炉聚饮，百味消融，真乃人生一大快事耳。

三　缕烟凝香吐芬芳

除却内饮温酒和烹煮火锅之外，外御严寒的方式一般为使用炭炉。炭炉在我国很早就出现，在商代墓葬中已有出土。春秋战国时期，我国的青铜文明进入高峰期，炭炉已是贵族阶层的日常用具。早期的炭炉多为圆形，下有三足，口沿外有链环作提携之用。

到了战国时期，炭炉的使用更加流行。该时期已知最精美和完整的炭炉是曾侯乙墓出土的一组炭炉，包括取炭用的铜漏铲和铜箕，同时期所见的这类炭炉大体相似，"多为直口、领颈、浅腹、三足"[①]。此后，炭炉逐渐进入寻常百姓家，成为家家户户必备的日常器具。

一般来说，炭炉用铜或铁制作而成，内置木炭灼燃，外层再加一箱形透气的笼罩，以防失火或掉进他物燃烧，这种取暖方法既安全又美观。此外，熏炉、手炉、足炉等也是我国古代常见的取暖用具。

（一）熏炉

熏炉其实是一种外带罩子的炭火盆，分为上下两部分，下部为盆，上部为罩，罩子镂空，做成花卉图案。宫里使用的一般为铜质，做工精致。民间多用陶土、铁制作。手炉是方便手握的取暖器。

汉晋时期，达官贵人常用熏炉来焚香，这种炉又叫博山炉，一般用陶土或铜铁制成，具有熏香、除秽、熏衣、取暖的功能。汉代学者刘向曾在《香炉铭》中这样描述："承以铜盘，中有兰绮，朱火青烟。"炉之所以称作炉，显然是因为有"朱火"，也就是"明火"。到了唐代，冬天早朝时，皇宫内大殿里也设有熏炉。熏炉又称"暖炉""红炉"，一般富裕人家也有此物。炉中木炭微火，炭中添加香草，便成香炭。于是，一缕氤氲使熏衣和取暖成为了日常生活中柔美而又安静的画面。

熏炉外罩笼，名叫"熏笼"，古代为宫中的珍物。《太平御览》援引《东宫旧事》说："（晋代）太子纳妃，有漆画手巾熏笼二、大被熏笼三、衣熏笼三。"白居易在《后宫词》中写道："红颜未老恩先断，斜倚熏笼坐到明。"另外，熏笼也有竹制和瓷制。其中以竹火笼流传最为广泛，以它的微温可入衣袖暖手，又以它的含香可入卧具兼温被。故而竹火笼绝对是冬日里香暖兼备的尤物。

常州博物馆藏汉代博山炉和北宋越窑刻花卷草纹镂空香熏（图五）皆是其中精品。

（二）手炉

铜炉之中最袖珍的是手炉。手炉也称"袖炉""捧炉"，是可握在手中或随身携带（带有提梁）的小熏炉，类似暖炉。这种小熏炉流行于明代末年至清代末年，是北方人冬季捧在手中或怀里焐着的炭火取暖器。

相传手炉最早出现在隋代。[②] 隋炀帝南巡到江苏江都，时值深秋，天气寒冷，江都县官许伍为拍皇帝马屁，叫铜匠做了一只小香炉，放进火炭，献给隋炀帝取暖，隋炀帝龙颜大悦，捧在手上，称之为"手炉"。

---

① 刘锡荣：《钟鼎茗香》（一），文物出版社 2010 年版，第 75 页。
② 同上书，第 95 页。

图五　汉代博山炉和北宋越窑刻花卷草纹镂空香熏
（常州博物馆藏）

手炉由炉身、炉底、炉盖、提梁组成。据说中唐时期，手炉已成为官宦人家的室中用物。"及至宋代，城市里设有香药局，售卖专供焚香和手炉使用的炭饼。"[①] 北宋年间，手炉已飞入寻常百姓家，成为民间百姓普遍使用的取暖器具。当时手炉多为青铜材质，偶有银、铁、瓷，器形以"簋簠之属为之"，即方圆二式，里面放火炭或尚有余热的灶灰，小型的可放在袖子里"熏衣炙衣"。我馆所藏铜熏炉和瓜形铜手炉（图六）便是其中佳作。

图六　清代铜熏炉和清代瓜形铜手炉（常州博物馆藏）

从古时存世的实物以及文学或书画作品中，不时能寻觅到手炉的踪影。乾隆年间所制美轮美奂的牙雕《月曼清游》册，其中正月"寒夜采梅"、十二月"踏雪寻诗"里，那些雍容华贵、仪态娴雅的宫女们，有人手持金光闪闪、形似荷包的小器物，正是手炉。《红楼梦》大观园里，不独体弱的黛玉偏好手炉，就连精明的凤姐想事时，也常拿小铜火箸儿拨弄手炉内的香灰。

一般来说，明代手炉都很厚重，不花哨，主要的纹饰都在炉的盖子上。到了清代，

---

① 洪三雄：《双清藏炉》，台湾"国立"历史博物馆出版社2000年版，第137页。

特别是清中期之后，炉身上都有了纹饰，十分花哨。手炉有八角形、圆形、方形、腰形、花篮形、灯笼形、梅花形、海棠形等，造型各异、精致生动，大部分是用紫铜、黄铜、白铜制成。其中以清代宫廷的手炉最为讲究，有圆形、椭圆形、葫芦形、如意形、宫灯形等吉祥造型。工艺上有黄铜镂铸、雕刻、铜胎画珐琅、掐丝珐琅、描金漆、錾刻鎏金银等手法。

手炉作为随身物品，不仅在做工上讲究精细，装饰图案也寓意吉祥和喜庆。最吸引人的当属纹饰复杂的炉盖。作为散热区，镂空雕刻的炉盖有五蝶捧寿、彩蝶如意、梅兰竹菊、喜上眉梢、刘海戏金蟾等吉祥图案，与炉身的福禄寿喜、花鸟虫鱼、人物山水等图案相得益彰，生动地体现了传统文化的丰富多彩。

（三）足炉

足炉又叫"脚婆""暖足瓶""汤媪"，俗称"汤婆子"。

在清代徐珂的《清稗类钞》中有一则故事，说是乾隆南巡时，游览天宁寺。他听说寺中住持某僧，不守佛门规矩，于是就质问那个僧人："你还有妻子？"僧人答道："有——有两个。"这回答出乎乾隆意料，皇上便有些龙颜不悦，于是进一步询问，僧人道："我夏天拥抱'竹夫人'，冬天怀揣'汤婆子'，这不就是两个妻子吗？"乾隆只能一笑置之。

故事中的"竹夫人"，是用竹篾编成的长约三尺直径一尺的圆柱形竹篓，犹如一只大的竹枕，夏天睡篾席抱"竹夫人"而眠，散热、通风、荫凉。而汤婆子，则是用铜或锡制成的扁瓶，里面灌上热水，可置于被内暖脚。"汤"，古代汉语中指沸水，"婆子"则戏指其陪伴人睡觉。

北宋黄庭坚在《山谷集》里有《戏咏暖足瓶》，称"少姬暖足卧，或能起心兵。千金买脚婆，夜夜睡到明"，感慨让女仆同床而眠不如买个脚婆，能让人心无杂念地安睡。元朝《东南纪闻》说："锡夫人者，俚谓之汤婆"，"贮汤其间，霜天雪夜，置之衾席，用以暖足。"明朝有《汤婆》诗："布衾纸帐风雪夜，始信温柔别有乡。"清代曹庭栋《养生随笔》记载，"有制大锡罐，热水注满，紧覆其口，彻夜纳入被中，可以代炉，俗呼'汤婆子'"[1]。《红楼梦》里，晴雯为宝玉暖被窝，说道："我又想起来，汤婆子还没拿来。"由此可见足炉历史之悠久，历代文献皆有所涉。

江南人对它更不陌生。在江南，百姓虽贫富有别、居家不同，但家中没有"汤婆子"的人家，倒从来没有听说过。明代苏州状元吴宽还写过一篇《汤媪传》："独喜孤寒士，有召即往。藜床纸帐，相与抵足寝，和气霭然可掬。"可以说，从前在江南，凡家中有一张床，就有一只"汤婆子"。时至今日，一些中老年人仍对它钟爱有加。对他们来说，在隆冬时节，被褥中放进一只烫烫的汤婆子暖床，既是一份融融暖意，更是一种恋旧情怀。

---

[1] 曹廷栋：《养生随笔》，上海书店出版社1981年版，第29页。

国人历来秉性浪漫洒脱，讲究君子谦谦之风，擅长幽淡古雅，体现为生活里的慢节奏和大哲思。这些精巧的生活器具，既能悠然于书斋琴房，又可缥缈于庙宇神坛；既能在静室闭观默照，又能于席间怡情助兴；既是一种精英文化，还是一种大众文化。它们时而代表官家的气度，时而又折射文人的雅趣，具备了丰富的文化内涵和高度的艺术品质。

温酎跃波暖衷肠，缕烟凝香吐芬芳。百味消融小釜中，翳翳冬日又何妨？

原载《常州文博》2014 年第 2 期

北朝敦煌写经书法分期与风格转变原因探究

文祥磊

1900年，随着敦煌藏经洞的发现，人们得以重见一大批北朝时期的佛教写经，其中书写精美者存数不少，这些写经成为今天研究北朝写经书法的珍贵的第一手资料。北朝时期是中国书法史上的重要历史阶段，但北朝书家的书法墨迹在历代书画著录里鲜有提及，遑论流传至今。在敦煌写经出土以前，我们只能依靠碑刻、墓志、摩崖、造像等刻石资料了解北朝书法史，敦煌写经的发现，为我们更全面地认识北朝书法风貌提供了可能。对待这些珍贵的写经书法资料，应首先做好风格分析与分期研究，学者们已经意识到这一点，然而在北朝写经书法分期的问题上，目前系统、细致的研究较少，本文试就北朝敦煌写经书法作出分期与风格转变原因的初步探究。

一 南北朝时期的书法环境及南北写经的风格差异

大约在东汉中期，从日常使用的隶书中演变出一种俗体，隶书"蚕头雁尾"的特征逐渐消退殆尽。由于书写简便，这种俗体逐渐成为当时日常生活中的通用书体，启功先生把它称为"新隶体"[1]，即后世楷书的原始形态。新隶体的出现，为后来行、楷书的发展成熟提供了重要的基础。

在楷书发展史上，王羲之的贡献甚大，他把钟繇的古质楷书改造为今体楷书，使楷书完全成熟。《晋书·王羲之传》云："（王羲之）尤善隶书，为古今之冠。"[2] 唐代李嗣真说："右军正体，如阴阳四时，寒暑调畅，岩廊宏敞，簪裾肃穆。其声鸣也，则铿锵金石；其芬郁也，则氤氲兰麝；其难征也，则缥缈而已仙；其可觌也，则昭彰在目。可谓书之圣也。"[3] 虽然李嗣真的这些比拟让我们难以琢磨，但可以肯定的是，王羲之的正体楷书在唐代人的眼中已经成为不可超越的典范，他仅凭楷书这一项，就可以位居"书圣"的地位。

现在王羲之的楷书原迹已经荡然无存，而文献中的描述又让人堕入云雾中。我们只能根据后世拓本、临本、摹本来认识其楷书面貌。孙过庭《书谱》中提到："写

---

[1] 启功：《古代字体论稿》第九节《八分》，文物出版社1964年版，第30—34页。
[2] 《晋书》卷八〇《王羲之传》，中华书局1974年标点本，第2093页。按：此文献中所谓的"隶书"，即我们现在所指的楷书。在南北朝至唐代这一段时间，人们常把我们现代认为的"楷书"称为"隶书"。
[3] （唐）李嗣真：《书后品》，《历代书法论文选》，上海书画出版社1979年版，第135页。

《乐毅》则情多怫郁，书《画赞》则意涉瑰奇，《黄庭经》则怡怿虚无，《太师箴》又纵横争折。"① 这段话可证明王羲之的《乐毅论》《东方朔画赞》《黄庭经》《太师箴》这些法帖是其精品，然而现在《太师箴》帖已不传于世，其他的几本帖子虽几经翻刻，但摹刻精良的拓本也能基本反映出王羲之楷书的面貌。另外王羲之行书唐摹本中，也有一些字接近楷书，这些精摹本被认为虽然"下真迹一等"，仍然较好地反映王羲之楷书的风貌。

王羲之的书风相对于张芝、钟繇来说已经大为妍美，而其第七子王献之在他的基础上更进一步，书风更为妍美秀丽。虞龢说："且二王暮年皆胜于少，父子之间又为今古，子敬穷其妍妙，固其宜也。"②在南朝宋、齐时尚妍的书风环境下，王献之的书风大受欢迎，曾一度超越王羲之。王献之的楷书风格也呈现出更为流美的姿态，现存王献之的楷书作品只有《洛神赋十三行》拓本传世，刘涛先生认为，他的楷书相对于其父"能够从遒整的楷式中跃现出散逸自然的风姿"③。总体来说，大、小王的差别主要在于风格而不在于字体上，"二王"的今体楷法成为了南朝楷书的典范。

南北朝时期由于南北的分裂对峙，南北双方的学术文化环境有较大差异，此时正值文字演变的最后阶段，所以南北双方的文字没有统一的标准。赵声良先生说："两晋南北朝以来，汉字由隶书逐渐演变为楷书，这期间人们不断探索楷书标准写法。……实际上当时还没有一定的正书规范，不同地方的人、不同的书写者都按照自己所认为的标准去书写，因而出现了字形和写法上的很大差异。"④ 所以，二王一系的楷书标准很难在短时间内在整个南北朝社会推广开来。王羲之今体楷书源于钟繇一脉，钟繇是隶书向楷书演变史上的一位关键人物，他规范了汉魏之际初步形成的楷书，并把它用于庄重的场合，但他的楷书还保留较多的隶意。刘宋羊欣《采古来能书人名》中说："钟有三体：一曰铭石书，最妙者也；二曰章程书，传秘小学者也；三曰行狎书，相闻者也。"⑤ 其中章程书就是楷书，通过现在传世的钟繇《宣示表》《荐季直表》等摹刻拓本，尚可窥测钟繇楷书风貌。西晋时期，钟繇的书法已经成为官方推行的标准。《晋书·荀勖传》云："（荀勖）俄领秘书监……又立书学博士，置弟子教习，以钟、胡为法。"⑥ 西晋时期钟繇书风已经影响到了西北地区，这从楼兰文书文字遗迹中可以印证这一点。

相对于南方书法的发展，北方因战乱而文教不如南方兴盛，在书法上似乎保守旧法，显得落后。《隋书·经籍志》载："其中原，则战争相寻，干戈是务，文教之盛苻、

---

① （唐）孙过庭：《书谱》，《历代书法论文选》，上海书画出版社1979年版，第128页。
② （刘宋）虞龢：《论书表》，载《历代书法论文选》，上海书画出版社1979年版，第50页。
③ 刘涛：《魏晋南北朝书法史》，江苏教育出版社2009年版，第222页。
④ 赵声良：《隋代敦煌写本的书法艺术》，《敦煌研究》1995年第4期。
⑤ 《晋书》卷八〇《王羲之传》，第2093页。
⑥ （刘宋）羊欣：《采古来能书人名》，载《历代书法论文选》，上海书画出版社1979年版，第46页。

姚而已。宋武入关收其图籍，府藏所有，才四千卷，赤轴青纸，文字古拙。"① 宋武帝刘裕入关当是灭姚秦时，这条文献颇能说明东晋十六国时期，北方书法还保留着浓重的隶意。在北方，上层文人书家继续沿着钟繇一脉向前发展。伊藤伸先生说："王羲之、王献之出现后的江左书法，都崇奉钟繇和二王，'师法钟、王'是很平常的。但在江北则始终是以钟、卫、索三家为宗，没有一句提及二王的话，始终维护着崔、卢的家学。"② 这种情况直到南北朝后期才得以改变，到了隋代，南北书风统归于二王楷书系统。

就写经书法来说，南北朝早期南朝写经是领先于北朝写经的，这我们从敦煌、吐鲁番等地出土的南北方写本对比可以看出来。吐鲁番出土的公元449年凉王大沮渠安周供养的某经《持世第一题记》（图一，现藏东京书道博物馆），抄写人自称是"吴客丹扬郡张烋祖"，可知此卷是客居高昌北凉的南朝人所写。此写本虽仅存33字的题记，但弥足珍贵。该写本整体风格端庄娴雅，结体相对较平整、匀称，点画干净利落，起笔平和圆润，一派二王小楷风范。而北凉承平五年（447）《佛说菩萨藏经题记》（图二，现藏东京书道博物馆），也是沮渠安周供养经，但抄写者署名"书吏臣樊海"，其身份是高昌北凉政府的书手，可能是西北本土人。写本中的书法保留了浓厚的"北凉体"隶书意味，③而经名则完全用北凉体隶书书写，对比张烋

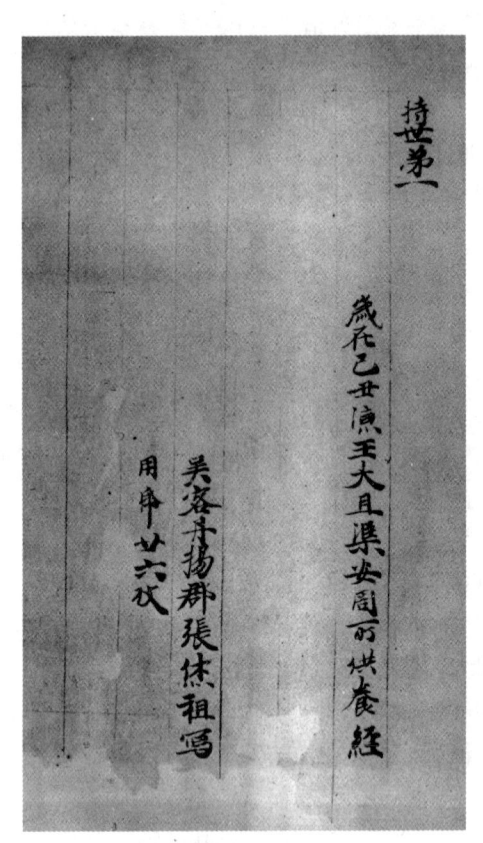

图一　张烋祖《持世第一题记》

---

① 《隋书》卷三二《经籍志》，中华书局1973年标点本，第907页。
② ［日］伊藤伸：《从中国书法史看敦煌汉文文书》（二），赵声良译，李爱民校，载《敦煌学研究》1996年第2期。
③ 按："北凉体"是施安昌先生最先提出来的。是指4世纪末和5世纪前期流行于河西地区的一种书体，因在北凉书迹中表现最为典型，故命名为"北凉体"。其基本特征是：字形方扁，在隶楷之间，上窄下宽，每每有一横或者竖、撇、捺一笔甚长，竖笔往往向外拓展，加强了开张的体势，富于跳跃感。特别是横画，起笔出锋又下顿，收笔有燕尾，中间是下曲或上曲的波势，呈两头上翘式（施安昌：《"北凉体"析——探讨书法的地方体》，收入氏著《善本碑帖论集》，紫禁城出版社2002年版，第242页。原载《书法研究》1993年第36辑）。刘涛先生同意施安昌先生的"北凉体"是地方体的观点，并把"北凉体"划为正体隶书（刘涛：《魏晋南北朝书法史》，第372页）。华人德先生同意刘涛先生把"北凉体"划为正体隶书，并进一步认为，它是一种铭石隶书的时代风格，而不是独有的地方体（华人德《"北凉体"刍议》，收入氏著《华人德书学文集》，荣宝斋出版社2008年版，第165—167页。原载《书法研究》2004年第3期）。笔者同意华人德先生的观点，这里需要特别指出的是，标准的"北凉体"隶书主要用于刻石和写经标题，受北凉体隶书影响的其他手写体则不能划为正体隶书。

祖这两件写本的差异并非孤例。池田温先生在分析 P.4506《金光明经残卷》（471）时认为，北朝写经书法风格雄健，南朝写经已经完全普及了王羲之那种圆熟的书法风格。① 当然时代在发展，书风也在变化，不同的写经人的个人风格面貌也会有差异，但都不可避免地受到大书写环境的影响。

二　北朝敦煌写经书法的风格分析与分期

北魏兴安三年（454）的敦研007《大慈如来告疏》（图三）②，是一件佛教的宣传"告示"而非写经，但考虑到在公开场合使用且用正体书写，也具有一定的庄重性，所以能在一定程度上反映写经的书法形态。此写本字体处于隶楷之间，属于"隶楷型"的书法。③ 该写本书法整体风格古拙，提按不明显，隶书的点画特征已大大减弱，结体上初步具有楷书的

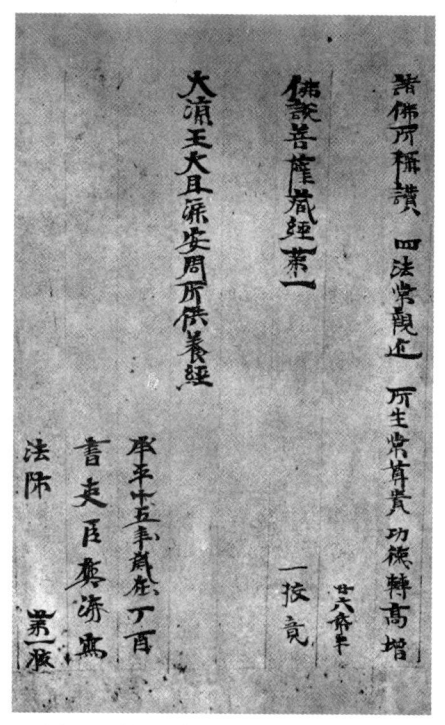

图二　樊海《佛说菩萨藏经题记》

"斜画紧结"的楷书特征。④ 虽然书写者笔法生疏，书法水平不高，但可以看出，书写态度还是比较认真的。

---

① ［日］池田温：《敦煌文书的世界》，张铭心、郝轶君译，中华书局2007年版，第37页。
② 按：日本京都博物馆藏有北魏太平真君七年（446）的《大集经卷第廿三》，写成时间早于《大慈如来告疏》，但藤枝晃先生认为是赝品，池田温先生也表示存疑，故本文不取（参见王素等编著《魏晋南北朝敦煌文献编年》，台北新文丰出版公司1997年版，第122—123页）。
③ 郑汝中先生把魏晋南北朝的写本分为"隶楷型"和"魏楷型"两种。隶楷型字形尚遗隶法，但又摆脱了隶书拘谨的分张之态，字形略扁，每字皆有一重顿之笔画，显得稳健，富有节奏。魏楷型是隶楷的进化，类似于"魏碑"体（郑汝中：《敦煌书法管窥》，《敦煌研究》1991年第4期，第38页）。按：郑汝中先生此处的"魏碑体"，是孝文帝迁都洛阳以后用于龙门造像、墓志等刻石的书体。目前学界关于魏碑的概念没有达成一致，本文在第三章中将涉及此问题。
④ 沙孟海先生指出，北碑结体大致可分为"平画宽结"和"斜画紧结"两个类型（沙孟海：《略论两晋南北朝隋代的书法》，《书法研究》1985年第4期）。张鹏在《楷书结构体式的演变》中发展了沙孟海先生的说法，指出，除了"平画宽结"和"斜画紧结"之外，还有"平画紧结"和"斜画宽结"两种类型。并特别说明，横画平直始终是隶书传统影响楷书演变的"信息指标"，不论是横画宽结还是平画紧结，平直横画代表的"横势"是与隶书传统最后的纽带（张鹏：《楷书结构体式的演变》，载中国艺术研究院编《晋唐楷书研究》，荣宝斋出版社2011年版，第359—374页）。笔者认为，张鹏此说有一定的道理，但不能仅依靠横画的倾斜度这一项标准判定是否包含隶意，比如虞世南的《孔子庙堂碑》，整体横画就比较平正，但它却是完全成熟的楷书。所以，我们应该结合结体形态、笔画形态等因素，综合判定一件书法作品是否含隶意。

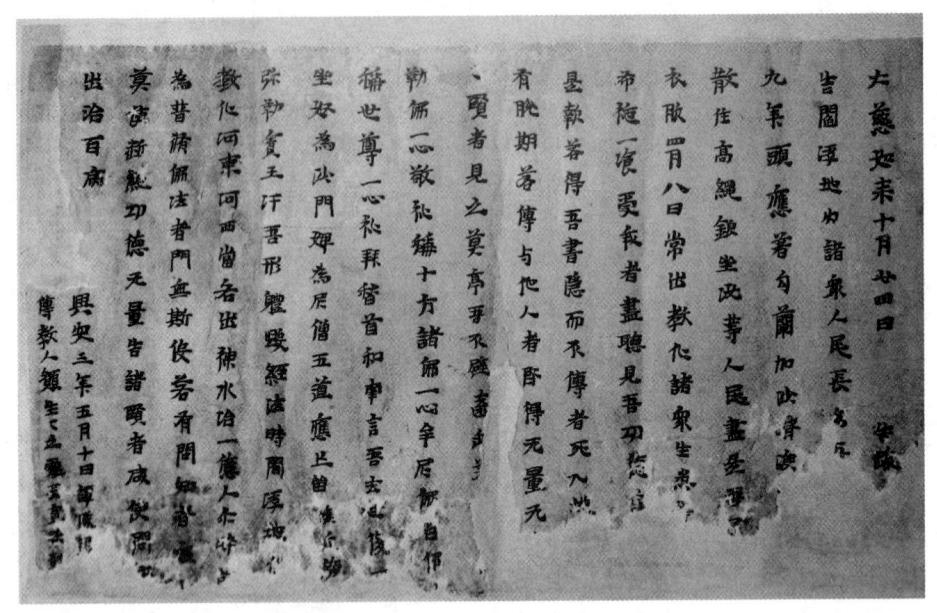

图三　敦研007《大慈如来告疏》

北魏太安四年（458）BD00076《戒缘卷下》（图四：1）是一位名叫法救的比丘僧抄写供养的，每行字数较多，每行在33字至39字不等，行间有加校字。此卷整体不太精致，有许多字也比较生疏，但中间有几行却写得十分轻松、熟练（图四：2），字距也比较大，像是另外一人所写，本件写经后面还有几行这样的书法。就这件中这几行比较熟练的书法看，虽然已无明显的蚕头雁尾，但横画收笔仍然有出雁尾的趋势。捺画的写法较为怪异，多似反捺的写法，隶意较浓。许多字还保留着隶书的扁方特征和左右开张的体势，有一些字与"北凉体"隶书较接近，特别是品题中的"一""二"的写法，与北凉体如出一辙。刘涛先生认为："（北凉体）写经体式是北凉时代流行的一种写经体势。"① 随着沮渠氏败走高昌，这种北凉体式的写经在高昌仍然盛行，樊海抄经即是显著的例子。但这几行字也具有"斜画紧结"的楷书特征，如"先""听""故"等字，已变得较为方整。

这件写本其他的字表现得更为原始：横画较平直，结体呈扁方；点画的形态表达不清晰，但可感受到其隶书的笔意，受隶书影响较大，仅仅有了楷书"紧结"的特征。总体来说，这件写本虽然保留着不少的隶书意味，但预示着楷书即将成熟。

北魏天安二年（467）敦研113《令狐归儿课》（图五）是一件极为重要的写经习字作品，佛经正文第3行下写有："天安二年八月廿三日令狐归儿课，王三典、张演虎等三人共作课也。"此卷虽然写得比较潦草，但仍能看出书写者已有一定的控笔能力。这件写本反映了佛经抄本的规则：首先用庄重、大于正文的正体字写经名，然后再写

---

① 刘涛：《中国书法史·魏晋南北朝卷》，江苏教育出版社2009年版，第378页。

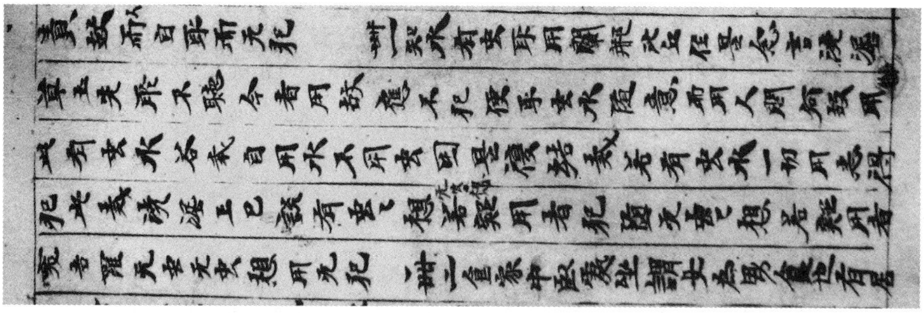

图四 BD00076《戒缘卷下》

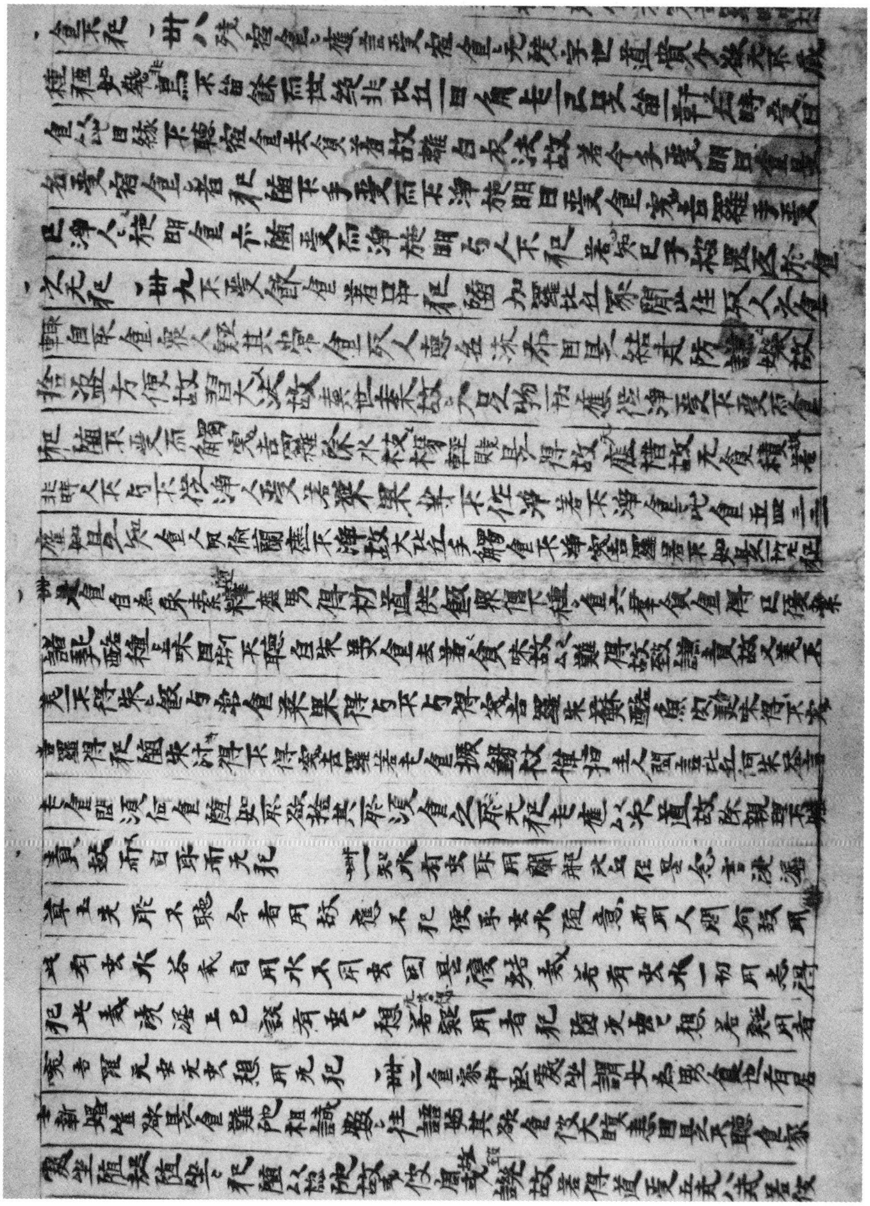

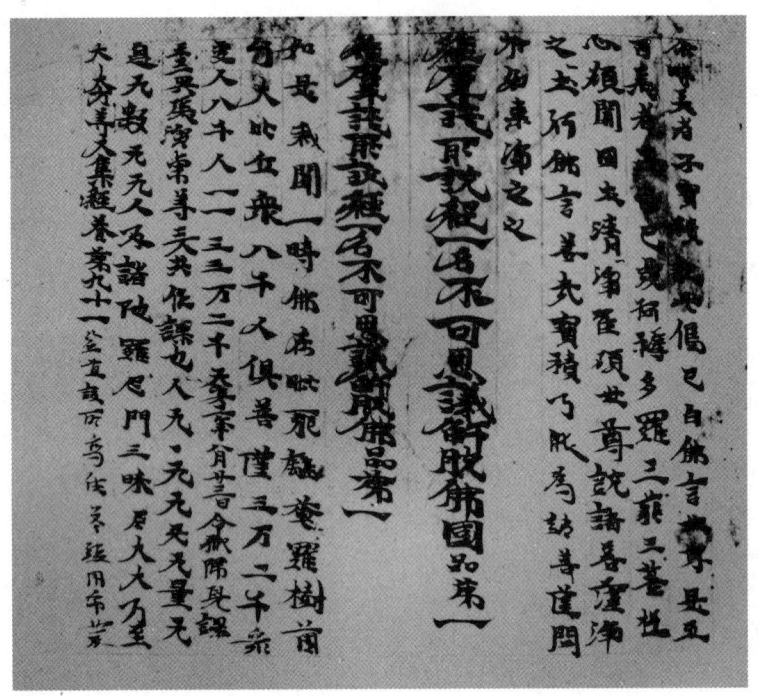

图五　敦研113《令狐归儿课》

佛经正文，品题的首行天头用墨点提示，正文抄完后写出尾题、写经人、用纸张数等。① 此经名"维摩诘所说经一名不可思议解脱佛国品第一"虽然写得不规整，但把北凉体隶书的基本形态表现出来了，经名用铭石书是为了凸显庄重性。佛经正文的书法十分接近北凉体隶书，比上面提到的北魏太安四年（458）《戒缘卷下》的隶书意味更明显，所以，这件习字作品的范本应当是以前的旧佛经写本。这件写本的经名写了两遍，第一遍写的相对较好，北凉体隶书中的那种特殊的横画表现得十分明显，而写第二遍时这种特殊的横画弱化了许多，像是更多的出于"己意"。把令狐归儿的"题记"与佛经正文的文字作对比，我们能明显感受到题记中的文字楷书化意味更加强烈。这些反复写的字表明，书写者还在追求范本中的北凉体的写法，但题记中自由发挥的书法告诉我们，北凉体的写法已经不适合这个时代的书写习惯了。

到北魏皇兴五年（471）的 P.4506《金光明经卷第二》（图六），已经基本脱离了隶书的意味，但从这件写经的题记中可知，此件写经写于"定州"②。斜画紧结的楷书体势十分明显，而且用笔方整庄重，提按明显，大部分"钩"的写法已经是成熟楷书

---

① 按：这是一件习字写本，题记不是严格意义上的题记，而是令狐归儿随手所记。
② 此写本尾题中写道："皇兴五年（471）岁在辛亥，大魏定州中山郡卢奴县城内西坊里住，原凉州武威郡租厉县梁泽北乡武训里方亭南苇亭北张坏主父宜曹讳晒……是以在此单城，竭家建福，兴造《法华经》一部。"故可知书写地在定州。录文引自《敦煌遗书总目索引新编》，中华书局2000年版，第312页，笔者又根据写经题记校正。

写法。此写本的书风已经和龙门造像记甚为相似,[①] 属于典型"魏楷型"的写经书法。结体欹侧,上紧下松,撇、捺等长笔画极力舒展。一些横画的起笔已有竖切的表现,但大部分还是出锋入笔,这是追求书写快捷的缘故。横画斜势明显,收笔下压,转折刚劲,捺脚比较厚重,但不是隶书上扬的雁尾。相对于造像记书法,这件写经书法风格较温润,而造像记则"刀味"十分浓厚,乃是刊刻不精所致。[②]

图六　P.4506《金光明经卷第二》

此时,洛阳地区的写经书法也出现了"魏楷型"的特征,北魏太和三年(479)S.0996《杂阿毗昙心经卷第六》(图七)是比较有代表性的一件。此卷写经是当时文明

[①] 典型的魏碑体是龙门造像记,其形态特征是:一,斜画紧结;二,上紧下松,此是从隶书结体中而来;三,点画方峻,造成这种方笔的重要原因之一是刊刻不精所致(张小庄《魏晋南北朝楷书发展情况考察》,收入《请循其本——中国古代书法创作国际研讨会论文集》,南京大学出版社2010年版,第75页)。

[②] 关于龙门造像记的刊刻情况,参见华人德《论魏碑体》,《华人德书学文集》,第76—78页。

太后之兄冯熙供养的，书写地在洛阳，流入敦煌。冯熙题记中说：“撰写十《一切经》，一经一千四百六十四卷，用答皇施……大代太和三年岁次己未十月己巳廿八日丙申于洛州所书成讫。”可见他写经数量是很大的，应有专门的写经生为其抄写。此卷书法水平甚高，已是成熟的“斜画紧结”魏楷型楷书。通篇笔法娴熟，提按明显，硬捺脚较重，横画收笔下顿，转折较为方硬。从这两件成熟的“魏楷型”体式抄经可以推测，这种体式的抄经在中原地区已有一段时间的盛行。

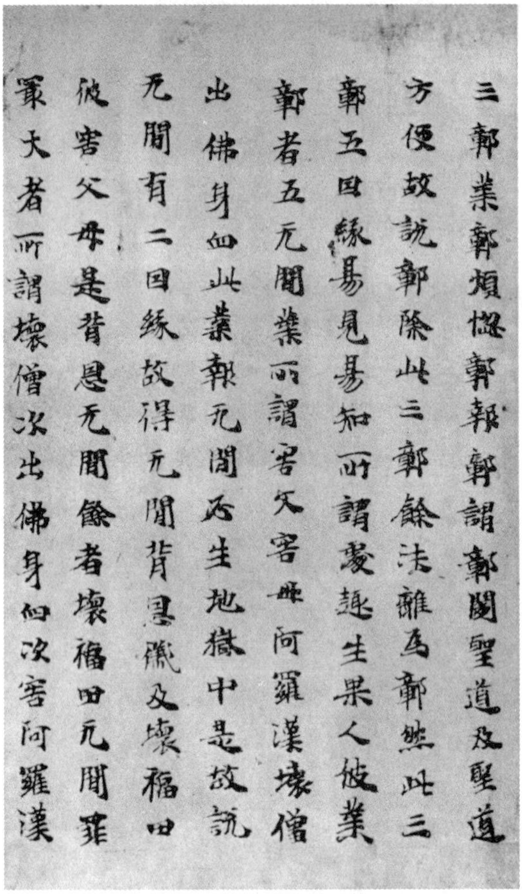
三鄣業鄣煩惱鄣報鄣謂鄣閡聖道及聖道
方便故說鄣除此三鄣餘法離為鄣然此三
鄣五因緣易見易知所謂憂起生果人彼業
鄣者五无間業所謂害父害母阿羅漢壞僧
出佛身血此業報无間次生地獄中是故說
无間有二因緣故得无間背恩及壞福田
彼害父母是背恩无間餘者壞福田无間罪
冣大者所謂壞僧次出佛身血次害阿羅漢

图七　S. 0996《杂阿毗昙心经卷第六》

P. 4506《金光明经卷第二》和 S. 0996《杂阿毗昙心经卷第六》都是中原地区成熟的魏楷型写经，在敦煌地区发现的北魏太和十一年（487）敦研 0009《佛说灌顶章句拔除过罪生死得度经卷第十二》（图八）和北魏太和十二年（488）敦研 062《金光明经序品第一》（图九）这两件写经都是作废的佛经写本，应是练习所用，所以，敦煌地区是否有魏楷型体式的抄经，由于材料的缺乏，我们现在还难以下结论。《佛说灌顶章句拔除过罪生死得度经卷第十二》经名写了两遍，题记“太和十一年五月十五日”写在了经名的右上角，不是严格意义上的题记。《金光明经序品第一》佛经正文外，又写了一些练习的字，题记："太和十二年八月一日张宁安写经"写在了佛经正文下半部，也不是严格意义上的题记。这两件抄经练习写本，隶书意味均较浓厚，北凉体的特征仍比较明显，应和北魏天安二年（467）《令狐归儿课》一样，是以旧的佛经写本为范本抄写。从《金光明经序品第一》乌丝栏外写的练习字来看，张宁安似乎还在认真地临写范本中的隶意写法，如"天""入""如""我"等字，但佛经正文的北凉体隶书形态，较令狐归儿所写已经大为减少。《佛说灌顶章句拔除过罪生死得度经卷第十二》中的第二行经名顶头写，乌丝栏上有品题的墨点，应是比较忠实地临写了范本中的书法；第一行则没那么认真，隶书意味相对减少很多，写得也比较轻松，也更多地像是出于"己意"而为之。把这两件写本的经名同《令狐归儿课》所写的对比来看，除了"一"字和一些作为主笔横画、捺画还有明显的雁尾，其余笔画的隶书特征基本没有写出来。当然，有可能这两件写本的练习者所选用的范本晚于《令狐归儿课》的范本，但仍能反映当时写经书法隶意退化的轨迹，去繁就简是书法发展的趋势，时代的潮流是无法抗拒的。

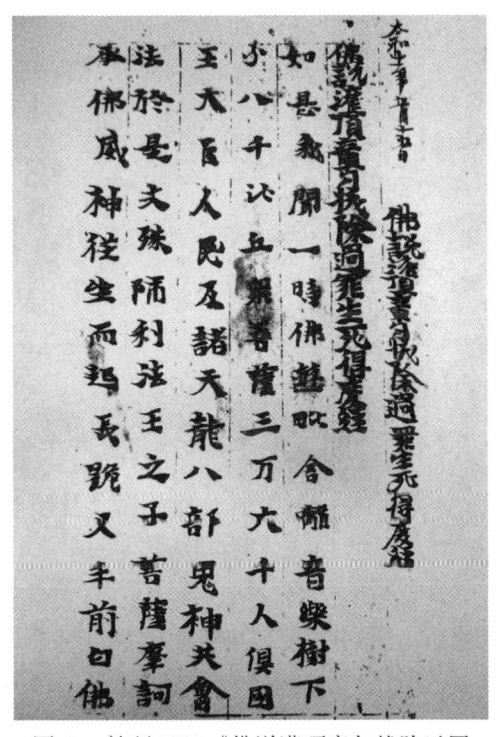

图八　敦研0009《佛说灌顶章句拔除过罪生死得度经卷第十二》

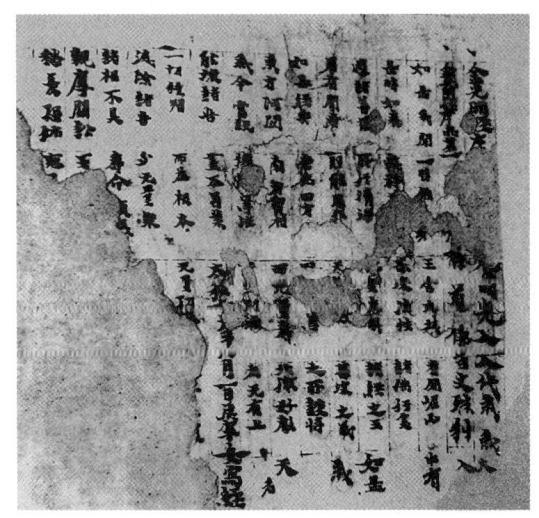

图九　敦研062《金光明经序品第一》

至迟在公元500年（北魏宣武帝景明元年）前后，"魏楷型"的书法风格占据了主流，现存的写经中我们几乎看不到隶楷型的写经。北魏景明二年（501）上图106《大涅槃经卷第九》（图一〇）、正始元年（504）S. 2660《胜鬘义记》等，都是典型的魏楷体式写经，尤其是《胜鬘义记》，末尾几行的练习字酷似龙门造像记，以至于有的学者认为"完全是在寻找刀刻的感觉"①。虽然我们不能完全确定这两件写经抄写地在敦煌地区或抄写者是敦煌本土人，但是下面提到的敦煌令狐崇哲写经，已经是完全成熟的魏楷型写经。

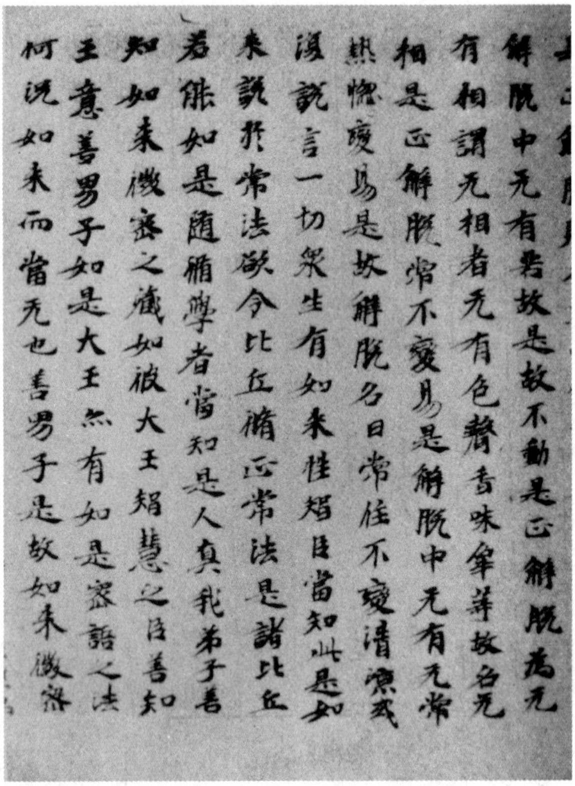

图一〇　上图106《大涅槃经卷第九》

　　北魏永平四年（511）至延昌三年（514）的一组写经，是由典经师令狐崇哲领导的官方写经机构抄写的。② P. 2110《大方广佛华严经离世间品之二卷卅五》（图一一）、P. 2179《成实论卷第八》这两件，就是他本人亲自抄写的经卷。这一组写经风格十分类似，属于典型的"魏楷型"作品：结体上窄下宽，横画斜势十分显著，主笔伸展如长戈大戟，点画方峻、出钩厚重，提按对比明显，十分醒目。这组写经也证明，"魏楷型"写经已经成为了官方抄经的标准风格。

---

　　① 沃兴华：《敦煌书法艺术》，上海人民出版社1994年版，第104页。
　　② 在这组12件写经中，每一件都有"典经师"令狐崇哲的名字，出现了曹法寿、刘广周等"敦煌镇官经"的称呼，题记的格式完全一致，而且卷尾都有"敦煌镇印"的黑色印记，可以证明，这是一个由令狐崇哲领导的官方写经机构。

图一一　P.2110《大方广佛华严经离世间品之二卷卅五》

东阳王元荣也有大量的供养经，其中约530年（永安三年）的上图112《无量寿经卷下》（图一二）是比丘僧宝写的，此卷技法娴熟，与令狐崇哲写经体式较为相似。另外一件东阳王元荣供于北魏普泰二年（532）供养的P.2143《大智第廿六品释论》（图一三）的笔画流露出较多的隶意，方笔不甚明显，整体比较温润。这件写本中的竖钩一般不写出来，浮鹅钩和捺脚也比较圆浑，少数横画收笔还保留隶书的上翻笔意，但整体架构却是斜画紧结的"魏楷型"，造成这种笔画特征的原因应该是力求简便，也和使用的毛笔较软有一定的关系。

从令狐崇哲写经、比丘僧宝写《无量寿经卷下》、P.2143《大智第廿六品释论》这几件写经中，我们也可以看到个人之间的风格差别。令狐崇哲写经更为刚劲，比丘僧宝轻重对比较强烈，稍显清秀，而P.2143《大智第廿六品释论》则比较浑厚。但他们书写的体式有着较高程度的统一性。综合龙门造像记等魏碑书法、抄经人的身份来看，可以基本认定，"魏楷型"的书风在这个时期已经在整个北方普遍流行，是社会上的主流书风。

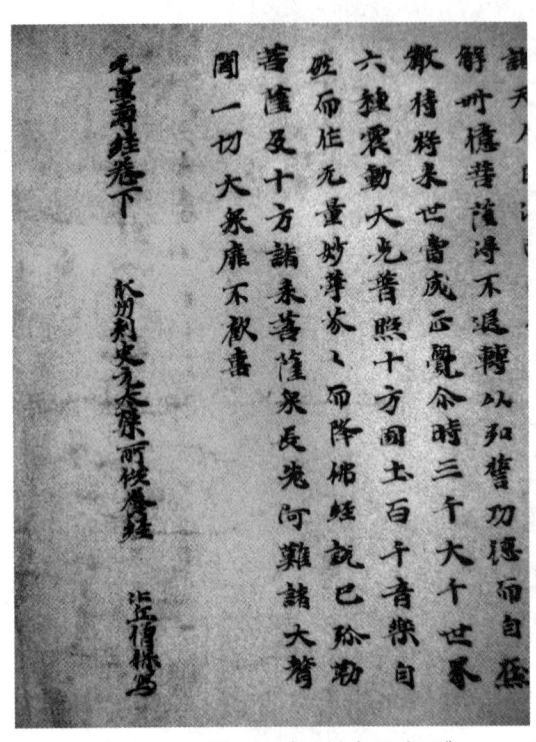

图一二　上图112《无量寿经卷下》 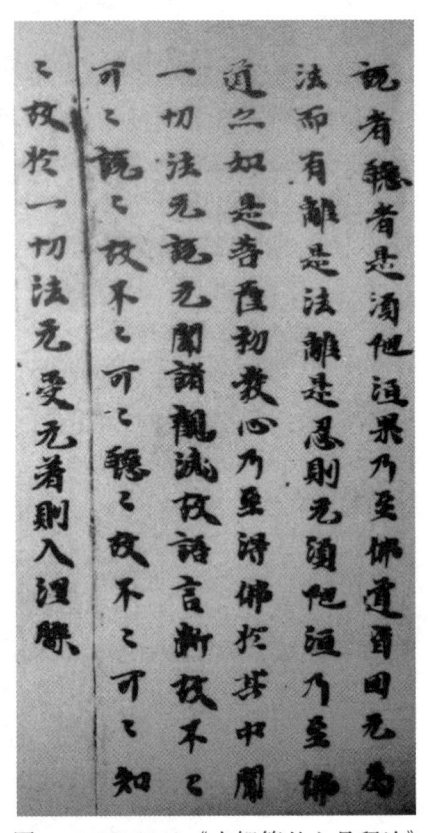　　图一三　P.2143《大智第廿六品释论》

　　一直到西魏初年，这种"魏楷型"的写经书法开始发生变化。西魏大统九年（543）S.0736《大比丘尼羯磨一卷》（图一四）传达了这种转变的信息：结体趋于匀称，上紧下松的"魏楷型"特点已不十分明显，整体风格较温润。但此卷横画倾斜度仍较大，还保留着明显的"魏楷型"欹侧的特征。与其相似者还有大统十四年（548）P.2273《维摩义记卷第一》。到西魏废帝二年（553）的《菩萨处胎经卷第三》（图一五，日本知恩院藏），结体变得更为匀称，横画倾斜度降低，显得较为平正，较接近南朝写经体式。整体较为秀硬，开启隋代写经书风先声。北周明帝二年（558）甘博002《入楞伽经卷第九》（图一六）的变化更为显著，此件写经结体上属于"平画紧结"的楷书类型，[1] 整体稳健，除了少数横画收笔还保留少许上翻的笔意，其他的笔画形态基本上都是标准的楷书写法，与隋代写经匀称平整、健秀清丽类的特征较为相似。

---

[1] 成熟的楷书多属于"斜画紧结"的体式，但也有少量"平画紧结"的类型。此件写本即属于"平画紧结"类。需要明确的是，南方二王一派楷书和"魏楷型"写经均属于"斜画紧结"的体式，但二王一派楷书正体工稳匀称，横画倾斜度小，而"魏楷型"写经书法横画倾斜度更大，整体险峻。

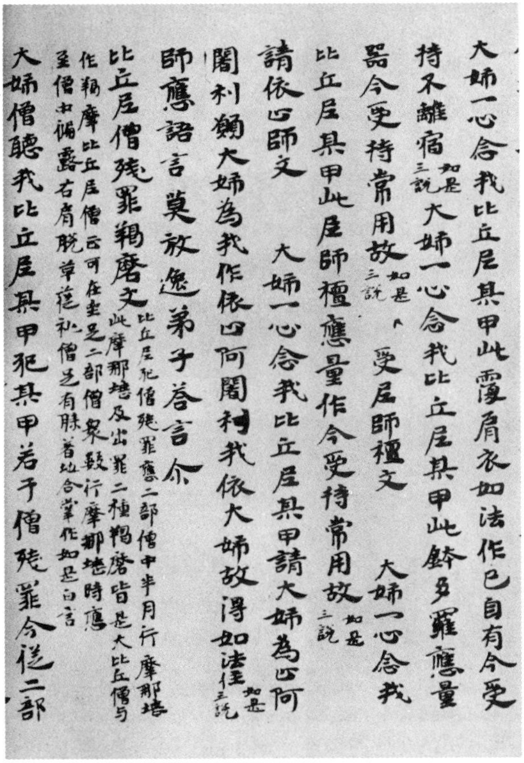

图一四　S.0736《大比丘尼羯磨一卷》 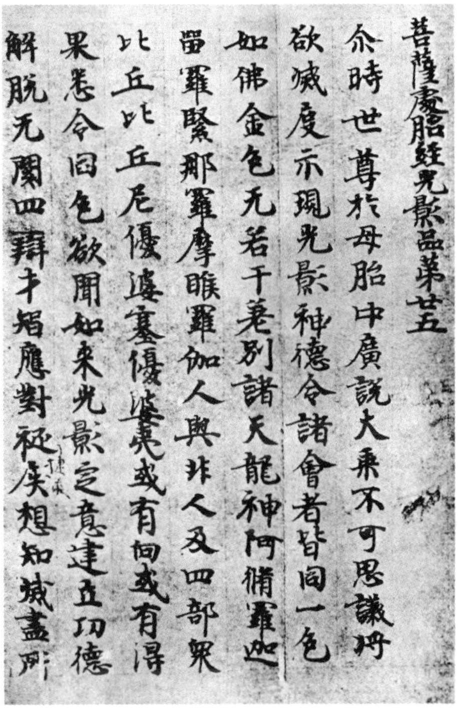　　　　图一五　《菩萨处胎经卷第三》

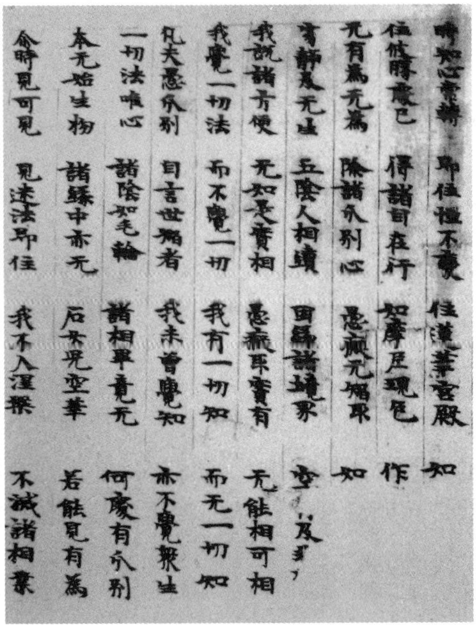

图一六　甘博002《入楞伽经卷第九》

北周保定五年（565）的 P. 2104《十地义疏卷第三》（图一七），可能因此卷内容为义疏，所以书写较自由，带有行书笔意，横画已变得较为平直。横画、捺脚收笔虽然还显圆浑，但基本上是下按的收笔，由于下顿的幅度减小使而越显秀美，更接近南朝楷法。此时是一个过渡期，还有一部分的写经属于"魏楷型"书风，如高弼为亡妻元圣威所写的浙敦012《大方广佛华严经卷第三十四》（图一八，约561年），体式近似于"魏楷型"写经，但表现得相对温润一些，或许是受了时代新风气的影响。

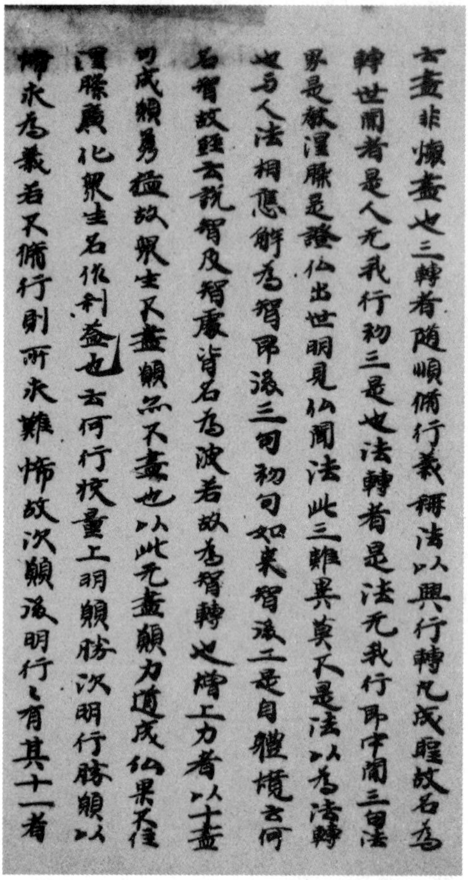

图一七　P. 2104《十地义疏卷第三》 　　图一八　浙敦012《大方广佛华严经卷第三十四》

通过以上分析可得知，写经书法是有明显发展变化的，其中一个十分显著的特点就是书体的变化和风格的变化交织在一起，而且变化之中常有"返古"现象，因此充满了复杂性。幸而有这些带有明确纪年或能推算出可靠年代的写经，为分期研究提供了基础。

综合写经书法的结体、笔画形态的变化，可以把北朝写经书法分为三期：第一期，从公元439年北魏统一北方到北魏宣武帝景明元年（500）前后，为"隶楷型"书风退化、"魏楷型"书风成熟期；第二期，从公元500年前后到西魏初年（540年前后），为"魏楷型"书风全盛期，这种风格占据了绝对的主流；第三期，西魏初年至北周时期，为"魏楷型"书风退化、南北书风融合期，下启隋代写经书风。

三 北朝敦煌写经书法风格转变原因探究

北魏皇兴五年（471）的《金光明经卷第二》已是成熟的"魏楷型"风格，这件写经标志着"魏楷型"风格的完全成熟。北魏太和三年（479）冯熙供养的《杂阿毗昙心经卷第六》是在洛阳写成，而且冯熙供养经的数量是十分大的，虽然现在我们只能见到这一件写经，但它也是完全成熟的"魏楷型"风格。这两件写经说明"魏楷型"的风格不是突如其来，而是经过一段时间演变而成熟的，而且在社会上应该已有一定程度的流行。但这两件写经均写于中原，与此同时的敦煌地区，只有北魏天安二年（467）《令狐归儿课》、北魏太和十一年（487）《佛说灌顶章句拔除过罪生死得度经卷第十二》和北魏太和十二年（488）《金光明经序品第一》这三件习字写本是临习北凉体写经的例子，所以，我们不能轻易认为此时敦煌地区没有"魏楷型"书法。这三件习字写本在一定程度上可以证明，写经人还在用旧的写本为范本临习或练习，说明这一时期（439—500）成熟的"魏楷型"写经书法并未完全普及开来，但从后两件习字写本的字迹中可看出，已经流露出"魏楷型"书风的特点。

关于"魏楷型"写经书风的由来，前人研究多认为是在这个时期受南朝书风的影响，论者以为随着南北双方的文化交流增多，南朝书风影响了北朝，此说看似有理，但我们仅从南北写经的书法风貌上看，两者的差距还是比较大的，所以此说恐难成立。上文提到，吐鲁番出土的公元449年吴客丹扬郡张烋祖某经《持世第一题记》已是南朝楷书的代表，相比之下，两者之间风格差异甚大。而到梁天监十八年（519）的P.2196《出家人受菩萨戒法卷第一》（图一九），其体式则亦和张烋祖某经《持世第一题记》相一致，只是稍显厚重，但《杂阿毗昙心经卷第六》（479）和图一〇《大涅槃经卷第九》（501）则结体欹侧、上紧下松，横画倾斜度甚大，与南朝写经的差别显而易见。此仅是南北写经书法的对比，若与南朝名家书法比较，则差异会更大，所以在这一阶段，南方二王一派楷书风格对"魏楷型"书风的成熟影响应该不大。

笔者认为"魏楷型"的写经书法主要是源自十六国时期近似"北凉体"的楷书，即源自"隶楷型"写经书法，是北方书法系统的一种内在进化。首先，在结体上二者有相通之处，"魏楷型"写经继承了"隶楷型"上紧下松的特点，左右开张和斜式的体式也保留下来。其次，风格上也有相似之处，点画大都呈厚峻、茂密的特点。二者所不同的是，"魏楷型"写经的斜画紧结体式加强，隶书点画消退、楷书点画成熟，点画的提按幅度增大。

汉字的演变的动力源自追求简便，直接动力便追求快捷的书写，"魏楷型"写经书风的形成也不例外：快捷产生连贯，使横画呈横"S"形，并且出现了楷书写法；横画向右上倾斜也符合右手书写的生理习惯，这种斜式的横画也使结体变为斜画紧结，这

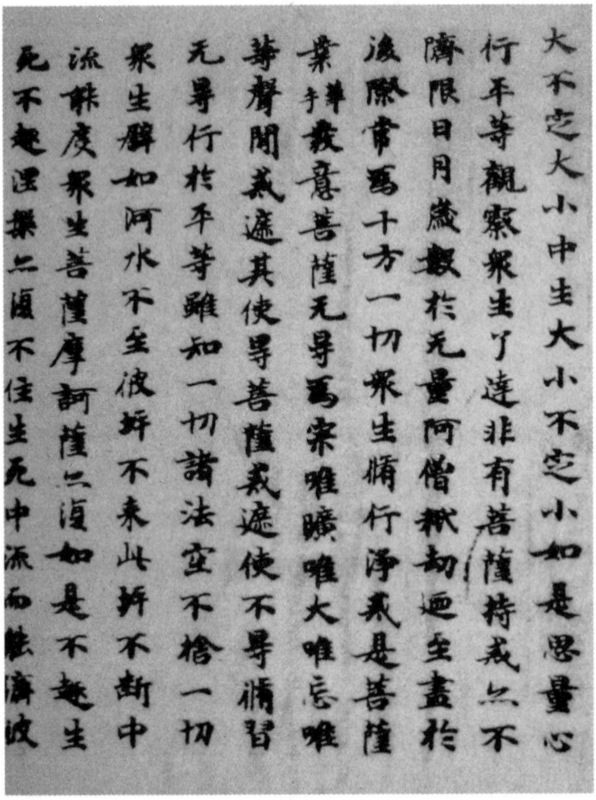

图一九　P.2196《出家人受菩萨戒法卷第一》

些都是自然演进的表现。当这些写法在整个社会逐渐普及开来，就是"魏楷型"风格完全成熟的时候。

政府下令整齐规范文字，是使"魏楷型"书风普及开来的重要因素。公元425年，太武帝就造新字千余，下令整齐规范文字："在昔帝轩，创制造物，乃命仓颉因鸟兽之迹以立文字。自兹以降，随时改作，故篆隶草楷，并行于世。然历经久远，传习多失其真，故今文体错谬，会义不惬，非所以示轨则于来世也。……今制定文字，世所用者，颁下远近，永为楷式。"①"篆隶草楷"中的"楷"应该就是指楷书，刘涛先生认为，太武帝"初造新字千余"并非创制新字，而是征订俗写的错谬。② 北魏迁都洛阳以后，江式鉴于当时文字错讹混乱的情况，上书宣武帝，请求编辑字书，得到宣武帝的支持。③ 此书最终虽未完成，但亦可看出政府对文字规范的重视，官方整齐文字政策对楷书应用的规范起着重要的作用。

到了公元500年之后，我们基本看不到受北凉体影响的写经，这个时期是"魏楷

---

① 《魏书》卷四《世祖纪》，第70页。
② 刘涛：《中国书法史·魏晋南北朝卷》，江苏教育出版社2009年版，第407页。
③ 同上书，第407—408页。

型"书风大行其道的时代。到了西魏初年,写经书法开始变得较为匀称、柔和,可以看出与南方写本有相似之处,其中原因一方面是"魏楷型"书风的内在的进化,另一方面应该是南风北被的缘故。"魏楷型"写经书法虽然是成熟的楷书,但结体欹侧,书风质朴雄厚,还不能称之为真正的端庄严谨,由古质向妍美发展也是书法艺术的发展的规律,所以"魏楷型"书法还有向前发展的空间。从西魏大统九年(543)《大比丘羯磨一卷》中,可以看出其承接了魏楷型书风的特点,仍保留有上窄下宽且欹侧的体式、左右尽力舒展的撇捺。南方书风的影响也是很重要的一方面,梁元帝承圣三年(554)西魏攻下江陵,萧梁名士王褒入关中,对北周书法的影响甚大。《周书·赵文深传》记载:"王褒入关,贵游等翕然学褒书。文深之书,遂被遐弃。文深惭恨,形于言色。后知好尚难反,亦攻习褒书,然竟无所成,转被讥议,谓之学步邯郸焉。"[①]在这一时期,南朝书法名家对北方上层贵族有很大的影响,但这些书法名家的书作在社会上流传的范围毕竟是极为有限的,可以肯定的是,这些名家居于社会上层,他们能在一定程度上引领时代的潮流。

在没有印刷术的年代,古人无法获得影印的书法作品。一般来说,人们学习书法主要是师徒相授或在学校里接受书法教育,无论哪种方式,临写字书都是必不可少的。据向彬先生研究,中国古代的学校书法教育大致可分为儿童少年的书法教育和成人的书法教育两个阶段,前者主要在小学中实施,后者主要在中央官学和地方官学中实施,但一般将书法教育的任务放到小学阶段去完成,将小学时期的识字、写字作为书法教育的内容。[②] 北朝时期,政府还是比较重视小学教育的。《北史·儒林传》记载:"及迁都洛邑,诏立国子、太学、四门小学……宣武时,复诏营国学,树小学于四门,大选儒生以为小学博士,员四十人。"[③]小学的书法教育对一种书风的流传是十分重要的,而字书的流传也是书法传播的重要媒介。

据刘涛先生研究,北魏后期,南方的字书《小学篇》传入北方,此字书是新出,与以前流行的字书《急就章》定然不同。因篇首冠有王羲之的名字,故可以推测这本字书的体式是王羲之书法面目。[④] 而此时北朝的写经书法也趋于平正秀美,二者的方向是较一致的,在南北书风融合的大书写环境下,写经书法也受到影响而迅速地发生转变。

从上述分析可知,北朝敦煌写经书法的变化和社会上大的书写环境是分不开的。在北朝佛教的社会化发展之下,写经人、供养人遍布社会各个阶层,但这些写经在同一时期内却呈现了整体较一致的风貌,具有明显的时代特征。所以,即使在北朝名家书法不存的情况下,写经书法也完全可以反映出这个时代的书法审美趋向。

---

① 《周书》卷四七《赵文深传》,中华书局1971年标点本,第848页。
② 向彬:《中国古代书法教育研究》,中国社会科学出版社2009年版,第12—15页。
③ 《北史》卷八一《儒林传》,中华书局1974年标点本,第2074页。
④ 刘涛:《中国书法史·魏晋南北朝卷》,江苏教育出版社2009年版,第411页。

唐玄宗的隶书贡献及唐隶对清隶的影响

叶鹏飞

  唐代是书法艺术集大成的时期，从魏晋的崇尚风韵到唐人的追求法度，不但使极端工整的楷书和纵横挥洒的草书奏出了历史的最强音，而且在隶书创作上也打破了魏晋以来的沉寂局面，使隶书出现前所未有的繁荣。启功先生说："唐人用隶书体，是使用旧字体，但能在汉隶的基础上开辟途径，追求新效果，不能不说是一种创新。"[1] 故唐代隶书有着不可忽视的历史地位，而唐玄宗在隶书的发展史上是有着重大贡献的人物。

  书法艺术的发展，既需要传统作为创造的凭借，又需要有所扬弃、有所改造和有所发展，否则就不会具有时代的特色。唐代隶书的发展即是如此，它与唐玄宗的倡导密切相关。唐玄宗李隆基（685—762）又称唐明皇，是唐睿宗李旦（662—716）第三子，延和元年（712）受禅即位。在唐玄宗的统治下，开元年间（713—741），社会安定，政治清明，经济空前繁荣，文化艺术空前发达，为唐代鼎盛时期，后人称这一时期为"开元盛世"。但他后期贪图享乐，宠信佞臣，终于导致"安史之乱"发生，唐朝开始衰落。唐玄宗雅好文艺，尤好音乐和书法，他是我国历史上少有的作曲大师，又是一位以隶书见长的书法大家。《宣和书谱》记载着唐玄宗"临轩之余，留心翰墨，初见翰苑书体狃于世习，锐意作章草、八分，遂摆脱旧学"[2]。由此可见，唐玄宗对章草和八分（唐人专指隶书）不是一般意义上的偏好，是一位不满翰苑书法现状而锐意提倡，并对隶书进行变革和创造的书家。清人柯昌泗在《语石异同评》中指出："唐人分书，明皇以前，石经旧法也，盖其体方而势峻。明皇以后，帝之新法也，其体博而势逸。韩、蔡诸人，承用新法，各自名家。"[3] 道明了唐玄宗时前后的隶书变化。从唐代隶书的发展来看，唐初时期以欧阳询（557—641）、薛纯陀、殷仲容为代表，他们的隶书基本沿袭魏晋隶法，结体方整，字形偏长，笔画方扁，圭角明显，挑势收敛，楷意犹浓，是不同于汉隶的隶法与楷法相杂的书体，犹如王澍（1668—1743）所说："隶法自钟繇《劝进》、《受禅》二碑，已截分今古，不复汉人浑噩风格。"[4] 这种不复汉人的新风格隶书，自魏晋南北朝直至唐代初期，一直保持着这种旧法。如欧阳询的《房

---

[1] 启功：《从河南砖刻谈古代石刻书法艺术》，载《启功丛稿·论文卷》，中华书局1999年版，第141页。
[2] 《宣和书谱》第一卷，上海书画出版社1984年版，第3页。
[3] （清）叶昌炽、柯昌泗：《语石异同评》，中华书局1994年版，第367页。
[4] （清）王澍：《虚舟题跋》，载《历代书法论文选续编》，上海书画出版社1993年版，第649页。

彦谦碑》（图一），虽被誉为唐隶第一，但依然是楷隶夹杂的风格。略后的殷仲容的书于永徽二年（651）的《李神符碑》（图二）亦是如此。到了武周时期（684—704），隶书开始有所变化，此时以贾膺福、卢藏用、郭谦光、田羲晊为代表。尤其是卢藏用的隶书，有"奔驰之劳"，"亦有规矩之法"[1]，开始讲究隶书的法度。从他所书的《甘元柬墓志》（图三）来看，已露唐隶变革的端倪。但是，唐隶的大变，只有到了唐玄宗笔下，才是完成。他以帝王之尊身体力行，御撰、御书了许多碑刻，赵明诚（1081—1129）《金石录》所载，唐玄宗在开元年间所书的碑刻即有八通之多。留传至今的隶书代表作有《鄎国长公主神道碑》《泰山铭》《石台孝经》《阙特勤碑》等，从立于开元十三年（725）的《鄎国长公主神道碑》（图四）和备受推崇的书于天宝四年（745）的《石台孝经》（图五）看，他中年到晚年的隶书变化不大，都是以笔画圆润、遒劲生动、体态丰满、字形壮实为特点，而且强调波磔，用"一波三折"和"蚕头雁尾"的形态作为装饰，有着宏伟壮丽的气象，迥异于魏晋以来的隶书那种锋棱毕显、圭角浅露的形态。唐人"窦臮赋其书，以谓：'风骨巨丽，碑板峥嵘。思如泉而吐凤，笔为海以吞鲸'，

图一　欧阳询《房彦谦碑》局部（631）

图二　殷仲容《李神符碑》局部（651）

图三　卢藏用《甘元柬墓志》局部

---

[1] （唐）张怀瓘：《书断》下卷，《历代书法论文选》，上海书画出版社1979年版，第203页。

图四　唐玄宗《鄎国长公主神道碑》局部（725）　　图五　唐玄宗《石台孝经》局部（745）

亦足以状其瑰玮也"[1]。可见，他的隶书在唐人的眼里是巨丽、峥嵘、瑰玮，这正是唐玄宗的个性风貌。所以，唐玄宗的隶书是不满足于现状，而是进一步规范隶法，向个人风格的特点发展和强化自己的审美要求，向高层次迈进的结果。

当然，唐玄宗隶书风格的形成，既是他个人气格、睿识的体现，又是时代精神的使然，与书法艺术的发展密切相关。

唐玄宗所追求的巨丽、峥嵘、瑰玮的面貌，正是他个人的气格精神的体现。史传唐玄宗"仪范伟丽，有非常之表"，"天授三年十月戊戌，出阁，开府置官属，年始七岁。朔望车骑至朝堂，金吾将军武懿宗忌上严整，呵排仪仗，因欲斩之。上叱之曰：'吾家朝堂，干汝何事？敢迫吾骑从！'则天闻而特加宠异之"[2]。他这一举动，在武氏宗族气焰甚嚣之时，李唐王室不啻为大快人心之事。后来他与太平公主合谋发动政变，杀死韦皇后，拥其父李旦即位，从中可见其非凡的气概和胆略。因而，他的隶书也是他豪健威风的性格体现。再则，唐玄宗的隶书风格的形成，又与唐代艺术全面繁荣而带来的审美境界的纵横开阔、体现旺盛的民族精神密不可分。唐代是继汉代以后又一个振发阳刚之气的时代，从唐代流传下来的许多诗文作品中，都流露出举国上下蒸腾向上的社会风貌，"天下大治，河清海晏，物殷俗阜"，绝非封建社会后期那些矫揉造作、外强中干的所谓"升平盛世"所能与之比拟的。唐人的笔下，不仅边塞烽火与田园牧歌一起被赞美，而且那些手执檀板、胸抱琵琶的歌伎优伶以及那些斗鸡走马、仗剑横行的"开、天少年"，都成为欣赏与颂扬的内容，无不染上豪气冲天、热情洋溢的色彩。国力的向上、民族意识的高扬，成为这个时代的特征。所以，在唐玄宗时期，诞生了岑参（715—770）、高适（704—765）、李白（701—762）、杜甫（712—770）、

---

[1]《宣和书谱》第一卷，上海书画出版社1984年版，第4页。
[2]《旧唐书》卷八《玄宗上》，《二十五史》缩印本，上海古籍出版社、上海书店1995年版，第5册，第3504页。

孟浩然（689—740）、王维（701—761）等伟大诗人，也诞生了贺知章（659—744）、张旭（675—750）、李邕（678—747）、颜真卿（709—784）等伟大书家。唐代的阳刚之气给艺术创作又带有新的时代特色。石雕、造像建筑都追求强壮、宏伟，而《虢国夫人游春图》上的仕女、韩幹笔下的名马，都是以丰满的姿态出现的，所以唐人追求壮美，更追求热情洋溢，较汉代风骨更加老成、健壮。汉代的壮美以粗犷为特色，而唐代的壮美是以浑厚、壮丽、丰满为特色，这也成为汉隶与唐隶在风貌上的区别。故唐玄宗隶书风格的出现，正是代表了唐人追求壮美的精神。

从书法艺术的发展来看，自晋人尚韵以后，到南朝的继续尚韵、北朝的自然质朴，发展到唐人讲究法则，这是书法艺术进一步成熟的标志，"法"的崇尚，是书法由"不工"到"工"的必然阶段。在尚法风气下，楷书达到了空前绝后的成就，草书也达到了前所未有的高峰。唐人的尚法意识，有力地推动了当时总结经验、探索规律、制定法则、尊崇法式的热潮，使之成为一种深厚的艺术积淀。在这种风气下，隶书家也对魏晋南北朝以来隶体与楷体的生硬嫁接、不伦不类的隶杂楷法现象，进行溯本穷源，消除隶书步入错变的弊端，恢复隶书的基本法度规范，这本身也是尚法风气的结果。唐人能在恢复汉人隶法的基础上，另辟蹊径，尤其是唐玄宗，创造出了与汉隶迥然不同的艺术风格，形成鲜明的时代特色，这在书史上的意义就非同一般了。但由于隶书的全盛期是在汉代，汉代隶书作为一种新兴字体，在发展过程中，能不断深化艺术内涵，形成争奇斗艳的局面。而唐隶只能继承多于创造，不像楷书和草书那样有发展的空间，只能将主要方面放在恢复汉法、纠正隶楷杂体上（但实际上，楷法在唐隶中一直未能彻底清除，即使在唐玄宗晚年的隶书中仍然有楷法的存在）。因为在"法"的观念的影响下，隶书的日趋工整、日趋法度化，形成的程式化、规范性削弱了创造性。所以，只能在笔画上进行变化，形体上日趋丰满、壮实，波磔笔画更加强调装饰化了，成为唐隶的特色，也成为唐隶的局限。尽管如此，唐隶在书史上依旧有着不可低估的意义。

《宣和书谱》云："盖唐自明皇御世，首以此道为士夫之习，于是上之所好，下必甚焉。"[1] 在唐玄宗的倡导下，隶书蔚然成风，打破了唐初以来独尊王羲之的局面，与楷书竞相媲美，成为汉代之后又一突兀而起的高峰，形成了人数众多的隶书书家队伍，出现了史惟则、韩择木、梁升卿、蔡有邻、李潮、徐浩等名家。他们的隶书，都被唐玄宗隶书风气所染。史惟则擅隶书，亦工碑额篆颢。从其传世的隶书碑刻《大智禅师碑》（图六）看，其书法度森严、用笔爽劲、厚中含刚，将唐玄宗的丰满演变为厚重，名重于时。再看梁升卿，在《新唐书》上称他"涉学工书，于八分尤工"[2]。从他传世的《御史台精舍碑》（图七）看，他的隶书也是变丰腴为刚劲，既保留着汉碑的古朴之气，又不失当时的时代之息，写得很有气势。韩择木的隶书被窦臮誉为"八分中兴，

---

[1] 《宣和书谱》卷二〇，上海书画出版社1984版，第161页。
[2] 《新唐书》卷一二二《韦抗传》，《二十五史》缩印本，上海古籍出版社、上海书店1995年版，第6册，第4576页。

伯喈如在，光和之美，古今迭代。昭刻石而成名，类神都之冠盖"①，评价极高。他传世的隶碑较多，从《荐福寺大戒德律师碑》（图八）看，其书姿态严正可畏，倔强有骨，有着奇伟庄重的特色，不失为佳作。蔡有邻亦以隶书擅名，从他书于开元年间的《尉迟回庙碑》（图九）看，其书清雅工整、结构紧密、强调波磔，窦臮也给予他"工夫亦到，出于人意，乃近天造"②的评价。李潮为杜甫之甥，以隶书名世。杜甫在《李潮八分小篆歌》中有"尚书韩择木、骑曹蔡有邻，开元以来数八分"之评价，将其与韩、蔡并立。但赵明诚在《金石录》中评《唐慧义寺弥勒像碑》时，说李潮"书初不见重于当时，独杜甫盛称之，以比蔡有邻、韩择木。今石刻在者绝少，惟此碑与《彭元曜墓志》耳，余皆得之，其笔法亦不绝工，非韩、蔡比也"③，可见对他评价不高。因李潮的书迹在宋代即很少，至今很难见其隶书作品了。徐浩（703—782），《新唐书》载他"八体皆备。草隶尤工，世状其法曰：'怒猊抉石，渴骥奔泉'"④。他的隶书代表作有《张庭珪墓志》《嵩阳观记》（图一〇）等，其书也受唐玄宗影响，追求巨丽，法度谨严中含恬雅。这些隶书名家的作品在赵明诚的《金石录》中记载的就有数百通之多，成为与唐代楷书碑相并举的碑刻。

图六　史惟则《大智禅师碑》局部（736）

图七　梁升卿《御史台精舍碑》局部（723）

图八　韩择木《荐福寺大戒德律师碑》局部（771）

---

① （唐）窦臮：《述书赋·下》，载《历代书法论文选》，上海书画出版社1979年版，第257页。
② 同上。
③ （宋）赵明诚：《金石录》卷二七，上海书画出版社1985年版，第499页。
④ 《新唐书》卷一六〇《徐洪传》，《二十五史》缩印本，上海古籍出版社、上海书店1995年版，第6册，第4649页。

除上述的代表书家外，盛、中唐时期还有众多兼擅隶书的书家及名不传世的隶书之家，留下了许多隶书碑刻。他们的作品，都体现出鲜明的时代特征，大多隶法纯正，形态丰腴壮实，不乏精品。更值得一提的是，唐代隶书名家不仅仅专擅隶书，其楷书、行草书或篆书上都很有成就。即使是唐玄宗也是如此，从他的《鹡鸰颂》（图一一）可见一斑。所以，唐代书家的全面修养也是此前历代书家所难以比肩的。

图九　蔡有邻《尉迟回庙碑》局部（738）

图一〇　徐浩《嵩阳观记》局部（744）

图一一　唐玄宗《鹡鸰颂》局部

在唐玄宗丰满、巨丽、壮实的审美观影响下，楷书、行草也受隶风所染，一洗唐初的清劲，向浑厚壮美风格演化。如李白的《上阳台帖》、张旭的《肚痛帖》，完全可以证明这一点。这也说明了有"大唐气象"的书法是从隶书开始的，由此诞生了颜真卿（709—784）这样的代表盛唐气象的伟大书家。颜真卿在天宝十三年（754）所书的《东方朔画赞碑》的后碑额"有汉东方先生画赞碑阴之记"（图一二）即是他用唐玄宗式的丰满、壮实的隶书所书，是上有所好、下必甚矣的明显例征。在文献记载上，颜真卿还有字径三尺许的隶书作品"祖关"两字，朱关田先生在其《初果集》中已作详细记载。① 若将颜真卿天宝十一年（752）所书写的《多宝塔》碑（图一四）与其《东方朔画赞碑》（图一五）相对照，完全可以证明颜真卿楷书风格的形成，是受当时唐玄宗所推崇的书风密切相关，这也可能是颜书中"篆籀气"的由来。

随着盛唐景况的衰退，社会的动荡、书法生存环境的变化，中唐以后，虽有徐珙、

---

① 朱关田：《初果集》，荣宝斋出版社2008年版，第385页。

韩秀弼、韩秀实等名家，但隶书书家明显减少，书迹凋零。从传世的《韦贞平墓志》《李德裕妻徐盼墓志》（图一三）来看，隶书已不复盛唐气象，书风渐减丰满壮实，已是唐隶之余绪了。

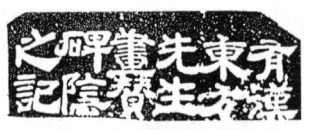

图一二　颜真卿《东方朔画赞碑》后碑额（754）

图一三　《李德裕妻徐盼墓志》局部（829）

图一四　颜真卿《多宝塔碑》局部（752）

图一五　颜真卿《东方朔画赞碑》局部（754）

唐代以后，隶书又经历了宋、元、明五百余年的沉寂时期，至明末清初逐渐被重新重视起来，使隶书在清代又进入第三个高峰期。

明末清初是隶书的复兴期，而复兴又是清人在唐隶的基础上再振兴的。王时敏（1592—1680）、朱彝尊（1629—1709）和郑簠（1622—1693）是这个时期的代表人物。王时敏是清初杰出的画家，又是明亡后以书画自娱的遗逸，但是他在书法上也有着杰出成就。刘恒在《中国书法史·清代卷》中评价他的隶书说："王时敏的隶书，其圆润丰满与整齐方正的面目，的确十分接近唐玄宗、史惟则等唐代书。这大概是清初以前汉碑发现不多，学隶者眼界受到局限所造成的结果。"[1] 从王时敏所传墨迹隶书《五言联》（图一六）来看，确实如此，其书点画醇厚，略带楷法，字形严整，偏于长方，没有汉隶的古朴浑穆，与唐风不二。再看朱彝尊隶书（图一七）很接近王时敏，也明显受到唐隶影响。朱彝尊是清初诗坛词坛的领袖，主张作诗作词力去明代的"陈言秽语"，以"醇厚、温雅"的标准来统一衡量诗词文，[2] 他的文学审美观与唐书书风似有相通之处，他传世的书法作品大多以隶书出现。不论用笔、字形，还是体格风貌与唐碑甚为接近，书风与他的文学观相合。再看郑簠的隶书（图一八），他在点画的起止、字形结构上仍然是受唐隶的影响，只是在用笔上受其乡贤赵宧光（1559—1625）的篆

---

[1] 刘恒：《中国书法史·清代卷》，江苏教育出版社1999年版，第66页。
[2] （清）朱彝尊：《词综》，中华书店1975年版，第11页。

图一六　王时敏《五言联》　　图一七　朱彝尊　　图一八　郑簠《浣溪沙词》
　　　　　　　　　　　　　　　　　《五言联》　　　　　　　条幅（1688）

书（图一九）启发和影响，将隶书戏写而成，可将两者对照，受唐隶影响是显而易见的。在郑簠之前，用这种怪异方法写隶书的是傅山（1607—1684），他也是从唐隶入手，尤得力于早期唐碑。他在《霜红龛集》中有明确记载："吾幼习唐碑，稍变其肥扁，又似非蔡、李之类。"[①] 传世的《隶书千字文》（图二〇）是其"稍变其肥扁"的最好见证。再则傅山的楷书和行草都是得力于唐人，并非他自己所说的那么高古。而傅山、郑簠这种戏写隶书的方法，与石涛（1641—1705）异曲同工，他们又直接影响了金农（1687—1764）、郑燮（1693—1765）、高凤翰（1683—1749）。其中金农的隶书（图二一）得力于唐碑尤多。关于郑簠的隶书，清人钱泳在《履园丛话》中称"国初有郑谷口，始学汉碑，再从朱竹垞辈讨论之，而汉隶之学复兴"[②]，将郑簠、朱彝尊作为汉碑复兴的奠基人。但他们书法皆出唐碑，尚无一丝汉碑气格。即使是郑簠自己所说最得力的《曹全碑》，在他的书法中也寥无迹痕。这是清人奷古，往往隐去自己最得裨益的碑帖而不谈的结果。

　　清代随着统治的稳定和文字狱的大兴，当时许多士人回避政治，津津乐道于古文字学和金石考据，寄情遣兴于书画篆刻，以求自安，这促使了清代碑学的大盛。清代碑学书家的历史性贡献表现在两个突破，一是篆、隶的复兴，二是崇尚北朝碑版。这既树立了以"金石气"、质朴美为时尚的书法审美观，同时又在形式表现上，

[①] （清）傅山：《霜红龛集》卷三七《杂记二》，清宣统三年山阳丁宝铨刻本。
[②] （清）钱泳：《书学》，载《历代书法论文选》，上海书画出版社1979年版，第618页。

图一九　赵宧光《篆书联》　　图二〇　傅山《千字文》册页　局部　　图二一　金农《隶书条幅》局部

创立了新的范式。艺术与学问相辅相成，诞生了许多碑学大家，其中也不乏隶书名家。

虽然清人推崇汉碑，贬低唐碑，但是我们仍可从他们的书学观中看出他们对唐代隶书的认可。如王澍（1668—1743）说："汉、唐体貌不同，要皆以沉劲为本。不能沉劲，无论为汉、为唐，都是外道。"①　何绍基（1799—1873）说："楷则至唐而极，其源出八分。唐人八分去两京远甚，然略能上手。"②　刘熙载（1813—1881）说："唐隶规模出于魏碑者，十之八九，其骨力亦颇近之，是其所长。"③　从上文大致可看出，清人对唐隶的评价是"沉劲为本""略能上手""法度严谨"。而"略能上手"出于何绍基口，更可看出清人师唐的缘由。

从清代隶书发展看，乾隆以后，碑学大兴是从篆、隶开始的，其中隶书成就最突出的名家，一般认为是邓石如（1743—1805）、桂馥（1733—1802）和伊秉绶（1754—1815）。可他们的隶书作品，都带有明显的师唐痕迹，并非如书史上所说是从汉碑得来。唐玄宗倡导的丰满、壮实体态的隶书，一直影响到清代的碑学大家。先看邓石如，他一生布衣，以鬻书治印自给，篆、隶、真、行、草五体皆工，尤以篆、隶书及篆刻

---

① （清）王澍：《论书剩语·隶书》，文明书局民国七年石印本。
② （清）何绍基：《东洲草堂·金石跋》，载《遁庵金石丛书》，西泠印社聚珍版。
③ （清）刘熙载：《艺概·书概》，上海古籍出版社1978年版，第153页。

最负盛名。他对自己的隶书非常自负，曾自评："吾篆未及阳冰，而分不减梁鹄。"① 从邓石如传世的他晚年所书的《四体书》册中的隶书（图二二）分析，他不论在用笔还是结体上都得力于唐碑，尤其深受唐玄宗、史惟则的影响，甚至书风也是敦厚、丰满、壮实、儒雅，并无师法汉碑的痕迹及高古的气息，其略带楷法的转折在汉碑中是不存在的。再看桂馥，他精篆刻，著《缪篆分韵》，又擅丹青，书法以隶书见长，在当时极负声誉。从他的传世作品（图二三）分析，其书端庄厚重，笔笔扎实，结体茂密，转折多楷意，也无醇古朴质之气，完全是师法唐隶而来。再看伊秉绶，他擅丹青，工诗文，书法以独特的隶书名世。他的隶书（图二四）在用笔上方折厚重，似与桂馥、邓石如相近，但在结体上泯去起

图二二 邓石如《四体书》册页局部（1797）

止及波磔，将隶书结构美术化，概括成直线形态，字形简练而宽博，很有特色。若仔细分析其用笔结体，依旧受唐碑影响，尤其是颜真卿的隶书和楷书启发了他，当然这是他变化出新的结果。在书史上有个奇怪现象，书家自己或后人评论他们的书法时，往往都是托古，师法汉碑，似乎越古越好（这种风气在当时的绘画上也是如

图二三 桂馥《八言联》　　图二四 伊秉绶《七言联》（1813）　　图二五 阮元《七言联》

---

① 转引自徐利明《中国书法风格史》，河南美术出版社1992年版，第480页。

此），故弄玄虚。这里不妨举个例子。据清人方朔《枕经堂金石书画题跋》载："程蘅衫明经师释云衫上人，皆受业于完白山人之门数十年，二公皆在吾邑西门外，予于暇日尝造庐亲访，叩其所习，俱云先研许氏之学，次究秦相诸刻，然后出入古今则得矣。"① 这是典型的不肯直接说出师门的例子，故意绕个弯，其程荃的篆、隶完全习邓石如。可以说，颜真卿是得唐玄宗式的隶法而变楷法，伊秉绶是得颜真卿的楷法而变隶法的。

由于邓石如、桂馥、伊秉绶在清代书法史上影响巨大，受他们影响的书家也众多。同时帖派、碑派书家中，如阮元（1764—1849）、黄易（1744—1802）、张廷济（1768—1848）、何绍基、张照、刘墉（1720—1804）、钱沣（1740—1795）等的师唐隶或师颜的风气，也无形中也对师唐隶有影响。尤其是阮元，作为清代碑学开宗人物，他的《南北书派论》和《北碑南帖论》，从理论上为近代的碑学的兴起提供了依据。但他在书法的实践上，楷书和行书皆是师法颜真卿，而隶书也是师法唐碑，他的隶书（图二五）完全可以证明了这一点。甚至到了晚清的赵之谦（1829—1884）、伊立勋（1856—1941）等一些名家，其隶书也始终受唐隶的泽被。启功先生指出："到了唐代，隶体出现了一次大革新，它的点画尽力遵用汉碑的笔法，要求圆润，而有顿挫。结字比汉隶稍微加高，多数成为正方形。在用笔和结体上，都成为唐隶的特有风格。后世喜好'古朴'风格的，常常轻视唐隶。"② 这是对唐隶特点、成就以及清人轻视唐隶原因的最好概括。可以说，唐玄宗在隶书上开创的丰满、奇丽、壮实的风貌，有着独特的审美价值，影响了唐代隶书的发展，而唐代隶书又对清代隶书的发展产生了重大影响，有着承前启后之功。

原载《中国书法》2012 年第 2 期

---

① （清）方朔：《枕经堂金石书画题跋》卷二，同治三年（1864）刻本。
② 启功：《从河南砖刻谈古代石刻书法艺术》，载《启功丛稿·论文卷》，中华书局 1999 年版，第 141 页。

试谈宋代至明初毗陵草虫画及在东亚的影响

林 健

草虫画是花鸟画中的一类，唐末五代兴起，北宋时期从花鸟画中分化出来的。早在六朝时，以描绘蝉、蝴蝶这类昆虫为主题的草虫图即已出现。常州草虫画的历史源远流长，曾有一批职业画家活跃在画坛上，北宋时期，常州作为草虫画生产地的位置开始确立，产生了如僧居宁这样的大师和一个画家群体，赢得了"常州草虫天下奇"的美誉。由于资料的湮没，长期以来国内美术界、考古界对于宋元草虫画研究甚少，更遑论系统研讨。而在日本，保存了一批南宋及元明时期传入的钤有"毗陵"印章的草虫画，备受学者关注，日本、英美、台湾等地学者陆续展开过研究，并称其为"毗陵画派"[①]。本文拟根据历史文献及国内外公开的资料，拾遗钩沉，重新认识宋元、明初常州的草虫画。

一 宋元明时期毗陵草虫画名家及作品

历史上第一部记录品第宫廷藏画的著作《宣和画谱》里，把草虫同果蔬、药品合于一卷。该书记载了从南朝陈至北宋宣和年间名传而画存的六位草虫画家：顾野王、唐垓、丁谦、郭元方、李延之、居宁。其中常州籍的画家就有两位：南唐的丁谦和宋代僧居宁。[②]

五代时期草虫画在江南开始流行。南唐的画家丁谦"初工画竹，后兼善果实园蔬，傅粉浅深，宰有生意。虫蠹残蚀之状，具能模写"。他曾画葱一本，南唐后主李煜看后十分喜爱，亲自为他题写"丁谦"二字。他的作品不仅被北宋宰相寇准珍藏，其写生莲藕图和写生葱图也为北宋宫廷所收藏，可惜没有画作流传下来。

1. 两宋草虫画名家

两宋时期，常州草虫画名家辈出，有"常州草虫天下奇""毗陵多画工"之誉。从文献和存世画作题款可以稽考出的有多位。如居宁、吴炳、许迪、秦友谅、徐友谅等。

[①] 关于毗陵画派，日本著名的艺术史学者岛田修二郎、户田祯佑、北野正男、铃木敬以及美国学者高居翰、英国学者韦陀和台湾学者等都曾有过论述。

[②] （北宋）《宣和画谱》卷二〇。

居宁　宋代常州草虫画最著名的代表当数僧居宁。《宣和画谱》载其"作草虫,笔力劲峻,不专于形似"。《毗陵画征录》载其妙工草虫,醉后好为墨戏。尝见水墨草虫有长四五寸者,题云"居宁醉笔"。虽伤大而失真,然笔力劲俊,可谓稀奇。

吴炳[①]　南宋绍熙年间(1190—1194)曾在宫廷画院里担任待诏职位。工画花鸟,写生折枝,妙夺造化,彩绘精致富丽。画风谨守院体,作品较多。除花鸟作品外,亦有草虫画存世,如藏于北京故宫博物院的《出水芙蓉》、上海博物馆的《竹雀图》和台北故宫博物院的《嘉禾草虫图》。后者画水稻两株,在田间婷婷伫立,成串的稻穗,俯首低垂。蝴蝶、花虻和蜻蜓,有的兀自在空中飞舞,有的则栖息在叶梢。[②]

许迪[③]　生于12世纪,描绘草虫精妙入神,风格源自画僧居宁。据《画史会要》载,许迪,毗陵人,专攻草虫,师居宁,作黄花、紫菜、青草、红叶,精妙入神。现存台北故宫博物院《野蔬草虫图》扇面(图一),传为许迪之作。构景十分简单,地上只画白菜一株与蝗虫一只,加上低空飞翔的粉蝶与蜻蜓,四样主题分别占据了画幅的4个角落。[④] 这样的章法,原本极其呆板,但是每一物都被描绘得非常传神,色彩丰富,保存了不少毗陵草虫画的特色。另在重庆三峡博物馆,也保存了许迪的一幅《葵花猫狮图》。[⑤]

图一　南宋许迪《野蔬草虫图》(台北故宫博物院藏)

[①] 李渊府:《毗陵画征录》上卷,振群印刷有限公司,1933年。

[②] 草虫天地特展,2001年7月1日至10月5日,台北故宫博物院官网(http://www.npm.gov.tw/exhbition/pai0624/pai0624.htm)

[③] 《毗陵画征录》上卷。

[④] 草虫天地特展,2001年7月1日至10月5日,台北故宫博物院官网(http://www.npm.gov.tw/exhbition/pai0624/pai0624.htm)

[⑤] 中国古代书画鉴定组编:《中国古代书画图目》卷一七,第165页,文物出版社1997年版。

朱氏① 南宋，善草虫。因杨万里《题萧岳英常州朱氏画草虫轴二首》一诗而得传名。

秦友谅② 宋朝，《古今画史》一书说其"工画蝉蝶"。

徐友谅③ 宋朝，据《武阳县志》记载："少为县吏，工画草虫，傅色轻妙，人皆称之。"

2. 元及明初画家

《毗陵画征录》记载的元代草虫画画家，有于务道、方君瑞、堵信卿，而作品传于海外的画家有谢楚芳、谢百里、江济川以及明初（一说元末明初）的吕敬甫。

方君瑞④ 元朝，画草虫兼工花鸟。

堵信卿⑤ 元朝，工草虫。见载于《书画史》。

谢楚芳 生平不详，根据大英博物馆收藏的谢楚芳《乾坤生意图》（图二至图四）题款所载为毗陵人氏，这幅精致的工笔画描绘主题为动物和昆虫捕食。蜻蜓捉蝇、蚂蚁噬蝶、蟾蜍在后、螳螂捕蝉等。手卷末尾题有"至治元年孟春，楚芳为达善画"，说明绘制于公元1321年。这件作品为元代毗陵草虫画的鉴定提供了准确的时间参考，英国著名的汉学家韦陀（Roderick Whitefield）曾专门著文论述，认为该图是元代毗陵画家谢楚芳所绘。⑥ 元末明初常州武进学者、诗人谢应芳（1295—1392）的《龟巢稿》卷四中，收录有诗一首《寄谢楚芳》：

图二 元谢楚芳《乾坤生意图》局部（大英博物馆藏）

---

① 《毗陵画征录》上卷。
② 同上。
③ 同上。
④ 同上。
⑤ 同上。
⑥ 钟子寅：《毘陵草虫图的风格及其画史意义——兼论"常州画派"之论述》，第10页，台湾博硕士论文知识加值系统。

图三　元谢楚芳《乾坤生意图》局部（大英博物馆藏）

图四　元谢楚芳《乾坤生意图》局部（大英博物馆藏）

> 乡城一别十五年，别时玄发今皤然。
> 无声诗与有声画，彼此赢得虚名传。
> ……

诗的内容是描写作者与谢楚芳在家乡一别15年后再次重逢的欣喜之情和感慨，其中"无声诗与有声画，彼此赢得虚名传"一句点出，各自以诗和画名擅一时。而诗句中还叙及儿孙之事，语气显示关系密切，看似两人为毗陵同乡。谢应芳所寄赠诗词的谢楚芳，或许与《乾坤生意图》的作者为同一人，从两人的姓名看，似乎为同胞兄弟。

谢百里　元朝，其名不见于记载，在日本一私人藏家手中有幅《草虫图》（图五），图上题有"毗陵草虫形似不俗，春夏秋冬尽入吾图（或解为园）"，钤"谢氏百里"白文方印。据此推测其为毗陵画工。[1] 该画主景绘盛开的白菊、水仙，右下侧绘一株蒲公英及缠绕蓼花的牵牛，左下角则有白菜一丛，蜂、蝶、蝗虫等昆虫穿插其间。作品层次丰富、自然清新。

江济川　元末明初。日本细见良氏旧藏江济川《草虫图》双幅，在其右幅的右上

---

① ［日］户田祯佑：《谢百里笔草虫图》，《国华》1983年总第1063期。

角有"江济川笔"款并钤"毗陵"方印,可知其为毗陵画师。① 此图右幅绘狂风中摇曳的牡丹和小菊、白菜等以及或在空中飞舞或紧抓花瓣的蝴蝶。左幅绘白菊、黄菊和水仙以及栖息其间的蝴蝶、蝗虫、螽斯、青蛙,还有捕食蚊子的蝙蝠。构图左右呼应,显示了画家高超的绘画技巧。

吕敬甫② 生于14世纪,明代(一说元末明初画家)毗陵人。擅画草虫,有生趣,宗法僧居宁。传世有日本东京国立博物馆藏《草虫图》(图六)一幅、京都曼殊院收藏的《草虫图》双幅和东京根津美术馆的《瓜虫图》(图七),前两件盖着"毗陵"二字方印和"吕氏敬甫"印,后者钤"毗陵"鼎形印,及"吕氏敬甫"③。

图五 元谢佰里《草虫图》(日本私人收藏)　　图六 明吕敬甫《草虫图》(东京国立博物馆藏)

孙龙(公元15世纪),字廷振,号都痴,明宣德年间为翰林待诏,长于花鸟鱼虫,他以墨彩点染的技法,融合了徐熙落墨法和赵昌的没骨法而有所发展,自成一家,对后世影响很大。上海博物馆和吉林省博物馆分别收藏有其《花鸟草虫册》各一册。孙龙一方面对传统的常州草虫画技法进行了创新。

---

① [日]岛田修二郎:《草虫图 江济川笔》,《国华》1951年总第717期。
② 《毗陵画征录》载其为明代,而有日本学者考证其为元末明初画家。
③ [日]岛田修二郎:《吕敬甫の草虫图——常州草虫画について》,《美术研究》1948年总第150期。

图七　明吕敬甫《瓜虫图》（东京根津美术馆藏）

另据日本大谷大学藏《异本君台观左右帐记》所载，款署"毗陵"的草虫画家还有陈元方、唐子善、方君瑞、华甫、戴信甫、陈显卿等。①

二　诗人笔下的常州草虫画

宋元至明初，一些著名文人留下了不少赞美歌咏常州草虫画的珍贵诗篇。诗人以优美的笔触，形象细腻地描绘了他们眼中栩栩如生的各种昆虫，赞美了创作这些图画的常州画家，揭示了常州草虫画的历史地位和艺术价值。从中我们能够强烈感受到毗陵草虫画在当时的影响及在人们心目中的位置，这些诗作成为研究毗陵草虫画的重要文献资料。

居宁被公认为毗陵草虫画之宗，但因其作品失传，我们只能通过北宋著名诗人梅尧臣为居宁的草虫画题写的两首诗中，② 分析认识居宁的艺术成就。

《观毗陵宁公画草虫》
梅尧臣

古人画虎鹄，尚类狗与鹜。
今看画羽虫，形意两俱足。
行者势若去，飞者翻若逐。
拒者如举臂，鸣者如动腹。
跃者趯其股，顾者注其目。
乃知造物灵，未抵毫端速。
毗陵多画工，图写空盈辐。
宁公实神授，坐使群辈伏。

---

① ［日］岛田修二郎：《吕敬甫の草虫图——常州草虫画について》，《美术研究》1948年总第150期。
② 《咸淳毗陵志》卷二三《词翰四》，四川出版集团、四川美术出版社2005年版。

草根有纤意，醉墨得已熟。
权豪不可致，节行今仍独。

《叔治遗草虫枕屏》
梅尧臣

世传毗陵画，妙绝僧居宁。
不为权贵逼，所与乃忘形。
吴机三尺素，落笔酒未醒。
忽为双飞蜂，忽就一蜻蜓。
螳螂相拒立，促织如可听。
蚍蜉与蝼蝈，行跃势未停。
竹蝉及鬼蝶，飘飘翻翅翎。
蚊虻亦具体，纤悉皆可名。
广宗潘叔治，持作枕间屏。
我行因以赠，益见双眸清。

北宋史学家、经学家、散文家刘敞，曾助司马光撰《资治通鉴》，其诗简洁凝练，辞情相称。其《公是集》卷一六中收录了《画草虫扇子》一首。

《画草虫扇子》
刘 敞

《周南》草虫但书兴，《尔雅》虫鱼浪多证。
岂如纨扇裂冰霜，画出肖翘皆绝胜。
蝇蟾蝶轻螳螂猛，同类殊名悉相应。
毗陵老匠含天真，独得于心非气孕。
牸牛落笔殊偶然，秦女骖鸾不相称。
因君笔力尤天下，一借微躯闻万乘。

杨万里被誉为南宋中兴四大诗人之一，曾任常州太守，作有数首关于常州草虫图的诗，从多个角度为我们展现了草虫图的艺术面貌、影响和价值。

《戏题常州草虫枕屏》
杨万里

黄蜂作歌紫蝶舞，蜻蜓蚱蜢如风雨。
先生昼眠纸帐温，无那此辈喧梦魂。
眼中了了华胥国，蜂催蝶唤到不得。
觉来匆见四摺屏，野花红白野草青。

勾引飞虫作许声，何缘先生睡不惊。

《谢人送常州草虫扇》
杨万里

生怕炎天老又逢，草虫扇子献奇功。
还将多稼亭前月，卷尽西湖柳上风。
蚱蜢翅轻涂翡翠，蜻蜓腰细滴猩红。
旧时绿鬓常州守，今作霜髯一秃翁。

《题萧岳英常州朱氏画草虫轴二首》

常州草虫天下奇，女郎新样不缘师。
未应好手传轮扁，便恐前身是郭熙。

又

笔端春草已如生，点缀虫沙更未停。
浅着鹅黄做蝴蝶，深将猩红染蜻蜓。

《寒食前一日行部过牛首山七首》

岭花袍紫不知名，涧草茸青取次生。
便是常州草虫本，只无蚱蜢与蜻蜓。

南宋诗人陈造（1133—1203）遗有《题草虫扇二首》。陈造是陆游、范成大都很赏识的诗人，他敢于批评当时的社会习尚，反映人民疾苦。这两首题写草虫扇的诗，以草虫为题，通过描绘毗陵画家笔下昆虫的生动传神姿态，抒发对朝廷实行仁政的期待。

《题草虫扇二首》
陈 造

掀首一振怒臂，鼓翅双摇利锋。
底用交绥解闹，政应沐我仁风。

又

迎随小跃低飞，无谓二虫何知。
却因毗陵画手，忆我田间杖藜。

元代讲学家、诗人艾性夫（咸淳贡生，晚年出仕元朝，曾任浙江道提督）的《书马使君所藏草虫》，也高度评价了常州的草虫画。

《书马使君所藏草虫》
艾性夫

晋陵草虫妙天下，一幅千金不当价。
谁将此本送使君，蜂蝶数辈蔬一根。
此蔬雅淡无色香，嗟汝蜂蝶空疏狂。
人间桃李千万树，有翅奈何不飞去。

元末明初文学家瞿佑（1341—1427）著有许多咏物诗，其中《红蜻蜓》一首，再现了毗陵草虫画的风采。

《红蜻蜓》
瞿　佑

蝶粉蜂黄气正骄，爱渠款款集兰苕。
翅攒霜叶飞难定，目聚灯花焰未消。
偷嘴仙霞传秘诀，戏涂猩血点纤腰。
写生好比毗陵笔，浓蘸胭脂上软绡。

三　毗陵草虫图的风格特点

1. 风格演变

毗陵草虫画大致经历了兴于宋、盛于元、衰于明的过程。以传世的吴炳《嘉禾草虫图》、许迪《野蔬草虫图》和谢楚芳《乾坤生意图》为代表，可见常州宋元的草虫画已达到很高的艺术水准。"螳蜋相拒立，促织如可听"，"蚊虻亦具体，纤悉皆可名"的诗句，生动描绘了居宁草虫图的逼真与传神。现有宋代遗作则透出院体绘画细致精谨，笔法细腻，极具写实功力的特点。受文人画影响，从元代开始一些草虫画写意风格渐浓，讲究自然天趣，除了捕捉草虫瞬间的动态之外，作品还展现了画家下笔的流畅与快捷，画家也更趋向以笔墨寄托情怀。元明之际，毗陵草虫画在绘画内容、构图方式等方面逐渐形成一种固定的模式，以许多现存日本的"红白川"画（图八）为证。

2. 绘画题材

从现有的绘画作品以及诗歌中反映出毗陵草虫画的题材和对象可谓多种多样。昆虫有飞蝶、蜻蜓、促织、黄蜂、蚱蜢、螳螂、蛣蜣、蝼蝈、竹蝉、鬼蝶、蚊虻等，花草蔬果有牵牛花、鸡冠花、黄蜀葵、菊花、罂粟、萱草、青菜、柳枝、竹叶等。草虫画绘于立轴、手卷、团扇、屏风上，且大量作为团扇、屏风的装饰。南宋时期，大幅的作品较少，多以扇面、册页等小品出现。

3. 绘画特点

毗陵草虫图色调明亮，敷色鲜艳，比较接近普通大众的日常审美，具有明显的装饰意味和民间艺术的倾向。虽然文献多以居宁为毗陵草虫画之宗，因无以得见其作，故无法定论。但从现存作品考量，其绘画技法上较多地吸收了徐熙、徐崇嗣的没骨法。《图画见闻志》中记徐熙为南唐宫廷所绘的"铺殿花""装堂花"，于"双缣幅素上画丛艳叠石，傍出药苗，杂以禽鸟，蜂蝉之妙，乃是供李主宫中挂设之具"，"意在位置端庄，骈罗整肃，多不存生意自然之态"。这种富有装饰性的绘画，成为徐熙绘画的另一风貌。而毗陵草虫画与其似乎有着一定的关联。

4. 借物寓意

草虫图承载了人们祈求的许多愿望，反映出古人丰沛的想象力。最常见的莫如：以蝉来比喻高风亮节；以螽斯的多子，搭配瓜瓞的盛产，来祝愿多子多孙；或者借助蟋蟀发声与织布机的声音相近，称蟋蟀为促织，提醒大家秋凉将近，该加紧织布准备冬衣了。元代在尖锐的民族矛盾之下，出现了不愿向外族称臣者都抽身引退等寓意的讽喻时政之作。

图八 日本"红白川"画

四 毗陵草虫图对东亚美术的影响

宋元时期，毗陵草虫图影响甚巨，从前述古代诗词中，即可窥见一斑。大量草虫画外传日本、朝鲜半岛，目前已知存世的作品中，以日本数量为多，如谢百里、江济川和吕敬甫的等人的作品。其他一些传为赵昌、钱选等名人《草虫图》以及部分佚名的草虫题材作品，亦有论者认为属于毗陵画家的作品。[①]

1. 江南的传承

自北宋兴起的毗陵草虫画，延续至南宋至明朝这数百年间被广为认同和传承，代有名家涌现，仅见于画史记载的就有十多人，尚有部分因作品流传到海外而被人们知

---

① 钟子寅：《毗陵草虫图的风格及其画史意义——兼论"常州画派"之论述》，第10页，台湾博硕士论文知识加值系统。

晓的画家如谢楚芳、江济川、江伯川等。从流传至今的古诗中，我们可以看到常州草虫画在当时已名扬天下，价值不菲，备受珍视。常州草虫画以共同的地缘为纽带，形成了具有共同特点的画风，进而被视为具有显著地方特色的"毗陵画派"。其强调色彩与写实的绘画精神，为后来的画家特别是清代常州画派创始人恽寿平所继承。常州草虫画不仅为士大夫阶层所推崇，而且因其通俗易懂，深受普通人的喜爱，因此也被视为是一种民间艺术。如果深入研究的话，可以看到常州草虫画与江苏刺绣的纹样存在着某种类似，这不应该是偶然的现象。

2. 在朝鲜半岛的传播

受中国草虫图的影响，朝鲜王朝时期（1392—1910）十分流行绘制草虫图，许多著名文人画家和画师喜好画草虫。虽然很多作品没有留存下来，但是从朝鲜时代初期对鸡冠花、石竹、黄蜀葵、蓼花、西瓜等绘画作品的题诗上，可以确定朝鲜著名山水画家安坚（15世纪）、姜希颜（1417—1464）均绘制过草虫题材的画作。

朝鲜王朝存世的草虫画，主要有宗室李岩、著名女画家申师任堂的作品。申师任堂（1504—1551），江陵人氏，德才兼备，是韩国绘画史上第一位草虫画家，她不但有极高的文学素养，而且擅长书法、绘画，刺绣，生平留下了许多不朽的作品。这些作品以吕敬甫作品为首的明代前期草虫图为依据，再加入朝鲜绘画特有的趣味。2011年在日本京都高丽美术馆举办了《花卉草虫——花与昆虫装点朝鲜美术展》。在展览图录序言中，馆长上田正昭明确指出："本馆所藏'花卉草虫图'可以说忠实模写了出身毗陵的明代画家吕敬甫等人的'毗陵草虫图'之类的作品。"其中一幅《花卉草虫图》（图九）落款"左副承旨臣沈摹"，可以确定该画是左副承旨（掌管王命的承政院官吏）沈氏的模仿之作。[①] 说明了毗陵草虫图在朝鲜的巨大影响。

图九　朝鲜王朝沈氏摹《花卉草虫图》

2. 在日本的流传

在日本有一批江户时代通过海路传入的草虫画，被称为"红白川"。虽然是由很多不同的画家画出来的，但它们的画风具有共同

[①] 日本高丽美术馆：《花卉草虫——花与昆虫装点朝鲜美术展》图录，第4页，2011年。

特征。这些画家在他们的姓名印之外都又加盖"毗陵"二字印章,可能是为了把在毗陵长期流传的草虫画与其他地区的绘画区别开来。一些学者通过对比多幅"毗陵"印草虫图、谢楚芳《乾坤生意图》等代表性作品,认为,古传日本的许多毗陵草虫画被托为徐熙、赵昌、钱选等大师之作,以增身价。由此统计,在日本国内公私收藏的毗陵草虫图有20多幅。据史料记载,许多毗陵草虫画装裱成屏风流传到日本寺庙,因此可以想象,那些中国传过去的草虫花卉画也许也被用放在举行佛教仪式的空间里使用。在日本,常州草虫画的影响从平安时代(794—1192)后期的唐纸、镰仓时代(1185—1333)的绘卷开始,到江户时代(1603—1867)的琳派,绵延不绝。[①]

关于毗陵草虫画还存在着许多未解之谜,它的存世情况、绘画特征、技巧和在中国绘画史上的影响,与清代常州画派之关系等,需要我们进一步拓展视野,吸收利用海内外相关学术成果,深入研究探讨。

原载《荣宝斋》2013年第11期

---

① [日]板仓圣哲:《由东亚所见的朝鲜草虫画的历史位置》,《花卉草虫——花与昆虫装点朝鲜美术展》图录,第13页,2011年。

《恽寿平经管祠田札》考论

文祥磊

《恽寿平经管祠田札》是常州博物馆藏的一件手卷（图一），该卷无落款与时间，卷尾有"恽寿平真迹"题跋，而字迹确为典型恽寿平小行书风格，故为恽寿平所书无疑。这件手札既是研究恽寿平的一件珍贵的文献资料，又是一件书写精美的书法作品，然而并无书写时间及收信人等信息，使得这件作品的价值难以完全凸显。本文尝试通过恽寿平其他相关的文献资料，考证出这件作品隐含的时间、收信人及流传等信息，并就其书法艺术作出分析。

一 《恽寿平经管祠田札》的基本情况

《恽寿平经管祠田札》主要内容是恽寿平经营恽氏祠田不善，[①] 因而受到族人误解，欲将祠田交与族弟管理之事。该手卷共9页纸，接裱而成，接缝痕迹清晰可见，其中最前纸为画心前空白纸，纸色较新，应是后来重裱时所加（注：图一主要是画心部分）。接下来的五页纸为恽寿平所书的信札部分，纸色稍黄显旧，上部有剥落，少许字经后人添补。信札每纸宽度基本一致，都在9—10厘米之间，书字6行，但基本都有不同程度的裁剪痕迹。第一纸第一行"吾为"两字距边甚近；第二纸右边"诛""议""今"等字中的笔画残缺，其中"诛"字捺笔系补写完整，已侵入第一纸内；第四纸首行"岁""明""入""帐"等字右边紧贴边缘；第五纸末残留有几个字的笔画末端，难辨为何字。最后三纸为题跋部分，较恽寿平信札部分纸色稍白，但尺寸与前面信札部分基本一样，上下有剥落，亦显旧，其中最后一纸为空白纸。录文如下：

> 吾为田受困非一日矣。知者以为管祠赔累，不知者以为侵剥祠田。虽吾每岁出游，幸账目甚明，公算甚易，可以上对祖宗，下对通族，决不至侵欺公物，贻玷先灵，为天地间之罪人，受神明之诛罚也。今年夏集众公议，原约今冬祠田公收公算。近归，知□□（十四）叔遗言，[②] 欲再收祠租，顷将开仓起限，未知弟意何如？若决定收管祠租，愚意当告之通族子姓，将祠堂交与老弟经管，吾弟谨慎细密必能料理。且吾常奔走四方，顾仁老而顽蠢，实不胜任。且公田经十七、十

---

① 祠田又称"义田"，为旧时中国宗族所共有的土地，专供宗族祭祀、鳏寡孤独资助等费用。
② 此处有剥落，但根据下文所说的"十四叔整理祠堂之宿志"，则空缺字应为"十四"。

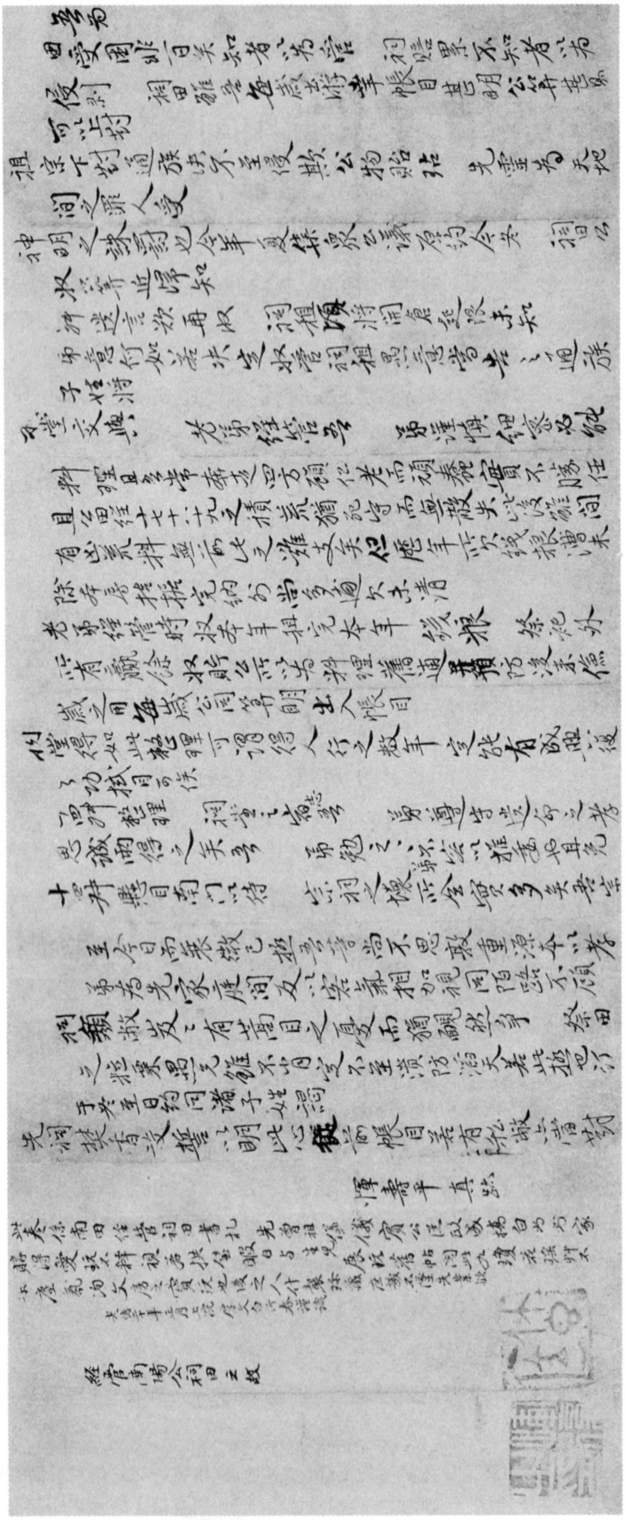

图一 恽寿平《经管祠田札》

八、十九之积荒，尤死守而无散失，此后虽间有凶荒，料无前此之难支矣。但历年所欠钱粮漕米，除本房拮据完纳外，尚多逋欠未清。老弟经管时，收本年租，完本年钱粮祭祀外，所有赢余收贮公所，以为料理旧逋并预防后来俭岁之用，每岁公同算明出入账目。祠堂得如此整理，可谓得人，行之数年定能有成，兴复之功，拭目可俟！十四叔整理祠堂之宿志，吾弟遵守遗命之孝思，诚两得之矣。吾弟勉之勉之，不容以推诿也，且免十四叔悬目南门，以待宗祠之坏。弟所全实多矣。吾宗至今日而衰微已极，吾等尚不思敦睦，源本以孝弟为先，家庭间反以客气相加，视同陌路，不顾祠颓歇，岌岌有蒿目之忧，而犹腼然争祭田之粒粟。愚兄虽不肖，定不至溃防滔天若此极也。订于冬至日，约同诸子姓谒先祠，焚香设誓，以明此心。从前账目若有私敝，亦当对。

跋文及钤印：

恽寿平真迹
此卷系南田经管祠田书札，先曾祖仪仪（注：第二个"仪"字点去）宾公从政成桥白尚书家购得，爱玩不释，视若拱璧。暇日与生儿展玩旧帖，阅此如琼花瑶草，不染尘氛，洵文房之宝玩也。后之人什袭珍藏，庶几不坠先业欤！
光绪二十年正月上浣，厚文白竹春谨识。①
经管南阳公祠田云故
竹香居（朱文）
恽复之印（白文）

从文意看，这件信札内容应属完整。虽然纸张有裁剪，但前四纸均书六行字，只有第五纸写了七行而末行被割掉，内容可能是写在纸边上的收信人与款识等内容。

二 《经管祠田札》的书写时间

关于此件信札的书写时间，文中并未明确写明，但书札中说："近归，知□□（十四）叔遗言"，则可知信札的书写时间必在十四叔去世之后。按《恽氏家乘》（下文简称《家乘》）所载，恽寿平的十四叔为恽于迈。恽于迈原名含初，字涵万，号建湖，顺天府贡生万历三十一年（1603）九月初二生，康熙二十五年（1686）八月十九卒，寿八十四。②信中前文又有"今年夏集众公议，原约今冬祠田公收公算"，后文又云："订于冬至日（农历十一月七日），约同诸子姓谒先祠，焚香设誓，以明此心。"可知书写时间在1686年冬至日（农历十一月七日）之前。据《恽寿平年谱新编》记载，康

---

① 白厚文的生平难以查考。
② 参见《恽氏家乘》卷四四，2007年续修，清砚谱社印制，第25页。

熙二十五年丙寅（1686）中秋，恽寿平同王翚于北园看桂，并怀徐章仲先生。重阳前六日（农历九月三日），又同王翚、吴修翁过访映千朱子山园。九月十四日夜，与王翚对月玉峰园池。① 可知恽于迈去世前后，恽寿平与王翚正客居昆山，由于他常年出游在外，居所不定，所以应该没有得到十四叔的去世的消息而回家。据年谱记载在十月，恽寿平在云溪书屋画《花卉》册八开，② 应在这个时候回到家得知十四叔遗言的。蔡星仪《恽寿平研究》也说，恽寿平约于九月末返常州。③ 所以，此信的书写时间约在康熙二十五年（1686）九月下旬至十月底。

三 《经管祠田札》的收信人及流传情况

关于收信人"吾弟"为何人，《家乘》中有好几位符合。而此件信札后纸钤有"恽复之印"。在《家乘》中恽复是恽寿平的族弟，为恽于迈的独子。《家乘》恽复小传云："恽复，字泰来，顺治癸巳（1653）十一月初四生，雍正壬子（1732）正月初八卒，寿八十。"④ 康熙二十五年（1686）时，恽复年34岁。从信中可知，恽于迈一直十分关心祠堂的问题，临终前还交代祠田之事。由恽复的印章及身份可以了解到，恽于迈交代的对象正是儿子恽复，所以，恽寿平将祠田交给族弟恽复管理也是情理之中的事。综上几点，可确切证明此《经管祠田札》的收信人为恽复。

知道收信人为恽复，并且附纸钤印，那么也可断定，恽复收到信后将此信装裱，以便更好地保存。值得注意的是，白厚文跋语页上的朱文"竹香居"印与其跋文字大小与位置很不相称，而且其题跋第二行下部明显向右倾斜，字与字距越来越小，有意与"竹香居"印章保持距离，则可证明此印必先于白跋，而"竹香居"印的大小、印色、印泥凝滞处和钤印力度却与"恽复之印"基本一致，则"竹香居"印极有可能是恽复的斋号印。但此印位置紧靠本页纸边，一般在一页纸上钤印不会如此做，只有在钤印前已经先裱为手卷才不会顾忌到这些。而且恽寿平信札部分墨色厚实，剥落处露出的命纸亦旧，说明不曾被揭裱重托，那么信札部分被裁剪也应是恽复装裱时所为了。至于为何裁剪，推测可能是恽复装裱时为追求行距的美观而为。但信札末尾款字部分无碍行距，却也被割去，或是因为有污损，现被割款字上仍可见有明显污迹。

跋文中的"恽寿平真迹"与白厚文小字跋笔迹、墨色一致，且位置亦算合适，当为白厚文所书，而"经管南阳公祠田云故"笔迹、墨色与白跋不同，当为另一人所书，

---

① 吴企明辑校：《恽寿平全集》下卷《恽寿平年谱新编》，人民文学出版社2015年版，第987—994页。按：徐章仲（徐炯）的北园与朱映千的山园皆是昆山境内的园林。
② 《恽氏家乘》卷四四，2007年续修，清砚谱社印制，第997页。按：恽寿平晚年迁居常州城南白云溪旁，故有白云外史、白云溪外史、云溪外史等号，故云溪书屋是其常州武进的家中。
③ 蔡星仪：《恽寿平研究》，天津人民美术出版社2000年版，第107页。
④ 《恽氏家乘》卷四四，2007年续修，清砚谱社印制，第25页。

但非恽复。据《家乘》中恽彦彬（1838—1920）所作《〈上店村南祠堂记〉注》云：

> 村南祠即南阳公祠。是记向载谱中，而作记者未著其名，盖康熙间恕行公修谱时所作也。记言旧祠废于兵燹，但存馂所四楹、门塾三楹、世科坊两柱。是瞻原公（笔者注：恽厥初，恽寿平之伯父）助逊庵公（笔者注：恽日初，恽寿平之父）等，即村南之屋葺而新之为是祠，以奉敬斋公、南阳公、少南公之主，故是祠相传称'南阳公祠堂'焉。迨后旧祠之所谓三楹四楹者又已荡然，而是祠亦毁于'庚申之乱'（1860），无复存矣。①

由此可知，"南阳公祠"是后来相传习惯上所称呼的，康熙间恕行公修谱时，尚写作"上店村南祠堂"，《家乘》中《上店恽氏宗祠之变迁》一文中，也说人们习惯称为"南阳公祠"，此应为清雍正年间之事。② 虽然恽复卒于雍正十年（1732）正月初八，但这行字的位置在白厚文跋之后，所以题跋写为"南阳公祠"可能是光绪二十年（1894）之后的鉴赏者所为。

此件信札亦印证了恽寿平从孙恽鹤生所纂《南田翁家传》中的记载："翁生性拓落，不事生产，不知握算称教铢两。有薄田数亩，干仆管之，俟翁游而归，知其赠贻盈笥，辄持账簿夥夥，言某年逋赋若干，某年贴役若干，家食用若干，故聒聒不已。翁才展帐，攒眉推案起曰：'吾不耐此俗事，任汝取所欲去。'"恽寿平生性洒脱，不事生产，常年云游在外，其经管的祠田亦应是让家仆代管，所以有了"账目甚明，公算甚易"的说法。但管理出现亏损遭同族误解，也并不只是人为管理不善的原因。恽寿平在信中所说的"十七、十八、十九之积荒"，应指康熙十七年（1678）、十八年（1679）、十九年（1680）常州地区发生的自然灾害，据清康熙三十四年（1695）《常州府志》记载：

> （康熙）十七年秋江阴大旱。
> 十八年旱疫大饥。宜兴无锡官塘水尽竭，岁大饥，江阴江潮
> 枯槁。
> 十九年夏六月，武进、无锡大水。大雨二十余日，城市可以行舟，乡村稍低者悉荡没无遗，水浃月不退。③

所以，祠田之坏还有天灾导致的积荒，在这样的情况下遭同族误解，让恽寿平心里很不好受。他本着继承十四叔的遗志、凝聚振兴恽氏宗族的愿望，而将祠田交给谨慎细密的族弟恽复管理，从侧面印证了此件恽寿平信札为康熙十九年（1680）之后所书，为其晚年作品。

---

① 《恽氏家乘》卷四四，2007年续修，清砚谱社印制，第72页。
② 同上书，第94页。
③ （清）于琨修、陈玉璂纂：《康熙常州府志》，江苏古籍出版社1991年影印本，第66页。

综上所述，结合白厚文题跋，我们可以看出此件信札的流传过程：恽复于收到信后，装裱成卷，钤印收藏。后又流传到"政成桥白尚书家"①，再由白厚文曾祖购藏，又归白厚文，惜白厚文其人难以查考。一件小小的家书流传至今已300余年，弥足珍贵。

四 《经管祠田札》的书法

亲友之间的书札不像刻意创作的书法作品那样严谨，妙处在自然无拘束，尤其书信格式的要求，使得章法布局参差错落，更为丰富。②恽寿平的这件家书娟秀妍雅、骨力内涵，其用笔轻重缓急一任自然，却又无松懈不到之处，结字疏密正欹有致，章法因空格和抬头而饶有变化，正所谓端庄杂流丽，刚健含婀娜。作品笔法线条之细腻遒逸，则可能与其使用硬毫笔所书有关，所以转折出锋，丝毫毕现，神采奕奕。

这件手札属于恽寿平晚年的作品，整体风格上同其他作品一样，明显受褚遂良的影响，而结字上又有些黄庭坚小行书的姿态，后世评论亦大抵如此。但恽寿平的书法早年与晚年也是有变化的，吴湖帆说："（南田）早年题字学钟太傅，方阔沉着，晚岁参学褚河南、《兰亭》，飞舞流利，人人以为恽书佳处在此，余以反不若早岁为妙。"③上述关于恽书早期与晚期的艺术风格是吴湖帆个人的看法，却也点明了恽寿平的主要学书历程。当然，恽寿平的一生的书法学习并不止于此几家，从其书跋中看，他涉猎尤多，除了以上几家之外，还有索靖、二王父子、米芾、赵孟頫、倪瓒等，④最终形成了自己独特的面貌，有"恽体"之称。其书法作品曾被收入金菜摹刻《清啸阁藏帖》、冯宜瑜摹刻《瓯香馆法帖》、陈塽摹刻《味古斋恽帖》、赵起摹刻《约园藏墨》等刻帖中，可见在清代的影响力。

恽寿平首先是一位画家，以画名世，他的这种潇洒娟秀的书法风貌，与其清幽的山水、工秀典雅的没骨写生花卉不无关系，其书与画相搭，正可谓珠联璧合。恽寿平生活的清初书坛有三股潮流：一是崇董书风的流行，尤其以江浙一带尤为突出；二是以王铎、傅山为代表的延续的晚明变革书风；三是金石学复兴及访碑风气下出现的隶书复兴，出现了郑簠、朱彝尊等隶书名家，为后世碑学之滥觞。虽然恽寿平生活在江南的常州，其交游圈也主要在江浙一带，但把他的书法归入崇董书风显然也不合适。他曾对董其昌书法颇有微词："承公孙子（恽寿平表兄，名复始）尝与余论董文敏书

---

① 据《晋陵白氏宗谱》载："'政成桥'又名'白家桥'，位于采菱巷（在今常州天宁区）西首，是一座横跨京杭大运河的著名单拱石拱桥，因桥靠近明代刑部尚书白昂（1436—1505）的白家祠堂，又改称'白家桥'。"（《晋陵白氏宗谱》之《增补篇》，2006年重修，第217页。）

② 明代中晚期，书信格式出现了遇到人名和祖先为表示尊敬而另起一行抬头或在本行空一格的做法，恽寿平此札亦如是，但遇到"祠""神明""祭祀""祭田"等字眼，也要抬头或者空格的例子却不常见，为我们认识那时的书信习惯提供了珍贵的实物资料。

③ 吴湖帆：《吴湖帆文稿》，中国美术学院出版社2004年版，第281页。

④ 吴企明辑校：《恽寿平全集》，人民文学出版社2015年版，第686—693页。

云:'思翁笔力本弱,资质未高,究以学胜。孙与亲近多年,知之深,好之深矣。'其论与余合,非过谬。文敏秀绝故弱,秀不掩弱,限于资地,故上石不得佳,孙子谓其不足在是,其高超亦在是。"正是对董其昌书法客观的认识,他才不被董书所囿,虽然他与王时敏、王鉴、笪重光等学董书的书画家交往甚密,但也不为之所染,这就如他的没骨写生花卉一样,是很有创造力的。恽寿平书法的那种秀逸清润、萧然出尘,正如他在这件信札中言辞间折射出的高尚的品格,更是其内心的真实写照。

原载《文物天地》2015年第11期

《小孤山图轴》鉴赏

陆澳波

王原祁（1642—1715）是清初著名画家，王时敏之孙。他一生的绘画风格，大致可分为三个时期：早年（1691前）、中年（1691—1706）、晚年（1706后）。王原祁的中年，正是个人风格逐步形成，精作迭出的时期。此时，他已娴熟于黄公望，悠游于宋元诸大家间。"作画但须顾气势、轮廓，不必求好景。"[1] 他将画面结构安排脱离山水之真实景物，将古代大家、名作之树石、丘壑当作图形符号，按传统画面空间的"开合"法自由进行组合，而将作画的全副心思放在笔墨美感之效果上。他的族弟兼大弟子王昱传达他的话："奇者不在位置，而在气韵之间，不在有形处，而在无形处。"[2] 所谓气韵，所谓无形处，正是指笔墨效果传达出的某种美感。常州博物馆所藏《小孤山图轴》（图一，后文简称《小孤山图》），是王原祁中年仿黄公望的一幅作品，笔精墨妙，传达出苍浑秀润的气韵，熟不甜，生不涩，淡而厚，实而清，书卷之气盎然纸墨之外，实属麓台的典型面目。

该画纵97厘米，横46厘米，纯用水墨写成。画右上部装裱处有题签

图一　王原祁《小孤山图轴》

---

[1] 王原祁：《雨窗漫笔》之《论画十则》，载《中国书画全书》（第八册），上海书画出版社1996年版，第710页。
[2] 王昱：《东庄论画》，载《中国书画全书》（第八册），上海书画出版社1996年版，第822页。

"王司农仿大痴小孤山图"，题名下方钤有白文"时化私印"，朱文"润之所藏"二印。右下部还钤有白文"韫辉斋印"，朱文"暂得于己快然自足"二印。画面右上题跋："江行小孤山，舟次写大痴笔，昔戊寅冬日。庚辰小春，京邸偶检出题之。麓台祁。"题跋上钤有朱文圆章"扫花庵"，题跋下钤有白文"王原祁印"，朱文"麓台"二印。画面最左上角钤有朱文"心赏"葫芦印。最左下角钤有白文"希逸"，朱文"梅谿鉴藏"，朱文"国钧秘玩"，朱文"西庐后人"四印。最右上角钤有朱文"靖江刘氏敬修堂曾藏"一印。最右下角钤有朱文"陆润之藏"，朱文"曾在秋湄山人处"二印。

细读题跋："江行小孤山，舟次写大痴笔，昔戊寅冬日。"小孤山位于安徽省宿松城东南60千米的长江中，是一座屹立于长江中的奇峰，因其造型独特，历来备受文人墨客的赞誉。"昔戊寅冬日"即1698年冬天，是年王原祁56岁。这一年，王原祁创作的作品很少，除了小孤山图，可信记载的仅有徐平羽旧藏的《疏林远岫图》[1]。"舟次"即船上，他是冬日行船经过小孤山，于船上完成了这幅仿大痴的作品。"庚辰小春，京邸偶检出题之"即康熙三十九年（1700），小春乃农历十月，王原祁在北京的府邸中偶然发现了这幅1698年作的画，于是补题之。因题跋本无句读，此处略有疑义。有种观点认为"昔戊寅冬日庚辰小春"是指这幅画的整个作画时间，从1698年画至1700年。王原祁确有许多颇费时日的作品，有的甚至画了好几年，但这种画的题跋往往注明了起始时间。如故宫博物院所藏《竹溪松岭图》，题跋中注明"此卷始于辛巳之秋，成于甲申之夏"，即王原祁于1701年至1704年以3年时间创作完成。[2] 因此，小孤山图的题跋并非指整个的作画时间。吴聿明先生的专著《娄东画派研究》中说："戊寅年冬，原祁于京郊偶检出前于江行小孤山舟次所作之《仿大痴笔山水》，重加题识。"[3] 时间地点均有误，应是释读出错所致。

值得一说的是"舟次"。在中国古代交通中，水路曾经是主要航道，而作为水路交通工具的舟楫，也成为了古代文人创作的场所。笔者近日在读《中国国家地理》杂志时，一文说到三峡、桂林、浙东曾是被古诗吟咏最多的三个地方，因为这三处最适合古人坐船游览。假如美妙风景全在河流两岸，舟楫便是游览这绵长画廊的最好方式——它既是空间通道，来去自由；又是时间通道，可前可后，最宜游目骋怀。这正是舟楫时代盛产诗歌的秘诀。[④] 其实绘画与诗歌同理，大量的古代绘画也都是诞生在舟楫之中。一些大画家都曾有专门的船作为书画室，如米芾的"宝晋斋舫"、倪瓒散尽家资乘船漫游太湖等。董其昌在船上的作品最多，因为他有八次从北京往江南的长途公务旅行以及出游多喜乘船作书画。王原祁作为祖籍太仓的京官，和董其昌一样，需时常往来于京城与江南之间，他的题跋中可以见到大量的"舟次"，例如："戊寅冬日，

---

[1] 万新华辑录：《王原祁散佚画跋》，《荣宝斋》总第64期，2010年7月。
[2] 王原祁：《竹溪松岭图卷》，《故宫博物院藏文物珍品大系——四王吴恽绘画》，上海科学技术出版社2000年版，第154页。
[3] 吴聿明：《娄东画派研究》，南京大学出版社1991年版，第65页。
[4] 单之蔷：《古代中国人为何喜爱这三大旅游胜地》，《中国国家地理》总第630期，2013年4月。

彭蠡舟次，麓台识"；"康熙癸未上巳题于淮河舟次"；"康熙丁亥清和题于瓜步舟次"；"京江舟次写倪黄大意落墨未竟"①。小孤山图更是典型的"舟中山水"。可见，王原祁也很热衷于船上创作。台湾艺术史家傅申先生对此就提出了"书画船"的概念。② 这是个饶有趣味的话题，还有待进一步的研究和阐述。

小孤山图采用高远法构图，视角正是由船上延伸至岸边再攀援至高处，深得缥缈之意。画面中心主峰高耸，云气蒸腾，其间散落数户人家。近景水岸广阔，清泉潺潺，林木茂盛。整个画面，水光山色溶为一片，意境清和。画中构景丰富，主次有序，揖让错落，虚实相间。坡石圆浑凝重，树木勾皴点簇细密精到，不拖不沾。其用笔多用披麻皴法，墨色以淡为主，多用干笔，秀雅脱俗，清淡圆润。这幅画虽是王原祁见到小孤山创作的，但我们绝不能把其视为纯粹的写生之作。作为文人画的正宗，追求的绝不是外观的形似，自然界中的"实有之景"只是他们借以表达自我的道具。纯从外观上来看，小孤山图甚至与王原祁许多作品"雷同"，如故宫博物院所藏的《卢鸿草堂十志图》中一开、《仿古山水图册》中一开（图二、图三）③。这些画作均是孤峰高耸，山上平台如出一辙，实则全是取法黄公望的造型。但王原祁绝不是亦步亦趋的摹写，

图二　王原祁《卢鸿草堂十志图》一开　　　图三　王原祁《仿古山水图册》一开

---

① 万新华辑录：《王原祁散佚画跋》，《荣宝斋》总第64期，2010年7月，第90—101页，第60—71页。
② 傅申：《"书画船"——中国文人的"流动画室"》，上海博物馆编《南宗正脉——画坛地理学》，北京大学出版社2012年版，第157—175页。
③ 王原祁：《仿古山水图册》、《卢鸿草堂十志图册》，载《故宫博物院藏文物珍品大系——四王吴恽绘画》，上海科学技术出版社2000年版，第170、192页。

图四　王原祁《小孤山图轴》
中的龙脉之美

图五　王原祁《小孤山图轴》
中的小块积成大块

而是把古人的树石屋宇等所有的造型方法融会贯通变成自己的造型手段，再按自己的构图程式予以组合。造型虽是古人的，而小孤山图并无古人"脚汗气"，而是流露一种苍茫秀润的气韵。王原祁自幼受祖父王时敏教导，终生未能忘怀。创作小孤山图时，他虽已56岁，然无论树石画法还是笔墨中流露的秀润气息，仍与乃祖一脉相承。同时，小孤山图的画面山复水重，境界苍郁浑厚，山林开合起伏，比之南宋的残山剩水、一角偏颇，比之黄公望的荒率，所体现出来的气象要正大雄浑得多。这又与王原祁晚年风貌相近。小孤山图正是王原祁画风转折走向大成、苍浑秀润兼而有之的代表作。

若仔细观察小孤山的构图，就会发现，画中山峰都是由小块山石构成。王原祁用几个块面，把小石头垒成大石头，相对的地方再用小块面，整座山又是大块面，块面之间有分有合。这种"小块积成大块"[①]，正是王原祁著名的"龙脉观"的体现（图四、图五）。从小孤山图画面右下角低部堆积的坡石逐步向上延伸，循着树木攀援至画面左部的平台，曲折起伏，气脉贯穿，其间云烟缭绕山的脉络，首尾相接，正是一条清晰的龙脉。王原祁的章法往往是第一层次为堆积的石块，第二层次为树，第三层次为山，小孤山图也是如此。正是龙脉的布置，使得这三个层次的关系显得颇为错落有致，岩石树木相互独立却相互支持，使得画面产生动势，亦不流于细碎。而龙脉的构成，小块积成大块，凭借的是一股强大的内聚力，这内聚力来源于用笔的气完力足，

---

① 王原祁：《雨窗漫笔》之《论画十则》，载《中国书画全书》（第八册），上海书画出版社1996年版，第710页。

无滞无碍，沉着痛快，因而繁复而不觉琐碎，重叠而不觉堆砌。这正是王原祁最精深的笔墨功夫——"笔底金刚杵"是也。

小孤山图使用纸张是光滑的镜面笺，虽历经300余年，仍光洁如新。这与保存妥善固然不无关系，但王原祁选用纸张确实极为考究。他的画跋中有多则提到纸张："其纸质坚细"；"以纸松涩拒笔，颇不惬意"；"纸涩拒笔，竟未得大痴脚汗气"①。可见，纸质不佳会直接影响王原祁的创作效果。如果仔细研究小孤山图的用笔，他绝不是一次皴染而就的，而是多次皴染，才使画面显得非常苍茫和厚重，极其耐看。张庚《国朝画征录》中，有一段记录了王原祁作画的情景："展纸审顾良久，以淡墨略分轮廓，既而稍辨林壑之概，次立峰石层折、树木株干，每举一笔，必审顾反覆，而日已夕矣。次日复招过第，取前卷少加皴擦，即用淡赭入藤黄少许，渲染山石，以一小熨斗贮微火熨之干，再以墨笔干擦石骨，疏点木叶，而山林、屋宇、桥渡、溪沙了然矣。然后以墨绿色疏疏缓缓渲出阴阳向背，复如前熨之干，再勾再勒，再染再点，自淡及浓，自疏而密，半阅月而成。"② 这样细致而反复的皴擦勾染，甚至用到熨斗熨干，若是普通宣纸根本经不起这般"折腾"。王原祁所用的纸，可能都来自皇宫，不渗水不晕墨，实非扬州八怪所用质量较差的生纸可比。也因为这样的纸张，才能够成就小孤山图"淡而厚"、虽反复皴染仍清润明亮的特色。

最后看钤印。"王原祁印""麓台""扫花庵""西庐后人"四印均为王原祁所钤。"扫花庵"为王原祁书斋名。"西庐后人"，王时敏居所为西庐，王原祁镌刻此印，是向人们传递其家族背景。其他几枚印章则为鉴藏印，大致可理出该画的递藏过程。比较著名的藏家有三人："时化私印""润之所藏""陆润之藏"为太仓陆时化（字润之，1714—1779）所钤，"韫辉斋印""暂得于己快然自足""希逸"为南浔张珩（字葱玉，1914—1963）所钤，"国钧秘玩""靖江刘氏敬修堂曾藏"为靖江刘国钧所钤。《小孤山图》最后由刘国钧先生捐献给常州博物馆。陆时化和张珩都是名极一时的收藏家、鉴赏家。《小孤山图》在陆时化的《吴越所见书画录》、张珩的《韫辉斋藏唐宋以来名画集》均有著录，③ 可谓是一件流传有绪的画作。

《小孤山图》是王原祁中年仿大痴的一幅精品，画风处于转折期，龙脉观也已形成。王原祁非常满意这幅画，他可能才是这幅画的第一位藏家。1698年已完成该画而到1700年再题，画上题跋又无上款，都是他自家收藏的佐证。而且"书斋山水"的特征明显，这种"书斋山水"多是他的自藏得意之作，《小孤山图》应是王原祁的自藏本之一，愈显得弥足珍贵。

原载《文物鉴定与鉴赏》2013年第9期

---

① 万新华辑录：《王原祁散佚画跋》，《荣宝斋》总第64期，2010年7月，第90—101页，第60—71页。
② 张庚：《国朝画征录》，载《中国书画全书》（第十册），上海书画出版社1996年版，第440—441页。
③ 在此二书中，《小孤山图》都被命名为《王原祁仿大痴山水轴》。

浓妆淡抹 秀逸自然

——小议张宗苍及其《西湖行宫八景图》

程 霞

清代宫廷的山水画，总体来讲，受到清初"四王"（王时敏、王鉴、王翚、王原祁）的画风影响很深。如果细加分析，应当说对清代宫廷山水画影响最大的画家是"四王"中的王原祁。这是由于王原祁的众多弟子和学生（包括再传弟子）后来都陆续进入宫廷供职，成为宫廷的职业画师，比如唐岱、金永熙、余熙璋、王敬铭、孙阜、张宗苍、陈善、方琮、王炳等。王原祁的再传弟子中，则以张宗苍名声最为显赫。所有宫廷画家中，作品被收入《石渠宝笈》数量最多的就是张宗苍，一共达116件。不但画作被收载的数量最多，而且其不少画幅上有乾隆皇帝的题诗，可见他在宫中的地位之高以及得到皇帝喜爱的程度。

张宗苍生于康熙二十五年（1686），卒于乾隆二十一年（1756）。关于他的生平，各种画史上有详略不一的记载。"张宗苍，字墨存，一字墨岑，号篁村，自号太湖渔人，横渠十七世孙，吴县黄村人。工山水，出黄鼎之门。"而黄鼎便是王原祁的学生，"师王侍郎麓台"（清·黄翼《海虞画苑录》），"山水受学于王少司农"（清·张庚《国朝画征录》）。由此可见，张宗苍是王原祁一脉相承的再传弟子。乾隆间，初以主簿理河工事，十六年南巡，献画册受特知，供职画院，十九年授户部主事，逾年以老乞归"（清·胡敬《国朝院画录》）。其他史料的内容与此大同小异，冯金伯《国朝画识》一书中，对张宗苍所献画册具体称为《吴中十六景》。

据以上资料得知，张宗苍为宋代张载（1020—1077）之后人，吴县（今苏州）黄村人，在供奉宫廷之前，曾经担任过负责河工的主簿职务，其时应在扬州。李斗在其著作《扬州画舫录》一书中写道："张宗苍……以淮北盐官为公僚属，与之定友。"张宗苍在扬州的时间不会很短，所以李斗将他的姓名，写进了专门记录扬州本地画家和流寓扬州画家的著作《扬州画舫录》一书中。乾隆十六年（1751）皇帝南巡，路过苏州时，张宗苍呈献《吴中十六景》册页，受到称赞，随之北上京师，进入宫中如意馆供职，由此便专门在如意馆内作山水画。

乾隆皇帝十分欣赏张宗苍的画艺，经常在他的画上题诗，《乾隆御制诗》中多有记载，如"学王无刻划，似米不糊涂"；"从来诗画要法古，不贵形似贵得神。艺苑于今谁巨擘，中吴宗苍真其人"；"他人之画画其法，宗苍之画画其理，求之于今几莫俦，求之于古竟堪比，黄大痴、倪高士，之二子中得神髓"；"宗苍虽物故，画自有精神，逢着便题句，笑今始解珍"；"孰谓宗苍为古客，山房与画永千秋"；"莫道山房无长物，宗苍画可匹倪黄"；"杜老传名语，曰惟能事迟，宗苍得其秘，神绘对斯奇，山耸天如楼，云低树带滋，忙前看画就，四气韵来时"（此诗有乾隆皇帝注曰："昔每观宗苍画，问成否？曰：'气韵未至'，少旋，曰'气韵来'，则画就矣，此最得画法三昧，庸史不知也。"）；乾隆题仿黄公望山水，有"成画之时人未识，兹看画似识人时"句（乾隆皇帝注云："此帧作于乾隆丁卯，其时宗苍犹未入画苑。今观其画，如见其人，而宗苍久已作古矣。"）。以上仅是乾隆皇帝题张宗苍画诗句的一小部分，可见，他在乾隆皇帝心目中的地位是宫廷众多画家无法企及的。

画史上说，张宗苍于乾隆十九年（1754）"授户部主事"（胡敬《国朝院画录》）。此事《皇朝文献通考》一书中作乾隆十八年（1753），"奉谕旨：内廷行走之县丞张宗苍、监生徐扬、杨瑞莲，效力皆已数年，甚属黾勉安静，张宗苍年已及暮，着加恩赏给户部额外主事；徐扬、杨瑞莲着加恩赏给举人，一体会试。"但是，张宗苍"逾年以老乞归"（胡敬《国朝院画录》）。看来，他在乾隆十八或十九年就已离开了宫廷。张宗苍在宫中只供职了两三年，时间很短暂，可是却画了大量的作品，可以想见其每天不停笔耕，作画量一定是很大的。

张宗苍的山水画，画风苍劲，用笔沉着，对倪、黄诸大家更是心领神会，笔墨修养极深。山石皴法多以干笔积累，林木之间使用淡墨、干笔和皴擦的手法相结合，神气颇觉葱蔚可观，表现出了深远的意境和深厚的气韵，一洗宫廷画院惯有的甜熟柔媚的习气。他最突出的特点就是善于用墨，浓墨、淡墨、干笔、湿笔，千变万化，随心所欲，非常之丰富。

常州博物馆藏有一幅张宗苍绘《西湖行宫八景图》（图一），为其晚年供奉内廷时所作，款用细楷恭书："小臣张宗苍恭画"，款下钤朱文"臣""张宗苍"二印。画右上方钤有朱文"乾隆御览之宝"印。此画所绘内容为杭州西湖孤山行宫八景：四照亭、竹凉处、绿云径、瞰碧楼、贮月泉、鹫香庭、领要阁、玉兰馆。整幅画构图谨严，笔墨细致柔和，设色明快清润，把画中亭台楼榭，曲径回廊，绿树红花，山翠欲滴的自然美景描绘得淋漓尽致。在画左上方亦有乾隆朝状元、重臣庄有恭敬书的御制诗八首：

孤山最高处，更据圣湖中，峰色迴环翠，花光澹荡红，隄虹遥饮练，波谷净披风，方喜奇全揽，翻牵兴莫穷。四照亭

目遥方遇雨，意入更逢凉，声是夏寒玉，境还生静香，万竿笼日照，一线漏天光，却羡山僧逸，坐消九夏长。竹凉处

迳纡探绝胜，林秀入苍云，苔迹时留印，樵斤未许闻，濛濛湿鹤氅，濯濯润螺纹，谢傅东山好，微嫌丝竹纷。绿云径

览景不嫌高，山楼瞰碧涛，雨晴皆合赏，俯仰更无劳，洗涤尘氛气，差排歌舞曹，悠然会心所，摘句亦因豪。瞰碧楼

浓妆淡抹　秀逸自然

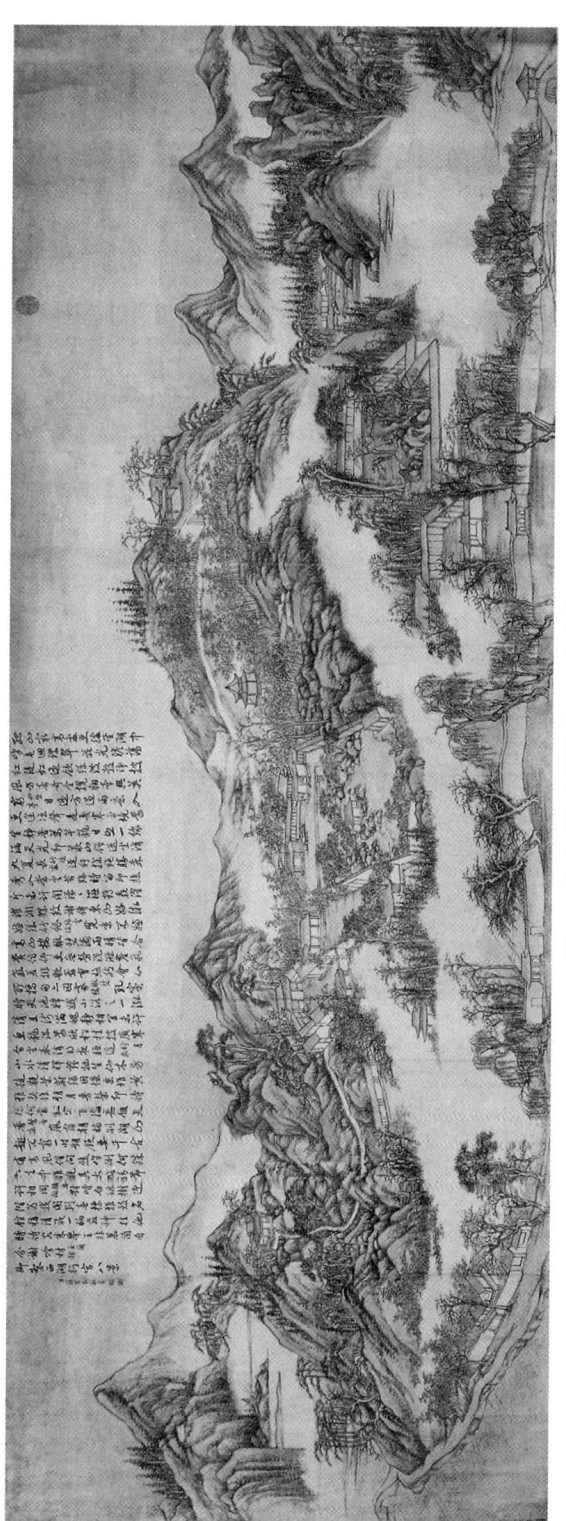

图一　张宗苍《西湖行宫八景图》

乳窦贮天池，嫦娥小浴之，一泓清且浅，满魄静相宜，未许鱼龙混，还欣松桂披，广寒合云表，消得夜胝迟。贮月泉

　　山水清晖蕴，挺生仙木芳，徒观叶蔚绿，回忆粟堆黄，雅契惟期月，孳荣却待凉，何当秋宇下，满意领天香。鹫香庭

　　岚霭朝晴别，湖山趣不穷，一时期领要，千古有高风，借问双峰侧，何殊六法中，惟观其大略，靖节许相同。领要阁

　　对峙白琳树，迎阶为我开，判春标雅致，名馆称清感，一晌教神往，他时待客来，举王非慕蔺，自分谢吟材。玉兰馆

　　画中所提孤山山高38米，为西湖群山中海拔最低的山，也是西湖中最大的一个岛屿。它东连白堤，南临外西湖，西接西泠桥，北濒里西湖，风景优美，白居易称之为"蓬莱宫在水中央"。南宋时孤山便得到了开发。宋理宗时，兴建了四圣延祥观和西太乙宫，作为御花园，清康熙年又辟为行宫，雍正五年（1727）改为圣因寺，乾隆时复建行宫。据了解，杭州的清行宫遗址就在孤山南面，大致范围包括了现在的浙江省博物馆、文澜阁、浙江省图书馆古籍部、西泠印社。这个行宫是在乾隆十六年（1751）建造的，这里有史料依据。在清朝人翟灏编辑的《湖山便览》卷一中有这样的描述："乾隆十六年，皇上法祖勤民，亲奉皇太后銮舆，巡幸江浙，住跸西湖，恭建行宫于圣因寺西，适当孤山正中，面临明圣湖。"这里的明圣湖就是西湖，而圣因寺是康熙年间建造的。行宫建好后，乾隆根据这里的景色，作诗提到行宫八景，包括四照亭、竹凉处、绿云径、瞰碧楼、储月泉、鹫香庭、领要阁、玉兰馆。现在孤山上还有三块石碑，是乾隆亲笔写的诗文。此画正好印证了上述内容。

　　文物是历史的见证者，这幅《西湖行宫八景图》无论在画者的绘画艺术造诣方面还是在西湖古迹的修缮、重建方面，都具有非凡的历史史料研究价值，是一件保存完好、非常珍贵的历史实物资料。

原载《常州画派》2009年第2卷

清朝汤氏家族画家

左树成

我国历史上以诗词、文学、书画而父子、祖孙相传者代不乏人，汉末有三曹（曹操、曹丕、曹植），晋有二王（王羲之、王献之），唐有大小李将军（李思训、李昭道），宋有三苏（苏洵、苏轼、苏辙），明有文徵明、文彭、文嘉父子，清有王时敏、王原祁祖孙等。

常州作为江南文化名城，自古儒风蔚然，以诗文书画相传的世家比比皆是。仅以常州画派为例，即有恽氏家族、左氏家族、庄氏家族、毕氏家族、汤氏家族等。这些家族代代以书画相传，对中国书画的传承做出了不可磨灭的贡献，同时也对中国书画的发展产生了深远的影响。

其中，汤氏家族就极具代表性。乾嘉时期，汉学大兴，常州这块钟灵毓秀的文化沃土更是学风蔚然。常州学派、阳湖文派、常州词派分别成形，常州画派更是进入了全盛时期。汤氏一派即是在这样的环境下走上画坛。在恽寿平开创常州画派百年之后，汤氏家族画家接过了他的旗帜，并一步步将恽氏"没骨法"发挥到了极致，无论其艺术成就还是艺术影响力，在当时都是首屈一指。汤氏画家首善汤贻汾，是清代后期常州画家中最有影响力的人物，擅画山水，亦能花卉松柳，与同时代杭州的著名画家戴熙并称"汤戴"。他妻子董婉贞及三子二女均喜书擅画。长子汤绶名以墨梅山水见长；次子汤懋名擅写生，花卉蔬果俱佳；长女汤嘉名精白描人物、花卉；三子汤禄名工仕女擅花卉。他们均为当时名家，学之者甚众，形成了汤氏流派。到清末民国时期，汤贻汾的孙辈画家汤世澍、曾孙汤涤依旧声明远噪，发扬光大了汤氏一门的画风。可见汤氏家族书画代代相传，艺术成就及影响力逐渐扩大，并一直传承到近现代。可以说他们是常州画派最重要的传承群体。今天在这介绍部分汤氏画家及其作品，与大家共同欣赏和探讨，希望能对常州画派的研究有新的启示。

一 汤贻汾

汤贻汾（1778—1853），字雨生，一字若仪，号粥翁、琴隐道人。父早亡，汤贻汾自小由母亲教育长大，因祖荫，16岁袭云骑尉，19岁任凤阳守备。嘉庆二年（1797），20岁的汤贻汾与画家董婉贞结婚，生三子二女。汤贻汾一生历任扬州三江营、广东抚标营守备等职，因病辞官返里，后定居金陵（今南京），筑琴隐园、狮子窟，以吟诗作画为乐。咸丰三年（1853）二月，太平军攻破南京，他投水而卒。

汤贻汾是多艺之人，生活安逸，是一位喜与奇人逸士游的全才人物。他超逸闲适，与著名文人墨客的交往成就了他的学识、修养和行艺创作的基础。他的山水画清润秀美，有洁净幽深之境，亦擅长画梅，兼写苍松翠柳，各有情趣。因此与同时代杭州著名画家戴熙同称"绝艺"。其书法以王羲之、董其昌为宗，而又自生新意。汤贻汾还著有诗集、杂剧等多种著作，绘画理论亦见解独到。可见其是继恽寿平之后又一位以诗书画名世的画家。他的绘画以写生为主，与恽寿平相仿，多以自然为师。从师承上看，追求元人与恽寿平的简淡、旷远，崇尚高逸的境界，没有那种繁复重叠的高山峻岭。将汤贻汾的山水画和恽寿平的相比较，能明显看出他师出恽寿平。汤贻汾的《铁笛楼图》，作品秀润，干笔皴擦，淡墨匀染，略加透视，形成了自己的独特风格。汤贻汾绘有《荷亭消夏图》（图一），此图描绘了幽静的重山前，柳树叠嶂下，堤岸亭内有两位闲坐道古论今者的夏时情景，绘画生动，意境深邃。此两幅作品秀润而又有逸致，是具有他自己面貌的山水画代表作品。

二 汤禄名

汤禄名（1804—1874），字乐民，汤贻汾第四子，官两淮盐判，他是一位擅长仕女兼工花卉、蔬果的画家。

汤禄名的绘画创作是很有能力的，花卉画水平相当高，他的作品布白严谨，密处则密，疏处则疏，有着清雅的格局。他的落款有时用楷书，有时用行书，与画面形成很协调的有机结合，画面上虽有题句，可内容不多。汤禄名绘有《岁朝清供图》（图二），此图在画面上有牡丹、桃花、李花、天竹、水仙及买来的鳜鱼，受

图一 汤贻汾《荷亭消夏图》

到了马元驭题材的影响,显示出了岁朝清供的吉祥性。在构图和设色、用笔、用墨、用色上,完全继承了恽寿平的没骨法。他也能画大写意,他的《春江水暖图》(图三),

图二　汤禄名《岁朝清供图》　　　　图三　汤禄名《春江水暖图》

绘有粗枝大叶的柳树、戏水鸭与聆听八哥叫声的闲游麻鸭,生动的水波,表现了扎实的线条功夫。而用笔、用墨之痛快淋漓,更显示出他是一位能工能写、绘画修养较全面的画家。从他的《春风拂槛图》(图四)来看,他也很擅长没骨写意。值得一提的是,他学恽寿平、马元驭并非一味模仿,而是吸收部分,加以变化出新。他的大写意画则是以没骨写生为基础的,演化了没骨之法,成为汤氏画家中花卉创作上最有新意的一位。

图四 汤禄名《清风拂槛图》

三 汤世澍

汤世澍(1831—1920),字润之,号春雨楼主人,晚号修叟,国子监生,汤贻汾之孙,他是汤氏画家中全面继承恽寿平没骨画法,而又有成就的画家,在晚清时影响极大。

从汤世澍的传世作品《仿瓯香馆花卉图》(蜀葵)、《瑶海神娥图》(罂粟花)(图五)来看,其色彩丰富,明丽而清雅,显出他秾丽的用色特点,他画的蜀葵是黄色的,花蕊紫红,淡红的海棠,但配的枝叶、果实以青赭色调和其中,使淡黄色蜀葵与粉红海棠有区分而又能娇艳的呼应。构图配叶巧妙,枝叶交叉复杂而不凌乱,尤其是枝叶俯仰交错、阴阳向背变化多端。同样,罂粟花以紫红,淡黄表现,而花叶、果实以青赭色来表现,更加突出了以紫色为主色调的花。构图生动活泼,花形或大或小,或露或藏,或正或侧,都姿色动人,似有含笑之态。花叶正侧交错,浓淡相对,而且都有随风飘荡之感。汤世澍虽然师法恽寿平,但他最大的成功之处是他与恽寿平的不同之处,恽寿平反对"秾丽",喜欢宋人"淡雅",但汤世澍似乎在这方面知难而进,做到了用色秾丽而没有俗习。他将数百年来民间模仿恽寿平没骨花卉的艳俗风气进行了雅化。因此他成为了晚清常州画派中没骨花卉地位较高的代表画家。他与其他汤氏画家不同的是他的落款，直题法"瓯香馆"，其他汤氏画家不题法某某，由此可见汤世澍对恽寿平的敬慕。

图五　汤世澍《瑶海神娥图》

汤世澍在当时极享盛名，在《毗陵画征录》中也有这样的记载："光绪甲午春清慈禧太后万寿，皖抚沈伸夏中丞以君所绘百花屏九帧进呈祝瑕，极邀睿赏，自是声名愈盛，远近之士，挟币乞画者纷至沓来，缣素日积。"可见，汤世澍的画借助于慈禧的赞誉而名声更大，求其画作的盛况可与恽寿平相当，这是对常州画派、汤氏家族书画的再次鸣响。他晚年鬻画于沪上，画风也直接影响着"海上画派"的画家们。

四　汤涤

汤涤（1878—1948），字定之，小字西子，为汤禄名之孙，故又号乐孙，别署琴隐后人。他自小受家庭影响而工书擅画，民国初年，应蔡元培之聘，汤涤任北京大学画法研究会导师、北平艺专教授，门人甚多誉满京华。1933 年春定居上海，京剧名家梅兰芳、程砚秋曾从其学画。

汤涤的作品很多，大都以创作为主。他的花卉受汤禄名写意画的影响，以小写意创作为特长，题材广泛而水平很高，兼作没骨写意花卉。他的《仙芝图》扇面可谓没骨花卉画的精品，画面上水仙、灵芝、灵璧石，俱用色彩刻画，构图严谨、用笔爽辣，黑、白、灰，点、线、面相互搭配，衬托一丝不苟，从中可看出汤涤高超的画艺。

汤涤也偶作人物，形象生动。而他的山水画则是师法元人，他的《寿山图》（图六），空亭平湖，遥山数峰，画境空寂，似有恽寿平山水画中追求的高逸遗风。他的《听松图》更是体现出元人崇尚的空灵简洁之美。所绘内容为高雅幽静的山谷间，高士于亭台内观瀑听松。此画以平远法落笔，画长松三五株，挺立溪岸。构图既有紧凑亦有空旷，远处皴擦，淡墨渲染，富有神韵，凸显了观瀑听松的闲逸情调。尤其应该注意的是松树的处理，用笔挺拔而正直，浓墨、淡墨相互参差点染，使浓淡线条富有内涵，真正体现了汤涤极高的艺术修养和扎实的笔墨功底。

汤涤不仅画艺高超，影响力更是非凡。从北京到上海，其门人众多，所交名士甚广。汤涤的成功，也树立起了汤氏家族乃至常州画派在民国时期书画领域的地位。

纵观汤氏家族历史，人才辈出，在书画上更是代代传承，新意迭出，形成了"常州画派"中以诗、书、画传家，而且是一代胜于一代的少有典型。

原载《书画世界》2009年第5期

图六　汤涤《寿山图》

不傍一人　不依一法

——戴熙及其《龙湫观瀑图卷》刍议

程　霞

戴熙（1801—1860），原名邦熙，字醇士（一作莼溪），号榆庵、松屏，别号鹿床居士（一作樵床）、井东居士、南齐画史等。室名有静修堂、习苦斋、冬熙室、赐砚斋、味经阁（又作"味经室"）等。晚清著名画家。祖籍安徽休宁双溪，明末迁至钱塘（今杭州），曾为官绅世家。嘉庆二十四年（1819）中举，道光十二年（1832）以进士登第，授翰林院编修，供奉内廷，任礼部侍郎，侍直南齐。官至兵部侍郎，后引疾归，曾在杭州崇文书院任主讲，期间精研画学，潜心撰著。咸丰十年（1860），太平军攻陷杭城时，为尽忠投池自尽，谥号"文节"。戴熙工诗书，善绘事。山水早年师法王翚，属"虞山派"，因受奚冈的影响，故画风亦近"娄东"。他的山水多用擦笔，山石以干墨作皴，浓郁树荫及远山，则以湿笔渲染，颇得物象的形象和神髓。道光时宫廷书画多出于其手，又能画花鸟、人物以及梅竹石，笔墨皆隽妙。可谓诗、书、画并臻绝诣，是四王以后的山水画大家，与清代画家汤贻汾齐名。著有《习苦斋画絮》《习苦斋诗文集》《题画偶录》《古泉丛话》等。

戴熙出身于富有的缙绅之家，家庭长辈喜好书画，可谓具有浓厚的家庭艺术氛围。其父戴道峻（升甫）是一位博学好古的收藏家，"只字片纸，断金残碣无所不宝……所聚以千计"，与张廷济、赵之琛、徐问渠（懋）等金石书画家、学者多所交往。伯父道亨（笠人）亦擅书画，为奚冈密友，"商略画事，往来颇密"，为戴熙提供了良好的学艺平台和艺交圈子。因此，戴熙自幼即对绘画很感兴趣，自记"髫年耽画出天性，若蠹之蚀蜗之篆"；"十八七时，见管仲姬小幅，穷日夜临之"；"余午二十时，曾见徐兰坡（芬）先生作画，见其山水、人物色色精能，心窃慕之"。戴熙早年学画亦受奚冈影响，他虽未得奚冈亲授，却得以问业于奚冈门生屠倬（琴坞），他在《跋屠琴坞画卷》中称："琴坞屠丈诗最精，收藏尤富，余幼年及见之，彼时初近笔墨，曾蒙许可，见即商榷画理也。"而且早年戴熙所师或结交之人，如周芸皋（凯）、袁少迂（沛）、蒯聘生等，均是"酒中最喜说耕烟"的文人画家，所奉行的都是董其昌及"四王"倡导的以画参禅、崇南贬北的南宗文人画思想。这一时期，戴熙主要临摹"四王"及南宗画派的作品。

戴熙将"四王"特别是恽寿平奉为精神和学习的偶像。乾隆以来，"四王"一派笔墨日趋刻板僵化，使人感到沉闷滞重，而恽南田空灵秀雅的艺术风格颇合当时文人士大夫的心态和旨趣，故为世人所追捧，戴熙曾在画跋中提到："闻南中极重恽画，几以有无为清浊矣。"从戴熙40余岁的画作来看，他开始逐渐吸收恽南田笔意，笔墨从纵横疏放转向含蓄秀雅、空灵精致。他认为，"三王皆喜用渴笔，惟南田能用湿笔，空灵研妙，着纸欲飞，可谓别开生面"。他继承了恽南田湿笔的传统，所以他的有些作品看起来用笔湿润，画面清腴典雅。在此基础上，他亦指出作画应掌握好适度的分寸，主张不能一味空灵虚无，"断不可主简而奴繁，盖繁蹈实而简易遁于虚也"，防止由空灵演变为空泛，秀雅倒向纤弱的弊病。戴熙理想的艺术境界是密中见疏，厚中见薄，积秀成浑，即所谓"以南田之空灵，积石谷之深厚"。

度过了广泛师法当朝的早年阶段，戴熙将取法的关注焦点指向元人，并指明后人学习元人要趋利避弊，有取舍地进行借鉴，从而学习元人笔墨多变化和宋人的境界气象，并糅合宋元之长，使笔墨更清丽、典雅。同王时敏一样，黄公望是戴熙心追慕思的对象，其《画絮》中记载了大量他对黄大痴的临仿之作。戴熙四十七八岁时，又进一步意识到王蒙的画艺境界较恽、王更高一筹，他于是着意研究和学习王蒙，并深有感慨地说："年来三见山樵真迹，乃知其上承董巨，下开董（其昌）王（时敏），古今画统，一大关键也。"戴熙对王蒙崇拜有加，说"元四家用笔唯山樵最沉着"，并且大呼："黄鹤山樵实而能空，繁而不缛，吾师呼！吾师呼！"这一时期可谓戴熙绘画的新高峰，佳作迭现。戴熙追师王蒙，主要是取法其深邃厚密的艺术风格，他认为画固当求空灵，但必先求沉着，应以沉着厚密为基础。他说："若仅单山片水，淡写轻描，诩纤弱为空灵，薄沉着为重浊，承轻心惰气之习尚，徇庸耳俗目之唾余，试问毫纸负予，负予毫纸！"这对当时画坛纤弱柔靡的习气如当头棒喝，难能可贵。

此后，戴熙在针砭画坛柔弱衰敝时风的同时，更深刻体悟到董巨博大雄浑、元气淋漓的艺术精神。他说："宋人重墨，元人重笔，画得元人益雅益秀，而气象微矣。"在他看来，董巨绘画"大笔淋漓""式侔天造""气象浑沦""妙合自然"，曾称赞巨然："画亦当以才气论，巨师雄压千古，要其才气过人，故非元人所及。"他认为，作画妙处正在于无笔墨痕，不落畦径，无迹可寻，说道："巨师布景，式侔天造，盖心与造物者游，故动相即合，一落语言文字，便是下乘。"不落语言文字，可谓中国画的最高境界。他亦总结出巨师"浑写大意有千岩万壑之势"。至此我们可以知道：尽管戴熙画风难脱四王面貌，但他心中所向往的，却是用"力""浑化""气象"，以济空灵、枯淡、雅致、秀润、疏峭的不足。

综上，从戴熙作品的艺术风格来看，40岁以前，临摹各家，笔墨稚嫩，尚未有自家面目。40至46岁，笔墨以干擦为主，灵秀淡怡、逐渐形成自己的风格特征，但稍嫌平腻薄弱。此后至50岁左右，以干擦为主，参用王蒙牛毛渴笔皴，墨色干浓，皴擦并用，稠密繁复，重在见笔，此时期其笔墨技法已极精湛。50岁以后，戴熙的几种笔墨风格渐趋融合，用笔老健蕴藉，刚柔互济，用墨则浓、淡、干、湿、枯、润，恰到好处，可谓老而秀，苍而润，醇厚静穆，气象浑成。及至五十八九岁，戴熙的笔墨益趋沉静笃厚，并略带苍楚之感，反映出他晚年的思想变化和对人生的感悟。

此外戴熙亦重视造化，始终信守写生的观念，可以说是董其昌"读万卷书""行万里路"的实践者。无论是宦游还是居里，都不忘"笔囊画稿尽相携"，随处捕捉变化万千的山光水色，他的足迹遍布名山大川。自38岁督学广东至50岁辞官归里，10余年间，饱游山川，大自然的奇异风光和云烟变幻大大激发了他的创作热情，所谓"千邱万壑，勃涌而出，要是不能自己"，或是"双桥偶经过，不画有遗憾"，或是"画境从此拓，所得殊不少"。在师法造化的同时，戴熙也强调自我意识，他说："余画不求食，肆意类画墁。有若马行空，不受人羁绊。颠蹶固不免，飞腾亦得半。持以呈画师，相投若冰炭。见我辄咋舌，一辞不敢赞。"充分显示了他不为法缚、勇于探索创新求变的进取精神。戴熙用写生的方法，创作了许多平时所未见的风景。

常州博物馆收藏有一幅戴熙《龙湫观瀑图》，即为其师法自然的写生力作（图一、图二）。此图为纸本、墨笔手卷，1847年作。卷首篆书题名"龙湫观瀑"，钤朱文"赐研斋"印。卷尾有作者题诗：

雁湖浙东陲，万古与海战。森森数百峰，意外穷雕绚。拥卫龙湫瀑，日夜走飞霰。谢公屐不到，幸驻使君传。忘归观不足，（龙湫二亭）过眼忆掣电。就余商绩事，异境愧未面。君日子浙人，龙湫一家眷。同出造化手，灵秀所陶炼。非搜胸意奇，孰印蛟蜺变。遂携剪刀峰，剪取一匹练。练练余神交，赋归终当见。剔藓寻题名，回望玉堂彦。逶迤方退食，怀人开画卷。

画上署款："吴姓舫同年视学，吾浙游雁荡山观龙湫之胜归，属写图并附诗句，道光二十七年九月，钱唐戴熙作于都下。"款下钤白文"戴熙"、朱文"醇士"二印。卷后有清道光十二年（1832）状元、翰林院修撰、礼部左侍郎吴钟骏，明朝开国元勋、开平王常遇春之后、清朝大臣常大淳，刑部尚书赵光，武英殿大学士、体仁阁大学士贾桢，咸丰皇帝之师杜受田，两江总督体仁阁大学士孙玉庭之子、户部尚书孙瑞珍六人的题跋。

整幅画以峰峦迭起的龙湫胜景为主体，气势恢宏，体现了戴熙笔墨兼顾，繁简适中，自然浑成的画风特点，是其所创"蝉翼皴"法和"参师造化"的典型代表，属于他成熟期的作品。

雁荡大龙湫瀑布为浙江省雁荡山胜景。它与贵州黄果树瀑布、黄河壶口瀑布、黑龙江吊水楼瀑布并称中国四大瀑布，而大龙湫独以其落差为190余米取胜，为中国瀑布之最，有"天下第一瀑"之誉。大龙湫的特色在于一股悬空脱缰而下的急流，因落差太大，被山风吹拂，分成各具特色的两段，上半段白练飞舞，下半段如烟如雾。历代文人墨客无不为之倾倒。南宋楼钥有诗云："北上太行东禹穴，雁荡山中最奇绝。龙湫一派天下无，万众赞扬同一舌。"（《攻瑰集·大龙湫》）可见在宋代，大龙湫便已名扬四海。从作者的款署中可得知，其是在观龙湫之胜归后九月作的画，说明作者正是在大龙湫最奇绝、水势最大之时去观看瀑布的，此时的大龙湫像一条发怒的银龙，从半空中猛扑下来，直捣潭心，如轰雷喷雪，大声轰响，震天撼地，气势雄壮。

图一 戴熙《龙湫观瀑图》之一

图二 戴熙《龙湫观瀑图》之二

此图正是画家深入雁荡山，"外师造化"直接写生得来的。作者以"披麻皴"参以"蝉翼皴"为之，"蝉翼皴"在此得到了很好的应用和发挥，画面的质感莹润通透，非一笔而成，而是经干笔数十次的皴擦点染，慢慢形成的一种具有独特透明感的层次效果，淡雅而兼具厚度。而此时戴熙亦醉心于黄鹤山樵，所以整幅画面的构图和笔墨气息亦跃然纸上。

画面以全景式构图画峰峦层叠，瀑布高悬于中景峭壁，飞泻而下，气势磅礴。岩壑之间有平坡，点缀屋宇草亭，成片的松林郁葱盎然，有聚有散，遍布在山头或山谷，显得沟壑更加深邃。戴熙较好地把握了夏山日照充足、草木华滋的特点。图中尤以云雾的处理颇为精妙，浓淡烟云悠然于山谷之间，笔墨技巧熟练，极富有灵动感。近景处亭子内一人闲坐，亭外两人驻足观瀑，似被瀑布的气势所震撼倾倒。景色层层推进，引人入胜。山石的坚凝，松枝的挺拔，烟云的变幻，飞瀑的神奇和观瀑人的怡然神往，刻画得各具性格，下笔一丝不苟，风格严整。

在表现形式上，作品构图饱满，但满而不塞，布局中密中求疏，利用屋宇、平坡、烟云等打破密实的山峦岩壁，利用树木茂林的扶疏穿插，使画面产生节奏变化。在绘画技法上多用擦笔，山石以墨作皴，然后以湿笔渲染。远处峰峦上密布的苔点成排比之状，笔墨浓润，深浅不一。而近处的坡石上却多为戴氏所自创的"蝉翼皴"，即在线状的"披麻皴"中糅合了面状的"斧劈皴"，以增加山石的质感。这种技法是戴熙在中国画笔墨技法上的一种创新，其特征是：山石多用擦笔，以淡墨短线作皴，然后以湿笔渲染，干湿并用，颇得物象的形象和神髓。这种所谓的"蝉翼皴"，皴笔近擦而醇厚，细皴处亦能化去笔墨痕迹，钩笔用淡润墨。童书业先生称其为"淡皴干醒"，即皴擦干中见润，用润湿墨淡染，最后略用焦墨提破，遍数不如麓台（王原祁）之多，而浑厚淋漓胜过麓台。因此形成了戴熙气韵清苍、意境幽深、画风细密、清润雅致的个性画风。

古人云："山无云不灵，山无石不奇，山无树不秀，山无水不活。"戴熙这幅龙秋观瀑图，对云、石、树、水的处理，都颇具匠心，得自然之势，灵奇活秀，亦是其"师古而不泥古""师法造化"、创新求变的佳作。

19世纪的中国，国势日渐衰微，艺术的盛衰也与国势的强弱相称并应。戴熙在这种局势下，在山水画创作的过程中却是在师古人的基础上，进行着实实在在的创新。"泥古未有是处""古人似我""不傍一人，不依一法"之说更是戴熙孜孜不倦的追求。戴熙希望改变画坛"承轻心惰气之习尚，徇庸耳俗目之唾余"的时风，他大声疾呼取法宋人，提倡和追求厚重的画风，可谓画坛的觉醒者。同时，他又是积极的艺术实践者。他一生勤于笔耕，创作了数以千计的作品。特别是他的山水画，可以代表这一时期的时代水准，可以说，戴熙是晚清继清初"四王吴恽"之后南宗文人画派的中兴殿将，他对振兴画坛做出了重要贡献。

原载《常州文博》2013年第2期

略说书画扇

丁为新

在源远流长的历史河流中，关于扇子的传说很多，从伏羲女娲以扇障面到尧王舜帝始造扇、扇业始祖齐纨以及八仙的故事，都体现了扇子的悠久历史。扇子除了日常生活实用之外，还凝聚着中国书画艺术和传统工艺美术的精华，品种繁多，千姿百态，形成了别具风格的中国扇文化。虽说扇幅极少有过尺的，但它传递的历史信息和文化内涵却是其他艺术载体无法比拟的，是华夏艺术的奇葩。

一　扇文化概述

扇子何时开始出现，暂没有明确定论。就现有文献记载来看，最迟在尧舜时，已有"箑"吊于室，用绳牵引，运用空气流动形成风的原理来摇荡生风。晋人在《古今注》里说："舜广开视听，求贤人自辅，作五明扇，此箑之始也。"照此记录，扇子作为实用工具，至少有三四千年历史了。

据史料记载，扇画最迟从六朝开始。六朝时期梁国高爽《画扇诗》："但画双黄鹄，莫作孤飞燕。"唐代张彦远《历代名画记》中，讲述曹操请杨修为其画扇，误点成蝇的趣事。目前为止能够见到的最早扇画，是从新疆阿斯塔那唐墓中出土的一把团扇，扇为木质柄，绢质面，扇面上绘有花鸟图案，只不过画面有些单调呆板。中国扇画艺术随着绘画艺术的蓬勃发展得到了空前的提高，北宋初期，宫廷中设立了"翰林图画院"，不仅是全国的绘画中心，同时也吸引了全国各地的画师。宋徽宗时，更将"画学"正式纳入科举考试，广招天下画家。《书继》载："政和间，徽宗每有画扇，则六宫诸邸竞皆临仿一样，或至数百本。"因此，尺缣片楮的扇面也随之成为创作天地，画师将其艺术天赋和绘写技法充分表现在咫尺间的扇面上。

进入元代以后，扇画日渐衰退，一片寂然萧索。虽然元代画家众多，文人画开始成熟，而元四家及赵孟頫等的扇面作品却少有记载，这一时期的画家把心灵、性格、神似、追求、内涵等都推向了绘画的极致，但扇画书画艺术跌到了低谷，这也与当时的政治环境息息相关。元朝是北方蒙古民族建立的政权，由于民族间的关系复杂，政治文化经济都不可避免地受到制约，统治者是北方骑马民族，没有使用扇子的习惯，文化修养也不是太高，对扇子所蕴含的意味不甚所知，只对宗教及宗教艺术重视。更严重的是在统治者的影响下，元人把扇子与统治者的官吏联系起来，"自谓奇绝，要和时辈争优劣""得架大人权，比薄葵白羽特别""犹随酷吏临轩阁，不播仁风到窟穴"。认为制作考究和经过艺术渲染的扇子是权贵们使用的，视为媚上欺下的代名物，这极端降低了扇子的艺术品质，也很难得到人们的喜爱和垂青了。

　　扇子经过历史的洗涤和文化的沉淀，至明清时期，重新兴起并更具艺术的代表性，它和人们的生活及书画艺术的发展融为一体。明清时期，士大夫、官宦文士、商贾市俗多是宽衣束带，扇子通常随身携带，腰间随时可挂，袖中、怀中、靴筒随处可塞。用扇、赏扇、藏扇已然是一种风尚，莫不以手持名人书画、名家制作的扇子为雅。孔尚任的《桃花扇》，《西游记》中的三借芭蕉扇，《红楼梦》中的晴雯撕扇，虽都是艺术渲染，但也从另一侧面反映出扇文化的影响之大。

　　清末民国时期更是扇子发展的黄金时期，这个时期的扇骨材质比明代品种更多，扇画也达到了巅峰时期，扇骨制作、格式和内容也丰富多彩，包罗万象。

　　随着中国经济的发展和社会的进步，扇子也逐渐失去了实用价值，在当今社会更多的只是体现了它的工艺水平、绘画艺术和收藏价值。但扇子并不因为其实用性日渐式微而使其发展受到制约，反而工艺及艺术性更突出，由此而成为一个独立的收藏门类。用料考究、工艺精湛的扇子和书画完美结合，以其独特精美的艺术魅力，赢得藏家偏爱。扇子可分为团扇、折扇和异形扇三种，在现实中通常又把异形扇也归入团扇类。

二　团扇

　　由于形状圆如十五的月亮，故称团扇（图一）。事实上团扇也不是纯圆形，其形状也多样，常见的有圆形、椭圆形、腰形、心形、扁圆形、海棠形、六角形、八角形、多角形、菱形等。唐代诗人杜牧诗云："银烛秋光冷画屏，轻罗小扇扑流萤。"唐代诗僧齐己诗又云："枪旗封蜀茗，圆洁制鲛绡。好客分烹煮，青蝇避动摇。陆生夸妙法，班女恨凉飙。多谢崔居士，相思寄寂寥。"由此可见，当时的团扇是用绢、绫、罗、纱等织成。团扇的构造是以扇柄为中轴，左右对称，此特点沿用至今。因当时丝织品价贵物稀，很难进入寻常百姓家，故团扇当时又称"宫扇"。此时的团扇多为君主赏赐大臣，达官贵人间相互馈赠的礼品。同时团扇形状似满月，成为男女的情爱之物，被视为儿女情长的定情之物，既可作信物，又可述衷肠，寄托着人们对真挚爱情和幸福生活的美好追求与向往。汉成帝的嫔妃班婕妤在《团扇歌》中写道："新制齐纨素，皎洁如霜雪。裁作合欢扇，团团似明月。出入君怀袖，动摇微风发。"翔实地叙述了团扇的制作过程及制作工艺。团扇在唐宋时期最为流行，在扇上题诗作画也很兴盛。到了明代，团扇才渐渐变成女性的专用之物，正规场合男性开始改用折扇。清代咸丰帝时，团扇又重新兴起，缘由此时的团扇一改以往的单面绷，出现了双面绷，同时也增加了瓷青、泥金等有色扇面，并以绘画、刺绣、抽纱等作为艺术加工，吸引了无数的能工巧匠，文人墨客。清末团扇更是书画家案头的常见之物，此时的团扇虽以圆形为主，但形式有两种，一种为两面无骨，另一种是扇柄穿过一面而另一面无骨。由于团扇不能收合，而扇面绢绫等在制作过程中需要上矾，所以不耐保存，因此，清以前的团扇成扇现存非常少。

图一　清汤禄名《紫藤图》团扇

团扇的扇柄也比较讲究，从最初简单的木制逐步发展有竹、角、骨、象牙、玳瑁及各种硬木，形制也有长短之别，有些还进行雕刻、髹漆、镶嵌等工艺。扇框或者与柄同质同工，或者不同质同工，或异质异工。硬木的一般会在扇柄尾上镶嵌翡翠、红宝石、玉、玛瑙等，也常在柄尾配以流苏或扇坠，扇坠的材质虽有竹木等普通之物，但以和田玉、琥珀、水晶、象牙、犀牛角、沉香等为主，扇坠也大多有雕工，例如蝴蝶、蜻蜓、鱼头鱼尾、各种鸟兽等。形状也多种多样，有圆形、方形、心形、菱形等。扇坠用丝线串系于扇柄末端，也可多层组成，打上类似于今天的中国结的璎珞，迎合整把扇子的风格与内涵，格调统一，相互印彰，趣味无穷，令人耳目一新。

团扇扇面上所绘的扇画，原先都是简单的花鸟草虫图案，到宋代团扇书画艺术出现了繁荣的景象，开启了扇面之书画的历史性格局。此时的画家已能主动借助扇面的样式，形成了团扇书画艺术的第一个高峰。团扇画相比其他挂轴等书画，移大作小，视角有所变化。与大幅书画相比，团扇更小巧，更能表现天地自然，传达细微的情感。后人称："团扇小景中，独以宋代名贤为伙，且均为精到合作……凡有款者，多为宋贤；其无款者，多为宋画院作品……可见书画纨扇，独盛于宋，尤以崇宁以后为最。"宋徽宗还带头创作团扇画，他的传世作品《枇杷山小鸟》创作水平相当高，虽以墨代替色，画面却层次丰富，枇杷、枝叶、蝴蝶画法精细，左下角小鸟用笔用墨洒脱，活泼灵动，自然清新，体现了高贵典雅的气质。"上有所好，下必甚焉"，一时天下画家纷纷研墨习笔，经营团扇书画，形成了蔚为壮观的景象。今天我们可以从宋人画册等资料中欣赏到许多精品妙品，如徐熙《豆花蜻蜓图》、黄居寀《晚荷郭索图》、马世荣《王云楼阁图》、夏珪《烟岫林居图》等。南宋诗人陆游曾感慨道："吴中近事君知否，团扇家家画放翁。"清前期的仕女画中，画家乐于描写女子把扇的各种姿态，温婉雅致，闲情逸趣，百娆千媚却又不造作。女性的执扇形象也是众多画家对女性的美展现的一种视角与方法，将女性的美与团扇之美融为一体。清代以前的团扇书法作品，普遍是以写榜书为主。清代的书法日渐成熟，随着金石文字的发展，在团扇上作隶书、金文成为一种风尚。

三　折扇

关于折扇（图二至图五）的起源，众说纷纭，争论不休，说是在宋太宗时从日本或朝鲜传入我国，依据是清《履园丛话》中如下记载："或谓古人皆用团扇，今之折扇是朝鲜日本之制，有明中叶始行于中国。"据《宋史》记载，日本和尚向宋朝廷进献的礼品中有"金银莳绘扇筥一合，纳桧扇二十枚，蝙蝠扇二枚"。其实南宋的国都临安（今浙江杭州市）就有不少如"扇子巷"的地名和诸多的扇子铺，主要制作六角竹扇或蒲葵扇、团扇、折扇等。《通鉴》中记载："褚渊入朝，以腰扇障日"，"腰扇佩之于腰，今谓之折叠扇。"可见折扇隋唐已有，只不过样式形式无从考证，引进的说法站不住脚，在原来的基础上借鉴日本、朝鲜进贡的折扇后发展起来的说法比较靠谱。

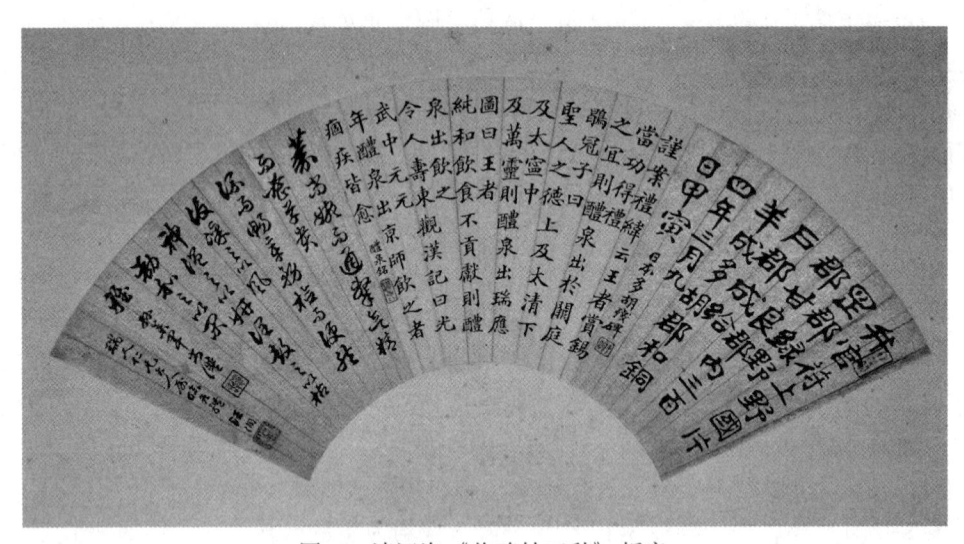

图二　清汪洵《临碑帖三种》折扇

明初永乐皇帝对折扇喜爱有加，常把题好书画的成扇赏赐大臣，更使大家推崇传播折扇，到了明成化时期，折扇就在市井流行起来，清代书扇、画扇、用扇、赏扇、玩扇、藏扇之风更盛，每年端午节至立秋为使用扇子季节，时人以每日换一柄不重样

图三　陈摩《草虫图》折扇

图四　吴青霞《渔乐图》折扇

图五　清汤贻汾《临董香光小册》折扇

的折扇为荣。

　　折扇的扇面，最常规的为纸制，也有极少用罗、绫、纱的，纸质扇面分素面（白面）和色面。折扇扇面的制作非常讲究，需经过开料、刮光、裱糊、上矾、沿边等十多道工序。尤以金面最难，做工最复杂，也最受人喜爱。品种有泥金、屑金、洒金、冷金、片金、烫金、点金等。明代扇面喜欢用金笺，大多色泽偏红，也有色泽偏黄的，传世的明代金扇面鲜有虫蛀，即使有的在潮湿的水里浸泡数百年仍色泽光亮。清代康熙以前的金扇面，从成色及制作方法来看，与明末无二。康熙年间所制的金扇面，色泽比明代的更加发红，这是因为此时的金粉成色比不上明代的，直接催生了一种染地之术——纸面先浅染一层红底色再洒金，这样可以节省金而有满金的感觉，不过它终究与明代的金偏红不同，缺少光泽。

　　明代折扇格数从九档到十四档、十八档、二十档、三十档，也有较特殊的大扇，一般是舞台上艺人所用。清代文人普遍喜爱十六档的，十八档至四十档等多为女性所用，俗称女扇。晚清时扇档格式百花齐放，出现了各种定制的扇档。书画家通常喜欢扇档少的扇面，扇面档数多，起伏就大，影响书写和绘画。

　　明代之前的折扇扇骨实物稀少，明代后的扇骨以竹、木为主，竹制除常用的白竹和玉竹外，还有棕竹、乌竹、方竹、松竹、湘妃竹、佛肚竹等，这些品种的竹子韧性特别好，是制作扇骨的天然好材料，木制又以乌木、鸡翅木、檀木为主。清初也有用象牙做扇骨的，但极少。清末民国时期象牙扇骨已多见，也有象牙和竹相结合的扇骨。折扇的扇骨比团扇的扇骨丰富，折扇的形式、制式、材质、装饰、雕工、刻工变化无穷，品种也各有不同，各种材料与制作工艺相得益彰，融为一体。明代的折扇扇头以方头或圆头居多，扇骨的装饰也大多是在竹和木上进行简单的雕刻，主要以简约朴素为主。清中期时扇骨的制作却题材丰富，无所不取，扇骨上也大面积采用雕刻工艺，尤以竹刻为最，竹刻也最能反映雕刻的水准。从扇骨的雕刻内容来分，可分为刻画和刻字。刻画能把画家画出来的都刻到扇骨上去，扇骨上刻的字除了书法外，还把印章、钱币、瓦当等内容也包括进来。扇骨的雕刻，凝聚了众多艺人的巧妙构思和毕生心血。例如，清代圣手潘西凤与郑板桥合作，将湘妃竹骨上的天然斑点，由郑板桥挥笔勾连，潘西凤奏刀刻成数枝梅花，疏影横斜，妙趣盎然，从而演绎了中国画坛的千古佳话。民国期间，扇骨刻制名家辈出，涌现了张子渔、林介侯、子安等名家，工艺也日渐烦琐，尤以苏工为最，逐步发展到扇骨刻雕与扇面内容相呼应，所刻风格制式也与画面相协调。如江寒汀所绘扇面，扇骨也要由名家刻上江寒汀的画；扇面书法为于右任所作，扇骨上也要请名家刻上他的书法。用名家书画作品作稿本成为雕刻主流。扇骨的装饰除了大量运用雕刻手法外，还用镶嵌、镶贴、漆骨、髹饰、烫花、手绘等方式。扇骨的款色也众多，根据扇钉部分的形状来分，就有方头、圆头、如意头、和尚头、平头、鱼尾头、鱼头、玉兰头、燕尾头、葫芦头、梅花头等诸多品种。方头扇骨最简洁，出现最早，使用也最广泛，和尚头则于明代出现。鱼头、鱼尾头以竹制为主，在扇钉处内凹，束成鱼头、鱼尾形状而命名。

折扇上的装饰还有一个最不起眼却最为重要的配件——扇钉，扇钉虽小，却是整把折扇的支柱，扇钉主要有牛角钉、铜钉、银钉，牛角钉最常用，清末民国时的牛角钉色浅透明，中间显一点黑，称"鼠眼"，钉面稍拱。铜钉、银钉多用于木制类扇骨，因质地过硬，易损坏扇骨。明清时还出现一种以黄花梨、紫檀及其他硬木制成的扇钉，多用于象牙、玳瑁等名贵材料制成的扇骨。有些讲究者还巧妙地用圆形、菱形及其他图形来装饰扇钉，用翡翠、玉石、宝石或金、银、铜等来镶嵌。为了出行时方便携带和保护，清时还有人专门制成扇套（又名"扇囊"）来放置，多以宋锦、缂丝来制作，绣上精美的图案和诗文，到民国时因嫌其烦琐累赘，扇套已经很少有人使用了。另外还有一种专门储放折扇的盒子，早期用黄梨木、鸡翅木为材料，盒盖上镶象牙、玉石、翡翠等。《红楼梦》中"晴雯撕扇"，宝玉就是命麝月取扇盒中的扇子来，说明那时就普遍使用扇盒了。

折扇的美，美在开合之间，使无数丹青圣手大为倾倒，巧妙的构图布局，使扇面展开时不觉得是半环形式的画面，而是整幅画面立于眼前，一花一世界，一叶一菩提，小品气大。起初，折扇上仅写字，后来才有画，扇面的绘制方法，较之手卷、中堂、横披、册页等创作难度不言而喻，非要奇思妙想，胸有成竹才能绘制。

明朝276年，16个皇帝中有4个善画：宣宗、宪宗、孝宗与武宗，其他极负盛名的就达800多人，人人擅书扇、画扇。随着文人画的繁荣，明代书画大家祝允明、沈周、文徵明、唐寅、仇英等都创作书画扇。沈周40岁前绘扇较多，笔墨豪放，厚实浑重，间作细笔，谨密中仍不失浑厚之气势，花鸟扇面擅重墨浅色，别有风韵，人物画更是名垂当时。祝允明、文徵明、唐寅三位都是弘治、正德间的书画才子，史称唐寅见一柄空白成扇，随手画一枝桃花，张灵在桃花下添半个身子的美女，祝允明便在另一面书狂草"去年今日此门中，人面桃花相映红，人面不知何处去，桃花依旧笑春风"。嘉靖、万历年间的画家徐渭，是中国文化艺术史上的又一大家。徐渭坎坷曲折的经历磨炼了他坚强坦直的性格，扇面作品也透着强心铁骨、磊落不平的大儒气势。明晚期画家董其昌，绘画观点与徐渭迥然不同，他将历史上的山水画分为两端，平淡幽和为一派，激情豪发为一派。其所绘扇以平淡为宗，没有棱角，但用笔柔和，笔墨挥洒自如，画面清晰，稀而不简，繁而不乱，旷而不空。

明代的扇面书法，在继承中大胆创新。明代官吏几乎都善书，皇帝亦如此，即使从小放牛牧羊的朱元璋，也能写出刚劲出色的行草，康有为赞其为"明太祖书雄强无敌"。永乐皇帝对我国传统文化艺术大力扶植，他恢复画院体制，在书法上诏求四方善书之士，授中书舍人，安置在翰林，其中沈度（1357—1434）最为朱棣赏识，于是，沈度书法风行一时，其小楷甚至成为科举考试中的规范字体，这就是后来盛行的台阁体（又称馆阁体）。故这一时期的折扇书法，娟秀的馆阁体大行其道。

清代折扇书画受历代扇画的影响，取得了空前的繁荣，扇画艺术受到清六家、小四王、四僧、金陵八家、宫廷画家、海派、岭南派、三任双熊、三吴一冯、松江画派、扬州八怪等各路画家的推动，在追求笔墨的同时，在形式内容上翻新出奇，风格技巧求新求变，题材丰富多彩。清乾隆皇帝格外喜爱折扇，命礼部尚书和宫廷画家将宫内所藏元明两代的300把折扇编目写序，以便观赏研究。

清代初期的折扇绘画由于师承和地域关系，流派众多，"四王"之王时敏和王鉴，同受明末画家董其昌的影响，以气韵苍润为特点，称为"娄东派"。王翚是王时敏和王鉴的学生，以简淡清秀而称"虞山派"。王原祁是王时敏的孙子，继承笔墨技法。吴历和恽寿平、王翚相近且互相影响，他们的绘画风格各不相同，但都以学习古人绘画为主，注重笔墨技巧，被统治者赏识，推崇为清代绘画的正宗。清初期除了"四王吴恽"还有四僧——朱耷、石涛、石溪、弘仁，他们都是明代的皇室或遗民，都出家为僧。石溪山水用笔苍秃，虽学古人而变化较大；石涛构图奇险，笔法峻挺；朱耷用笔简朴构图更奇险；弘仁则学倪瓒画法，笔墨苍劲，更师造化。他们四人在艺术创作上都敢于革新创造，专和"四王吴恽"作斗争，并影响到以后的"扬州八怪"。

清时期的扇面花鸟画突破了宋代院体的写实模式，没骨、水墨、写意等技法纷纷涌现，红花绿叶有意，禽鸟草虫含情，花鸟画尺幅色调之间尽解生命之美，令人田园之意大生，带来了新的动感与活力。常州画派的领袖人物恽南田（恽寿平），在绘画上开创了没骨花卉的独特画风，特征以"没骨花卉"为主体，又有工笔和写意之分，表现手法是直接以色彩或水墨渲染或点缀而成，不用笔墨勾皴或极少用勾勒表现花卉形象，强调写生。其成就之高、影响之众也是书画史上独有的。恽寿平也创作了大量的扇面画，如《牡丹图》《蔬果》《五色菊》等，扇面作品也都透露高逸脱尘之雅境，真正达到了色、态、韵、势、意俱佳的艺术境界。清末受西洋画影响的"海派三任"与岭南派的居廉、居巢，创造了撞水、撞粉、撞色技法，更加丰富了画面的表现力。清末时，开始流行洒金集折扇，虽然明代就有请多人在扇上合作的风俗，但明代及清初并没有专门为合作而制作的扇面，这种洒金集折扇面，一般每面为四格，两格为素，两格为细洒金或大洒金，一把扇面可以集成八位书画家的作品。文人名人扇面书画的出现，进一步促进了社会对折扇绘画的重视。晚清至近现代，著名书画家如吴昌硕、吴湖帆、郑逸梅、任伯年、齐白石、张大千、梅兰芳、林风眠、郭沫若、徐悲鸿、刘海粟、吴青霞等，都擅长书扇、画扇。

吴昌硕一生酷爱画梅，自称"苦铁道人梅知己"，折扇扇面也以梅居多，画面通常构图跌宕起伏，常画湖石于画中，淡墨几笔扫出梅枝，稳重而又不失灵动秀气，湖石之后，左右红梅数枝探出，清香四溢，浓淡适宜，开合有度，收放自然，显示了画家画扇驾轻就熟、胸有千壑的艺术造诣。

吴湖帆不但是出色的画家，更是有相当造诣的收藏鉴赏家。吴湖帆出身收藏世家，因富收藏且品类全、精品多，享有"富甲江南"之誉，有"一只眼"之称。在他眼里，收藏高于一切，有时连日常生活也在所不顾。吴湖帆不仅藏扇，自己更爱画扇，所绘扇面荷花花蕊鲜红似火，花瓣绰约，光彩夺目，配以大片黑青色荷叶，互相衬托，清润雅致。所绘枇杷扇面，金黄的果，碧绿的叶，一层层一簇簇，丰腴清丽。所绘青绿山水扇面采用三远构图法，以披麻皴刻画山石，双勾法表现树干，各种点法表现树叶，技法精熟，用石绿、赭石、朱砂配以墨来设色，色调单纯而变化多端，浓淡适宜，层次分明，清隽丰润，雅逸传神。任伯年画扇之数更是丰冠一时。他年轻时是上海一家小扇店的画工，后成为一代名家，徐悲鸿得到他的一把扇子，即盖上"悲鸿生命"的印章，可见爱意非常。齐白石喜欢在泥金上作画，白茶花妍丽秀美，鸣虫啼鸟更精细无比。徐悲鸿虽以奔马著名于世，他的扇面花鸟也是超群俊逸。张大千则与其兄张善子经常在上海、北京、天津、成都、苏州举行扇画展。梅兰芳不但杨贵妃演得好，扇子功也出神入化，惟妙惟肖，他还收藏名扇数以百计。爱扇成癖的作家郑逸梅，集扇数十年乐此不疲，一生收藏的名扇不下400把。老舍先生也热衷收藏书画名扇，数量也超百把，其中不少是明清和现代书画家题诗作画的扇子，他还特别喜欢收藏京剧名伶的扇子，包括梅兰芳、程砚秋、荀慧生、尚小云、姜妙香、俞振飞等，几乎收集了所有名伶的作品。

书画扇艺术只能在继承遗产上创新，只有真正了解传统才能有所创新和发展。中国文人的才华与情操，中国工匠的智慧与技能，都在小小的扇子上得到了淋漓尽致的反映。

原载《常州文博》2014年第1期

宋辽金银器中的唐风探微

张如嫣

唐朝是我国金银器发展的鼎盛时期，其使用者集中于上流社会，大多为皇宫贵族。而后宋辽两代融合了本土观念以及外来观念，以吸收、融汇的方式逐渐完成其风格的演变，金银器的造型和纹样也颇具西方的风格。宋辽时期金银器的繁荣和发展深受唐文化的影响，在吸收前朝特色的基础上不断演变，并逐渐形成自己的风格。本文欲通过三个方面，来探查宋辽时期金银器中的唐风。

唐宋辽是文化"大爆炸"的时期，首先从地域上看，民族迁徙使不同的文化相互交流融合；其次，从时间上看，三个朝代都在吸收前人的基础上加以创新。宋辽时期受到西方金银器传入的影响，金银器的种类更加丰富、造型更加多样。从艺术风格上看，隋唐金银器富丽堂皇、五彩斑斓，宋辽金银器则清新素雅、以小见微；从工艺技术上看，宋辽时期各项工艺更加复杂精细，并出现了金银与漆木器合璧的产品。可以说，宋辽金银器的空前发展和繁荣是融合了多种文化因素，尤其是受唐文化因素影响的结果。

一 宋辽金银器的概况

自从人们发现了冶炼贵重金属的方法以后，金银器在贵族生活中流行了起来，并且世代相传。隋唐时期，中西文化交流进入了繁盛阶段，在丝绸之路以及唐朝实行的开放贸易经济政策条件下，西方商人的足迹几乎遍及唐朝的每一个角落，商品的流通互换给后期宋辽的工艺品发展带来了深刻的影响。最突出的表现就是宋辽时期金银器高超的制造工艺和繁多的种类。宋辽金银器从用途上可分为饮食器、殡葬器、妆洗器、鞍马具、装饰品、宗教用具、日杂器七大类。

根据金银器的器形、纹饰演变可分为三期，第一期金银器的种类比较繁多，特征各异，表现出唐文化和西方文化的两者的混合发展、工艺也呈上升趋势。第二期金银器在继承前代传统的基础上，继续受到唐文化和西方文化的影响，此时的辽代金银器开始出现宋文化因素的渗透，但辽代独有的民族特色依然明显。第三期宋辽时期金银器的制作工艺日臻完善，其中辽代金银器的文化特征更多地表现出宋文化的影响，抑或直接从宋地输入。

二 唐代与宋辽金银器对比

宋辽金银器的装饰工艺继承和发扬了唐代的传统。纹饰多遵照器物造型构图，同时也采用立体装饰或者浮雕的装饰技法，将器形与纹饰结合，使器物更加立体化。宋辽金银器的器形、纹饰和制作工艺，均有许多与唐代金银器极为近似的艺术特征，在唐代同类器形中，我们也可以找到同样的例子。

以下从纹饰、器形、制作工艺三方面逐一进行比较。

（一）纹饰

隋唐金银器多受中国的中原地区和南方地区影响，造型多变且种类丰富。类型常见碗、杯盘、壶等，纹饰以缠枝花、团花、卷草纹、鹿、狮、鱼纹等为主。构图严谨、讲究对称、分区装饰是唐代金银器纹饰布局的主要特点。

到了宋辽时期，纹饰种类分为动物、植物、人物故事。人物故事有孝子图、高士图、对弈图等。动物纹以龙、凤、摩羯、鸳鸯最为常见。植物纹以莲瓣、牡丹、卷草居多，常以缠枝的形式出现。可以看出宋辽时期的纹饰取材更加广泛，内容更加丰富，且多以吉祥如意、驱魔避邪为主题，表明了这时期的人们对器物审美的追求发生了转变。

1. 龟游莲叶纹

"龟游莲叶"作为一种常见纹饰，经常出现在各类金银器中。龟游莲叶出现的很早，陕西扶风法门寺地宫出土的一件鎏金银香炉炉盖上，就装饰了一周龟卧莲花纹，湖南衡阳发现的凤凰双镜、[①] 上海博物馆收藏的凤凰双镜，[②] 都是以龟游莲叶作为主体花纹。山东省博物馆藏的真子飞霜镜[③]中，也多有与此相同的布置。至宋辽时期，龟游莲叶依然是金银器常见纹饰之一。四川彭州出土的宋代金银器窖藏的银龟游莲叶纹盏就是一个典型。

2. 人物图

浙江义乌宋代7副台盏的酒盏与酒台子均为葵口，口沿各錾缠枝卷草，纹饰鎏金。承盘高5.5厘米，盏高3.8厘米，口径11.6厘米，圈足外侧铭曰"陈官人宅用"。酒盏的盏心各錾一幅人物图。第一人披衣袒腹，背倚酒坛，旁边一具酒樽，樽中横置一柄酒勺，画面的角落同时用树石点景；第二人倚瓮吹箫，瓮中有勺，瓮下有木架为托，画面的上方一只飞鹤，旁侧几朵流云；第三人袒腹，手握酒盏，画面上方点缀树石；第四人双手拄地，倚酒瓮而坐；第五人手臂搭扶于酒瓮而眠，酒盏

[①] 唐先华：《湖南衡阳市发现唐代凤凰双镜》，《考古》1992年第11期。

[②] 上海博物馆编：《练形神冶 莹质良工——上海博物馆藏铜镜制品》，上海书画出版社2005年版，第128页。

[③] 鲁文生：《山东省博物馆藏珍铜镜卷》，山东文化音像出版社2004年版，第78页。

倾翻在一侧；第六人袒腹，前方放置一个足几，后倚一个大酒瓮；第七人背倚酒瓮，凭几席地而坐。

人物图中的所绘的座椅用具类似鹿皮，与南京博物院馆藏南朝墓出土的竹林七贤砖画、上海博物馆藏唐代孙位《高逸图》中所绘的座椅相类似。总体来说，这3件文物的构图十分相似。鹿皮坐具也是这一题材的画作中始终存在的细节之一。同样题材的还有内蒙古赤峰市耶律羽之墓出土的辽早期银鎏金錾花七棱錾耳杯，[①] 杯身7个开光内分别錾刻7位高士形象，分别描绘了抚琴、持卷、著书、摩腹、执尘尾及两个饮酒，共7个主题形象，虽然这与早期的竹林七贤图并不完全相同，但渊源与相承关系是相通的。

从人物的衣着与风神态度以及细节的处理上来看，义乌宋代7副台盏及银鎏金錾花七棱錾耳杯，与南朝、唐代所举文物相比有许多近似之处，布局以及图式的构成要素均包含了许多唐代因素。唯一变化的就是义乌的宋代的台盏将主题变为了饮酒，这既可以看作是宋代试图与唐代金银器制作风格的统一，同时又将主题变为饮酒以顺应当下朝代的主题，传统的竹林七贤图与时代风尚，正是这一组图案构思及设计的共同来源。

（二）器形

从器形上来看，唐代的金银器种类繁多，造型变化巨大，布局较为严谨规范，对后朝的发展影响深远。宋辽时期，在唐文化的滋养下，继承了大体的器形规范，同时在细节上进行一系列的创新。例如辽代金银器的器口样式种类繁多，有圆形、花瓣形、海棠形、盘形、曲形等，这些与唐代的圆形、花瓣形、椭方形口都有明显的共性，二者显然有一定的继承创新关系。

以金银盘盏为例。金银盘盏的流行始于唐代，且已形成比较固定的式样。唐代的基础款式即盘与盏的造型纹样基本一致或者是呼应，承盘的中心必有凸起的一周用以承盏。宋辽继承这类器形，并在造型上继续发展，未有较大的变化。例如辽宁北票燕冯素弗墓出土的铜鎏金盘盏，江西南昌县莲塘镇出土的南朝青釉盘盏等，均为承盏之盘中心一圈浅浅的凸棱，用于固定盏，盘与盏均有莲瓣纹。

（三）制作工艺

辽代常用加工技术有铸造、铆、焊接、切割、抛光、鎏金等，装饰技术则多采用线雕、镂雕、立体雕、錾刻等手法，这些都是唐代常用的技法。以酒盏台盏为例，唐代的金银器加工多采用主体花纹隐没，即中间高、四周低，有过渡性且平缓。宋辽时期多采用鎏金的方法，底子也多衬托鱼子纹。

[①] 中国历史博物馆：《契丹王朝——内蒙古辽代文物精华》，中国藏学出版社2002年版，第188页—189页。

三　唐风遗留原因

唐朝末年，大量百姓流散至辽国，其中不乏各类工匠。积淀深厚的唐文化随着民族的迁徙一起被传入北方草原地区，汉族文化几乎渗透了辽代的政治、经济、军事、科技文化各个领域。辽代早期，其金银工艺几乎完全承接于唐，甚至金银器制作机构、器物的标准化程度（年号、被供奉者的名字、供臣及衙署名等）亦是如此。后期受澶渊之盟的影响，宋朝金银器大量涌入，使辽的金银器风格发生了很大改变，其金银器在继承唐文化和宋文化的基础上，创造了独具特色的本民族、本时代的文化内涵。

宋代统治者在文化上实行"兼容并蓄"的政策，宋朝时金银器除皇家、高官使用外，民间也大量使用，这使得金银器的加工、装饰变得世俗化、民间化。金银器的风格也从唐代的气势宏大转变为轻薄精巧，以花式繁多而别具一格。一些唐代的器形、纹样虽然在宋代已不流行，但是唐对宋的影响仍然存在，甚至一些金银加工技术在唐代基础上还有所发展。

四　结论

唐代文化以接受外来文化为主，既有外来民族特色，同时也有本身的历史因素文化，唐文化呈现出多样化。到了宋朝，文化上各派思想如佛、道、儒诸家，渐渐融合。经济上，南北政权之间的物品交流频繁，《建炎以来朝野杂记》甲集卷三中描述："自和戎后，虏人正旦瑰上金酒器六事，法碗一，盏四，盘一，色绫罗纱縠三百段，马六匹。生辰，珠一袋，金带一条，衣七对，箱一，各色绫罗五百段，马十匹。二戎主生辰、正旦，朝廷皆遗金茶器千两，银酒器万两，锦绮千匹云。"从这段话中可见，上层社会使用金银器较为频繁，民间亦是如此。不仅是宋辽，呈现异域特色的金银器皿几乎都发现于13—14世纪的四大汗国，即金帐汗国、察合台汗国、窝阔台汗国和伊儿汗国。

综上所述，宋辽时期的金银器无论从纹饰、器形或制造工艺上看，都继承了唐文化因素。唐代的金银器作为工艺品而存在，而非容器之类的生活用品，因此唐代金银器多为官制，民间的制作尚未十分普遍。而宋辽金银器则多出自民间作坊，金银器特别是银器的使用已有了一定程度上的普遍性。此外，唐代曾经有过的对其他工艺品的模仿，发展至宋辽时期，借鉴现象更为频繁，例如，纹样设计常从瓷器、玉器中挑选比较成熟的传统图案；内容取材于传说故事、绘画，并且在此基础上加以创新。从这个角度来看，宋辽时期人们对之前的文化是以宽容心态去接受的，在融合的基础上改变了自己某些民族本身的观念和生活，创造出了全新的时代文化。

原载《常州文博论丛》2015年第一辑

浅谈常州的象牙浅刻艺术

梁文杰

笔者对牙刻一直有浓厚的兴趣，早年曾得到国家级工艺美术大师池家俊先生的热心帮助和指点，掌握了一定的牙刻技巧和实践能力。在进入常州博物馆工作以后，更有幸得见常州籍牙刻名手季子莞、杨英山、萧剑波、陈桂方等人的牙刻作品，从而眼界大开，心得体会更上一层。象牙浅刻作为常州手工艺的一大特色，流传至今殊为不易，为了让更多人了解和喜爱这门传统艺术，特撰本文，以介绍常州牙刻的艺术源流、代表人物、相关技法及发展趋势。

一 象牙浅刻的定义

所谓象牙浅刻，即在象牙上雕刻细微之书画，也称象牙细刻或象牙微刻，简称牙刻。牙刻与牙雕的最大区别在于，牙雕是以具象的、立体或半立体的圆雕或浮雕手法作为艺术表现形式；牙刻则强调以阴刻的线条为主，其特点是以刀代笔，以纤细如秋毫的、非眼力所能明辨的刻线构成书画艺术，其题材涉及山水、花鸟、人物、书法等。象牙浅刻不同于原始的纯阴刻的装饰艺术，其特点是充满了中国画的文人情趣和笔墨韵味。

象牙浅刻的艺术特点有两方面：第一个特点是以刀代笔。浅刻是最接近中国书画表现形式的一种雕刻方法，浅刻行刀如运笔，它将中国画的笔法运用到刀法之中，通过对线条的刻划和刀刃的刮磨，再现了中国书画的笔墨情趣和神髓。第二个特点是以小见大。浅刻通过精心设计，能够在面积很小的牙片上表现出场景宏大、意境高远的艺术视效，方寸间见大观，实现由浅入微、以小见大的艺术升华。

二 牙刻的材料

象牙软硬适中，洁白细腻，名列佛教七宝之一，自古又是权贵之象征，所以成为浅刻名手的最爱之材。象牙为大象上腭的两颗大门牙，成分近似一般骨头，为磷酸钙及少量镁、钠、钾的化合物，呈纤维状排列，在牙的横截面有"人"字形的网格纹。象牙比骨质更为矿物质化，所含矿物质约为重量的69%，硬度2.5，比重1.7—1.9，折射率在1.5左右，因此质地坚韧细密。

象牙分为非洲象牙、亚洲象牙及猛犸牙。非洲象牙较长，有长至九尺者，大多呈淡黄色，珐琅质成分高，质地较硬；亚洲牙以印度、泰国所产为主，牙色较白，久则变黄，质地较松，光泽略弱。此二者均为浅刻之好材料。

而猛犸牙是指古哺乳动物猛犸象（长毛象）未经完全化石化的上门牙及臼齿。它们大多保存在西伯利亚和阿拉斯加等地的冻土层中。前者主要见于勒纳河与其他流入北冰洋的河流流域；后者曾见于阿拉斯加育空河流域。优质的化石象牙与现生象牙无大的区别。一些被铁铜磷酸盐浸染而呈蓝色或绿色的化石象牙，则称"齿胶磷矿"，可作为象牙替代品，材料多进口于西伯利亚。近年来笔者在一些工艺品展销会上所见的许多广东地区的象牙工艺品，均是采用猛犸牙制作。

近年来受环保因素和国际大环境的影响，象牙的来源受到严格限制，象牙制品越来越珍贵。在原料短缺、交易限制、法律束缚的影响下，市场上出现了一些象牙的替代品，如海象牙、野猪牙、骨制品、化工合成的塑料人造象牙等，再加上电脑雕刻技术的介入，在一定程度上冲击了传统手工的象牙浅刻技艺。

三　牙刻的源流与常州牙刻的代表人物

牙刻应该是结合了中国传统竹刻、金石篆刻和细书发展而来的一门艺术。

牙刻与竹刻有着非常密切的关系，象牙浅刻是阴刻的支流，而阴刻技法是从古人竹雕竹刻的技法发展而来的，竹雕技法中的浅雕、阴刻经过发展成为浅刻。因此牙刻和竹刻在刀具、技法上都有许多类似。许多牙刻艺人都是先学刻竹、后学刻牙。因牙、竹质地不同，竹子质地坚硬且有丝纹，竹刻受竹面纤维的限制，到一定程度便不能再细，而象牙质地坚实光洁，易下刀，在"微刻"上更能见效果，故有"竹难牙易"之说。同时竹子比象牙廉价很多，是练习入门的好材料，因此先把刻竹的基本功练好，掌握基本的行刀技法，日后在象牙上行刀才能游刃有余。牙刻和金石篆刻学也大有渊源，旧时许多牙刻名手都兼擅制印。制印时，刻边款题跋有时要刻大段的小字，甚至还要刻山水图画等以作装饰。因此，制印者时常在较小的印石上面篆刻，客观上锻炼了浅刻微刻的技法和能力，为牙刻的创作奠定了基础。

牙刻还受到古人细书的影响。古人中有善细书者，能于方寸间书写千言。明代有唐应用善细书，尝于一线上写《心经》，又于麻粒上书"国泰民安"四字。到清代有邓彰甫、施雨生、翁方纲、郭去向等也都善于细书。笔者曾见一本古人科场作弊所夹带的缩微小书，纵横仅寸余，小字密布，且笔画缕晰丝分，八法精劲，行伍井然，叹为观止。细书为作弊之用当然不雅，但后来文人因猎奇、赏玩需要，在细书的基础上，融合了竹刻、篆刻诸法，将细书发展为细刻，在象牙上微刻、缩临名人书画，变"浅"为"微"，在"微"上下足功夫，发展为极具书卷气的象牙微刻艺术，使牙刻实现了由浅入微、以小见大的艺术升华。

带有文人画意识的牙刻制品在明代就已有之。安徽省博物馆藏有一件明代《访贤图》象牙笔筒，笔筒上刻有三位雅士盘膝而坐，听琴畅饮，一着官服者及随从三人前来拜访，再现了文王访贤的场景。此物综合运用了浅雕和阴刻的技法，虽然不是纯粹的浅刻作品，但是其细微处已经可以窥见浅刻技法的应用了。温州博物馆也藏有一件明代牙刻笔筒，内容是《松山问道图》。笔筒一侧刻山崖涧石，松壑茅亭，山道上有高士携琴访友，远处云烟渺渺，苍山雁影；另一侧刻行书"玉树琪花香作锦，水光山色翠连云。偶作。"并钤"胡""玩"圆方印及白文椭圆押首印"石清"。此件笔筒以刀代笔，诗文题跋阴刻较深，但山水人物部分以浅刻为主，构图疏密得当，且诗书画印俱全，书卷气十足。

到了清代，文人化的牙刻技艺日趋成熟，故宫博物院藏有一件清早期的象牙浅刻山水金里碗，是宫中喝奶茶的用具，象牙碗圆形、敞口、圈足，碗内镶有金里，碗底刻有"宫制"篆体方印，外壁浅刻"观瀑图"和五言诗，画面近处峰岭起伏，峭壁如障，岩壁之下，江面微波荡漾，一隐士盘腿坐在石台上抚琴。其刻工飘逸俊秀，较之皇家的雍容华贵更显清新，可见，象牙浅刻在清初已经受到了皇室的喜爱。故宫博物院还藏有清初吴历款牙刻山水诗文笔筒。吴历，江苏常熟人，明末清初著名画家，与"四王"及恽寿平齐名，长于山水，兼擅刻竹。这件笔筒表面以浅刻法描绘山林溪岸景色，并刻大段题跋，为清初江南一带文人知识分子参与象牙浅刻之例证。

到了清晚期，牙刻由浅入微，微刻兴起，其中的佼佼者即清末民初的扬州江都人于硕。于硕，字啸轩、啸仙。工书画，亦精篆刻，尤其以牙刻闻名。故宫博物院和扬州博物馆都藏有于硕的牙刻作品，他能在径寸间刻千字，其刻法无所授，以意为之，每字每行第一笔刻成，即不寻行墨，暗中摩挲成之，竭目力始辨，井然成行，无一败笔。于啸轩擅长用盲刻法，即在肉眼看不清的情况下，全凭手感运刀雕刻而成，下刀有力，意在刀先，轻重缓急，随心所欲，运刀如运笔，得心应手，字字意气连贯，流畅自然，其功力之深令人瞠目结舌。于硕之后，江苏各地又出了不少象牙微刻名手，例如扬州的黄汉侯、吴南愚、吴南敏、宫宜庵，无锡的薛佛影，苏州的梁肖友，常州的季子莞等人。他们互相影响，促进了象牙浅刻技艺在清末民国时期的发展。

常州武进的季子莞是常州牙刻早期的代表人物，他主要活跃于民国时期，流寓京师，曾以牙刻、捏人像、焦纹画（烙画）三绝技闻名。民国初年，他在京师曾与于啸轩（于硕）交流牙刻技艺。季子莞所作象牙微刻，乍看似一片黑点，用放大镜观察，山水、人物、走兽、飞禽，俱是线条清晰，富有神韵。而且题跋落款字迹秀丽，印章鲜红，逗人珍爱。季子莞生性怪僻，不轻易为人献艺，20世纪30年代客死他乡，又无子女，所以作品流传稀少。常州博物馆藏有一方季子莞先生所刻的象牙章（图一），是他1934年为故人荫樾先生所刻，长不过5厘米，宽不足2厘米，四面皆工，分别刻《无量寿佛图》《般若波罗蜜多心经》全文、《秋声赋》全文及《秋声赋诗意画》，刻工秀雅匀称，是研究常州牙刻历史的宝贵实物资料。

常州象牙浅刻大约在1930年后兴起，其早期代表人物除季子莞外，还有杨英山、闵雅兴、杨雪芳、王清源等人。常州博物馆藏有杨英山1935年所刻的牙刻小圆牌3件，每块牙牌只有一元硬币大小，每一面上或刻有《兰亭序》全文，或刻有《西园雅集图记》全文，字迹细小无比，人目力几乎难辨，但以放大镜细观之，字迹精绝，刀法精湛，如此功力，如此妙品，不愧为常州早期牙刻的精品之作。

1975年，常州武进牛塘镇成立牛塘工艺雕刻厂，引进了在上海发展的常州籍牙刻人才杨雪芳。杨雪芳在武进大力培养后继人才，有艺徒数十名，其中的萧剑波、陈桂方等人都成为如今常州牙刻的新一代大师和代表人物。

萧剑波，男，1958年生，常州武进人，中国工艺美术大师，研究员级高级工艺美术师。他的作品兼具传统底蕴和现代审美，倡导牙刻艺术的原创性，并具有鲜明的文化特质和丰富的艺术内涵。他是有史以来第一位、也是当今唯一的象牙浅刻类国家级大师，被誉为"中华牙刻第一家"，现代牙刻艺术的领军者。

图一　季子莞刻牙章《无量寿佛》

陈桂方，男，1952年生，常州武进人，中国工艺美术学会会员，高级工艺美术师。其浅刻作品充分体现了中国牙刻独特的文化底蕴以及现代社会的审美情趣。他创作的牙刻《清明上河图》《江山无尽图》《巴山古寨》等作品，在全国大师展和博览会上多次获奖。

四　象牙浅刻的工具、技法及实践步骤

工欲善其事，必先利其器。从事象牙浅刻，首先要解决工具问题。例如刻小字之刀，尖端虽然要极细，但刀身不能单薄以防折断。而且为了追求字体和笔势，所用之刀，非有刃不可。四棱刀为浅刻象牙之必备工具，因为四棱刀棱角分明，只要灵活运用，无论横刻竖刻，刻撇刻捺，各面刀锋均可利用，无转向之必要。且刻成字迹，因为四面有刃，愈加棱角分明，与毛笔所写无异。而刚劲之处，有过之而无不及。于是所刻字迹，又可逐渐缩小而不影响质量。如果所追求的牙刻效果，在于目力能视，一目了然，那么仅依靠敏锐的眼力和一把四棱刀是完全可以做到的。但是如果力求更加缩小字迹，乃至每寸象牙的面积上要容纳千字以上，仅用四棱刀恐怕就显得吃力了。因四角尖刀，刀尖虽为锐角，其隆起部位，仍可阻碍目力，刀头占去面积尚嫌较大。

因此根据前人的经验，若要求再行缩小字迹，可将钢条磨成极锐利之圆锥形刀，刀身较针稍粗而长，经过练习，极力缩小，方寸面积之中，可刻二千小字。如目力受限制，可通过放大镜的辅助来完成。牙刻的字迹除了刻细之外，还须有碑帖意，一点一划都要考虑用刀，以刀代笔，意在刀先。纵使放大视之，仍然不失书法的神韵。因此，从事象牙浅刻者平时必须勤练书法，揣摩书家的用笔和字体的间架结构，以免刀痕浮乱，锋芒毕露。

此外，对于刀具的钢材之选择，也极为重要，务必既刚且锐。过刚者虽能磨至极锐，然而易折断；稍柔者虽不易折断，却又容易转口。故必须选取刚柔适度的材料，例如以白钢（高速钢）加工制成。

牙刻操刀也有讲究。工作时，以大拇指、食指、中指紧捏刀柄，刀尖触于牙面后，以中指为支点，紧紧附着于牙面之上，大拇指和食指则掌握左右上下，或进或退。因刀尖移动范围狭小，故刀尖虽动，手指可以不动。中指每固定一处，约可刻出数个小字，始将手指向下稍作移动，再刻以下字迹。一切皆凭经验，当下移之时，务必与上一字气脉相连。既不可失之过远，留白太多；又不能挪移太近，两字复压。以上种种，都是要靠目力精准、多加练习才能掌握的。

牙刻的步骤可以概括为磨料、构图、下刀、上色、检查五个步骤。此外作品完成后还可以罩漆、封蜡以保护画面，这些可自行斟酌。

每一块象牙料在画稿或刊刻之前，都要打磨光滑，务必表面平整，光洁如镜。古人没有砂纸，多是以浸湿的木贼草、榆树叶等天然细腻的树叶反复擦拭打磨。现代人则更为方便，可以选择300目、400目、800目、1500目、3000目不等的水砂纸由粗到细逐步打磨，效果甚好，即为磨料。

其次要根据不同的牙板大小进行构图，画面比例要讲究章法。这就要求具备一定的书画基础和空间布局的能力。又比如微刻书法，刻之前要预画墨线，这是一项重要工作。由于以刀代笔，无法书写，所以必须先计算字数。例如全文共有若干字，应用若干行列；每行宽度若干，每行应刻若干字。凡此种种，要求预先计算准确，只有画成之线条，各行之墨线宽度以及各行之白色空间，安排均匀。从而刻出文字，各行之大小相称，行行均直而不曲。而且在刻的时候，刀行墨线之上，已着刀处为白色，未着刀处为黑色，虽不十分清晰，仍具黑白分明之感，此亦预画墨线之作用。

预画墨线，看似简单，实则不易。因为刻最小字迹，每字所占面积过小，往往无法计算；每行能刻若干字，也不易估算。但有长期刻牙经验的老手，可以一望即知，无须精密计算，即可恰到好处。至于墨线要求，必须粗细相等，直而不曲。墨线与空间的宽度，整齐均匀，而又不能借助器械之力，全凭空手涂绘。倘若画至最后，稍宽或稍窄，只能擦去重画，否则刻出来效果不佳。

刻字刻画，各有难易。刻字者讲究耐心，在构图上无须过多思考，难在前后一律工整，务必振作精神，一气呵成，稍有疏忽，则前功尽弃。刻画者无论刻什么作品都要讲究构图章法，构思方面煞费经营，遇到面积微小的象牙，当然不可能预绘图样，惟有以墨笔大致定位，何处为山，何处为水，何处为树石，何处为花草，待其大致范围已定，再细加刊刻。刻成后涂黑拭净，放大视之，则山之皱纹，水之波澜，人之衣褶面目等，各有具体之表现。笔者以为，最好将古人十八描的笔法运用于刀法之中，这样所刻线条更具有笔墨趣味与文人气息。

至于刻画所用的刀，比刻字者更复杂。除四棱刀外，尚有平口刀、斜口刀、鱼背刀、马蹄刀及大小各号钢针等等。普通线条，则用四棱尖刀为宜；较粗线条，如石之轮廓，树之老干等，则用两面开口之平刀方能运转自如、深浅适度。而更为粗大的点苔、撇竹等，如用平刀刊刻，势必底部过深，需用两面开口之斜刀，刻时刀根部分稍稍卧倒，效果方能阔而不深，美观大方。至于烘染、皴擦的部分，可用刀尖或钢针点出疏密细点，或用刀刃刮蹭来表现阴影。

待刻成之后，需上色以凸显效果。即以浓墨涂于牙面，着水拂拭干净，则未着刀处，黑色随之而去，已着刀处，因是新刻，不太光滑，且比较低凹，经填满黑墨，即留有相当之墨迹，显露出所刻之字画。当然除了上墨色，也可以抹上朱砂或其他色彩，以加强艺术效果。

最后以放大镜检查成果，笔意优劣如何，字句有无遗漏。如果刻坏一个字或者行间结构不妥，需要以砂纸磨掉重刻。因此下刀的时候，需要全神贯注，不容稍微的分心。刻成一字续一字，刻完一句续一句，当一气呵成，不能半途而废，否则即有上下不能衔接之弊。故工作时间，最宜在上午清新自然的日光中，否则用光过弱，则嫌不足；用光过强，有伤目力。因此完成一件象牙浅刻作品，特别是微刻作品，殊为不易。

五　常州牙刻的发展趋势

象牙浅刻是一门复杂的再创造性艺术，创作高品位的作品，需要消耗大量的时间与精力。扎实的绘画基础，娴熟的刀法技艺，深厚的文化修养，三者缺一不可。当今的艺术市场百花齐放，随着现代审美和生活理念的转变，人们对艺术也有着更高的要求。中国风与时代感的有机结合是牙刻艺术发展的新趋势，常州牙刻就是这股新趋势的推动者和佼佼者。对当代常州牙刻而言，创作是根本，在继承传统的同时，要把握时代的脉搏，让作品富有时代感，唤起人们对美好生活的向往，这是当代常州牙刻发展的时代任务。常州象牙浅刻艺术在过去清雅的、线刻的、墨色的文人气风格中，又融入了丰富的、层次化的、多彩的民俗化风韵。传统的象牙浅刻从单纯的线条艺术发展为带有水墨韵味及大块面、多层次色彩变化的新浅刻艺术。常州牙刻一方面能以水墨写意之刀法，将书画、浅刻技艺熔于一炉，使画面效果与象牙自然纹理融为一体，表现出中国书画的深远意境，以达到天人合一的视觉冲击力；另一方面又能在创作中大胆引入新题材、新技法，将娴熟技艺、奇思妙想和新时代的精神风貌都完美的融合到一起，对今后中国牙刻艺术的发展起到了积极的影响和推动作用，成为中国象牙雕刻行业的一面旗帜。

常州象牙浅刻现主要集聚在常州市武进区牛塘镇一带，以牛塘镇为中心集聚了200余名牙刻专业人才和1000余名从业人员，年销售额超过1亿元。常州象牙浅刻有一支实力较强的人才队伍，现有国家级大师1人、省级大师2人、省级名人2人、市级大师4人，省级非物质文化遗产传承人3人，其余工艺美术师约30人。常州象牙浅刻被列为江苏省非物质文化遗产保护项目。当今社会的繁荣与稳定为中国工艺美术事业的发展提供了良好的外在环境，衷心希望常州象牙浅刻艺术在新时代能焕发出勃勃生机，使这门艺术能够薪火相传、生生不息。

原载《常州文博》2013年第2期

常州博物馆藏留青竹刻作品赏析

刘颖娜

我国是世界上最早使用竹制品的国家，竹子象征中华民族坚强不屈的气节和刚正不阿的品格。留青竹刻起源于唐代，最早装饰在扇骨、茶叶筒等竹制器具上面，多为花纹图案，层次感不强。到明代后期，竹刻艺术家——常州府的张希黄发展了前人的刻法，使竹刻与书画艺术结缘，留青竹刻突破了以往的图案形式，融笔墨韵味和雕刻艺术为一体。常州在历史上原本算不上江南竹刻中心，嘉定竹刻和金陵竹刻从明万历年起就有盛名，可惜它们在清末开始衰落。反倒是常州，传承了张希黄的留青竹刻一脉，取得了卓越的成就。清末，常州的留青竹刻就开始独占鳌头，近现代常州留青竹刻更是人才济济。著名鉴赏家王世襄先生在其编著的《竹刻》中，介绍了五位全国顶尖竹刻艺术家，常州就占了四位。

竹刻艺术作为中国工艺美术中的一颗璀璨之星，一直深得人们的喜爱。中国竹刻艺术博大精深，门类繁多。笔者以下介绍的留青竹刻，作为中国竹刻艺术的一枝独秀，无论在表现形式与技法上都有着独到的魅力，它与中国的绘画在艺术语言的表达和追求的审美情趣上有着千丝万缕的联系，将中国画的笔墨神韵淋漓尽致地融入竹刻作品中。"以刀代笔，以竹为纸"[1]言简意赅地形容了竹刻与书画的区别。书画创作本来就不是容易之事，而把笔、纸换成刀、竹，其创作难度更是有过之而无不及。

留青竹刻俗称"皮雕"，就是在竹子表面极薄的一层青筠上进行平面镌刻的工艺技术。留下竹子表面的竹青层，铲去图案以外的青皮，露出竹肌层作为画面的底色。在浅薄如纸的青筠上刻画出花卉虫鸟、珍禽走兽、远山近水、人物肖像以及真草隶篆等题材。留青就是因竹青层、竹肌层色泽的不同而呈现出水墨画般的浓淡层次、明暗差别。年深月久，留青竹刻的竹青层、竹肌层色泽反差会变大。竹青层洁如玉，会呈浅青色、微黄，年久呈微亮，竹肌层有丝纹，渐成紫红色，莹润光洁，温和雅致。

留青竹刻对材料要求很高，最好是选生长四年以上的腊月毛竹，表面平整光滑、竹斑少、竹节长、肉厚的竹木。另外，选竹最好选背阴的山地之竹，背阴的竹木生长缓慢、竹质紧密坚韧、虫害少。有时上千棵竹木中仅能选出三五棵合适的。选好的毛竹还要经过防潮防虫的工艺处理，以便日后珍藏。留青竹刻制作技艺比较复杂细致，主要是将竹材制成长方形的臂搁、挂屏及笔筒等各种物件。打磨光滑称为整形；将书

---

[1] 赵汝珍：《古玩指南》，中国书店1984年版，第27章《竹刻》第1页。

画稿描印在竹面上或自画，称为描图；然后将表面图案的形状按边线用一定的角度分垂直、倾斜、弧形等手法切出，称为切边；在同一层面将切边后的边缘铲刮，称为铲底。书法作品要求边缘流利、挺括，底面留青均匀、平滑，竹筋通直，绘画作品则根据笔墨的浓淡、深浅、虚实来决定竹青的全留、多留、少留甚至于不留。一件精品一般要经过数月才能完工，大件复杂的作品耗费的功夫更多。留青竹刻的品种主要有台屏、挂屏、镇纸、笔筒和臂搁等。

常州博物馆目前主要收藏常州籍留青竹刻家的作品，尤其是以白士风先生的作品为代表。白士风先生又名白丁，是现代竹刻艺术的代表之一，1923年生，江苏常州人，人称中国留青竹刻的泰斗。他擅长多种雕刻技法，尤以留青竹刻为最精。自20世纪40年代开始涉猎留青竹刻后，他在勤学苦练的同时还不断创新，成为了竹刻艺术承前启后的先导者。他为常州竹刻艺术的发展作出了卓越的贡献，培养了很多竹刻艺人，有些已经成为现代竹刻名家。20世纪60年代起，白先生先后创作了《姑娘学文化》《试银针》等新题材作品，反映现实生活中的人物画面，为留青竹刻表现的题材开拓了新的领域。其中佳作多被国家收购，作为国礼献给外国友人。20世纪70年代，白先生又用传统的留青技法刻制了毛主席诗词手迹，被誉为"推陈出新的范例"。他的古竹简式"孙子兵法"大件竹刻先后获江苏省工艺美术百花奖和紫金大奖。白氏部分精品曾在美、英、日、加拿大等20多个国家和地区展出，多数作品已被国内外博物馆和收藏家所收藏。下面就结合我馆所藏白士风先生的两幅作品对留青竹刻艺术作一探讨。这两幅作品都是白士风先生以常州书画名家的杰作为蓝本创作的。

《松鹤图》臂搁（图一），长34厘米，宽9.5厘米。长形，覆瓦式，形制规整。所刻为常州近代书画名家戴元俊先生的作品。戴元俊（1912—1982），江苏常州人。近现代著名海派画家。幼年入学，喜爱绘画。花卉继承常州恽派画技法，尤擅长小写意，凡花卉蔬果、飞禽草虫、梅兰竹菊无所不涉，皆有韵致，生气自然，不入俗套，别开生面。尤精牡丹，人送雅号"戴牡丹"，所作笔劲墨畅，形成工中带写、工写结合、形神兼备、雅俗共赏的独特风格。晚年尝试指画，亦成就颇高。此幅作品构图巧妙，层次分明。作品下部雕作山石与嫩竹。中部老松一棵，树干粗大，古老多姿，松树下一对仙鹤引颈细语，情意绵绵，松树后露出新梅几枝，花瓣柔纤，花蕊细微，傲气逼人。上部松枝繁茂，屈曲伸展。针叶及皮片的雕刻纤毫毕现，富于质感。左上角行书落款为"元俊画士风刻"，钤"白丁"篆印。松竹梅鹤以及雅石刻画生动传神，在大师刻刀下，一副典型的文人画作跃然竹上。

《墨龙图》台屏（图二），长28.5厘米，宽7厘米。作品所刻为常州近代著名书画大师房毅（虎卿）所作墨龙图。房虎卿（1889—1979），初名毅，号房山。武进夏溪人。幼年入学私塾，后当学徒，从小爱绘画。房虎卿擅长山水、松石、蔬果、花卉，尤善画墨龙和虎，令人叹绝，名噪国内。他画虎定要画出老虎凶悍的特性，造型姿态威武得体，包括虎毛的用笔，劲峭有力，画得逼真，周围环境的气氛烘托，使人觉得有几分胆寒。他的花鸟画也很有特色，用色清雅，布白严谨，生动活泼，

常州博物馆藏留青竹刻作品赏析

图一 《松鹤图》臂搁

是典型的"海派"画风。这幅作品以乌云为主体，云层厚密而不呆滞，云层下端飘着绵绵雨帘，云层的明暗、浓淡充分体现出绘画"墨分五色"的高超技法。在滚滚卷云中，作品的重点飞龙若隐若现，龙身藏于云中，仅露出两段，龙身覆盖细小鳞片，清晰可见。龙头赫然现于画幅中心，微张嘴，露齿，左右两根龙须飘逸，怒目圆睁，腮鳍向后飞扬，头顶两根长角上翘。另有一爪向前张开，三趾分开卷曲，粗壮有力，指甲细长尖锐。整幅飞龙兴云布雨图刻画得栩栩如生，明暗对比强烈，画面的流动感极强。白士风将原作的飘逸潇洒、浓淡相宜表现得淋漓尽致。竹刻左侧

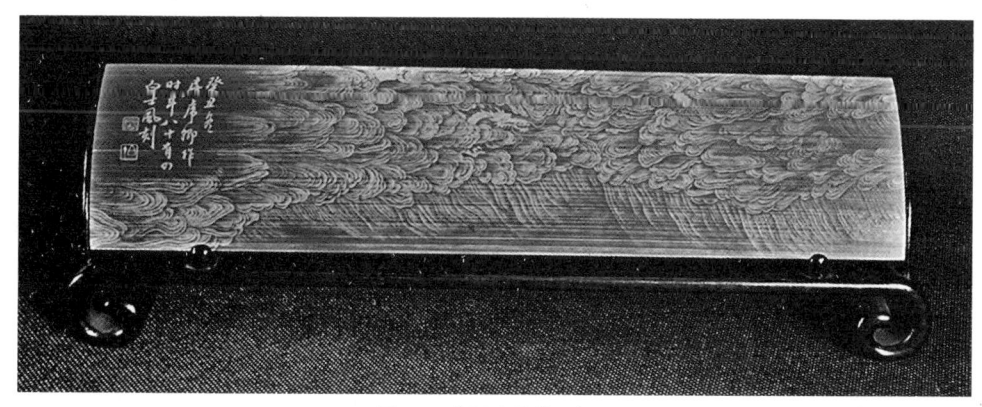

图二 《墨龙图》台屏

刻行书款:"癸丑冬,房虎卿作,时年八十有四。白士风刻。"另刻有两枚篆书印"房""白丁"。

戴元俊的《松鹤图》较为写实,房虎卿的《墨龙图》比较飘逸、写意。白士风先生能把这两种截然不同风格的画作都刻画出原作的韵味,足见其技法高超。他刻的花鸟活灵活现,梅花似乎沁出淡淡花香,暗香浮动;仙鹤羽毛丰满立体,层层叠叠,清晰可见。他刻的云气有蒸腾之势,其势壮阔,如翻江倒海,强烈衬托出龙的非凡气概,虽仅现一爪一首,微露其身,仍凸显其万兽之首的气势。白士风作品刀法流利,刻工精细,艺术风格古朴淡雅,将书法的笔墨韵味较好地诠释于竹筠之上,颇得书画名家的好评。王世襄先生专程来常州看望白士风时,曾留下珍贵题诗:"漫说希黄迹已陈,又逢妙手削轻筠。剧怜留得青如许,现出人寰万象新。"他把白士风与竹刻大师张希黄并论,评价之高足见其对白士风的赞赏。

白士风用自己的艺术魅力,带动了一批常州刻竹人,也用他的毕生精力为常州留青竹刻的发展写上了浓墨重彩的一笔。常州留青竹刻具有艺术审美、文化交流等多种价值及作用,是独具中国特色的民间工艺美术瑰宝,对其有效地保护、开发,将极大地丰富祖国的非物质文化遗产宝库。近几年,政府和文化部门不断提高对这一类非物质文化遗产的重视和支持,为留青竹刻艺术的发展创造优越的环境和丰厚的条件。相信大师的精品能长久流传,大师的技艺更能代代传承。常州留青竹刻艺术将始终散发着无穷的活力,成为常州众多非物质文化遗产中的佼佼者。

原载《长江文化论丛》第九辑

古代常州运河通漕济运水利方略释读

邵建伟

常州所处的地理位置，正如清代乾隆皇帝诗中所说的"襟带控三吴，舟车会百越"，所以，"上通京口，下行姑苏"的常州运河成为"自苏松到两浙七闽数十州，往来南北二京者，无不由此途出"的漕运黄金水道，其在中国古代漕运史上占有重要地位。而如果我们再考察运河常州段的水利建设与保障设施，并加以释读，便会发现，由于特殊的地理环境的限制，常州运河的利用和维护始终得到历代统治者的高度重视，因为常州运道的畅通与否，是国家严重依赖的东南财赋与漕粮能否顺利北运的关键所在。从整体上考析，常州运道完全是作为一个异常复杂的古代漕运枢纽工程在有效地运转着。

一 常州地理环境及其对运河的影响

据地方志记载，常州运河之上下及里程，"河自吕城三板桥入武进界……至五牧七姑庙与无锡界"①，"考郡境运河，自吕城张店铺入境，至无锡望亭堰风波桥出境"②，"盖漕渠东起望亭西上吕城一百八十余里"③。《宋史·河渠志》说，江南运河从浙西临安府北郭务至镇江江口闸，长六百四十一里，常州运河约占四分之一。现代的《常州概览》则有更明确的说明："常州辖区段西从丹阳和武进交界的荷园里流入，东至武进和无锡交界的直湖港，全长44.1千米。"④ 最早的常州运河是在城西南穿城而过的。据明永乐《常州府志》卷一七文天锡《重浚关河记》载：元大德五年（1301）常州路判官袁德麟"领浚城南渠九里以分行"（即东南濠，亦曰西兴河）。到明代正德时，市内段运河因船只通行拥挤，规定除官船、漕船外，民船皆改道南护城河（即宋明时期护城河之东南濠），至明代嘉靖时，官、漕、私船多由此途进出，相对常州老城区而言，变为绕城而过。

---

① 《武进阳湖合志》卷三《舆地志·水道·运河条》，清光绪十二年聚珍版，第2页。
② 《武进阳湖合志》卷三《舆地志·水利·淳化三年诏废望亭堰条》，清光绪十二年聚珍版，第4页。
③ 《武进阳湖合志》卷三《舆地志·水利·嘉泰元年知常州李珏浚漕渠条》，清光绪十二年聚珍版，第12页。
④ 吴振祥、陈冬期主编：《常州概览》，中国城市出版社1996年版，第27页。

关于常州地理，多言"武进滨江地多高仰，阳湖滨湖地多卑下"①。北宋名臣胡宿在《晋陵浚渠记》中说："按吾邑之地，西北高仰东南卑下，其大较也。"②"毗陵郡城大抵西仰而东倾，漕渠贯其中，故水悉东下。"③ 也就是说，常州地形总体上呈现西北高、东南低的态势。

水具有随形性，它总是往低处流动，因而常州地区的穿境运河水位也就呈西北高东南低的趋势，相应便存在一定程度的落差。这个落差到底有多大，《明史》有说镇江京口闸底与苏州虎丘塔顶是齐平的，这也许有些夸张。《武进阳湖合志》则提供了较为具体的数据。明太常卿唐鹤征说："毗陵水势自西而趋于东北者，是谚谓润高于常三丈赢，常高于苏二丈缩，而毗陵地势稍平，然稍平者在郡城东，而不在郡城西。"④ 这也说明，常州境内运河有近乎数丈的落差，这使得运河之水往往急泻奔流而下，一时难以存留。

常州号称江南水乡，旧时湖泊星罗、河流网布，水资源理应丰厚无比才是。对常州水系，南宋宁宗嘉泰元年（1201），常州知州李珏在请浚漕渠奏折中曾分析说："州境西北边扬子江，东南并太湖，而漕渠界乎其间，曰白鹤溪、西蠡河、南戚氏、北戚氏，直湖港，通于二湖；曰利浦、孟渎、烈塘、横河、五泻诸港通于大江，而中间又各自为支沟断汊，曲绕参错，不可数计。"⑤ 明朝嘉靖二十四年（1545），巡按御史吕光洵视察苏松常镇四郡水利，并著为图册。书中介绍说："常州地势视苏松为高，然北枕大江，南控太湖，凡水之猥集其境内者，往往合于漕河，奇分之而流注于江湖焉，亦百川之巨都也。"⑥

常州地区雨水充沛，水源汇集，但既有阴雨洪涝的天气，也会有晴旱无雨的日子。实际情况是："水利之源多于他郡而常苦旱，盖漕渠东起望亭西上吕城一百八十余里，形势西高东下，加以岁久浅淤，自河岸至底，其深不满四五尺，常年春雨连绵、江河泛涨之时，河流忽盈骤减，连岁雨泽，愆阙江湖，退缩渠形，尤亢间虽得雨水无所受，旋即走泄，南入于湖，北归大江，东径注于吴江，晴未旬日，又复干涸，此其易旱一也。至若大雨，旁诸港如白鹤溪、西蠡河、直湖、烈塘、五泻堰，日为沙土淤涨，遇潮高水泛之时，尚可通行舟楫，若值小汐久晴，则俱不能通应，自余支沟别港，皆已湮塞，故虽有江湖之浸，不见其利，此其易旱二也。"⑦ 由此看来，常州水源虽多，但

---

① 《武进阳湖合志》卷三《舆地志·水利之卷首语》，清光绪十二年聚珍版，第1页。
② （宋）《咸淳毗陵志》，四川美术出版社2005年版，第309页。
③ 同上书，第320页。
④ 《武进阳湖合志》卷三《舆地志·水道·西河洞河条》，清光绪十二年聚珍版，第16页。
⑤ 《武进阳湖合志》卷三《舆地志·水利·嘉泰元年知常州李珏浚漕渠条》，清光绪十二年聚珍版，第12—13页。
⑥ 《武进阳湖合志》卷三《舆地志·水利·巡按御史吕光洵相视苏松常镇水利著为图册条》，清光绪十二年聚珍版，第23页。
⑦ 《武进阳湖合志》卷三《舆地志·水利·嘉泰元年知常州李珏浚漕渠条》，清光绪十二年聚珍版，第12—13页。

如不多举水利拦蓄，往往因"旋即走泄"而缺水。

南宋诗人陆游《重修奔牛闸记》提道："是时三闸已具矣，盖无之则水不能节，水不能节，则朝溢暮涸。安在其为鄽也。苏翰林尝过奔牛，六月无水，有仰视古堰之叹。"① 苏翰林到常州途经奔牛时的"无水之叹"，大约是因为北宋哲宗元祐四年（1089）筑丹阳吕城闸蓄水，致使其下流奔牛一段运河水源枯竭，因此不久便有废吕城闸的奏言诏许之举，但少了吕城闸，丹阳一段运河水位又大受影响。所以，哲宗元符二年（1099），"润州京口闸、常州奔牛闸并修筑工成"②。用来应对丹阳运河南下水减少，又因落差大致使奔牛段无水的窘境，以奔牛堰闸来补充运河水源。

二 "水利冠于他州"多为济运

《武进阳湖合志》卷三《舆地志·水利》概括说，常州是"江南古泽国也，厥田下下，而自唐以来，财赋甲于天下者，则以人事善为补救也，是以水利亦冠于他州"③。历代常州官宦士人对家乡的水利功业尤为关注，地方史志均有详细的记载和总结。如《武进阳湖合志》认为，常州水利"盛于宋，极于明，迨至国朝，则规制详矣，议论备矣"④。

所谓"盛于宋"，不仅是说两宋时期常州水利举措有超过40次之多，各项水利设施多已建立，而且还指常州所在三吴地区水利建设理论的发展已基本成熟。清代文学家邵长蘅的《毗陵水利议》认为，"吴中水利……数祖皆郏氏、单锷诸书"⑤。这是指北宋后期，司农寺丞郏亶撰写的《吴门水利书》及单锷所撰《吴中水利书》，都是在实地考察了太湖地区治水的历史，总结前人治水经验的基础上，提出了较为符合三吴地区实际需要的看法。后来，历任地方官员治常州水利，多用"上疏下导""蓄泄吐纳"的方针，都是源于郏亶、单锷的主张。

所谓"极于明"，是指明代常州水利建设盛况空前，而且得到各朝中央政府与地方守官的全力推动。这可以从三个方面来体现。一是明初由于筑东坝拦上流水，常州洪峰降低，水利措施频率本应相对减少。如嘉靖一朝内外用兵，国空民穷，大规模水利兴修活动在其他地区较为少见，但常州的频率与数量非但没有减少，反而有所增加，据《武进阳湖合志》水利条统计，嘉靖朝共有10次之多，⑥ 说明朝廷对常州的水利建设始终是摆在优先考虑的位置。二是明王朝对苏南浙北这一财赋漕粮重地的水利异乎

---

① （宋）《咸淳毗陵志》，四川美术出版社2005年版，第315—316页。
② 《武进阳湖合志》卷三《舆地志·水利·元符二年润州京口闸常州奔牛闸并修筑工成条》，清光绪十二年聚珍版，第8页。
③ 《武进阳湖合志》卷三《舆地志·水利之卷首语》，清光绪十二年聚珍版，第1页。
④ 《武进阳湖合志》卷三《舆地志·水利之总结语》，清光绪十二年聚珍版，第52页。
⑤ 《武进阳湖合志》卷三《舆地志·水利》，转引自《康熙三十一年知府于琨通判徐丹素知县王元烜浚城内外各河条》，清光绪十二年聚珍版，第37页。
⑥ 《武进阳湖合志》卷三《舆地志·水利·嘉靖各条》，清光绪十二年聚珍版，第22—27页。

寻常地重视，特别添设专职官员来处理此事。方志载："明于永乐时，特遣夏忠靖公相视川原，治水三吴，宣德间，则杭嘉湖苏松常镇七府，添设水利通判、水利县丞，以治水劝农为职，专司其事，不别委用。"① 另外还有专职的巡按御史、巡抚等。三是朝廷没有把常州水利当成常州一地的事情，而是看作整个东南财赋地的锁钥所在。如明成祖永乐初，"因命右通政张琏发苏松常镇丁夫十万（浚孟渎），通政赵居任督率，十昼夜毕工"②。因当时夏原吉正在江南巡视川原，相度机宜。所以唐鹤征《河渠总说》称：（夏）忠靖公"又合四郡之力，以凿孟渎"③。方志还多次讲到常州水利建设时，均说明某事由其他州郡协助出人、出钱或出粮，也是同样性质的多方合力。

所谓"迨至国朝，则规制详矣，议论备矣"，是指清代水利建设制度更为完善，各种治水主张与专著大量出现。如清康熙时，又用置闸遏沙的有效主张，同时，治水方法有了变化，变得更为成熟完善。如曾有规定：各府县有权治水，疏通河道。因而清代常州小修小浚极多，国家大规模的专项变少了，而效果反而更好，更切合实情需要。这在以前是行不通的，如北宋嘉祐三年（1058），时任常州知州的王安石想要开浚运河，向下属四县抽调丁夫，当时的宜兴知县司马旦，觉得"民有不胜"，屡次请求缓浚运河之役，王安石非要上马，因遇上大雨天气，最后竟然未得实施完成。④ 王安石想治常州水利未能成功，固然有意外的因素存在，但下属官员的不配合，又何尝不是因为"规制"的不明确，倒是《武进阳湖合志》的编撰者将之归为治水不成功的范例，说"若王安石之不协舆情，许应逵之虚糜工费"⑤。

历史时期的常州水利建设"冠于他州"，不仅体现在规模上，也反映到数量上。规模前面已述，常州水利建设经常从附近州郡抽调力量。从数量上讲，一是地方志上明载的，如以《武进阳湖合志》水利条统计，核计约178条次，其中浚运河33次、南运河10次、修立奔牛等闸及浚孟河、德胜河、澡江河等济运水道58批次、浚城河21次、其他68次。⑥ 二是有"定制"而方志未每次都有记载的，如明仁宗洪熙元年（1425），"诏常州孟渎河定制三年一浚"⑦。明宪宗成化三年（1467），"诏仪征瓜州孟渎诸处河港三年一浚者，冬初兴工"⑧。三是民间自发自觉开展的治理。常州一般是"诸田间水

---

① 《武进阳湖合志》卷三《舆地志·水利·万历八年知府穆炜督令通浚各乡支港条》，清光绪十二年聚珍版，第30—31页。

② 《武进阳湖合志》卷三《舆地志·水利·永乐四年诏通政赵居任督浚孟渎条》，清光绪十二年聚珍版，第16页。

③ 同上。

④ 《武进阳湖合志》卷三《舆地志·水利·嘉祐三年王安石开运河条》，清光绪十二年聚珍版，第6页。

⑤ 《武进阳湖合志》卷三《舆地志·水利之总结语》，清光绪十二年聚珍版，第53页。

⑥ 笔者据《武进阳湖合志》（清末光绪十二年聚珍版）统计归纳。

⑦ 《武进阳湖合志》卷三《舆地志·水利·洪熙元年诏常州孟渎河定制三年一浚条》，清光绪十二年聚珍版，第17页。

⑧ 《武进阳湖合志》卷三《舆地志·水利·成化三年诏仪征瓜州孟渎诸处河港三年一浚者冬初兴工条》，清光绪十二年聚珍版，第20页。

道陂塘定以间岁一小浚，则令塘长督得利之夫浚之，管农官稽之；十年一大浚，则有司设处米谷稍济之，而督以管农之官可也"①。

常州的水利建设与专项治理多与济运有着密不可分的关系。在常州的水利记录中，直接开浚运河或浚河港以济运者，占60%以上。如前述嘉靖朝的10次水利记录，与济运助漕直接关联的就有6次。清代邵长蘅的《毗陵水利议》提出水利四策，也是漕运优先："疏通孟渎烈塘诸港、修复旧闸，既便转漕兼资灌溉，最为上策；次复运闸以通漕，五泻虽湮，宜于丁堰戚墅间特置一闸，常蓄水五六尺以上，以济毗陵运；次则疏百渎，筑围田，浚陂塘，以为高下田畴之利；末则兼言城河之淤垫，意亦相同。"②

常州能够"水利冠于他州"，也确实离不开"济运"这个关键的因素。

首先，从江南运河所经州县来说，常州之北镇江运河直接有江水灌注，水量大，冲力足，泥沙不易淤积，丹阳运河有练湖之清水冲刷中和；常州之南，苏杭等州本身地平，又近太湖，水源充沛，虽有泥沙淤积，不用常浚。惟常州运河处在中间，既因地形特殊，又因水源的不稳定，既要引多沙的江水济运，又要保证水流缓慢不要一泻而光，极易造成泥沙淤塞河道，抬高河床，为了保证漕粮运道的畅通，必然需要常开常浚。

其次，常州的西北西南诸水利用不上，这也是地理环境的影响。唐鹤征《河渠总说》载："丹阳之水初不直下武进，至金坛会洮湖又会西乡诸水注于西滆，故不大势向东南……无不自郡城西绕郡城之南而东出也。"③ 这是常州西南水大致的走势。又因为武进西北部地势偏高，而郡城运河之西南一片又微，"阳邑偏东地多湖治为田，偏西邻于沙滆，皆为沃壤，惟山脉坟起，势向西北，至郡南茶山，中间数乡，一片微高，全籍水道深广，方于民生有益"④，故而难以向滆湖地区借水济运。相反，运河西部诸河由于地势，却要从运河分走一部分的水源。"南运河者，宜兴荆溪溧阳运渠也，自朝京门外龙舌尖分运河水南流……为三邑漕渠，故通谓之南运河。"⑤ "龙游河于新河口分运河水东南流"⑥，这必然进一步加剧了运河水位的下降速度。

第三，运河东部孟河、德胜河、澡港河等几条引江济运纳水河流也不得全功。这也是由常州沿江这一块逐渐东下的地形地貌所决定。滨江地本身如唐鹤征所说"然稍平者在郡城东"，但也只是稍平，仍然有个坡度存在，三河之间有众多支流河汊相连，为灌溉或交通，便形成滨江地本身消耗或东流部分水源。因此有"孟渎、得胜、澡港

---

① 《武进阳湖合志》卷三《舆地志·水利之总结语》，清光绪十二年聚珍版，第51页。
② 《武进阳湖合志》卷三《舆地志·水利》，转引自《康熙三十一年知府于琨通判徐丹素知县王元烜濬城内外各河条》，清光绪十二年聚珍版，第38页。
③ 《武进阳湖合志》卷三《舆地志·水利·庆历二年知晋陵县许恢浚申港灶子港戚墅港条》，清光绪十二年聚珍版，第4页。
④ 《武进阳湖合志》卷三《舆地志·水道·运河之戚堰条》，清光绪十二年聚珍版，第3页。
⑤ 《武进阳湖合志》卷三《舆地志·水道·南运河条》，清光绪十二年聚珍版，第22页。
⑥ 《武进阳湖合志》卷三《舆地志·水道·龙游河条》，清光绪十二年聚珍版，第37页。

以次贯注，极于暨阳之境"之说。① 这必然要加大这几条引江纳水河流的引水量，而江水引得越多，泥沙淤积便越多且越快，不得已只能反复开浚。

最后，常州发达的水利与济运特征，与历代常州守官的努力争取是分不开的。我们说常州水利大多围绕济运展开，一是事实上有此需要，毕竟引江水济运河，泥沙俱下，特别容易淤积，阻塞漕路；二是封建国家农本政策是无可置疑的治国方略，地方官员以应民之请为引子，以溉田抗旱涝来分说，而以济运助漕为最好的突破口，往往更容易使自己的治水请求得到朝廷的批准。因为对朝廷来说，助漕济运、保证漕路的畅通乃是军国大事，否则万一漕路出了问题，谁也担不了这个责任。对运河沿岸的地方守官来说，兴修水利、保证运路畅通既是本职工作重点，又何尝不是搏政绩、留青名的最好手段。

三　常州运河之济运方法与策略

（一）济运水利方法

常州运河所处由于地理环境的限制，往往需要源源不断地补充水源，为防止运道淤塞，需要反复开浚，并做好旱涝不同时间段内水资源的蓄泄调节。

1. 引水济运。主要是指运河东部的孟河、德胜河、澡港河等引江纳水河流以堰闸定时启闭控制、以自流方式济运。另外局部还有戽水济运之法。尤其因筑坝废闸时期，官府以戽水代役，这种情况在历代还较为普遍。南宋宁宗嘉泰元年（1201），"况漕渠一带，纲运于是经由、使客于此往返，每遇水涩纲运便阻，一入冬月，津送使客，作坝车水科役，百姓不堪其扰，岂特溉田缺事而已，望委转运提举常平官同本州相视漕渠并彻江湖之处，如法浚治，尽还人遗迹，及于望亭修建上下二闸，固护水源"②。明英宗正统元年（1436）九月，明政府曾召开过一次全国性的水利工作会议，与会者是运粮储总兵官和各省巡抚、侍郎，议题是"会议军民利便事宜"，最后有多条决议与常州有关，其中一条是"镇江新港坝至常州奔牛坝运河一百五十里，原有水车，车卷江潮灌注河内，通利舟楫，浸溉田禾，年久废驰，宜命巡抚、侍郎和提督有司支给官钱，置车给坝官领之，以时灌注，通漕溉田"③。清乾隆五十一年（1786）时，"而南运河复有戽水送粮之役"④。

2. 深浚河道。不仅是运河要深浚，而且引江水道也要深浚，另外，常州一些河道，

---

① 《武进阳湖合志》卷三《舆地志·水道·永济河条》，清光绪十二年聚珍版，第10页。
② 《武进阳湖合志》卷三《舆地志·水利·嘉泰元年知常州李珏浚漕渠条》，清光绪十二年聚珍版，第13页。
③ 《武进阳湖合志》卷三《舆地志·水利·正统元年漕臣上言自新港至奔牛漕河百五十里旧有水车卷江潮灌注通舟灌田请置官钱置车诏可条》，清光绪十二年聚珍版，第18—19页。
④ 《武进阳湖合志》卷三《舆地志·水利·乾隆五十一年知府金云槐濬常州运河条》，清光绪十二年聚珍版，第43—44页。

漕运与灌溉兼善，只因地势微隆，也是需要深浚的。"阳邑偏东地多湖治为田，偏西邻于沙涡，皆为沃壤，惟山脉坟起，势向西北，至郡南茶山，中间数乡，一片微高，全籍水道深广，方于民生有益。虽不似武邑西南之高，纯籍塘荡，西北之高，纯籍江潮，而濬导之功亦不可废。"① 深浚河道在常州的各项水利建设中属于经常性、常规性、制度性的内容，深浚可以使河床保持一定的深度，保有一定大小的过水断面，单位面积可以引更多的水，也可以延长河道的使用年限，但像常州这样反复浚河，主要是引江纳水的结果。

3. 置闸围堰。因江水水混多沙，引江纳水河道的河口本身由于引用江水泥沙多而易淤，不数年便会阻塞河床。为持续取得更多的水源，孟河、德胜河、澡港河的河口多变，并一直向外延伸。为尽可能地把泥沙挡在外面，当时的主要措施是在引水道上置闸，如孟河上有小河闸、奔牛闸，德胜河上有魏村闸，澡港河上有圩塘闸等。一般而言，闸的主要作用是挡沙。另外，常州水利关键是"高者利在明其源，源明则旱涝有资，卑者利在悉其委，委悉则农桑攸赖"②。因此，常州地区水利的着力点，不仅在深浚港浦高筑堤防以抗洪，还必须广置堰闸、多筑陂塘以防旱，既要注重雨涝泄洪，又要重视晴旱时水的储蓄调节。古代常州地区河网密布，港浦深浚，圩（低洼地区防水护田的土堤）堰（以利灌溉的低矮拦水坝）闸（用以遏沙）众多，基本做到蓄泄兼济。

(二) 济运水利策略

我国的漕运，水涸则引之，溢则泄之，河淤则疏之，浅则濬之，规例如此，少有更改。为保证运道的畅通，常州运河同样需要千方百计保证水源的充足与稳定以及河道的深濬与宽广，并因不同区域的实际情况，区别对待，因地制宜，解决问题。笔者试将常州运河约分为城北段、城中段、城南段来考析。

1. 城北段主要是考虑纳水济运、建闸挡沙。因为上流以练湖水为主要来源的丹阳运河流到奔牛附近已不敷所用，便需要引江济运。此段主要水利设施有孟河、南新河及奔牛闸、烈塘闸等。

常州运河的纳水之途，早在北宋胡宿的《晋陵浚渠记》中已记载明确："运河之北纳水之途，孟渎最大，烈塘次之，皆足以济运。其次澡港足以助北塘之水，桃花港利港申港兼两邑者又次之，次北滨之高仰也，以纳水为主。"③ 在纳水河道上建闸挡沙，也是成熟的谋略之一，目的是尽量减少江水中的泥沙进入运道。

孟河即"孟渎，邑西北济运古渠也，其入运河处在奔牛镇万缘桥，东去郡城三十里"，"或谓孟渎一经八纬"④。附近原有孟河支流兰陵渎、伯牙渎等其他入运河者，已

---

① 《武进阳湖合志》卷三《舆地志·水道·运河条》，清光绪十二年聚珍版，第3页。
② 《武进阳湖合志》卷三《舆地志·水利之卷首语》，清光绪十二年聚珍版，第1页。
③ （宋）《咸淳毗陵志》，四川美术出版社2005年版，第309页。
④ 《武进阳湖合志》卷三《舆地志·水道·孟河条》，清光绪十二年聚珍版，第6—8页。

湮没。孟河水来源有二。一是支流浦河，"盖邑境西高东倾，凡丹邑九曲以东之水，尽入浦渎"①。二是江水，始见于唐孟简"引江水南注通漕溉田"的记载②。孟河是常州的几条纳水通道中是最重要的，主要是因为北支流浦河是清水河，浦河水与所引江水合流中和，对改善整个孟河的水质是大为有利的。

奔牛闸的始立"或齐梁前已有之"，但有明确记载的，是初建于北宋哲宗元符二年（1099）。"在县西三十里奔牛镇，旧有上下二闸，上名天井，下名天禧，南宋嘉泰三年（1203）知州事赵若川重修，陆游有记，明成化四年（1468）巡抚邢宥续修，郡人王（㒟）有记，皆上闸也，今已废，遗址犹存"。"因堰不足以时宣泄……洪武时废闸为坝，不复能通重载漕舟"。"天顺三年（1459）巡抚崔恭奏重建下闸，始有二闸，成化戊子修复上闸，石坝两存。嘉靖戊子始于闸之夹岸筑石，为垛上架舆梁，是为闸桥。国朝康熙间三次修建，道光十八年（1838）闸圮，邑人建木于闸基上作桥，亦名天喜，皆下闸也。"③

德胜河即南新河。"南新河，亦邑西北济运渠也，在郡西十五里，旧名烈塘，宋章冲知常州奏治本州湖港，始见于史，（南宋）光宗绍熙五年（1194），李嘉言浚河置闸，洪武时改名得胜新河，因泰兴有北新河，遂以此为南新河。"④ "其济运泄水功与孟渎等，但河形似凹，河身易淤滞，至南清北浊。"⑤ 自连江桥入运河，德胜河上有烈塘闸等设施。

2. 城中段主要是力求做到分流循环、提升水位。因为既要助运济漕，又要保证城市供水，所以需要保持水流的充足与平稳，并适当补充水源。郡城区域内还算是较为平坦的，这也许是当初筑城之依据所在，但仍呈现北高南低趋势，仍有一定的落差，水道特征呈现出合（源于运河）—分（众多城河支流）—合（又归聚于运河）。

城中段水利措施有三。一是利用自然或开凿的河道尽可能地分流循环，以平缓流速。龙舌尖分大小，城北段运河在小龙舌尖二分，一为城西北濠水兼漕河，二为南运河；从小龙舌尖下而大（土龙舌尖）者，一由大西水门东行至东水门为前河（即明嘉靖以前旧漕河），一从小西水门东行至白云尖（为城内诸河源，即后河）。除龙舌尖外，常州城内还有所谓"三尖"以分水，"旧传有三尖，皆倒地文笔塔也，八字、白云并乌沙为三，乌沙既侵塞，八字复因改河凿去，惟白云尖仅存云"⑥。白云尖在白云溪口，今小营前之唐家湾附近，一路折而北，出北水关折而东。八字尖在白云尖后，一路合于前河，八字尖在"后河前河交会处"，有里虹桥俗名八字桥⑦。乌沙不知在何处，方

---

① 《武进阳湖合志》卷三《舆地志·水道·孟河条》，清光绪十二年聚珍版，第10页。
② 《武进阳湖合志》卷三《舆地志·水利·元和八年常州刺史孟简浚古孟渎条》，清光绪十二年聚珍版，第3页。
③ 《武进阳湖合志》卷三《舆地志·桥梁·奔牛闸条》，清光绪十二年聚珍版，第7页。
④ 《武进阳湖合志》卷三《舆地志·水道·南新河条》，清光绪十二年聚珍版，第11—12页。
⑤ 《武进阳湖合志》卷三《舆地志·水道·南新河条》，清光绪十二年聚珍版，第12页。
⑥ 《武进阳湖合志》卷二《古迹·乌沙尖》，清光绪十二年聚珍版，第16页。
⑦ 《武进阳湖合志》卷三《舆地志·水道·城河条》，清光绪十二年聚珍版，第4页。

志只说"在郡城兴贤巷北"①。城河之水主体源于运河,其自大龙舌尖分派入城,另外城濠诸水与城河也都是相通的。历史上对城内河道的反复浚通,也是为了使城河内可以积存更多的水源。

二是明万历九年(1581)知府穆炜凿新河筑文成坝。"旧运河水入城直泻,形家言,法当横流以障之,凿新河,筑二坝堵旧河,使水从水平桥入运河。万历二十九年(1601),知府周一梧、知县晏文辉实之,建殿阁于其上,名曰文成里。"② "在县(阳湖)治东四里……国朝康熙间,建舣舟亭,乾隆二十二年(1757),移东坡旧居洗砚石池置其旁,洵郡东胜地也。"③ 庄存与为乾隆二十五年(1760)常州知府永会浚城内外各河作记说:"郡守周公一梧、邑令晏文辉实土二坝以为固,今所谓文成里者,是也。"④ 入文成坝口河水,一是新运河,二是今水门桥通东北濠者。这里是城河在城东南的最后汇聚处,这项水利工程,也是因为运河城中段落差较大,显现"入城直泻",有高明的形家即堪舆家(俗称风水先生)提出,"横流以障",其原理也是古已有之,穆炜仿之中流筑堤,具有节制水流、提升水位的功用,实常州之小都江堰也。

三是澡港河的纳水作用。"澡港者,邑东北要渠也,古曰灶子港,宋许恢所浚。……江水屈曲,东南流入仓头河者为澡港河,此其正干也。"⑤ 澡港河本身支流众多,澡港河汇北塘河后入青山门外东北濠,其地在今晋陵中路之通江桥一带。前述北宋胡宿《晋陵浚渠记》说:"其次澡港足以助北塘之水,桃花港利港申港兼两邑者又次之,次北滨之高仰也,以纳水为主。"由于澡港对郡城有一定的纳水作用,故得以多次开浚。如洪武七年(1374),常州知府孙用浚澡子港置闸,用具图陈,议以四县丁夫浚临江置闸。⑥

3. 城南段要点在于储蓄调节、控制水源。由于城南段仍存在落差,关键是固护并补充水源,不使运河水过快下泄,因此需要围堰置闸,定时启闭,节制水源。主要设施有戚墅堰、望亭堰等。

常州运河城南段的地形较之城北、城中段,更为复杂。前贤多有论述:"考郡境运河,自吕城张店铺入境,至无锡望亭堰风波桥出境,经武阳锡金四邑为江浙漕船公私舟楫通行要道,上苦水之不足,故置堰于吕城奔牛,所以蓄其源也,卜惧水之过泄,故于望亭置堰,所以节其去也。议者谓于邑东五牧界内添设一闸,则岁当亢旱,横林、

---

① 《武进阳湖合志》卷二《古迹·乌沙尖》,清光绪十二年聚珍版,第16页。
② 《武进阳湖合志》卷三《舆地志·水利·万历九年知府穆炜凿新河条》,清光绪十二年聚珍版,第32页。
③ 《武进阳湖合志》卷三《舆地志·桥梁·文成坝条》,清光绪十二年聚珍版,第4页。
④ 《武进阳湖合志》卷三《舆地志·水利·乾隆二十五年知府永会浚城内外各河条》,清光绪十二年聚珍版,第41页。
⑤ 《武进阳湖合志》卷三《舆地志·水道·澡港条》,清光绪十二年聚珍版,第14页。
⑥ 《武进阳湖合志》卷三《舆地志·水利·洪武七年常州知府孙用浚澡子港置闸条》,清光绪十二年聚珍版,第15页。

五牧间不扰浅涩,是亦两邑之利也。"① 清代江西提学杨兆鲁曾言:"毗陵南府太湖,北枕大江,运河贯其中,为漕运孔道,横林、洛社而上,河身渐窄,势渐高仰,奔牛三闸可蓄云阳以西之水,不能概及下流。"② 上述大势说明,城南段运河需要新的水源补充,并且要注重水流的落差,防止过快下泄。

新水源补充是没有问题的,因为戚墅堰地区本是古代常武地区的泄洪区,地势低洼。是"宋许恢浚治之以利民者。……古为临津、菱沼、阳湖三湖之地,又为小五湖地,皆湖也,今皆修治为田矣"③。戚墅堰置堰闸的重要性在于,戚墅堰地区与相邻的江阴、无锡同样低平,如不置堰闸,就会如嘉靖二十四年(1545)巡按御史吕光洵相视苏松常镇水利,所著图册中说:"凡在本县之东下流者,皆自运河分派北流,经无锡江阴之境而达于江。"原因是"盖诸港旱则引江潮以供灌溉,涝则由此而注之江"④,或者东南泄入苏州吴江、太湖,极易造成此段运河水量的不稳定。也就是说,这段运河水位受地形的影响,受晴雨的影响,甚至受江潮的影响。如不修堰置闸,固护水源,定时补充,极易造成运河浅涩。

望亭堰的重要性不下于戚墅堰。关于望亭堰,"至若望亭堰闸,置于唐至德而撤于本朝之嘉祐,至(宋)元祐七年(1092)复置,未几又毁之,臣谓此堰闸有三利焉。阳羡诸渎之水奔趋而下,有以节之,则当潦岁,平江三邑必无下流淫溢之患,一也;自常州至望亭一百三十五里运河亦有所节,则沿河之田,旱岁赖以灌溉,二也;每岁冬春之交,重纲及使命往来,多苦浅涸,今启闭以时,足通舟楫,复免车亩灌注之劳,三也"⑤。历史上的望亭堰闸曾反复兴废,主要是雨水多的年份对济运作用较为弱化,雨水少的年份,又往往造成运河阻塞,需要"作坝车水"等手段来解决。需要说明的是,望亭堰虽在无锡,但得利主要是常州运河横林及以下段。

城南段运河沿岸还有丁堰闸等设施,即使如此,仍显不足,所以清代文学家邵长蘅《毗陵水利议》中曾建议:"次复运闸以通漕,五泻虽湮,宜于丁堰、戚墅间特置一闸,常蓄水五六尺以上,以济毗陵运。"⑥

我国东南江浙地区是历代财赋重地,漕粮的主要输出地。而中国历代封建王朝的都城大多建立在北方,所以可以设想,吃水很深的装满粮食的漕白粮船逆水北运是多么艰难,尤其天旱河浅的时候。常州运河的黄金水道地位是不容置疑的,更因为其特

---

① 《武进阳湖合志》卷三《舆地志·水利·淳化三年诏废望亭堰条》,清光绪十二年聚珍版,第4页。
② 《武进阳湖合志》卷三《舆地志·水利》,转引自《康熙三十一年知府于琨通判徐丹素知县王元烜浚城内外各河条》,清光绪十二年聚珍版,第37页。
③ 《武进阳湖合志》卷三《舆地志·水道·戚墅港条》,清光绪十二年聚珍版,第30页。
④ 《武进阳湖合志》卷三《舆地志·水利·巡按御史吕光洵相视苏松常镇水利著为图册条》,清光绪十二年聚珍版,第25页。
⑤ 《武进阳湖合志》卷三《舆地志·水利·淳熙九年知常州章冲奏治本州港闸溪湖条》,清光绪十二年聚珍版,第11页。
⑥ 《武进阳湖合志》卷三《舆地志·水利》,转引自《康熙三十一年知府于琨通判徐丹素知县王元烜浚城内外各河条》,清光绪十二年聚珍版,第38页。

殊的地理环境因素的制约，封建国家和地方政府的投入也是运河沿岸其他地方所难以比肩的。因此，常州尽管不是运河漕运的通都大邑，也不是漕粮的仓储重地，但常州运河频繁密集的济运水利建设及其因地制宜的助漕方略，应该成为中国运河申遗的重彩篇章。时移势易，今天的常州运河由于航道的深浚，已经不能彰显常州运河的不凡之处，一些水利遗址也荡然无存，从而成为运河沿岸的普通一员，这与我们的发掘研究与宣传弘扬不够不无关系。

原载常州市文联编《常州运河研究》

常州传统祭祀概述

邵建伟

《左传·成公十三年》："国之大事，在祀与戎，祀有执膰，戎有受脤，神之大节也。"《疏》曰："执膰、受脤，俱是于祭末受而执之。""宗庙之祀，则有执膰；兵戎之祭，则有受脤。"[1] 祀是祭祷祖神的仪式，戎是出征前祭祝社神的仪式，这句话意思是说：国之大事，莫过于对祭祀的重视。事实上，古人对所祭祀对象的信仰是虔诚敬畏的，对祭祀的动机更是明确纯粹的。或如儒家所谓"明乎郊社之礼、禘尝之义，治国其如示诸掌乎"（《礼记·中庸》）[2]，是为寻求神权和政权的合理。或如有些专家的研究成果所言，是为祈求个人家庭宗族之福祉。[3] 祭祀成为统治者经国治世的有效工具，亦是下层民众祈求心灵平静的处世门径。正是由于历代统治者的重视与提倡，老百姓的热衷和参与，祭祀理念、现象与行为在古人的生活中占据着无比重要的地位，对中国传统社会形态的发展影响甚巨。而今虽说古之祭祀余绪仍在流传，某些方面还相当兴盛，但更大程度上是作为一种社会传统与文化形态而流传下来。常州是江左名区，其俗"信鬼神，好淫祀"，祭祀活动源远流长，祭祀对象形形色色。本文拟从社会文化形态的角度，钩沉史料，对古代常州的祭祀现象作简单的归纳和总结，并尝试揭示祭祀现象与本质之间的内在联系，以就教于方家。

一 江湖之祭与历山之祀

在中国历史上，秦皇汉武的封禅、巡狩、祷祠是浓墨重彩的一章，它是以完成神权皇权的大一统为根本目的。常州自史前部落先民在此生息繁衍，曾有过自然崇拜、图腾崇拜、祖先崇拜的习俗，这已为科学的考古发掘所证明。到先秦时期，偏居东南一隅的常州，先后作为诸侯方国吴、越、楚之延陵邑，境内也曾举行过对天地山川神

---

[1] （晋）杜预注，（唐）陆德明音义，孔颖达正义：《春秋左氏传注疏》，《四库全书荟要》，吉林人民出版社2002年版，经部第10册，卷二七，第35页。

[2] （汉）郑玄注，（唐）孔颖达疏：《礼记注疏》，《四库全书荟要》，吉林人民出版社2002年版，经部第18册，卷五二，第434页。

[3] 甘怀真：《皇权、礼仪与经典诠释：中国古代政治史研究》，华东师范大学出版社2008年版，第57页；蒲慕州：《追寻一己之福——中国古代的信仰世界》序言，转引自杨华《秦汉帝国的神权统一》，《历史研究》2011年第5期。

祇的高等级的祭祀活动，目的也是追求区域内王权神权的合法化。

在春秋战国诸侯角逐、群雄争霸的舞台上，作为蛮夷之地的吴越正式登台，应从吴王寿梦算起。吴王寿梦访问北方后，得知中土辽阔、文明昌盛，他立志学习中原政治经济军事思想文化，谋求富强之道。这其中，中原的天人思想和祭祀理念也进一步影响到吴越地区。例如神祇只会福佐相应区域的观念。《周礼·春官·保章氏》说天神"所封封域，皆有分星"①。地祇同样具有排他性，"三代命祀，祭不越望"②（《左传·哀公六年》）。在秦统一前，各地都有自己的山神；人祖也是"神不歆非类，民不祀非族"③（《左传·僖公十年》）。以《尚书》对天下九州的划分，天有九野，地有九州，土有九山，山有九塞，泽有九薮，风有八等，水有六川。常州所在江南属于古扬州范围。《周礼·职方氏》载："扬州，其薮泽曰具区，其川三江，其浸五湖。"④《吕氏春秋·有始》扬州条说："山镇是会稽山，泽薮是具区，川是三江，浸是五湖。"⑤吴越对山川神灵的祭祷也主要体现在这方面。吴国对山川的祭祀活动史无明载，而越国的天地山川之祭则有两条历史记录。

一是《吴越春秋》记载了越王句践卧薪尝胆的同时，与大夫文种探求自强灭吴称霸之术，文种提出"九术"。"乃行第一术，立东郊以祭阳，名曰东皇公，立西郊以祭阴，名曰西王母。祭陵山于会稽，祀水泽于江州。事鬼神一年，国不被灾。"⑥其中，东皇公、西王母两位大神显然是从中原引进，祭山神于会稽，是因为会稽山有大禹活动的遗迹，是大禹道统之所在。二是《越绝书》记载的"越王句践既得平吴，春祭三江，秋祭五湖"⑦。这是越王句践灭吴、统有吴地后，对辖区内水神的大祭。三江五湖是长江太湖的泛称，《前汉书·地理志》注云，吴为南江，在南，东入海；毗陵为北江，在北，东入海；芜湖为中江，出西南，东至阳羡入海，故云三江。太湖，亦名五湖。《周礼·职方氏》云：杨州其浸五湖、扬州，其薮泽曰具区。《尚书·禹贡》云：三江既入，震泽底定。《左传》云：越伐吴，吴子御之笠泽是也。《史记》云：范蠡乘轻舟入五湖。由此可知，太湖、五湖、具区、震泽、笠泽，是一湖五名。这两次越之

---

① （汉）郑康成注，（唐）陆德明音义，孔颖达正义：《周礼注疏》，《四库全书荟要》，吉林人民出版社2002年版，经部第15册，卷二六，第36页。
② （晋）杜预注，（唐）陆德明音义，孔颖达正义：《春秋左氏传注疏》，《四库全书荟要》，吉林人民出版社2002年版，经部第11册，卷五八，第156页。
③ （晋）杜预注，（唐）陆德明音义，孔颖达正义：《春秋左氏传注疏》，《四库全书荟要》，吉林人民出版社2002年版，经部第9册，卷一二，第291页。
④ （汉）郑康成注，（唐）陆德明音义，孔颖达正义：《周礼注疏》，《四库全书荟要》，吉林人民出版社2002年版，经部第15册，卷三三，第153页。
⑤ （秦）吕不韦主编：《吕氏春秋》，《文渊阁四库全书》，上海古籍出版社2003年版，子部，第848册，第363页。
⑥ （东汉）赵晔：《吴越春秋》，《四库全书荟要》，吉林人民出版社2002年版，史部第15册，卷五，第259页。
⑦ （东汉）袁康：《越绝书》，《文渊阁四库全书》，上海古籍出版社2003年版，史部第463册，卷一四《德序外传记》，第363页。

国祭，前一次在灭吴之前，其中对水神只能"祀水泽于江州"。《说文》：州，渚也。此江州当指绍兴附近的川流交汇处，并不符合《尚书》《周礼》所言之"薮泽"规格，后一次是淹有吴地后，对长江太湖水神的专祭，弥补了这一缺陷，完善了越国对天地山川神祇的祭祀体系。

楚灭越后，常州成为楚国边陲延陵邑，后来春申君黄歇的封地由淮北改到江东吴地。据《越绝书》记载："春申君，楚考烈王相也。烈王死，幽王立，封春申君于吴。三年，幽王征春申为楚令尹，春申君自使其子为假君治吴。十一年，幽王征假君与春申君，并杀之。二君治吴凡十四年。"①春申君治吴时，曾祭祀无锡历山，史载"（春申君时）盛祠以牛，立无锡塘，去吴百二十里"②。有人理解为春申祀历山，是由于他治吴时，把历山当作主山，用隆重的仪式来祭祀。甚至有认为历山早有春申君祠，岁以牛祀（春申），这是不正确的。以牛为牺牲，是为太牢，那是祭祀者或祭祀对象都是最高规格的祭礼。《大戴礼记》第五十八《曾子天圆》有"诸侯之祭，牲牛，曰太牢；大夫之祭，牲羊，曰少牢；士之祭，牲特豕，曰馈食"③。春申君"盛祠以牛"祭历山，主要的并不能简单归因于把历山当作主山，而是由于"历山俗名舜山，在慧山南"④（宋《咸淳毗陵志》卷十五《山水》）。《越绝书》卷三《吴内传》载："舜去，耕历山，三年大熟。"当然，舜所躬耕之"历山"，在我国有很多流传，几乎可以肯定不是无锡之历山，但春申君由此借用一下上古圣王虞舜的神名，也是可以理解的，舜比之于禹更早，立舜祠可以盖过禹祀，正好可以借此否定削弱已灭之越的会稽陵山神的影响力，稳定楚国对吴越地区的有效统治，政治目的十分明显，因而才用如此隆重的仪式来祭之，这是符合先秦祭礼的。

后来汉武帝成功封禅，确立三年一郊、五年一封的国家祭祀制度，形成规整的五岳四渎体系，完成对全国山川神祇的整合。东汉以后，历代正史中都有郊祀志，但所载郊祀、庙制、社稷、迎气等祭祀制度比较稳定相对完整。常州作为方外之地，国家祭祀行为几乎不见。

二　先农之祭与雩祀

中国古代封建国家以农为本，谷实则民安，因而非常重视与农业有关的祭祀活动，以祭祷粮食生产的丰收。包括先农、社稷、山川、风雨之祭等，从国家到地方各级政府都在操办。

---

① （东汉）袁康：《越绝书》，《文渊阁四库全书》，上海古籍出版社2003年版，史部第463册，卷二《外传记·吴地传》，第84页。
② （东汉）袁康：《越绝书》，《文渊阁四库全书》，上海古籍出版社2003年版，史部第463册，卷二《外传记·吴地传》，第82页。
③ （清）王聘珍：《大戴礼记解诂》，中华书局1983年版，第101页。
④ （宋）《咸淳毗陵志》，四川出版集团、四川美术出版社2005年版，第223页。

先农之祭：远古称帝社、王社。在湖北江陵关沮周家台 M30 出土的秦简中，已有腊日官祷先农的仪式和祷辞，"人皆祠泰父，我独祠先农"[1]。可见至秦时，已称先农。乃是在春时东耕于藉田，以祀神农。南北朝时，先农为国家六神（风伯、雨师、灵星、先农、社、稷为国之六神）之一。藉田祭先农，唐前期一度称帝社，祭坛曰藉田坛，到唐垂拱年间（685—688）改为先农坛。至此祭祀先农正式定为封建社会的一种礼制，每年开春，皇帝亲领文武百官行藉田礼于先农坛。常州也曾有先农坛，方志载："（先农坛）武进在怀德南乡，阳湖在孝仁乡，为雍正四年奉敕分建坛台各一座。……以部颁吉日致祭。"[2]

社稷之祭：社为土地之神，稷为五谷之祖。汉高祖刘邦开始建立整套的官方祭祀系统，"悉召故秦祀官，复置太祝、太宰，如其故仪礼，因令县为公社"[3]。公社即官社，官稷系统一般认为是王莽时另立，"县常以春二月及腊祠社稷以羊豕"[4]。常州的社稷坛唐以前不可考，唐代常州的州坛，"在州南一里"，宋代迁到"州治西南隅，与学相望。……社稷为坛各一，主以石，盖仿唐制。社稷以石为主，其形如钟，剡上而下植于土。祥符二年诏定，诸州社稷模其状分给，四年颁坛制于天下"[5]。其标准按宋代欧阳修《集古录》描述："社稷坛皆广丈有五尺，高尺有五寸。……社以后土勾龙氏，稷以后稷氏配。"[6] 另外，当时常州下属之武进县有晋陵县分置，故"晋陵，（社稷）坛在县治东百余步，武进，坛在县治西广化门外西偏"[7]。

明初洪武三年（1370），常州知府孙用又将府坛移建到"青山门外二里，其制坛而不屋，八年并为一坛，北向，东西二丈五尺，南北如之，高一尺四寸四分，陛四各三级，坛下九丈五尺，东西南各五丈，缭以周垣四门，由北门入。石主高二尺五寸，方一尺一寸，剡其上，培其下于土中，木主高二尺二寸，方四寸五分，一曰府社之神，居右，一曰府稷之神，居左，其旁有神厨、斋舍等屋三十余楹，岁以春秋仲月上戊日，用羊二、豕二、祝一、帛二致祭"[8]。

风雨山川之祭：唐代常州"风师坛在城东南，雨师坛在城西南"。宋代迁到社稷坛一起，"今社稷后风师、雷师、雨师为坛各一，主也以石制，稍杀焉"。其规制《集古录》也有记载："风师坛如社稷。雨师坛广丈而高尺。"明代风云雷雨山川坛"在石幢门外，分别是明代洪武元年诏郡县祀山川、二年诏祀风云雷雨、三年知府高复始建二

---

[1] 黄菊珍：《舍泰父而择先农——由〈关沮秦汉墓简牍〉看腊、蜡合一》，《咸阳师范学院学报》2009 年第 1 期。
[2] 《武进阳湖合志》卷一三《坛遗、坛庙志》，清光绪十二年聚珍版，第 2 页。
[3] 《汉书》卷二五上《郊祀志第五上》，中华书局 1974 年版，第 1210 页。
[4] 同上。
[5] 《武进阳湖合志》卷一三《坛遗、坛庙志》，清光绪十二年聚珍版，第 1 页。
[6] （宋）欧阳修：《文忠集》，《四库全书荟要》，吉林人民出版社 2002 年版，集部第 85 册，卷一四二《集古录·跋尾第九》，第 590 页。
[7] 《武进阳湖合志》卷一三《坛遗、坛庙志》，清光绪十二年聚珍版，第 1 页。
[8] 同上。

坛、六年诏合为一坛，南向，广袤与社稷坛同，不用石主，出入于南门，岁春秋仲月上巳日致祭"。后又以城隍合祭，风云雷雨之神居中，本府境内山川之神居右，本府城隍之神居左，祭器牲币如社稷坛。清代沿袭，唯雍正三年（1725）改"上戊日祭"①。

古人举行祈雨祭祀在影视上颇为多见，它有一个专门的名称叫"雩祀"。东汉末年的经学大师郑玄在《礼记·月令》注中说："雩，吁嗟求雨之祭也。"② 宋代文学家曾巩的《郊配策》曾提到雩祀时间："冬至祀昊天，夏至祀皇地祇，孟夏雩祀，用太祖配。"③ 雩祀在常州方志中也常提到，这主要是因为雩祀是地方主官的功课之一，又由于古代常州也常有旱灾发生。清代乾隆七年（1742）曾规定："令有司岁以四月十八日，即坛（风云雷雨山川坛）行雩祭礼所祭，即山川社稷先农之神。"④ 这是把与农业生产有关的各种祭祀活动整合起来的举措，也许是因为当时的地方官员祭务繁重，难以兼及。地方志上也有为宁雨而雩祀的记载，因为下雨过犹不及，如明代天顺四年（1460）夏，因为常州连续二十日大雨，池塘浸溢，城中积水盈尺，当时的太守王恺先祭求雨师止雨，未果，又"遍祷山川神庙不应"。下属建议他不妨试一下江东顺济灵应行祠（主祠在江西赣州），"从之，既祷而风雨遂息"⑤。为此灵应，王恺组织了江东顺济灵应行祠的重修和增建。

三 百辟之祠与淫祀

封建地方官员的职责是首重农本，次为教化。当然，祭祀礼仪及活动本身便是教化的一部分内容。另外，也有一些祭礼与科举教育有关，如郡国祀孔子于学，常州府学、武进县学有大成殿，那是每年定时祭祀孔子的地方。常州也有文昌君庙多座，"常州府文昌庙在府学棂星门外偏西，嘉庆六年奉旨，照关帝典礼，祭及三代，春祭于二月初三日圣诞，秋祭部颁吉日"⑥。当然，推行教化最好的形式是有无穷力量的榜样，也就是树立先进典型，这便可以总括为"百辟之祠"。

《礼记·月令》有"乃命百县雩祀百辟卿士有益于民者，以祈谷实"⑦。这本是周天子下令民众祠祀有功于国家社稷的公卿大夫，到秦汉以降，有许多地方官员因造福一方而受民间崇拜，死后当地民众立祠祭之。如明代常州人庄廷臣任职浙江永嘉令，

---

① 《武进阳湖合志》卷一三《坛遗、坛庙志》，清光绪十二年聚珍版，第1—2页。
② （汉）郑玄注，（唐）孔颖达疏：《礼记注疏》，《四库全书荟要》，吉林人民出版社2002年版，经部第17册，卷一六，第368页。
③ （宋）曾巩：《元丰类稿》，《文渊阁四库全书》，上海古籍出版社2003年版，集部别集第1098册，卷四九，第767页。
④ 《武进阳湖合志》卷一三《坛遗、坛庙志》，清光绪十二年聚珍版，第2页。
⑤ 《武进阳湖合志》卷一三《祠庙上》，清光绪十二年聚珍版，第15页。
⑥ 同上书，第3页。
⑦ （汉）郑玄注，（唐）孔颖达疏：《礼记注疏》，《四库全书荟要》，吉林人民出版社2002年版，经部第17册，卷一六，第368页。

以"清白吏"称，得入祀永嘉名宦祠。后来许多地方也为本地籍的乡梓俊彦立祠纪念，扩而大之，立祠越来越多，情况也愈复杂。百辟之祠最早是地方推荐，目的是为"以祈谷实"。到后来，其亲后主动请求设立，彰显荣耀的成分大为增加。其中有些立祠得到朝廷恩准，有些则没有。祭祀的规格也不一样。地方祀典最重的便是祀孔子于学，本地称贤者（狭义）可以从祀，由"天子命礼臣请祀之学宫"，每春秋释奠。如常州乡贤唐荆川就任过此职，并为此写有《奉命分祀孔庙作》诗纪之（见《唐荆川文集》诗一）。次一级是"郡县吏祭于祠"，最次是"子孙祭于庙（指祠堂类家庙）"。常州由"辟"而立祠者众多，大致可归纳为以下几种情形：

（一）封建王朝指定或规定或同意而纳入祭典的祠庙。

朝廷指定者：天王堂即北宋天王祠，是唐天宝初规定肆诸郡设于城北隅置祠立像，而延续下来的。又如汤襄武王祠（祭汤和，清顺治时平江南后诏定："祀事有举无废，凡前代帝王祠庙，其悉领于有司，为岁事"）。雍正初曾诏天下建孝悌祠于学宫，春秋致祭。其他忠义祠、节烈祠、节孝祠、贞孝节烈祠、海烈妇祠等莫不如此。

以朝廷规定可设者：封建国家崇儒重道，"凡先贤支裔迁居它郡者，例得建专祠，请官祭"。常州因而有至圣先师祠、亚圣孟子祠、先贤季子祠、先贤卜子祠、先贤商子祠、先贤梁子祠等。

朝请获准者：刘屏山祠，是"其后代自闽迁常始建，国（清）朝时请准与各先贤祠一体委员致祭"①。

（二）有功劳于国家、造福泽于百姓，以功以劳以死的官员。包括常州籍名宦和外地籍为官常州者，由常州地方官府请准并祭祀，这可分合祠和专祠。

常州合祠有：先贤祠，在龙城书院创址，明万历三十一年（1603）常州知府欧阳东凤请建，祀延陵季子而下凡69人，明末增祀钱一本，顾宪成、高攀龙、孙慎行，清代又增祀27人之多，总约百人，当然这里面有常州府下属的无锡、宜兴、江阴各县人。忠义祠，原在双桂坊，祀宋末抗元全郡殉节者。五贤祠，在郡庙后西北隅，祀唐代独孤及宋代柳开、李余庆、陈襄、杨万里。三贤祠，祀庄起元、庄应熙、庄应会。二贤祠有两个，一在阳湖祀唐荆川、薛方山，一在武进祀杨龟山、苏东坡。其他合祠如贤太守祠，祀明太守欧阳东凤与推官韩光祜（后改祀施观民），吴许二长官庙、麻尹二将军庙、二义祠、二侯祠等。

常州的专祠很多，以据《武进阳湖合志》祠庙条的统计，有60多人。严格来说，设立专祠有严苛的规定，只有一地可以称贤者方可设立（常州仅季札符合条件），但随着时代的发展，许多乡梓俊彦也被尊为乡贤，如前述乡贤祠，这批人中据方志统计约有三成立有专祠（尚不包括其他各县情况），还有一些未入先贤祠者也立有专祠，请得朝廷批准或赐谕祭的。外籍在常为官者，也立有专祠十余座。

（三）民间人物，也不一定是常州人，但见于传说中具有神力、显异象者；或者能

---

① 《武进阳湖合志》卷一四《祠庙下》，清光绪十二年聚珍版，第46页。

消沴弥灾，降福从愿者，也成祭对象，这几近于巫神类，但在民间影响甚大，因此得到恩准。如忠佑庙，是祭祀隋朝常州人司徒陈杲仁的，初由民间请立，唐代封忠烈公，屡屡显灵，保一方平安，五代封武烈帝，宋宣和四年（1122）赐庙额曰忠佑。历代都有封赠，至元为重，元代延祐五年（1318）封为：福顺武烈显灵昭德仁惠孚佑真君。明代洪武时诏去封题，只立木主曰隋司徒陈公之神，令有司以岁五月十五日（神诞日，陈杲仁生日）用豕一致祭。再如晏公庙（是明洪武初封为显应平浪侯），能"救溺"。余如刘猛将军庙（为驱蝗神，常州其庙特多）、江东顺济灵应行祠、祠山行庙（在安徽广德显灵的张真君）、许真君庙等也是这种性质。

（四）随着朝廷规矩松弛以及民间修谱建祠（宗族祠堂）的兴起，开始出现"人人得自为祀，士大夫祀其师，及亲与私庶人祀其恩泽、祀其崇信，或权贵则祀，或子孙赫奕则祀，于是祠愈多而祀乃愈不足重"①（明常州推官谢良琦所撰阳湖《二贤祠碑记》）。常州邵康节先生祠较有代表性（祀宋代邵雍，字尧夫，宋朝的著名卜士，《梅花易数》是他发明的占卜方法）。其在武进漳湟里，是明朝时其后代占籍居此所自立，传到清代著名文学家邵长蘅时，"移建宅西自为祀"。

秦汉帝国一统天下，致力于以法律形式规定天下祭祀的内容与范围，维护国家正祭的权威，以祀令、祠令形式告知天下，以后历代完善，被列入祀典或祠令者属于正祀。不在其列者便是淫祀，淫祀又称奇祀、黩祭、滥祀。有专家研究将其分为四类：一是非族、非类祭，是祭祀的对象超出亲族血缘关系的限制；二是越望祭超出地缘限制；三是超分祭，祭者的对象、祭品、规格超越等级名分；四是数祭、黩祭，属祭祀频率超过规定。②为维护封建王朝的神权一统，从秦始皇开始便有禁止淫祀的政令，以后历代对淫祀都是严禁不已的。

常州曾属楚地，也像荆楚风俗那样"信巫鬼，重淫祀"，即《隋史》所称："江南俗，信鬼神，好淫祠。"③到唐代淫祠被大规模取缔，方志载："昔（唐垂拱间）狄梁公（仁杰）使江南，撤淫祠千七百所，而存者四：太伯、季子、伍员与焉，可谓知所权度矣。"④可见，常州得到朝廷昭告而纳入官祭系统的专祠较多，但常州的淫祀同样也不少见，上述那些自立的专祠从某种意义上讲，也可算是淫祀。

四　城隍之祭与鬼祀

城隍不仅是城池，也是地方上的保护神。古代的城市除了要修筑城墙，在城墙外还有一圈护城壕。有水的城堑称为"池"，无水的城堑则称为"隍"。原始崇拜认为，

---

① 《武进阳湖合志》卷一四《祠庙下》，清光绪十二年聚珍版，第28页。
② 来国龙：《〈柬大王泊旱〉的斜事结构与宗教背景——兼释"杀祭"》，2007年中国简帛学国际论坛论文，台湾大学，2007年11月，转引自杨华《秦汉帝国的神权统一》，第11页，《历史研究》2011年第5期。
③ （唐）魏征：《隋书》卷三一《志第二六·地理下·扬州条》，中华书局1974年版，第886页。
④ 常州图书馆整理点校：（宋）《咸淳毗陵志》，四川美术出版社2005年版，第207页。

凡是与人们日常生活有关的事物皆有神在。因为城墙城壕在防卫敌人进攻、保护城内百姓安全上有功于民，因此不能没有一位城神。于是城隍爷应运而生，被视为城市的守护神。城隍原为无中生有的单纯的自然神，但随着社会的发展演变，它的地位有了极大的提高，其职责也越来越多，能力也越来越强。由最初的护城保民，到后来可代天理物、剪恶除凶、护民安邦、降泽从愿等，从而成为人们心目中的全能神祇。

常州城隍庙的早期历史已不可考，目前可以追溯到唐代，方志载，唐景福元年（892），淮南节度使杨行密遣节度使押衙检校兵部尚书唐彦随权领州事，重修（内子城）时，"立城隍祠、天王祠、鼓角楼、白露屋"。北宋太平兴国初，"诏撤御敌楼、白露屋，惟留城隍、天王二祠、鼓角楼，后移城隍祠于金斗门之西偏"[1]。这是指当时的吴越王钱俶为取信于赵宋而做的自撤行为，金斗门即通吴门，移建也是为了罗城的建设，城隍庙坐落这里的时间较长。南宋绍兴间始辟门建殿，淳熙六年（1179）知州叶衡增建两庑，八年知州章冲祷旱获验加茸治，十三年知州林祖洽表灵应于朝，赐额为嘉应城隍庙。元代延祐时重修，至正十五年（1355）庙毁重建。明代洪武初诏去封号塑像，为木主，题曰："常州府城隍庙之神。……明景泰六年，郡境告灾，命巡抚都御史邹为学以太牢祭……正德、万历时重修。"当时郡人参议恽绍芳曾为之作记，详述常州城隍的来龙去脉，但也没有说明常州的城隍神是谁，"然兹神也，周礼、仪礼不著，汉高梦秦臣冯尚始肇，厥祠意古者未立城郭，惟祀山林川泽，坛而不屋，其后设城郭、沟池以为固，谓必有神焉。以主之乃为立庙，庙故有神而不名，然江左宁国等郡或以为纪信，江西诸郡或以为灌婴，则自古记之矣。……不可确然指而名之"[2]。武进县城隍本附祀府庙，在康熙初因"某道士梦神告"，而在府城隍庙旁另建庙，阳湖县城隍庙是清乾隆二十四年知县潘恂拓创于总司徒庙址，"每清明、七月望、十月朔与府城隍神、武进县城隍神同祀"[3]。

城隍神从自然神到英雄神，再到万能神，要归功于明太祖朱元璋，这是由于"我皇祖高皇帝即位，首正群祀，而城隍之神著于令甲"，并诏定，"春秋合祭山川坛"，"凡有司履任，必斋宿祭告，去亦辞焉"，且让地方官员"月朔必躬谒行礼，不敢忽然"。一个祠庙得到官方的重视与支持，想不兴盛也难。常州城隍庙内还含有雷神殿、风神殿、龙土殿、吕祖殿、火神庙等，[4] 最终构成一处综合性的坛庙建筑群，成为当时常州城最热闹的地方。

在城隍信仰的传承过程中，城隍还兼理阴间事务，有些地方传说他的属下有十八判官，分掌人之生死疾疫、福寿报应等事。按照民间的说法，阴间和阳间一样，中央有阎罗王统帅、地方有城隍爷主管，人死以后到阴间先要拜会城隍爷，城隍爷就会本着"善有善报，恶有恶报"的原则，根据一个人生前的善恶是非而定下判决。

---

[1]（宋）《咸淳毗陵志》，四川美术出版社2005年版，第36页。
[2]《武进阳湖合志》卷一三《坛遗、坛庙志》，清光绪十二年聚珍版，第3页。
[3] 同上书，第4—5页。
[4] 同上书，第3—5页。

虽然《左传》记载，人间会赐福作祟的除了有天神、地祇、人鬼三大类外，还有物魅、精怪、妖魔等系列。但中国先秦以来的祭祀，一直是以天神、地祇、人鬼祖先为三大主干系统。在人鬼祖先中，人祖由其亲后直接祭祀外，尚有许多孤魂野鬼无祀，尤其是其中的厉鬼，能作祟为祸人间，不得不祀。既然城隍兼理阴司鬼事，那么常州对人鬼的祭祀由城隍总其责也就顺理成章。《武进阳湖合志》载："郡厉坛在青山门外三里，洪武三年创置，以清明、中元、十月朔晡时祭，未祭前三日，有司移牒城隍之神，祭之日，奉城隍神之主于坛正中南向，用羊一、豕一设无祀鬼位于坛下。"[1]

五 祈佑之祭与家祀

讲到中国古代的祭祀，官方色彩一向是颇为浓厚的，似乎话语权与行使权掌握在少数人手中，除国家祭祀，地方上的"正祭"也是"有司致祭"，民间百姓大多只有跟着祭拜的权利和义务。但无论一个人地位是否高低、财富是否多少、血脉是否贵贱，人们对天地神祇人鬼所怀的敬畏之心是一致的，全民参与的祈佑之祭，目的是祈求神祇的护佑与赏赐，求得个人、家族的安宁和福祉，它体现在人们日常生产生活的各个方面：

祈佑之祭也是祭祀文化的重要组成部分。常州民间祈佑之祭的特点：一是无所不祭、无神不求。人们因为内心的功利和怯弱，遇庙即叩、遇神即拜，叩拜某一位神灵不一定灵验，但至少做到不得罪，并且相信总有一个会灵验。或在官祀之内，或在官祭之外，只要涉及与人们生产、生活密切相关的必然香火旺盛。如行业神中的司蚕神庙，显然与养蚕业有关；再如真武大帝祭，常州的真武庙较多，有真武大帝庙，还有南庙、北庙及若干行庙，这可能与古代常州多水的自然环境有关，但也和人们的生活有联系，其中拱真道院又名北真武庙，是因"毗陵火灾太重，宋至和二年建"。二是交叉祭拜、神鬼不分。在古代的民间信仰中，到了宋代以后走向交叉，儒教、佛教、道教、中亚西方宗教的信仰和神仙系统互相交织、互相融汇，这也造成神鬼越来越多。祭拜时间次数约定俗成，规格等次祭品等也随意性较大，人云亦云，人祭亦祭，且有求则祀，无事则罢，和真诚信仰反而关系不大。三是佛教与观音祭拜的一枝独秀。在中国民间的三大信仰（观音、关帝、妈祖）中，常州的佛教尤其是观音祭拜特别兴盛，庙庵极多。而关帝信仰是明中后期才开始的，据唐荆川所撰《关圣大帝庙碑记》所说，是明嘉靖三十四年（1555）关侯灵助而得抗倭大捷，"今始立庙于常州"。至于此前常州为何无关庙，是因为关羽与江南孙吴国之间不可解"仇"，而"不宜祀也"[2]。常州天后宫也仅有一座，建于清乾隆十三年（1748），是闽商迁居常

---

[1] 《武进阳湖合志》卷一三《坛遗、坛庙志》，清光绪十二年聚珍版，第2页。
[2] 《武进阳湖合志》卷一四《祠庙下》，清光绪十二年聚珍版，第1页。

州到一定程度上的产物。佛教的超越还体现在常州人对神灵的称呼上，无论是神话系统中的神鬼，还是宗教系统中的圣人，不论其地位高低、能力大小，常州人都会称为"某某菩萨"。

家祀本指对祖先的祭拜，扩而言之，也可指家庭（族）内部的祭祀活动。常州的家祀，可分为祭神、祭祖（祭墓）、祭宅、其他四类。当然，在民间人们也是神鬼不分的。

祭神：方志记载是在农历十二月即腊月集中祭神，"是月祀诸神，曰过年。先一日斋，抵暮祀神曰办素，作米团如盎，曰人口团子，计家人长幼数倍为之……置一椅庑柱间，设腐羹二簋，云是享舆从者，翌日荐牲曰觏牲"①。当然还有腊月二十四的送灶神祝融（谢灶）、除夕的祀神、春节的祀门神、财神、初五祀路头神、丧礼祀后土等。

祭祖（祭墓）：古代常州习俗，一般是除夕那天供先像祭祖。当然，大家族会集中在公用的祠堂里对着木主举行。清明则祭祖于墓。常州最高档次的祖祭、墓祭活动自然非萧家莫属，常州作为齐梁故里，是南朝齐梁二朝皇帝的侨居家乡，因此齐高帝及刘后的泰安陵、齐武帝的景安陵、齐明帝及敬后的兴安陵、梁文帝及献后的建陵、梁武帝及德后的修陵、梁简文帝及简后的庄陵都在故武进县镜内。而且，今武进万绥镇的东岳行宫是齐高祖萧道成和梁武帝萧衍的故宅，也是梁武帝萧衍的家庙（之一）。祖墓与家庙是祭祖活动的主要地点，当时肯定举行过高规格的祭祀活动，如《梁书·武帝纪》曾记载："大同十年，帝幸兰陵，谒建陵。"②

祭宅：即祀家堂，常州人也叫"安宅""祀无定神"。因为各家宅基上的鬼魂各有不同，所以安宅的重点是"终之以谢土"，即谢当方土地神的护佑。需"作面龙曰土龙，丸面如栗器，凡四枚，绕龙置之，谓之土子土孙，实米斗，中置戬尺镜，悬彩丝一缕於上，前列一灯，灯三炷曰斗案，凡谢土，必于东壁下，席地向西"③。

其他：古代常州民间还有一些祭祀活动，如上元祀太乙，端午祭屈原，七夕妇女祀织女，清明、中元接鬼缘，而农历四月二十五为弥勒、亦为吴季子生日、五月为天地生日、五月十五为陈杲仁神诞日、其他的佛诞日等都有祭祀活动，但算起来已非常礼。

常州的祈求之祭和家祀活动流变至今，其内容与形式已有所整合变化，功利性、随意性大增，不变的是常州人心灵上对神鬼的莫名恐惧，和精神上对未来的不可把握。

古人认为天地间自有神祇鬼怪，它是一种超自然力量的存在，为了方便与之接触、沟通，又通过人为的象征系统如山川之胜、坛庙之制、象教之形、木石之主等体现出

---

① 《武进阳湖合志》卷二《风俗》，清光绪十二年聚珍版，第8—9页。
② 《南史》卷七《梁本纪中第七》，中华书局1974年版，第216页。
③ 《武进阳湖合志》卷二《风俗》，清光绪十二年聚珍版，第9页。

来,并通过这样的象征系统,来强化和推行一些社会所推崇的制度和规范。祭祀源于人们精神上对神祇人鬼能赐福或作祟能力的敬畏与警惕,寄托着人们对平安、吉祥和慰藉的向往与追求。历史发展到今天,对传统祭祀而言,国家与官方的祭祀活动几乎已荡然无存,但民间的祈求与家祭活动仍然在坚持着,体现着一种对社会传统的坚守与继承,更呈现为一种文化形态的传承与发展。

原载《常州工学院学报》(社会科学版) 2012 年第 6 期

浅谈青果巷历史文化街区的形成与发展

刘 莹 丁 玥

青果巷的兴起缘于南市河，这条水上通道由吴王夫差开凿于周敬王二十五年（前495），迄今已有2509年的历史，是世界文化遗产大运河最古老的河道。早在明代万历之前，青果巷就是南北运送果品的集散之地。当时的河面远比现在宽阔，来往船只如梭，商贾云集。沿岸傍巷，开设各类果品的商铺，有"千果巷"之称。清代《常州赋》云："入千果之巷，桃梅杏李色色俱陈"。后因常州方言"千""青"难辨，才有了现在的"青果巷"。

随着河面的不断收缩，民宅迭筑，河床淤高，水上行舟变得极为不便，明代万历九年（1581）运河南移改道，青果巷的商业凋敝，街道冷清，失去了昔日的繁华纷杂、喧嚣热闹，然而却也因"氛围静谧绝喧""地理环境幽雅"而被众多书香人士看重，纷纷再次围墙扩院，营宅建楼。随着历史长河的流淌，青果巷内积聚了众多建筑遗存。如名人故居、祠庙殿宇、剧场戏楼、桥坊碑石、古井码头等，其中有11处文保单位，18处历史建筑及大量的传统民居，以明、清、民国时期的建筑形制为主。

青果巷街区呈E形梳篦状，即青果古巷像梳之背沿河东西展开，南北又有多条古巷似梳齿，与青果巷相接，形成河街并行、长巷沿河、短街向水的格局。素有"九巷八宅"之称。所谓九巷即自东向西的观子巷、正素巷、天井巷、茭蒲巷、西庙沟、雪洞巷、马园巷、正阳里、蛤蜊滩。所谓八宅即唐氏八宅：松健堂、礼和堂、贞和堂、筠星堂、八桂堂、四并堂、复始堂、易书堂。下文将介绍唐氏八宅。

一　青果巷的建筑历史之唐氏八宅

当年青果巷内有"青果巷唐家半条街"的说法，也就是有名的唐氏八宅，说到唐氏八宅，就要从毗陵唐氏说起。毗陵唐氏历史悠久，明初唐伯成来到常州，自此世居于此，一门科第鼎盛，先后建造唐氏八宅。松健、礼和二堂分建在青果巷东西两头，分别由伯成后人、明代书法家唐世英和画家唐世宁兄弟居住。唐伯成则与其幼子友兰共居于今筠星、易书、复始、四并等旧址，历数世而构成这些宅院，连同后来的八桂、贞和，西起西庙沟和后面的约园，东至雪洞巷，宅院联为一气。各宅皆自有亭台园池，构筑精良，因此人们皆以青果巷比之乌衣巷的"王谢"。《唐氏家谱》中亦有记载，唐家与巷中另一名门董家世代联姻，逢年过节，唐董两家内眷要相互走访，因大户人家女眷不宜出门抛头露面，所以，此时青果巷东西栅门特为之关闭，以方便两家来往贺问，路过的行人只能从东下塘路通行。在此也可以看出，唐家在青果巷中的至高地位。

二 唐氏八宅之贞和堂

唐氏八宅今仅剩松健、礼和、贞和、八桂和筠星五堂，从建筑等级上看，贞和堂最高。贞和堂原名保合堂，取"保合太和"之义，唐荆川在世时原为一个书房，后其子唐鹤征自题为"保合堂"。明万历四十五年（1617），唐荆川外孙、明代著名书法家孙慎行书匾为寿，并作了《保合堂记》，记述了保合堂的由来。贞和堂厅东廊墙上，至今仍嵌有《保合堂记》的行书石刻，全文815字，字大逾寸，书体遒劲而流畅，非常珍贵。自唐鹤征故去后，两传至唐宇昭，崇祯六年（1633）将保合堂改名为贞和堂。自孙慎行书保合堂记算起，该堂已有近400年，自唐宇昭改贞和堂至今，亦有近390年，在这么长的历史岁月中，贞和堂数易其主，堂名却保留至今，实属不易，从另一方面也可以看出后人对唐荆川及唐氏的尊重。

贞和堂现存的楠木厅为青果巷内保存下来最大的楠木厅，坐北朝南，面阔3间，进深7檩，采用抬梁式构架，木构部分均为楠木、紫檀精作，用料粗硕讲究。现虽已被后住者改建面目全非，但仍可看出其中一根立柱，半身嵌于墙内，直径半米有余，为楠木柱，木柱下方为覆盆形石础。2012年，东南大学设计院对青果巷历史文化街区8.2公顷保护区内的建筑进行基础测绘，历时两年多，对范围内的每一处建筑的年代、层次、结构和风貌进行建筑遗存调研和数据分析统计，并从平面、结构体系、大木构造、细部四大部分共计21个方面进行专业研究分析。当设计人员测绘到贞和堂时，无不惊叹于其精美的建造工艺，贞和堂也成为了东南大学设计院每次有工作人员或学生前来青果巷的必入之堂。

贞和堂有一个后花园——半园。说到园林，这里介绍一下关于常州园林的名称。常州古人给园林起名很有趣，园名多为一个字，且也秉承了常州人一贯的谦逊。常州四大园林均是如此：近园，近乎成园；约园，约乎成园；意园，取意成园；未园，尚未成园。不过这里的半园倒不是这个意思，它是唐宇昭得其后花园一半而居后的称呼。园内遍植名花异木，施以曲径回旋。半园内有一巨石环立，其中构叠一山洞，洞口绿翠稍掩，冬天，雪盖山体，晶莹雪白，唯有中洞黝黑，微微暖气飘忽而出，称为"雪洞"，临近小巷也因此而得名"雪洞巷"。

但是半园名气却不在其景，而在其情。半园的特殊意义，在于它见证了一段唐氏父子与恽南田（恽寿平）、王石谷（王翚）等书画大家的金兰之交，同里恽寿平及常熟的王翚等经常在半园里临摹法书名画，探讨、研究创新书画艺术，关系十分融洽，亦师亦友，胜过家人。而半园也就成为了"常州画派"的重要孕育地和形成地。所以，半园在常州园林史上，有其独特的文化意义。后因东林党事件，清中期唐家纷纷变卖家宅，有的如贞和、八桂堂则遭到查抄没收。前六进屋卖给庄氏，后多次易主，民国时归张志让。后半部分（含半园）为清乾隆时年状元钱维城及胞兄钱维乔购得，被称为"得半园之半"，钱维乔后还特为其做有《半园之半记》。

青果巷的建筑有一处全国重点、4处省级、6处市级文保单位，聚集了众多名人的印迹，每一处建筑都有许多的老故事，是青果巷最动人的文化积淀。

三 青果巷的名人文化之唐氏

青果巷的历史文化，首屈一指的当然是其名人文化。常州历来就不乏贤才俊杰，尤其是隋唐推行科举制度以后，文运更是昌盛。南宋诗人陆游称颂："常州儒风蔚然，为东南冠名。"龚自珍则盛赞："天下名士有部落，东南无与常匹俦。"青果巷则是常州名人文化的缩影，曾经生于此、长于此的才子数量惊人。数百米的巷子里走出了上百名的进士，其中不乏考取"状元"（钱维城）、"传胪"（唐荆川）荣誉者。近现代走出的一大批名人遍及革命、科学、实业、文学、艺术等多个领域。

晚清著名书画家汤贻汾，是一位诗书画三绝的大家，其书画用笔细致，枯中见润，自创一格。更难得的是汤贻汾一门风雅，其妻董婉贞山水花卉皆长，尤善墨梅，题词亦佳。汤贻汾长子、次子、四子、女儿皆为书画家。

谴责小说家李伯元，擅长以嬉笑怒骂之笔，绘影绘声，揭露清朝末年的官场及社会上的种种腐朽现象，其中《官场现形记》更是晚清谴责小说的代表作。

晚清洋务派代表人物盛宣怀，是著名的政治家、企业家、慈善家，被誉为"中国实业之父"和"中国商父"。他创造了11项"中国第一"，如第一条铁路干线京汉铁路、第一座公共图书馆、第一家银行、创办中国红十字会等。

著名语言学家、音乐学家赵元任，清华"四大导师"之一。他也是中国语言科学的创始人，被称为汉语言学之父。

中共早期领导人之一瞿秋白、"七君子"之一史良、爱国实业家刘国钧、著名语言学家周有光等，都是常州人。

在这里，笔者想着重提一提唐荆川唐家。唐荆川是唐家的代表人物，也是说到青果巷时第一响亮的名字。前文说到明初唐伯成来到青果巷定居，得幼子友兰，友兰生子唐贵，唐贵生子唐瑜，唐瑜生荆川。唐荆川文武双绝，名盛一时，此为青果唐氏极盛之时。

唐荆川（1507—1560），原名唐顺之，号荆川，常州人。明代著名散文家、书法家、抗倭英雄。明嘉靖八年（1529），唐荆川23岁，高中进士，礼部会试第一为会元，入翰林院任编修。朝廷为嘉奖唐荆川的好成绩，还在其家乡青果巷内树立一座会元坊。现巷内仍有牌坊的遗存，不过仅剩南侧石柱一根，柱高约5米左右，上方还留有一些安置坊额的凹槽和榫眼。唐荆川才学过人，却因为人正直，不被当时朝廷所喜，嘉靖十九年（1540），终被朝廷削职为民。他闭门读书近20载，于学无所不精。在笔者看来，正由于这20年的远离朝政，潜心钻研，成就了唐荆川在文学、书法上的造诣。他是嘉靖初年古文运动的代表，是"唐宋八大家"的首倡者。他与王慎中等人创建了"唐宋派"，提出了"取法唐宋，规抚秦汉"的文学主张。为了给文坛提供文章范式，唐荆川选辑了一个秦、汉、唐、宋文选本，叫《文编》。其中，唐宋文章只选韩愈、柳宗元、王安石等八人的文章，并声明唐宋文就以此八家为优，其他人的文章一律不取，正式确定了"唐宋八大家"的历史地位。唐荆川工于书法，其作品在北京故宫、上海博物馆均有收藏。他在天文、地理、数学、历法、兵法及乐律等各方面均有研究，是一个名副其实的"全能型"人才。此外，荆川先生还是有名的抗倭英雄，刀枪骑射，无不娴熟。抗倭名将戚继光曾向他学过枪法。51岁那年，他被朝廷重新起用，自此，他亲督海师狙击倭寇，屡建奇功。

唐荆川除了才学过人，德行也令人钦佩。嘉靖七年（1528），唐荆川取得会元后，当时主持殿试的主考官非常欣赏他，想把此人"魁于天下"，于是让人夜间去找唐荆川，想让他交出殿试对策的底稿。但唐荆川却拒绝了这个到手的状元。他正色说："年轻人要对自己严格，为了一个状元，让我拜恩师门，将来如何自立？"主考官知道后起初很恼怒，但之后一想，也赞叹他的君子之风。嘉靖十九年（1540），嘉靖帝信奉道教，为求长生，在斋宫炼丹不上朝，唐荆川与同僚上书，请明年元旦太子出御文华殿接受文武百官朝贺。嘉靖帝大怒，将其削职为民。那样一个年代，一个饱读诗书的才子，满怀热血的青年，满腹经纶，有治国之才，却郁郁不得志近20年。嘉靖三十七年（1558），倭寇屡屡来犯，日益嚣张，而朝廷却武才奇缺。唐荆川作为清流代表，被声名狼藉的严嵩党羽赵文华疏荐出任朝廷官员，却也是无奈的选择。因为此时如《明史》所说"见兵亦不任战"，也就是眼睁睁看着明朝的军队，已不能胜任作战任务，朝廷对此束手无策。出于一个文化继承者、一个保家卫国者的责任，唐荆川抛弃"处士"清名，忍辱负重来报效国家。以他当时正五品的文官官阶，不用亲自乘船下海、单刀犯敌，他却是"拼却一腔心头血，向国门，换取金瓯铁"。最后，他死在了船上，像一个战士一样，将人生全部贡献给了中国的文化与百姓的危亡。

唐家除了唐荆川，人才辈出。唐荆川的儿子唐鹤征是明末著名的思想家、方志学家；外孙孙慎行是明万历二十年（1592）的探花，为明礼部尚书；前文提到的唐宇昭以及他的儿子唐于光，是常州画派的创始人之一。2015年6月，由常州市委宣传部主抓的拍摄了近两年的十集电视纪录片《青果巷记忆》在央视十套播出，片中也将从青果巷内走出的名人列为内容的第一要素，而青果巷内走出的名人，如果列出来，是一份长长的名单，数量何止百人。十集纪录片都无法讲述完整，何况短短的一篇文章。

青果巷于2012年启动征收工作，随着征收工作的不断深入，古建修缮也逐步开展。2014年，青果巷被省政府列为历史文化街区，东至和平路，南至东下塘路、刘氏宗祠，西至晋陵路，北至古村巷、约园，总保护区面积为12.6公顷。2015年，常州成为国家历史文化名城。青果巷作为"申名"迎检中的重要景点，其古建的修缮保护、文化的深度挖掘得到了国检组专家们的一致认可。青果巷的历史文化不是一篇文章乃至一本书籍可以概述，在街区修缮保护的过程中，在街区以古老而又崭新的面貌逐渐出现的过程中，我们的认识也在不断地更新和深入。青果巷的历史文化像一本厚厚的书，像一杯浓浓的茶，只有慢慢读、细细品，才能获得心境的升华，才能闻到属于那些时代的缕缕馨香。

原载《常州建筑》2015 年第 5 期

关于唐代"西蕃"一词是指称吐蕃还是回鹘问题的再讨论

姚 律

一直以来,学者们在论述7世纪中叶以后西域政治格局时,基本上持这样的看法:随着唐王朝完成统一西域的宏图大业,兴起于青藏高原的吐蕃政权开始进入塔里木盆地南缘,由南而北推进,拉开了与唐王朝争夺安西四镇的序幕。几经反复,唐军终于在武后长寿元年(692)击败吐蕃,并以兵三万常驻四镇,使安西都护府稳定地设置于龟兹长达百年之久。安史之乱起,驻守西北唐军大批调往内地勤王平叛,武备空虚。吐蕃乘机占据河西、陇右,攻陷安西,今新疆南疆以及吐鲁番盆地为吐蕃所据,直到9世纪中叶回鹘从漠北西迁,吐蕃势力才最终退出西域。

刊载于《敦煌研究》2008年第4期李树辉先生文章《库木吐喇石窟第75、79窟壁画绘制的年代和功德主身份研究》认为,回鹘早在9世纪中叶西迁之前的贞元七年(791)即已控制天山南北,其证据便是库木吐喇石窟第75、79窟功德主为咸安公主母子、怀信可汗骨咄禄以及崇徽公主与牟羽可汗的女儿、女婿,并认为《元和郡县图志·陇右道下》所载西州"贞元七年没于西蕃"非指吐蕃,而是指回鹘。李树辉先生是这样叙述的:

> 回鹘据有高昌的时间,史籍均语焉不详。《宋史·高昌传》作"安史之乱,其地陷没",仅是概而言之。《元和郡县图志·陇右道下》称西州"贞元七年没于西蕃"。文中的"西蕃",学者们多理解为吐蕃。"蕃"是古人对周边国家或非汉语族群的泛称。与此相对,"西蕃"一词则常用于指称西方的突厥语族群、印欧语族群和吐蕃。此外,另有北蕃、南蕃等词语。结合史籍及出土的汉文、回鹘文文献记载,我们有把握断定,其"西蕃"正指回鹘……天山地区自贞元七年秋开始便在回鹘汗国的控制之下。

李先生所论对于研究7—9世纪西域历史非常重要。拜读之后,笔者感到有几个问题很有必要提出探讨。这里,笔者仅想结合唐诗,看看唐代"西蕃"一词的指称问题。要申明的是,笔者对唐诗根本谈不上研究,只是在整理唐诗中的禅寺与禅僧资料过程中,接触到这个问题,觉得实际情况并非李先生所断言,故冒昧撰成此文。李先生是民族与语言学研究大家,本文错误之处,敬请指教。

关于"蕃"的含义,诚如李先生说的,"是古人对周边国家或非汉语族群的泛称"。在唐诗中,我们即可读到许多以"入蕃""和蕃"为题,描述唐王朝与吐蕃、回鹘(回纥)、契丹和南诏等周边民族关系的诗篇。对吐蕃的称呼,既有同其他周边民族一起统称为"蕃"者,又有以吐蕃位于青藏高原的地理方位称作"西蕃"者,可见"西蕃"不是泛称,而是特指吐蕃,为吐蕃的一种别称。

《全唐诗》收录了描述金城公主出嫁吐蕃赞普弃隶蹜赞的和亲诗18首,它们是:

崔日用《奉和送金城公主适西蕃应制》(卷46)
崔　湜《奉和送金城公主适西蕃应制》(卷54)
李　峤《奉和送金城公主适西蕃应制》(卷58)
阎朝隐《奉和送金城公主适西蕃应制》(卷69)
韦元旦《奉和送金城公主适西蕃应制》(卷69)
唐远悊《奉和送金城公主适西蕃应制》(卷69)
李　适《奉和送金城公主适西蕃应制》(卷70)
刘　宪《奉和送金城公主适西蕃应制》(卷71)
苏　颋《奉和送金城公主适西蕃应制》(卷73)
徐彦伯《奉和送金城公主适西蕃应制》(卷76)
张　说《奉和圣制送金城公主适西蕃应制》(卷87)
薛　稷《奉和送金城公主适西蕃应制》(卷93)
马怀素《奉和送金城公主适西蕃应制》(卷93)
沈佺期《奉和送金城公主适西蕃应制》(卷93)
武平一《奉和送金城公主适西蕃应制》(卷101)
赵彦昭《奉和送金城公主适西蕃应制(一作崔日用诗)》(卷103)
郑　愔《奉和送金城公主适西蕃》(卷106)
徐　坚《奉和送金城公主适西蕃应制》(卷107)

金城公主大家熟知,是继文成公主之后出嫁吐蕃赞普的唐室公主。关于金城公主出嫁吐蕃前后经过,新、旧《唐书·吐蕃传》均有记载,后者较详:神龙元年(705)吐蕃遣使为赞普弃隶蹜赞请姻,中宗以雍王守礼女为金城公主许嫁之。景龙三年(709)十一月,吐蕃遣使来迎,四年(710)正月中宗驾临始平县,送公主进藏,并命从臣赋诗饯别。以上所列和亲诗,便是参加这次送别金城公主宴会的从臣兼诗人们,奉中宗之命而作。鉴于本文要讨论的是唐代"西蕃"指称问题,仅看诗题即可明了"西蕃"是指吐蕃,无须再一一引录诗文。

除上列描述金城公主出嫁吐蕃赞普的和亲诗,《全唐诗》还收录咏叙朝廷命官出使"西蕃"的送行诗,它们是:

杜审言《送和西蕃使》(卷62)。
韦应物《送常侍御却使西蕃》(卷189;又重见于卷492殷尧藩诗,题作《送韦侍御报使西蕃》)。

皇甫曾《送和西蕃使》（卷210）。
杜　甫《送杨六判官使西蕃》（卷225）。
李　益《送常曾侍御使西蕃寄题西川》（卷283）。
权德舆《送张曹长工部大夫奉使西蕃》（卷323）。
陈　羽《冬晚送友人使西蕃》（卷348）。
姚　合《送少府田中丞入西蕃》（卷496）。

这些送行诗，尽管不同于描述金城公主出嫁吐蕃的和亲诗那样，一望便知"西蕃"一词所指，需要作些解释，好在专家对这些诗大多作有校注，下面结合自己的体会，依次引录一述。当然，限于知识，只能点到为止。

先看杜审言诗。杜审言（约645—708），巩县（今河南巩县）人，杜甫祖父。咸亨元年（670）进士，曾任隰城尉、洛阳丞，后因事贬为吉州司户参军。武周时授著作佐郎、膳部员外郎。中宗即位后虽一度被流放，不久召还，任国子监主簿、修文馆直学士。其《送和西蕃使》诗云：

> 使出凤凰池，京师阳春晓。
> 圣朝尚边策，诏谕兵戈偃。
> 拜手明光殿，摇心上林苑。
> 种落逾青羌，关山度赤坂。
> 疆场及无事，雅歌而餐饭。
> 宁独锡和戎，更当封定远。

凤凰池、明光殿、上林苑，皆为汉代宫室、御苑名，此借指唐代皇宫。以汉喻唐是唐代诗人常用的笔法。诗的前六句是说使臣领受大唐皇帝的和戎诏谕，拜别京城，前往"西蕃"。七、八句"种落逾青羌，关山度赤坂"，是说明使臣前往"西蕃"的族属与地点。种落，种族部落。青羌，古羌族的一支，这里泛指我国西南一带少数民族。赤坂即赤岭，在今青海湟源县西，为当时的唐蕃分界线，两《唐书》中，多处讲到在赤岭与吐蕃分界立碑之事。由此可见，诗人赋诗送行的和西蕃使，应与吐蕃有关。据研究，此诗当是杜审言在长安为送娄师德出使吐蕃而作。[①] 娄师德出使吐蕃，事见《资治通鉴》卷202唐高宗仪凤三年（678）九月载："李敬玄之西征也，监察御史原武娄师德应猛士诏从军（实际是以监察御史身份监军），及败，敕师德收集散亡，军乃复振，因命使于吐蕃。吐蕃将论赞婆迎之赤岭。师德宣导上意，谕以祸福，赞婆甚悦，为之数年不犯边。"既然杜审言此诗是为娄师德奉使吐蕃而作，诗题说的"西蕃"应指吐蕃，不言而喻。

韦应物（约737—791），京兆长安（今陕西西安）人。广德元年（763）为洛阳丞，后任京兆府功曹、尚书礼部员外郎等职。建中三年（782）离京出任滁州、江州刺

[①] 徐定祥：《杜审言诗注》，上海古籍出版社1982年版，第2页。

史、苏州刺史。其《送常侍御却使西蕃》诗云：

> 归奏圣朝行万里，却衔天诏报蕃臣。
> 本是诸生守文墨，今将匹马静烟尘。
> 旅宿关河逢暮雨，春耕亭障识遗民。
> 此去多应收故地，宁辞沙塞往来频。

从韦应物仕履看，这首诗应作于建中三年（782）他离京出任地方官之前。从诗的首联可知，这位常侍御刚从"西蕃"归来，又奉命出使"西蕃"，时间就在德宗即位之初。侍御，官名，唐代殿中侍御史和监察御史的通称，也用以称呼临时奉命外出执行皇帝御旨的使臣。这位常侍御是谁？有不同的说法，笔者认为，常鲁说比较可信。据《旧唐书·吐蕃传》载，建中二年（781）三月，常鲁以判官身份随兵部尚书崔汉衡奉使吐蕃，赞普提出唐蕃既为舅甥国，是亲戚关系，可诏书上使用的是对待臣子的措辞，要求修改；又所划疆界，云州之西请以贺兰山为界。为此，常鲁与吐蕃使者论悉诺罗等入朝奏定。是年十二月，常鲁又带着德宗准其所请的谕旨再使吐蕃，韦应物诗即咏此。[①] 所谓"却使"，即吐蕃遣使来唐，唐复遣使报聘，也就是"归奏圣朝行万里，却衔天诏报蕃臣"之意，诗题所说"西蕃"指吐蕃无疑。

皇甫曾，润州丹阳（今江苏丹阳人），生卒年不详，天宝十二年（753）进士，曾任殿中侍御史；大历六年（771）因事贬舒州司马，不久去职。其《送和西蕃使》诗云：

> 白简初分命，黄金已在腰。
> 恩华通外国，徒御发中朝。
> 雨雪从边起，旌旗上陇遥。
> 暮天沙漠漠，空碛马萧萧。
> 寒路随河水，关城见柳条。
> 和戎先罢战，知胜霍嫖姚。

据《增订注释全唐诗》，皇甫曾赋诗送行的和西蕃使疑指马璘。马璘，岐州扶风人，少孤，年二十读《汉书·马援传》，受到激励，立志要像祖上那样，驰骋边关，建功立业。开元末"挟策"（应指携带《汉书·马援传》）从安西节度府，多次立功升迁，官至金吾卫将军。至德初，东讨史朝义屡建奇功，迁试太常卿。后奉诏移师河西，对吐蕃作战，擢兼御史大夫。永泰元年（765）正月，拜马璘为四镇行营节度使兼南道和蕃使。皇甫曾此诗或即记此。[②] 白简，为御史弹劾的奏章，这里代指御史大夫。分命，任命。黄金，指束金腰带。唐制，文武官员一至五品束金腰带，六至七品用银腰

[①] 陈贻焮主编：《增订注释全唐诗》第一册，文化艺术出版社2001年版，第1517页。
[②] 同上书，第1726页。

带，御史大夫官阶从三品。诗的首联"白简初分命，黄金已在腰"，就是指马璘被擢拔为御史大夫。尽管尚不能确指这位和蕃使就是马璘，但从"旌旗上陇遥"之句看，陇，泛指今甘肃东南一带，因陇山（六盘山南段）而得名，是从关中通往青海的必经之地，而青海地区自肃宗以后即为吐蕃所陷，属于吐蕃境，可见诗题中的"西蕃"是指吐蕃而言。

杜甫（712—770）于天宝五年（746）来到长安，在困顿中度过10年。安史之乱后，肃宗在灵武即位，杜甫被授为左拾遗。唐军收复长安，杜甫却被贬出京城，重新开始了颠沛流离的生活，最终病死于湘江途中。尽管杜甫一生坎坷，但始终系念国家安危，关心生民疾苦，写下大量忧国忧民诗篇。其《送杨六判官使西蕃》诗云：

> 送远秋风落，西征海气寒。
> 帝京氛祲满，人世别离难。
> 绝域遥怀怒，和亲愿结欢。
> 敕书怜赞普，兵甲望长安。
> 宣命前程急，惟良待士宽。
> 子云清自守，今日起为官。
> 垂泪方投笔，伤时即据鞍。
> 儒衣山鸟怪，汉节野童看。
> 边酒排金醆，夷歌捧玉盘。
> 草轻蕃马健，雪重拂庐干。
> 慎尔参筹画，从兹正羽翰。
> 归来权可取，九万一朝抟。

诗题中的杨判官，据《增订注释全唐诗》，认为可能是至德二年（757）入蕃使南巨川的随行僚属。至德元年八月吐蕃遣使至唐求亲，并表示愿出兵讨伐安史叛军。二年三月又遣使请婚，唐王朝派给事中南巨川回访，大概杨判官是随南巨川使吐蕃。[①] 虽然未作肯定，但从诗中明显看出，杜甫赋诗送行的杨判官是出使吐蕃，时间是在秋天。诗的第二句"西征海气寒"中的海，指西海，即青海湖，只是将西海二字折用，嵌入"征"字，使这一句与起句"送远秋风落"相对，西征对送远，海气寒对秋风落，意谓杨判官是西行青海，虽然眼下还是秋天，可那里已经很寒冷了。绝域，遥远偏僻、人迹罕至的地方，这里指吐蕃。拂庐，吐蕃贵族居住的大毡帐，这里指吐蕃赞普住所。显然，诗题所说"西蕃"指吐蕃。

李益（748—828），河西姑臧（亦称凉州，今甘肃武威）人，广德二年（764）河西、陇右陷于吐蕃前，随家迁居洛阳。大历四年（769）进士，初授郑县尉及主簿，因久不调迁，遂投笔出塞从军20多年，后入朝任职，官至礼部尚书。其《送常曾侍御使

---

① 陈贻焮主编：《增订注释全唐诗》第二册，文化艺术出版社2001年版，第180页。

西蕃寄题西川》诗云：

> 凉王宫殿尽，芜没陇云西。
> 今日闻君使，雄心逐鼓鼙。
> 行当收汉垒，直可取蒲泥。
> 旧国无由到，烦君下马题。

诗题中的常曾，京兆人，为代宗朝宰相常衮的堂弟，曾任弘农令。西川即剑南西川节度使的简称，治所在今成都。寄题西川，一说李益家乡在凉州，自河陇没于吐蕃，故以西川代指凉州。① 实际这应指被吐蕃占领的河陇。凉王是指晋时十六国中的河西五凉。诗的开头两句是说河陇一带尽陷吐蕃，陇山以西的广大地区，城池倾圮，田园荒芜，昔日繁荣富庶、物阜民丰的景象已不复存在。接下来四句，鼓鼙、军鼓借指战争；汉垒喻指唐代建在河陇的城堡营垒；蒲泥，漠北塞名（一说为匈奴王号）。据《史记·卫将军骠骑列传》，汉武帝元朔二年（前127）卫青击匈奴时，曾"讨蒲泥，破符离"。这四句表达了诗人对常曾出使吐蕃的希望，即不光要通过和议解决唐蕃之间的军事冲突，更应当收复包括河陇在内的被吐蕃侵占的疆土，重现汉武盛世那样的国家大统一局面。结尾二句，"旧国"指故乡，即河陇地区，这是照应诗题之句。毫无疑问，李益这首诗说的"西蕃"即吐蕃。

权德舆（759—818），天水略阳（今甘肃秦安）人，贞元八年（792）授太常博士，后历任左补阙、起居舍人、驾部员外郎、司勋郎中、礼部侍郎等职，是中唐诗坛一位重要人物。其《送张曹长工部大夫奉使西蕃》诗云：

> 殊邻覆露同，奉使小司空。
> 西候车徒出，南台节印雄。
> 吊祠将渥命，导驿畅皇风。
> 故地山河在，新恩玉帛通。
> 塞云凝废垒，关月照惊蓬。
> 青史书归日，翻轻五利功。

诗题中的张曹长工部大夫，即张荐，曾有三次奉命出使的经历。第一次是贞元四年（788）以判官身份，随刑部尚书关播持节护送咸安公主出嫁回纥合骨咄禄可汗（改回纥为回鹘即此可汗）。第二次是贞元十一年（795），任谏议大夫时持节册立回鹘宰相骨咄禄为毗伽怀信可汗。第三次是贞元二十年（804），张荐出使吐蕃。据《新唐书·吐蕃传》载：贞元"二十年，赞普死，遣工部侍郎张荐吊祠，其弟嗣立"。《新唐书·张荐传》亦载："吐蕃赞普死，推荐工部侍郎为吊祭使。"权德舆此诗即咏张荐这次吐

---

① 范之磷主编：《李益诗注》，上海古籍出版社1984年版，第60页。

蕃吊祭之行，而张荐就病死于赤岭。曹长，是当时对尚书侍郎、丞的俗称，张荐时任郎中，为尚书侍郎、丞下属官，故有此称。诗中所言小司空、南台，也指张荐。工部尚书别称司空，张荐为工部侍郎，故称之小司空。南台为御史台的别称，张荐入吐蕃吊祭时为工部侍郎兼御史大夫，故称之。毋庸置疑，诗题所说"西蕃"是指吐蕃。

陈羽，江东吴县（今江苏吴县）人，生卒年不详，贞元八年（792）进士，官至东宫尉佐。其《冬晚送友人使西蕃》诗云：

驿使向天西，巡羌复入氐。
玉关晴有雪，沙碛雨无泥。
落泪军中笛，惊眠塞上鸡。
逢春乡思苦，万里草萋萋。

陈羽赋诗送行出使"西蕃"的友人，生平不详，从诗的起句"驿使向天西"可知，他是一位信使，前往的是极远的西边之地。如果说这仅点出驿使行进的方向，而具体去处仍不甚明白的话，那么，第二句"巡羌复入氐"便作了回答。羌、氐，指古代羌族与氐族，多居住在今四川岷山及其以西地区，与吐蕃接壤。据《旧唐书·吐蕃传》载：自仪凤三年（678）以来，吐蕃日渐强盛，这一带的羌、氐等族都归属吐蕃，"时吐蕃尽收羊同、党项及诸羌之地，东与凉、松、茂、嶲等州相接，南至婆罗门，西又攻陷龟兹、疏勒等四镇，北抵突厥，地方万余里，自汉、魏以来，西戎之盛，未之有也"。"巡羌复入氐"之句，即指代吐蕃，告诉我们诗人的这位驿友出使的"西蕃"就是吐蕃。

姚合（约779—846），陕州（今河南陕县）人，元和十一年（816）进士，历任武功县主簿、监察御史、荆、杭二州刺史、陕虢观察史、秘书少监等职。其《送少府田中丞入西蕃》诗云：

萧关路绝久，石堠亦为尘。
护塞空兵帐，和戎在使臣。
风沙去国远，雨雪换衣频。
若问凉州事，凉州多汉人。

《增订注释全唐诗》认为，姚合赋诗送行的田中丞，即大和六年（832）十一月以少府少监兼御史中丞出使吐蕃的田旱。① 萧关，位于今宁夏固原县东南，是关中通往河陇的要道，唐时曾筑城戍于此，以御吐蕃。正由于此，萧关一词多见唐代边塞诗。可就是这样一座重要关隘，却在乾元元年（758）被吐蕃占领，直到大中三年（849）才收复，没于吐蕃将近百年。堠，是边塞用来侦察、瞭望敌情的岗亭，既有土筑的，也

---

① 陈贻焮主编：《增订注释全唐诗》第三册，文化艺术出版社2001年版，第968页。

有石砌的。首联二句是说萧关被吐蕃占据已很久，关外当年修筑的石堞，因年久风化而成尘了。颔颈二联"护塞空兵帐，和戎在使臣。风沙去国远，雨雪换衣频"，是讽喻朝廷不重视边防，把边境的安宁只是寄托在议和的使臣，遥想田中丞前往"西蕃"旅途的苦寒之状。尾联"若问凉州事，凉州多汉人"，凉州，为西北地区重镇，河西节度使治所，居民大多是汉人，但自河、陇地区陷于吐蕃，居住在那里的汉人成了吐蕃统治下的亡国之民。这二句看起来好像仅是在叙事，实际表达了诗人对沦陷于吐蕃的凉州汉人的深切同情，隐含着对唐王朝国势衰弱，无力收复被吐蕃侵占领土的叹息，自然也说明田中丞出使"西蕃"是吐蕃。

总之，从以上择取的和亲、送行诗看，在唐代"西蕃"一词均指吐蕃，无有一例是指回鹘。当然，在唐诗中也有称吐蕃为"西戎""西夷"的，例如唐代诗僧无可写有一首为田早出使吐蕃的送行诗，诗题便作《送田中丞使西戎》，诗中并有"玉节使西夷"一句（卷813）。其实，不仅是唐诗，在唐代史籍乃至宋明文献也同样是如此。尽管对吐蕃有这样几种不同的别称，但皆冠有一个"西"字，以表明地理方位。

那么，在唐诗中又是如何指称回鹘的呢？回鹘是继匈奴、突厥之后建立于漠北的强大游牧汗国，曾两次出兵助唐平定安史之乱，唐有四位公主（即肃宗时的宁国公主、代宗时的崇徽公主、德宗时的咸安公主、穆宗时的太和公主）出嫁回鹘可汗。因此，唐王朝与回鹘关系，在唐诗中也多有反映。对回鹘的称呼，除同其他周边民族一样，统称"蕃"外，便是因回鹘地处漠北而称"北蕃"或"北虏""北狄"。这里只引录其中称"北蕃"的三首，即杨巨源《送殷员外使北蕃》（卷333）、《和吕舍人喜张员外自北蕃回至境上先寄二十韵》（同上卷）、雍陶《送于中丞使北蕃》（卷518）。杨巨源的诗，前一首起句为"二轩将雨露，万里入烟沙"。轩，为朝官所乘之车，二轩，喻指正、副二使臣。雨露，喻皇帝圣恩，烟沙，形容广袤干旱荒漠。其意谓二位使臣带着皇帝的恩泽，前往万里之外的荒漠，犹如将雨露洒向那里。据《旧唐书·回鹘传》载，元和三年（808）咸安公主老死，回鹘保义可汗遣使请婚，考虑到嫁女所费巨大，宪宗不许，但为了安抚回鹘，"乃诏宗正卿李孝诚使于回鹘，太常博士殷侑副之，喻其来请之意"。疑杨巨源《送殷员外使北蕃》即记此事。后一首，从诗题冠以"和"字可知，此诗为一首酬和之作。张员外生平不详，但从诗句"突兀阴山迥，苍茫朔野宽"，"节异苏卿执，弦殊蔡女弹"看，阴山，位于今内蒙古自治区中部，为匈奴所在地。苏卿，即苏武，汉武帝时出使匈奴，被扣留，持节牧羊19年。蔡女，即蔡琰，东汉陈留人，博学能文，善音律，遭乱被俘至匈奴12年，相传琴曲歌词《胡笳十八拍》为她所作。这些诗句都与匈奴有关，是喻指回鹘。如果说，杨巨源这二首诗所说"北蕃"尚不能确指回鹘，或许是指北方别的少数民族而言，那么，雍陶《送于中丞使北蕃》则很明确，他赋诗送行出使"北蕃"的于中丞，即敬宗朝司门郎中于人文。据《新唐书·回鹘传》载："敬宗即位之年（宝历元年，825年），可汗死（指崇德可汗），其弟曷萨特勤立，遣使者册立爱登里罗汩没密施合毗伽昭礼可汗。"《资治通鉴》卷243唐敬宗宝历元年载："三月，辛酉，遣司门郎中于人文册回鹘曷萨特勤为爱登里罗汩没密施合毗伽昭礼可汗。"雍陶诗即咏叙此事。对此，除雍陶外，还见之当时另外几位著名诗人之作，如顾非熊《送于中丞入回鹘》（卷509）、朱庆余《送于中丞入蕃册立》（卷514）、贾岛《送于中丞使回鹘册立》（卷574），都是送行于人文出使"北蕃"即回鹘的诗篇。

唐代是诗的时代，诗歌创作空前繁荣，仅《全唐诗》就收录近五万首之多，反映社会生活的深广程度也是史无前例的。虽然其中有些作品属于回溯性的，但上述唐诗都是赠行之作，是当时人歌吟当时事，有感而发，历史的真实性很可靠，充分反映出唐人以方位称周边民族均有一定规律，是唐人称吐蕃为"西蕃"、回鹘为"北蕃"的历史见证。

《元和郡县图志》这部我国现存最早又较完整的地理总志，是由唐代李吉甫于元和八年（813）编撰而成，也就是完成于上述唐诗问世期间。李吉甫少好学，在贞元初任大常博士时，即已博洽多闻，明练典故，他于元和二年（807）和六年（811）两度入相秉政，应该说熟识当时全国各州县情况，也了解这一时期唐人对吐蕃与回鹘的称呼，不至于在自己著作中张冠李戴，不称回鹘为"北蕃"，而将吐蕃别称"西蕃"用到回鹘头上。因此，在没有充分证据情况下，断言《元和郡县图志·陇右道下》载西州"贞元七年没于西蕃"是指回鹘，恐怕难以成立。由于地缘关系，回鹘在9世纪中叶从漠北西迁之前，已有军事力量活动于天山南北，与吐蕃争夺东西交通线上的商业利益，可能是事实，尤其是在天山以北，曾一度左右过北庭的局面，但就现有材料，还很难得出"天山地区自贞元七年秋开始便在回鹘汗国的控制之下"的结论。

原载《敦煌研究》2011年第1期

免费开放后的博物馆教育

——中美博物馆观众教育比较研究

林 健

2008年年初,国内许多博物馆陆续实行了免费开放,引起了社会各界和广大群众的极大关注和热情支持。一时间博物馆人流如织,观众人数直线上升。与此同时,走马观花式的参观现象也比较普遍。如何稳定观众数量,提高观众教育服务水平,更好地发挥博物馆的教育职能,成为我们博物馆人亟待思考和解决的问题。笔者因有幸参加了国家文物局与美国梅隆基金会合作开展的"中国博物馆管理人员赴美研修"项目的培训学习,在3个月的考察、调研中,深感美国博物馆观众教育服务功能之完备,堪称楷模。在此试着对中美博物馆观众教育之间的差异进行比较,以期能为观众教育工作提供一些新的思路和借鉴。

一 中美博物馆观众教育的差异

1. 博物馆教育理念

早在1906年,美国博物馆学会就提出"博物馆应成为民众的大学",现在,博物馆是一个教育机构已成为社会的共识。美国博物馆协会出版的《新世纪博物馆》一书甚至提出:"如果说藏品是博物馆的心脏,那么教育工作可称为博物馆的灵魂。"重视教育职能是美国博物馆的重要特色。笔者曾听多个美国博物馆的同行介绍,他们是按照博物馆教育标准开展教育工作的。通过查阅资料得知,美国博物馆学会教育专业委员会早在1990年就制定了博物馆教育的专业标准,2002年又重新进行了修订。该标准要求博物馆的管理者和教育工作者做到:

(1) 提供精确、清晰、符合各个人群层次的教育资源。
(2) 举办各种讲座,交流有关藏品和展览方面的观点和看法。
(3) 收集全面、详尽的信息,为观众的学习提供有效资源。
(4) 运用恰当的技术手段扩充观众的知识面,扩展他们的学习能力。
(5) 根据各博物馆不同的办馆理念、展览项目和展品要求,营造不同的博物馆学习环境。

目前,中国的博物馆教育理念同国外尚有差距,接待、讲解仍然是大多数博物馆教育部的工作重点。近年来许多博物馆过分强调休闲娱乐的功能，而忽视有针对性的、多样化的观众教育工作。博物馆教育标准在我国还是一个空白，针对博物馆观众教育的系统性理论研究还有待于加强。

2. 教育部组织结构

为了适应公共教育的需要，美国的许多大、中型博物馆都设有教育部，他们通常是根据要服务的对象和工作性质，进行内部分工和岗位设置。芝加哥艺术博物馆教育部的组织结构具有一定的代表性，参见图一。该部共有38人，在主任下面设有6个项目组，分别是：阐释性媒体项目、表演项目、成人项目、教师项目、学生项目、儿童和家庭教育项目，项目主管之下又配有数名项目助理和项目协调人以协助工作，每个项目组有明确的分工和任务，工作人员大多具有教育学专业背景。此外，芝加哥艺术教育部还有大约170多名志愿者，负责观众讲解。美国个别博物馆教育部还设有研修和实习项目组，提供资金让访问学者和大学生来工作、实习。

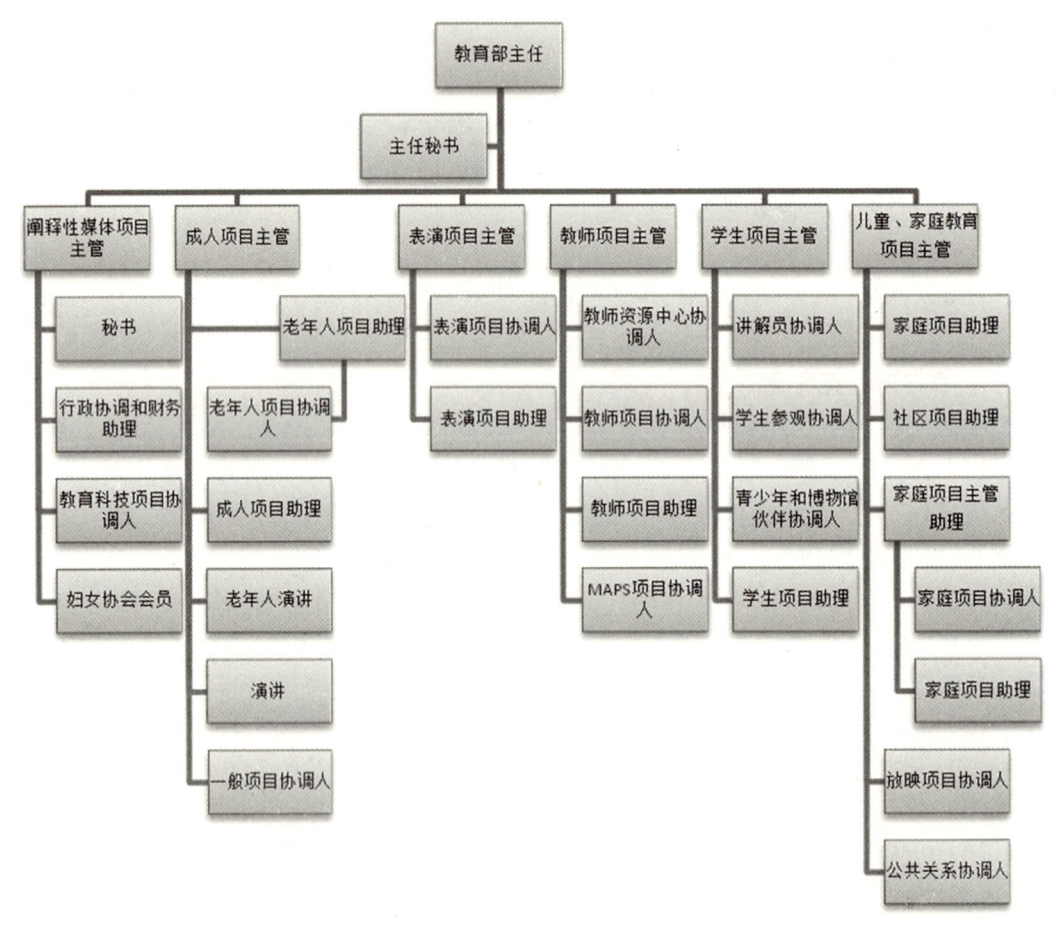

图一　芝加哥艺术博物馆教育部组织结构图（2007.8.1）

我国博物馆从事观众教育的部门过去主要称为群众教育工作部，也有称宣教部。国家文物局组织专家编写的《博物馆群众教育工作》一书中，曾提出群众教育部，应设正、副主任1—3人，内设联络组、讲解组、电教组、服务组，有条件的可设科普组或研究组。这种机构设置模式被大部分博物馆所采用。近年来，一些大型博物馆同时设立教育部和开放部，承担教育服务的功能，而部分博物馆特别中小型博物馆，一般只设开放部或宣教部，教育部门内或多或少地存在着分工不细、人员数量不足的现象。

3. 教育资金投入

美国博物馆教育经费在每年的财政预算中都有一定的份额。芝加哥艺术博物馆2006—2007财政年度总支出7475.6万美元，教育经费支出为323.4万美元，占总经费支出的4.33%，略高于特展支出。芝加哥费尔德自然历史博物馆2006年度预算支出6240万美元，其中，教育和图书馆经费支出占总预算的4%。纽约大都会艺术博物馆2005—2006年教育和图书经费支出占总预算的7%，高于特展的6%的比例，与水电、会员服务和发展部支出的经费相同，参见图二。这笔费用主要用于编辑教材（如光盘、海报、说明）、组织讲座和特别活动以及购买图书等。作者在美国每到一个博物馆，几乎都会得到一整套教育资料，里面通常有参观导览、海报、家庭手册、学校手册、教师手册、成人手册等。这些资料大部分会摆在博物馆的资料架上，供观众自由取用。

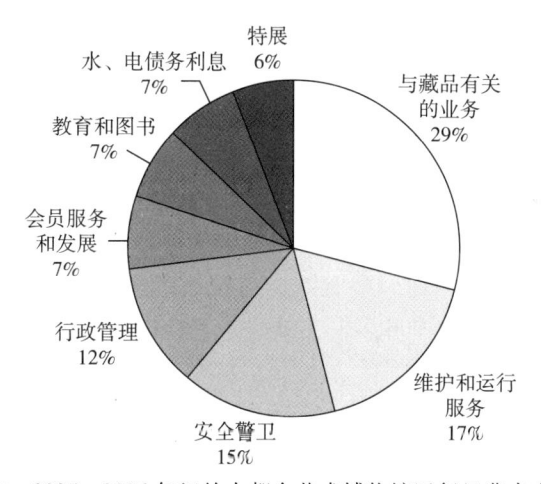

图一　2005—2006年纽约大都会艺术博物馆运行经费支出表

对于我国的大多数博物馆来说，除了人员工资、水电费外，每年正常的预算项目经费主要有文物征集费、展览筹办费、安保经费等，观众教育经费很少能被纳入正常的财政预算。博物馆要开展宣传教育活动，如印刷宣传品、出版资料，一般只能申请专项资金或者挤用馆内其他一些经费。

4. 观众教育的方式

目前我国博物馆的观众教育水平参差不齐，在一些经济发达地区，博物馆的教育工作开展得相对生动、有效，陈列展览的多媒体辅助演示、志愿者讲解、语音导览解说在逐渐推广普及。而许多博物馆观众教育仍停留在接待、讲解的层面上。美国博物馆的观众教育工作内容丰富、形式多样。除前面提到的教育方式外，还广泛举办各种专题讲座、电影放映、音乐会、旅行、动手实践、学生课程、教师课程、观众图书阅览、教材教具外借服务、学生实习等形式的教育活动，深受观众的喜爱。

芝加哥艺术博物馆2006年9月开展的"丝绸之路年"主题活动，可以说是将多种教育形式集中在一起的成功范例。这次活动以展示博物馆收藏的近70件古"丝绸之路"沿途各地的珍贵文物为核心，同时举办了研讨会、讲座、艺术表演以及适合家庭参与的各项活动。不仅有世界顶级的大提琴家马友友的"丝路"乐队和芝加哥交响乐团的演出等一系列相关文化活动，还包括在展厅和剧场演奏丝绸之路各国的音乐、丝路文学专题讲座、现场绘制唐卡、表演印度舞蹈等。"丝绸之路年"的活动，通过把不同形式的艺术结合起来，使观众对一些旧有的展品又激发出新的兴趣，加深了人们对展品的理解。

5. 信息技术的运用

信息技术在美国博物馆中发挥着巨大作用，尤其是网络技术，在博物馆观众教育方面更是作用非凡，这也是我国博物馆亟待追赶的方面。美国有2/3以上的博物馆在国际互联网上建有网站或网页。这些网站是博物馆开展公众教育的重要工具，内容也非常丰富，信息量极大。以纽约大都会艺术博物馆为例，它的网站有十几个栏目：艺术品、商店、会员、月历、参观指南、音乐会和演讲、教育资源、活动计划、我的博物馆、新闻中心、大都会播客等。在月历栏目里，详细地列出当月每一天博物馆各种活动的时间、地点。在活动计划里，给出了20种针对不同人群的学习计划。教育资源栏目里包括了图书馆和学习中心、在线资源、图片资源、教师资源、在大都会学习研究、演讲档案、出版物、3500件藏品的信息、为教师提供的背景知识、为学生提供的实践项目、以往的演讲资料、博物馆出版书籍的简介等。

在美国，一些大型博物馆还开展有双向可视远程教育。2001年，克利夫兰艺术博物馆为俄亥俄州75个社区的7000名学生提供了300课时的教学节目，同时还为其他9个州的39个社区提供过服务。

二 博物馆观众教育的未来思考

1. 制定我国的博物馆教育标准，规范博物馆教育工作

根据中国现阶段博物馆发展的实际情况，积极开展系统的理论研究，同时吸取国外博物馆教育的最新成果和成熟经验，尽快制定我国的博物馆教育工作专业标准，该标准应进一步明确新时期博物馆教育的宗旨、目标和具体要求，规范博物馆教育工作，推广应用新的技术手段，实施、评估严谨的教育计划方案，使博物馆在国民终身教育体系中能够真正发挥出应有的作用。

2. 建立合理有效的组织架构，推动教育工作的科学发展

在条件允许的情况下，博物馆应设置独立的教育部，或配备一定数量的专职人员，

专门从事观众教育的工作。同时因博物馆是属于不同于学校的非正规教育机构，需要认真地对被教育者进行研究，探索中国博物馆教育工作的特点和规律，科学地进行岗位的设置和人员配置。建立一个分工合理、职责清晰、高效运行的组织架构，充分发挥出每一个员工的作用，这对于推动博物馆教育工作的科学发展具有十分重要的意义。

3. 建立稳定的经费保障机制，确保观众教育可持续发展

近年来各地政府投入大量资金进行博物馆的建设和陈列展览制作，推出了一批为观众喜闻乐见的精品陈列，取得了显著的成绩。但在观众教育方面，经费不足或者没有经费的现象比比皆是。博物馆的教育工作者和管理者首先要转变观念，同时呼吁社会各界改变对博物馆观众教育的看法，争取必要的教育经费投入，逐步建立经费保障机制，确保观众教育工作的正常顺利开展。

4. 创新观众教育模式，完善教育工作内容

在做好博物馆观众讲解导览的基础上，要研究针对不同年龄群体、不同社会背景、不同阶层应采取的教育形式，创新教育模式，加强观众教育工作的整体规划、项目策划和计划。不仅要印制各种有关藏品图书、画册、导览简介等学习资料，拍摄制作介绍博物馆的电视片和电影，还要鼓励学校把学生的历史课、语文课、自然课、美术课等安排到博物馆来。同时，要加快网络等现代技术在博物馆的应用，促进教育工作快速发展。要把一切可能的现代科技手段都尽快地运用到博物馆教育工作之中，提高观众教育的科技水平和科技含量。只有加快科学技术在博物馆教育领域的应用，才能实现中国博物馆观众教育的跨越式发展。

免费开放使博物馆教育资源为社会公众广泛利用创造了契机。教育作为沟通博物馆与观众的桥梁纽带，对于深化利用丰富和优质的博物馆资源具有十分重要的作用。在新形势下，迫切需要建立起有效的博物馆教育机制和体制，规范博物馆的教育工作，发展、研究更多的新方法诠释藏品和展览，营造出一种探索学术、文化的氛围，鼓励和吸引不同年龄、不同阶层的人都来参观博物馆，提高普通观众的科学素养和艺术欣赏水平，最终达到提高国民素质的目的。

原载《2008年江苏省文博论文集》

论博物馆的立馆思想与教育功能

路亚北

博物馆的立馆思想是博物馆的灵魂，教育功能的充分拓展离不开博物馆立馆思想的指引。博物馆的立馆思想从博物馆的诞生之日起就是人们关注的话题，各种立馆思想纷纭涌现。原上海博物馆馆长陈燮君先生认为，"博物馆文化拥有四大力量，即以其民族凝聚力，诉说着民族文化的博大精深、源远流长；以其历史的穿透力，演绎着漫长历史的沧桑巨变、岁月坦诚；以其文明渗透力，寻觅着中华文明的悠悠源头、绵绵根脉；以其艺术的感染力，守望着精神家园的时代传承，人文自豪"①。法国卢浮宫馆长 H. 路瓦莱特认为，"今天的博物馆不能仅仅满足于'接待'。今天，博物馆应该在城市生活占据重要地位，扮演重要角色，它是公民责任感的工具，是批判精神的孵化器，是品味的创造地，它保存着理解世界的钥匙"②。这些博物馆的立馆思想都有保护人类的精神家园、实现人类的精神升华之蕴意。近年来，随着经济全球化、政治多元化，人们对博物馆的立馆思想有了更深刻的认识，特别是科学发展观的思想提出以后，"以人为本"的立馆思想得到了进一步阐释。博物馆以人为本的思想，就是博物馆的发展为了人民，人民是博物馆文化发展繁荣的归宿与目的。博物馆发展属于人民，文化发展的成果最终要由人民共享。同时，博物馆发展要来自于人民，由人民来共同建设。

一 无论博物馆的立馆思想是为了守护人类的精神家园，或者是"以人为本"，要实现这些立馆思想都和博物馆的教育功能密不可分。而且，教育功能的充分拓展离不开博物馆立馆思想的指引

在我国，关于博物馆教育功能是博物馆立馆的灵魂的思想一直伴随着博物馆的发展。张謇在南通设立中国第一所博物馆时的思想就是为了救亡图存、发展教育。他说："夫近今东西各邦，其所以为政治学术参考之大部以补助于学校者，为图书馆为博物

---

① 陈燮君：《博物馆守望精神家园》，《人民政协报》2009年9月14日。
② 曹静、黄玮：《世界文明的高处相逢》，《解放日报》2008年3月19日。

苑。"① 意思是说在当今世界各国能够弥补学校教育方面的欠缺，同时为政治、学术研究和文化发展提供服务就是图书馆、就是博物苑了。张謇还说："庶使莘莘学子，得有所观摩研究以辅益于学校。"② 他认为，博物馆是用最直接方式帮助学生对于教育的内容的进行深入把握。我国第一任国家自然科学博物馆协会理事长裴文中教授也怀揣同样的观点，他在《博物馆要名副其实》一文中，明确提出："博物馆的工作包括陈列、研究、保藏等多方面，我认为其中最重要的当为陈列，也就是把收藏的东西摆出来供大家参观，通过陈列，起到教育的作用。"③ 1989年9月在荷兰海牙举行的国际博物馆协会第16届全体大会通过的《国际博物馆协会章程》，对博物馆这样定义："博物馆是为社会及其发展服务的非营利的永久机构，并向大众开放。它为研究、教育、欣赏之目的征集、保护、研究、传播并展示人类及人类环境的见证物。"这一定义充分地肯定和强调了博物馆的教育功能。虽然在博物馆建立之初有这样或那样的建馆思想，但是，其核心都离不开教育功能的展开。

近年来随着科学技术的发展和全球化浪潮，教育作为博物馆功能的核心地位得到进一步巩固，教育功能的发挥成为博物馆存在发展的重心所在，也是博物馆生命价值所在。为了充分实现博物馆的社会教育功能，博物馆正在进行着不断的努力和实践探索，来提升教育效果。纵观我国博物馆多年的教育实践，对博物馆的教育功能的研究取得了一定的成果，积累了一些成功的经验，但由于博物馆立馆思想的滞后，严重影响了博物馆教育功能的发挥，博物馆的大部分功能还停留在收藏、研究、展览上，关于博物馆教育功能的研究更多还处在传统的教育思想阶段，如"白板理论""认知阶段理论"等，还处在个案性的实践探索阶段，缺乏完整成形、成熟的教育理论与案例。这与我国数以千计的博物馆数量、丰富的博物馆馆藏资源、素质高的博物馆研究人员队伍、丰富的研究成果，日益提升的展览条件和现代化的传播技术手段以及面对的广大的观众市场相比，还远远不够，与欧美发达国家成熟博物馆的教育相比较，差别更大。这就迫切需要对"以人为本"的博物馆立馆思想进行全面认识，从而更好地实现教育功能。

"以人为本"的思想是实现博物馆教育功能的重大突破，也是新时期我国博物馆的立馆思想之所在，它给博物馆教育功能带来了新的生命，实现了博物馆教育思想由传统教育模式向现代教育模式的转变。在传统的教育中，教育者以主体自居，被教育者被当作客体，在教学活动过程中，两者的地位、目的、手段、思维的方式都是分立的。强调的是"教"和"学"的两个方面，而没有强调"教"和"学"两者的融合，这样教育者和被教育者之间形成一道屏障，从而缺少相互之间互通的桥梁。如何改变这种主客分立的教育模式，人们进行了不懈的探索。科学发展观理论提出以后，教育界对

---

① 曹从坡、杨桐：《张謇全集》第四卷，江苏古籍出版社1994年版，第273页。
② 同上书，第275页。
③ 华惠伦、林迪明：《试论博物馆教育的两种观点》，《文博》1989年第6期。

教育理论有了新的认识：以人为本就是要建立新型的教育者与被教育者之间的关系。被教育者不仅是被教育的对象，而且是参加教育活动的主体，要使他们真正地参与到教学活动中来，发挥他们的主体精神；而教育者已不是往日单纯知识的传授者，而要成为被教育者学习的促进者、参与者，真正了解被教育者的内心需要、兴趣和爱好等。教育者对被教育者要有真挚的感情，尊重被教育者的创造和人格，理解他们的心理。当然，"以人为本"的教育思想绝不是"人本主义"的教学思想，"以人为本"的人是现实的、真实的人，而不是抽象的、先验的人。

二 "以人为本"的立馆思想就是要在博物馆的教育系统中，寻找各种要素及其相互之间的联系，从而实现博物馆教育功能的最优化

建构主义教学模式对教育系统的探索较为充分，这一学派的创始人布鲁纳认为："每一代人对于如何设计他这一代人特有的教育，都有一种新的愿望。正在形成作为我们这一代标志的，是广泛地重新出现的对教育质量和智育目标的关切。"他提出："所谓教育，终究是要发展心智能力与感受性。……教育必须使智能发挥作用，借助个人超越自身的社会世界的文化方式，去开辟哪怕是细微的新局面，创造出自身的文化来。"这种理论认为，知识首先是主体在一定的情景创设过程中建构起来的，同时它借助于外界环境的帮助，利用必要的学习手段和对学习内容的理解。因而，获得的知识是通过重构而建立起来的。因此，建构一方面包含是对新信息理解与创制，是客观与主观的统一；同时包含对原有知识与经验的再加工与理解。由于学习者总是以自己主体的方式构建对事物的意义理解，不同的人对同一事物的认知所建构的意义是不同的，这样通过主体间的交流和沟通可以使事物的内容更加丰富全面。因此，建构主义教学模式强调"情景""协作""会话""主体间性"和"意义建构"等各种外部系统在学习环境中的重要性。知识的获得与升华是学习的最终目标。所要建构的意义是指事物的本质、特征以及事物要素间的内在联系，也就是主体要获得的知识。但是它没有探索在学习过程中人的内在的情感等心理因素在学习中的作用。博物馆"人本主义"教育理论的实践，就是要激发主体内在的学习欲望、实现观众的自觉学习，不能把观众作为没有主观能动性的教育客体来对待，认为观众的大脑是一张白板，任由讲解员或者馆员进行知识填充。观众有自己的情感、意志、兴趣、需求和理性等各种心理因素，它构成了人的内在的认知系统，在这些认知系统中，愉悦对于激发各种心理活动有着巨大的推动作用。我们都非常清楚博物馆的观众到博物馆来不是做正规学习的，他们往往带着一种好奇、休闲、向往来到博物馆的。

认知过程包括感性认识和理性认识，感性认识的过程有感觉、知觉、表象，理性思维过程有概念、判断和推理，而感性活动是人类各种复杂认知活动的基础。情感对

于认知来说有着重要的作用,人的情感是人们对欲望、需求等非理性的反应,它表现为"疲劳""无聊""烦恼""仇恨""喜悦"和"爱"等,研究表明,愉悦的心情能能够增加人们对所要认知的事物感知的敏锐度和兴趣度。从某种意义上来说,快乐的情感可以成为达成学习目标的重要手段,快乐的学习过程能够使人的身心更加完美,记忆更加深刻,思维更加敏捷,逻辑更加严密,从而使人的认知能力不断提高。博物馆的展览和教育活动,能够比较好地实现这种快乐和学习过程的结合。人们在博物馆里的学习方式,随着自己的兴趣自然而快乐地去发现。因此,博物馆的教育功能在主体的内在需要的基础上实现教育功能的整合,从而极大地刺激主体教育功能的充分实现。主体的学习是有选择性的,它往往受到情感和兴趣的主导。有人喜欢阅读,有人喜欢独自思考;有人喜欢逻辑的严密,有人喜欢语言提示;有人喜欢天籁之音,有人喜欢直白的讲解;有人喜欢感性演绎,有人喜欢理性推理。有限的取向只能满足有限的观众的要求。因此,在具体的实践中,强调个体内在的学习因素,并且把它和建构主义甚至元认知连接起来,对博物馆的教育功能的实现有着巨大的意义。

三 在博物馆的教育体系中,要使各种博物馆的教育内容不断扩展、相互补充;同时充分利用各种外部因素,为拓展博物馆教育功能服务

第一,利用专业博物馆的馆藏资源为观众提供个性化的服务教育。现阶段我国专业博物馆种类繁多,有航海博物馆、汽车博物馆、国歌展示馆、钢琴博物馆和各种行业博物馆等。博物馆事业的发展,带动了博物馆专业意识的加强,博物馆从业者希望联合起来,共商博物馆学术,推动博物馆的互助合作。[①] 各种博物馆组织纷纷出现,这些博物馆或博物馆组织要利用自身的特点,提供个性化的教育。其次,在博物馆的教育模式上,要实现"以人为本"的教育理念。博物馆教育要应用直观教学的生动、活泼、形象、语言优美、文物再现优势等个性特点,整合教育资源,内引外联,为参观者提供个性化的学习和实践平台。在发挥博物馆展览的教育功能时,要接触不同的社会群体,满足不同社会层面的需求,做到"三贴近",即贴近社会实际、贴近生活热点、贴近观众喜闻乐见的现实。展览内容上要体现展览的主旨以及民族的、科学的、大众的、先进的文化知识。在展览形式上要创新展览形式,注重展览的整体策划和环境营造,使博物馆教育更具有个性化特色,避免展览形式的"千篇一律",那种呆板没有个性的展览,往往会让观众在视觉上产生审美疲劳与厌烦。在布置展览时,要注重营造氛围,让观众在愉悦中参观,这样更能激发起观众的兴趣,感受文化知识的力量,从而在轻松和快乐的环境中得到认知的收获与思维的启迪。通过感性的认识,加上理

---

① 安来顺:《二十世纪博物馆的回顾与展望》,《中国博物馆》2001年第1期。

性的思考，提高人们自主学习和独立思考的能力。再次，优化博物馆社会教育活动的内容和形式，实现博物馆教育的民族化、时代化和大众化。民族化就是博物馆的展览与教育要符合民族特征，符合民族的利益，符合民族的认知习惯，在展览中激发民族的积极向上的精神和坚强不屈的意志，反映出中华民族的优良传统。时代性就是要把博物馆的教育功能和时代相衔接，反映时代的脉络，展现时代的文化，同时要用与时俱进的精神领衔时代，而不是落在时代的后面。当今时代已经是一个科学昌明、信息发达的时代，我们更是要用现代的科学和信息技术武装当今的博物馆，使之成为一个地方甚至一个国家的文化辐射中心、现代高科技的展示中心和教育的基地。大众化就是要博物馆开门纳教，成为教育的主体，而不是被动等待；就是要把博物馆的教育资源向每一个人开放，实现教育的公平，使每一个人在博物馆中得到平等的教育。从2008年起，我国开始实施博物馆免费开放制度，为维护公众的公共文化权益和公平地享受教育的权利提供了政策层面的依据。

第二，加强博物馆与其他教育机构的联系，充分实现信息共享，拓展教育功能。加强馆校合作，使博物馆成为学校的各种实践基地，实现博物馆的教育功能。一方面，博物馆应积极主动地与所在地学校联系，建立"共建"关系，开展各种活动，实现博物馆的教育功能。现代教育需要博物馆这个特殊生动的教育场所，博物馆要加强与学校的联系和沟通，了解学校课程安排，结合教学内容，有目的、有计划地开展一系列教育活动，例如可以举办讲座，成立探索兴趣小组、实验小组、博物馆学生讲解员等组织形式，充分发挥博物馆在科学文化教育和价值观教育方面的作用和有效手段。另一方面，博物馆也是学校的理想实践基地，学校可以设计丰富多彩的活动以实现博物馆的教育功能。

第三，在博物馆的建设中加大政府的投入和自营项目，从而为教育功能的发挥提供物质保障。博物馆是以非营利为主导的公益事业单位，财政拨款是博物馆经费的主要来源，也是过去和目前国内绝大多数博物馆经费来源的主渠道。因此，博物馆的经费来源应突破传统单一渠道，实行多元化、多渠道，建立多种经费来源的长效机制。[①] 博物馆作为公益型单位，资金来源无疑主要依托于政府。但是目前，我国专业博物馆的国家财政拨款严重不足，给博物馆教育事业的发展带来影响。因此，为了使专业博物馆可持续地发展，为了使博物馆工作人员全心致力于工作，在积极争取财政拨款的基础上，要解放思想，多渠道积极拓展资金来源。可以争取企业的赞助和合作；鼓励社会名人和个人捐赠；成立博物馆协会或基金会，通过会员进行捐赠；进行有偿价值服务，等等。在深入拓展博物馆教育功能的基础上，在回报社会的同时，博物馆也可以广泛地利用社会资源的支持以更好地实现教育功能。

总之，博物馆的立馆思想与教育功能的发挥是相辅相成、相得益彰。博物馆的立馆思想必须以教育为核心，才能体现博物馆的生命所在，收藏、展示、研究等功

---

① 王莉：《建立博物馆经费来源的长效机制》，《博物馆研究》2006年第4期。

能都是为教育服务的。同时，在博物馆的教育理念上要树立"以人为本"的教育理念，一切"人本主义""结构主义""行为主义"的教育思想虽然在某些方面都有它的存在的合理性，但是，它们都忽视被教育者的人的具体性和历史性，都忽视了社会存在的整体性、相互联系和相互作用，即内部的系统和外部的体系等各种因素的相互作用，只有认清这些关系和作用，博物馆的教育功能才能得到扩展和充分发挥。

原载《黑龙江史志》2014年第8期

博物馆教育：成人教育的重要方式

丁晨玥

成人教育，起源于1798年英国第一次工业革命浪潮中应运而生的诺丁汉成人学校。此后，它便在历史的长河中浮浮沉沉，也逐渐受到人们的重视。对于"成人教育"的认识，颇具号召力的国际组织、学者、工具书都对它作过专业的解释。

现如今，无论是发达国家还是发展中国家，都将成人教育纳入国民教育体系。成人教育是一种涵盖了继续教育、回归教育、社会教育等多种教育的教育形式。其中，在中国，承担社会教育职责的机构主要有文化馆、少年宫、图书馆、博物馆、纪念馆、广播电台与电视台等。

在众多的社会教育机构中，博物馆作为一个城市的标志性建筑，蕴含着一个城市的文化底蕴。19世纪，随着博物馆陈列展示现象的蔓延，博物馆教育孕育而生。20世纪爆发的两次世界大战，促使"宣扬民族主义、爱国主义"成为这一时代的思想教育主题，由此，博物馆作为弘扬民族传统文化、凝聚民族向心力的场所，日益发挥着它备受重视的教育功能。自成人教育普遍被人们接受以来，各国都积极推出相关政策，利用现有设施、多种渠道和形式来支持成人教育的发展。博物馆作为现成的一个社会教育基地，自然扮演着关键角色。

一 博物馆教育概述

教育从古至今就在以各种形式萌芽、发展、成形。宏观上，各国亦都非常重视本国的教育问题，以教育培养人才，以人才振兴国家；微观上，个人只有不断学习，接受教育，才能自我发展、自我提升、自我挖掘。在时代飞速发展的今天，越来越多的公共机构在承担着社会教育的重任，博物馆就是其中的一员。

博物馆，顾名思义，就是收纳众物的场所。但随着社会的变革和需求，博物馆的意义已不止于此，从19世纪末开始，它的重心从最初对物的关注逐渐转变为对人的关注，并在两次世界大战期间得到进一步强化。由此，博物馆教育功能日益突出，成为博物馆工作的中心。

（一）博物馆教育功能的起源

博物馆的教育功能随着社会变革的需要应运而生。一般来说，博物馆的基本功能可分为收藏、教育和研究。19世纪，少数博物馆单独设立了陈列室，有目的地陈列馆内藏品，并通过展品影响观众的感官和言行，这种明显的教育行为，使博物馆教育开始进入人们的视野。随着工业革命的发展，如何向世人展示科技成果成为当时人们思考的问题。于是，产生于1851年的伦敦万国博览会已成为一个很好的契机、场所及媒介。展览展出了欧洲各国先进的工业成果，促使大家互相交流和学习，具有明显的宣教目的，至此博物馆教育逐渐为更多的人所认识，博物馆功能也已得到较大提升。过去重视博物馆收藏、研究功能，轻视博物馆教育功能的观念，逐渐发生了巨大的改变，越来越多的人认识到了博物馆教育在教育体系中的重要性。

（二）博物馆教育功能的概念界定

"教育"有广义与狭义之分。其中，狭义的教育主要指学校教育；广义的教育是"凡是增进人们的知识和技能、影响人的思想品德的活动，都是教育"[①]。博物馆教育就是广义教育的一种。对于它的定义，许多国际组织与研究者都有自己的理解。国际博协（ICOM）认为："博物馆应该抓住一切机会发展其作为教育资源为各阶层人群服务的职能……博物馆的一个重要职能就是吸引更多来自于各个阶层、不同社区、地区以及团体的目标观众，并应该为一般社区、特殊人群及团体提供机会，支持其特殊的目标和政策。"[②] 在《卓越与公平》（Excellence and Equity）报告中，博物馆的教育功能得到全面扩展，其功能包括开拓探索、调查研究、批判性思维、深层次思考和对话研讨。这个定义赋予了博物馆教育新的角色：博物馆教育不再是像从前的展览、讲座、藏品、诠释、项目服务这么单一和没有关联性，而是要求博物馆的教育是一种将理念植根于博物馆的每一项工作当中。[③] 美国博物馆学者托马斯·福特（Thomas Ford）认为："所谓的博物馆教育就是让来博物馆的人自由参观、比较、提出问题、自己学习，而博物馆按照每个来馆者的需要、情趣，为其选择最适当的教育服务。"[④] 英国的博物馆教育专家Eileen Hooper—Greenhill认为："博物馆教育是基于藏品、博物馆场所和博物馆的专业性工作的基础上的一种终身性的、主动的、充满活力的、参与式的、富有创造精神的教育方式，尤其特殊的一点是，博物馆的教育角色还包括其用展览有效地与目标观众交流。"[⑤]

虽然各个组织与学者对博物馆教育有其独到的见解，但都承认博物馆教育为大众服务这一根本宗旨。从以上这些定义不难看出，博物馆教育所涉及的内容范围相当广泛，展览、研讨、讲座、出版物、教育活动等，都可以使博物馆成为学校教育外的第二课堂，普及公众的科学历史文化知识，提高素养及品质。

---

① 冯丽娜：《试论博物馆教育职能的发展》，内蒙古大学2012年硕士学位论文，第3页。
② ICOM (International Council of Museums), Statutes: Code of Professional Ethics, 1990, p. 26.
③ 陆芳芳：《美国博物馆教育研究》，浙江大学2013年硕士学位论文，第32页。
④ ［日］仓田公裕：《论博物馆教育》，载《博物馆研究》1988年版，第27页。
⑤ 陆芳芳：《美国博物馆教育研究》，浙江大学2013年硕士学位论文，第32页。

(三) 博物馆教育功能的特点

博物馆教育是博物馆事业发展的突破点及发展方向。产生于 1851 年伦敦万国博览会的博物馆教育意识,带来了博物馆功能的大幅提升,改变了以往博物馆收藏、研究为主,教育为辅的功能格局,使得博物馆在教育生态中扮演了越来越重要的角色。[①] 教育体系中,博物馆教育有着与其他教育所不同的特点,即社会性与直接性。社会性是指博物馆的教育面向全社会,教育对象非常广泛,如何满足不同群体的教育需求,需要作深入细致的研究。直接性是指博物馆教育通过陈列展览的方式来展示的都是真实的实物材料,通过博物馆专业人员合理的陈列设计,最大限度地发挥博物馆实物材料的教育价值。现今博物馆所要传播给观众的知识信息量越来越大,其中运用的科学技术含量也越来越多,知识的传播不再是教育者向受教育者的单向传递,而应该是双向交流、互动影响。[②]

二 博物馆教育在成人教育中的优势

在中国,博物馆从正式建馆之初,就是以教育民众为目的。随着中西方文化的激荡与融合,我国的博物馆事业开始与国际接轨,并引入西方先进的博物馆教育理念,展开博物馆教育研究。进入 21 世纪,在 2005 年颁布的《博物馆管理办法》中,我国对博物馆功能的认识实现了从功能主义向以人为本的转变,博物馆以满足广大人民群众日益增长的文化需求为出发点,博物馆成为紧密联系民生、惠及亿万民众的公共服务机构。[③] 政策的颁布与措施的开展,打开了博物馆教育的新局面。博物馆教育在发展过程中,虽隶属于成人教育,但又有其自身的发展优势。

(一) 理念的创新化

现代教育理论尤其注重学生的主体地位。北京师范大学教育学院教授、博士生导师裴娣娜提出了"主体教育"理论,这是一种以学生作为学习和发展的主体、重视师生协同活动过程、发挥和培养学生主体性的教育思想。主体参与、合作学习、差异发展、体验成功是主体教育的基本策略。将这种教育理念置身于博物馆教育中,更能发挥博物馆教育的先进性,体现博物馆教育的创新性。博物馆教育是一种社会教育,与成人教育一样,对于受教育者的年龄、性别、工作、阶层、家庭等没有过多的条件与限制。这种宽容性给予成人更多增长能力、丰富知识的机会。但两者的差别在于,成人教育更多地倾向于一种学历教育,包括成人高考、高等教育自学考试、现代远程开

[①] 陆芳芳:《美国博物馆教育研究》,浙江大学 2013 年硕士学位论文,第 20 页。
[②] 孙婉姝:《博物馆教育功能理念的新探索》,《信息管理》2009 年第 1 期。
[③] 孟庆金:《现代博物馆功能演变研究》,大连理工大学 2011 年博士学位论文,第 34 页。

放教育和网络教育；而博物馆教育由于自身具备的客观条件和发展特点，更注重观众的学习需求，强调观众的主体参与性，尊重观众的学习差异性，重视观众的体验感。

（二）方式的多元化

博物馆教育、成人教育相较于传统教育，是一种非正式的教育方式，没有明确、固定、单一的学习目的与要求、教育模式与方式、评价思路与体系。但博物馆教育比成人教育的教育形式更为多样化。除了固有的实物展示、影像传媒、文字资料、讲解导览、出版书籍外，博物馆教育越来越重视教育方式的实际操作性及真实体验性，有针对性地开展灵活多样的教育活动，诸如有趣新鲜的野外实地观察活动、充满知识与趣味的科普活动、稀奇罕见的非物质文化遗产亲手体验项目、灵活多变的流动展览等。此外，博物馆教育开拓新思路，围绕"引进来，走出去"的方针，大胆频繁地举办各类讲座、报告会、研讨会、巡展，积极主动地普及公众的科学文化知识，提高人文历史涵养。

（三）内容的惠民化

博物馆教育的目的是与公众进行良好的沟通与互动，达到惠民、亲民、利民的效果。为此，博物馆教育不像成人教育，以具体学科、专业作为基础；更多的则是通过开展丰富有趣的主题性教育活动，将华夏博大精深的文化、知识、技艺等传授给普通公众。比如常州博物馆开展的留青竹刻体验活动、剪纸活动、巧手绘梳篦活动等，既引起了公众强烈的好奇心，激发了他们浓厚的兴趣，又将这些高端的非物质文化遗产及高深的学科知识，以简便易懂的方式传授给公众，提供给公众亲近博物馆、了解博物馆的契机。通过这些教育活动，让博物馆走进公众，走进生活，真正做到惠民、亲民、利民。

（四）素养的全面化

应试教育是以单一的知识传授为特征，具有片面性；素质教育则不同，是以培养人的创造能力为宗旨，倡导德、智、体、美、劳全面发展。在这一点上，成人教育更倾向于前者，博物馆教育无论从客观的硬件设施，还是主观的教育需求上，相较于成人教育，更倾向于后者。博物馆教育承担的职责，更多的是提升普通民众素质的全面发展。

在博物馆，公众接受的教育内容，绝大部分是与自己的工作、生活无关的知识文化技艺。在潜移默化的学习中，一方面感受中国文化的精深与宏大，另一方面扩大见闻，丰富生活，提升素养，不求门门精通，但求浮光掠影，亦能满足自身的精神需求。这样的博物馆教育，使得许多文化传承不至门庭冷落、孤芳自赏，在与公众的互动中，拉近彼此的距离，帮助公众了解深厚国粹的同时，完成文化的传承，共创文化盛世，弘扬华夏文明。

（五）选择的自由化

蔡元培先生曾指出："教育是帮助被教育的人给他发展自己的能力。"教育的终极价值是使学生学会寻找教育。相对于成人教育对学科掌握程度的严格要求、对学习目标的明确指向，博物馆教育更为宽容。公众可以根据自己的兴趣和时间，选择不同的学习内容及方式，身心愉悦地接受教育，感受知识的无穷魅力，极大地满足自我求知的欲望。这是一种以自我为导向的教育方式，以民主、自由、开放为最高指导原则。公众每一次所接受的教育，都可以根据自己的认知需求自行规定掌握度，以此考虑就某一主题内容的学习是进一步延伸还是戛然而止，亦没有人会对此作任何评价。这一点充分体现了博物馆教育的独特性。

三　博物馆教育的策略

在如今越来越重视人才素养提升及公众精神追求的新时代，人们愈发重视教育的连贯性及广阔性，追求一种盎然生命力的延续。因此，各国不断地深化成人教育的理论研究，总结成人教育的实践经验。在这样的趋势下，博物馆教育蒸蒸日上，逐渐成为各国博物馆事业的根本使命和核心功能。如何更好地发挥博物馆教育功能，确立其在公众社会教育领域中的重要性，是值得深思的问题。

（一）树立全面的服务理念

全面发展教育，即为了促使"人"的全面和谐发展而实施的教育。在古今中外历史上，对全面发展教育所包含的内容的认识不尽相同，但基本上包括德、智、体三部分内容，也有德、智、体、美四育，德、智、体、美、劳五育等。中国古代西周时期提出的"六艺"教育，即"礼、乐、射、御、书、数"也包含了德、智、体、美、劳五育的内容。古希腊亚里士多德提倡自由教育，主张把奴隶主贵族子弟培养成自由人，要求身体、道德、智力和美感各个方面平衡、和谐发展。[①] 博物馆教育是社会教育的主要部分之一，作为博物馆教育的主体机构——博物馆，在全新的社会教育需求下，一方面应当努力突破自身的地理空间位置及藏品资源，真正从观众的需求出发，举办各类教育活动，真正做到"以人为本"；另一方面秉承全面发展教育的理念，充分利用自身综合类、科技类、自然类、艺术类、历史类等多样化的类型，基于自己的专业性及馆藏资源，通过导览、讲解、夏令营、巡展等方式，跟随时代的脚步，对观众进行知识、道德、审美等多方面的教育。总之，博物馆应该帮助人们从感官认知的角度来体

---

① 引自"百度百科"之"全面发展教育"条目，http://baike.baidu.com/link?url=mC47WMm8fuGNi7S9zgLr22MJTI2aWX5wAQPnTcduhloRk4kwy6vOfJr58zQNFq3FOIv7lhNiTiWsMsdP-fxvMK

验逝去的历史和民族文化,[①] 促进观众的"全面发展教育"。博物馆作为一个社会文化机构,势必要在未来的发展过程中以更人性化的、全面化的教育服务对待观众,改变自身角色,重新思考自己与观众的教育关系,真正走入观众心中,为观众服务。

(二) 关注弱势群体

弱势群体是根据人的社会地位、生存状况、生理特征和体能状态来界定的,在名义上是一个虚拟群体,是社会中一些生活困难、能力不足或被边缘化、受到社会排斥的散落的人的概称。[②] 博物馆从自身的开放度来说,对于参观者并没有任何限制,它具有很大程度的宽容性与广纳性。因此,博物馆教育亦应充分利用已有的客观条件,为所有观众提供应有尽有、有求必应的教育活动。在成人教育日渐渗透的情况下,博物馆教育应当积极响应成人教育的宗旨,加大对弱势群体的教育,扩大教育机会,增加教育条件,改变教育现状。比如,针对老人,博物馆教育可以采取走进社区、居民区的方式,通过流动展览的方式,为老人提供先进及时的教育信息;针对残疾人,博物馆教育可以联合特定的残疾人组织机构,有目的有计划地组织博物馆参观、讲解、体验等活动;针对外来务工者,可与外来务工人员子弟学校合作,通过学校更好地组织外来务工人员家庭,打破以往博物馆沉默、静止、晦涩的"高冷"形象,以展览、讲解、趣味活动等为载体,提供更好的教育模式;针对偏远山区者,博物馆需要与有关政府部门协同合作,实施合理、有效的教育。总之,博物馆应当努力在自身硬软件设施的短缺和不足条件下,积极联合各种社会资源,为各色各样的群体提供适合的教育活动,尽可能扩大博物馆教育的受众,这些都是博物馆教育发展的方向。

(三) 运用多元化的方式

现有的教育结构正逐渐失去其稳定性,民众对正式教育体系的不满逐渐加深,在主流教育中出现了越来越多的非传统的教育形式。[③] 首先,博物馆教育作为国民教育领域的一部分,必然要为观众提供与时俱进的教育方式,常规展览、临时展览、流动展览、讲座、体验性活动等是比较常见的博物馆教育方式。除此之外,在未来的发展中,博物馆建立更为人性化的数字博物馆亦是刻不容缓的。例如,史密森尼研究院建设有一个网站群,就是以"edu"(教育)为后缀的。[④] 虚拟博物馆的便捷性、开放性、交互性、自由性,将扩大博物馆的教育范围,弥补传统博物馆的缺陷。其次,博物馆凭借着自身已具备的较为系统和完整的历史文物、自然标本等,应该更多地与各类学校形成"馆校合作"模式,给学生提供良好的教育环境,帮助学生将直观感受内化为理

[①] 吕文静:《博物馆公共教育模式研究》,中央美术学院 2011 年硕士学位论文,第 56 页。
[②] 引自"百度百科"之"弱势群体"条目,http://baike.baidu.com/link?url=-qp2zcN0haT2n52o6f7HLaUPBHporHee84dTqwSA5dEOB393stP3W098BkATz4OcgrIsXvSW5wGG7jXxxcXeia
[③] 陆芳芳:《美国博物馆教育研究》,浙江大学 2013 年硕士学位论文,第 25 页。
[④] 同上,第 26 页。

论知识和真实情感，从而达到辅助课堂的教育作用。再次，博物馆展品的权威性亦是科研者难得的研究资料，博物馆应当敞开大门，与高校及研究机构建立"学术依托"，促进博物馆自身发展的同时，保证科研的进行。最后，随着旅游业的发达，越来越多的博物馆成为旅游服务定点单位，因此在加大博物馆与旅游业的合作中，博物馆还需提升自身的硬软件设备，真正实现博物馆休闲娱乐的教育功能。

（四）注重教育内容的生活化

著名教育家杜威"教育即生活"、陶行知"生活即教育"的教育观点告诉我们教育要真正走进人们的心中，走进人们的生活。当下所说的"教育内容生活化"，并非单单指博物馆组织一系列有趣的教育活动，通过宣传、报名、集合等方式展开；而是除此之外，认真研究群众的教育需求，定期开展具有连贯性的教育活动，增强教育内容的延续性，增加公众的学习兴趣，满足公众的多种教育需求，延长公众学习的时效性，体现出教育的有效意义。第一，博物馆可开展科普类巡展，走进社区、学校、公园等公共场合，普及人们的科学知识，提升人们的科技素养。比如提供以低碳环保为主题的教育内容，不仅贴近生活，而且与人们自身息息相关。第二，中国的非物质文化遗产相当丰富，博物馆应充分利用这些现有资源，集合非物质文化遗产传承人、代表人物，有组织、有目的地开展以非遗体验为主题的教育活动，丰富人们生活内容的同时，提升他们的精神世界，开阔视野。除此之外，也鼓励更多的人自觉加入保护非遗传承的队伍中来，共同发扬祖国的优秀传统文化。第三，博物馆可根据中国乃至世界丰富的传统节日及新兴节日，与时俱进地开展以节日为主题的教育活动，促进人们对这些特殊日子的认识，再配以有针对性的讲座、动手体验活动等，帮助人们尤其是青少年深刻了解节日的文化内涵，在不忘传统节日的基础上将之传承下去。此外，博物馆还可通过调查问卷，深入了解观众的教育需求，从观众的角度出发，有针对性地实施人们真正需要的教育。

（五）集合完整的教育资源

博物馆教育应充分利用自身的平台，加强与各单位、组织的连接性。第一，博物馆加大与社区、学校、机构、家庭、各单位的联系，融合彼此的教育资源，策划一系列针对各个群体的教育活动。第二，博物馆应积极扩大各大城市博物馆、纪念馆的联系，通过互展、巡展、学术交流、经验分享等形式形成我国博物馆的一个完整体系，避免如今各自占山的局面。第三，放眼全球化的趋势，博物馆应尽快与世界各国博物馆取得馆际合作，实现全球化的资源共享，利用他国的资源进行国民教育，拓展公民的知识面，增长见闻。第四，博物馆要勇于突破自己的现有资源，为大众提供各种各样的教育内容。比如利用自己的场地，出租、借用，积极联络各大教育机构、教育团体、教育组织，策划出符合公众需求的教育活动及内容，或联合或单独提供给这些单位必要的场地、资源，协助或共同做好教育宣传，打破博物馆自身的教育围墙，让教育内容满足人才全面发展的需要，更贴近生活与公众。总之，博物馆教育应努力通过"迎进来"的方式"走出去"，即欢迎外界的教育单位借助博物馆场地进行宣教，打开城门的同时，也变相地丰富自身宣教内容，开拓博物馆教育新纪元。

（六）建设优雅的教育环境

博物馆有良好的基础设施建设，可与高校的图书馆、研究室相通，共享资源，共同传播教育。因此，未来的发展趋势之一，是与有条件的高校建立高校博物馆，与没条件的高校可以加大馆校联结，最大化地利用教育基础设施，提供给观众优雅、便捷的教育环境。另外，我国的博物馆往往是高端、大气、上档次的机构，建筑设施主题明确。为避免造成博物馆设施的严重浪费，可以适当地在博物馆内部建立图书馆、咖啡厅、自习室、网上博物馆等，形成多元化的博物馆设施群，扩大受众，使观众在享受的过程中接受博物馆教育。最后，博物馆教育最基本的一个教育环境即是它的展品及介绍。博物馆应考虑到绝大多数观众的教育需求，将文物、标本文字说明制作得更为合理，提供人性化的教育环境，促进观众参观的兴趣。总之，在今后的建设中，博物馆要重视自身软硬设施的建设，立志建设优雅的教育环境，吸引观众前来参观与学习。

总之，在成人教育受到重视的今天，要用发展的眼光看待博物馆教育与成人教育的关系。博物馆教育与成人教育一样，都是国民教育中的一部分。在非正规教育和非正式教育愈发受重视的今天，博物馆教育有其自身的发展优势与特色。在成人教育的影响下，不断改进博物馆教育的发展前景，开拓博物馆教育的新纪元，是需要每个教育事业者为之奋斗一生的事业。总之，只有以前瞻性、全局性的眼光去看待博物馆教育，才能形成博物馆教育事业蒸蒸日上的局面。

原载《河北大学成人教育学院学报》2015年第4期

论新形势下以人为本的博物馆教育

张 华

"全面建成更高水平小康社会,向率先基本实现现代化迈进"是江苏省"十二五规划"的核心目标。所谓的现代化社会,不仅要有强大的经济实力作为支撑,同时需要具备先进的制度和优越的文化环境,以维系社会的和谐与良性运转。在2012年7月16日江苏省文物局召开的全体会议上,相关负责人指出:"江苏是经济强省,正在建设文化强省,文物工作也要定位在全国第一方阵,紧跟经济社会发展形势,调整理念,厘清思路,向主动服务经济社会发展大局转变,坚持文物工作的公益属性。"[1] 这是现阶段江苏省文物事业发展的基本方向,博物馆作为文物机构与社会公众实现对接的主要窗口,更应根据新形势适时调整工作方式思路,提高服务质量,加强地方文化建设,营造民主和谐的社会环境。

教育是文化建设的首要途径,也是博物馆三大基本职能之一。张謇创办南通博物苑的目的即"设苑为教育也",这是他对"教育救国"主张的实践。新中国第一座博物馆由教育部筹建,足见博物馆教育意义之重。[2] 此后一段时期内,受社会环境等方面影响,博物馆工作重心主要集中到文物本身的收藏与展示上。将教育职能列为博物馆的基本、核心使命是在20世纪90年代之后,这是博物馆由以物为本到以人为本理念的转变。

博物馆以人为本的价值定位,是现代化社会对服务类机构的基本要求,江苏省基本实现现代化指标体系的核心,即"以人为本"。以人为本同时契合了博物馆职能的内在逻辑关系,博物馆文物标本收藏、科学研究和对外宣传教育这三大基本职能之间是有联系的。文物是研究和教育的物质基础,研究是教育的条件与途径,而教育是终极根本。借用"格物致知"(《礼记·大学》)来诠释这个关系,即是在"物"的基础上,通过"格"(研究)而"致"(达到)"知"(知识、智慧)。以"知"为目的的教育功能是博物馆的最终职责。"知"不仅仅是简单、狭义的知识,依其深度大致分为三个层次,也就是博物馆教育所达到的不同目标。确立了教育的目标所在,才能针对人群实际需求,制定开发适当有效的教育方式,真正做到以人为本,充分发挥博物馆的社会平台作用。

---

[1] 姚文忠:《江苏、贵州、陕西传达贯彻全国文物工作会议精神》,《中国文物报》2012年7月20日。
[2] 昝淑芹、续颜、陈军:《中国高校博物馆特色与发展趋势》,《中国博物馆》2003年第4期。

一 博物馆教育的三层次

传授知识是教育的基础目标。从这一层出发，博物馆可以说是学校教育的时空延伸，空间是针对在校学生，时间是针对离校成人。博物馆的教育以专类知识传达为特征，知识的范畴受博物馆种类的限制。当前博物馆大致存在社会历史类、纪念馆类、遗址类、艺术类、自然类、科技类、园囿类等形式，分别侧重于历史、民俗、艺术、科技、自然生态等方面的知识普及。博物馆的教育形式具有自由性和形象性。自由性主要表现在受教者不受年龄、资历的限定，且有自由选择不同类型博物馆的权利，从而使得任何年龄阶段的人都可以根据个人需要补充知识。尤其是在快节奏的现代社会，不管是出于工作还是休闲目的，都需要不断扩充个人知识，博物馆是提供各种教育需要的自由场所。形象性源于博物馆以实物为基础的特点，有助于学习者对理论知识的理解，同时激发更强烈的求知欲和想象空间，有效地调剂了一般教育的枯燥形式，在"寓教于乐"过程中学到知识。

通过情感互动实现审美教育，提高公民基本素质，是博物馆教育的更高层次。

博物馆观众既是欣赏的客体，同时也是情感互动的主体，情感投入的过程便是审美的过程。博物馆的美是通过展品本身与陈列方式、环境、服务等综合因素体现的，例如社会历史类博物馆可通过古代遗物遗址的陈列，展示历史时期工艺品的质地、造型、色彩之美，建筑物的构造、材料之美，并通过实物反映古代物质文明与艺术水平，从而增强观众历史自豪感与社会责任心。自然类博物馆则是提供观众亲近自然的机会，通过认识山川河流及各类生物，触发维护生态平衡、与自然和谐相处的情愫。博物馆就是通过藏品的外在形式美和内在知识美对受众进行审美教育，使其在潜移默化中得到美的熏陶，心灵获得净化滋养，塑造积极健康的心态，全面提高公民基本素质。

反思与正确价值观的树立是博物馆教育的最高层次。列宁讲过，"没有人的情感，就没有人对于真理的追求。"观众在审美互动中激发了内心情感，并产生进一步追求人生真理的欲求，这也是确立正确价值观的过程。当今社会，冷漠是很多人的处世态度，公众视野不断拓宽，心胸却越来越狭隘，这其中原因复杂，但缺乏反思精神当是内因之一。博物馆对历史成就、人类灾难以及自然之真善美等诸多方面的展现，有可能引导观众进入深层反思，进而建立正确的思想导向。如歌德所说："博物馆者，非古董之墓地，乃活思想之育种场。"① 博物馆通过物的展示，最终是为了启发人的思想。塑造有知识、高素质、价值观正确的现代公民，对一个国家、一个地区经济的发展高度和社会的稳定和谐具有决定性意义。

---

① 转引自君实《博物馆之历史》，《东方杂志》第15卷第2号。

二 博物馆教育形式分析

博物馆承担着重要的社会教育职责,近年来,在参与人数和教育手段等方面都不断提高,但与现代化概念的博物馆教育目标尚有差距,需要博物馆从自身寻找不足,积极改善教育方式。下面列出个人的一些浅见,或可作抛砖引玉之用。

文物标本的陈列展览是博物馆教育的基本形式,展览主要分为常设与临时两种,常设展览一般是在进行博物馆规划之初,按照博物馆性质和地方特征而设计的经典展陈方案,较长时期内基本框架固定不变。临时展览的形式内容相对灵活多变,多为外面特色展览的引进或本馆库存文物的展示。相对常设展览,临展存在的问题较多。首先,临展主题一般由博物馆相关部门直接选定的,尽管专业人员可能更容易找到好的展览主题以供观众学习、欣赏,但如在选题过程中通过合理有效方式掌握公众诉求,则能使展览更充分契合观众需求;其次,个人在博物馆参观过程中发现,国内地方性临展大多比较粗糙,观赏性大打折扣;最后,博物馆相关人员对临展解说文字和知识背景准备不足,也影响到观众求知和审美过程的体验。

开设不同形式的讲座和学习班,是博物馆实现文化教育平台作用的直接途径。博物馆应该充分利用其所掌握的资源,根据不同人群设定个性化的课程,从而吸引更多参与者,更好地满足公众需求。例如,韩国国立中央博物馆开设的"博物馆特别讲座",讲授内容涉及考古、工艺、民俗、绘画、佛教艺术、科学保护等各方面知识,另设有不同层次的知识共享型课程,是针对60岁以上老人、主妇以及CEO等不同群体开设的专门课程。[①] 地方博物馆应在力所能及的范围内,积极借鉴国内外相关机构的成功做法,以多种形式的知识讲座,为打造与经济现代化相匹配的文化现代化提供平台。

开发博物馆与观众互动项目是近年来各博物馆致力推行的重要举措,从在展区周边设置拼接器物、制作标本及相关电子游戏项目外,在博物馆日开展科普活动、举办暑期夏令营等,都取得了良好的社会效应。但其中也存在两个问题:第一是所有互动项目基本以中、小学生为对象,这可能与博物馆长期以来对教育的认识误区有关,谈到教育就即刻囿于学生,觉得未成年人才是受教对象,尽管面对成年人的"终身教育"一词已提了多年,但博物馆始终在除基本的展览参观外,难以找到与成年契合的教育形式。其实根本问题不在形式,而在观念的转化,即使受过高等教育的成年人,对个人专业领域外的学科知识了解,大多也仅相当于中小学生水平。而且,成年人同样更易于接受有趣味的互动学习,开发符合成年人特征在博物馆互动项目,是积极引导社会公众实践"终身教育"的有益尝试。第二是博物馆缺少稳定

[①] 王绚:《拓展教育活动内容 多角度体验文化遗产——谈韩国国立中央博物馆外延性教育项目的设计与组织》,《中国文物报》2010年6月27日。

的会员群体，很少有人多次参观博物馆展览，参加的博物馆活动的人群也不稳固，这既不利于博物馆的宣传工作，也对博物馆教育质量与受教人数产生不可忽视的负面影响。

博物馆本位主义依然是目前博物馆教育的主流意识，即等待公众自己来"求经"，而不是积极地走出去"传道"。必须承认，我们的国民与西方人相比，还没有形成参观博物馆的习惯，因此出现一些地方性博物馆"门庭冷落"的境况。或许博物馆应该开始思考自身宣传方式的转变，而不仅是在形式和技术手段上。博物馆一方面应该通过有效的宣传让更多人来馆受教，另一方面还要主动地走出去，延伸博物馆教育的空间局限，深入社区、校园甚至企业等场所，传播文化。这是作为公益性社会服务机构应该具备的"乙方"心态，也是现代博物馆"以人为本"理念的具体实践。

三 博物馆教育与考古的结合

博物馆教育应该关注公众需求。如今，考古从不为人知的神秘幕后慢慢走到台前，又经媒体几番热炒迅速成为社会话题，公众对考古事件知悉和参与的要求越来越强烈，公共考古学也由此应运推出。博物馆应当意识到当前与考古的充分对接，这是博物馆教育功能亟待发展的一个新方向。

博物馆与考古本身相辅相成，无论历史类、自然类、艺术类甚至科技类博物馆，都要用到考古发现的标本，并且用相关研究成果证明、解释其文化状态。同时，博物馆具备将考古成果尽快转化为宣传展示的有利条件。公共考古热一定程度上反映了公众与考古之间的沟通需求，博物馆作为考古成果与观众见面的最初桥梁，应审时度势地积极促成双方需求，同时扩大自身的教育功能。考古与博物馆的有效合作，也有利于加强考古出土文物的合理利用，并且避免地方文物系统在人员与硬件上的重复建设。

实现博物馆与考古的理性结合是大势所趋，也利于营造文物系统内部的社会和谐。博物馆应从"考古热"这一社会趋势中解读出公众诉求，观众可能已经不再满足于只是观赏孤立的文物，还要进一步了解文物背后的故事，包括文物在当时社会的作用、地位以及被发掘出土的过程等情况。这就要求博物馆转变旧的陈列思路，尽量不人为割裂文物间的共存关系。另外，以文字、映像以及实物等方式展示文物的发现过程，不仅可以满足人的好奇心理和求知欲望，也能激发观众对文物的深层理解和思考，即实现博物馆教育的三层次。在博物馆开设公众关注的考古文化讲座，结合考古遗存现场、遗址公园以及非物质遗产等方面，组织实地参观、试验、发掘以及简单整理等工作，既能实现公众与考古的近距离接触，也是博物馆人本主义、紧贴社会文化脉搏的现代化服务意识的体现。

在国际博物馆协会第22届大会暨第25届全体会议上，时任文化部部长蔡武在开幕致辞中指出："博物馆是人类文明记忆、传承、创新的重要阵地；是大众启迪智慧、陶冶情操、欣赏艺术、文化休闲的理想场所；是普及科学文化知识，提升公民素质，提高社会文明程度的重要平台。"江苏现阶段的博物馆事业，就是以配合"基本实现现代化总体目标"为导向，充分发挥博物馆在文化建设中的平台作用，密切联系社会，从公众需求出发，通过改善、创新教育服务形式，使博物馆真正达到传播知识、培养公民素质和树立正确价值观的教育目标，成为稳固和谐社会、提高社会文明程度的重要阵地。

原载《2012年江苏省文博论文集》

从被动灌输变为主动思考

——试论为观众设置具有思辨性的临时展览

惠露佳

什么样的展览是一个好展览？在观众看来，新奇、有趣、赏心悦目、品位高、安全可靠的展览也许算是完美。在策展人员看来，一个好的展览"往往可以提供一种简单的效果，让观众可以有能力去享受或了解作品并'体验艺术'"[①]。而这种"简单效果""享受体验"的背后，往往有一个优秀"剧本"作为支撑。那么，构成好"剧本"的关键又是什么？笔者认为，展览剧本的精髓是展览主题的思辨性。下面就博物馆临时展览为什么需要"思辨性"及其魅力所在作一阐述。

一 临展需要"思辨性"的介入

美国有线电视新闻网（CNN）旅游栏目资深制作人James Durston写过一篇文章《讨厌博物馆的N种理由》，他罗列的不喜欢博物馆的理由包括：博物馆自身萦绕文化产业的优越感，枯燥的"展品加橱窗"的展示方式，博物馆的其他硬件较之展览更吸引人，参观博物馆被视作一个合格旅行者必到的场所，博物馆整体缺乏活力与乐趣且趋向商业化等。为什么被高度赞扬的所谓"如雨后春笋般""蓬勃发展"的博物馆，会被贴上无趣、无吸引力的标签呢？

有的博物馆认为，我们有上百件国家一级藏品，选个主题，办个展览，观众岂会不买账？可现实是"当今世界，各国的美术馆所收藏的17、18世纪以前的艺术品，大多为继承各国皇室的收藏。由于财富和阶级的限制，传统的审美标准都是以这些经过筛选的珍藏品为研究对象的结果。因此学院里所传授的精英美学，其实来自皇家品位"[②]。由此被定性为"一级品"的文物展览，可能只是"专家品味"，而不是"大众口味"。还有的博物馆认为，我们有好的咖啡馆、礼品店，可以借此吸引游客。可是在快餐化、数字化的今天，食物与博物馆的衍生产品触手可得，倘若博物馆一味重视营销却忽视其最基本的职责，博物馆可能会成为文化外衣下的商业机构，而失去其展览场所的本真。有的博物馆人甚至纳闷："耗费巨大的人力、物力、财力，运用了世界最

[①] 刘惠媛：《博物馆的美学经济》，生活·读书·新知三联书店2008年版，第188页。
[②] 同上书，第49页。

先进的声光电技术,为何还是门可罗雀?"这正如一篇微博所写:"我喜欢香蕉,可是你给了我一车苹果,然后你说你被自己感动了,问我为什么不感动。"因此,观众参观博物馆感知的是展览给予的共鸣感、认同感和契合感,而不会接受博物馆赋予的奢侈压迫感和被高科技堆叠的窒息感。

其实,博物馆被讨厌的原因归根到底来自无趣的展览。博物馆的展览是博物馆对外的窗口,展览的优劣直接影响到博物馆在观众心目中的形象。如果参观的是有趣的展览,配合贴心的休息场所与服务,优秀的博物馆衍生商品,加之高科技的辅助,观众的好感自然会上升。与大多数"灰头土脸"、死气沉沉、缺少维护、信息过时、经久未变的常设展相比,博物馆更具有吸引力的应当是临时展览。怎样的临时展览才是一个好展览呢?笔者认为,具有思辨性主题的临展最具吸引力。

二 临时展览主题之"思"

何为博物馆临时展览主题的思辨性?要回答这个问题,我们先来了解"思"的内在要素。布朗修在其《友谊》一书中提到:"人们只要进入任何将大量的艺术品聚集在一起的地方,就会感受到这种博物馆的眩晕症,类似于高山病,头晕目眩而又呼吸困难……无疑,博物馆的传统存在着某种无以克服的野蛮性。"[①] 很多单一主题的展览容易走向这个弊端,如书画展、单一器物展、区域性出土文物展等,这些展示很容易成为乔治·埃里斯·博寇眼中的"开放式存储"(展品=藏品)展示。因此,要赋予展览灵动的境界、鲜活的灵魂,必须"思"字当头、"思"后而动。

"思"之第一要素——思考临时展览主题诠释方式的多样化。2012年10月,英国伦敦维多利亚和阿尔伯特博物馆举办了"好莱坞服饰展",这个展览汇聚了一个多世纪电影制作中共计130多个最具代表性的服装设计。不能否认,好莱坞的号召力与其高科技运用,的确给观众带来了意想不到的震撼感,但这个展览真正的吸引力,其实来自策展人员针对展览的主题,铺陈了三个递进式的展示方式。展览的第一部分是引导,让观众了解电影中的服装从设计脚本到最终银幕呈现之间的创作过程;第二部分是探究,讲解服装设计师和电影团队之间的关系与合作;第三部分是重现,展示大量电影中表现人物特性的经典服饰。在这个展览中,服饰似乎变成了烘托整个展览的辅助道具,策展人员想让观众了解的内容,已经突破了服饰自身,而是服饰背后的故事,体现了主题诠释的多样化。

"思"之第二要素——思考临时展览主题的广度与深度。传统展览中,策展人员往往缺少策划的发散性思维,缺乏主动的诠释,更顾不上观众的观赏路线或环境布置。20世纪前50年,中国博物馆的展示理念经历了学日本、仿欧洲、本土化的系统分类展

---

① [美]大卫·卡里尔:《博物馆怀疑论——公共美术馆中的艺术展览史》,丁宁译,江苏美术出版社2009年版,第74页。

示法；到 1949—1966 年的学习苏联模式；再到博物馆事业在"文革"时期遭受重创；1978—2000 年，才进入博物馆学研究最活跃、新的展示理念层出不穷的时期。进入 21 世纪，"融入社会""全球化"与"本土化"成为展示的主旋律。① 从被动效仿、被动学习、被动受创，到主动探索的这个大背景来看，临时展览在社会生活的广度与深度上的拓宽与发掘任重而道远，但是"融入社会""全球化"与"本土化"三大展示主旋律的提出，也让人看到了一丝策展主动性的希望所在。"博物馆不在于他拥有什么，而在于以其拥有的资源做了什么。"② 博物馆展览主题的深度与广度是展览赖以成功的关键。以大英博物馆的临时展览"亚洲饮之艺术——仪式与欢宴"为例，这个展览正是一个策展人员熟知藏品、寻找藏品间联系、提炼展览主题、再由主题回归藏品选取的临时展览策展的典型。整个展览所谓的"形式设计"十分简单，其亮点是对于展览内容的思考。这个展览的目的，是探究亚洲国家在过去的 2500 年里，水、茶、酒在宗教文化和世俗领域的重要性。每个国家选取具有代表性的展品，"打乱"放入不同的主题中，如在宗教领域中，展示物有宗教礼器，还有能够反映本主题的绘画和版画，也有一些在现今印度教、佛教、伊斯兰教及传统中国、日本宗教中重要的盛酒器、盛水器。在社会范畴里，包括体现印度莫卧儿王朝饮酒风尚的展品、日本茶具以及反映中国的酒文化的故事等，从而赋予展览别样的深度和广度。

"思"之第三要素——思考临时展览主题如何平民化、亲民化。2012 年度中国博物馆十大精品展的主题分别为："幽蓝神采——元代青花瓷器大展"、"考古山东"、"洪州窑青瓷展"、"惠世天工——中国古代发明创造文物展"、"许之昌——许昌历史文化陈列"、"寓情于史以情传神——宋庆龄陈列"、"九派云横——九江历史文化陈列"、"黑土军魂——东北抗日联军军史陈列"、"中华百年看天津"、"和政四大古动物群化石展"。很明显，这些主题都偏向历史怀古，主体为精英人物、丰功伟绩、正面事件。对此，故宫博物院的李文儒老师提出质疑："十大精品的评选实际上应由我们自己说了算，还是由别人说了算，还是由参观、分享、享受精品的人说了算？"③ 李老师强调："展览是一个主体和客体（博物馆和公众）的关系，而陈列只是主体（博物馆）的问题。"④ 由此我们也生发了这样一些疑问，何为"精品"，何以成为"精品"以及是谁的"精品"？台北故宫博物院曾尝试做过一次调查——"谁的台北故宫十大国宝"。台北故宫博物院 方面邀请馆内专家，选出他们心中的"十大国宝"；一方面邀请观众，在网络上选出自己心目中的"十大国宝"。结果出人意料，除了王羲之的《快雪时晴帖》外，两者所选几乎没有交集。即便网络评选有着许多的差异性和不确定性，但不可否认的是，如今的专家也必须转变观念，从"我说你听"的学术权威进入"服

---

① 康熙民、孟庆金主编：《在传播科学中传承文明——博物馆研究论文集》，文物出版社 2007 年版，第 49—51 页。
② 陈乐同：《后博物馆时代》，《东南文化》2009 年第 6 期。
③ 北京博物馆学会编：《策·展——博物馆陈列构建的多元维度》，中国书籍出版社 2012 年版，第 4 页。
④ 同上书，第 3 页。

务观众"的全新理念。博物馆的展览应当不断拉近观众与文化的距离,要让观众看到,原来博物馆的收藏也可能是我日常所用,也构成了生活或者记忆的一部分;博物馆不再是高高在上的冰冷的钢筋水泥体,而是平民百姓闲暇时光可以放松并与之交流的后花园。台北故事馆的临时展览"手提袋的故事",可以很好的诠释"思"之第三点。使用过的手提袋,除了丢弃还有什么用途呢?台北故事馆展览,用以小见大的方式,从小小的手提袋窥见大众的日常生活。展览分为对手提袋的感情、手提袋衍生的文化、手提袋之时尚风潮等六大主题。博物馆手提袋的提供者都是观众耳熟能详的,如龙应台、伍思凯、刘谦等。对此,沈杰群先生曾这样评价:"我觉得将这么多手提袋集中于此'说故事'的目的,已不仅仅是让每一个参观者怀念旧年月里的愉悦与温情,而是通过认真地观察与思考,重拾零散的记忆,补充被历史遗忘的人与事,消除主观臆断的偏见,去构建一个清晰、完整、真实的台湾印象。"① 这样的展览主题使观众与藏品走得更近,在展览中呈现"平民化"的生活,让博物馆变为亲近民众的重要组成部分。

三 临时展览主题之"辨"

较之临时展览中的"思"之含义,"辨"往往显得更具有挑战性。中国大陆的临时展览较少涉及的题材有:反映某个社会现象、讨论某个社会热点问题、适时开展社会批评。以这样一种角度办临时展览,博物馆担当的是一种更加广泛的社会角色,而不是仅仅局限于"教育功能"的施教角色。因此,博物馆临时展览主题中"辨"之含义应当包括:对社会时政与敏感话题的讨论,对多元文化的关注与尊重,对当下社会活动与事件的呼应,对先锋观念与学术前沿的跟进等。②

奥地利的博物馆学家弗德利希·瓦达荷西在他的《博物馆学》理论卷中指出:"博物馆本身并非博物馆学最主要的研究对象。它只是获得知识过程的前一个形式。透过博物馆,我们能知道一个社会是否具有与其文化状况相符的博物馆性表达。"③ 目前,很多博物馆宁愿回避具有争议的讨论,取而代之的是保守型的展示。试问,这样的博物馆能否做到它们自己希望的"与时俱进"?在这里我们暂且不论博物馆是否应顺因潮流,举办具有敏感话题的展览,但需要我们思考的是,博物馆作为一个窗口,有权力、有义务让观众借助藏品,思辨敏感话题,形成自己的看法。

试看"女性的社会地位"这一亘古不变话题,在主题展览中的际遇。2009年,一向维护女性艺术家的纽约杂志的艺术评论家 Jerry Saltz 声称:"纽约现代艺术博物馆(MoMA)展出的女艺术家作品少得可怜——4楼和5楼展出的一共383件作品中,只

---

① 沈杰群:《大陆人看台湾:讲故事的手提袋》,腾讯网 2012年11月,http://news.qq.com/a/20121114/000396.htm
② 严建强:《特展与博物馆社会角色的拓展》,《东南文化》2013年第2期。
③ 康熙民、孟庆金主编:《在传播科学中传承文明——博物馆研究论文集》,文物出版社 2007年版,第49—51页。

有19件来自女性艺术家,只占总数的4%;而具体到艺术家的数量,135位艺术家中只有9位是女性艺术家。"[①]再来看另外一个例子,在评论中国知名画家陈佩秋时曾有文章说:"陈佩秋先生是有史以来第一个使得女性书画家以'书画家'的成就颉颃须眉、彪炳艺苑,而不只是以'女书画家'的原因被照顾性的认可。"不可否认的是,这是对陈佩秋的高度赞扬,但从中也可以看出,现代社会对于女性的认可并不是那么理所当然。因为长久以来,女性常常被视作情感与被动的代言人,而男性则等同于智力与创新。从博物馆的展示的角度来看,即使博物馆不缺乏优秀女性艺术家的作品,但是女性主义理论发现,"博物馆同样是性别空间,女性产品与女性历史展示不够而且太过简单化,而男性注视则将女性身体殖民化了。男性主导依赖于女性屈服来获得身份"[②]。值得庆幸的是,MoMA并没有回避这个问题,而是在这几年逐渐提高了对女性艺术家的重视。MoMA在2010年5月举办了女性摄影家作品展,并选取优秀女性艺术家个人事迹与作品集结成册。

又如伦敦博物馆的临时展览"医生,解剖和复活人体"。这个展览的灵感来自2006年考古学家在伦敦皇家医院发掘的由大量的解剖、截肢、教学所用的残骸构成的墓地。这处墓地于1825年投入使用,1841年废弃,主要用于埋葬那些经过医生解剖的尸体。当时,为了满足外科医生进行解剖教学和训练的需要,便产生了"尸体交易",此后这一问题愈演愈烈,甚至引发了数起杀人抢尸事件,引起公众恐慌。国会遂于1832年出台《解剖法》,对解剖尸体的来源作出规定。展览讨论了外科医生不断进行解剖研究和遗体捐赠者(自愿或非自愿)之间的关系以及和尸体黑暗交易之间的关系。本展览让观众反思医学伦理和文化态度。从而引发人们开放性的思考:你的身体到底属于谁,现代社会尸体解剖、器官移植是否人性化。

四 "思辨性"临展的吸引力

从上述"思"与"辨"的具体含义以及给出的6个博物馆临时展览,可以看出:展品已成为临时展览中的"辅助物",而展览所表达的内容与传达的思想才是主角。"思辨性"展览之所以引人入胜,自有其独特的魅力所在。

一是展览主题的新颖性。人们对未解之谜总是抱有兴趣,这种神秘感让爱好者与探险家欲罢不能。博物馆临时展览的主题也能营造出神秘感和未知感,并给人耳目一新的新颖感。与正统的博物馆展览主题相比,台北故宫博物院的"乾隆潮——新媒体艺术展"开创了一个意料之外的主题展。

二是展览方式的多样性。给观众最直接的感受是突破了"展品加橱窗"的展示方

---

① 怀心:《MoMA挂出的女性艺术家作品"少得可怜"》,artspy艺术眼2009年6月,http://www.artspy.cn/html/topic/0/169/detail.shtml

② [美]珍妮特·马斯汀编著:《新博物馆理论与实践导论》,钱春霞、陈颖隽、华建辉、苗杨译,江苏美术出版社2008年版,第21—22页。

式，不同时代、不同国家、不同文化、不同种族都可能因为一个单元主题而聚集在一起，通过一个微缩的小世界，感知身边或遥远的社会现象。

三是展览策划的开放性。在博物馆临时展览这一指定的空间中，仍能自由地思考应当是策展人员需要考虑的问题。展示的内容和传递的信息是应给予观众单一的或确定的答案，还是选择与目标观众群互动对话、分享成果并引发其思考，作为具有思辨性的主题展，策展人员给出的答案必将是后者。

四是展览影响的后续性。传统意义上定义一个展览的效果往往是：参观人数突破了往年纪录，高级别的领导前来参观或是得到世界级媒体的关注等。但试问有多少展览在撤展一段时间或几年后，还被观众铭记在心。"思辨性"的展览可以提供一种不一样的视角，鼓励博物馆现有观众与潜在观众，意识到前往博物馆不是为了有目的的学习和及时反馈，而是在参观结束后的很长时间，也许在未来的某天会突然发现，原来当下我对生活的感悟或看法与很久之前的某个展览相契合，并在现今得以印证。

绝大多数观众前来博物馆参观的目的是一睹"珍宝"，其实，他们也带回了对博物馆的感受。现今的观众已经不再只是被灌输知识的被动者，他们中的一些人也在用批判的眼光看待博物馆以及博物馆的展览。从长计议，博物馆展览之功能必须突破教育中填鸭、死板、固化的缺点，应当成为引导、思考、拓展的渠道而不是最终目的。此时，具有思辨性的展览便会脱颖而出，不仅夺人眼球，更会回味无穷、引人深思。

原载《2015年江苏省文博论文集》

中小型博物馆志愿者社会化发展方向思考

——以常州地区博物馆为例

李 敏

志愿者（Volunteer）是一个没有国界的名称，指的是在不为任何物质报酬的情况下，为改进社会而提供服务、贡献个人的时间及精神的人。在国际上，志愿服务的开展有着悠久的历史，它最早可以追溯到古罗马或更早时期的宗教慈善性活动。第二次世界大战以后，西方国家的志愿服务工作迅猛发展，志愿服务领域扩大到社会生活的各个层面。1907年，志愿者进入博物馆行列，美国波士顿艺术博物馆首开西方志愿者服务先河。

2002年3月6日，中国历史博物馆（今国家博物馆）率先登报公开征募志愿者，560多人报名应征，150人被首批录用，主要用于讲解导览岗位。随后，故宫博物院、上海博物馆、河南博物院等一批大中型博物馆纷纷开始这种探索与实践。经过10多年的努力与发展，尤其是2009年12月中国博物馆学会志愿者专业委员会的成立，为促进我国博物馆界志愿者工作的交流与发展提供了方向引领和专业指导，志愿者事业取得了一定的成绩。但馆际之间存在着差距，尤其是中小型博物馆，志愿者事业的发展还需要进一步的带动与发展。

一 国家级、省级大馆发展较早、较好，已形成一定规模

国家级、省级大馆志愿者工作开展时间相对较早，一般都在2006年以前。中国历史博物馆（今国家博物馆）开始于2002年，故宫博物院开始于2005年，河南博物院开始于2004年，上海博物馆开始于2005年，伪满皇宫博物院开始于2006年，云南省博物馆开始于2005年，重庆中国三峡博物馆开始于2006年。经过多年不断的探索与实践，如今已形成一定的规模，志愿者服务已成为博物馆不可或缺的一道风景线，甚至成为博物馆工作的亮点。如云南省博物馆，依据相关材料显示，2012年注册志愿者已达到300多人，成员来自中、美、日、韩、澳大利亚等多个国家，年龄跨度非常大，从10岁到70岁不等。团队拥有健全的管理机制、培训机制和奖励机制，并形成了鲜明的工作特色。由志愿者组织的流动博物馆，先后到社区、部队、学校、厂矿、监狱等地进行义务讲座200余场，直接受益者10万余人，引起了媒体的广泛关注，志愿工作

甚至受到了国家领导人的嘉奖和肯定。又如河南博物院，志愿者队伍分设成人志愿者和小志愿者两个服务团，先后有成员1000多人，管理规范、年龄阶段丰富、工作创造性强、成效显著，自2004年成立至2012年，共接待观众120多万人次，累计服务241920小时，讲解12553批次。

经综合比较分析，大博物馆的志愿者工作呈现出以下几个特点：

1. 规章制度完善。各家博物馆制定了志愿者服务章程，对志愿者的招募方式、注册、志愿者服务组织架构、管理制度以及志愿者的权利义务都作出了明确规定，保证了博物馆对志愿者队伍管理的制度化。

2. 志愿者身份多样化。志愿者包括有在校学生、教师、国企职工、事业单位工作人员、企业家、旅美华人、退休人员等，他们利用各自的专长，充分发挥自身的能力，把对博物馆文化的热爱传播到社会各个领域，为扩大博物馆的社会影响与宣传作出了无私的付出与奉献。

3. 志愿者年龄跨度大。志愿者从小学生到退休人员，层次丰富，能够满足各个年龄层观众的服务需求；同时，不同的工作、生活阅历，也为博物馆的业务工作提供不同的视角与见解，为博物馆事业注入多样新鲜的血液。

4. 志愿者服务范围广泛。志愿者的服务内容已突破纯粹做义务讲解的局限，延伸为大范围、广角度的志愿工作，包括协助博物馆进行展览讲解词、简介、指示牌等撰写、翻译；博物馆的外事翻译、文字校对工作；参与志愿者培训、宣教策划、教育推广以及大型活动的主持工作；为博物馆提供长期的资金援助，促进博物馆与海外博物馆之间的沟通和交流、结对工作；帮助博物馆介绍、引进各类高品质的展览，等等。志愿者成为博物馆的强力后援，有效填补了博物馆人手的不足，为博物馆与外界的沟通交流打开了一扇明亮的窗户。

5. 确定激励机制。部分博物馆在年底总结时，综合志愿者全年的服务时间、工作表现等各方面因素，在注册志愿者中评选出优秀志愿者若干名，并在优秀志愿者中再评出"志愿者之星"作为最高荣誉。一些博物馆根据志愿者的服务时间实行星级认证制度，志愿者上岗服务时佩戴相应标志。

6. 志愿服务走上常规化与规模化。部分地区的博物馆际已经开展了"博物馆志愿者讲解比赛"。这说明，志愿者与博物馆在职讲解员一样，已经很大程度地融入博物馆，无论文化知识、讲解水平、仪表仪态，都达到了相当高的水准，同行之间建立起了相互沟通交流的一个平台，使志愿者业务水平向着更好、更高的层次发展。

二　中小型博物馆发展较滞后，尚须带动与发展

相对大博物馆而言，中小型博物馆的志愿者工作进程就显得略为滞后。以经济较为发达的江浙地区为例，除宁波博物馆（现有志愿者达到500多名，其中包括不少外籍人员。其服务岗位多样化，社会影响大）和苏州博物馆（志愿者总数近200人，参

与博物馆多项服务工作，人员社会面广，活动丰富）依靠新型的建馆理念和管理特色，快节奏地与国际接轨，近两年的志愿者工作较为突出外，大多数博物馆尚处于摸索状态。下面笔者对常州地区博物馆志愿者工作开展情况进行分析。

常州地区目前较具规模性的国有博物馆有三座，分别是常州博物馆、武进博物馆、圩墩遗址博物馆。其中武进博物馆前身为武进区博物馆和春秋淹城遗址博物馆，后合并为武进博物馆。参见表一。

表一　　　　常州博物馆、武进博物馆、圩墩遗址博物馆比较

博物馆名称	博物馆建馆历史	志愿者工作开展状况
常州博物馆	创建于1958年，是集收藏、研究、陈列展览于一体的地方综合性博物馆（含全省唯一的一家少儿自然博物馆）。新馆于2007年4月28日正式向社会开放，是国家4A旅游景区、江苏省爱国主义教育基地、二级博物馆	常州博物馆志愿者团队成立于2008年，截至2011年年底，累计注册志愿者118人。以大学生为主，进行导览咨询、观众指引、观众问卷调查、图书资料数据库信息资料录入、博物馆文博论坛建设填充、社区宣传等服务工作
武进博物馆	新馆是一座仿汉代的二层楼建筑，于2007年12月12日正式对外开放，现馆内设置三个基本陈列展厅及一个临时展厅	2009年4月，成立湖塘桥实验小学苗苗导游队，从事义务小讲解员工作。2010年7月，与常州大学城多所大专院校联系，成立大学生志愿讲解队伍，从事义务讲解工作
圩墩遗址博物馆	以"常州第一村"为展示主题，集中再现6000多年前圩墩人的生产、生活情况。2009年7月建成开放	尚未开展志愿者工作

常州地区博物馆志愿者工作开展的现状，也代表了大部分地区地市级博物馆的总体状况。通过与国家级、省级大馆志愿者工作开展现状的比较，我们可以将中、小型博物馆的志愿者工作滞后的情况归纳为以下几点：

1. 志愿者工作起步较晚，一般都开始于2008年以后。
2. 志愿者层次单一，主要以在校大学生为主，少数吸收了社会工作者。

虽已面向社会公开招募志愿者，但社会反响度并不十分热烈，且报名者基本都是普通上班族，上班时间固定在周一至周五，导致博物馆周二至周五开放时间（周一闭馆），社会工作者无法来馆服务。

3. 年龄跨度小，基本以成人为主，小学生和退休人员比重小。
4. 服务内容单一，主要以义务讲解工作为主，缺乏多样性和开拓性。
5. 博物馆志愿者之间各自为战，缺少沟通与交流的平台。

上述情况总结为一点，即中小型博物馆志愿者工作尚未步入总体社会化进程，社

会号召力、社会认知度、公众参与性欠缺，博物馆志愿者服务尚徘徊在社会志愿服务的大门之外。与社会志愿者服务相比，存在着很大的差距，现以近两年常州志愿服务工作的亮点——省运会与全国文明城市争创工作为例来，作比较说明。

例1：2010年10月，第十七届省运会如期在常州举行。省运会期间，我市5万余名赛会志愿者、城市志愿者、社会志愿者活跃在会场内外，行动在常州城市的每一个角落，志愿者的身影成为我们这座城市最美的人文风景，其优良的服务给省运会添上了精彩的一笔。

例2：2011年6月，常州争创全国文明城市。为配合创建活动，组织开展了"学礼仪、创文明""文明交通志愿者"等特别行动。全市万名交通志愿者穿上红马甲，长年驻守3000多个交通路口、公交站台，让每一个路口、站点都成为文明的窗口，引导市民在红绿灯下、斑马线前讲文明，以文明、和谐的举止，共创整洁优美的城市环境。

另据统计，目前，常州市志愿者总会已发展直属志愿者协会、分会和服务总队等团体会员41个，下辖各级各类志愿服务组织由2003年的630余支扩大到2300余支，注册志愿者人数也发展到30余万人。近年来，先后组织1万余名志愿者为省运会、经贸科技洽谈会、国际卡通动漫艺术周、中国羽毛球大师赛等全市重大活动，提供近60万小时的高质量志愿服务，在市民心中留下了高效、优质、广泛的深刻印象。

与社会志愿者相比，不可否认，博物馆志愿者的要求相对较高，社会面相对较窄。首先，作为一名博物馆的志愿者，要热爱文化、文物，崇尚博物馆事业；要具备相当的知识基础，一般博物馆招募志愿者均要求学历为大专及以上；要有一定的业余时间和精力，因为做一名合格的博物馆志愿者需要投入一定的时间和精力，初期须接受系统的知识培训与服务训练，考核合格后，每周定期来馆上岗服务，一年须服务满规定的时长；要具备毅力与恒心，一名博物馆志愿者的培养需要花费很多的精力和人力，因此需要较为固定的、长期的服务者，拒绝太大的流动性。

三 中小型博物馆须转变服务理念，加快志愿者社会化进程

面对差距，中小型博物馆工作人员要积极转换思路，向经验较多的大博物馆学习取经，同时可以借鉴社会化志愿者团体的工作模式和方法，寻找自身的出路。中小型博物馆志愿者工作要加快社会化进程，进一步融入社会志愿者系统，笔者认为，应从以下几个方面着力：

1. 必须科学谋划志愿服务工作发展。开展志愿服务工作，要受到广大群众广泛、普遍的关注和认可，就必须转变工作理念，结合社会关注的热点，广泛发动志愿者，以主人翁的姿态，开展丰富多彩的志愿服务活动，感召和吸引更多市民参与。

2. 打造志愿服务品牌。博物馆志愿服务工作要有新发展，必须定位准确，有鲜明的工作品牌。要紧密结合社会发展，根据群众需求和精神文明创建的需要，有意识地把品牌意识贯穿于志愿服务项目的各个环节，精心设计打造志愿服务工作的美丽名片。

3. 要宣传引导，逐步形成博物馆志愿者特色文化。志愿者工作是新时期社会主义精神文明建设的重要内容。要认识到志愿服务的重要性不仅仅在于志愿者到底做了多少事，更多的在于倡导形成一种关心社会、乐于奉献、人与人之间和谐相处的氛围。

4. 要完善机制，不断加强博物馆志愿者自身建设。志愿服务是一项系统工程，是一项长期开展的事业。要规范志愿服务组织的建立、运行和管理，建立和完善志愿服务体系，努力形成志愿者共同行动，社会广泛参与，融招募、培训、派遣、管理、保障为一体的志愿服务模式。要探索科学的社会教育模式，在学校教育、公民教育等教育培训体系中，积极推广普及志愿服务知识，宣传志愿服务文化。充分整合资源，广泛争取社会力量支持，为志愿服务创造更好的发展环境。同时，大力宣传志愿者行动、志愿者精神以及在志愿者活动中涌现出来的先进典型，努力营造一个有利于志愿者发展的良好的舆论环境。

四　结语

随着中国博物馆学会志愿者专业委员会的成立，志愿者工作的馆际交流与学习机会也越来越多，我国博物馆志愿者建设正在快速向前发展。相信在不久的将来，馆际间的不平衡将被打破，中国博物馆的志愿者队伍，必将成为推动社会和谐、多元文化共享的一支重要力量。

原载《规范·创新·提升——中国博物馆协会志愿者专业委员会论文集》

浅论博物馆临时展览的策划与设计

王 艳

  临时展览是博物馆陈列展览的重要组成部分，在常设展览常年基本不变，观众参观了一次、两次、三次，渐生倦怠之意的情况下，临时展览成为吸引观众走进博物馆的"杀手锏"，也成为博物馆开展丰富多彩的活动的重要依托。笔者作为博物馆的一线工作人员，深觉临时展览已经成为广大观众特别是忠实观众心目中的"安琪儿"。

一 临展的概念

  临展，顾名思义，即临时展览，这是一个俗称，亦可称为特别展览，其与常设展览（又可称为基本陈列）是相对应的概念。

二 临时展览与常设展览的区别

  这里将临时展览与常设展览的特点作一对比：

1. 展期

  常设展览一般几年甚至十几年不会有太大的变动，工作人员间或对展厅的设施设备进行维修维护，间或对极少部分文物进行必要的撤换和调整。临时展览的展期短则一两个星期，长则一两个月，更新非常快。

2. 展览内容

  常设展览通常具有全面性、概括性、综合性的特点。以常州博物馆其中一个大型基本陈列《龙腾中吴——常州历史文化陈列》为例，它以常州历史发展轨迹为主线，以文物和版面为载体，全面系统地介绍了常州从史前时期到明清时期的历史发展，时间跨度长，内容丰富，显得大气磅礴。临时展览的主题则相对鲜明，如常州博物馆曾经举办的《天工开物 雨花之美——雨花石珍品展》《馆藏新装裱书画系列展——团扇》，都选取了某一类展品举办展览。另外，临时展览还具有选题灵活、时效性较强的特点，可以对常设展览由于限制无法展示或较少展示的内容进行详细扩充，是常设展览的有效补充。

3. 展览形式

  由于常设展览一般来说都是该博物馆的主打，在展厅设计上必定花大力气、大价钱精雕细琢。临时展览一般不会像常设展览那样每次都斥巨资设置华美的场景，反而更注重设施设备的可重复利用性和组合性，以减少成本、节约时间。

4. 策划

常设展览多为本馆、本地区专业人员策划，辅以专家的意见。临时展览则比较多样，有的由本馆策展，或展出本馆藏品，或整合民间资源；有的是成品引进，还有的是馆际交换；更有由相关文物部门组织的馆际之间的巡回展。

三　怎样办好临时展览

（一）策划选题阶段

1. 前期调研十分重要

怎样的临展才能称之为"好"？这是个值得深思的问题。笔者以为，判断的重要标准之一是观众的认可度和受欢迎度。在如今中国博物馆业大发展的背景下，在博物馆逐步扛起社会教育重任的转型时期，博物馆早就应该摒弃"闭门造车""孤芳自赏"的老姿态了。在博物馆免费开放的一段时期内，"免费"这颗诱人的糖果确实成功吸引了大批观众，但在热潮过后，博物馆又陷入了"门可罗雀"的尴尬境地，这一现象曾引起大批专家学者的争相研究，总体意见是，"免费参观"治标不治本，要根治顽疾，各博物馆必须拿出真本事，用出色的展览和优质的服务让观众成为回头客。

要让观众走进博物馆，博物馆首先应该走出去，目的地是哪里？观众的心里。研究观众心理，势必针对他们开展调查研究。调查研究的方法众多，譬如访谈法、观察法、文献法、问卷调查法。问卷调查法由于可操作性强，数据新鲜可靠，受到很多博物馆的青睐。笔者看过不少博物馆的观众调查问卷，仔细研究后发现，大部分问题都是针对既成事实的调查，如"您今天和谁一起来参观"，"您本次参观的展览有哪些"等，而前瞻性的问题非常少，且不够深入，针对临时展览的问题更是少得可怜或根本没有，这不能不令人惋惜。其实，在设置观众调查问卷时，大可扩大针对临时展览问题的比例，并且细化问题，拓展问题的深度、广度，让观众"有话可说"。只有多角度、全方位地切实了解观众内心的渴求，让观众成为临时展览的主人翁，临展才能为人所关注、为人所喜爱。

2. 紧跟时代潮流，紧扣社会热点，选定展出季

除了调查观众所需，策划符合他们需求的展览之外，另一类能引起共鸣，具有较大吸引力的，当属与社会热点紧密结合的展览了。2008年，第29届夏季奥林匹克运动会在中国北京举办。配合这一盛事，常州博物馆分别于2008年6月1日至22日举办了《歌颂改革开放　喜迎北京奥运——常州市收藏协会收藏精品展》，6月25日至30日举办了《迎奥运盛事　思改革源泉——迎奥运暨庆改革开放三十周年老年书画展》，7月2日至16日举办了《常州收藏家与奥运全程同行——常州市奥林匹克体育藏品展》，7

月 18 日至 28 日举办了《喜迎奥运盛事　情系百姓健康——羿耿庵书法篆刻精品义卖展》，8 月 1 日至 6 日举办了《奥运华彩绽放中国　常州老年献艺龙城——"夕阳红·常州市老年迎奥运"暨庆改革开放 30 周年书画展》。66 天有 5 档展览，平均每档展览 13.2 天，以极具冲击力和"侵略性"的方式，把观众带入"奥运来了"的喜庆氛围之中。以上所说的这些展览无一不受到观众的欢迎，究其原因，不外乎是其紧跟时代潮流，紧扣社会热点，百姓关注度高。

　　所以，在适当的时间举办适当的展览会达到事半功倍的效果。"博物馆搞展览就像种庄稼，要有播种、耕耘、收获和储藏。我们总讲文化是'精神食粮'，可没想过怎么样种植它。渔民讲潮起潮落，商人讲旺季淡季，社会文化需求也应当有周期。"① 据了解，现在很多外国的博物馆已经做到"天人合一"了。我国有些博物馆也已经意识到这点，常于温暖宜人的日子或节假日集中推出各种专题展和特色展。以常州博物馆为例，从 2009 年开始，每年暑期都会策划一档科普展览，2009 年《世界精品蝴蝶展》、2010 年《天高任鸟飞——世界珍奇鸟类展》、2011 年《小贝壳　大世界——中外珍奇海贝展》、2012 年《生命的足迹——古生物化石展》、2013 年《鸣虫特展》。经过多年的宣传效应和口碑累积，常州博物馆已经成为孩子们夏天的"避暑山庄"，"常博科普夏令营"也渐成品牌。"展出季"的理念，是博物馆运行方式的转变，如能让观众像期待春晚一样期待临时展览，必能实现效率与效益的双赢。

3. 在异地曾经取得强烈社会反响的展览

　　2013 年 5 月 16 日至 7 月 14 日，常州博物馆展出了引自祖国宝岛台湾的《鸣虫特展》。其实，早在 2011 年 1 月 13 日，浙江自然博物馆就推出了与台湾自然科学博物馆联合举办的这档展览，当时反响巨大。常州博物馆瞄准这一契机，引进了这一档颇具话题性和观赏性的展览，同样受到了人们的热烈欢迎，每天专程奔"鸣虫"而来的观众络绎不绝。

（二）陈列设计阶段

　　广义的陈列设计指的是陈列的总体设计、内容设计和形式设计；狭义的陈列设计指的是陈列的形式设计，即陈列的艺术设计。

1. 展览名称

　　展览的名称就像人的名字一样，别致又富有含义的名称总会让人印象深刻。以前，我们习惯了这样的展览名：《××馆青铜器精品展》《××文物精品展》，虽一目了然，但总觉得生硬且拒人千里之外，弥漫着填鸭式教育的腐朽气味。反观一下，"在国外举办中国文物展时，外国人给展览起的名字：在美国举办的一个新疆石窟壁画展叫作《宗教的潜影》，举办的陶瓷展叫作《水与火的奇观》，举办的唐三彩展叫作《墓室的护卫》；在加拿大举办的中国扇子和扇面画展叫作《这不只为了凉爽》，举办的汉画像

---

① 张志：《博物馆陈列新思维》，天津人民出版 2011 年版，第 75 页。

石拓片展叫作《中国的影子》"①。这样的展览名称还有很多，这些名称不仅漂亮，而且极富人文气息。策展人员在给展览定名的时候，要善于从文化的视角切入，有情有趣，力求用启发式的表述激发观众一探究竟的兴趣。"中国曾在美国举办兵马俑展，美国人不解其意，来者寥寥，请了一个高人将展览的名称改成《中国军队在纽约》，马上引起轰动效应，观众蜂拥而至。"② 一个好的展览名称，是一档展览成功举办的重要因素。

2. 前言

如果说展览名是展览的眼睛，那么前言就是眼睛里面透露出来的神采，"眼大无神"还是"目光炯炯"，就要看前言怎么写。首先，前言要言简意赅，字数太多令人望而生畏。其次，前言要通俗易懂，尽量口语化。在概括介绍展览内容、意义的基础上，若能做到热情洋溢、个性十足，兼具思想性与趣味性，必能吸引观众停下脚步。

3. 版面

长久以来，版面在展览中充当着以文字、图片对展品进行补充说明的角色，它被看作展品的附属物，人们很少对其下功夫研究，充其量只是站在艺术设计的角度，思考如何把版面制作得更精美、更亮眼，而忽视了它的真正作用。其实，版面是展览中不可或缺的部分，它不仅能诠释展品、揭示主题，还能承前启后、纵论古今。从某种意义上来说，版面的质量决定着整个展览的成败。

首先，要结合观众的接受程度与口味，撰写出符合展览主题、展览风格的文字。展览的主题不同，版面的文字风格也要有不同的变化，或严肃，或轻松，或庄重，或诙谐，或激情洋溢，或朴实无华。版面的文字要做到深入浅出，要能帮助观众更轻松地赏析展品，了解其前世今生，领会其存在的意义。文物类展览的版面除了对文物本身作说明之外，还可以介绍一下文物背后的故事，如有可能，附上专家点评，增加权威性和科学性。自然类展览的版面文字风格可以活泼风趣些，适当介绍一些趣味小故事、小知识。

其次，版面的造型设计要与整个展览协调一致。版面的大小、色彩、造型都应与展品及其他设施设备相协调，不能喧宾夺主，更不能本末倒置，须保持风格的统一性、结构的完整性。有些设计人员急切地想把所有知识灌输给观众，于是整个版面被文字挤得满满当当，看上去密密麻麻，顿时让人失去了阅读的兴致。我们不妨借鉴一下国画创作中的"留白"，版面制作时"不仅要重视版心周围空白的安排，还要讲究字组与图片之间的空白以及字形之间单个文字之间的空白，甚至一个字内的笔画之间的空白也不可忽视"③。最后，综合考察这几者组合呈现在版面中的整体感觉。简单而且美，这是设计者追求的最高境界。"恰当、合理地留出空白，能传达出设计者高雅的审美趣

---

① 张志：《博物馆陈列新思维》，天津人民出版2011年版，第7页。
② 同上书，第8页。
③ 王君洁：《浅谈版式设计中的留白》，《科技信息》2009年第1期。

味，打破死板呆滞的常规惯例，使版面通透、开朗、跳跃、清新，给读者在视觉上造成轻快、愉悦的刺激，目力因之得到松弛、小憩。"① 有浓墨重彩，亦有蜻蜓点水，轻重缓急，须根据实际情况权衡把握。

4. 陈列艺术设计

陈列艺术设计的核心内容是陈列所使用的组合设计以及与其相辅相成的表现方式的设计。它是形象思维与逻辑思维的有机结合。

英国伦敦的蛇形艺廊在每年风和日丽的夏季，"都会邀请一位世界著名的建筑师，于肯辛顿花园的艺廊草地上搭建年度的临时展馆，成为现代建筑的重要展场。这概念就是让艺廊除了室内原有的四个展厅，还能在夏季的草地上延伸出'第五个'展览空间"②。这些令人啧啧称奇的建筑只在每年6—9月昙花一现，之后便会拆除，如泡沫消失不见。

一些世界著名博物馆，往往倾注大量人力、物力、财力打造临展，但对中小型博物馆来讲，既缺乏资金，又缺乏资源，只能望洋兴叹。是否一定要大制作、大投入才能捧出精品展览呢？其实不然。走不了"财大气粗"的路子，中小型博物馆可以独辟蹊径。

首先，探求形式上的创新。以《鸣虫特展》为例，这一展览最大的看点就是使用的设施和展板都是用环保纸箱和纸板组合而成，既降低了施工的污染，也有利于未来的回收再利用。消除了玻璃展柜这层阻隔，观众几乎可以零距离靠近版面仔细阅读，达到了视觉上的舒适、心理上的亲近。展览虽形式简洁但创意十足，环保的理念也与顺应了社会发展大趋势，值得同行学习。

其次，设计动态陈列。怎样满足观众的猎奇心理，刺激他们的感官，挑起他们的兴趣？设计动态陈列成为重要的手段。第一，展品本身的动态，这个要求对于自然类的展品来说比较容易达成。比如，在常州博物馆《天高任鸟飞——世界珍奇鸟类展》中，天鹅引吭高歌，黄鹂婉转娇啼，企鹅憨态可掬，这些信息都通过标本本身的动态来展示。文物类的展品则需要依靠绚丽的灯光、丰富的视频等辅助手段达到"动起来"的视觉效果。第二，观众操作的动态，通俗地讲就是互动。如今，博物馆越来越讲究观众的参与，互动项目也是五花八门，有游戏类的、竞猜类的，有观赏类的、制作类的，令人眼花缭乱。当然，我们不能在展厅中毫无节制地设置所有类型的互动，而应该选择性地配合展览主题、展览风格，挑选合适的互动项目。互动的最终目的，是通过博物馆的创新和设计，激发观众潜能，开拓心灵，启人心智。

当然，无论表现方式如何多变，展示手段如何高明，我们仍旧不能丢弃博物馆的尊严和本质，那就是真实、厚重、宁静。

---

① 王君洁：《浅谈版式设计中的留白》，《科技信息》2009年第1期。
② 李俊明：《我不在家，就在去博物馆的路上》，生活·读书·新知三联书店2005年版，第91页。

四 结语

有句话这样说，内行的本事，就是让外行人看出好来。举办临时展览，考验着博物馆人的策展能力、文字功底、时尚触觉，要真正被观众喜爱并非易事。借鉴与参考固然是条捷径，但创新才是生存之道，同时也不能忘却博物馆的"真"与"纯"，唯此，博物馆才能走上振兴之路。

原载《区域博物馆的文化传承与创新——江苏省博物馆学会2013学术年会论文集》

《谢稚柳　陈佩秋书画联展》观众对比调查报告

路亚北　左佳佳　蒋明珠

近年来，随着人们生活水平的日益提高，人们对于精神方面的需求也逐步地深入和多元化。为贯彻落实党的十七大精神，充分发挥博物馆、纪念馆宣传和传播先进文化的重要作用，加强公共文化服务体系建设和公民思想道德建设，2008年，国家文物局下发了《关于全国博物馆、纪念馆免费开放的通知》。这一文化惠民政策带来的最直接效应就是使得"逛博物馆"成为人们日常生活中一项非常重要的休闲活动。各大博物馆为了更好地服务于广大人民群众，也会在各种基本陈列的展出以外，举办各种各样具有针对性和指向性的展览，其中书画展览就占据着非常重要的地位。

一　研究背景

常州博物馆作为一家综合性博物馆，始终把做出好的精品的展览作为己任。我馆多次与江苏省书画协会、常州市各地区的书画协会和老年书画协会等专业机构以及著名的书画家合作，给广大观众奉献了一场场文化盛宴。可是，虽然博物馆抱着这样美好的愿望，也力求将主观能动性发挥到最大，但总有一些展览过于雷同，新意不够，不能完全贴近观众。毕竟，一个展览最终成功与否，最关键的还是来自于观众的看法。所以，了解观众特别是不同类型观众的真正需求，才是办好书画展览的重中之重。

常州博物馆在2013年年底举办了《迟燕高华——谢稚柳　陈佩秋书画展》。谢稚柳先生是常州人，是当代著名的书画艺术大师，古书画鉴定家，他的夫人陈佩秋女士也是当代顶尖的女画家。在中国绘画艺术史上夫妇同善书画且成就如此卓越者，谢陈二位先生可谓艺苑翘楚。这次展览汇集了谢稚柳、陈佩秋两位先生各个阶段的精品70余幅，涵盖量之大，展出的作品之珍贵实属罕见，是常州博物馆非常重要的一次书画展览，鉴于此吸引了大批的观众前来参观，其中不乏一些专业的学生和社会人士。鉴于此，在本次展览期间，常州博物馆开放部针对书画展的一些情况，分别制作了针对普通观众和美术类观众的问卷，对这些观众进行了问卷调查。

二 观众问卷调查情况

(一) 问卷设计和调查内容

在前期文献研究的基础上,我们对常州博物馆的管理人员、服务台工作人员及不同专业的观众进行了深度访谈,就博物馆服务、环境及管理等问题进行了深入探讨。我们针对普通观众和美术类观众区别设计了两份问卷的初稿,然后对问卷进行了初步的测试,并就问卷中存在的问题进行了多次修改,最后才确定本研究的正式问卷。本次调查问卷设计成两部分,共10题,其中对观众的专业、本次展览对观众自身专业的影响两项进行了区别设计。

1. 样本人口学特征:包括了解观众的男女比例、户籍所在地、观众的文化程度、所学专业等。

2. 参观现状分析:如对谢陈夫妇的了解程度、参观目的、对作品艺术风格的态度、对作品的理解、参观体验、博物馆需提供的辅助手段、所喜好的美术展览类型、展览对专业的帮助、参观建议等。

(二) 抽样方法和回收情况

本研究问卷调查对象为参观完书画展览的观众,问卷采取现场发放现场回收的方法。为确保问卷调查的客观性和真实性,采取了在书画展览出口处目测,选取参观了整个展厅的观众作为调差对象,经初步询问,对专业、非专业的两类观众进行个别的、无差别的随机抽样调查。调查中,除个别观众因时间紧而拒答的,大部分观众比较配合。

从2013年12月27日至2014年2月23日,共发放问卷400份,回收393份,回收率98.3%。其中有效问卷379份(问卷回答90%以上即视同有效问卷),有效率94.8%。调查前,对于参加调查的常州博物馆工作人员、志愿者等进行了一次专门的培训,就调查过程中应该注意的各个事项作了提醒和强调。调查进行时,调查人员认真负责,对回收的每份问卷都仔细检查,若有遗漏,当面询问被调查者,并留意和记录观众的一些其他信息或建议,从而保证了调查的质量。此次问卷调查说明如下:

1. 调查对象的选择。常州博物馆的游客主要为中国大陆游客,外国和港澳台游客所占比例不大(近5年仅占0.7%)。此次调查主要围绕专业、非专业两类观众开展,因此这次调查对象主要为中国大陆游客中专业、非专业两类观众群体。每份问卷皆由观众自行按意愿填写,以提高数据的准确性。

2. 调查时间的选择。调查问卷在2013年12月27日至2014年2月23日完成,主要是展览开放当日和周末节假日游客比重大,本地居民及学生的出游较为集中。从上述时间段全体观众中随机获取一部分进行调查研究,由此推论全体对象的状况。以一天开放时间为一个单位,兼顾各个时段。

3. 调查方法的选择。此次调查采取整群随机抽样方法，常州博物馆开放部工作人员及志愿者在展厅出口处对参观完毕的观众进行全面调查。调查人员在每份问卷发放前，都向被调查者说明了意图并征得其同意，在被调查者有疑问时，调查人员当场解释说明，面对面沟通交流，调查结束后，被调查者还可以领取一份精美小礼品，调查氛围轻松愉悦，进一步保证了问卷的质量。

4. 数据处理。研究过程中，我们将调查问卷答案输入 Excel 数据表，采用百分比统计分析。第 10 题为开放型问题，观众可以充分表达对于常州博物馆举办书画展览的意见和建议。我们对答案进行分类提炼汇总，确保问卷每道题目都达到效能最大化。

三　数据分析

（一）样本人口学特征

1. 观众性别（表一）。性别比例中男性观众占 43.3%，女性观众占 56.7%。美术类观众和普通观众的男女性别比例都相差不大，女性观众超过男性观众分别为 13.6 和 13.4 个百分点。随着物质文化需求的多样化，女性参观博物馆的目的也呈现上升发展的趋势。

表一　　　　　　　　　　　　观众性别

	男		女	
	人数	百分比（%）	人数	百分比（%）
美术类	80	43.2	105	56.8
普通观众	84	43.3	110	56.7
总计	164	43.3	215	56.7

2. 户籍所在地（表二）。从参观博物馆观众的地域构成看，苏南观众占多数，达到 42.8%，苏中观众占 12.7%，苏北观众占 30.3%，省外观众占 14.2%。美术类观众中，苏南和苏北观众所占比例趋同，分别为 39.5% 和 38.4%，距离衰减曲线呈现出明显的 U 形，客源地在空间距离上存在近距离和远距离两个峰值的现象，说明本次展览的辐射力较大，观众覆盖面广泛。普通观众则以苏南观众居多，这与苏南地区有着良好的群众基础有关。

表二　　　　　　　　　　　观众的户籍所在地

	苏南		苏中		苏北		省外	
	人数	百分比	人数	百分比	人数	百分比	人数	百分比
美术类	73	39.5	26	14.1	71	38.4	15	8.0
普通观众	89	45.9	22	11.3	44	22.7	39	20.1
总计	162	42.8	48	12.7	115	30.3	54	14.2

3. 受教育程度（表三）。大专学历的观众人数最多，占调查总人数的 54.6%；本科学历的观众人数位居第二，占调查总人数的 36.4%；中专及高中学历的观众占 4.5%，高中以下学历的观众占 2.6%；研究生及以上学历的观众占 1.9%。美术类观众中，大专学历的观众占绝大多数，达到 73.5%；本科学历的观众占 20.5%。普通观众的学历则以本科占多数，达到 51.5%；大专学历的观众占 36.6%。普通观众的整体受教育程度要略高于美术类观众。

表三　　　　　　　　　　　　观众受教育程度

	高中以下		中专及高中		大专		本科		研究生及以上	
	人数	百分比	人数	百分比	人数	百分比	人数	百分比	人数	百分比
美术类	4	2.2	5	2.7	136	73.5	38	20.5	2	1.1
普通观众	6	3.1	12	6.2	71	36.6	100	51.5	5	2.6
总计	10	2.6	17	4.5	207	54.6	138	36.4	7	1.9

（二）参观现状分析

1. 对谢陈夫妇的了解程度。谢稚柳、陈佩秋伉俪是造诣精深的书画艺术家和书画鉴定家，在近代绘画史上占有重要的地位。46.7% 的观众表示对谢陈夫妇略微了解，14.5% 的观众表示比较了解，3.7% 的观众表示非常了解，剩余 35.1% 的观众则表示不了解。64.9% 的观众对谢陈二人有不同程度的了解，这与博物馆前期开展的大量宣传推广密不可分。其中，美术类观众表示略微了解的占调查总人数的 53.5%，超过普通观众 13.3 个百分点，充分肯定了谢陈夫妇取得的辉煌成就，也从一个侧面佐证了谢陈二人在中国书画界享有崇高声誉。

2. 参观目的。在接受调查的 400 名观众中，59.6% 的观众选择了陶冶情操，占了调查总人数的绝大多数；21.9% 的观众认为是休闲散心；选择陪同参观和学习技能的分别占 9.8% 和 8.7%。其中，美术类观众按比例排在前两位的分别是陶冶情操（64.3%）、学习技能（14.6%），普通观众的则是陶冶情操（55.2%）和休闲散心（30.4%），这与专业人士更注重展览的学术研究性相吻合。博物馆是一种文化机构，是以实物的论证而作教育工作的组织及探讨学问的场所。博物馆通过征集收藏文物、标本，举办陈列展览，传播历史和科学文化知识，以学习、教育、娱乐为目的，向社会公众提供服务。

3. 对作品艺术风格的态度。本次展览精选了谢陈夫妇各个阶段的绘画精品，山水、花鸟和人物兼有涉及，甚为全面。63.6% 的观众表示喜欢本次展览作品的艺术风格，16.9% 的更有甚者表示非常喜欢，从数据中我们不难看出，常州博物馆有着广泛的观众基础和良好的社会基础。比较美术类观众和普通观众可以发现，美术类观众表示非常喜欢本次展览作品艺术风格的和不喜欢的分别超过普通观众6.1和2.8个百分点。美术专业人士普遍个性张扬、喜恶分明，勇于表达自己的独到见解。

4. 对作品的理解。对展览作品表示基本理解和稍微理解的观众分别占40.1%和48.5%，其中美术类观众表示基本理解的占45.9%，超过普通观众11.4个百分点，这与美术类观众具有专业优势有关。能够完全理解展出作品的观众人数较少，说明博物馆在辅助观众参观，帮助观众加深理解方面还有很大的开发提升空间。

5. 参观体验。按比例从高到低依次是精神上的享受（49.3%）、新的理解（33.5%）、艺术上的启迪（13.7%）、没有感受（2.4%）和其他（1.1%）。收藏、研究、教育是博物馆的三大职能，社会教育职能尤为突出，在文化需求日益提升的今天，博物馆无疑成为人们学习休闲两不误的最佳去处。从专业性角度出发，美术类观众选择艺术上的启迪和新的理解的分别超过普通观众6%和4.3%，而在精神享受层面，美术类观众则比普通观众少7.7%。由此可见，专业人士更倾向从专业角度欣赏、研习书画精品，更为注重对作品的理解，获得艺术灵感，这对博物馆举办画展的质量要求甚高。

6. 博物馆需提供的辅助手段。49.9%的观众表明，需要博物馆提供详尽讲解，帮助理解作品信息，要求印制宣传资料和增加文字说明的观众分别占25%和21.4%。可以看出博物馆讲解着实大有所为，观众对讲解的信赖一如既往、有增无减。若能综合运用以上几种辅助手段，克服其单一使用的片面性、局限性，系统阐释艺术作品，定能加深观众理解，收获更好的成效。

7. 观众喜好的美术展览类型。观众希望博物馆举办美术展览的类型按比例从高到低依次为中国古代名家作品（33.0%）、中国近现代名家作品（28.7%）、中国当代名家作品（20.6%）、国外名家作品（7.9%）、前卫探索类作品（7.4%）、其他（1.3%）和儿童画（1.1%）。常州博物馆历年都会举办或者引进书画展览，中国当代名家作品居多，在丰富美术展览的类型方面确实还有很大的提升空间。美术类观众中，喜好中国近现代名家作品的比例最高，占34.6%，普通观众则对中国古代名家作品青睐有加，占36.1%，这对以后我馆举办书画展览类型提供了有效的数据支持。

8. 展览对专业的帮助。在参展收获方面，两份问卷在选项上作了区别设计，美术类观众更侧重学术引导，普通观众则更倾向美的感受。98.4%的美术类观众都不同程度收获了专业指导。其中，35.1%的观众表示受到了灵感激发，认为，展览作品对其提供辅助借鉴和引导指向作用的观众分别占34.1%和29.2%。43.8%的普通观众认为，展览帮助其提升了审美感知水平，35.6%的观众艺术想象力得到了进一步提高，剩余观众则在情感表达方面更为关注。毋庸置疑，书画展览给予观众艺术的熏陶和美的享受。

四　结论和建议

综上所述，常州博物馆有着比较广泛的群众基础，尤其是对于本馆举行的大型书画展览的宣传工作还是比较到位，因此吸引了大批观众慕名前来。从参观目的上我们也不难看出，在经济高速发展的今天，越来越多的成人选择博物馆作为繁忙工作之余的一种消遣。而作为学生们的第二课堂，博物馆也是不同年龄层次的学生选择的最佳校外基地之一，他们在这里学习技能，激发创作的灵感。近年来，随着各种媒体网络的宣传，在中国掀起了一阵"博物馆热"。甚至曾经有网友调侃说："我不是在博物馆，就是在去博物馆的路上。"以此来表示对博物馆的重视程度。越来越多的人走进博物馆提升自己的审美情趣和文化涵养，博物馆作为公众了解历史、感受文化熏陶的一个最大众的平台，承担着越来越多的职责。因此除了原本的常规展览外，现在很多博物馆都有特别展览或临时展览的展出，以满足不同观众的需求，而书画展览也成为当代博物馆临展（特展）中最常规的一种。通过调查研究，笔者想提出以下几点建议：

第一，变换展陈形式，提供给观众更多的选择。从参观体验和辅助手段的调查结果显示，大部分的观众来到博物馆是一种精神上的享受，而专业类的观众前来参观更多的是有一种灵感激发的需求和期望得到一种新的启迪，在这方面，博物馆方面的工作还是有待加强的。在我看来，博物馆可以针对不同的观众需求，开设特定的辅助区域，除最大众的讲解以外，还可以有一些配套的讲座或者影片观赏，让观众最大程度地了解展览作者的生平，这对于更好的了解作者的作品风格大有裨益。其次，还可以设置一些互动的环节，可以在展厅一角设置观众体验区，采用一些多媒体手段来让观众进行一些模拟。比如模拟书法家的笔法和行笔顺序等，这不仅对于普通观众是一种新鲜体验，对于专业类观众更是有一定的技能辅助作用。

第二，根据观众喜好，有针对性地进行书画展览。根据所喜好的美术类型和展览对专业的帮助这两项调查，我们可以看出，博物馆的展览是具有很重要的教育引导和美学引导功能的。通过研究数据的支持，博物馆在以后的书画展览中更应该考虑到不同观众的类型，有针对性和延展性地开展书画展览，将展览做得既有广度又有深度，只有这样才能满足观众不同的口味。

"以人为本"是每个博物馆工作人员应该坚持的一种工作理念，如何更好地服务于观众是博物馆工作人员一项长期而又艰巨的任务，而如何最大程度地提供优质的资源和参观环境，是则每个博物馆人应该思考的问题。书画展览历来都是博物馆展览中非常重要且受欢迎的一项，可是，长期以来书画展览的展陈形式都比较单一，且没有太多的辅助参观手段，这一直是一种困扰，所以，从不同的观众需求出发来做展览策划和后期的宣教工作才是关键。只有抓住重点，做出特色，博物馆事业才可以真正地适应处在快速发展阶段的国民的需要。

云计算在智慧博物馆建设中的应用

刘朝东

随着信息技术在博物馆的应用领域快速拓展，博物馆的形态也从传统博物馆发展到了数字博物馆。随着物联网技术成功应用到智慧城市以及其他的智慧领域，博物馆的全新的形态——智慧博物馆应运而生。智慧博物馆是在数字博物馆的基础上由物联网和云计算两种技术融合的结果。本文主要讨论云计算的平台的建设。

一 智慧博物馆

1. 智慧博物馆定义

广义的智慧博物馆指的是：在数字博物馆基础上，利用物联网技术、云计算技术以及移动互联和大数据技术实现更透彻的感知、更广泛的互连、更精准的计算。狭义的智慧博物馆指的是：智慧博物馆＝数字博物馆＋物联网技术＋云计算技术＋移动互联，同时为了实现物—物、物—人、人—人的互连。

2. 博物馆行为拓扑

首先通过各种途径获得博物馆的现有藏品，并进行相应的藏品管理软件的管理；其次通过各种陈列方式来展示各种藏品；最后就是藏品和观众的互动，这里的观众分为一般观众、领域的专家、专业人士。同时，这里的互动的内容也可分为 UGC（用户产生内容）：主要是观众对藏品从自己的角度进行的注释，这样的内容可以加深观众对藏品的印象；OGC（职业产生内容）：是博物馆的业内人士对藏品的陈列表述，主要是藏品的产地、时间、材质等信息；这方面的内容是为了符合博物馆的陈列的相关标准；PGC（专业产生内容）：行业领域的专家对藏品的独到的解释，这也是各领域的专家信息互通的重要通道，互动方式包括微信平台、多媒体展示屏（触摸式）等。

3. 博物馆资源虚拟化过程

这里的资源包括网络、存储、CPU、内存以及带宽等软、硬件资源。这里讨论的总体是以 CPU、内存以及存储的虚拟化过程。本文主要讨论存储的虚拟化。首先建立服务器的集群，利用 VMware 软件进行服务器的 CPU、内存的虚拟化；其次把存储设备完全脱离出来独立形成一个存储网络，实现数据的共享以及能够减少数据的冗余；最后在此基础上过渡到建设云计算的 IaaS，至于网络虚拟化的建设，要等物联网部署完成以后再进行。虚拟化的最终目标是把信息中心打造成为博物馆范围内的资源运营商。

二 资源的虚拟化

1. 虚拟化的定义

是一种把资源从物理模式变为逻辑模式的方法，从而打破了资源的物理壁垒。在这种模式下，所有的资源都可以进行集中地、自动地分配，节省了大量的人力、物力。它是云计算的 IaaS 建设的最主要的手段。

2. 虚拟化技术的优点

第一，进行硬件资源整合，大大简化了网络管理员的工作强度。第二，降低了机房的供电成本和添置存储设备以及服务器的成本。第三，可以提高硬件的使用率。由于博物馆的业务管理系统过多，很多情况下为了数据的安全，大部分还采用"一机一系统"的模式，服务器的资源利用率还不到50%，如果进行了服务器集群，我们可以利用 VMware 虚拟化软件对硬件进行统一配置，可以虚拟出来多台不同操作系统的服务器，架构各个博物馆的业务系统。对外只有三台高配置的服务器集群来进行管理，而对内在资源允许的情况下，可以虚拟出所需要的服务器的数量。第四，可以减少数据的冗余度，因为存储设备都已经独立出来形成了存储网络。

3. 存储设备的虚拟化

将零散的物理的存储设备虚拟化资源池，统一进行管理、统一配置、统一分配。从而提高了资源的利用率，降低管理成本。存储设备的虚拟化采用基于网络的虚拟存储的方法来实现。主要是通过 SNA（Store Net Access）存储网络接入技术来实现存储设备的整合。主要是由服务器连接器、存储网络连接器、存储设备、管理软件组成。通过相应的网络协议组成存储网络，实现存储设备的集中。而这里的网络连接器的选择最为重要，最好选择网络交换机，否则会形成数据传输的瓶颈。

三 云计算

1. 云计算的定义

指的是一种 IT 资源的分配模式，通过云计算，用户可以按需访问到虚拟资源。根据商业提供者的模式，可分为 IaaS、PaaS、SaaS 组成。本文主要讨论 IaaS 的建设问题。

2. 云计算的特点

第一，一切皆服务。在云计算服务体系中，各个层面对于用户来说都可以申请到服务（虚拟资源）。第二，高可靠性，因为云具有很大的存储能力，主要通过很多的资料副本来提高信息资源的高可靠性。第三，可动态扩充性，根据用户需求的增加，可以动态地向云中加入硬件设备来扩大云的规模，而不需关心是否存在兼容等底层的问题。第四，高性价比，云计算通过构件廉价的节点构成的云，来进行容错、纠错。

3. 云计算的 IaaS 的建设

IaaS 是基础设施即服务，通常由网络资源池、存储资源池、服务器资源池、安全设施组成。这三种资源池是由资源的虚拟化而形成的。资源的虚拟化是云计算建设的前奏。采用 IaaS 云方案,信息中心可以将基础资源以服务的形式进行发布,用户以实际使用量来申请所需要的资源。如果在使用的过程中资源不足,可以利用云计算的可扩充性来加入相应的资源。

4. 云计算的 PaaS 的建设

PaaS 是平台即服务,通常包括云开发服务、海量存储服务、海量数据交换服务、云业务基础服务、云管理与安全服务等。PaaS 主要是基于 J2EE 以及 SOA 开发规范而建立的。

5. 云计算的 SaaS 的建设

目前的解决方案,主要是通过提供标准的接口与其他的业务系统进行通信,通过接口对外部提供服务,也可以通过接口被外部的业务系统调用。如果要把博物馆的整个业务系统引入 SaaS 平台,则需要考虑各个业务系统之间的负载均衡以及对于一些特殊用户的响应需求。因此,云计算的 SaaS 平台构建的目标应该解决数据的分布式部署以及各业务系统的负载均衡。对于平台的使用者来说,平台应该提供动态、灵活的服务过程中的业务配置模式,并且提供丰富的个性化的业务流程分析架构,满足各业务部门的流程动态扩展,同时降低业务平台系统对初始开发者的依赖度。SaaS 平台为平台的使用者提供了服务自组装的功能,即通过 Mash Up 技术,管理人员基本不需要任何的编程经验就可以对业务流程做出业务流程的相应开发。

四 本馆的云计算平台建设的规划

1. IaaS 平台的建设

首先进行相应的网络改造,主要是部署物联网。物联网主要应用于藏品管理(这里包括藏品的自身资料、位置资料、出入库以及位置移动的记录数据)、库房管理(出入库管理、库管人员的出入库的监控)。同时也可以在博物馆的关键点上部署智能芯片,通过传感器网络实现动态的导览功能,这有可能改变导览模式过于单一的状况(主要是手机导览)。这一步要达到的功能是:可以动态地监控到藏品的实时情况,并通过 ware 网络把数据传递到 IaaS 的存储资源池内。其次是对现有资源(网络资源、存储资源、服务器资源)的虚拟化,通过 VMware 虚拟化软件,实现硬件的整合虚拟、业务系统的整合,并且降低管理和运行的成本。这里最重要的是网络虚拟化,这也是建设 IaaS 平台的关键环节。最后,云计算的 IaaS 层面大多都是在原有的硬件资源的基础上进行升级改造的,可以选择 IBM 的"蓝云"计划,对现有的硬件系统进行整合与应用。

2. PaaS 平台建设

主要借鉴现在的智慧政务系统的 PaaS 平台的建设经验,利用当下比较实用并且主流技术 J2EE 的开放平台和 SOA 的框架,整合系统资源。它在整个云计算中起到了承上启下的作用。一方面，整合下层的数据中心的物理和虚拟资源，向上层提供应用运行环境，保证业务应用与底层基础设施的透明化通道；另一方面，在业务服务的性能、可靠性上，动态组织底层资源。PaaS平台建设要整合多种核心的技术类组件。最重要的是，实现弹性资源调度，即建立基于动态集群技术的、面向分布式计算和分布式存储的弹性调度，这才是云计算机的核心内涵。

　　智慧博物馆是一个新兴的博物馆形态，它的建设是一个系统工程，在智慧博物馆的建设中，会聚了物联网、云计算等先进的技术理念。因此在建设过程中，一方面需要投入大量的资金；另一方面，智慧博物馆是整合现有的博物馆的各业务部门，需要全馆各个部门的大力协作。只有这样才能建设智慧博物馆的大环境。与此同时，相关的业务部门应该走出去，学习其他馆的建设经验。这样可以在建设的过程中少走弯路。

原载《常州文博》2015年第1期

多媒体技术在博物馆中的运用策略

谢志博

　　随着人们的生活水平不断提高,全省很多城市逐步建成博物馆新馆,以满足老百姓日益增长的精神文化生活需要,省内如苏州、无锡、扬州等地,先后建成新馆并对外开放,博物馆起到的促进和谐社会的作用与日俱增。常州博物馆新馆于2007年4月建成,新馆的建成既能为展览提供更好的展陈环境,又能为观众提供良好参观环境,其中,展览中的多媒体技术起到了关键作用。第一,多媒体技术弥补了传统展陈手段的不足,将不便于长期展出的藏品通过数字方式呈现给观众,不受空间和时间的限制。第二,由于多媒体技术的交互性,能够更好地为观众提供各种感官体验,加深观众对展陈事物的理解。

　　常州博物馆新馆大量多媒体技术的运用,丰富了展陈的互动性与趣味性,同时经过这几年的改造,已经逐步将更加成熟和创新的多媒体技术运用到博物馆展览中。常州博物馆专业技术人员在多媒体运用和日常维护中,发现了各种问题,同时通过考察一些博物馆的多媒体运行情况,发现并不仅是我馆存在这些问题。因此,我馆专业技术人员在这七年中,通过不断学习和实践,也探索出多媒体技术运用于博物馆中的一些规律和策略。

一　博物馆多媒体要与展览环境相结合

　　博物馆多媒体技术的应用,要充分考虑到周围展陈环境,主要包含空间、色彩、造型、装饰、材料等因素。常州博物馆在新馆成立之初,就考虑到多媒体要与展厅环境相协调的问题。例如我馆二楼历史展厅的多媒体"雨中青果巷"。"雨中青果巷"多媒体项目以场景再现形式,以常州青果巷的建筑布景为载体,在两个建筑物之间的画有青果巷街景的墙面上,通过投影,将江南特有的雨季下雨情景与背景画面相结合,体现出一幅江南古巷烟雨蒙蒙的优雅格调。

　　多媒体运用的创新不仅是指项目技术手段的创新,也是指对于项目内容理念的创意。在多媒体公司提供新科技技术展示手段的同时,作为博物馆人,需要有好的创作立意、故事背景和丰富的资料提供给公司,从而达到多媒体展示和互动的预期效果。对各地博物馆考察时,台湾博物馆的考察给了我们很多技术和创意上的启发。在台湾佛陀纪念馆,蓝幕抠像技术将虚拟的新闻栏目背景和真实的人物结合,让每个观众都可以参与"新闻播报"。在台湾"国立"历史博物馆,以触摸屏为载体的馆藏文物时间轴,在展示馆藏文物出土时间的同时,还可以将历史文化上的大事件在时间轴上展示。在台北故宫博物院,观众可以触摸"清明上河图"多媒体中的人物,看到古人的生活方式和日常对话,创意十足。

2010年,常州博物馆三楼自然展厅引入两个互动多媒体项目"国家珍贵动物寻踪"和"虫虫对战游戏"。"国家珍贵动物寻踪"项目使用倾斜桌面重力感应系统,观众通过按压或旋转圆形盘面来寻找我国珍贵动物的栖息地,并参与趣味答题游戏。"虫虫对战游戏"以多点触摸技术为载体,通过红外线和摄像机捕捉手指的位置,来实现昆虫对战游戏。这两个多媒体项目从技术手段到内容创意,都十分受小朋友的欢迎,达到了预期效果。

二 博物馆多媒体要立足于技术的成熟稳定性

目前,很多博物馆在建立新馆时,都会把多媒体技术作为博物馆信息化的一部分运用到展览中。然而,一些较为创新的设备、软件很多往往不是博物馆自主研发,缺少核心技术的开发能力,而一些多媒体公司将项目承包后又外包,导致后期维护能力不足,一旦出现问题,往往博物馆技术人员不能及时解决。

以常州博物馆为例,我馆三楼自然展厅的"虚拟鱼"互动场景,是通过软件将红外抓捕信号转化为识别信号,实现观众走过的脚印引起鱼塘产生涟漪,涟漪使得鱼塘中的虚拟鱼受惊而四处逃散。一旦因为投影仪故障或者需要更换投影仪灯泡,那么连接在投影支架上的红外抓捕摄像机就会发生位置的偏移,导致录入游戏脚本的参数发生变化,不能正确抓捕脚印位置。我们只能找到公司技术人员,通过专门软件测算后查出问题,才能调整软件中的参数恢复正常。同时,该项目还存在机器狗加密的问题,导致一旦计算机硬件发生故障,没有办法更换上新的硬件,给我们后期维护带来非常大的麻烦。这就要求博物馆在选择多媒体项目时,一定要谨慎,要多了解其他同类产品。2012年6月,我们看到一个新的多媒体技术:纳米触摸膜技术。我们先是通过网上查找类似资料,了解相关技术,随后我们让开发该技术的公司将整套设备带来进行展示,以此来鉴别是否我们具备上这个项目的条件以及该技术运用的优缺点。通过演示,该技术的确可以降低成本,并且触摸载体体积小,公司离常州又比较近,便于维护。但我们也发现,该技术还需要使用投影仪而不是自发光膜发光原理,因此,需要专门为该项目进行展厅空间的改造,不利于我们展厅现有空间的使用。同时,该项目目前使用不多,稳定性方面不能得到保证,因此我们没有采用该多媒体项目。

三 博物馆多媒体设备要注重后期维护

在博物馆多媒体项目引进使用的同时,博物馆技术人员也需要充分考虑到后期维护的问题，多媒体设备（投影仪、计算机、触摸屏等）硬件故障更换需要一定的时间，一些大型硬件设备还需要通过政府采购，不能即时更换以保证展厅多媒体的连续使用。此外，外地的多媒体设计公司往往不能及时安排人员来进行检测和维修，这些问题都是很多博物馆面临的挑战。常州博物馆在展厅使用了较多的多媒体投影仪，因此发生投影仪故障的概率也随之加大。如果仅仅是投影仪灯泡故障，我们可以自己更换灯泡解决，但是一旦投影仪的主板或者滤色片发生问题，我们只能邮寄给厂家进行保修，或者从价格成本考虑，重新采购投影仪。

为了能够缩短多媒体后期维护中的周期性，博物馆必须要选择可靠和便利的维护公司。首先要选择有多媒体维护资质同时有一定维护经验的公司；其次，在众多多媒体维护公司中，尽量选择当地的维护公司。

以常州博物馆为例，多媒体投影仪的维护方面，我们与本地一家专门维护修理投影仪的公司合作，每年三次对展厅所有投影仪进行检测维护。每次维护都会将一批投影仪（为了保证展厅多媒体项目的连续性，不可能所有投影全部拆除进行维护）带回公司开机检测，包括清洗滤网、检查镜头和滤色片、测试主板以及更换老化零件等，一周后就可以将投影仪重新为我们展厅安装调试好。因此，对我馆所有15台投影仪维护一次大概只需要一个月的时间，相比以前一台投影故障送修需要一个月的周期才能使用的情况，大大缩短了维护周期，提高了效率。从2010年至今，新采购投入使用的互动触摸机也是通过本地一家成熟企业进行维护，一旦发生故障，可以第一时间赶往现场进行维护，省略了以往要等待外地多媒体设计公司安排时间和人员来维护的烦琐，从而部分解决了展厅多媒体运用的连续性问题。

四　博物馆要增加专业多媒体技术人员的编制

在博物馆加大对多媒体投入的同时，不能忽略多媒体技术人员的作用。地方博物馆多媒体专业技术人员相对单薄，往往负责网络、服务器、网站等开发和维护，对于一些多媒体项目的故障难以做到兼顾。以常州博物馆为例，连同展厅多媒体和网站、服务器、交换机等互联网软硬件，专业技术人员一共只有3人，人员较少，相对兼顾的项目就多，很多时候很难分工明确，因此分身乏术。2011年，我馆两个展厅多媒体设备共计26台，其中带有投影的设备有15台。故障共计53次，其中投影仪正常更换灯泡和发生故障共计37次。技术人员处理多媒体故障时，一旦遇到服务器、网络线路和网站等工作的调试开发时，不能及时处理其他问题，影响到博物馆一些工作的开展进度。因此，在地方博物馆引进多媒体项目的同时，也不能忽略人才的引进，适当增加一些人员，使博物馆多媒体维护可以平稳有序地进行。

博物馆在尽可能增加多媒体专业技术人员数量的同时，对于在职专业技术人员，要提供多媒体技术的考察、培训机会。专业技术人员也要努力加强自身学习，掌握核心开发技术，紧跟时代潮流，从而减少对多媒体技术公司的依赖，提高对于多媒体故障的预见性。以我馆为例，常州博物馆每年都会组织专业技术人员赴各地学习考察，学习各馆先进的多媒体运用和维护理念，探讨维护的后期经验，我们技术人员也加强自身的学习，参与各种多媒体方案的制订，了解多媒体发展的趋势。我馆在做"龙腾中吴"多媒体项目时，通过我们对投影仪功能的不断跟进和学习后，进行了一些调整，放弃多媒体设计公司开发的曲面调整软件，通过新购置的自带有弧面调整软件的投影仪进行曲面矫正，解决了以前必须依赖专门软件调整（调整软件计算机所处位置与投影幕位置距离过远）的不便和精度欠缺的缺陷，降低了后期维护的难点。对于故障的预见性，常州博物馆计划在5年内，彻底更换了原先使用的由于硬件老化导致多媒体展示效果变差的一些投影和计算机，平时，保证有3—5台的投影可以进行维护替代，保证展厅展示效果的连续性。

五 对于维护困难的多媒体设备，要代替以更成熟的方案

一些博物馆在新馆建成时，由于缺乏经验和专业技术人员，在采用多媒体项目时，没有考虑到后期维护的问题，导致一些项目后期维护无从下手，多媒体项目无法正常运行。在某些多媒体长时间运行后，发现展示效果并不理想，因此，需要分批次进行项目改造，以替代原项目。

以常州博物馆为例，我馆历史展厅"常州滩簧"多媒体项目，以前是采用幻影成像技术，通过光折射原理，将显示器中的人物投射到固定的戏台场景下。其中，三场不同的戏剧需要三幕不同的背景，舞台背景通过机电传动手段，当红外探头测出适当位置，背景转动便停止在正确位置，以此来更换三幕场景。正因为牵涉到电路、机械和感光技术，往往导致感光探头测不准从而发生机械故障。现在通过改造，放弃经常发生故障的幻影成像技术，采用固定场景模型加投影技术，通过计算机控制投影，根据播放内容，按顺序投射人物到不同的场景，用简单技术来实现相同的目的。在不影响展示效果的同时，大大减少了发生故障的频率，项目改造半年来，未有一次故障发生。

上文所提到的展示我馆国宝文物的多媒体"国宝戗金漆奁"在2011年进行改造时，展示手段由以前的全息成像技术替换成现在的双屏转移技术，以前效果偏暗、细节无法很好展现的问题得到改善，大大提高了国宝细节的体现。同时，观众也可以触摸屏幕，使国宝整体或四个部分分别投影到自己手中，增加了观众的互动乐趣。

六 通过良好的制度管理，引导观众合理使用多媒体技术

从五年的运维经验看，除了对项目整体结构和技术运维知识的不断积累外，如何让观众合理使用互动多媒体技术，也是很多博物馆将来需要一起实践和总结的。很多观众尤其是少年儿童，并没有注意到多媒体附近的设置的使用说明，往往不能正确地

进行互动体验；而一些互动多媒体在不合理的操作下，由于计算机缓存瞬间达到高峰，无法进行下一步动作，从而导致程序发生错误、机器死机等问题。在节假日期间，这种情况经常发生，维护工作就会面临巨大的挑战。

引导观众合理运用多媒体，除了在多媒体项目设置使用说明外，应该配置人员引导。第一，可以安排讲解员在讲解过程中，对观众进行一些互动多媒体的使用说明，并且为他们做示范，及时纠正观众在试玩时的一些问题。第二，可以在节假日期间通过博物馆志愿者，在一些互动多媒体项目旁边对观众进行指导。第三，安排展厅安保人员在展厅巡视期间，对一些不合理的对媒体使用行为进行规劝，并合理引导使用。第四，对部分多媒体设置排队机制，避免多名观众一哄而上的无序使用。

七　结语

新的多媒体技术的发展带来了新的直观感受，如何合理巧妙地运用多媒体技术，成为地方博物馆的建设和发展的重要课题，尤其是在创新的多媒体科技越来越多的情况下，选择一个较为成熟的方案，既带给观众新的感官享受又便于后期维护，成为重中之重。本文介绍了常州博物馆多媒体技术的运用和维护，探讨了今后发展的趋势，仅仅抛砖引玉，为博物馆发展尽绵薄之力。

原载《2012 年江苏省文博论文集》

蝉花的本草学考证与基源研究

万永红　蔡开明　韦　曙

蝉花（*Cordycep sciecadae*）又名蝉茸、蝉虫草、金蝉花、蝉茸菌、虫花等，是一种真菌寄生于蝉科昆虫的若虫上形成的虫菌复合体，和著名的冬虫夏草同属虫草家族。蝉花是我国传统名贵中药材，具散风热、镇惊、明目之功效，主治惊痫、心悸、小儿夜啼等症。现代医学研究表明：蝉花含多种活性成分，具有滋补强壮、提高免疫力、抗疲劳、抗辐射、抗肿瘤、保肾、催眠等多重作用，功效与冬虫夏草相当。本文就蝉花的本草学记载进行考证，并对其形态、分类进行简要探讨，同时对其有效成分、药理功能、人工培育等方面的研究成果作一综述。

一　本草学考证

我国对蝉花的认识和利用历史源远流长。早在南北朝，雷敩《雷公炮炙论》中就有关于蝉花炮制方法的记载："蝉花，凡使，要白花全者。收得后于屋下东角悬干，去甲、土后，用浆水煮一日，至夜焙干，研细用之。"宋朝苏颂的《图经本草》中对蝉花有这样的描述："山蜀中，其蝉头上有一角，如花冠状，谓之蝉花……入药最奇。"宋姚宽《西溪丛语》中云："成都有草名蝉花。今有干者，视之，乃蝉额裂面抽茎，上有花。善治目，未知如何用也。"北宋唐慎微所著《经史证类备急本草》（简称《证类本草》）中，对蝉花这样描写："蝉花所在有之，生苦竹林者良。花出头上，七月采。"他还阐述了蝉花的性味、功用："蝉花味甘寒，无毒，主治小儿天吊，惊痫瘈疭，夜啼心悸。"明代李自珍的《本草纲目》中引宋祁《方物赞》道："蝉之不蜕者，至秋则花。其头长一二寸，黄碧色"。对蝉化的功用李自珍基本认同于《证类本草》，还认为其有止疟作用，功同蝉蜕。

新中国成立后，我国所编纂的众多本草或药典中，对蝉花的药用多有提及，但基本停留在疏散风热、安神解痉的层面，并无多大发展。直到20世纪80年代，随着冬虫夏草的热炒导致其价格飙升、资源枯竭后，人们才把目光转向其同属的蝉花，而随着对蝉花研究的深入，人们终于有了更多惊喜的发现。

二　种类辨析

蝉花为菌虫复合体药材，由于古人对其寄主真菌更缺乏科学的认识，对寄主昆虫也没有详细的形态描述,因此,仅根据古代本草资料很难判断蝉花的具体种类。幸兴球搜集了产自浙江、四川、广东、福建、宁波等地的蝉花及近同物共五批样品,根据其对寄主真菌研究区分为两个不同的种。一种为小蝉花,或称"小蝉草""土蝉花"(*Cordycep Soboliera*),其分生孢子阶段是待定名的棒束孢菌(*Isaria* sp.);另一种为大蝉草(*Cordyceps cicadae* sp. nov),它为蝉棒束孢霉(*Isaria cicada*)的子囊壳阶段。[①] 但自然界中蝉棒束孢霉的有性型极为少见,常见的便是蝉棒束孢霉的无性型,即蝉花。《重庆中药》中还记载了一种蜂蝉花,其子座从虫体腰部长出,但此种蝉花不作药用。[②]

蝉棒束孢霉(*Isaria cicadae*)又称蝉拟青霉(*Paecilomyces cicadae*),属真菌门,子囊菌亚门,核菌纲,麦角菌科,虫草菌属。[③] 显微镜下其分生孢子较大,常弯曲。

蝉花的寄主在我国已报道有5种,分别是:蚱蝉(*Cryptotympana pastulata*)、竹蝉(*Platylomia pieli*)、山蝉(*Cicada flammata*)、螗蚜(*Platyleura kaempferi*)、鸣蝉(*Oncotympana maculaticollis*)。除螗蚜外,其余4种均可作为蝉花的寄主昆虫入药。[④] 在江苏茅山地区,蝉花的寄主多为竹蝉。此蝉多分布于毛竹林中,6年一代,若虫常年生活在土壤中,吸食竹鞭、竹根的汁液。[⑤] 以老龄若虫最易感菌。

三 蝉花的外形特征

蝉花是蝉拟青霉的分生孢子阶段,其生物体由虫和孢梗束两部分组成。虫体为蝉的若虫尸体,长3.5—5.4厘米,直径1—1.4厘米,腊肠状,前端稍窄,尾部钝圆,略带弯曲,僵硬坚实,棕黄色,表面披覆着灰白或灰黄色茸毛状菌被。将之折断,其内部充满浅黄色的密致物质,局部体节裸露,附肢尚可辨别。蝉花的孢梗束从蝉的前端长出,单生或丛生,长1.6—6厘米,上部反复分枝,分枝顶端膨大。孢梗束新鲜时呈蛋黄色,干燥后变成了深褐色。

四 有效成分

近年的研究表明:蝉花含有多种对人体有益的成分,包括活性成分。据葛飞等人测定,蝉花中粗蛋白的含量达19.65%,其中18种氨基酸齐全,而人体必需的8种氨基酸占总量的38.8%;粗脂肪含量为8.41%,其中不饱和脂肪酸占总量的65.1%,且以油酸、亚油酸为主,分别为45.48%和10.82%;微量元素钙、铁、锌、硒等的含量分别为403.3μg/g、197.37μg/g、40.56μg/g、0.42μg/g。活性成分虫草多糖为

---

① 幸兴球:《大蝉草和小蝉草的分类》,《微生物学报》1975年第1期。
② 重庆市卫生局:《重庆中药》,重庆出版社1962版,第344—345页。
③ 刘爱英等:《蝉拟青霉生物多样性》,《贵州农业科学》2007年第1期。
④ 罗靖、宋捷民:《中药蝉花的本草学考证》,《江西中医学院学报》2007年第6期。
⑤ 徐天森等:《竹蝉生物学特性的研究》,《林业科学研究》2001年第4期。

28.5mg/g、甘露醇（虫草酸）53.6mg/g、麦角甾醇 0.574mg/g、腺苷 0.740mg/g。[1] 鲁温等人将蝉花的活性成分与冬虫夏草进行比较，发现蝉花中的虫草酸和腺苷含量高于冬虫夏草，而虫草多糖及虫草素含量与冬虫夏草接近。[2] 有人对两种虫草中的重金属含量进行了比较，发现蝉花中重 As、Hg、Pb 的含量均比冬虫夏草低，其中 Hg 未检出。这些研究充分说明，蝉花是一种不亚于冬虫夏草的优质虫草，而传统的医药运用，显然未能充分发挥其应有的价值。

五 药理作用

综合国内外对蝉花研究进展，蝉花主要有以下几方面的药理作用。

1. 中枢神经系统调节作用

蝉花有较好的镇静催眠作用。陈祝安通过小鼠腹腔注射天然蝉花或人工培养品稀醇提取物，发现能明显减少其自主活动，延长戊巴比妥钠和水合氯醛所致的睡眠时间，提高阈下催眠量戊巴比妥钠的小鼠入眠率。[3] 刘广玉等用小鼠扭体法和热板法，验证蝉花有解热镇痛功效。他发现，蝉花对正常及人工致热大鼠均有明显的降温作用，对小鼠化学刺激及热灼性疼痛也有非常显著的抑制作用。[4]

2. 抗疲劳、抗应激、抗衰老作用

王砚等人研究发现，蝉花水煎剂能明显延长实验小鼠的游泳时间，显著提高其在常压缺氧状态下及在高温下的存活时间，证明蝉花具有抗疲劳抗应激作用。蝉花水煎剂高剂量组，对雄性果蝇能显著地延长寿命，表明其有一定的抗衰老作用。[5]

3. 免疫调节作用

巨噬细胞是一种具有多种功能的免疫细胞，不仅参与机体的特异性和非特异性免疫反应，而且还参与机体的抗肿瘤免疫监视作用。但在正常情况下，它处于休止状态。陈秀芳等人以蝉拟青霉进行实验，结果表明，它有激活大鼠能腹腔和肺泡巨噬细胞的作用，并使其巨噬细胞内乳酸脱氢酶和酸性磷酸酶的活性显著升高，从而增强免疫功能。[6]

蝉拟青霉多糖是一种良好的自由基清除剂或自由基反应抑制剂。用蝉拟青霉总多糖大鼠臀部皮下注射，发现大鼠的白细胞数增高，在大鼠脾脏、胸腺组织中的还原型谷胱甘肽的水平高于生理盐水对照组，而胸腺中脂质过氧化物的水平低于对照组，表明其可能是通过脾脏、胸腺这两个主要免疫器官自由基的代谢来增强机体的免疫功能。

---

[1] 葛飞等：《蝉拟青霉菌丝体与天然蝉花中化学成分的比较分析》，《菌物学报》2007 年第 1 期。
[2] 温鲁等：《蝉花与有关虫草活性成分检测比较》，《江苏中医学》2006 年第 1 期。
[3] 陈祝安：《蝉花的人工培养及其药理作用研究》，《真菌学报》1993 年第 2 期。
[4] 刘广玉、胡菽英：《天然蝉花和人工培养品镇静镇痛作用的比较》，《现代应用药学》1994 年第 2 期。
[5] 王砚等：《蝉花药理作用的初步探讨》，《浙江中医杂志》2001 年第 9 期。
[6] 陈秀芳等：《蝉拟青霉对大鼠腹腔及肺泡巨噬细胞的激活作用》，《中国病理杂志》2002 年第 6 期。

4. 改善肾功能

上海名医陈以平教授在长期的临床实践中发现,蝉花具有降低血清肌酐、尿素氮水平、提高肌酐清除率、促进蛋白质的合成、减少尿蛋白的排出等作用,对慢性肾功能衰竭病情有明显延缓进展的效果。① 研究进一步证实,蝉花菌丝有延缓肾小球硬化及肾纤维化的进程。② 能保护肾小管细胞的钠离子、钾离子、ATP 酶,减轻细胞溶酶体和细胞脂质过氧化损伤,改善肾血流动力学,减轻内皮细胞损伤和血液凝固性,对肾间质小管病变有较好疗效。③

5. 抗肿瘤作用

肿瘤权威专家认为,癌症发生的根本原因在于患者免疫力下降。如前所述蝉花能提高人体免疫功能,所含的虫草多糖具有抗肿瘤作用。④ 实验中以蝉花粗提物作用于肺癌细胞,结果表明,它对癌细胞的生长有明显的抑制作用,且存在剂量关系,随着作用时间的不断增加,分裂期细胞几乎为零,说明提取物的抑瘤作用与细胞周期有相关性。⑤

陈柏坤等人体外实验研究发现,蝉拟青霉多糖可能具有直接抑制白血病细胞株 U937、K562 的增殖作用,能提高人外周血单个核细胞的增殖能力,从而可能有促进外周血单个核细胞的杀肿瘤活性的作用。⑥

6. 促进造血、提升营养状况

宋捷民等人发现,蝉花对小鼠失血性贫血和抗盐酸苯肼贫血有明显的改善和治疗作用,能使正常大鼠血清总蛋白、球蛋白含量、血白细胞数显著增加,并能拮抗环磷酰胺所致的血红蛋白、血清总蛋白、球蛋白含量、白细胞数的降低,使正常大鼠肝细胞粗面内质网、线粒体增多,同时具有明显的抗失血性贫血和抗盐酸苯肼贫血作用。⑦

此外,据金丽琴等人报道,蝉花有调节脂类代谢,以及滋补强壮、抑菌、⑧ 调节人体内分泌、抗缺氧等⑨多种作用。

六 蝉花的自然分布

据《中国蕈菌》记载:蝉花在我国分布于江苏、浙江、福建、四川、云南、甘肃、

---

① 金周慧、陈以平:《蝉花汤延缓慢性肾功能衰竭进展的临床观察》,《中医药学刊》2006 年第 8 期。
② 金周慧等:《蝉花菌丝延缓肾小球硬化的作用机制研究》,《中国中西医结合肾病杂志》2005 年第 3 期。
③ 闵呐等:《蝉花菌丝体抗肾功能衰竭药效学研究》,《中国药理通讯》2004 年第 3 期。
④ 迟秋阳等《蝉花多糖的提取及其免疫药理作用的研究》,《军队医药杂志》1996 年第 5 期。
⑤ 芦柏震等:《蝉花粗提物对肺癌细胞作用的实验研究》,《中国中医药科技》2006 年第 5 期。
⑥ 陈柏坤等:《蝉拟青霉多糖对人外周血单个核细胞及内血病细胞株 U937、K562 增殖的调节作用》,《温州医学院学报》2006 年第 4 期。
⑦ 宋捷民等:《蝉花对小鼠血糖及造血功能影响》,《中华中医药学刊》2007 年第 6 期。
⑧ 翁梁:《野生蝉花与人工蝉花多糖的提取及抑菌试验》,《农业科技与装备》2010 年第 11 期。
⑨ 蔡有华、刘学铭:《虫草素的研究与开发进展》,《中草药》2007 年第 8 期。

陕西、西藏等地。① 近年来，专家们对全国蝉花自然分布及其生态环境进行了考察。其中浙江省蝉花分布在海拔80—500米的丘陵地带，地势平缓，郁闭度较高，土质疏松，地面覆盖有厚的落叶层，且常有竹蝉活动的林地，常能采到蝉花标本。对云南三江源头的考察显示，海拔低于2500米的阔叶林或以青冈栎、锥栗为主的针—阔叶树混交林，在某些郁闭度大、土质松的林地中，也能采集到蝉花标本。

江苏茅山地区一直是蝉花的历史产区。笔者通过近两年的调查发现，在金坛、句容方圆数十千米的山区，凡是竹林茂密又透气、透水、保温的向阳坡地，蝉花生长较为密集。蝉花盛产期和采挖期在每年6—7月，此时正值茅山地区的梅雨季节，湿热多雨的气候促进了蝉花的生长。

七　蝉花的人工培育

蝉花药理作用广泛，补益作用明显，是一种不亚于冬虫夏的优质虫草，市场需求量日益增大。然蝉花生长需要特定的生态环境和寄主昆虫，自然出产率非常低，再加上人们长期大量采挖，资源日趋减少。为了满足市场和临床的需要，近年来，科研人员已开展对蝉花人工培育的研究，并取得了一定的进展。

蝉花人工培育的基本步骤和其他药用菌相似：首先通过孢子分离法、组织分离法等获得纯菌种。然后将纯化菌接种到固体或液体培养基上进行培养，形成繁茂的菌丝体，再生成和寄主体上生长相似的孢梗束。

早在1993年，陈祝安等人就从竹蝉若虫寄生物中分离到蝉拟青霉菌株，将此菌株在液体培养基上，室温静培14天，产生大量产孢结构和分生孢子。在一些自然基物上，菌丝体生长繁茂，并形成和寄主体上生长相似的孢梗束。

冯立才②等通过孢子分离法、组织分离法获得纯菌种，并在米饭培养基上培养得到长棒状体。

贵州大学于2008年2月公开了一种蝉花的人工培养方法，并且申请了国家专利。即选择蝉拟青霉异核体菌株，将此经培养蝉拟青霉一周后，将蝉拟青霉孢子洗下分生孢子，并稀释成蝉拟青霉孢子液，将感染体（家蚕老熟幼虫）置于蝉拟青霉孢子液中感染后，常温培养2—3周获得蝉花。

据浙江媒体介绍，2008年12月，浙江省亚热带作物研究所柴一秋博士主持的"名贵中药蝉花的人工培养及深加工研究"项目，顺利通过省级鉴定。他们从蝉花中分离筛选出无性型蝉拟青霉新菌株，运用发酵工艺技术，规模性生产蝉花无性型子实体。在进行该项目研究的同时，还研制出改善睡眠的功能食品——蝉花无性子实体、蝉花枸杞酒2个产品。

---

① 卯晓岚：《中国蕈菌》，科学出版社2009版，第716—717页。
② 冯立才：《上海天马山蝉花的初步研究》，《上海应用技术学院学报》2002年第2期。

不过总体来说，目前对蝉花的人工培养品的研究还处于探索阶段。蝉花的毒理实验还停留在动物实验的阶段，对人工培养品药理作用、生物活性成分的探究还待深入，人工品是否能替代野生品还需要更多的实验加以论证，临床实验方面涉足尚浅，目前也尚无人工培养品的高科技产品面市。不过可以相信，随着对蝉花人工培养技术进一步完善，人们一定能探索出更加适合工业化生产的发酵工艺，并针对分离纯化功能组分，开发出多种现代剂型的蝉花新中药制剂，同时综合利用菌丝体及次级代谢产物生产出更多的功能食品。发展和深化蝉花的人工培养具有非常广阔的市场前景。

原载《江苏林业科技》2013 年第 3 期

常州地区野生有毒植物的调查研究

万永红　路亚北　龚祝南

有毒植物是植物界中一个特殊的类群。一方面威胁人、畜和其他动物的生命安全，另一方面又是人类生产和生活不可缺少的自然资源，在食品、饲料、绿化以及传统医学和新特药品开发等方面发挥重要作用。所以，积极开展地区性有毒植物的调查研究，不仅有利于降低有毒植物对人、畜造成的毒害，而且对化毒为利、发展生产、促进资源的开发和利用，均具有重要意义。

一　常州地区的自然概况

常州市位于江苏省南部，东径119°8—120°11′，北纬31°11—32°3′，下辖五区、二个县级市（金坛市和溧阳市），总面积4375平方千米。属亚热带季风气候范围，四季分明，气候宜人。年平均气温约16℃，全年积温5500℃左右，全年无霜期约225天，年均降水量约有1100毫米，降水天气主要集中在5—9月份。本地区大部分区域为太湖冲积平原，地势低平，河网密布，土质肥沃，偶有海拔不足百米的孤山残丘分散分布。在本区的西部和西南部是绵延起伏的丘陵山区，其中西部属茅山山脉，海拔一般在200—300米，最高峰大茅峰海拔371.5米。西南部属宜溧山地，为浙江天目山的余脉，海拔一般在300—500米，溧阳境内的最高峰石门尖海拔506米。丘陵山区的地带性土壤以黄壤、黄棕壤为主。地带性植被主要为常绿—落叶阔叶混交林，另有人工种植的大片毛竹林、小片杉木林、马尾松林，茶、板栗等经济果林。

二　常州地区的有毒植物

（一）组成

1987年陈胜冀等主编的《中国有毒植物》一书中，首次全面汇集和介绍了全国有毒维管植物101科、934种。1997年史志诚等编著的《中国草地重要有毒植物》一书附录中，将全国有毒维管植物新增到1383种，分属132科，618属。江苏境内究竟有多少种有毒植物，迄今尚未见公开报道。笔者于1995年至2002年连续8年对苏南常州地区的有毒植物进行了广泛的调查和采样，统计结果显示，常州地区共有野生有毒维管植物 69 科，132 属，179 种，它们分别占全国有毒维管植物科、属、种的 51.88%、21.36% 和 12.94%。其中少数种类尚未被《江苏植物志》收载（例如箭叶淫羊藿 *Epimedium acuminatum*）。本区的有毒植物中，菊科所含的种类最多，有 16 种；毛茛科、大戟科次之，分别含有 10 种；种类在 5 种以上的科共有 7 个，分别是壳斗科、蓼科、豆科、伞形科、萝摩科、茄科和天南星科，参见表一。

表一 常州地区野生有毒维管植物统计

科名	属数	种数	科名	属数	种数
石松科　Lycopodiaceae	1	1	山茶科　Theaceae	1	1
木贼科　Equisetaceae	1	1	金丝桃科　Hypericaceae	1	1
蕨科　Pteridiaceae	1	1	秋海棠科　Begoniaceae	1	1
三白草科　Saururaceae	2	2	瑞香科　Thymelaeaceae	1	1
金粟兰科　Chloranthaceae	1	2	八角枫科　Alangiaceae	1	2
杨柳科　Salicaceae	1	1	五加科　Araliaceae	3	3
胡桃科　Juglandaceae	1	2	伞形科　Umbelliferae	5	5
壳斗科　Fagaceae	1	5	杜鹃花科　Ericaceae	2	4
桑科　Moraceae	1	1	报春花科　Primulaceae	1	1
马兜铃科　Aristolochiaceae	1	3	野茉莉科　Styracaceae	1	1
蓼科　Polyonaceae	3	5	木犀科　Oleaceae	1	1
藜科　Chenopodiaceae	1	2	马钱科　Loganiaceae	1	1
苋科　Amaranthaceae	1	3	夹竹桃科　Apocynaceae	1	1
紫茉莉科　Nyctaginaceae	1	1	萝摩科　Asclepiadaceae	4	5
商陆科　Phytolaccaceae	1	1	旋花科　Convolvulaceae	3	3
石竹科　Caryophyllaceae	3	3	紫草科　Boraginaceae	1	1
毛茛科　Ranunculaceae	5	10	马鞭草科　Verbenaceae	3	4
木通科　Lardizabalaceae	1	2	唇形科　Labiatae	2	2
小檗科　Berberidaceae	2	2	茄科　Solanaceae	3	6
防己科　Menispermaceae	3	3	玄参科　Scrophulariaceae	1	1
罂粟科　Papaveraceae	2	4	车前科　Plantaginaceae	1	1
十字花科　Cruciferae	1	1	茜草科　Rubiaceae	1	1
景天科　Crassulaceae	2	4	忍冬科　Caprifoliaceae	1	2
虎耳草科　Saxifragaceae	1	1	败酱科　Valerianaceae	1	1
金缕梅科　Hamamelidaceae	1	1	葫芦科　Cucurbitaceae	2	2
蔷薇科　Rosaceae	1	1	桔梗科　Campanulaceae	2	2
豆科　Leguminosceae	8	9	菊科　Compositae	12	16
酢浆草科　Oxalidaae	1	1	泽泻科　Alismataceae	1	1

续表

科名	属数	种数	科名	属数	种数
芸香科　Rutacae	1	2	天南星科　Araceae	3	5
苦木科　Simaroubaceae	1	1	鸭跖草科　Commelinaceae	1	1
楝科　Meliaceae	2	2	百部科　Stemonaceae	1	1
大戟科　Euphorobiaceae	6	10	百合科　Liliaceae	2	2
漆树科　Anacardiaceae	3	4	石蒜科　Amaryllidaceae	1	1
卫矛科　Celastraceae	3	3	薯蓣科　Dioscoreaceae	1	1
锦葵科　Malvaceae	1	1			

(二) 生活型

有毒植物和其他植物一样，因长期适应周围的生长环境而形成了多种生活型。根据植物体态的不同，参照《中国植被》一书中的划分方法，将本区的有毒植物分为多年生草本植物、1—2年生草本植物、落叶乔木、常绿乔木、灌木至小乔木、木质藤本植物六种生活型。通过列表统计，发现多年生草本植物种类最多，共有75种，占本区总有毒种的41.9%，1—2年生草本植物次之，共有43种，占本区总有种的24.02%。整个草本有毒植物合加起来，占了本区总有毒种的65.92%。而木本植物在有毒植物中所占比例相对较少，其中灌木和小乔木有28种，落叶乔木有21种，木质藤本和常绿乔木分别为11种和1种，四者合起来，仅占本区总有毒种的34.08%，参见表二。为什么本区的有毒植物群体中，草本植物占有绝对优势呢？笔者以为，这可能与草本植物自身保护反应有关。因为草本植物的植株相对矮小、柔嫩，易遭其他动物取食。尤其是本地区的多年生草本植物，大多还具有肥大的地下贮藏器官如块根、块茎等，因而更易遭受其他动物的侵扰。若体内积累了植物毒素，则能对动物侵扰起到有效的遏制作用。所以，较多的草本植物特别是多年生草本植物拥有植物毒素，这实际上是植物在长期生存竞争中所形成的对环境的一种适应。

表二　　　　**常州地区野生有毒维管植物生活型统计表**

生活型	种数	占总有毒种比（%）
多年生草本植物	75	41.9
1—2年生草本植物	43	24.02
灌木和小乔木	28	15.64
落叶乔木	21	11.73
木质藤本植物	11	6.15
常绿乔木	1	0.56

（三）有毒植物举例

有毒植物种类多、分布广，体内所含的植物毒素在化学成分、分布部位及含量上也各不相同。除少数种类"毒名远扬"人们有所防备外，大多数种类一直作为普通的植物被人们长期药用、食用或饲用着。然而若使用方式不当或用量过大，就会造成人、畜急性或慢性中毒，甚至发生生命危险。下面以本地区部分常见有毒植物为例说明。

1. 蕨（*Pteridium aquilinum*）为蕨科多年生草本植物，也是本地丘陵山区分布最多的一种蕨类。常生长于向阳的山坡或林缘，春天刚透发的嫩叶是传统食用的"山珍"野菜；根状茎中富含淀粉，提取后可制作面包或其他食品，有滋补强壮作用。但近来研究发现：蕨的叶和根状茎中都富含毒素，其中根状茎的毒性更大，为蕨叶的五倍。有毒成分主要为硫胺酶、槲皮酮、蕨毒素、原蕨贰等，其中蕨毒素、原蕨贰被证实有明显的致癌作用，能诱发人、畜患膀胱癌和肠癌。

2. 蕺菜（*Houttuynia cordata*）为三白草科多年生草本植物。因全草散发特殊的鱼腥味，故俗称为"鱼腥草"。多分布于平原、山区阴湿的林边、田间或洼地草丛中。其根状茎和幼嫩的茎叶均可食用。全草含挥发油、槲皮贰、蕺菜碱等多种成分，其中蕺菜碱被证明有刺激皮肤发泡的作用，故全草有小毒。

3. 栎属（*Quercus*）是本地山区常绿—落叶阔叶混交林中主要的建群树种，常见的主要有麻栎（*Quercus acuti*）、白栎（*Q. fabri*）、槲栎（*Q. aliena*）、槲树（*Q. dentata*）等四种，原生树种均为较高大的落叶乔木，但有些经人工长期砍伐后呈灌木状。栎树的枝条、芽、叶、花、种子中均含有栎单宁，被牛、羊等动物取食后，栎单宁在消化系统中经生物降解，可形成多种低分子酚类化合物如苯酚、二元酚等，经胃肠黏膜吸收后对可动物的肝、肾产生毒害。

4. 商陆（*Phytoolacca acinosa*）属商陆科多年生亚灌木状草本。全国大部分省区有分布，多生长于林缘、田野、山坡，也有人工栽培。其嫩茎叶可食用，块根能入药。但商陆的根、茎、叶中均含有商陆毒素、皂贰、多量硝酸钾等有毒成分，另外在根中还含有商陆碱，过量食用，特别是将根误作天麻食用，可出现恶心、呕吐、腹泻、肌肉抽搐等一系列中毒症状，孕妇多食甚至出现流产的危险。

5. 石龙芮（*Ranunculus sceleratus*）为毛茛科一年生草本植物。多生长于水田、河边或渠旁。全草药用，但有剧毒，有毒成分主要为毛茛贰、白头翁素、生物碱等，人畜误食可出现口腔灼热、咀嚼困难、剧烈腹痛，严重者可致死亡。

6. 瓜木（*Alangium platanifolium*）为八角枫科落叶灌木或小乔木。是本地丘陵山区灌丛中常见的树种。其根、叶、花均可入药，有祛风除湿、舒筋活络的功效。但根和茎叶中均含有毒的生物碱，尤以须状根的毒性最大。中毒者轻则头昏、乏力，重则可因呼吸抑制而死亡。

7. 楝树（*Melia azedarach*）楝科落叶乔木。是本地区主要的乡土树种和用材树种，村落四周十分常见。楝树全株有毒，其中以果实的毒性最强。有毒成分主要有苦楝素、苦楝毒碱等，急性中毒可引起呕吐、头晕、出冷汗，严重者可因急性循环衰竭而死亡。

8. 泽漆（*Euphorbia helvoscopia*）俗称"五灯头草""猫眼草"，为大戟科一年生草本植物。属广布性杂草，通常成簇或成片地生长于田间路旁、旷野湿地。其全株有小毒，有毒成分主要为溶血性泽漆素，但它仅存在于白色的乳汁中，家畜食用可出现呕吐、腹痛、出冷汗等中毒症状，大量食用甚至有生命危险。

9. 蓖麻（*Ricinus communis*）大戟科一年生草本植物，全国大部分地区分布，栽培或逸为野生。从种子中提取的蓖麻油在工业、医药上有广泛的用途；鲜叶可饲蚕；根、叶、种子还可入药。但蓖麻种子有毒，有毒成分主要有蓖麻毒素、蓖麻碱、变应原、红细胞凝集素等，其中蓖麻毒素是迄今所知的最毒的一种蛋白质毒素。如将蓖麻子误作豆食用，轻者四肢乏力，重者腹痛、呕吐、抽搐、呼吸加快，最后痉挛死亡，敏感者二粒即可致死。

10. 白花曼陀罗（*Datura mete*）又名"洋金花"，因叶形似茄，当地人也称为"凤茄花"。为茄科一年生草本植物，多生长于荒坡草地、房前屋后，有时也人工种植。花入药，有麻醉、镇痛、平喘、止咳等功效。但本种为大毒植物，全草含有莨菪碱、东莨菪碱等有毒生物碱，对中枢神经系统有明显的毒害作用。人、畜误食植株的任何部分都有致命的危险。

11. 苍耳（*Xanthium sibiricum*）为菊科一年生草本植物。多分布于田间路旁、坡地草丛中。果实可入药，种子油可作为高级香料、油漆、油墨等工业原料。但苍耳的幼苗、叶、果实、种子均有毒，有毒成分主要有苍耳内酯、隐苍耳内酯（叶）、毒蛋白（种子）、苍耳甙（果皮）等，并以幼苗和发芽的种子毒性最强，内服慎用。

12. 石蒜（*Lycoris radiata*）属石蒜科多年生草本植物，多生于山野阴湿处、竹林下、河岸边。花绚丽多姿，具有较高的观赏价值。鳞茎入药，多外用于淋巴结核、关节肿痛、毒蛇咬伤等症的治疗。但鳞茎中含有多种有毒的生物碱，如石蒜碱、石蒜胺碱、多花水仙碱等，若皮肤接触，会引起红肿反应；不慎误服，则出现呕吐、下泻、舌硬直、惊厥、脉弱，甚至呼吸中枢麻痹而死亡。

三　讨论

常州地区气候温暖适宜，生境多样，特别在溧阳山区，地形相对复杂，植物种类十分丰富。建议政府有关部门组织专业人员对本地区有毒植物作一系统、全面的调查，充分摸清家底，为开展对有毒植物的综合治理和开发利用提供理论依据。

加强有毒植物的科普宣传。通过展览、媒体或课堂教育等方式，使广大群众和青少年学生对本地区常见的有毒植物有所识别，并综合了解这些植物的毒性、解毒方法及多种经济用途，在有效避免人畜中毒的基础上，更好地利用这些植物。

有毒植物作为植物界的自然组分，除少数造成生态灾难的种类应进行治理外，对一些珍稀的或本区分布较少的有毒植物（例如白头翁 *Pulsatilla chinensis*、茅膏菜 *Droser-*

a peltata、野茉莉 *Styrax jiponica*）等还应加强保护，切勿滥采滥挖。对经济价值高或用量较大的有毒植物（例如金钱草 *Antenoron filiforme*、桔梗 *Platycodon grandiflorus*、茵陈蒿 *Artemisia capillaris*）等应积极开展人工栽培的试验，并指导农民根据当地的地形和气候特点进行规模化种植，这样既能提高农民的经济收入，又能减轻对野生资源的压力。

原载《中国野生植物资源》2004 年第 2 期

参考文献

1. 江苏植物研究所：《江苏植物志》（上、下册），江苏科学研技术出版社 1982 年版。
2. 中国科学院植物研究所：《中国高等植物图鉴》（第 1—4 册），科学出版社 1995 年版。
3. 史志诚等：《中国草地重要有毒植物》，中国农业出版社 1997 年版。
4. 陈冀胜、郑硕：《中国有毒植物》，科学出版社 1987 年版。
5. 《全国中草药汇编》编写组：《全国中草药汇编》（上、下册），人民卫生出版社 1975 年版。
6. 岳建英等：《山西有毒植物组成》，《中国野生植物资源》2003 年第 3 期。

澄江生物群浅谈

雷倩萍

澄江生物群是显生宙以来地球上已知最早的多细胞动物群之一，它以丰富的化石种类和精美的保存质量，成为"窥探"寒武纪生命大爆发的绝佳窗口（Zhang et al., 2001）。目前，除藻类、遗迹和粪便化石外，澄江生物群发现物种总数有 24 门类，121 属，140 种（Han et al., 2006），或 23 门类，163 属，190 种（陈良忠等，2002）等不同的分类看法。包含现今原口动物中几乎所有的主要门类（陈均远，2004；Hou et al., 2004）。更重要的是还发现了后口动物超门中的所有类别的早期代表，不但包括介于脊椎动物与非脊椎动物之间处于过渡位置的"原索动物"（头索动物和尾索动物）（Shu et al., 1996, 2001a, 2003, 2004；舒德干，2003a, 2005）及其灭绝近亲类群古虫动物门（Shu et al., 2001b），还包括真正的脊椎动物（Shu et al., 2003b）。

1984 年 7 月，中国科学院南京地质古生物研究所侯先光研究员在云南澄江帽天山剖面采集和研究金臂虫的过程中，于筇竹寺组玉案山段黄绿色页岩中部，首次发现一枚带触角和附肢的娜罗虫（*Naraoia*）化石，随后进行了采集，并于次年发表（张文堂、侯先光，1985）。

1986 年以后，张文堂、侯先光、孙为国、陈均远、舒德干等对澄江地区的澄江动物群进行了采集和研究工作，有了不少重要发现。

1990 年以后，陈均远、侯先光、舒德干等分别与瑞典、德国、英国及澳大利亚地质学家合作研究澄江动物群，在 Science、Nature 等著名杂志上发表一系列论文，包括微网虫身份谜底化石的揭晓（Ramsköld & Hou, 1991），奇虾完整面貌的原形毕露（Chen et al., 1994），云南虫的发现（Chen et al., 1995）（其作为脊索动物还是半索动物的争论还在继续），海口虫作为脊索动物先祖的发现（Chen et al., 2000），海口鱼、昆明鱼等保存精美最古老的脊椎动物的发现（Shu et al., 1999），后口动物谱系的"根底类群"古虫动物门的发现与建立（Shu et al., 2001）等重大发现，使澄江动物群的研究程度大大提高一步。

昆明地区早寒武世地层发育完整，盛产澄江动物群化石的黑林铺组玉案山段出露较好，主要环绕滇池和阳宗海两大湖泊的周缘分布（图一）。周明忠等（2008）通过遵义牛蹄塘组底部凝灰岩锆石 SHRIMP U–Pb 年龄测定，结果显示其年龄值为（518 ± 5Ma），因而澄江生物群的年龄应晚于这个年龄值。

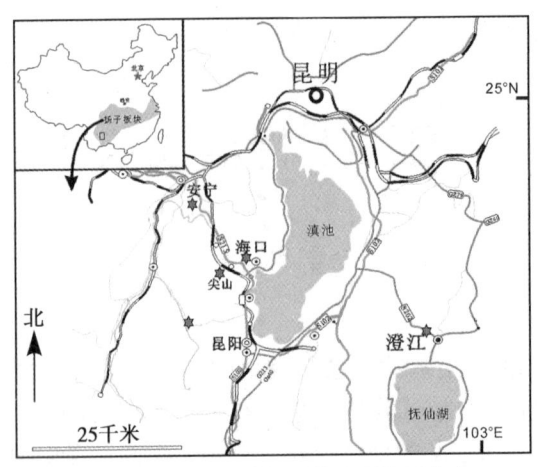

图一　澄江生物群主要的地理位置分布
（六角形表示已发现的化石产地及采集点）

一　生物群面貌

澄江地区化石丰富，保存状况较好（图二）。群落结构方面，以小型双瓣壳节肢动物 Kumingella 属占绝对优势；其次是节肢动物 Naraoia，Isoxys，Leanchoilia，腕足类 Heliomedusa 以及蠕虫 Maotianshaia。除了澄江地区外，在昆明、晋宁、宜良、马龙、安宁、呈贡以及武定地区，均有澄江化石库化石的发现。昆明海口地区耳材村剖面产有丰富的化石，占优势的是节肢动物 Leanchoilia，特别是 Cricocosmia 非常丰富；小型双瓣壳节肢动物 Kunmingella 和 Isoxys 在数量上也占一定位置，而 Naraoia 数量相对要少得多。马龙地区玉案山段顶部的泥岩及粉砂质泥岩中，发现了丰富的澄江化石。主要以三叶虫、高肌虫和 Naraoia 占优势，其中 Naraoia 成层产出，数量之多在滇东地区实属罕见；此外海绵也有一定优势。

图二　澄江生物群生物面貌复原图

基于 Burgess Shale 动物群不同的摄食关系，澄江动物群群落有着类似的食物链结构，大型奇虾类当之无愧是寒武纪海洋中最凶猛的动物，澄江化石库中，其他食肉动物还有节肢动物 *Kuamaia* 和 *Fortiforceps*。

二 古地理环境

寒武纪时地球主要存在三个大陆：劳伦古陆（Laurentia）；欧亚大陆（Eurasia）；冈瓦纳古陆（Gondwanaland）。全球寒武纪 Burgess 页岩型生物群共有至少 10 多处，其产地分布位置大致如（图三）所示。

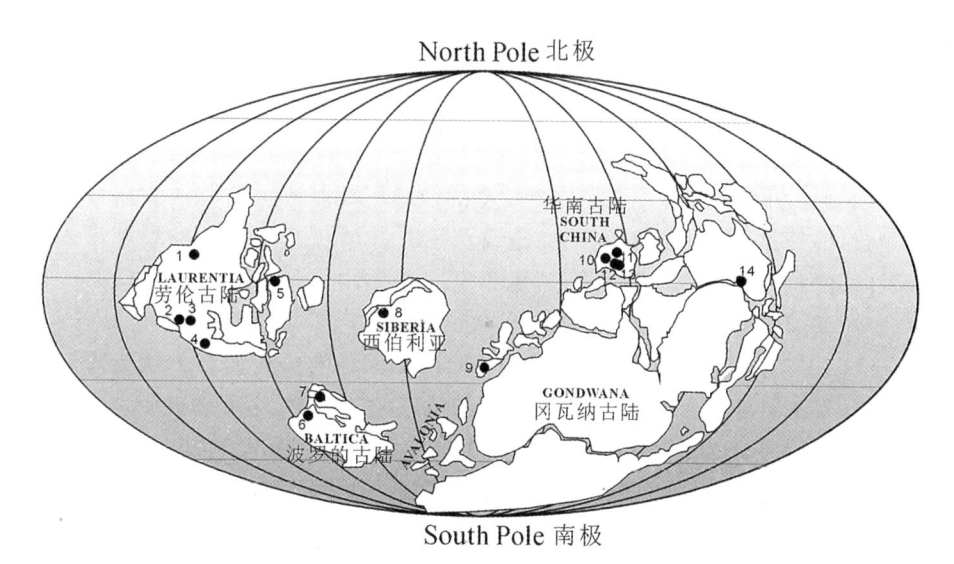

图三 全球寒武纪 Burgess 页岩型生物群产地分布图（图中用黑点表示）（据 Han et al., 2007）1. 中寒武世 Burgess Shale, 加拿大不列颠哥伦比亚；2. 早寒武世 Pioche 组，美国内华达州；3. 中寒武世 Spence Shale, 美国犹他州；4. 早寒武世 Parker Slate, 美国佛蒙特州北部；5. 早寒武世 Sirius Passet, 格林兰北部；6. 早寒武世 Zawiszyn 组，波兰北部；7. 早寒武世 Kalmarsund Sandstone, 瑞典东南部；8. Sinski, 西伯利亚；9. 中寒武世 Murero 组，西班牙 Ossa Morena；10. 早寒武世澄江，中国云南；11. 早寒武世石牌组，中国湖北；12. 早寒武世牛蹄塘生物群，中国贵州；13. 中寒武世凯里生物群，中国贵州；14. 早寒武世 Emu Bay Shale, 澳大利亚南部。根据 McKerrow et al.（1992），Conway Morris（1989）和 Vannier and Chen（2000）改编。

一般认为（陈良忠等，2002），寒武纪早期的滇东地区位于扬子板块西南边缘，其基底是由下元古界大红山群和中元古界昆阳群组成，并处于低纬度域，特别是黑林铺组地层分布区，属稳定台地的滨—浅海环境。西部为著名的川滇（康滇）古陆，较长时间遭受剥蚀，稳定地提供陆源碎屑物；东部是长椭圆状孤立的牛头山古岛，其周缘以曲靖—罗平—丘北—开远一线界定，从东面提供沉积物源。由此组成的滇东海盆呈向北张口的喇叭形，南有峡口接文山海域，北与上扬子海相连。

三　化石埋藏学特征

有关澄江动物群的埋藏学模式，有研究认为（蒋志文见陈良忠等，2002）主要有以下几种：一是风暴—泥流说，这一说法解决了生物快速死亡、快速埋藏理论的过程，但仍有缺点。二是火山爆发埋藏说，由于在海口发现了若干"火山灰层"，但还是存在很大问题。三是新的强辐射环境埋藏说。

风暴作用引起的泥质悬浮物的快速沉积对软体结构的保存具有关键作用，快速的埋藏可使生物软体免遭生物扰动以及食腐和食肉动物的破坏（罗惠麟等，1999）。大部分化石都与层面呈一定角度相交，少数甚至呈半直立状，说明曾遭受紊流搬运，但搬运距离不会太远，因为大部分化石保存完好，成群聚居。澄江动物群中以底栖类型为主，游泳类型较少，说明相对于底栖动物而言，游泳类型逃避灾难的能力较强。另外风暴作用还引起深处的缺氧海水上涌，造成大批生物窒息或死亡。绝大部分软组织得以完美保存，这主要归功于泥质沉积物的作用。泥质悬浮物的快速沉积基本上排除了食腐动物及生物扰动的影响。另外黏土矿物颗粒细小，覆盖严密，并通过组织表面的裂隙渗入生物体内，充满骨架的每一个角落，对厌氧细菌产生抑制作用，并能阻止酶的降解，部分生物体以有机质残留物的形式保存，大部分软组织则通过交代作用保存了其形态。

朱茂炎（1992）对澄江化石群的埋藏学进行了详细的分析研究，认为澄江动物群主要形成于正常浪基面与平均风暴浪基面之间的下部和平均风暴浪基面之下与强风暴浪基面环境，即位于远基滨外—深水滨前的环境（朱茂炎，1992）。根据埋藏过程的不同，澄江动物群的埋藏可分为三种类型：一是异地生物经泥质风暴流搬运后的快速埋藏；二是原地生物被泥质风暴流泥质盖层快速掩埋；三是原地底栖生物核基底沉积物一起悬浮后再快速埋藏。朱茂炎等（2001）认为，灰色泥质风暴岩是澄江生物群中大量软躯体化石得以保存的关键因素。然而 Zhang & Babcock（2001）认为，澄江化石库沉积在有周期性陆源物质输入的、浅海潮汐影响强烈的静水环境（Babcock et al., 2001；Zhang & Babcock, 2001）。蒋志文（2002）在对澄江动物群的埋藏特点进行了系统分析后，在前人工作基础上，提出了强辐射环境埋藏说。虽然许多地方仍有待于完善和修正，但为人们更加完善和准确理解澄江动物群的埋藏机理提出了新的思考途径。

四　典型化石代表

典型化石代表参见图四。

1. 寒武纪超级捕食者——奇虾（*Anomalocaris*）

奇虾具有一对带柄的巨眼，一对分节的巨型前螯肢，美丽的大尾扇。它虽不善于行走，但能快速游泳。口器巨大，有环状排列的外齿。这可能是一种攻击能力很强的食肉动物，也可能是一种滤食性动物。它的个体最大可达 2 米以上，而当时其他大多

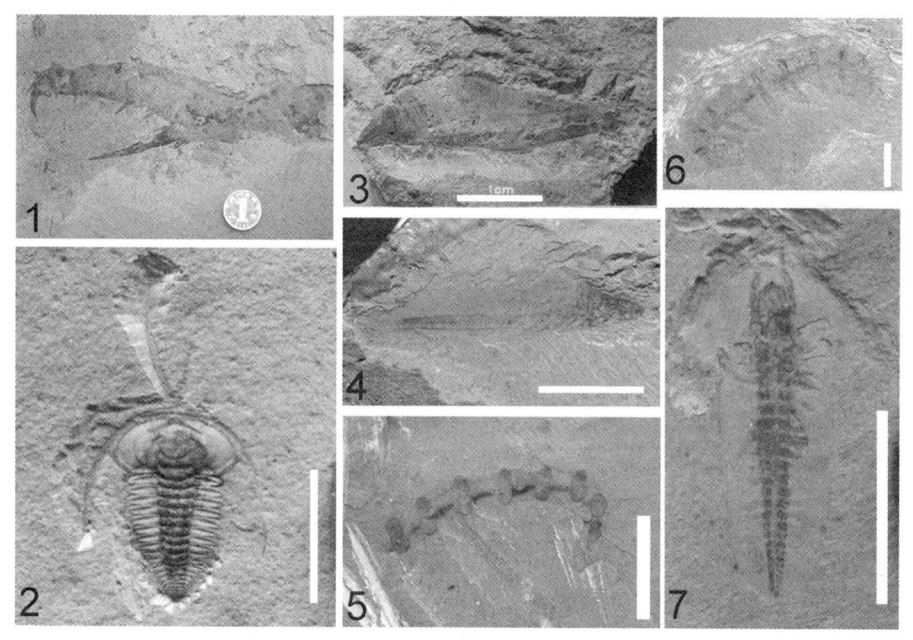

图四 澄江生物群典型化石代表

1. 奇虾类前螯肢;2. 始莱德利基虫,前方保存了触角;3. 云南虫（图片摘自http://qcyn.sina.com.cn/travel/jqtj/2010/0828/1151277161.html）;4. 昆明鱼（图片摘自http://www.ynchcc.org/web/list_08.html）;5. 微网虫,显示了躯体闪对称的骨板;6. 爪网虫。显示柔软的足肢;7. 娜罗虫。除了云南虫和昆明鱼以外,其余标本皆来自中国地质大学（北京）早期生命演化实验室。比例尺：1厘米。

数动物平均只有几毫米到几厘米。

2. 带软体的三叶虫——始莱德利基虫（*Eoredlichia*）

这是澄江生物群中最常见的一类三叶虫。身体修长，分节众多，头部具一对纤长的颊刺，尾部小。澄江化石宝库中的三叶虫常常可见软躯体保存，比如三叶虫的触角或附肢，这些在绝大多数三叶虫化石中是无法保存的。

3. 最古老的脊索动物——云南虫（*Yunnanozoon*）

云南虫身体侧扁，呈蠕形，一般长3—4厘米，大者可以长到6厘米，化石呈黑灰色薄膜状保存。云南虫的身体上长有一背中鳍和一对腹摺。脊索粗大，位于亚腹部，纵贯首尾。云南虫的脊索下方有13对生殖腺，每对生殖腺对应一个肌节，第1对生殖腺相对第6肌节，生殖腺的大小向后递减。

4. 天下第一鱼——昆明鱼（*Myllokunmingia*）

昆明鱼是已知最古老的脊椎动物。它的骨骼并未有出现生物矿化的迹象。昆明鱼有明显的头部及躯体，并有像帆的背鳍及腹鳍。头上有5或6个有半鳃的鳃囊。身体上有25节，有脊索、食道及消化道至末端。口部不能明显的见到。可能有围心腔。

5. 原始叶足动物——微网虫（*Microdictyon*）、爪网虫（*Onychodictyon*）

微网虫的网状骨片酷似三叶虫复眼，具有一百多个多边形孔的构造，每一个孔内有一个小眼状双突的圆柱体，可能与感光作用有关。

爪网虫身躯粗大，具硬质骨板9枚，骨板上具尖钩。足末端具钩爪。体表密布柔软的纤维状衍生物。

6. 美丽的节肢动物——娜罗虫（*Naraoia*）

它是一种奇怪的节肢动物，中肠（相当于胃）在头区形成一对树杈状分支结构，这一分支结构解释为盲管，用做储存食物的临时性"仓库"。这是生活于边缘环境的机会性物种。由于食物来源难于预料，这一生物不仅整个消化道充满食物，而且临时仓库也装满食物，可能为度过食物匮乏时期做好了准备。

五 结语

自20世纪80年代以来，全球范围内寒武纪地层中发现的许多其他类似于加拿大Burgess Shale的特异保存软躯体化石库中，比较引人注目的化石群包括格陵兰早寒武世的Sirius Passet动物群（Peel & Ineson，2011）、澳大利亚早寒武世的Emu Bay动物群（Nedin，1995；Briggs & Nedin，1997）、美国犹他州中寒武世Spence页岩化石群（Conway Morris & Robison，1988）以及我国早寒武世的澄江动物群（张文堂、侯先光，1985）和中寒武世凯里动物群（赵元龙等，1999）。这些化石库中，最著名的特异化石库当属我国的传统早寒武世澄江动物群。由于其独特的保存方式、精美的保存质量以及所处的生命演化史上的关键的时间位置，使其成为窥探寒武纪大爆发的绝佳窗口，可与著名的Burgess Shale化石库相媲美，堪称世界奇迹。这个化石库以其独特的保存质量、丰富的生物内涵，极大地改变了或正在改变着人们旧的生命观，为人类进一步正确认识生命起源及生物的进化历程提供"历史"佐证。

在世界各大洲20多处发现Ediacaran动物群分子，这充分说明了前寒武纪晚期埃迪卡拉型后生动物全球分布的广泛性，而且其时代也是基本相同的，都位于瓦兰格冰碛层（Varangian tillites）沉积之后，寒武纪沉积之前的一段地层中。这也表明后生动物起源和演化在全球的同步性。

而就我国而言，分布在我国南方前寒武纪—寒武纪地层中的一系列动物群为我们书写了寒武纪生物大爆发的整个过程（表一）。寒武纪主要的生物爆发事件集中在寒武纪早中期，计有梅树村小壳动物群，早寒武世筇竹寺期最古老三叶虫动物群及澄江动物群，沧浪铺早期马龙动物群及晚期关山动物群，中寒武世Burgess Shale动物群和凯里动物群等。

表一　　　　　中国传统晚震旦世—中寒武世生物群分布（据罗惠麟等，1999）

年代地层单位			岩石地层单位		生物群
	统	阶	组	段	
寒武系	中统	徐庄阶	陡坡寺阶（凯里组）		凯里生物群
		毛庄阶			
	下统	龙王庙阶	山邑村组		
		沧浪铺阶	乌龙箐组		关山生物群
			红警哨组		马龙生物群
		筇竹寺阶	黑林铺组	玉案山段	澄江生物群
				石岩头段	梅树村生物群
		梅树村阶			
震旦系	上统	灯影峡阶	灯影组	大海段	
			渔户村	中谊村段	
				小歪头山段	
				白岩哨段	西陵峡生物群（高家山生物群）
				旧城段	
			东龙潭	藻白云岩	
		陡山陀阶	陡山坡组		庙河生物群（瓮安生物群）

原载《常州文博》2014年第1期

参考文献

1. 陈均远：《动物世界的黎明》，江苏科学技术出版社 2004 年版，第 139—147 页。
2. 陈良、罗惠麟、胡世学等：《云南东部早寒武世澄江动物群》，云南科技出版社 2002 年版，第 82—88 页。
3. 罗惠麟、胡世学、陈良中等：《昆明地区早寒武世澄江动物群》，云南科技出版社 1999 年版，第 2—89 页。
4. 舒德干：《脊椎动物实证起源》，《科学通报》2003 年第 6 期。
5. 舒德干：《再论古虫动物门》，《科学通报》2005 年第 19 期。
6. 张文堂、侯先光：《Naraoia 在亚洲大陆的发现》，《古生物学报》1985 年第 6 期。
7. 赵元龙、袁金良、朱茂炎等：《贵州中寒武世早期凯里生物群研究的新进展》，《古生物学报》1999 年第 38 卷增刊。
8. 周明忠、罗泰义、李正祥等：《遵义牛蹄塘组底部凝灰岩锆石 SHRIMP U-Pb 年龄及其地质意义》，《科学通报》2008 年第 53 卷第 1 期。

9. 朱茂炎:《云南澄江化石群埋藏学》,博士论文,南京地质古生物研究所,1992年。
10. Babcock, L. E. , Zhang W. T. & S. A. Leslie, The Chengjiang Biota: record of the Early Cambrian diversification of life an declues to exceptional preservation of fossils, *GSA Today*, 2001, 11 (2).
11. Briggs, D. E. G. , & Nedin, C. , The taphonomy and affinities of the problematic fossil *Myoscolex* from the Lower "Cambrian Emu Bay Shale of south Australia", *Journal of Palaeontology*, 1997, pp. 1221–1224.
12. Chen Junyuan, Ramsköld, L. & Zhou Guiqing, Evidence for monophyly and arthropod affinity of Cambrian giant predators. *Science*, 1994, 264 (5163).
13. Chen Junyuan, Dzik, J. , Edgecombe, G. D. , Ramskold, L. (eds.). *International Cambrian explosion symposium* (Program and Abstracts). 1995.
14. Chen Junyuan, Li Chiawei, Distant ancestor of mankind unearthed: 520 million year-old fish-like fossils reveal early history of vertebrates. *Science Progress*, 2000b, 83 (2).
15. Conway Morris, S. & Robinson R. A. , More soft-bodied animals and other soft-bodied fossils and algae from Middle Cambrian of Utah and British Columbia, *The University of Kansas Paleontological Contributions Paper.*, 1988, 122.
16. Han Jian, Shu Degan, Zhang Zhifei et al. Preliminary notes on soft-bodied fossil concentrations from the Early Cambrian, Chengjiang deposits, *Chinese Science Bulletin*, 2006, 51 (20).
17. Han Jian, Zhang Zhifei, Liu Jianni, A preliminary note on the dispersal of the Cambrian Burgess Shale-type faunas, *Gondwana Research*, 2007, 14 (1–2).
18. Hou Xianguang, Aldridge R J, Bergstöm J. et al, The Cambrian Fossils of Chengjiang, China-the Flowering of Early Animal Life, *Oxford: Blackwell Science Ltd*, 2004. pp. 34–204.
19. Nedin, C. , The Emu Bay Shale, A lower Cambrian fossil Lagerstatte, Kangaroo Island, South Austrlia, *Memoir of the Association of Australian of Australian Palaeontology*, 1995, 18.
20. Peel, J. S. , Ineson, J. R. , The extent of the Sirius Passet Lagerstätte (early Cambrian) of North Greenland, *Bulletin of Geosciences*, 2011, 535.
21. Ramsköld L. , Hou Xianguang, New early Cambrian animal and onychophoran affinities of enigmatic metazoans. *Nature*, 1991, 351.
22. Shu Degan, Conway Morris S, Zhang Xingliang, A Pikaia-like chordate from the Lower Cambrian of China, *Nature*, 1996, 384.
23. Shu Degan. , Chen Lin. , Han Jian et al. , An Early Cambrian tunicate from China, *Nature*, 2001, 411.
24. Shu, Degan, Morris Morris S, Zhang Zhifei et al. , A new species of Yunanozoon with implications for deuterostome evolution, *Science*, 2003, 299.
25. Shu Degan, Conway Morris S, Han Jian et al. , Ancestral echinoderms from the

Chengjiang deposits of China, *Nature*, 2004, 430 (22).
26. Shu Degan, Conway Morris S, Han Jian et al., Primitive deuterostomes from the Chengjiang Lagerstätte (Lower Cambrian, China), *Nature*, 2001b, 414.
27. Shu Degan, Luo Huilin, Conway Morris S et al., Lower Cambrian vertebrates from south China, *Nature*, 1999, 402.
28. Shu Degan, Conway Morris S, Han Jian et al., Head and backbone of the Early Cambrian vertebrate Haikouichthys, *Nature*, 2003b, 421.
29. Zhang, X. L., Shu, D. G., Li, Y. et al., New sites of Chengjiang fossils: crucial windows on the Cambrian explosion, *Journal of geology of Society*, London, 2001, 158.
30. Zhang, W. T. & Babcock, L. E., New extraordinarily preserved enigmatic fossils, posslbly with Edicaran affinities, from the Lower Cambrian of Yunnan, China, *Acta Palaeontologica Sinica*, 2001, 40 (Supp.).

皖北地区寒武系芙蓉统三叶虫褶盾虫属 *Ptychaspis* 及其种内差异

雷倩萍

华北地区寒武系芙蓉统大致对应于长山阶和凤山阶，其中凤山阶的第一个生物带为 *Ptychaspis – Tsinania* 带（陈均远等，1979；陈均远、齐敦伦，1982；姚伦淇，1982）。该生物带主要的三叶虫包括褶盾虫科（Ptychaspididae）、索克虫科（Saukiidae）、济南虫科（Tsinaniidae）、无肩虫科（Anomocaridae）、宝塔虫科（Pagodiidae）和嵩里山虫科（Kaolishaniidae）等，其中褶盾虫科主要包括 *Ptychaspis*，*Changia* 等属。此外，褶盾虫科三叶虫还见于北美晚寒武世 Froconian 阶（Owen，1852；Hall，1863）。

褶盾虫属是由 Hall 于 1863 年根据 Owen（1852）所描述的北美标本而重新命名建立的。褶盾虫属的主要特征为：头鞍圆柱形，强烈分叶，一般见两条头鞍沟；活动颊亚梯形，边缘厚，延伸为较长颊刺；尾部横宽，中轴较为凸起。该属先后被许多中外学者研究并建立了较多种（如 Hall，1863；Whitfield，1878；Walcott，1905，1913；Sun，1924，1935；Kobayashi，1933；Bell et al.，1952；Shergold，1975）。

现今生物界物种中，普遍存在较为丰富的种内差异，这些大多是由地理差异、性双形和个体发育的不同阶段等导致的。当然，种内差异也存在于地质历史时期的古生物界，即存在于各个时代地层的化石中。因而在古生物化石的鉴定和研究过程中，为了保证判断的准确性，区分种内差异和种间差异就显得十分重要。

一 地质背景及材料

皖北地区寒武系芙蓉统上部即凤山期地层发育较好，化石也较为丰富。本文全部标本均采自安徽萧县西北方向凤凰山剖面（图一）的凤山阶炒米店组灰岩中。炒米店组的现在定义为"晋冀鲁豫地层区以灰色中厚层微晶灰岩、含生物碎屑藻球粒灰岩、鲕粒灰岩、中薄层竹叶状灰岩为主，夹云斑叠层石藻礁灰岩等以灰岩为特征的岩石地层单位"（张增奇等，1996）。新定义的炒米店组包括原来的长山组和凤山组下段，与下伏地层整合接触；以灰岩消失、大套白云岩出现为顶界，三山子组整合上覆其上。研究区地层分区属于华北地层区淮河地层分区淮北地层小区，区内寒武系地层出露齐全，尤以中上寒武统出露较好，广布于萧县凤凰山、灵山、白土、庄里、宿县夹沟、韩家、淮北市相山等地（安徽省地质矿产局，1987）。

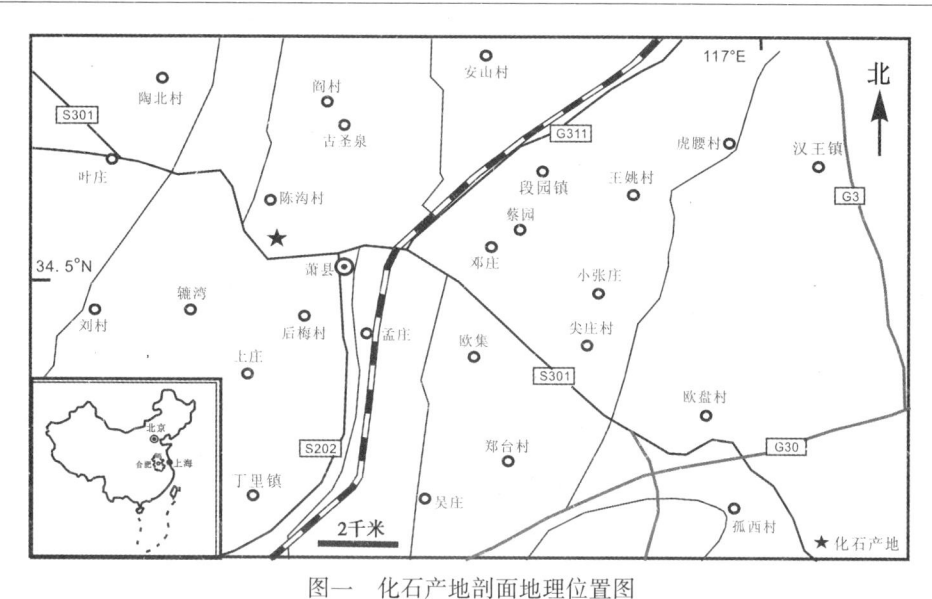

皖北地区寒武系芙蓉统三叶虫褶盾虫属 *Ptychaspis* 及其种内差异

图一　化石产地剖面地理位置图
剖面位置位于安徽宿州萧县县城西北方向 1.5 公里的凤凰山

该剖面地层情况见图二。本文全部标本均保存在中国科学院南京地质古生物研究所（NIGP）。

二　系统古生物

本文中所使用的三叶虫形态描述术语，主要参考卢衍豪等（1963），Shergold（1975）和 Whittington 和 Kelly（1997）所述。文中所有标本产地为萧县凤凰山（文中缩写为 WXN），UN 表示该剖面层位不定的标本。

褶颊虫目　Order Ptychopariida Swinnerton, 1915。

指纹头虫超科　Superfamily Dikelocephalacea Miller, 1889。

褶盾虫科　Family Ptychaspididae Raymond, 1924。

褶盾虫属　Genus *Ptychaspis* Hall, 1863。

1863　*Ptychaspis* Hall, pp. 170—171.

1924　*Ptychaspis* Hall, Raymond, pp. 449—450.

1933　*Asioptychaspis* Kobayashi, p. 116.

1935　*Ptychaspis* Hall, Sun, pp. 26—28.

1944　*Ptychaspis* Hall, Shimer and Shrock, p. 631.

1952　*Ptychaspis* Hall, Bell *et al.*, p. 192.

1959　*Ptychaspis* Hall, Moore, p. 320.

1963　*Ptychaspis* Hall, 卢衍豪等，第 114 页。

1965　*Ptychaspis* Hall, 卢衍豪等，第 424 页。

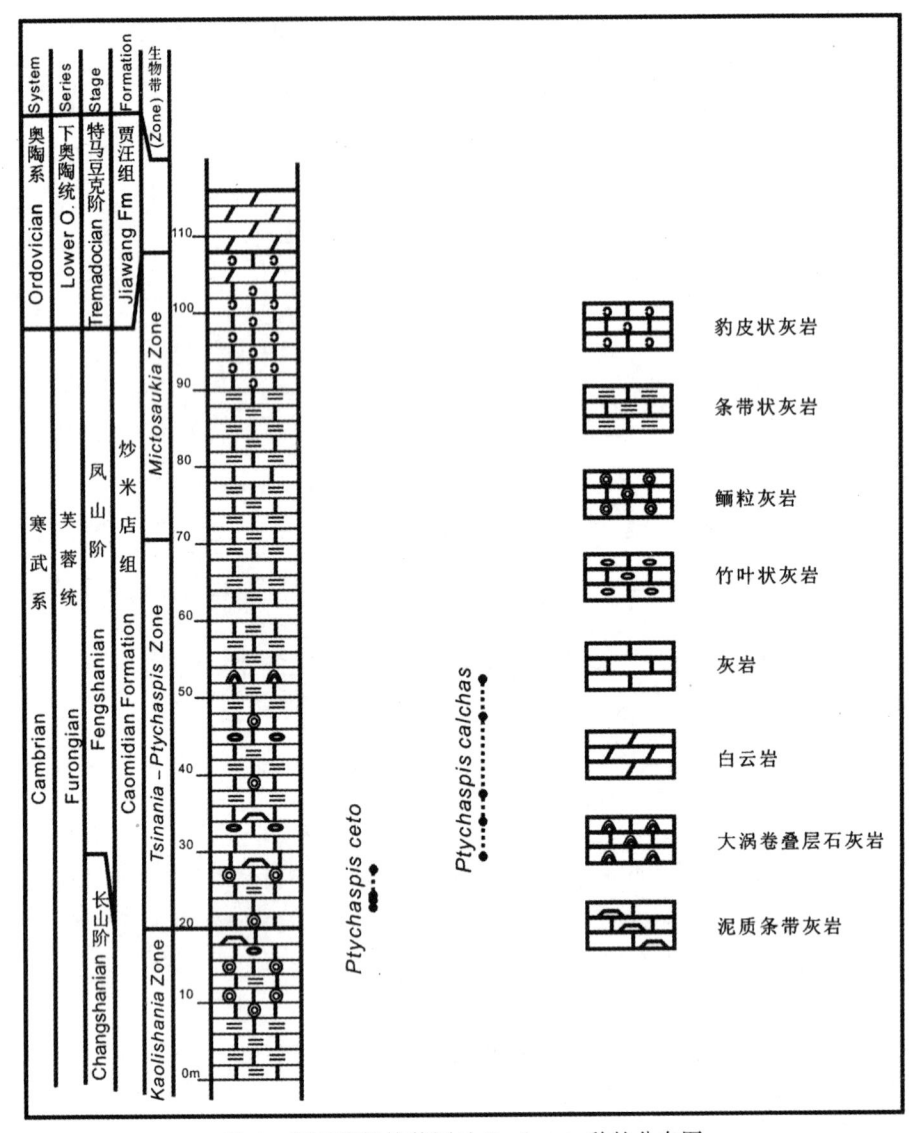

图二　剖面岩性柱状图及 Ptychaspis 种的分布图

1980　*Ptychaspis* Hall, 南润善, 第 506 页。
1987　*Ptychaspis* Hall, Zhang and Jell, p. 227.
1992　*Ptychaspis* Hall, 朱乃文, 第 358 页。
2007　*Asioptychaspis* Kobayashi, Sohn and Choi, pp. 302—304.
2010　*Asioptychaspis* Kobayashi, Park and Choi, pp. 310—319.

模式种　*Dikelocephalus miniscaensis* Owen, 1852（p. 574, tab. 1, figs. 3, 12, tab. 1A, figs. 4, 5），产自美国明尼苏达州靠近 Miniskah 河口、山岛等地的 Longkock 组；由 Miller（1889）指定。

其他种　*Dikelocephalus granulosa* Owen，1852（p.575，tab.1，figs.5，7，13），产自美国明尼苏达州、威斯康星州的 Miniskah 和 Trempealeau 灰绿色砂岩中；*Ptychaspis minuta* Whitefield，1878（p.55；Whitefield，1882，p.186，pl.i，figs.25—26），产于美国威斯康星州 St. Croix；*P. calchas* Walcott，1905（p.72；1913，p.183，pl.16，figs.13，13a），*P. calyce* Walcott，1905（p.72；1913，p.184，pl.16，figs.15，15a），*P. ceto* Walcott，1905（p.73；1913，pp.185—186，pl.16，figs.17，17a–b，17d，非17c），*P. cacus* Walcott，1905（p.69；1913，p.181，pl.17，figs.10—11），*P.*？spp. undt. Walcott（1905；1913，p.185，pl.17，fig.6），以上各种皆产自中国山东炒米店灰岩；*P. affinis* Raymond，1924（p.450，pl.14，fig.6），产自美国佛蒙特州；*P.*？*fengshanensis* Sun，1935（pp.31—32，pl.4，figs.13），产自中国河北凤山组；*P. tuberosa* Bell et al.，1952（pp.193—194，pl.36，figs.3a—d，pl.37，fig.1），产自美国明尼苏达州；*P. delta* Shergold，1975（p.147，pl.29，figs.1—4），产自澳大利亚昆士兰西部黑山的"Chatsworth"灰岩中；*Ptychaspis pustulosa* An and Duan（段吉业等，2005，194页，图版46，图1—4），产自辽宁凌源凤山组。还有一些前人新建的种（如 *Ptychaspis arcolensis* Nelson，1951，p.779），由于标本照片特征不清或保存质量太差，笔者未全部列入其他种中。

属征修订　头鞍近圆柱形并强烈分叶，前部浑圆，头鞍前叶强烈凸起，背沟两侧近平行。一般可见两对鞍沟，S1、S2 清晰且常相连；某些标本可见 S3 但较为模糊。眼叶中等大小，位于较前方或中部。前边缘一般较宽（sag.）并向腹侧延展，边缘沟缺失。面线前支短，一般向前略收缩或近于平行，面线后支向下弯曲直达基部，切于后边缘中部。活动颊亚梯形，边缘向腹部延伸且较厚，颊刺较长。尾部横宽，中轴较为凸起，分为 3—4 个环节。肋沟清楚。壳面有些具粒点或不规则线纹。

讨论　Hall 于 1863 年将 Owen（1852）所描述的 *Dikelocephalus miniscaensis*（p.574，tab.1，figs.3，12，tab.1A，figs.4，5）和 *Dikelocephalus granulosus*（p.575，tab.1，figs.5，7，13）进行更正并归入他所建的新属 *Ptychaspis* 中。Whitefield（1878）认为 Hall 描述的 *P. granulosa*（1863，pp.173—174，pl.6，figs.33—34）和 Owen 描述的 *D. granulosus* 是两个明显不同的种，所以将 Hall 的 *P. granulosa* 更名为另一个新种 *P. striata*。然而笔者经过对两者图版的比对，并不同意 Whitefield 的观点，而认为 Hall 的看法是正确的，他所描述的两个种正是对应于 Owen 描述的 *Dikelocephalus* 的两个种。

当 *Ptychaspis* 建立时，Hall 并没有指定哪个种作为模式种。由于当时 *P. miniscaensis* 放置在 *P. granulosa* 之前，所以 Miller（1889）将前者指定为模式种。但是 Raymond（1924，pp.449—450）认为 *P. striata* 更符合 Hall 对该属的定义，因而另将 *P. striata* 选为模式种。然而 Bell 等（1952，p.192）认为由于不符合国际命名法规，所以 Raymond 的指定是无效的，因为 *P. striata* 根本不存在于 Hall 最初建立该属的各种中，而且模式种的指定也应该符合优先法则。在 Bell（1952）之前，Shimer 和 Shrock（1944，p.631）又将 *P. granulosus*（= *Dikelocephalus granulosus*）指定为模式种，但是 Bell 等

(1952) 也不同意这一指定。笔者同意 Bell 等的观点，并认为 Shimer 和 Shrock 没有订正 *P. granulosus* 词尾的性别也不符合命名法规。综上所述，只有 Miller (1889) 指定的 *P. miniscaensis* 才是有效的模式种。

褶盾虫属的形态特征与索克虫类有一些相似，因而在研究中两者经常出现混淆。Walcott (1905) 根据采自中国山东炒米店灰岩的标本建立了很多褶盾虫新种，但当时并未发表图影。其后，他于 1913 年重新发表了 11 个褶盾虫新种及两个存疑的未定种，并附有较多图影。在这些新种和保留命名种中，笔者认为，只有三个种及一个未定种属于褶盾虫：*Ptychaspis calchas* Walcott (p. 183, pl. 16, fig 13, 13a), *P. calyce* Walcott (p. 184, pl. 16, figs. 15, 15a), *P. ceto* Walcott (p. 185, pl. 16, figs 17, 17a—d) 和 *P. ?* sp. undt. Walcott (p. 185, pl. 17, fig. 6)。其他 8 个种和一个未定种属于索克虫类。孙云铸 (1924) 描记了若干新种以及一些变种 (如 *P. chinhsiensis*, *Ptychaspis subglobosa* Grabau in Sun, *P. suni* Grabau in Sun, *P. angulata* var. *chinensis*)，根据图影可以判断，它们多数都很可能是索克虫类。只有 *Ptychaspis subglobosa* 是属于褶盾虫的有效种。Zhang 和 Jell (1987) 所列出 *P. cacus* (p. 228, pl. 116, fig. 9) 的活动颊也不属于该属，而根据其眼叶大小、位置和颊面情况，笔者认为很可能属于索克虫类。

Asioptychaspis 是 Kobayashi (1933) 为了区别于北美的褶盾虫类而建立的属，并认为两者的区别在于 *Asioptychaspis* 具有更窄的固定颊，眼较小并更靠近头鞍，而 *Ptychaspis* 的眼较远离头鞍，中间有眼脊连接头鞍；并且后者具有一明显的边缘，而前者不具有。最近，韩国学者 (Sohn and Choi, 2007; Park and Choi, 2010) 也认为 *Asioptychaspis* 是有效属名，并对 *Asioptychaspis subglobosa* 种进行了生物地层和个体发育方面的详尽研究，认为 *Asioptychaspis* 与 *Ptychaspis* 区别在于前者头鞍长、强烈凸起，背沟平行向前扩张，眼叶较大，位于头鞍中部之前。然而笔者认为，他们列出的以上区别是符合 *Ptychaspis* 属征的，甚至有些区别在同种中也出现了过渡变化。因此笔者同意 Zhang 和 Jell (1987), Zhu (2008) 认为该属等同于褶盾虫属，为其晚出异名，且作为亚属也不成立，因为这些区别并非稳定存在，不应作为属间差异。

时代分布　华北及东北南部，寒武系芙蓉统江山阶上部；另见于美国明尼苏达州和威斯康星州、澳大利亚以及亚洲东部的韩国等地区 (图三、图四：1)。

绥多褶盾虫　*Ptychaspis ceto* Walcott, 1905

1905　*Ptychaspis ceto* Walcott, p. 73.
1913　*Ptychaspis ceto* Walcott, p. 185, pl. 16, figs. 17, 17a—b, d.
1923　*Ptychaspis subglobosa* Grabau in Sun, p. 99.
1924　*Ptychaspis subglobosa* Grabau in Sun, p. 72, pl. 5, figs. 3a—d.
1933　*Asioptychaspis subglobosa* (Grabau), Kobayashi, p. 118, pl. 12, figs. 1—7.
1933　*Asioptychaspis sphaira* Kobayashi, p. 119, pl. 12, figs 11—13.
1935　*Ptychaspis subglobosa* Grabau, Sun, p. 28, pl. 4, figs. 10—12.

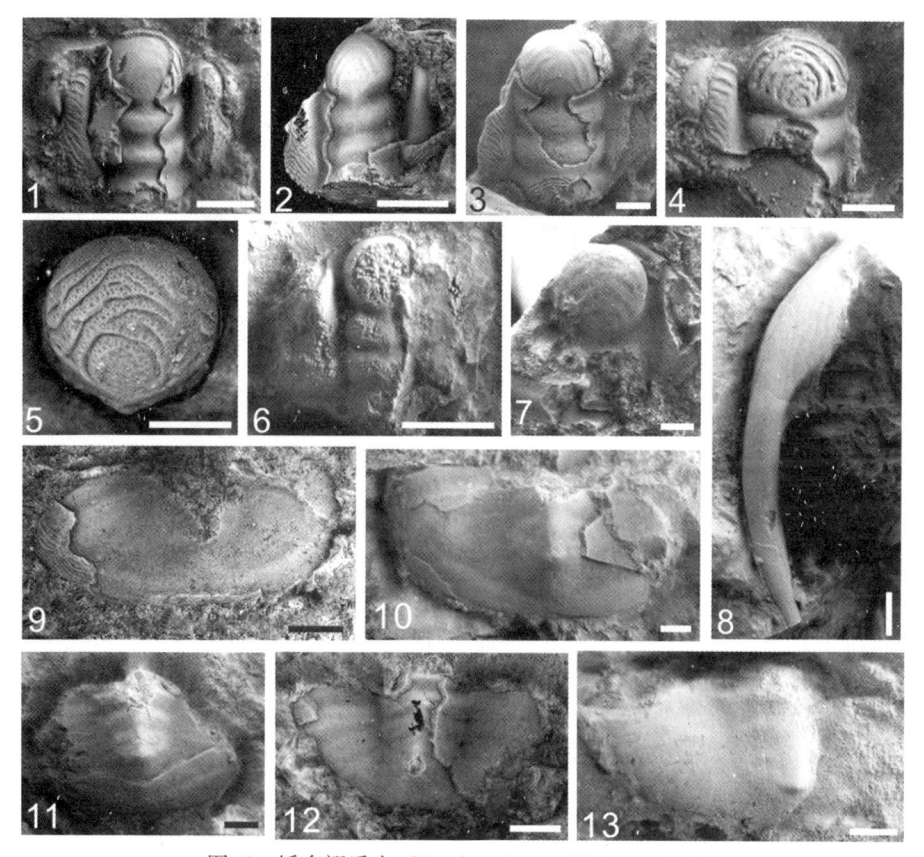

图三 绥多褶盾虫 (Ptychaspis ceto Walcott, 1905)

全部标本采自安徽萧县凤凰山剖面（WXN）Tsinania – Ptychaspis 带。比例尺除了图 4 为 1 毫米，8 为 4 毫米，其余皆为 2 毫米。1—7. 为头盖标本，8. 为活动颊标本，9—13. 为尾部标本。1. NIGP159044，中间部分外壳剥落，见一般特征，如球状的头鞍前叶、较大的眼叶、壳体表面的纹饰；2. NIGP159045，头鞍中间外壳剥落，可见清晰的头鞍和纹饰；3. NIGP159046，头盖部分外壳剥落；4. NIGP159047，不完整头盖，见较大的眼叶位于固定颊前侧；5. NIGP159048，仅见头鞍前叶，可见表面清晰的线纹状纹饰，其间密布疹点；6. NIGP159049，不完整头盖；7. NIGP159050，不完整头盖，主要可见突起的头鞍前叶，略见前边缘；8. NIGP159051，粗壮的活动颊，可以看见其表面的线状纹饰；9. NIGP159052，外壳剥落，可见较宽的外边缘；10. NIGP159053；11. NIGP159054，尾部破损，分四节；12. NIGP159055a；13. NIGP159056。

1935 *Ptychaspis brevicus* Sun, p. 28, pl. 4, figs. 7—9.

1937 "*Ptychaspis*" *sphaerica* Resser and Endo in Endo and Resser, p. 273, pl. 55, figs. 10—13.

1937 "*Ptychaspis*" *asiatica* Resser and Endo in Endo and Resser, p. 272, pl. 56, figs. 4—7, 9, 非 8。

1937 *Asioptychaspis ceto* (Walcott), Endo and Resser, p. 272, pl. 56, figs. 1—3.

1957 *Ptychaspis subglobosa* Grabau, 卢衍豪，第 286 页，图版 148，图 9。

1965　*Ptychaspis ceto* Walcott, 卢衍豪等, 第 426 页, 图版 82, 图 5—6。

1965　*Ptychaspis brevicus* Sun, 卢衍豪等, 第 425 页, 图版 81, 图 16—17。

1965　*Ptychaspis sphaerica* Resser and Endo, 卢衍豪等, 第 427 页, 图版 82, 图 13—16。

1965　*Ptychaspis sphaira* (Kobayashi), 卢衍豪等, 第 426 页, 图版 82, 图 17—19。

1965　*Ptychaspis subglobosa* Grabau, 卢衍豪等, 第 426 页, 图版 83, 图 1—8。

1977　*Ptychaspis brevicus* Sun, 周天梅等, 第 203 页, 图版 60, 图 8。

1980　*Ptychaspis brevicus* Sun, 南润善, 第 507 页, 图版 208, 图 7—8。

1980　*Ptychaspis subglobosa* Grabau, 南润善, 第 507 页, 图版 208, 图 4—6。

1983　*Ptychaspis subglobosa* Grabau, 仇洪安等, 第 192 页, 图版 64, 图 12。

1985　*Ptychaspis subglobosa* Grabau, 张进林、王绍鑫, 第 468 页, 图版 141, 图 1—3。

1985　*Ptychaspis shanxiensis* Sun, 张进林、王绍鑫, 第 468 页, 图版 141, 图 4—5。

1987　*Ptychaspis ceto* Walcott, Zhang and Jell, p. 227, pl. 111, figs. 3—12; pl. 112, figs. 2—5.

1987　*Ptychaspis subglobosa* Grabau, Zhang and Jell, p. 227, pl. 112, figs. 6—11.

1987　*Ptychaspis asiatica* Resser and Endo, Zhang and Jell, p. 228, pl. 112, figs. 12—13; pl. 113, figs. 1—4.

1989　*Ptychaspis subglobosa* Grabau, Zhu and Wittke, p. 227, pl. 11, figs. 9—11; pl. 13, figs. 1—7.

1992　*Ptychaspis subglobosa* Grabau, 朱乃文, 第 359 页, 图版 121, 图 4。

1992　*Ptychaspis shanxiensis* Sun, 朱乃文, 第 359 页, 图版 121, 图 3。

1994　*Ptychaspis ceto* Walcott, 郭鸿俊、丁旋, 第 128 页, 图版 1, 图 18—19。

2007　*Asioptychaspis subglobosa* (Grabau), Sohn and Choi, p. 304, figs. 4e—r.

2010　*Asioptychaspis subglobosa* (Grabau), Park and Choi, p. 310—318, figs. 4—6, 8.

正模　USNM58100, 破损头盖一枚 (Walcott, 1913, pl. 16, fig. 17), 产自山东燕庄。

新材料　头盖 9 枚; 活动颊 10 枚; 尾部 4 枚; 采自 WXN‑9hi 至 WXN‑9ab 段。

描述　头鞍窄 (tr.), 突出, 半圆柱形, 上下宽度较均一, 前部稍宽于中部; 具两条鞍沟, 并完全横穿: S1 较直; S2 由两侧背沟向下延伸并水平相交于中心。L1 宽度较均一; L2 两端略微向前弯曲, 但未变宽 (sag.); L3 宽 (sag.), 向前弯曲呈球状。颈沟明显, 中间直, 两端略微向前弯曲, 延伸至背沟; 颈环窄 (sag.), 明显, 强烈突起。背沟深切头盖。眼叶大小中等, 短棒状, 突起, 位于固定颊前侧, 与背沟距离为 1/3 头鞍宽度 (tr.)。面线前支较短, 向前稍弯, 并迅速下转切于圆滑的前边缘; 面线后支大角度向下延伸至后边缘。在头鞍、固定颊表面常具线状纹饰。

活动颊细长, 外边缘加厚, 强烈翻卷至腹侧; 具一粗壮颊刺; 颊面可具条纹状纹饰，而表层脱落后为里层的光滑壳面。

尾部横宽（tr.），宽度约为长度（sag.）的2倍；尾轴锥形，较短，突起，向下变窄（tr.），分4节，距边缘约为尾轴长度（sag.）的1/2；具一较宽的外边缘；肋沟、间肋沟较微弱，肋区两侧稍突起；壳体表面常具条纹状纹饰。

比较　当前材料与 *Ptychaspis ceto* Walcott 的正模标本（Walcott，1913，pl.16，fig.17）在头鞍形状、头鞍前叶强烈球状，前边缘，眼叶位置等特征上都较为一致，因此笔者将当前标本归入 *Ptychaspis ceto* 中。

本种和模式种 *Ptychaspis miniscaensis*（Owen，1852）的主要区别主要在于后者头鞍凸度较小，头鞍前叶未呈强烈球状，S2不横穿，固定颊在眼区位置较宽（tr.），壳体表面较光滑，尾部形状半圆形；与 *Ptychaspis granulosa*（Owen，1852）的区别主要在于后者头鞍前叶形状较为方圆，眼叶位置偏后，固定颊在眼区位置较宽（tr.），壳体表面强烈疣点状，尾部形状近三角形。

本种存在多个晚出异名，如 *Ptychaspis subglobosa* Grabau *in* Sun，1924，*Asioptychaspis sphaira* Kobayashi，1933，*P. brevicus* Sun，1935；"*Ptychaspis*" *sphaerica* Resser et Endo，1937，"*Ptychaspis*" *asiatica* Resser et Endo，1937。笔者认为，前人研究中建立这些新种所列出的种间差异，完全可能是由于保存或者个体差异造成的，详细论述见后面的种内差异研究。

产地与层位　华北及东北南部，亚洲东部韩国等地；皖北寒武系芙蓉统 *Tsinania - Ptychaspis* 带。

凯氏褶盾虫　*Ptychaspis calchas* Walcott，1905（图四：2、图五）

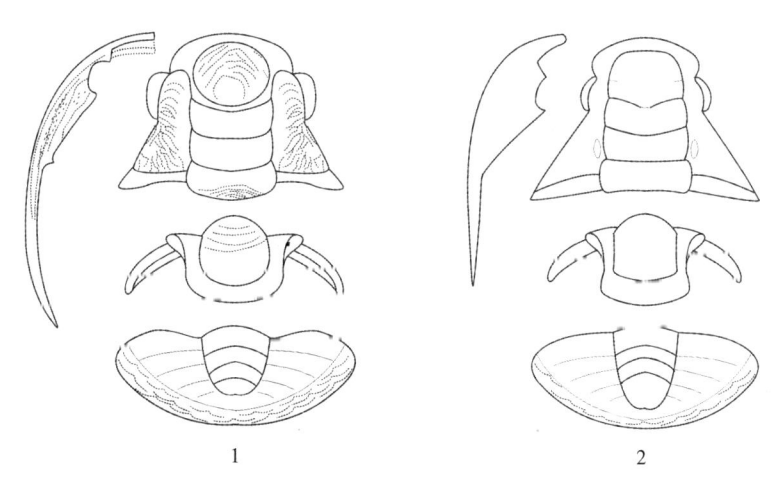

图四　褶盾虫属两个种头盖（背视和前视）、活动颊和尾部复原

1. *Ptychaspis ceto* Walcott，1905，据正模标本 USNM58100 和本文插图3复原，另头盖前边缘是根据 Zhu 和 Wittke（1989），pl.13，fig.2 和 Park 和 Choi（2010），figs.5，15，18 复原，活动颊前部及腹边缘情况是根据 Park 和 Choi（2010），figs.6，14，26 复原；2. *Ptychaspis calchas* Walcott，1905，据本文图五复原。

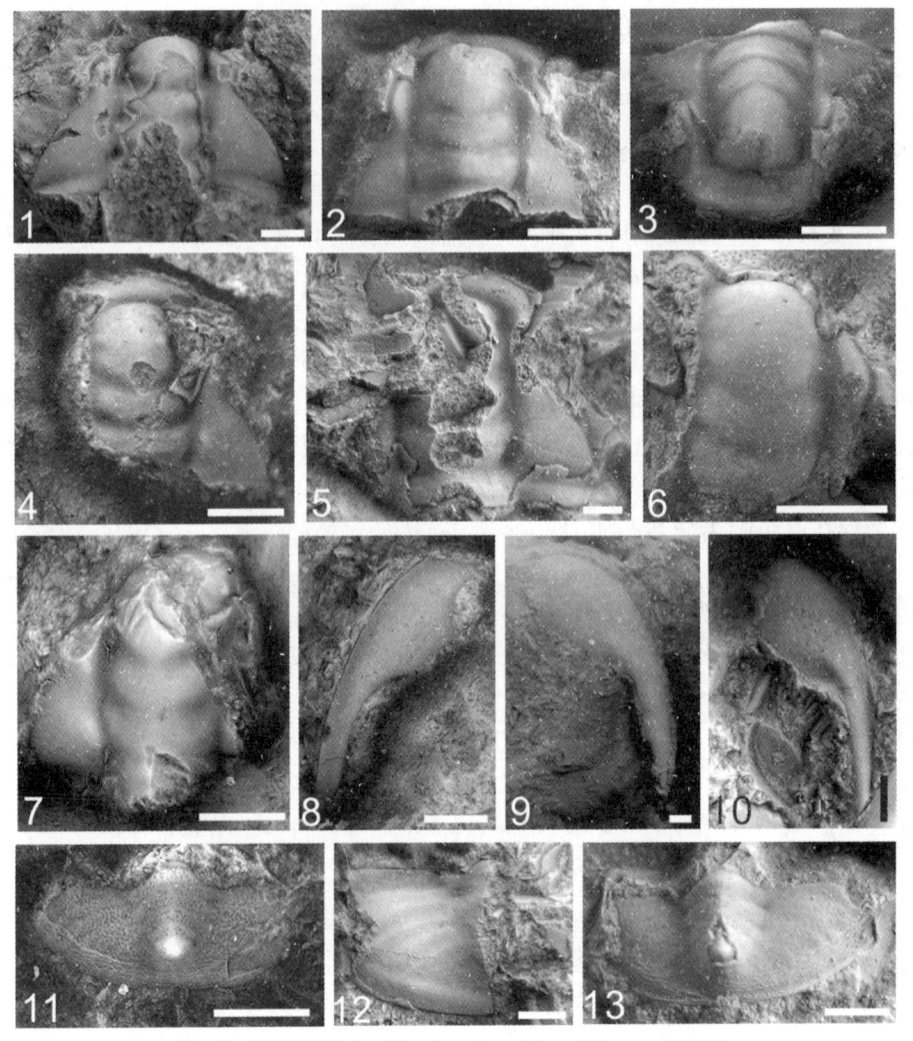

图五 凯氏褶盾虫（Ptychaspis calchas Walcott, 1905）

全部标本采自安徽萧县凤凰山剖面（WXN）。比例尺除了图1为4毫米，图13为1毫米，其余皆为2毫米。1—7为头盖标本，8—10为活动颊标本，11—13为尾部标本。1. NIGP159057，见一般特征，如突起的头鞍、微弱的S3、较小的眼叶、固定颊较宽、壳体表面光滑；2. NIGP159058可见前边缘；3. NIGP159058，2的前视图，可见较宽的前边缘；4. NIGP159059，不完整头盖；5. NIGP159060；6. NIGP159061；7. NIGP159062；8. NIGP159055b，活动颊颊刺长且强壮，见部分面线，表面光滑；9. NIGP159063，可见较清晰的面线，长的颊刺；10. NIGP159064，活动颊缺失前端，见颊刺；11. NIGP159065，尾部横宽，边缘较窄，尾轴突出，分四节，表面具纹饰；12. NIGP159066，边缘窄，肋沟、间肋沟不明显；13. NIGP159067，可见尾轴突出，分四节，外边缘窄，表面具纹饰。

1905 *Ptychaspis calchas* Walcott, p. 71.

1913 *Ptychaspis calchas* Walcott, p. 183, pl. 16, figs. 13, 13a, 13a'.

1933 *Asioptychaspis ceto* (Walcott), Kobayashi, p. 119, pl. 11, fig. 14.

1933　*Quadraticephalus calchas* （Walcott）, Kobayashi, p. 122, pl. 11, fig. 13, pl. 12, figs. 8—9.

1933　*Quadraticephalus pyrus* Kobayashi, p. 123, pl. 7, fig. 8.

1935　*Ptychaspis shanxiensis* Sun, p. 29, pl. 4, figs. 1—6.

1937　*Quadraticephalus? Calchas* （Walcott）, Endo and Resser, p. 364, pl. 72, figs. 4—6, 非 figs. 7—8。

1951　*Haniwa quadrata* Kobayashi, Kobayashi, p. 77, pl. 7, fig. 7.

1951　Saukiid – pygidium, gen. and sp. undt., Kobayashi, p. 79, pl. 7, fig. 12.

1965　*Ptychaspis shanxiensis* Sun, 卢衍豪等, 第 426 页, 图版 82, 图 7—12。

1965　*Quadraticephalus*（?）*calchas*（Walcott）, 卢衍豪等, 第 433 页, 图版 84, 图 17—22。

1983　*Quadraticephalus*（?）*calchas*（Walcott）, 仇洪安等, 第 193 页, 图版 64, 图 11。

1987　*Changia calchas*（Walcott）, Zhang and Jell, p. 231, pl. 113, figs. 7, 8; pl. 114, fig. 8.

1994　*Quadraticephalus calchas*（Walcott）, 郭鸿俊、丁旋, 第 129 页, 图版 1, 图 20; 图版 2, 图 13。

选模　USNM58093, 破损头盖一枚 （Walcott, 1913, pl. 16, fig. 13）; 由 Zhang 和 Jell （1987）后来选定。

新材料　头盖 10 枚; 活动颊 6 枚; 尾部 4 枚; 产自 WXN – 8cd 至 WXN – 3no 段。

产地与层位　中国华北及东北南部; 寒武系芙蓉统江山阶上部, *Tsinania – Ptychaspis* 带底部, 稍晚于上面的绥多褶盾虫出现 （Fig. 2）。

种征　头盖突出, 颊面较宽; 头鞍中等突起; 具两条横穿的鞍沟 S1、S2, 并可见模糊的 S3; 前边缘较宽 (sag.), 向腹侧延展; 眼叶小, 靠近头鞍及前边缘。

描述　头鞍大而突出, 近亚长方形, 宽度 (tr.) 为长度 (sag.) 的 2/3, 头鞍前边缘较宽 (sag.), 向腹侧延展。具两对横穿的鞍沟, 并可见模糊的 S3: S1 由头鞍 1/3 处向下延伸, 中间由一条横盲沟连接; S2 较浅, 向下倾斜会聚于中心; S3 短, 模糊, 有时不显。颈沟深切头鞍; 颈环宽度较均匀。背沟深而明显, 一直延伸到头鞍之前; 在 L0 两侧具一对轻微突起的疣凸。眼叶小, 靠近头鞍, 位于 L2—L3 之间。面线前支短, 略向外弯曲延伸至前边缘; 面线后支与背沟呈 30 度角向下弯曲, 切于后边缘。后侧翼三角形, 较为狭长 (exsag.), 宽度 (tr.) 与头鞍基部宽度基本相同。

活动颊外边缘厚, 具少量径向粗条纹, 并向前延伸。颊面宽 (tr.), 较凸起。颊刺较细长。表面一般较为光滑。

尾部横宽 (tr.), 轴部较长 (sag.), 突出, 分 4 节, 距边缘约为尾轴长度 (sag.) 的 1/3; 具一较窄 (sag.) 的外边缘; 肋沟、间肋沟较微弱, 肋区两侧翻起; 壳体表面有时具少量纹饰。

比较 当前材料与 *Ptychaspis calchas* Walcott 的选模标本（Walcott, 1913, pl. 16, fig. 13）的头鞍形状、前边缘和鞍沟等特征都较为相似，因此笔者将当前标本归入 *Ptychaspis calchas* 中。

Kobayashi（1933）和卢衍豪等（1965）将 Walcott（1905）所建的 *Ptychaspis calchas* 转移到 *Quadraticephalus* 中，而 Zhang 和 Jell（1987）认为 *Quadraticephalus* 是 *Changia* 的晚出异名，因此又将 *Ptychaspis calchas* Walcott 转移到 *Changia* 中。卢衍豪等（1965）和 Zhang 和 Jell（1987）同时认为 *Ptychaspis calchas* Walcott 具有 *Ptychaspis* 与 *Changia* 之间过渡的形态特征，从头鞍形状和头鞍沟特点来看符合 *Ptychaspis* 的特征，但在前边缘和面线前支走向上更类似于 *Changia*，并认为前边缘和面线前支走向的特征是更主要的，因此将 *Ptychaspis calchas* 放入 *Changia*（= *Quadraticephalus*）中。此外 Zhang 和 Jell 还认为其中一枚头盖（1987, pl. 113, figs. 7–8）是幼年标本，所以具有一些类似 *Ptychaspis* 的特征。笔者同意他们对 *Ptychaspis calchas* Walcott 具有 *Ptychaspis* 与 *Changia* 之间过渡的形态特征的观点。然而笔者认为头鞍特征更为重要：*Ptychaspis* 头鞍两侧的背沟平行，头鞍前叶较为凸圆，S1、S2 中间相连；而 *Changia* 的两侧背沟向后扩大，头鞍前叶不突出，S1、S2 中间一般不相连。从 Zhang 和 Jell 重新拍摄 Walcott 的原始图影（1987, pl. 113, figs. 7, 8, pl. 114, fig. 8）可以看出这两枚头盖两侧背沟平行、头鞍前叶较凸圆、S1 和 S2 中间相连、前边缘急剧向前倾斜等特征都较符合 *Ptychaspis* 的特征，因此笔者认为 Walcott（1905, 1913）将 *Ptychaspis calchas* 归入 *Ptychaspis* 属是更为合理的。

本种和模式种 *Ptychaspis miniscaensis* 的主要区别主要在于后者 S2 不横穿，前边缘较窄（sag.）圆，固定颊在眼区位置较宽（tr.），尾部形状半圆形；与 *P. granulosa* 的区别主要在于后者前边缘较窄（sag.）圆，眼叶位置偏后，固定颊在眼区位置较宽（tr.），壳体表面是强烈疣点状，尾部形状近三角形；与北美另一种 *P. tuberosa* 在头鞍形状、固定颊大小、眼叶位置、表面纹饰以及尾部边缘等方面皆有差异。本种与澳大利亚的 *P. delta* 相比，后者前边缘较平坦，尾部三角形等特征可以与本种区别。

本种存在多个晚出异名，如 *Ptychaspis shanxiensis* Sun, 1935；*Quadraticephalus*（?）*calchas*（Walcott），1905。笔者认为，前人研究中建立这些新种所列出的种间差异，完全可能是由于保存或者个体差异造成的，因为它们中间存在过渡形态，详细论述见后面的种内差异研究。

三 种内差异

生物体的表型变异不仅显示了种群之间的连续性，而且也与生物类群的适应性和进化性有关。种内差异普遍存在于现生生物界中，而在古生物学上的研究则相对较少。近年来，一些学者也对三叶虫某些属种所表现出来的种内差异作了一定研究（如 Hughes, 1994; Hopkins and Webster, 2009; Hopkins, 2011; Webster, 2011）。一般看来，由于生存时限较短的物种拥有相对更高的形态演化发生率，这一点也就表现在具有高表型变异上，因此生存时限短的种类就可能拥有较多的种内差异（Hopkins, 2011）。有证据表明，生境的范围越大，越可能延长物种的生存沿限（Kammer et al., 1997，1998）。在笔者看来，生物面对环境的变化可能有以下两种生存方式。多数生物会在固有的地理分布范围之内应对环境变化发生形态上变异，即通过改变自己来适应变化的环境；但往往它们因为过于适应特殊的环境却没有地理范围的扩大，因而不能拥有较长的生存延限，早早地被更进步的类型所替代。而另一些生物面对环境的变化，则是采取地理扩散的策略，自身形态并不发生较大改变，而是去寻找适合自己的环境定居下来，因而这些物种得以长时间存在。因此，形态变异少的物种，地理分布范围一般较大，也可能拥有较长的生存时限；而形态变异多的物种，往往地理分布范围较小，也常拥有较短的生存时限。

本文研究的两个种的生存时限都比较短，地理分布范围也局限于华北地区、东北南部和朝鲜半岛，因而可能具有更高的形态演化发生率，也就可能出现较多的种内差异。褶盾虫属这两个种的内部分别存在较大的种内差异，因而这也是造成前人研究中将其作为种间差异而建立诸多不同种的原因。

笔者认为，一般在化石属种中造成种内差异的原因主要有以下几个方面：种群内的个体差异，个体发育不同阶段的差异，性双形以及人为鉴定上的问题如化石保存埋藏过程中的埋藏变形作用等。对于本文两个种中存在的种内差异情况总结见表一。笔者认为，在同一地层中，种内差异在种群内部常常不具有特定规律，而是随机出现，且彼此间具有过渡类型；而种间差异常常具有截然不同的规律性形态特征，彼此间并不具有过渡类型。比如本文中的 *Ptychaspis ceto* 头鞍前叶球状程度就呈现出种内递变过渡的情况，可在以下晚出同义名中看出，其程度从高到低依次为 *P. sphaerica*，*P. subglobosa*，*P. ceto*。其中 *P. sphaerica* 和 *P. subglobosa* 之间也同样具有过渡类型（Sun, 1924, pl. 5, fig. 3b）。而 *Ptychaspis ceto* 和 *P. calchas* 之间则具有较为稳定的不同形态特征，详见以上两种的比较讨论和表一。

四 结论

本文对寒武系凤山阶地层产出的褶盾虫属进行了研究，并对比模式种及其他种，将本文的材料归入了 *Ptychaspis ceto* Walcott, 1905 和 *P. calchas* Walcott, 1905 两种中。本文同时也对前人有关该属不同种的描述进行了重新厘定，认为绝大多数种的建立，是由于将种内差异置于种间差异上而产生的。笔者认为，种内差异在属种鉴定上的重要性应在今后系统古生物研究中更加引起重视。

中国科学院南京地质古生物研究所的彭善池研究员对本文提出了许多有益的建议；刘青对本文提出了宝贵意见以及在野外工作中的大力支持；安徽区调队的齐敦伦在野外过程中提供了帮助，在此一并表示衷心的感谢。本文由国家科技部973项目

表一　褶盾虫属 Ptychaspis 两个种内部的种内差异比较表 Intraspecific variations within the two species of Ptychaspis respectively

有效种名	基本特征	晚出同义名（详见异名录）	产地	种内差异的表现	产生的原因
Ptychaspis ceto Walcott, 1905	头鞍前叶亚球形，强烈凸起；2条鞍沟横穿；眼叶狭长；后侧翼宽度等长于头鞍基部宽度；表面具不规则线纹，产于山东济南、泰安、吉林和辽宁	1923, 1924, 1935, 1957, 1965, 1983, 1985, 1987, 1989: P. subglobosa	山东泰安、河北、北京、安徽、山西、辽宁	头鞍前叶圆球状，鞍沟呈弓形，除不规则线纹外还具瘤点	个体差异，壳体表层剥落后可见内层瘤点结构
		1933, 2007, 2010: Asioptychaspis subglobosa	山东、河北、韩国	同上，尾甲三角形	鞍沟弯曲程度具有递变性，证明是个体差异。尾边缘保存不佳，导致尾甲轮廓变化
		1933, 1965: A. sphaira	辽宁五湖嘴盆地	前边缘较宽平，鞍沟不强壮，壳体表面光滑，尾甲5条轴沟	保存完整程度不同，表层壳体脱落，图版上未见5条，可能是人为观察误差
		1935, 1965, 1977: P. brevicus	河北获鹿、河南林县	头鞍前叶短宽，前边缘陡，后侧翼横向宽	标本稀少，可能是个体差异或保存过程中的变形作用
		1937: A. ceto	山东、辽宁	前边缘极窄	本种由于头鞍前叶前高悬于前边缘之上，因而极少见下斜的前边缘
		1965, 1987, 1994: P. ceto	同上	头鞍前叶亚方形	个体差异或保存缘故

续表

有效种名	基本特征	晚出同义名（详见异名名录）	产地	种内差异的表现	产生的原因
		1937, 1965: *P. sphaerica*	辽宁复县	头鞍前叶球状更为强烈，尾边缘缺失	个体差异，具有过渡类型，保存不完整
		1985: *P. shanxiensis*	山西平鲁	表面光滑，尾甲轴沟4条	壳体外壳剥落，人为观察误差
		1937, 1987: *P. asiatica*	辽宁辽阳，烟台	头鞍向前扩大，颈环中部具小疣	个体差异
		1933: *Asioptychaspis zeto*	山东和东北南部	头鞍特征，眼叶较小，表面光滑等特征，都比较符合本种	人为判断错误
		1933, 1937, 1942, 1983: *Quadraticephalus calchas*	辽宁东部、山东、安徽	同上	人为归并问题
Ptychaspis calchas Walcott, 1905	头鞍前叶中等凸起，中间具一对微弱的短沟；眼叶较小；前边缘平坦，向前下侧延伸；后侧翼等宽三头鞍基部；表面光滑，尾甲横三角形；尾轴较长，具3条轴沟；尾边缘较窄；尾面有少量纹饰产于山东济南炒米店	1935, 1965: *P. shanxiensis*	山西黎城，辽宁	头鞍前叶较为凸起，尾甲半圆形	个体差异，错误的尾甲归属或保存不佳

(2013CB837100) 以及国家基础科学人才培养基金特殊学科点 (J1210006) 资金联合支持。

原载《古生物学报》2014 年第 6 期

参考文献

1. Bell W. C., Feniak O. W., Kurtz V. E., 1952. Trilobites of the Franconia Formation, Southeast Minnesota, *Journal of Paleontology*, 26 (2): 175—198.
2. Bureau of Geology and Mineral Resources of Anhui Province (安徽省地质矿产局), 1987, *Regional geology of Anhui*. Beijing: Geological Publishing House. 55—62 (in Chinese).
3. Chen Jun-yuan (陈均远), Qi Dun-lun (齐敦伦), 1982. Upper Cambrian cephalopoda from Suxian of Anhui Province, *Acta Palaeontologica Sinica* (古生物学报), 21 (4): 392—405 (in Chinese with English abstract).
4. Chen Jun-yuan (陈均远), Zou Xi-ping (邹西平), Chen Ting-en (陈挺恩), Qi Dun-lun (齐敦伦), 1979. Late Cambrian Ellesmerocerida (cephalopoda) of north China, *Acta Palaeontologica Sinica* (古生物学报), 18 (2): 103—128 (in Chinese with English abstract).
5. Endo R., Resser C. E., 1937. The Sinian and Cambrian Formations and Fossils of Southern Manchoukuo, *Manchurian Science Museum Bulletin*, 1: 1—473.
6. Guo Hong-jun (郭鸿俊), Ding Xuan (丁旋), 1994. Late Cambrian Fengshanian trilobites of Southern Jilin with special reference to the Cambrian-Ordovician boundary, *Journal of Changchun University of Earth Sciences* (长春地质学院学报), 24 (2): 121—134 (in Chinese with English abstract).
7. Hall J., 1863. Preliminary notice of the fauna of the Postdam sandstone; with remarks upon the previously known species of fossils, and description of some new ones from the sandstones of the Upper Mississippi Valley, *New York State Cabinet of Natural History*, 16th Annual Report, Appendix D, Contribution to Palaeontology: 119—222.
8. Hopkins M. J., 2011. How species longevity, intraspecific morphological variation, and geographic range size are related: a comparison using Late Cambrian trilobites, *Evolution*, 65 (11): 3253—3273.
9. Hopkins M. J., Webster M, 2009. Ontogeny and geographic variation of a new species of the Corynexochine trilobite *Zacanthopsis* (Dyeran, Cambrian), *Journal of Paleontology*, 83 (4): 524—547.
10. Hughes Nigel C., 1994. Ontogeny, intraspecific variation, and systematics of the Late Cambrian trilobite *Dikelocephalus*, *Smithsonian Contributions to Paleobiology*, 79: 1—89.
11. Kammer T. W., Baumiller T. K., Ausich W I, 1997. Species longevity as a function of

niche breadth: evidence from fossil crinoids. *Geology*, 25: 219—222.

12. Kammer T. W., Baumiller T. K., Ausich W. I., 1998. Evolutionary significance of differential species longevity in Osagean – Meramecian (Mississippian) crinoid clades, *Paleobiology*, 24: 155—176.

13. Kobayashi T., 1933. Upper Cambrian of the Wuhutsui Basin, Liaotung, with special reference to the limit of Chaumitien (or Upper Cambrian) of estern Asia, and its subdivision, *Japanese Journal of Geology and Geography*, 11 (1/2): 55—155.

14. Kobayashi T., 1951. On the Late Cambrian (Fengshanian) fauna in eastern Jehol, *Transactions and Proceedings of the Palaeontological Society of Japan*, 3: 75—80.

15. Lu Yan – hao (卢衍豪), 1957. Trilobita. In: Nanjing Institute of Geology and Palaeontology, Academia Sinica (中国科学院南京地质古生物研究所) (ed.), *Index Fossils of China, Invertebrata, III*. Beijing: Geological Publishing House. 1—320 (in Chinese).

16. Lu Yan – hao (卢衍豪), Qian Yi – yuan (钱义元), Zhu Zhao – ling (朱兆铃), 1963, *Trilobites*. Beijing: Science Press. 1—186 (in Chinese).

17. Lu Yan – hao (卢衍豪), Zhang Wen – tang (张文堂), Zhu Zhao – ling (朱兆铃), Qian Yi – yuan (钱义元), Xiang Li – wen (项礼文), 1965, *Trilobites of China*. Beijing: Science Press. 1—766 (in Chinese).

18. Miller S. A., 1889, *North American Geology and Palaeontology*. Cincinnati, Ohio: Western Methodist Book Concern. 1—664.

19. Nan Run – shan (南润善), 1980. Trilobita. In: Shenyang Institute of Geology and Mineral Resources (沈阳地质矿产研究所) (ed.), *Palaeontological Atlas of Northeast China* (1). Beijing: Geological Publishing House. 484 – 518 (in Chinese).

20. Nelson C. A., 1951. Cambrian trilobites from the St. Croix Valley, *Journal of Paleontology*, 25: 765—784.

21. Owen D. D., 1852, *Report of a geological survey of Wisconsin, Iowa, and Minnesota*. Lippin – cott: Grambo and Co. 1—638.

22. Park T. Y., Choi D. K., 2010. Ontogeny and ventral median suture of the ptychaspidid trilobite *Asioptychaspis subglobosa* (Sun, 1924) from the Furongian (Upper Cambrian) Hwajeol Formation, Korea, *Journal of Paleontology*, 84 (2): 309—320.

23. Qiu Hong – an (仇洪安), Lu Yan – hao (卢衍豪), Zhu Zhao – ling (朱兆玲), Bi De – chang (毕德昌), Lin Tian – rui (林天瑞), Zhou Zhi – yi (周志毅), Zhang Quan – zhong (张全忠), Qian Yi – yuan (钱义元), Ju Tian – yin (鞠天吟), Han Nai – ren (韩乃仁), Wei Xiu – zhe (魏秀喆), 1983. Trilobita. In: Nanjing Institute of Geology and Mineral Resources, Ministry of Geology and Mineral Resources (地质矿产部南京地质矿产研究所) (ed.), *Palaeontological Atlas of East China* (1). Beijing: Geological Publishing House. 28—254 (in Chinese).

24. Shergold J. H., 1975, *Late Cambrian and Early Ordovician trilobites from the Burke River*

Structural Belt, western Queensland, Australia. Bulletin of the Bureau of Mineral Resources Geology and Geophysics, Australia, 153: 1—251.
25. Shimer H. W., Shrock R. R., 1944, *Index Fossils of North America*. New York: The Technology Press. 1—837.
26. Sohn J. W., Choi D. K., 2007. Furongian trilobites from the *Asioptychaspis* and *Quadraticephalus* zones of the Hwajeol Formation, Taebaeksan Basin, Korea, *Geosciences Journal*, 11 (4): 297—314.
27. Sun Yun‑chu, 1923. Upper Cambrian of Kaiping Basin, *Bulletin of the Geological Society of China*, 2: 93—100.
28. Sun Yun‑chu, 1924. Contributions to the Cambrian faunas of North China, *Palaeontologia Sinica* (Series B), 1 (4): 1—109.
29. Sun Yun‑chu, 1935. The Upper Cambrian trilobite‑faunas of North China, *Palaeontologia Sinica* (Series B), 7 (2): 1—93.
30. Walcott C. D., 1905. Cambrian faunas of China, *Proceedings of the United States National Museum*, 29: 1—106.
31. Walcott C. D., 1913. The Cambrian faunas of China. Carnegie Institution Publication 54, *Research in China*, 3: 3—276.
32、Webster M., 2011. The structure of cranidial shape variation in thre early Ptychoparioid trilobite species from the Dyeran‑Delamaran (traditional " Lower‑Middle" Cambrian) boundary interval of Nevada, U. S. A. *Journal of Paleontology*, 85 (2): 179—225.
33. Whitfield R. P., 1878. Preliminary descriptions of new species of fossils from the lower geological formations of Wisconsin, *Wisconsin Geological Survey*, Annual Report for 1877: 50—67.
34. Yao Lun‑qi（姚伦淇）, 1982. Upper Cambrian conodont fauna and stratigraphy of Fengshan Formation in northern Anhui, *Journal of Tongji University*, 3: 27—45 (in Chinese with English abstract).
35. Zhang Jin‑lin（张进林）, Wang Shao‑xin（王绍鑫）, 1985. Trilobites. In: Tianjin Institute of Geology and mineral Resources（天津地质矿产研究所）(ed.), Palaeontological Atlas of North China (1): *Palaeozoic*. Beijing: Geological Publishing House. 27—488 (in Chinese).
36. Zhang Wen‑tang, Jell P A, 1987. Cambrian Trilobites of North China, *Chinese Cambrian Trilobites Housed in the Smithsonian Institution*. Beijing: Science Press. 1—459.
37. Zhang Zeng‑qi（张增奇）, 1996. Cambrian‑Ordovician. In: Zhang Zeng‑qi（张增奇）, Liu Ming‑wei（刘明渭）(eds.), *Lithostratigraphy of Shandong Province*. Wuhan: China University of Geosciences Press. 1—328 (in Chinese).
38. Zhou Tian‑mei（周天梅）, Liu Yi‑ren（刘义仁）, Meng Xian‑song（孟宪松）, Sun Zheng‑hua（孙正华）, 1977. Trilobites. *In*: Hubei Institute of Geological Sciences,

Geological Bureau of Henan Province, Geological Bureau of Hubei Province, Geological Bureau of Hunan Province, Geological Bureau of Gudong Province, Geological Bureau of Guangxi Province (湖北省地质科学研究所, 河南省地质局, 湖北省地质局, 湖南省地质局, 广东省地质局, 广西壮族自治区地质局) (eds.), *Palaeontological Atlas of Central and Southern China* (1): Early Palaeozoic. Beijing: Geological Publishing House. 104—266 (in Chinese).

39. Zhu Nai-wen (朱乃文), 1992. Trilobita. *In*: Bureau of Geology and Mineral Resources of Jilin Province (吉林省地质矿产局) (ed.), *Palaeontological Atlas of Jilin Province*. Changchun: Jilin Science and Technology Press. 334—369.

40. Zhu Zhao-ling, 2008. Platform-facies non-agnostoids of Late Cambrian (Kushanian, Changshanian and Fengshanian). *In*: Zhou Zhi-yi, Zhen Yong-yi (eds.), *Trilobite record of China*. Beijing: Science Press. 136—161.

41. Zhu Zhao-ling, Wittke H W, 1989. Upper Cambrian trilobites from Tangshan, Hebei Province. *Palaeontologia Cathayana*, 4: 199—259.

我国动物标本剥制技术的起源与发展

韦 曙

  动植物标本的制作是自然博物馆一项的重要工作。所有关于生命科学、进化论、生物多样性等为主题的展览，无论在理念设计和展览形式上多么变化，都离不开师法自然、形态逼真的动植物标本。

  传统剥制技术是伴随动物学而诞生的一项具有多学科知识的专门技术，始于英国，至今已有 300 年的历史。我国的传统动物剥制技术是在欧洲剥制技术的基础上逐渐发展起来的，并形成了具有自己风格的两大派系，即"南唐北刘"。在南方以唐家为代表，1896 年始于福建，第一代创业者为唐旺旺和唐启秀。唐家擅长打猎，1896 年唐旺旺和唐启秀受雇于英国传教士 La Touche，为他采集并剥制鸟类标本。从此，唐家就以采集和标本制作为生计养家糊口。1930 年以前，主要在家乡附近从业，发展比较顺利。1930 年以后，由于 La Touche 的回国，加上战乱，迫使唐家离开故土去外乡寻找生路。这是一个举步艰难的时期。解放后，唐家的生活和标本制作均有了保障，因而得到了社会的广泛承认。刘家创业于我国农事试验场（今北京动物园）。该场筹建于 1906 年，1907 年正式对外开放。在 1907—1909 年，清政府直接派人从德国和国内辽东一带购买动物，加上全国各地贡选进京的动物，使试验场的动物在初创时期就有 100 余种、700 余只。这些动物不仅有我国特有物种，还有产于非洲、美洲、澳大利亚和欧洲各地的鸟兽。农事试验场在初创时，就设有动物标本室，并有 2 人于 1908 年跟随德国人勒克学习标本制作，其中一位就是刘树芳先生，另一位是许庆常先生，但许庆常先生因病早逝。1923—1937 年是刘家标本制作的鼎盛时期，在技术上已日臻成熟。除上班时制作了大量的动物标本外，为了维持生活，也私人制作标本出售。1938—1949 年间，刘家的标本制作走入低谷，生活也日渐贫苦。1949 年北京解放后，刘树芳带其四子重返动物园工作，为恢复动物标本制作做出了积极的贡献。1951 年由刘树芳先生主持，制作了我国第一个巨型剥制标本——亚洲象，并陈列在动物园内，这件标本在制作技术上达到了当时的最高水准。

  南北两家在制作手法上各有特色。唐家始终把采集、观察与标本制作融为一体，独自开辟出一条谋生之路——采集与标本制作；为了便于采集标本，独自设计猎枪和研制弹丸。唐家在制作手法上习惯采用填充法制作动物标本，通常用稻草、竹丝、木丝等材料，按动物原有的形态进行填充。例如在制作鸟的标本时，先用铅丝支架支撑起头部、尾部和双腿，将翅膀的尺骨固定到支架的背面，然后用稻草等材料直接填充。

这种方法具有省时、低成本、易掌握等特点，能较好地适用于鸟类、小型哺乳类动物。同时适于野外工作者和我国南方的气候环境。刘家的技术是把保护、饲养、繁殖野生动物和标本制作融为一体；他依托于农事试验场，擅长并制作了中国及一些世界范围的哺乳动物标本。在制作手法上则习惯采用假体法，即先用稻草、竹子、棉花等材料捆绑出与原动物形态相仿的假体，然后用铅丝连接，最后披上动物皮张。这种制作方法制作时间较长，由于填充物的差异，标本的重量略大于唐家制作的标本，但他在标本结构的准确性、坚固性以及在造型和对环境的适应性上，有自己的长处。南北两家都是我国早期的动物剥制标本的创立者，他们在各自的环境中克服困难，不断求新。在长期的实践活动中，积累了丰富的经验，并形成了自己特有的制作手法，为后人留下了宝贵的经验和研究素材，他们的技术风格奠定了我国目前剥制技术的基础。

随着科学和技术的发展，传统的标本剥制方法也有了很大的进步。现代剥制技术是一种以剥制技能为基础与现代模型技术及现代鞣制方法交织在一起的，由多学科、多项技术手段组合形成的综合性的科学技能，较之传统标本的剥制，无论是在制作理念还是技术上都有长足的进步。

首先是制作理念上的进步，现代动物标本剥制注重的是预先设计，所突出的是主题性和意义。在具体技术上，强调的是科学性、精确性和艺术性。例如，在标本制作前就要确定所要表现的主题，并根据内容设计标本的造型。在制作过程中，特别重视动物的形态尺寸，每个关键部位都要仔仔细细地精确测量，还要记录下动物的形态结构（特别是骨骼的位置和肌肉形态）。例如在鸟类标本的制作过程中，首先在剥制前，要求对其外形作详细的记录，特别是喙、眼球、掌、腿的颜色。条件许可的情况下，最好能拍下活体时的照片，这些都是以后在标本制作完成后上色的主要依据。另外在剥下皮张后，要将肌体作投影描绘（即用笔贴着肌体垂直地将外轮廓描勒下来）以获得肌体的基本形态，随后要对肌体作准确的测量，主要部位有体长、颈长、股围（大腿周长）、胫围（小腿周长）。在绑扎假体时完全遵循这些数据。因此，经过如此周密科学设计所制做出的标本，无疑能生动逼真地还原出动物生活时的面貌。相比之下，传统理念并不讲究设计，拿起一个动物就开始剥制、装架和充填，忽视了科学性、精确性和艺术性，至于标本的造型，则完全取决于制作师本人的意愿，带有很大的随机性。如此，用传统方法制作出的标本，在形态准确性、造型生动性、设计艺术性上，都大大落后于用现代剥制术所做出的标本，特别是那些形态比较复杂的陆生兽类标本。

在剥制技术上，翻模技术、新型填充材料的应用，皮张鞣制防腐等方面的进步，也使得剥制标本的整体效果得到提升。现代剥制标本尤其是中型至大型的兽类标本的制作，几乎都采用翻模雕塑法制作。即首先根据动物的肌肉结构特点，依据所做动物的姿态，准确地用陶土或雕塑土塑出动物的躯体。雕塑完成后进行翻模，翻模主要使用石膏，也可以使用硫化胶、硅胶等。最后在翻制好的模型上覆上动物皮张，完成标本的制作。使用雕塑法制作出的标本，可以使复原精度得到提高。而一些新型的填充材料如聚苯乙烯树脂、聚氨酯、树脂等的应用，取代了原来的稻草、棉花等，大大减轻了标本的重量，增强了标本的真实效果。另外，在现代剥制技术中，鞣制裘皮技术也应用进来。鞣制好的皮毛不仅在防腐方面优于生皮，更在防收缩变形方面尽显优势，鞣制好的裘皮可以避免所做标本在成型后由于环境中温、湿度的变化而发生变形和干裂。将经过鞣制的毛皮与翻制的动物假体模型结合起来，可以使动物标本在结构科学性和表现力方面都表现出较高的水平，从而提高了动物标本的整体效果。目前，国内外主要采用酸和铬盐鞣制裘皮。

最后在标本的防霉防虫等保养上，现代的剥制标本较之传统制作的标本更注重绿色环保。传统剥制标本的防霉防虫主要使用砒霜、氰化物等剧毒的化学药品，这样尽管起到了防霉防虫的效果，但是对于人体的危害也是显而易见的。而现代标本主要采用优兰（可以通过破坏皮张内的蛋白质结构，断绝昆虫的食物来源，来达到防虫效果）等无毒化学药品来处理动物皮张达到防虫效果。

现代剥制技术在世界一些发达国家已有60余年的历史。从假体的制作、皮张的鞣制到一些动物剥制的专用工具已经完全产业化，这些都大大缩短了标本制作的周期并降低了成本。而我国从1990年才开始从国外引进这项新技术，目前除少数博物馆和标本制作厂家掌握现代剥制技术外，大多数标本制作者仍沿用传统的剥制技术。即使是采用现代剥制技术制作的标本，由于生产的流程没有完全产业化，不仅制作周期过长，而且成本也较高。所以，我国的标本制作界应迅速全面推广这项新技术并走上产业化的道路，这样才能在短时间内缩小与发达国家的差距。

原载《常州文博》2009年第2期

双叉犀金龟（独角仙）饲养方法初探

蔡开明

双叉犀金龟（*Allomyrina* dichotoma）为鞘翅目犀金龟科叉犀金龟属昆虫，因雄性头部长有一只雄壮有力的角突，且其角顶部分叉而得名，极具观赏性。

双叉犀金龟主要分布于我国的吉林、辽宁、河北、山东、河南、江苏、安徽、浙江、湖北、江西、湖南、福建、台湾、广东、海南、广西、四川、贵州、云南，国外有朝鲜、日本的分布记载。

其成虫主要以树木伤口处的汁液或熟透的水果为食，故其野外主要分布于桃、梨等果园以及瓜田中；其幼虫主要以朽木、富含腐烂植物枝叶的泥土等为食，故其野外主要分布于林中腐殖土、锯末木屑堆、肥料堆和垃圾堆，乃至茅草房的屋顶间。

独角仙作为宠物昆虫，在日本、我国台湾、包括马来西亚等东南亚国家已有多年的饲养历史，深受青少年的喜爱，为昆虫知识在当地青少年中的普及发挥了积极的作用，同时也培养了青少年的爱心、耐心。

笔者从2007年开始对该种昆虫进行人工饲养，对其饲养与繁殖方法进行了初步的探索，积累了一定的养殖经验。

一　双叉犀金龟的形态特征及其生活习性

1. 成虫

双叉犀金龟成虫体大，栗褐到深棕褐色，具光泽，足发达，雌雄异形。雄性成虫体长39—56毫米（不含角突），宽22—30毫米，头正面有大而明显的角突，端部双分叉，前胸背板有一端部分义的小型角状突起。雌性成虫体长37—46毫米，宽21—26毫米，头部、前胸背板无角状突起，头中央具3个椭圆形瘤状突起，前胸背板中央具一"丁"字形凹沟，背面较为粗暗。雌、雄虫3对长足强大有力，末端均有利爪一对，是利于爬攀的有力工具。

2. 卵

双叉犀金龟卵椭圆形，初产时呈白色，半透明，长约3毫米，宽约2.5毫米，后渐变淡黄色，卵体吸收水分也渐膨大，孵化前长约5毫米，宽约4毫米。

3. 幼虫

双叉犀金龟幼虫体粗大，1、2龄时乳白色，3龄时淡黄色，静止时常呈"C"形弯曲，头壳赤褐色，上面具较大刻点，上颚发达。前顶刚毛常有一纵列较长，前胸气门前有一棕褐色近菱形斑，气门近圆形，较大，前胸气门板略大于腹部各节气门板。臀节腹板具锥状刺毛，排列不规则略呈三角形，其余为长针状刚毛。肛门孔横弧形。

4. 蛹

双叉犀金龟虫蛹的蛹体较光滑，黄褐色至深褐色，雌雄异形。雄蛹头部有角突，端部分叉，含角突体长48—56毫米，宽22—25毫米，前胸背板有角状突起。雌蛹头、前胸背板无角状突起，体长35—44毫米，体宽20—25毫米。

5. 羽化及产卵

双叉犀金龟成虫羽化时间一般持续数小时之久，之后便是大约7天的蛰伏期。成虫在蛰伏期过后便开始采食、交配、产卵等活动，卵一般产在腐朽的树干或富含腐烂植物枝叶的泥土中，如果是人工饲养的话，一般让其产卵至发酵木屑或人工腐殖土中。幼虫即以腐朽的树干或富含腐烂植物枝叶的泥土或发酵木屑或人工腐殖土为食，随着虫龄增加，食量渐大。

6. 双叉犀金龟生活史

双叉犀金龟其整个生活周期包括卵、幼虫、蛹、成虫四个阶段，在自然条件下，一般一年1代，成虫8月中旬为产卵盛期，9月上旬进入产孵高峰，8月下旬至10月底为幼虫活动期，11月上旬3龄幼虫进入休眠状态，在松软的腐殖层内越冬，温度较高时，仍可进行少量活动和取食。翌年5月下旬至6月上旬，幼虫陆续老熟、构筑蛹室，6月上旬开始化蛹，6月底至7月上旬大量羽化（华南地区部分5月即开始羽化）。羽化后的成虫不立即钻出蛹室，须在蛹室内完成部分器官发育，至7月下旬破蛹室，钻出土表觅食，完成生殖系统的发育，从而进行交配活动，8月初开始产卵。

二 饲养方法

1. 饲养前的准备

（1）饲料

双叉犀金龟成虫主要以熟透的植物果实、植物汁液等高糖分食物为食，除了这些，我们也可以专门的昆虫果冻来饲养双叉犀金龟成虫。我们在饲养双叉犀金龟成虫前，可以准备一些水果来饲喂它们，如苹果、香蕉、香瓜、西瓜、桃等，但最好饲以不易腐烂的水果，如苹果。双叉犀金龟幼虫则主要以腐朽的树干或富含腐烂植物枝叶的泥土或发酵木屑或人工腐殖土为食，人工腐殖土一般花鸟市场上都有出售，当然我们也可以通过网上购买和自己制作。

（2）饲养容器

双叉犀金龟饲养容器一般采用整理箱，视饲养数量的多少来选择大小，如果养一两只，稍大的布丁盒也可。但不论是整理箱还是布丁盒，我们可以在其盖上钻适量孔洞以保持透气性，不致双叉犀金龟缺氧死掉。之后我们便可以布置饲养箱了，在买来的腐殖土中加入适量的水，水的量以用力握拳抓腐殖土，而水不会滴下（含水量大约为60%—70%），放开手后腐殖土不会散开为标准。在产卵箱中加入腐殖土，用力压紧压实（这层土约为10厘米厚），因为母虫将会把卵产在这个区域，上层再铺上一层腐殖土后，轻轻的压一下铺平，高度约到整理箱的七八成的高度。再在腐殖土上摆上一些树皮、木块等，为的是让双叉犀金龟翻到后能有个着力点可以爬起来。接下来放上苹果或昆虫果冻等高糖分食物，当母虫产卵时，短则几天，长则一个星期才会上来吃东西，几天后若发现食物原封不动，可以换成新的，可以避免母虫吃到变质缩水的食物。

2. 成虫的饲养、交配及产卵

我们可以从野外抓取双叉犀金龟成虫，一般野外母虫基本都是交配过的，所以我们可以直接将它们放入之前布置好的产卵箱中，接下来放上苹果或昆虫果冻等高糖分食物，供成虫采食。如果你是自己培育的母虫和公虫，那可以将一公一母一起放入产卵箱，待其交配。母虫产卵前需要吃大量高糖分的食物，产卵一般需要分好几次，每产完一轮后都要爬出来进食，补充足够体力后继续钻回土中，所有的卵产完后她的任务也就完成了，生命也就结束了。

3. 虫卵的孵化

母虫刚产下的卵是白色长椭圆形的，卵在吸收周围环境的水分后开始膨胀发育。大约10天后，卵就能孵化出1龄幼虫。

4. 幼虫的饲养方法

双叉犀金龟幼虫分三龄，都以饲养箱中腐殖土为食。1龄幼虫经过12—20天的时间蜕皮成2龄幼虫，2龄幼虫再经过12—20天的时间蜕皮成3龄幼虫，当气温低于10摄氏度时，3龄幼虫即开始休眠，休眠阶段不动不食，到翌年气温回升到10摄氏度以上时复苏、活动并觅食。幼虫阶段会产生大量黑褐色的扁椭圆形的粪便，要及时清理粪便，并不断加入新的腐殖土。同时要保证腐殖土的湿度，觉得过干的时候要适当喷水。当温度长时间处于-1℃或更低时，3龄幼虫会冻死，因此，冬季应做好防寒措施，如在饲养箱下垫上加热板，或把饲养箱移至向阳背风处等。老熟幼虫化蛹前停止取食，钻入腐殖土深层，在湿度较大的锯末中做蛹室。幼虫头朝上，靠体背及腹末几节左右扭动使蛹室内壁光滑、坚实呈椭圆形，预蛹期7—10天。蛹期14—17天，多数16天。化蛹初期体呈乳黄色逐渐变为黄褐色至黑褐色。蛹头朝上，体背及腹部经常左右扭动。之后便羽化。

三 饲养过程中应注意的事项

1. 饲养用的腐朽的树干、腐殖土、发酵木屑等在使用之前一定要消毒、除虫卵，主要是为了防止一些有害病菌、真菌及木蚜影响幼虫的生长。可将腐殖土等放入微波炉中高温10分钟，这样基本就可以了；也可以将腐殖土等放在太阳底下暴晒1个星期。

2. 饲养过程中一定要控制好温、湿度，定期检查培养基质的湿度，发现湿度过低时，要适当喷水；温度也要随时观测，将饲养箱放置在通风背光处。

3. 在双叉犀金龟化蛹和羽化这两个关键时刻，千万不要打扰，因为在化蛹和羽化阶段，独角仙特别脆弱，若受到外界的干扰，可能会导致化蛹和羽化的失败，化蛹失败会使幼虫死亡，羽化失败则会使蛹体死亡或羽化出的成虫残疾，从而过早死亡。

原载《常州文博》2009 年第 2 期